AF567696

Handbuch Automotive SPICE® 4.0

Alexander Levin ist seit mehr als zwei Jahrzehnten in der Automobil- und Nutzfahrzeugindustrie tätig, mit Abstechern in die Luftfahrtindustrie. Neben seinen Automotive SPICE®-Assessments bei OEMs und Zulieferern ist er als Leiter von Verbesserungsprojekten, Trainer und Coach tätig. Seine Expertise umfasst ein breites Themenspektrum von funktionaler Sicherheit über Systems Engineering bis hin zu Organisationsentwicklung und Fahrzeugdiagnose. Ein besonderes Anliegen ist ihm die Entwicklung von integrierten Lösungen, die auch Cybersecurity beinhalten. Er leitete mehrere Jahre lang die Expert Area SPICE bei Kugler Maag Cie by UL Solutions und wirkt in der iNTACS-Arbeitsgruppe Functional Safety mit.

Christina Stathatou ist Lead Consultant bei UL Solutions. Sie verfügt über mehr als 10 Jahre Erfahrung in der Beratung und Leitung von Prozessverbesserungsprogrammen und hat das Plug-in »Machine Learning for Automotive SPICE®« mitentwickelt. Sie hat Automotive SPICE®-Assessments als Co-Assessorin und inoffizielle Automotive SPICE®-Assessments (Gap-Analysen) als Lead Assessorin durchgeführt und liebt es, ihr Fachwissen in neuen und aufregenden Bereichen wie künstliche Intelligenz, Datenmanagement und Cybersecurity weiterzuentwickeln.

Volker Lehmann leitet als Principal Consultant eines der Consulting-Teams bei UL Solutions. Sein Fokus-Thema: das in der Automobilbranche gängige Prozessmodell Automotive SPICE®. Dafür bringt er Führungsgeschick und langjährige Erfahrung im Prozessmanagement und Assessment im Systems Engineering mit. Er ist Mitglied des intacs® Advisory Board und der Arbeitsgruppe zur Entwicklung der Trainingsarchitektur für die Assessorenausbildung sowie intacs® certified Principal Assessor und intacs™ certified Instructor. Weiter schreibt er Fachartikel und hält Vorträge zu seinem Lieblingsthema – der Optimierung softwarebasierter Systeme.

Josefin A. Benning ist Lead Consultant und People Lead bei UL Solutions und seit vielen Jahren Projektleiterin von komplexen und innovativen Prozessverbesserungs-Initiativen in der Automobilindustrie. Die Entwicklung von Produkten mithilfe von künstlicher Intelligenz bei Erfüllung der Regularien wie Automotive SPICE®, Functional Safety und Cybersecurity ist ein Teil davon. Sie ist intacs®-zertifizierte Competent Assessorin sowie Functional Safety und Cybersecurity Engineer. Josefin Benning ist ehrenamtlich bei iNTACS tätig und leitet die Arbeitsgruppe »New Training Courses and Coordination«.

Alexander Levin · Christina Stathatou · Volker Lehmann ·
Josefin A. Benning

Handbuch Automotive SPICE® 4.0

Grundlagen und Know-how für die Praxis

Alexander Levin · *alexander.levin@ul.com*
Christina Stathatou · *christina.stathatou@ul.com*
Volker Lehmann · *volker.lehmann@ul.com*
Josefin A. Benning · *josefin.benning@ul.com*

Lektorat: Christa Preisendanz
Lektoratsassistenz: Julia Griebel
Copy-Editing: Ursula Zimpfer, Herrenberg
Layout & Satz: Birgit Bäuerlein
Herstellung: Stefanie Weidner
Umschlaggestaltung: Eva Hepper, Silke Braun
Druck und Bindung: BELTZ Grafische Betriebe GmbH, Bad Langensalza

Bibliografische Information der Deutschen Nationalbibliothek
Die Deutsche Nationalbibliothek verzeichnet diese Publikation in der Deutschen Nationalbibliografie; detaillierte bibliografische Daten sind im Internet über *http://dnb.d-nb.de* abrufbar.

ISBN:
Print 978-3-98889-006-1
PDF 978-3-98890-142-2
ePub 978-3-98890-143-9

1. Auflage 2024

Wieblinger Weg 17 · 69123 Heidelberg

Hinweis:
Dieses Buch wurde mit mineralölfreien Farben auf FSC®-zertifiziertem Papier aus nachhaltiger Waldwirtschaft gedruckt. Der Umwelt zuliebe verzichten wir zusätzlich auf die Einschweißfolie. Hergestellt in Deutschland.

Schreiben Sie uns:
Falls Sie Anregungen, Wünsche und Kommentare haben, lassen Sie es uns wissen: *hallo@dpunkt.de*.

5 4 3 2 1 0

Geleitwort

Seit etwa 20 Jahren engagieren sich Assessoren und Interessierte in der Automobilindustrie, um die Qualität in der Softwareentwicklung zu verbessern. Automotive SPICE®, dessen erste stabile Version 2007 veröffentlicht wurde, liegt inzwischen in der vierten Version vor. Seither wurden mehr als 10.000 Assessoren weltweit ausgebildet und etwa ebenso viele Assessments durchgeführt.

Die Anwendung des Modells erfolgte bislang in zwei Phasen. Phase eins ab der frühen 2000er-Jahre war die, in der die Entwicklung von Fahrzeugen mit 40–60 eingebetteten Steuergeräten im Fokus stand, beginnend bei den Oberklasse-Fahrzeugen. Das Ziel war die Beherrschung der Komplexität von elektronischen Systemen im Fahrzeug, Entwicklungsleistungen sollten nun einen definierten Qualitätsstand aufweisen. Die OEMs beschränkten sich weitgehend auf die Integration und den Systemtest bzw. das »Freifahren« der Funktionen, meist im Dauerlauf. Erste »Hardware in the loop«-Systeme (HIL-Systeme) wurden angeschafft. Bezüglich der Prozessqualität fokussierten sich die OEMs im Wesentlichen darauf, ihre Lieferanten zu bewerten und qualifizieren zu lassen. Damit setzten sie den Jobsplit aus den Jahren zuvor im Wesentlichen fort. Die eigene Entwicklungsmannschaft beschäftigte sich eher selten mit dem Thema Prozessqualität, CMM oder SPICE.

Das Thema Produktqualität geriet aufgrund der Erfahrungen, u.a. mit Softwareänderungen, schnell in den Fokus und mündete in verschiedenen Anforderungen der OEMs, die bis heute gültig sind. Zu nennen sind hier beispielsweise »Konzern Grundanforderungen Software« (KGAS) der Volkswagen AG.

Im Jahr 2001 entschieden die deutschen OEMs, ein eigenes Prozessassessment-Modell auf Basis der ISO/IEC 15504 zu entwickeln, was in der Entwicklung von Automotive SPICE® mündete. Dieses Modell erlangte seine heutige Bedeutung, als der Standard bei einigen OEMs Bestandteil der Lieferanteneinstufung und damit vergaberelevant wurde. Automotive SPICE® kam damit auf Augenhöhe zu den Bewertungen, die mit VDA 6.1 und 6.3 seit Jahren etablierte Praxis waren. Die Einstufungen von Entwicklungsprojekten auf Grundlage von Softwareprozess-Fähigkeitsbewertungen erfolgten zu dem Zeitpunkt, als bei der Mehrheit der bewertenden Firmen keine Prozesse mehr auf Level 0 festgestellt wurden und damit keine »C-Einstufung« ausgesprochen werden musste. Prozessseitig war nun der Grundstein für die Entwicklung komplexerer, höherwertiger Elektroniksysteme gelegt. Zwischenzeitliche Versuche und Initiativen, die Softwareentwicklung bzw. deren Steuerung bei den OEMs selbst zu verbessern, waren meist nicht erfolgreich. Dass dieses künftig ein Wettbewerbsnachteil sein würde, wurde häufig nicht erkannt. Diese Phase dauerte etwa bis 2015.

Mit der geplanten Entwicklung von Elektrofahrzeugen begann die Phase zwei. Das Erfordernis der Steigerung der Rechenleistung im Fahrzeug konnte nur durch eine stärkere Integration und Konzentration von Funktionen erreicht werden. Die geplanten Fahrerassistenzsysteme, Online-Dienste, elektrisches Laden und Fahren zwang die Hersteller zur Entwicklung neuer Systemarchitekturen und zur Verbindung mit dem Internet. Die plötzliche Angreifbarkeit der Systeme von außen erforderte technisch die Entwicklung von Domänenarchitekturen und Schutzmaßnahmen im Fahrzeug, wie z.B. verschlüsselte Kommunikation. Neue Computing-Plattformen mit Domänenrechnern und leistungsfähigeren Prozessoren zogen in die Fahrzeugarchitektur ein. Damit änderten sich auch die Spielregeln der Entwicklung und die Zusammenarbeitsmodelle. Ansätze aus Phase eins funktionierten nicht mehr. Die Zusammenarbeitsmodelle funktionierten teilweise nicht mehr, weil die Diskrepanz der Prozessreife zwischen OEMs und Lieferanten zu groß geworden war. Spätestens durch die Unterbrechung der Lieferketten ab 2020 wurden die Karten neu gemischt. Prozessoren konnten nun nicht mehr »wie Kartoffeln« eingekauft werden, die Verlagerung eines Großteils der Entwicklungsleistung zu den Lieferanten wurde grundsätzlich infrage gestellt. Die Abhängigkeit der OEMs von den Chipherstellern trat erstmals eindeutig zutage. Die Planung und Entwicklung von Domänenarchitekturen wurde unter Berücksichtigung der Funktionszuordnung und der einzusetzenden Prozessorfamilien ein wesentlicher Bestandteil der Architekturarbeit mit Auswirkungen auf die Softwareentwicklung. Es wurde festgestellt, dass der Wechsel von der Prozessorfamilie eines Chipherstellers auf einen anderen eine Wiederholung wesentlicher Arbeiten aus der Design- und Architekturphase erforderlich machte – und das geschah mit teils erheblichem Aufwand.

Wie wollte man diese Situation nun in den Griff bekommen? Seit den frühen 2000er-Jahren wurden hauptsächlich Lieferanten bewertet. Die Entwicklungsorganisationen der OEMs selbst gerieten nun in den Fokus. Es wurde erkannt, dass die Beschäftigung der eigenen Entwicklungsteams mit dem Thema Software und Software-Entwicklungsprozesse unausweichlich war und benachbarte Themen und Domänen entlang der Wertschöpfungskette mit betrachtet und einbezogen werden mussten. Jetzt war die Zeit gekommen für eine ganzheitliche Betrachtung der Entwicklungsleistungen, die Fokussierung auf Systems Engineering und neue SPICE-Initiativen. Das System befand sich nun nicht mehr mit abgeschlossener eingebetteter Architektur allein im Fahrzeug, sondern zwischen den Sensoren im Fahrzeug und dem IT-Rechenzentrum, beide mit Internetanschluss. Die Frage der Systemdefinition musste neu gestellt und beantwortet werden. Notwendig wurde eine erweiterte, integrative Betrachtung neuer technischer Domänen, z.B. Cybersecurity, und auch die diesbezügliche Ergänzung des Automotive SPICE®-Basismodells.

Der VDA QMC und iNTACS e.V. begleiten und unterstützen diese Entwicklung seit Jahren inhaltlich und methodisch durch neue Versionen von Automotive SPICE® und durch die Erstellung von Modellerweiterungen, die als integriertes System Betrachtungen und Bewertungen in einem erweiterten Scope entlang der Wertschöpfungskette ermöglichen. Um die Projektrisiken für softwarebasierte Systeme weiter zu reduzieren, soll dieses integrierte Modell ausgebaut und kontinuierlich weiterentwickelt werden. Weil der Erfolg von Entwicklungsprojekten wesentlich von den dort arbeitenden Teammitgliedern abhängt, können diese ab der Veröffentlichung von Automotive SPICE® Version 4.0 in der Anwendung der SPICE-Methodik geschult werden. iNTACS führt hierzu den Ausbildungspfad eines Process Expert neu ein. Automotive SPICE® 4.0 kann dadurch noch besser in Projekten angewendet werden.

Das neue intacs®-Schulungskonzept ermöglicht zudem ab 2024 die Auswahl von verschiedenen Basismodellen (PAM/PRMs) und Erweiterungen nach dem jeweiligen Bedarf einzeln oder in Kombination.

Der Erfolg der Entwicklungsorganisationen hängt auch heute noch davon ab, den Stand der Technik und Best-Practice-Ansätze sinnvoll anzuwenden. Standards und Normen sind ausreichend vorhanden. Der Grundsatz »Wie ich mein Projekt plane, so liege ich im Rennen« hat noch immer Gültigkeit. Es besteht damit nach wie vor die Möglichkeit und Notwendigkeit, die eigene Entwicklungsleistung systematisch zu verbessern.

Dieses Buch leistet dazu einen wichtigen Beitrag. Ich wünsche den Leserinnen und Lesern viel Erfolg beim Lernen und Anwenden des Wissens. Die Autorinnen und Autoren sind ausgewiesene Fachleute mit langjähriger praktischer Erfahrung auf diesem Gebiet.

Lars Dittmann
International Assessor Certification Scheme e.V.
Vice President

Vorwort

Das Buch, das Sie in den Händen halten, ist nicht in ein oder zwei Monaten entstanden, sondern hat uns bei unserer Arbeit als Assessoren und bei der Verbesserung von Prozessen, auf unseren beruflichen Pfaden bei Methodpark und Kugler Maag CIE sowie bei privaten Veränderungen, Auszeiten etc. begleitet. Nun sind wir froh, am Ziel angekommen zu sein und Ihnen dieses Buch präsentieren zu können. Natürlich sind wir diesen Weg nicht allein gegangen, und auf diejenigen, die uns dabei unterstützt haben, kommen wir in der Danksagung zu sprechen.

Uns verbindet nicht nur unsere berufliche Zugehörigkeit, sondern auch das Bestreben, die Prozesse unserer Kunden in der Automobilindustrie zu verbessern und den Nutzen von Automotive SPICE® als Messinstrument für Prozessqualität herauszustellen. Der Standard hat sich mit seiner neuesten Version 4.0 weiterentwickelt, um den aktuellen Stand von Forschung und Technik in der Automobilindustrie abzubilden. Er nimmt, wie auch schon die vorherigen Versionen, zunächst die gelebten Prozesse in den Blick, anstatt zuerst auf Prozessbeschreibungen und -dokumentation zu fokussieren.

Als Autorenteam haben wir uns zusammengefunden, um unser Wissen und unsere Erfahrungen in diesem Buch zu teilen. Alle Beteiligten bringen besondere Fähigkeiten und Perspektiven mit, die sich beim Schreiben dieses Buches ergänzt haben:

- Alexander Levin, aktiv in der iNTACS-Arbeitsgruppe »Functional Safety«, erweitert unser Verständnis von Automotive SPICE® um die kritische Komponente der funktionalen Sicherheit und durch sein profundes Wissen im Systems Engineering. Zudem bringt er einen Erfahrungsschatz aus vielen Jahren der Arbeit bei verschiedenen OEMs und Zulieferern bezüglich der Umsetzung von Automotive SPICE® mit, sowohl als Lead Assessor als auch als Prozessberater oder Experte für funktionale Sicherheit.
- Christina Stathatou hat maßgeblich an der Entwicklung des Prozess-Assessmentmodells (PAM) für Machine Learning mitgewirkt. Ihre Einblicke und Erfahrungen sind besonders wertvoll, da Machine Learning in der modernen Automobilentwicklung zunehmend an Bedeutung gewinnt. Sie hat langjährige Erfahrung im Management großer Prozessverbesserungsprogramme. In diesem Bereich war sie bei verschiedenen OEMs und Zulieferern erfolgreich tätig.

- Volker Lehmann ist Mitglied und ehemaliger Leiter der iNTACS-Arbeitsgruppe »New Training Courses and Coordination«. Seine umfangreiche Erfahrung in der Entwicklung und Koordination von Trainingskursen ermöglicht es uns, die theoretischen Grundlagen von Automotive SPICE® praxisnah zu vermitteln. Dabei wollen wir auch seine Arbeit in China erwähnen, wo er durch zahlreiche Trainings und spezielle Gate4SPICE-Events dazu beigetragen hat, die Methodik von Automotive SPICE® zugänglich zu machen. Darüber hinaus hat er sich seit Jahren als Assessor und Ausbilder von Assessoren einen Namen gemacht.
- Josefin A. Benning, ebenfalls Mitglied und derzeitige Leiterin dieser Arbeitsgruppe, bringt eine seltene Kombination aus technischer Präzision und pädagogischem Geschick in unser Team mit ein. Sie hat große Erfahrung im Management komplexer Prozessverbesserungskampagnen bei internationalen Unternehmen und Big Playern.

Unser gesamtes Team ist tief in der Automotive SPICE®-Community verwurzelt, auch durch die regelmäßige Organisation und Teilnahme an Gate4SPICE-Veranstaltungen. Die Zusammenführung unserer unterschiedlichen Qualifikationen und langjährigen praktischen Erfahrungen ermöglicht es uns, ein breites Spektrum an Perspektiven zu bieten, und bildet das Fundament dieses Buches.

Automotive SPICE® ist mittlerweile ein zentraler Bestandteil in der Entwicklung von OEMs und wird in Zukunft voraussichtlich sogar die Homologation beeinflussen. Seit der Version 3.1 hat sich die Norm kontinuierlich weiterentwickelt, insbesondere durch Erweiterungen in Bereichen wie Hardware, Datenmanagement oder Cybersecurity.

In diesem Buch verfolgen wir das Ziel, das Zusammenspiel aus neuen und alten Prozessen klar und logisch zu erklären, und legen Wert darauf, die Sprache der Norm zu entmystifizieren.

Wir möchten Sie in die Welt der neuen und überarbeiteten Prozesse einführen, deren Logik und Motivation erklären, erste Erfahrungen teilen und aus der Perspektive der Prozessverbesserung Hilfestellung bieten.

Aus eigenen Assessments und Prozessverbesserungsprojekten wissen wir, dass der Standard teilweise sehr unterschiedlich interpretiert wird. Unser Anliegen ist es, zu einem einheitlichen Verständnis beizutragen und durch praxisnahe Beispiele, Tipps und Tricks unsere langjährige, auch internationale Erfahrung mit Ihnen zu teilen. Ziel ist es, die oft komplexe Normensprache in verständliche Anleitungen zu übertragen, die es Prozessanwendern ermöglichen, die Anforderungen von Automotive SPICE® nicht nur zu verstehen, sondern auch aktiv zu gestalten und zu leben.

Neben den technischen Details ist es uns wichtig, auch die menschliche Seite der Prozessverbesserung zu betonen. Denn in gelebten Prozessen sind die Mitarbeitenden und ihr Verständnis der Prozesse wichtiger als das, was auf dem Papier steht.

Wir hoffen, dass Sie dieses Buch nicht nur als eine Sammlung von Richtlinien betrachten, sondern als einen lebendigen Begleiter in Ihrer beruflichen Laufbahn. Unabhängig davon, ob Sie ein erfahrener Assessor oder ein Neuling in der Welt von Automotive SPICE® sind, wir hoffen, dass dieses Buch Ihnen die Werkzeuge und das Wissen an die Hand gibt, um Ihre Prozesse zu meistern und Ihre Ziele zu erreichen. Wir laden Sie ein, gemeinsam mit uns die Möglichkeiten von Automotive SPICE® 4.0 zu erkunden und die Qualität Ihrer Projekte und Produkte zu transformieren.

Alexander Levin, *Christina Stathatou*, *Volker Lehmann* und *Josefin A. Benning*
Hamburg, Stuttgart, Köln, im Juni 2024

Danksagung

Ohne die Unterstützung vieler Kolleginnen und Kollegen wäre das Schreiben dieses Buches nicht möglich gewesen. Sicherlich werden wir hier einige vergessen zu erwähnen, wofür wir um Entschuldigung bitten.

An erster Stelle möchten wir Vesna Djordjevic, Fiona Zhang und Rocio Rojas nennen, die in der Anfangsphase das Buchkonzept mitentwickelt und auch erste Entwürfe zu einzelnen Kapiteln geschrieben haben. Diese Zusammenarbeit hat den Start des Projekts geprägt. Vielen Dank für diese große Unterstützung in der Anfangsphase des Projekts.

Besonders danken wollen wir weiter Bhaskar Vanamali, der uns sowohl als Mentor mit vielen Anregungen als auch als fachlicher Reviewer unterstützt hat. Insbesondere im Bereich des Machine Learning war er ein wichtiger Ansprechpartner.

Nicht zu vergessen ist auch Dominik Strube, der neben der Koordination mit dem Verlag mit uns geplant, strukturiert, diskutiert hat und viele wichtige Tipps zum Aufbau des Buches gegeben hat. Außerdem war er einer unserer eifrigsten Reviewer.

Unser Dank gilt auch Sandra Schnetzer, die sich unserer Abbildungsentwürfe angenommen hat.

Speziell in Bezug auf die Hardwareprozesse möchten wir uns bei Thomas Gabler und Kosmas Kopmeier für die fachliche Beratung und das Review bedanken.

Die Reviews von Christian Hübscher und Michael Vrban haben ebenfalls zur Qualität dieses Buches beigetragen.

Auch möchten wir dem dpunkt.verlag, insbesondere unserer Lektorin Christa Preisendanz, für die Unterstützung danken sowie unseren externen Reviewern Lars Dittmann und Jörg Zimmer, deren Hinweise uns geholfen haben, dem Buch den letzten Schliff zu geben.

Lars Dittmann sei an dieser Stelle auch herzlich für sein Geleitwort zu diesem Buch gedankt.

In Zeiten großer Umstrukturierungen und der Zusammenführung ehemals eigenständiger Unternehmen wie Methodpark, Kugler Maag und kVA unter dem Dach von UL Solutions möchten wir uns auch bei unserem Management bedanken, das uns den notwendigen Freiraum für unser Schaffen gegeben hat. Stellvertretend geht unser Dank insbesondere an Steffen Herrmann, Peter Seidenschwang und Bonifaz Maag.

Wir danken auch unseren Partnerinnen und Partnern, Familien und Freunden, denn in ein solches Buchprojekt fließt nicht nur Arbeitszeit, sondern auch eine ganze Menge an Freizeit.

Inhaltsübersicht

Inhaltsverzeichnis

1 Einleitung

1.1 Wir stehen auf den Schultern von Riesen

Automotive SPICE® ist nicht erst gestern entstanden, sondern ein fester Bestandteil der Branche. Es stimmt, dass mit jeder aktualisierten Version von Automotive SPICE® Neuerungen einhergehen. Aber tief in seinem Kern behält das Prozessmodell die unerschütterlichen Grundprinzipien bei, die in früheren Publikationen herausgearbeitet wurden, insbesondere in »Automotive SPICE® in der Praxis« von Markus Müller, Klaus Hörmann, Lars Dittmann und Jörg Zimmer [Müller et al. 2016] sowie in »Automotive SPICE® Capability Level 2 und 3 in der Praxis« von Pierre Metz [Metz 2016].

Diese Werke bilden das Fundament, auf dem wir aufbauen. Weitere Bücher, von denen wir profitiert haben, sind die »AUTOMOTIVE SPICE Essentials« [Abowd et al. 2021] und »The guide for Automotive SPICE® Interpretation« [Hoermann et al. 2022]. Anstatt das Rad neu zu erfinden, erkennen wir den Wert des bereits Erreichten und streben danach, diesen Weg fortzusetzen.

Die vergangene Dekade hat einen Wandel in der Auffassung von Mobilität gebracht, geprägt von aufkommenden Themen wie dem autonomen Fahren und der Vernetzung von Fahrzeugen. Diese evolutionären Veränderungen fordern uns heraus, unsere Methoden ständig zu überdenken und zu erneuern. Es ist eine bemerkenswerte Zeit, in der die Werkzeuge der Entwicklung nicht nur moderner werden, sondern auch effizienter in ihrer Fähigkeit, Prozesse zu unterstützen.

Aber mit jeder technologischen Verbesserung steigen auch die Erwartungen und die Risiken. In einer Ära, in der Autos vernetzt sind, wird die Konformität mit Standards wie Automotive SPICE® unverzichtbar, um Risiken zu minimieren, insbesondere bei sicherheitskritischen Systemen, die das automatisierte Fahren unterstützen. Cybersecurity und Machine Learning sind zwei Themen, die unsere Arbeit und unsere Prozesse dominieren werden. Prozesse für das Machine Learning Engineering (MLE) sind Bestandteil von Automotive SPICE® 4.0 (s. Abschnitt 4.7 und Kap. 12) und für das Thema Cybersecurity gibt es eine Erweiterung des Standards (s. Kap. 19).

Die Relevanz von Automotive SPICE® ist so tief verwurzelt, dass inzwischen auch Fahrzeughersteller ihr Vorgehen nach seiner Konformität ausrichten.

Automotive SPICE® hat eine beeindruckende Historie, beginnend mit der Entwicklung durch die AUTOSIG im Jahr 2001 und der anschließenden Nutzung durch deutsche Automobilhersteller für die Lieferantenqualifizierung im Rahmen der Herstellerinitiative Software (HIS).

Die Entstehung dieses Buches war eine tiefgreifende Expedition – nicht nur durch die Facetten des Standards, sondern auch durch die unterschiedlichen Perspektiven, mit denen wir auf Automotive SPICE® blicken. Diese Reise hat uns geholfen, die Essenz von Automotive SPICE® 4.0 besser zu verstehen. Wir haben uns mit vielen visionären Kollegen und Experten ausgetauscht, um ein ganzheitliches Bild von Automotive SPICE® zu zeichnen. Unser Wunsch ist es, dass dieses Buch vielen als Leuchtturm dient, der den Weg zu exzellenten Prozessen in der Automobilindustrie weist.

1.2 Zielsetzung und Verwendung dieses Buches

In einer Ära, in der sich Technologie und Fortschritt in der Automobilindustrie mit atemberaubender Geschwindigkeit verändern, bilden zuverlässige Prozesse das Rückgrat der Entwicklung. Von Steuergeräten über Komponenten bis hin zum integrierten Fahrzeug – Qualität ergibt sich auch aus dem Prozess. Tatsächlich könnte man sagen, dass ohne die Integrität des Prozesses keine außergewöhnliche Ingenieurleistung möglich ist. Dieses Buch richtet sich an jene, die an vorderster Front in dieser Industrie arbeiten: Systemingenieure, Projektmanager und viele andere. Es bietet eine Landkarte, die den Weg zur Prozessgüte weist. Ein Schwerpunkt liegt dabei auf der praktischen Umsetzung von Automotive SPICE® in Forschungs- und Entwicklungsprojekten.

Doch was genau ist dieses viel zitierte Automotive SPICE®? Es ist nicht nur ein detaillierter Bauplan, sondern vielmehr ein Instrument, das die Reife unserer Projekte misst. Das ist damit gemeint, wenn wir von einem Assessmentmodell sprechen.

Die Flexibilität von Automotive SPICE® ist bewundernswert. Es stellt Erwartungen auf, definiert jedoch nicht starr, wie diese zu erfüllen sind. Es vertraut auf die Innovation und Kreativität der Ingenieure und legt den Fokus auf die gelebten Prozesse. Und während es den Unternehmen die Freiheit lässt, ihre eigenen Pfade zu zeichnen, dient es gleichzeitig als Barometer, um den Erfolg dieser Wege zu messen.

Automotive SPICE® ist also keine Blaupause, die man einfach einem Projekt überstülpen kann, stattdessen gibt es Anstöße, die eigenen Prozesse zu hinterfragen und zu verbessern.

Man könnte meinen, dass ein solch flexibles Modell zu Chaos führt. Doch paradoxerweise ist es gerade diese Flexibilität, die Struktur schafft. Wenn man die Basispraktiken, die Automotive SPICE® vorgibt, versteht, wird einem bewusst, dass es nicht nur um das Einhalten von Regeln geht, sondern um ein echtes, tiefes Verständnis von dem, was es bedeutet, Systeme zu entwickeln.

Mit diesem Buch wollen wir Brücken bauen: zwischen den konkreten Anforderungen von Automotive SPICE® und der täglichen Arbeit von Ingenieuren, Entwicklern und Projektmanagern. Es dient nicht nur als Nachschlagewerk, sondern auch als Kompass, der Ihnen hilft, durch die vielfältigen Aspekte des Systems Engineering zu navigieren. Es beleuchtet nicht nur, wie Prozesse funktionieren, sondern auch, warum sie existieren und wie sie miteinander verwoben sind, um ein aufeinander abgestimmtes Ganzes zu bilden.

Für die Assessoren unter Ihnen, die als Hüter der Automotive SPICE®-Konformität fungieren, enthält dieses Buch ebenfalls wertvolle Ressourcen. Es bietet einen Leitfaden, der nicht nur das »Was«, sondern auch das »Warum« erläutert, und gibt Tipps und bewährte Verfahren für Ihre Assessments.

Schließlich ist dieses Buch mehr als nur eine Ansammlung von Worten und Konzepten. Es ist eine Einladung – eine Einladung, tiefer zu graben, mehr zu lernen und vor allem den wahren Wert und die Bedeutung von Automotive SPICE® in Ihrer täglichen Arbeit zu erkennen. Es ist ein ständiger Begleiter auf Ihrer Reise durch die Welt des Systems Engineering, der Sie dazu ermutigt, über den Tellerrand hinauszuschauen und das volle Potenzial Ihrer Prozesse auszuschöpfen.

1.3 Kapitelüberblick

In Kapitel 2 stellen wir Automotive SPICE® 4.0 vor, bevor wir in Kapitel 3 einen Überblick über Automotive SPICE® und seine Elemente geben.

Kapitel 4 befasst sich dann damit, wie sich Automotive SPICE® 4.0 gegenüber seinem Vorgänger weiterentwickelt hat und was die wesentlichen Änderungen sind.

Kapitel 5 erläutert die wesentlichen Konzepte, auf die wir bei Automotive SPICE® treffen, wie Rückverfolgbarkeit (Traceability) und Konsistenz, Kommunikation und Transparenz, aber auch die Nachvollziehbarkeit bei der Ausführung der Prozesse. Außerdem wird erläutert, was Automotive SPICE® unter einem System versteht, und eine erste Einführung in das Systems Engineering gegeben.

In Kapitel 6 werden verschiedene prozessübergreifende Themen erläutert, die uns später in den Beschreibungen der Prozesse wieder begegnen werden. Hier geht es beispielsweise um Verifikation und Validierung.

In den Kapiteln 7 bis 17 stellen wir dann die einzelnen Prozessgruppen im Detail mit den in ihnen strukturierten Prozessen vor:

- Kapitel 7 beschäftigt sich mit dem Zulieferermanagement und beleuchtet diese Prozessschnittstelle genauer.
- In Kapitel 8 geht es um das Produktrelease und was dabei zu beachten ist.
- Mit Kapitel 9 steigen wir direkt in die Entwicklungsprozesse ein und beginnen auf der Systemebene. Hier werden dem Anforderungsmanagement und dem Architekturentwurf die zugeordneten Verifikationsprozesse gegenübergestellt.

Diese Prozessgruppe stellt (ohne den SYS.1) das erste Plug-in für einen Assessment-Scope dar.

- In Kapitel 10 betrachten wir die Entwicklungsprozesse auf der Softwareebene, von den Anforderungen über die Architektur, den Entwurf, die Implementierung und die entsprechenden Verifikationsprozesse.
- In Kapitel 11 befasst sich mit der Validierung, die als Prozessgruppe mit nur einem Prozess einen starken Bezug zum SYS.1 aufweist.
- In Kapitel 12 gehen wir dann auf die Prozesse des Machine Learning ein, die in Automotive SPICE® neu hinzugekommen sind.
- Ebenfalls neu in Automotive SPICE® 4.0 sind die Prozesse der Hardwareentwicklung in Kapitel 13.
- Kapitel 14 beschreibt dann die unterstützenden Prozesse, wie die Qualitätssicherung, das Konfigurationsmanagement, Problemlösungs-Management, Änderungsmanagement und das Datenmanagement für das Machine Learning.
- Das Automotive SPICE®-konforme Projektmanagement wird dann in Kapitel 15 mit seinen drei Prozessen dargestellt.
- Danach folgen in Kapitel 16 das Thema Prozessverbesserung und in Kapitel 17 das Thema Wiederverwendung.

In Kapitel 18 gehen wir auf die Frage ein, was es bedeutet, einen bestimmten Automotive SPICE® 4.0-Level zu haben, und betrachten die Fähigkeitsdimension (Capability-Dimension) des Modells näher.

Auf Modellerweiterungen wie Plug-ins und Add-ons kommen wir dann in Kapitel 19 zu sprechen. Dabei geht es u.a. um die Erweiterung Automotive SPICE® for Cybersecurity, die zunehmend an Bedeutung gewinnt und immer häufiger assessiert wird. Darauf, dass Automotive SPICE® nicht für sich allein in Fahrzeugprojekten umgesetzt wird, sondern auch andere Standards, wie z.B. die ISO 26262 [ISO 26262], in der Automobilindustrie eine Rolle spielen, wird in Kapitel 20 genauer eingegangen. Wir skizzieren in diesem Zusammenhang auch das Zusammenspiel von Automotive SPICE® mit den betrachteten Standards.

In Kapitel 21 gehen wir dann näher auf das Thema Assessment ein und beschreiben, was dabei zu beachten ist. Darüber hinaus geben wir Tipps aus der Praxis, die aber auch bei den Beschreibungen der einzelnen Prozesse in den Kapiteln 7 bis 17 zu finden sind.

2 Einstieg in das Thema

2.1 Einordnung

Automotive SPICE® ist ein in der Automobilindustrie weitverbreitetes Bewertungsmodell zur Beurteilung der Prozessfähigkeit und Qualität von Prozessen, die in der Software- und Elektronikentwicklung eingesetzt werden. Das Modell wurde ursprünglich ab dem Jahr 2001 durch die AUTOSIG (Automotive Special Interest Group) zur Bewertung von Zulieferern im Software- und Elektronikbereich entwickelt und hat sich seitdem in der gesamten Automobilindustrie verbreitet. Von der damaligen Herstellerinitiative Software (HIS) wurde dann im Jahr 2007 der sogenannte »HIS-Scope« und später »VDA-Scope« definiert, der die Prozesse festlegt, die minimal in einem Assessment zu betrachten sind.

Eine der Hauptstärken von SPICE ist die Fähigkeit, branchenspezifische Modelle innerhalb eines gemeinsamen normativen Rahmens zu entwickeln. Dies ermöglicht zielgerichtete und präzise Bewertungen, die auf die speziellen Bedürfnisse der Automobilindustrie zugeschnitten sind. Derzeit ist die VDA-Arbeitsgruppe 13 für die Weiterentwicklung des Automotive SPICE®-Modells zuständig.

Im Jahr 2015 wurde die Version 3.0 von Automotive SPICE® veröffentlicht, die strukturelle Änderungen sowie inhaltliche Weiterentwicklungen und Erweiterungen mit sich brachte. Derzeit befinden wir uns im Übergang zur Version 4.0, die zusätzliche Themen wie Machine Learning behandelt. Neben Automotive SPICE® müssen Zulieferer auch die Anforderungen an die funktionale Sicherheit von elektrisch-elektronischen Systemen in Fahrzeugen und die Anforderungen an die Cybersecurity erfüllen. Dieses Buch befasst sich auch mit dem Zusammenspiel der entsprechenden Standards ISO 26262 und ISO/SAE 21434.

Automotive SPICE® 4.0 ist eine aktualisierte Version des Automotive SPICE®-Prozessmodells. Es enthält das Prozessreferenz-Modell (PRM), das die Prozesse beschreibt, und das Prozessassessment-Modell (PAM), das Indikatoren bietet, um festzustellen, ob die Prozessergebnisse und -leistungen in den instanziierten Prozessen von Projekten und Organisationseinheiten vorhanden sind. Damit können Assessoren die Prozessfähigkeit und die Effektivität von Prozessen bewerten, die von Zulieferern in der Automobilindustrie eingesetzt werden. Es gibt folgende Gründe für seine Weiterentwicklung:

- Es wird eine möglichst hohe Wiederholbarkeit, Reproduzierbarkeit und Vergleichbarkeit der Assessmentergebnisse angestrebt. Das bedeutet, dass diese konsistent und zuverlässig sein sollten, unabhängig davon, von wem und wo das Assessment durchgeführt wird.
- Mit Automotive SPICE® 4.0 soll die Effizienz der Assessments verbessert werden. Dies beinhaltet die Straffung des Assessmentprozesses und die Reduzierung des Zeit- und Ressourcenaufwands für die Durchführung eines Assessments.
- Automotive SPICE® 4.0 berücksichtigt moderne Modelle der Zusammenarbeit. Das bedeutet, dass das Modell den zunehmend kollaborativen Charakter der Automobilentwicklung berücksichtigt, bei dem verschiedene Organisationen und Personen gemeinsam an der Fahrzeugentwicklung arbeiten.
- Automotive SPICE® 4.0 beseitigt inhaltliche Redundanzen und vermeidet Fehlinterpretationen. Das Modell wurde neu strukturiert, um doppelte oder überflüssige Inhalte zu entfernen und um es leichter verständlich und interpretierbar zu machen.
- Automotive SPICE® 4.0 trägt der zunehmenden Bedeutung des autonomen Fahrens und des Machine Learning (ML) in der Automobilbranche Rechnung. Die Fahrzeugentwicklung wird stark von ADAS (Advanced Driver Assistance Systems) bis hin zum autonomen Fahren beeinflusst, und das beinhaltet auch immer mehr Machine Learning, von der Spracherkennung bis hin zu Vorhersagemodellen für Verschleiß und Abnutzung.
- Automotive SPICE® 4.0 enthält spezifische Richtlinien für die Bewertung von Machine-Learning-Modellen. Dazu gehören Richtlinien für die Bewertung verschiedener Datenquellen und großer Datenmengen, die zum Trainieren von ML-Modellen verwendet werden, sowie neue Ansätze für die Bewertung der Leistung dieser Modelle.
- Automotive SPICE® 4.0 bringt mehrere wichtige Änderungen mit sich. Diese Änderungen zielen darauf ab, das Modell effizienter, genauer und benutzerfreundlicher zu machen.

Eine der wichtigsten Änderungen ist die Einführung neuer Konzepte, die eine detaillierte und genaue Darstellung der zu bewertenden Prozesse ermöglichen. Diese Änderung soll die Wiederholbarkeit und Reproduzierbarkeit der Assessmentergebnisse verbessern.

Eine weitere wichtige Änderung ist die Einführung eines separaten PAM für die »Potenzialanalyse«, die eine Analyse der zu bewertenden Prozesse vor der Vergabeentscheidung ermöglicht. Sie ist primär dafür gedacht, bei neuen, unbekannten Lieferanten schnell zu einer ersten Einschätzung zu gelangen. Dies wird dazu beitragen, potenzielle Fehlentscheidungen bei einer Beauftragung zu vermeiden, Probleme und verbesserungswürdige Bereiche zu identifizieren und den nachfolgenden Assessmentprozess effizienter zu gestalten, ohne dass an dieser Stelle schon ein vollständiges Assessment durchgeführt werden muss. In Abschnitt 21.10 gehen wir darauf genauer ein.

Darüber hinaus werden Hinweise mit impliziten Anforderungen oder checklistenartigen Aufzählungen überarbeitet oder neu formuliert, um das Modell klarer und verständlicher zu machen.

Der Vorteil von Automotive SPICE® in diesem Zusammenhang ist, dass es als Bewertungsmodell verwendet werden kann, um die Qualität und Umsetzung der Grundsätze des Systems Engineering zu bewerten. Es kann somit zwei verschiedenen Zwecken dienen:

- dem Assessment von Entwicklungsprojekten für Systeme und
- der Identifikation von Schwachstellen der in Projekten gelebten Prozesse und damit als Grundlage für Prozessverbesserungsprojekte. Diese Hilfestellung für Projekte ist weitaus wichtiger.

Die Automobilindustrie entwickelt sich ständig weiter. Neue Technologien und Fortschritte bei Materialien, Elektronik und Software treiben die Innovation in der Fahrzeugkonstruktion und -produktion voran. Um mit diesen Veränderungen Schritt zu halten, setzen Automobilunternehmen Systems Engineering ein, um sicherzustellen, dass alle verschiedenen Komponenten und Systeme eines Fahrzeugs nahtlos und effizient zusammenarbeiten.

Systems Engineering ermöglicht es Automobilingenieuren, bei der Konstruktion und Entwicklung eines Fahrzeugs einen ganzheitlichen Ansatz zu verfolgen, bei dem alle verschiedenen Teile und Teilsysteme sowie deren Zusammenspiel berücksichtigt werden. Dadurch wird sichergestellt, dass das Endprodukt zuverlässig, effizient und sicher für den Kunden ist. Der systemtechnische Ansatz ermöglicht auch die Betrachtung des gesamten Lebenszyklus eines Fahrzeugs, von der Konstruktion über die Produktion bis hin zum Betrieb, was für die Einhaltung gesetzlicher Vorschriften und für eine kosteneffiziente Entwicklung wichtig ist.

Abgesehen von diesen Argumenten ist Systems Engineering auf dem Stand der Technik und muss sich an vielen Stellen bewähren. Dies geschieht z. B. durch den Nachweis der Automotive SPICE®-Konformität. Dieser kann auch als Grundlage für den Nachweis der funktionalen Sicherheit und der Cybersecurity dienen.

Automotive SPICE®-konforme Prozesse helfen, Kosten zu sparen und die Time-to-Market-Anforderungen zu gewährleisten. Eines der wichtigsten Merkmale des Systems Engineering ist die Fähigkeit, Risiken zu erkennen und zu beherrschen. Automobilsysteme können unglaublich komplex sein und es gibt viele potenzielle Fehlerquellen. Systems Engineering ermöglicht es den Ingenieuren, potenzielle Probleme vorherzusehen und Risiken zu minimieren, bevor sie auftreten. Dies macht den Entwicklungsprozess effizienter und führt letztendlich zu einem qualitativ hochwertigeren Produkt.

Darüber hinaus ermöglicht das Systems Engineering die Integration verschiedener Systeme, Technologien und Konstruktionsentscheidungen, die für die Schaffung neuer, von den Kunden geforderter Funktionen, wie fortschrittliche Fahrerassistenzsysteme, Konnektivität und Elektroantrieb, unerlässlich sind. Dies ist auch für die Einhaltung von Vorschriften und Umweltnormen wichtig.

Zusammenfassend lässt sich sagen, dass das Systems Engineering in der Automobilindustrie von entscheidender Bedeutung ist, da es die Entwicklung zuverlässiger und leistungsfähiger Fahrzeuge ermöglicht, die den Kundenbedürfnissen entsprechen, die Industriestandards erfüllen und Innovationen vorantreiben. Durch die Anwendung eines Systemansatzes können Automobilunternehmen die Komplexität ihrer Produkte effektiv steuern und innovativere und sicherere Fahrzeuge auf den Markt bringen.

2.2 Zertifizierung für Assessoren und Experten

Wenn Sie sich mit Prozessverbesserung beschäftigen, insbesondere im Automobilsektor, ist Ihnen wahrscheinlich intacs®, das »International Assessor Certification Scheme«, ein Begriff. Dieses Schema ist nach dem ISO/IEC-33000-Standard konzipiert. Die Ursprünge von intacs® gehen auf das Jahr 2000 zurück, als eine Gruppe europäischer Berater auf der Grundlage des Technical Report ISO/IEC 15504 die Basis für dieses Ausbildungs- und Zertifizierungsschema legte. Mit der Gründung des iNTACS e.V. im Mai 2006 in Düsseldorf wurde ein wichtiger Schritt zur Formalisierung und Weiterentwicklung dieses Ansatzes unternommen.

Heutzutage zählt der iNTACS e.V. über 30 Mitgliedsorganisationen, darunter Automobilhersteller, Zulieferer, Trainingsanbieter und Forschungseinrichtungen. Kennzeichnend für den iNTACS e.V. ist sein gemeinnütziger Charakter; er wird ausschließlich von ehrenamtlich tätigen, hochqualifizierten Assessoren betrieben. Dieses Engagement hat zur Weiterentwicklung des Schemas beigetragen, wobei der Fokus auf branchenunabhängiger Anwendbarkeit, Mehrsprachigkeit, Transparenz und Qualität liegt.

In Abbildung 2–1 wird das Wechselspiel der verschiedenen Institutionen bezüglich der Ausbildung und Zertifizierung der Assessoren dargestellt. Die Trennung der verschiedenen Instanzen sichert eine größtmögliche Objektivität.

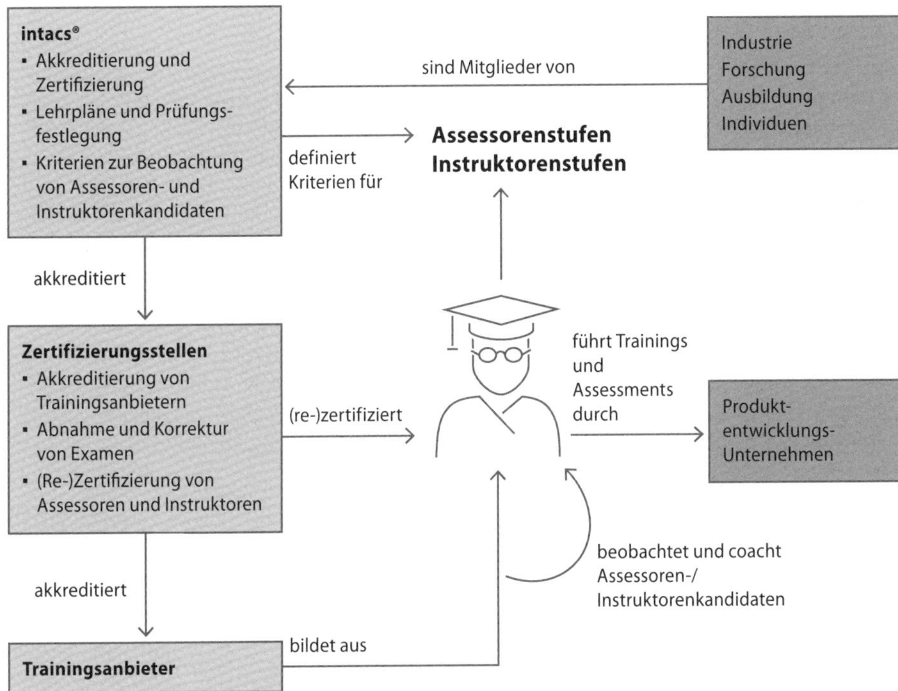

Abb. 2–1 *Wechselwirkungen im intacs®-Kontext*

Die Zertifizierungsstelle ist für alle Automotive SPICE®-Assessoren ist das VDA QMC. Diese Institution kümmert sich um die Prüfungen und (Re-)Zertifizierung von Assessoren.

Die Ausbildungsstruktur von intacs® ist klar gegliedert. Bislang gab es drei Assessoren- und zwei Instruktorenstufen, die ab 2024 um eine vorbereitende Stufe als Prozessexperte ergänzt werden. Die Zertifizierung auf dieser Stufe ist PAM-spezifisch und ermöglicht eine Spezialisierung auf Modelle wie Automotive SPICE®, Test SPICE oder Medical SPICE. Die Qualifizierung als Prozessexperte für Automotive SPICE® bildet die Grundlage für die weiterführende Ausbildung zum Provisional Assessor.

Die Zertifizierungsstufen von intacs® umfassen insgesamt sechs Levels, die unterschiedliche Qualifikationen und Erfahrungen im Prozessmanagement und in der Prozessbewertung repräsentieren (s. Tab. 2–1). Sie reflektieren eine zunehmende Vertiefung des Fachwissens, der Erfahrung und des Beitrags zur SPICE-Gemeinschaft.

Zertifizierungsgrad	Beschreibung
intacs® Certified Process Expert	Dies ist der Einstiegslevel für Fachleute in Bereichen wie Automotive SPICE®, Test SPICE oder Medical SPICE. Personen auf diesem Level verfügen über wenig oder keine Erfahrung in Assessments, haben jedoch einen Trainingskurs absolviert und eine Prüfung bestanden. Sie sind in der Lage, interne Verbesserungsaktivitäten zu unterstützen. Nach Erhalt dieser Zertifizierung können weitere Schulungen zu Modellerweiterungen besucht werden, um das Wissen in spezifischen Domänen zu vertiefen. Für Anwender ist das in dieser Stufe vermittelte Wissen ausreichend.
intacs® Certified Provisional Assessor	Dieser Level ist der Einstieg in die Karriere als Assessor. Personen mit dieser Zertifizierung haben passive Erfahrungen in Assessments, haben einen Trainingskurs absolviert und eine Prüfung bestanden. Sie sind qualifiziert, als Co-Assessoren in Assessments zu fungieren.
intacs® Certified Competent Assessor	Ab diesem Level verfügen die Assessoren über aktive Assessmenterfahrungen. Sie haben ebenfalls einen entsprechenden Trainingskurs absolviert und eine Prüfung bestanden. Sie sind in der Lage, Assessments zu leiten. Um die Zertifizierung zu erhalten, ist kontinuierliche Weiterbildung oder die Beteiligung an der Weiterentwicklung von Standards und Erweiterungen erforderlich.
intacs® Certified Principal Assessor	Principal Assessors tragen kontinuierlich und aktiv zum Wissen und zu den Best Practices der internationalen SPICE-Community bei. Für diesen Level ist kein Trainingskurs oder Examen erforderlich.
intacs® Certified Instructor Provisional Level	Auf diesem Level haben die Instruktoren nachweisbare Lehrfähigkeiten. Sie benötigen die Zustimmung eines akkreditierten Instruktors, der einen Beobachtungsprozess durchführt. Es ist kein Trainingskurs oder Examen erforderlich.
intacs® Certified Instructor Competent Level	Ähnlich wie beim Provisional Level verfügen die Instruktoren auf dem Competent Level über nachgewiesene Lehrfähigkeiten und benötigen die Zustimmung eines akkreditierten Instruktors durch einen Beobachtungsprozess. Auch hier ist kein Trainingskurs oder Examen notwendig.

Tab. 2–1 *intacs®-Zertifizierungsgrade*

Das intacs®-Schema bietet Lehr- und Prüfungspläne sowie standardisierte Trainingsmaterialien. Bei der Zertifizierung gibt es eine organisatorische Trennung zwischen der Definition des Ausbildungssystems, der Zertifizierung und dem Training. Für den Automobilbereich ist VDA QMC die Zertifizierungsorganisation, während ECQA für andere Modelle und Modellerweiterungen zuständig ist. Für das Training gibt es dann verschiedene Anbieter.

Ein wichtiges Instrument sind die sogenannten Gate4SPICE-Events, die seit 2006 von intacs® angeboten werden. Es handelt sich dabei um Veranstaltungen, die einen intensiven Wissensaustausch ermöglichen und eine hervorragende Gelegenheit bieten, sich mit erfahrenen Assessoren aus der Industrie und Beratungsorganisationen zu vernetzen.

2.3 Prozessverbesserung mit Automotive SPICE®

Automotive SPICE® 4.0 funktioniert nicht wie ein Rezeptbuch, das man durchblättert, um Lösungen für seine Prozessprobleme zu finden. Und genau das macht es so wertvoll, denn Prozesse benötigen immer den Kontext des Projekts oder des Unternehmens, in dem sie angewendet werden. Eine gute Grundlage für alle weiteren Schritte der Prozessoptimierung bietet das Assessment oder eine Gap-Analyse (s. Abb. 2–2). Dabei werden die Prozesse eines Unternehmens evaluiert, um Schwachstellen und Verbesserungspotenziale zu identifizieren.

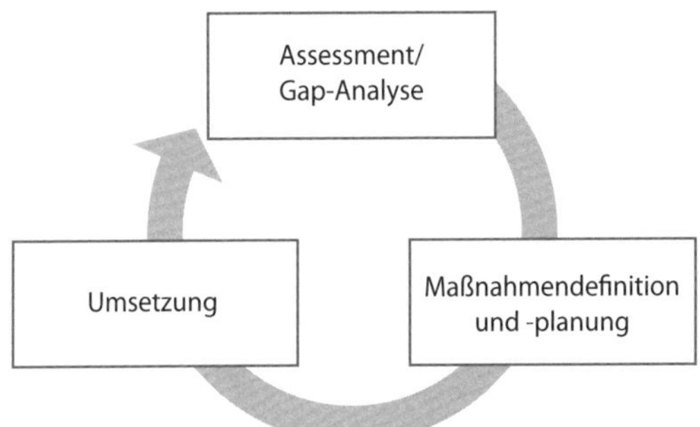

Abb. 2–2 *Prozessverbesserung basierend auf Automotive SPICE® 4.0*

Ein häufiger Fehler auf dem Weg zu Automotive SPICE®-konformer Arbeit besteht darin, dass Unternehmen versuchen, einfach nur eine Basispraktik nach der anderen zu implementieren, ohne den tatsächlichen Nutzen für das Projekt zu betrachten. Es ist essenziell, den Mehrwert jeder einzelnen Maßnahme im Auge zu behalten. Darüber hinaus ist es wichtig zu verstehen, dass viele Basispraktiken in einem Synergieverhältnis zueinander stehen. Sie sind nicht isoliert zu betrachten, sondern entfalten ihren vollen Nutzen oft erst in Kombination mit anderen und einer sinnvollen Implementierung im Projektkontext.

Dies ist nicht als Widerspruch dazu zu verstehen, dass Prozesse und Praktiken unabhängig im Assessment bewertet werden sollen, worauf wir in Abschnitt 4.5 näher eingehen werden. Hier geht es zunächst darum, einen Nutzen für das Projekt zu generieren.

Ein zentraler Aspekt von Automotive SPICE® ist die Betonung der tatsächlich gelebten Prozesse. Während viele andere Modelle sich zu Beginn erst einmal auf detaillierte Prozessbeschreibungen konzentrieren, legt Automotive SPICE® den Fokus auf die Prozesse, wie sie im Projekt wirklich ausgeführt werden. Erst in höheren Graden der Prozessfähigkeit (Capability Levels) rückt die detaillierte Dokumentation in den Mittelpunkt.

Der Weg zur Prozessverbesserung ist oft mit Herausforderungen gespickt. Es bedarf Zeit, Mühe und oft auch externer Hilfe, um die identifizierten Verbesserungen effektiv umzusetzen. Es wird empfohlen, dass Schlüsselpersonen im Unternehmen zwischen 30 und 50 Prozent ihrer Arbeitszeit in die Prozessverbesserung investieren und etwa 5 Prozent des Entwicklungsbudgets, zumindest in der Anfangsphase der Prozessverbesserung. Dies erfordert eine Ressourcenplanung und Freiräume, die in der betrieblichen Realität oft schwer zu verwirklichen sind. Hier kommt die Managementebene ins Spiel. Ohne deren aktives Engagement und Beteiligung ist die effektive Umsetzung von Prozessverbesserungen nahezu unmöglich.

Ihr Erfolg hängt von verschiedenen Faktoren ab. Dazu zählen insbesondere Zeit, Erfahrung, Managementunterstützung, der Umfang der Maßnahmen, klar definierte Messgrößen und ein effektives Änderungsmanagement (in diesem Fall ist nicht der gleichnamige Automotive SPICE®-Prozess SUP.10 gemeint). In Tabelle 2–2 stellen wir relevante Erfolgsfaktoren dar.

Erfolgsfaktor	Beschreibung
Engagement des Managements und Mandat für Prozessverbesserungen	Die Identifikation und die aktive Unterstützung durch das Management sind von entscheidender Bedeutung. Ein schriftlicher Beschluss, inklusiv der Zusage von Ressourcen, ist unabdingbar. Das Management sollte das Veränderungsmanagement steuern und den kontinuierlichen Reviewprozess leiten.
Projektcharakter	Prozessverbesserung kann nicht als Nebeneffekt betrachtet werden. Die Organisation muss Prozessverbesserung als Projekt verstehen und dementsprechend handeln. Daraus ergeben sich die weiteren Erfolgsfaktoren.
Realistische Zeit- und Ressourcenplanung	Prozessverbesserungen benötigen ausreichend Zeit zur effektiven Umsetzung. Maßnahmen können zwar schnell abgearbeitet werden, ihre Integration kann jedoch 1–2 Jahre in Anspruch nehmen. Es ist ratsam, frühzeitig zu beginnen und ausreichend Zeit und Ressourcen pro Level einzuplanen.
Realistischer Umfang	Es ist nicht ratsam, alle Befunde nach einem Assessment sofort anzugehen. Der Fokus sollte auf Maßnahmen mit einem sinnvollen Kosten-Nutzen-Verhältnis liegen. Zusätzliche Unterstützung während der Implementierungsphase kann hilfreich sein.
Schlüsselpersonen einbeziehen	Die Beteiligung erfahrener interner Kollegen ist für den Erfolg unerlässlich. Externe Experten können sinnvoll sein, sollten aber mit Bedacht eingesetzt werden. Die Akzeptanz innerhalb des Unternehmens steigt durch die aktive Beteiligung interner Kollegen.
Gesteuerter Wandel	Prozessverbesserung geht Hand in Hand mit Veränderungen. Es ist empfehlenswert, die Initiative als eigenständiges Projekt zu betrachten und das Management einzubeziehen. Ohne das Management ist keine Veränderung möglich. Ein reiner Bottom-up-Ansatz wird in den meisten Fällen nicht funktionieren.
Messen	Der Erfolg von Prozessverbesserungen sollte durch geeignete Messgrößen belegt werden. Die Messungen sollten bereits vor den Verbesserungen beginnen und die Prozesskonformität sollte kontinuierlich geprüft werden. Wirtschaftliche Aspekte sind hierbei zu berücksichtigen.

Tab. 2–2 *Erfolgsfaktoren bei der Prozessverbesserung*

Es ist wichtig zu verstehen, dass Veränderungen nicht über Nacht geschehen. Prozessverbesserungen, insbesondere wenn sie große Teile einer Organisation betreffen, erfordern Zeit. Oft kann es Jahre dauern, bis die volle Wirkung einer Veränderung sichtbar wird. Doch diese Investition zahlt sich aus. Denn auch wenn Veränderungen anfangs schmerzhaft sein können, bringen sie letztlich Vorteile für das Unternehmen, die Mitarbeiter und die Kunden.

2.4 Automotive SPICE® und Agilität

In den letzten Jahren finden agile Vorgehensweisen zunehmend Anwendung im Automotive-Sektor, insbesondere in der Softwareentwicklung. Angesichts des Trends, dass die Entwicklung immer stärker softwaregetrieben wird, wird es immer wichtiger, Agilität in der Prozessgestaltung zu berücksichtigen. Obwohl agile Praktiken ursprünglich aus der Welt der Softwareentwicklung stammen und sich hervorragend für kleine Teams eignen, wurden sie im Automotive-Umfeld erfolgreich für größere Organisationen skaliert. Frameworks wie SAFe® oder LeSS können dabei helfen, sie mit dem umfangreichen Rahmenwerk der Automotive SPICE®-Prozesse in Einklang zu bringen.

Automotive SPICE® und agile Entwicklung stehen dabei nicht im Widerspruch zueinander, denn es gibt zahlreiche Synergien zwischen beiden: Beide betonen die Kundenzufriedenheit. Während Automotive SPICE®-Prozesse darauf abzielen, ein Produkt zu liefern, das die Anforderungen von Kunden und Stakeholdern erfüllt, fördern agile Praktiken regelmäßige Feedbackschleifen mit den Stakeholdern. Agilität unterstützt die kontinuierliche Reflexion und Anpassung, und im Zusammenspiel mit den Bewertungsstufen und Capability Levels von Automotive SPICE® wird ein strukturierter Ansatz zur kontinuierlichen Verbesserung im Automotive-Sektor geboten.

Agile Praktiken wie Daily Standups oder Retrospektiven unterstützen die Zusammenarbeit und die offene Kommunikation, was zur Wirksamkeit der Automotive SPICE®-Prozesse beiträgt. Die Einführung agiler Methoden kann oft auch zu besseren Schätzpraktiken in Projekten führen. Nach unseren Beobachtungen schneiden agile Projekte in der Regel sogar etwas besser ab als nicht agile Projekte.

Es gibt aber auch einige wichtige Punkte zu beachten: Zum einen sind die Basispraktiken von Automotive SPICE® oft so formuliert, wie man es von einem klassischen Entwicklungsprozess erwarten würde. Dies bedeutet, dass sowohl bei der Umsetzung als auch bei der Bewertung durch den Assessor Anpassungen erforderlich sind. Während Agilität die kontinuierliche Lieferung und Anpassung betont, legt Automotive SPICE® großen Wert auf eine umfassende Planung. Die Zusammenführung dieser beiden Ansätze kann herausfordernd sein, ist aber essenziell, um beide Philosophien in Einklang zu bringen.

Allein die Implementierung eines agilen Frameworks wie SAFe garantiert nicht automatisch die Konformität mit Automotive SPICE®. Es ist entscheidend, dass sowohl das Management als auch die Entwicklungsteams ausreichend geschult werden und sich der Überschneidungen zwischen agilen Praktiken und den Automotive SPICE®-Anforderungen bewusst sind. In Abschnitt 19.2 gehen wir genauer auf das Automotive SPICE®-Add-on Agile SPICE ein, das helfen soll, beide Welten besser zu integrieren.

3 Aufbau von Automotive SPICE®

Automotive SPICE® ist ein zweidimensionales Framework zur Bestimmung der Prozessfähigkeit. Es präsentiert sich in einem einzigen Dokument, das sowohl das »Prozessreferenz-Modell« (»Process Reference Model«, PRM) als auch das »Prozessassessment-Modell« (»Process Assessment Model«, PAM) umfasst. Die zugrunde liegenden Standards ISO/IEC 33002 [ISO/IEC 33002] und ISO/IEC 33004 [ISO/IEC 33004] fordern beides, aber nicht unbedingt als separate Dokumente. Die Zusammenlegung erleichtert die Navigation und sorgt für Klarheit.

Wir möchten an dieser Stelle kurz auf diese beiden Komponenten des Standards eingehen:

- Die »Prozessdimension« konzentriert sich auf die spezifischen Prozesse, wie sie im Prozessreferenz-Modell durch ihren Zweck und ihre Ergebnisse sowie durch die Beziehungen zwischen ihnen definiert sind. Für die Verwendung können je nach Umgebung und Situation zusätzliche Elemente erforderlich sein. Auf die Prozessdimension gehen wir in Abschnitt 3.1 genauer ein.
- Die »Fähigkeitsdimension« (Capability-Dimension) ist in Automotive SPICE® über alle Prozesse hinweg konsistent und beinhaltet weitere Indikatoren für die Prozessfähigkeit. Das Prozessassessment-Modell ist ein Instrument, das dazu dient, Eignung, Zweckmäßigkeit und Prozessfähigkeit in einem Projekt zu bewerten. Es basiert auf dem ISO/IEC-33020-Standard, während die Prozessdimension fest im Prozessreferenz-Modell verankert ist. Darauf wird in Abschnitt 3.2 näher eingegangen.

3.1 Prozessdimension und Struktur der Prozessbeschreibungen

Die »Prozess-Steckbriefe« innerhalb von Automotive SPICE® sind nach den Aktivitätsbereichen, die sie adressieren, gruppiert und kategorisiert. Diese Einteilung ermöglicht einen klaren Überblick über die verschiedenen Aktivitäten und Ziele. Jeder dieser Prozesse hat eine eindeutige Absichtserklärung bzw. Zweck, der die funktionalen Ziele in einem bestimmten Umfeld definiert. Diese Zweckbestimmungen sind nicht nur abstrakte Konzepte, sondern werden durch konkrete Prozessergebnisse (Process Outcomes) detailliert. Diese Ergebnisse spezifizieren, was genau durch den Prozess erreicht werden soll. Neben dem Zweck und den Prozessergebnissen sind die Prozess-ID und der Prozessname Bestandteile des Prozessreferenz-Modells. Diese Elemente sind im oberen Teil der Abbildung 3–1 zu sehen und im Standard rot markiert.

Prozessreferenz-Modell	**Prozess-ID**	Die einzelnen Prozesse werden mit einer eindeutigen Prozess-ID und einem Prozessnamen gekennzeichnet. Es wird ein Prozesszweck angegeben und die Prozessergebnisse werden definiert, um die Prozessdimension des Automotive SPICE®-Prozessreferenz-Modells darzustellen. Die Hintergrundfärbung der Prozess-IDs und -namen zeigt die Zuordnung zu der entsprechenden Prozessgruppe an.
	Prozessname	
	Prozesszweck	
	Prozessergebnisse	
Prozessdurchführungs-Indikatoren	**Basispraktiken**	Eine Reihe von Basispraktiken für den Prozess, die eine Definition der Aktivitäten liefern, die durchgeführt werden müssen, um den Prozesszweck zu erfüllen und die Prozessergebnisse zu erreichen. Die Überschriften der Basispraktiken werden am Ende eines Prozesses zusammengefasst, um ihre Beziehung zu den Prozessergebnissen aufzuzeigen.
	Erzeugte Informationsobjekte	Die erzeugten Informationsobjekte, die für die Erreichung des Prozesszwecks und die Erfüllung der Prozessergebnisse relevant sind, werden am Ende eines Prozesses zusammengefasst, um ihre Beziehung zu den Prozessergebnissen zu verdeutlichen. *Anmerkung:* Siehe Anhang B des Standards für die Merkmale der einzelnen Informationselemente.

Abb. 3–1 *Darstellung der Prozesse im Standard*

Jeder Prozess hat zudem seine eigenen Durchführungsindikatoren, die uns helfen zu verstehen, ob ein Prozess angemessen umgesetzt wird oder nicht. Diese Indikatoren werden in zwei Hauptkategorien unterteilt: Basispraktiken und erzeugte Informationsobjekte (Output Information Items). Die Informationsobjekte ersetzen die Arbeitsprodukte vorheriger Versionen. Dies wird in Abschnitt 4.2 näher erläutert.

Die Basispraktiken werden zur Bewertung von Prozessen herangezogen, aber auch, um die Erwartungshaltung zu verstehen, die Automotive SPICE® an einen Prozess stellt.

Sie folgen in ihrer Darstellung meist einer typischen Struktur; so beginnen sie mit den grundlegenden Aktivitäten des Prozesses, bevor Strukturierungs- und Analysepraktiken angewendet werden müssen. Danach kommen Praktiken zur Nachverfolgbarkeit und Konsistenz, bevor die Kommunikation und die Transparenz im Projekt sichergestellt werden.

Abbildung 3–2 (S. 18/19) gibt einen Überblick über die Prozesslandschaft von Automotive SPICE® 4.0 und zeigt die Struktur des Prozessreferenz-Modells. Zunächst werden die Prozesse einem Lebenszyklus zugeordnet: dem primären Lebenszyklus (mittlerer Bereich), dem unterstützenden Lebenszyklus (linker Bereich) und dem organisatorischen Lebenszyklus (rechter Bereich).

Der primäre Lebenszyklus umfasst essenzielle Prozesse wie die System-, Hardware- oder Softwareentwicklung und spezialisierte Prozesse wie das Machine Learning. Aber auch der Akquisitions- und Beschaffungsprozesse finden hier ihren Platz. Wir unterscheiden einzelne Prozessgruppen, auf die wir in den späteren Kapiteln dieses Buches näher eingehen werden.

Auch wenn die Entwicklungsprozesse häufig als V dargestellt werden, erfordert Automotive SPICE® keine Entwicklung nach dem V-Modell. Dies ist u.a. wichtig zu verstehen, wenn wir später auf das Thema Automotive SPICE® und Agilität eingehen.

Der unterstützende Lebenszyklus umfasst nur eine Prozessgruppe, die Unterstützungsprozesse. Wie der Name schon sagt, unterstützen diese alle anderen Prozesse über den gesamten Entwicklungszyklus.

Die Prozesse des organisatorischen Lebenszyklus umfassen verschiedene Management-, Prozessverbesserungs- und Wiederverwendungsprozesse, die es ermöglichen, die Organisation bzw. das Projekt zu steuern.

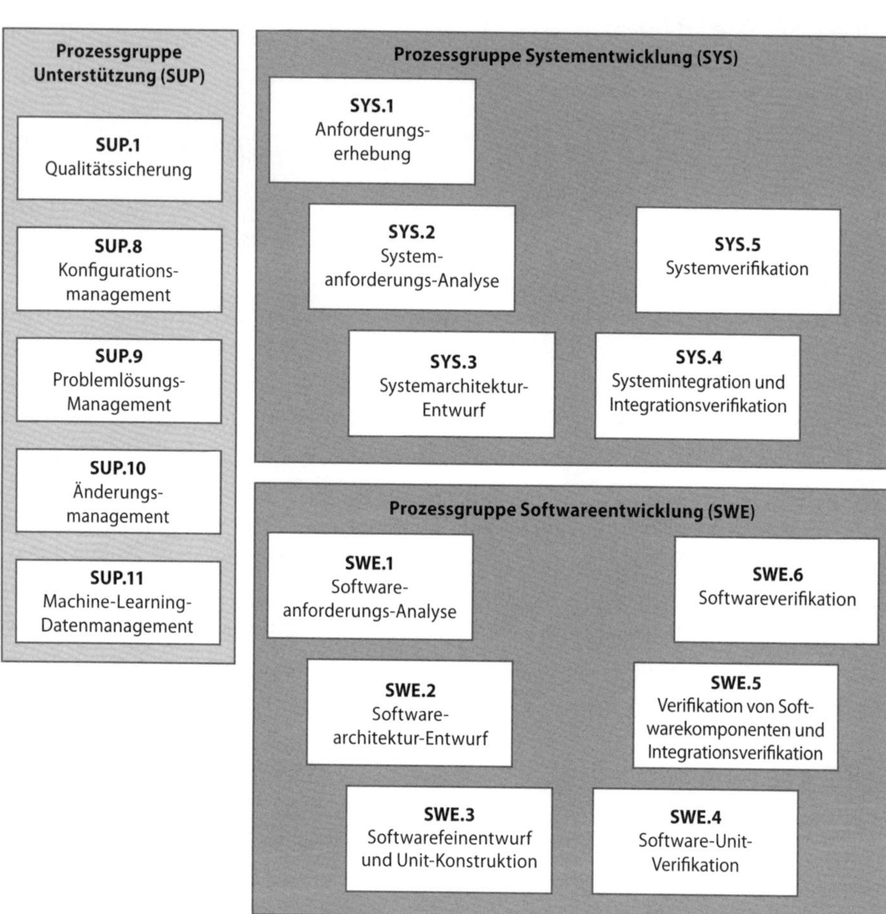

Primäre Lebenszyklus-Prozesse

Organisatorische Lebenszyklus-Prozesse

Unterstützende Lebenszyklus-Prozesse

Abb. 3–2 *Prozessüberblick*

Prozessgruppe Akquisition (ACQ)
- **ACQ.4** Lieferantenüberwachung

Prozessgruppe Management (MAN)
- **MAN.3** Projektmanagement
- **MAN.5** Risikomanagement
- **MAN.6** Messung

Prozessgruppe Bereitstellung (SPL)
- **SPL.2** Produktrelease

Prozessgruppe Validierung (VAL)
- **VAL.1** Validierung

Prozessgruppe Verbesserung (PIM)
- **PIM.3** Prozessverbesserung

Prozessgruppe Hardwareentwicklung (HWE)
- **HWE.1** Hardware-Anforderungsanalyse
- **HWE.4** Verifikation der Hardwareanforderungen
- **HWE.2** Hardwareentwurf
- **HWE.3** Verifikation des Hardwareentwurfs

Prozessgruppe Wiederverwendung (REU)
- **REU.2** Management der Produktwiederverwendung

Prozessgruppe Machine Learning Engineering (MLE)
- **MLE.1** Anforderungsanalyse für Machine Learning
- **MLE.4** Testen des Machine-Learning-Modells
- **MLE.2** Machine-Learning-Architektur
- **MLE.3** Machine-Learning-Training

3.1.1 Modellerweiterungen (Extensions)

In der Version 3 von Automotive SPICE® wurde erstmals die Möglichkeit eingeführt, sogenannte »Plug-ins« zu verwenden. Diese ermöglichen es, bei Bedarf die Software- und Systems-Engineering-Prozesse durch Modelle aus anderen Ingenieurdisziplinen zu ersetzen. Auf diese Weise kann ein komplettes mechatronisches System betrachtet werden.

Das Grundprinzip des »Plug-in«-Konzepts basiert auf folgenden Aspekten:

- Die oberste Ebene umfasst alle Systems-Engineering-Prozesse, die in einem System »V« dargestellt sind.
- Je nach zu entwickelndem Produkt können die entsprechenden Engineering-Disziplinen mit ihren domänenspezifischen Prozessen (z.B. Hardware Engineering/HWE, Mechanical Engineering/MEE oder Software Engineering/SWE) in den Assessmentumfang aufgenommen werden.

Alle anderen Prozesse wie Managementprozesse und unterstützende Prozesse sind domänenunabhängig und so gestaltet, dass sie sowohl auf System- als auch auf Domänenebene angewendet werden können. Darüber hinaus können »Add-ons« verwendet werden, um die im Standard definierten Prozesse zu ergänzen.

Plug-ins und Add-ons werden von iNTACS-Arbeitsgruppen als Extensions (s. Abschnitt 2.2) entwickelt. Diese Gruppen setzen sich aus Mitarbeitern verschiedener Unternehmen zusammen. Durch ihre Zusammenarbeit sind Extensions wie »SPICE for Mechanical Engineering« entstanden. Beispiele für erstellte Extensions sind »Agile SPICE« und »Automotive SPICE® for Cybersecurity«. Diese Erweiterungen zielen darauf ab, den Herausforderungen der modernen Technikwelt gerecht zu werden und gleichzeitig die Qualitätsstandards aufrechtzuerhalten. Machine Learning Engineering und Hardwareentwicklung haben auf diesem Weg Einzug in das Automotive SPICE®-Modell gehalten.

Insgesamt stellen diese Erweiterungen einen Fortschritt für Automotive SPICE® dar. Sie ermöglichen ein flexibleres Arbeiten und die Integration von bewährten Verfahren aus verschiedenen Ingenieurdisziplinen.

Durch diese Erweiterungen kann der Standard besser an die Projektanforderungen angepasst und skaliert werden.

Durch die Verwendung eines vom VDA bereits vorgeschlagenen Standardumfangs (s. Abschnitt 6.5) wird die Vergleichbarkeit verschiedener Assessments unterstützt.

3.2 Capability-Dimension

Nachdem wir uns nun mit der Vielzahl der Prozesse, die mit Automotive SPICE® 4.0 betrachtet werden können, beschäftigt haben, wollen wir jetzt auf deren Bewertung schauen. Ein wesentliches Element sind dabei die Prozessattribute, die bewertet werden müssen und aus denen sich schließlich der Grad der Prozessfähigkeit (Capability Level) des Prozesses ergibt. Diese sind in Abbildung 3–3 dargestellt und zum Prozessreferenz-Modell in Bezug gesetzt.

An dieser Stelle soll nur ein kurzer Überblick gegeben werden, da in Kapitel 18 detaillierter auf die Capability Levels in Automotive SPICE® 4.0 eingegangen wird.

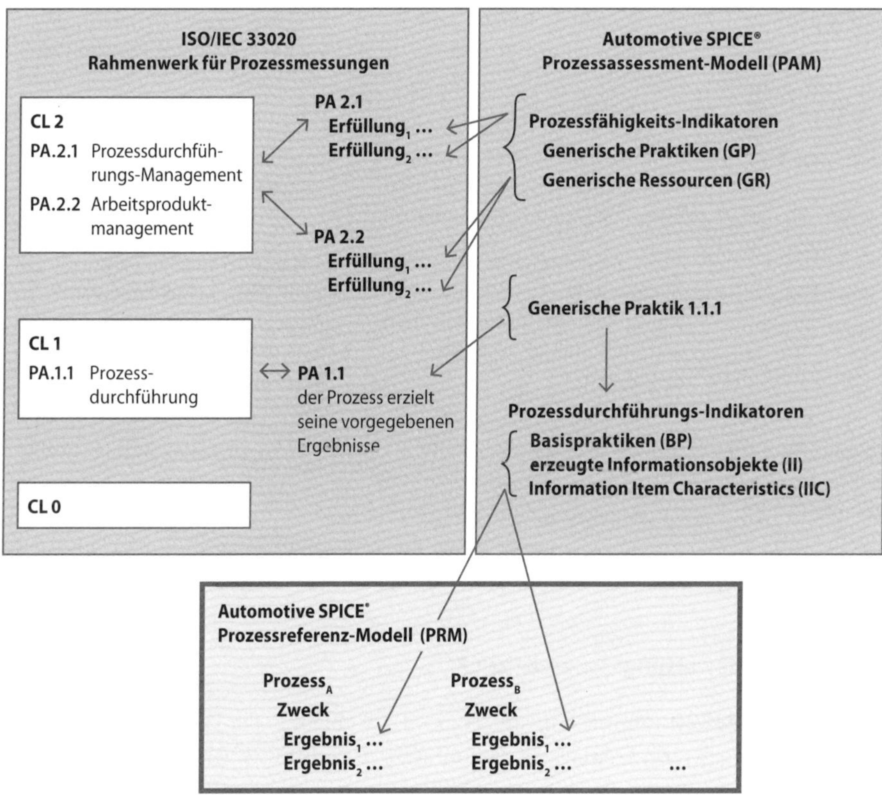

Abb. 3–3 *Assessment-Indikatoren vs. Prozessreife*

Für Capability Level 1 ist nur das Prozessattribut PA 1.1 relevant, das ausdrückt, dass der Prozess seinen Zweck erfüllt und die im Prozessreferenz-Modell definierten Prozessergebnisse (Process Outcomes) erbringt. Obwohl für Capability Level 1 ein systematischer Ansatz gegeben sein muss, können noch Schwachstellen vorhanden kann, die dann für den Capability Level 2 weitgehend beseitigt sein müssen.

Für die weiteren Capability Levels kommen jeweils zwei Prozessattribute hinzu, wie in Tabelle 3–1 dargestellt.

Prozessfähigkeit	Prozessattribute	
CL 1: Durchgeführt	PA 1.1: Der Prozess erfüllt seinen Zweck und erbringt die im Prozessreferenz-Modell definierten Prozessergebnisse.	
CL 2: Gesteuert	PA 2.1: Die Durchführung des Prozesses wird gesteuert.	PA 2.2: Die durch den Prozess erzeugten Arbeitsprodukte werden angemessen verwaltet.
CL 3: Etabliert	PA 3.1: Ein Standardprozess wird gepflegt, um die Einführung des definierten Prozesses zu unterstützen.	PA 3.2: Der Standardprozess wird als definierter Prozess eingesetzt, um die Prozessergebnisse zu erreichen.
CL 4: Vorhersagbar	PA 4.1: Der Informationsbedarf ist definiert, Beziehungen zwischen den Prozesselementen sind identifiziert und Daten werden erhoben.	PA 4.2: Objektive Daten werden verwendet, um eine vorhersehbare Prozessausführung zu steuern.
CL 5: Innovativ	PA 5.1: Änderungen des Prozesses werden durch Untersuchungen innovativer Ansätze zur Definition und Einführung des Prozesses identifiziert.	PA 5.2: Änderungen an der Definition, dem Management und der Durchführung des Prozesses erfüllen die relevanten Prozessinnovationsziele.

Tab. 3–1 *Überblick über Prozessattribute*

So wie bei PA 1.1 die Basispraktiken als unterstützende Indikatoren dazu dienen, die Prozesse besser zu verstehen, gibt es für die anderen Prozessattribute sogenannte »generische Praktiken« (Generic Practices) die genauer beschreiben, was zu tun ist.

3.2.1 Das Bewertungsschema (NPLF)

Der Kern des Bewertungsmechanismus basiert auf einem in der ISO/IEC 33020:2019 definierten Regelwerk. Gemäß der Definition der ISO/IEC 33020:2019 sind immer die Prozessattribute der Prozesse zu bewerten. Als messbare Eigenschaft der Prozessfähigkeit ermöglicht dies eine Einschätzung des Grades der Umsetzung.

Im Normalfall und um das Ergebnis besser nachvollziehen zu können, werden auch die Basispraktiken und die generischen Praktiken entsprechend bewertet. Ein übliches Vorgehen ist hierbei, aus den Bewertungen der Praktiken des jeweiligen Prozessattributs einen Mittelwert zu bilden. Dieser Mittelwert gibt in der Regel einen guten ersten Anhaltspunkt und kann als Grundlage für die weitere Diskussion verwendet werden.

Allerdings sollte er nicht einfach übernommen werden, da die Basispraktiken oft nicht mit der gleichen Gewichtung in die Bewertung einfließen sollten. Abhängig von der konkreten Projekt- oder Organisationsumgebung können einige Praktiken relevanter und aussagekräftiger sein als andere. Eine einfache Mittelwertbildung kann daher zu einer verzerrten oder irreführenden Gesamtbewertung führen.

Es ist wichtig, die Bewertung im jeweiligen Kontext vorzunehmen. Diese Bewertung folgt einer spezifischen Bewertungsskala, die in der ISO/IEC 33020:2019 definiert und in das Automotive SPICE®-Modell übernommen wurde:

- **N (Not Achieved)**
  Es gibt wenig oder keine Anzeichen dafür, dass das festgelegte Prozessattribut im bewerteten Prozess erreicht wurde.
- **P (Partially Achieved)**
  Es gibt Anzeichen für einen Ansatz und einige Umsetzungen des Prozessattributs, allerdings können einige Aspekte unvorhersehbar sein.
- **L (Largely Achieved)**
  Der Ansatz zur Umsetzung des Prozessattributs ist systematisch, und es gibt signifikante Anzeichen seiner Umsetzung, obwohl Schwächen vorhanden sein könnten.
- **F (Fully Achieved)**
  Es gibt klare Beweise für einen vollständigen und systematischen Ansatz zur Umsetzung des Prozessattributs.

Jeder dieser Bewertungsstufen werden spezifische Prozentsätze zugeordnet, um den Grad der Umsetzung des Prozessattributs quantitativ zu beschreiben. Dabei kann die Skala weiter verfeinert werden, um zwischen einem »schwachen P bzw. L« und einem »normalen P bzw. L« zu unterscheiden.

Das Assessmentteam muss nicht nur den Standard kennen, sondern auch über praktische Erfahrung mit Automotive SPICE® verfügen. Ein fundiertes Verständnis des Modells und seiner Anwendung ist von entscheidender Bedeutung. Das bloße Durchblättern des Standards oder das Abarbeiten von Checklisten ist nicht ausreichend.

Die Bewertung sollte immer mit einem objektiven Blickwinkel erfolgen und ehrlich durchgeführt werden. Sie sollte nicht als Audit, sondern als Gelegenheit zur Verbesserung betrachtet werden. Es ist wichtig, die tatsächlich durchgeführten Aktivitäten anhand der Modellpraktiken zu bewerten und nicht nur das, was dokumentiert ist. Wie werden die Prozesse gelebt und ausgeführt?

Die Bewertung von Praktiken und die Verwendung dieser Bewertungen als Grundlage für die Bewertung von Prozessattributen stellt eine Herausforderung dar. Nicht alle Praktiken sind für jedes Projekt gleichermaßen relevant, und die meisten Assessoren verwenden nicht einfach den Mittelwert aller Basispraktik-Bewertungen.

Es sollte auch bedacht werden, dass eine einmalige Bewertung nur eine Momentaufnahme darstellt. Eine kontinuierliche Überwachung und Bewertung sind erforderlich, um sicherzustellen, dass Verbesserungen konsequent umgesetzt und aufrechterhalten werden. Auf die Durchführung von Assessments wird in Kapitel 21 näher eingegangen.

3.3 Automotive SPICE® Guidelines

Neben dem Prozessmodell [Automotive SPICE 2023] stellt der VDA QMC auch die zugehörigen Guidelines [VDA 2023] zur Verfügung, um dessen Auslegung und Anwendung zu vereinheitlichen. Die Guidelines sind nicht das Hauptthema dieses Buches, aber ihre Bedeutung als Wegweiser und unverzichtbares Werkzeug für Assessoren ist nicht zu unterschätzen. Sie sorgen für mehr Klarheit und ein besseres Verständnis des Assessmentprozesses, insbesondere bei Meinungsverschiedenheiten über Bewertungsergebnisse.

Die Guidelines richten sich vor allem an Assessoren in der Automobilbranche. Ein Ziel dieses Dokuments besteht darin, Richtlinien für die Anwendung von Automotive SPICE® festzulegen. Dabei geht es darum, den Assessoren bei der Planung, Durchführung, Bewertung und Berichterstattung von Assessments zu helfen.

Einzelne Prozesse werden auf ihre grundlegenden Praktiken und Regeln hin untersucht und es werden Empfehlungen gegeben, wann eine Basispraktik oder der Prozess abgewertet werden sollte. Gleichzeitig werden die Abhängigkeiten zwischen den Prozessen beleuchtet.

Es ist nicht beabsichtigt, Automotive SPICE® PAM oder PRM zu ersetzen oder zu erweitern. Automotive SPICE® 4.0 ist ein vollständiges Prozessassessment-Modell, das den Anforderungen von ISO/IEC 33002 entspricht. Es kann eigenständig, d.h. ohne Guidelines für Assessments, eingesetzt werden.

Der Verbesserungsprozess, der dazu dient, die in einem Assessment festgestellten Probleme zu lösen, wird explizit angesprochen. Viele Assessoren werden sich an diese Richtlinien halten, insbesondere wenn dies eine Anforderung des Auftraggebers ist.

Für diejenigen, die sich auf ein Assessment vorbereiten, lohnt sich daher ein Blick in die Automotive SPICE® Guidelines.

4 Neuerungen in Automotive SPICE® 4.0

Im Automobilsektor gibt es ein ständiges Bestreben, die Prozesse und Arbeitsmethoden zu verbessern und zu verfeinern. Mit der Veröffentlichung von Automotive SPICE® 4.0 erleben wir einen weiteren Schritt in der Gestaltung und Bewertung von Prozessen, der sicherstellen soll, dass die Branche weiterhin auf dem neuesten Stand bleibt.

In diesem Kapitel möchten wir ein wenig Licht in die Neuerungen bringen und erläutern, was sie aus unserer Sicht bedeuten. Ausführliche Erläuterungen finden Sie im weiteren Verlauf dieses Buches. Wir versuchen allerdings, Automotive SPICE® 4.0 so darzustellen, wie es ist, und nicht ein Buch im Stil von »was früher besser war« und »was heute besser ist« zu schreiben.

Bei einem Überblick über die Veränderungen fällt auf, dass nicht weniger als zehn Prozesse aus dem Prozessassessment-Modell (PAM) entfernt wurden. Dies ist ein deutliches Zeichen dafür, dass der Ansatz gestrafft und effizienter gestaltet wurde. Die in Automotive SPICE® 4.0 nicht mehr enthaltenen Prozesse können bei Bedarf noch aus Automotive SPICE® 3.1 verwendet werden.

Im Gegenzug wurden aber auch zehn relevante Prozesse und drei Prozessgruppen hinzugefügt, die den Fokus auf Hardwareentwicklung und Machine Learning erweitern. Diese Änderungen sollen sicherstellen, dass das Modell sowohl den aktuellen Anforderungen als auch den zukünftigen Herausforderungen gerecht wird.

Alle PAM-Prozesse wurden überarbeitet, um sie an den neuesten Industriestandards und Best Practices auszurichten. Dies beinhaltet auch ein aktualisiertes Bewertungsmodell, das auf der ISO/IEC 33020:2015 basiert. Diese Norm gibt klare Richtlinien vor, wie die Qualität und Effizienz von Prozessen gemessen und bewertet werden sollten, und das neue Bewertungsmodell spiegelt dies direkt wider.

Ein weiteres bemerkenswertes Merkmal der Änderungen ist, dass alle planungsbezogenen Aspekte vollständig in den Capability Level 2 verschoben wurden. Darauf wird in Abschnitt 4.4 näher eingegangen. Die Umstrukturierung der generischen Praktiken im Capability Level 3 (die Semantik der Ebene bleibt unverändert) soll bewirken, dass die Prozessattribute PA 3.1 und 3.2 besser miteinander harmonieren und ihr Zusammenspiel deutlicher wird.

Diese Änderungen zielen darauf ab, das PAM effektiver und effizienter zu gestalten und eine genaue und umfassende Bewertung der in der Automobilindustrie verwendeten Prozesse zu ermöglichen.

4.1 Klarheit in der Terminologie

Wie bei jeder Sprache oder jedem System gibt es auch bei Automotive SPICE® eine Evolution der Terminologie. Die Worte, die wir wählen, und wie wir sie verwenden, können die Art und Weise, wie Prozesse durchgeführt und interpretiert werden, maßgeblich beeinflussen.

Automotive SPICE® 4.0 legt großen Wert auf klare und eindeutige Begrifflichkeiten, um Missverständnisse zu vermeiden und eine bessere Übereinstimmung mit anderen Standards, wie ISO 26262, zu gewährleisten. Beispiele für neue Begriffsbestimmungen:

- Ein konsistenter und präziser Gebrauch der Terminologie ist eingeführt worden, wobei Unterschiede zwischen »Maßnahme«, »Metrik« und »Handlung« klargestellt werden.
- »Integrierte Software« in SWE.6 bezieht sich jetzt auf das technische Softwareprodukt zur Überprüfung und nicht auf die Einbindung oder Dokumentation.
- Der Begriff »Item« wurde in den Test-/Verifikationsprozessen durch »System-/Softwareelement« ersetzt, um Konflikte mit der ISO 26262 zu vermeiden.
- Es wurde ein Unterschied zwischen »Betroffene Partei« und »Beteiligte Partei« gemacht, wobei letztere eine erweiterte Gruppe von Stakeholdern beinhaltet.
- Bei den erzeugten Informationsobjekten wurde das Wort »record« durch »evidences« ersetzt, und es gibt keine explizite Erwähnung von »aktualisierten Arbeitsprodukten« in den Kommunikations-BPs mehr.
- Der Begriff »Element« ist hier ein allgemeiner Begriff für »Unit« oder »Komponente«. Eine bemerkenswerte Ergänzung ist SWE.5.BP4, die sich auf die Integration und Verifizierung von Elementen bezieht. Diese beinhalten die Integration und Verifizierung von Einheiten in Komponenten.
- Das Konzept der »Units« wurde neu definiert. Interessanterweise kann eine Unit sowohl eine einzelne Unterfunktion als auch eine Gruppe von Unterfunktionen sein, je nach Anwendungsdomäne. Das bedeutet, dass sie eine »unteilbare kohärente Verhaltensweise« darstellt. Die Grenze einer Software-Unit ist unabhängig von ihrer Darstellung im Quellcode, der Struktur des Code-Files oder der modellbasierten Implementierung. Sie wird vielmehr durch die Semantik der Anwendungsdomäne bestimmt.
- Eine weitere Änderung ist die Verwendung des Wortes »Verifikation« anstelle von »Test«. Während ein Test oft als eine physische Handlung oder die Durchführung eines Tests interpretiert wird, vermittelt der Begriff »Verifikation« das

Bild einer umfassenderen Überprüfung, die sowohl die physische als auch die konzeptionelle Überprüfung einschließt. Ebenso ersetzen »Verifikationsmaßnahmen« die »Testspezifikation« und »Anforderungen« ersetzen die »Spezifikation«.

- Der Begriff »Output Work Products« wird durch »Output Information Items« und »Work Product Characteristics« durch »Information Item Characteristics« ersetzt. Diese Änderungen, obwohl subtil, signalisieren eine Verschiebung hin zu einer präziseren und kontextbezogenen Art der Kommunikation. Wir übersetzen den Begriff »Output Information Items« mit »erzeugte Informationsobjekte« und gehen in Abschnitt 4.2 näher darauf ein.
- Auf den Systembegriff in Automotive SPICE® 4.0 wird genauer in Abschnitt 5.1 eingegangen. Ein System kann z.B. ein mechatronisches System oder ein Antrieb sein, wie ein Motor plus ECU (Electronic Control Unit). Es kann sich jedoch auch um eine Steuereinheit (ECU), einen Mikrocontroller oder ein System-on-Chip handeln. Noch komplexer wird es, wenn man an ein »Softwaresystem« denkt, das aus verschiedenen Softwareteilen besteht.

4.2 Erzeugte Informationsobjekte

In Automotive SPICE® 4.0 gibt es den neuen Begriff »Information Item« (II), der sich auf Merkmale oder Attribute, die während der Prozessimplementierung als potenzielle Ausgaben betrachtet werden können, bezieht. Das ISO 33060-Konzept des »Information Item Characteristic« (IIC) ersetzt die bisherigen Arbeitsprodukt-Charakteristiken, um die Rückverfolgbarkeit der zu bewertenden Prozesse zu verbessern. Hinzu kommt, dass viele Assessoren explizit nach den Arbeitsprodukten gesucht haben und nicht nach den Informationen, die sie enthalten sollen. Der Übergang zu der neuen Begrifflichkeit soll daher auch hier für mehr Klarheit sorgen.

Diese Merkmale dienen als Anhaltspunkt dafür, welche Attribute in einem bestimmten Beispielarbeitsergebnis zu suchen sind, um objektive Beweise zur Unterstützung der Bewertung eines bestimmten Prozesses bereitzustellen. Wir benutzen im Rahmen dieses Buches den Begriff »Informationsobjekt«, der die Arbeitsprodukte (Work Products) aus früheren Versionen des Standards ersetzt.

Automotive SPICE® 4.0 kennt eine Vielzahl von Informationsobjekttypen, die mit den in Tabelle 4–1 dargestellten Eigenschaften definiert werden.

Attribut	Bedeutung
Information Item Identifier	Kennnummer, mit der auf das Informationselement verwiesen wird
Information Item Name	Typischer Name, der dem Informationselement zugeordnet ist. Organisationen können diese Informationselemente unterschiedlich benennen. Das eigentliche Format oder der tatsächliche Name ist jedoch nicht von Bedeutung. Es kann auch vorkommen, dass Organisationen mehrere äquivalente Informationselemente haben, die die in einem Informationselementtyp definierten Merkmale enthalten. *Hinweis*: Das Mapping liegt weiterhin in der Verantwortung der Assessoren.
Information Item Characteristics	Genauere Erläuterungen des Informationsobjekts. Diese bieten Beispiele für mögliche Eigenschaften, die mit den Informationselementtypen verbunden sind. Assessoren können nach diesen in den von der Organisationseinheit bereitgestellten Beispielen suchen.

Tab. 4–1 *Beschreibung von Informationsobjekttypen*

Außerdem wurden zusätzliche Tabellen für die Zuordnung von BP und IIC zu Prozessergebnissen, die Integration der BPs zur Rückverfolgbarkeit und Konsistenz sowie ein neuer grundlegender Anwendungsbereich mit weniger Beispielen aufgenommen, um den Eindruck von Checklisten zu vermeiden und die Assessoren zu motivieren, sich mehr auf den tatsächlichen Assessmentkontext zu konzentrieren und eindeutige Begriffe zu verwenden.

Informationsobjekte bieten lediglich eine Hilfestellung bei der Bewertung oder Implementierung von Prozessen. In einem Assessment sollten sie nicht als verbindliche Checkliste verwendet werden. Wir erläutern die entsprechenden Informationsobjekte in diesem Buch im Zusammenhang mit den Prozessen, in denen sie Anwendung finden. Es ist zu beachten, dass spezifische Informationselementtypen normalerweise von Prozesseigentümern in Form von Vorlagen etc. erstellt und von Prozessumsetzern angewendet werden, um ein Ergebnis eines bestimmten Prozesszwecks zu erreichen.

Der Prozesskontext, wie die Anwendungsdomäne, der Geschäftszweck, das Entwicklungsverfahren, die Unternehmensgröße usw., spielt eine wichtige Rolle bei der Entscheidung, was für einen Prozess angemessen ist.

4.3 Änderungen bei den Basispraktiken

Automotive SPICE® 4.0 bringt Änderungen in den Basispraktiken mit sich, die tiefgreifende Auswirkungen auf die Art und Weise haben, wie Unternehmen ihre Software- und Systementwicklungs-Prozesse betrachten und implementieren.

- Eine wichtige Änderung, die das Fundament dieser Revision prägt, ist die Neuanordnung des Inhalts der vorherigen Strategie-BPs. Diese wurden in andere BPs und in GP 2.1.1 verschoben, was Auswirkungen auf die Interpretation der Unterstützungs- und Verifikationsprozesse hat. Darauf wird in Abschnitt 4.4 näher eingegangen.
- Die Basispraktiken für Rückverfolgbarkeit (Traceability) und Konsistenz wurden wieder zu einer BP zusammengeführt, da Konsistenz ohne Rückverfolgbarkeit nicht gewährleistet werden kann und eine Kernaufgabe der Rückverfolgbarkeit die Überprüfung der Konsistenz ist.
- Auch für Verifizierungskriterien gibt es keine Basispraktik mehr. Diese sind jetzt Teil der System- und Softwareanforderungen.
- Die Notwendigkeit, alternative Architekturen zu bewerten, entfällt ebenfalls; stattdessen muss die gewählte Architektur begründet werden, d.h., es muss nachvollziehbar sein, anhand welcher Kriterien die Entscheidung für diese Architektur getroffen wurde.
- Bei den Architekturprozessen (z.B. SYS.3 und SWE.2) wurden die bisherigen BPs 1, 3 und 4 zu einer BP zusammengeführt, um ein klareres Verständnis von Architektur und Design zu ermöglichen. Zudem wurde eine neue BP eingeführt, die sich mit der Analyse der Architektur befasst, wobei auch Aspekte wie Cybersecurity, funktionale Sicherheit und Robustheitsanforderungen berücksichtigt werden.

4.4 Automotive SPICE® 4.0 und Strategien

Ein kontrovers diskutiertes Thema ist die Rolle von Strategien in Automotive SPICE® 4.0. Vergleicht man die Versionen 3.1 und 4.0, so wird eines deutlich: Während es in Automotive SPICE® 3.1 Prozesse ohne und mit Strategie gab, werden in 4.0 keine Strategien mehr benötigt, um Capability Level 1 zu erreichen. Jedoch sind sie für alle Prozesse ab Capability Level 2 erforderlich. Auch wenn keine Strategie mehr notwendig ist, bleibt ein systematischer Ansatz essenziell.

Für spezifische Prozesse wie SYS.4/5 und SWE.5/6 wird zwar keine Strategie mehr gefordert, aber einige Punkte, die bisher Teil der Strategie waren, sind für BP1 erforderlich. Hierzu gehören Techniken, Bestanden-/Nicht-bestanden-Kriterien, Eingangs- und Ausgangskriterien für die Verifikationsmaßnahmen, die erforderliche Reihenfolge oder Abfolge der Verifikationsmaßnahmen und das benötigte Verifikationsinfrastruktur- und Umgebungssetup. In diesem Kontext kann festgehalten werden, dass die Kernthemen einer Verifikationsstrategie weiterhin definiert werden müssen.

Auch wenn für den Capability Level 1 keine Strategien mehr erforderlich sind, sollten sie vor allem für die Unterstützungsprozesse in Betracht gezogen werden, um die notwendigen Informationen sinnvoll zu bündeln.

4.5 Unabhängigkeit der Prozesse

Diese Neuerung ist weniger ein Bestandteil des Standards selbst, sondern findet sich in den Guidelines [VDA 2023]. Sie wird aber in Zukunft einen deutlichen Einfluss auf die Assessmentpraxis haben.

Jeder Prozess soll in zukünftig unabhängig in seinen Prozessattributen bewertet werden. Dies impliziert, dass nur Schwächen des zu bewertenden Prozesses als Grundlage für eine potenzielle Abwertung herangezogen werden dürfen. Konkret bedeutet dies, dass eine Bewertung von PA 1.1 (Prozessattribut 1.1) mit P (partiell erfüllt) oder N (nicht erfüllt) für einen Prozess X nicht verwendet werden darf, um PA 1.1 des Prozesses Y abzuwerten, was bisher durchaus nicht unüblich war und einen eher »einfachen« Weg der Bewertung dargestellt hat.

Jetzt können nur die Basispraktiken (BP), die explizit auf einen anderen Prozess verweisen, wie z.B. die Konsistenz- und Rückverfolgbarkeits-BPs, aufgrund einer Schwäche in diesem anderen Prozess abgewertet werden, da diese die einzigen »Verbindungspunkte« zwischen den Prozessen sind.

Daraus folgt zunächst, dass eine simple Abwertung, weil der vorausgehende Prozess fehlerhaft ist und abgewertet wurde, nicht länger möglich ist. Die Abwertung muss also immer aus dem Prozess selbst heraus begründet werden.

Trotzdem bedeutet das aus unserer Sicht nicht, dass es z.B. bei unzureichenden Anforderungen im SYS.2 völlig ausreicht, den Architekturentwurf im SYS.3 korrekt aus diesen unzureichenden Anforderungen herzuleiten. Es muss zumindest ein systematischer Umgang mit diesem Problem gefunden werden, damit der Prozess seinen Zweck erfüllt. Insofern kann diese Schwäche auch immer noch dem Prozess SYS.3 zugeordnet werden.

Der logische Sinnzusammenhang der Prozesse bleibt aus unserer Sicht bestehen. Das heißt, wenn wesentliche Voraussetzungen für einen Prozess nicht erfüllt sind, kann er auch weiterhin nicht seinen Zweck erfüllen und die geforderten Arbeitsergebnisse liefern. Diese Einschätzung ist jedoch klar zu begründen und stellt aus unserer Sicht keine Verletzung der Bewertungsregel dar.

4.6 Hardwareprozesse

In der facettenreichen Landschaft des Hardware Engineering gibt es das »Hardware Engineering SPICE« als separates Prozessassessment-Modell (PAM) schon seit einiger Zeit. Bei der Integration in Automotive SPICE® 4.0 wurden bereits einige Verbesserungen berücksichtigt.

Der Grundgedanke hinter der Integration in Automotive SPICE® 4.0 war, eine konsistente Methode für die Handhabung von Prozessverbesserungen über mechatronische Disziplinen hinweg zu ermöglichen – sei es System (SYS), Software (SWE) oder Hardware (HWE). Die folgenden Aspekte werden ausgeklammert: System-Level-Engineering oder Einkauf, mechanische Herstellung oder Produktionsprozesse.

4.7 Machine Learning

Wir möchten diesen Abschnitt mit einer persönlichen Anekdote einer Kollegin beginnen. Vor einigen Jahren wurde sie als Beraterin eingestellt, um das erste ADAS-Projekt eines Kunden zu unterstützen und Automotive SPICE® zu implementieren. Als sie in das Unternehmen kam, fand sie ein großes Team von brillanten Ingenieuren vor, die an der Entwicklung eines Produkts arbeiteten.

Der Beraterin wurde mitgegeben, dass es sich beim ADAS-Team um eine Gruppe von »Rebellen« handelte, die sich an keine Qualitätsregeln halten wollten. Also begann sie zu versuchen, das Projektteam dazu zu bringen, die Vorgaben von Automotive SPICE® zu erfüllen. Als Erstes forderte sie das Team auf, bei der Anforderungsdefinition die Regeln von SWE.1 einzuhalten. Aber das Team fing an, über Datenanforderungen, Business Cases und Testlogik als Anforderungen zu sprechen und wie diese sich von den klassischen Anforderungen unterscheiden würden. Dann wollte sie, dass das Team eine Architektur definiert. Die Antwort war, dass klassische UML-Diagramme und Schnittstellendefinitionen nicht ausreichend waren, um die Probleme zu beschreiben, mit denen sie bei der Architektur zu kämpfen hatten. Als sie das Team aufforderte, einen Feinentwurf zu erstellen, musste sie sich anhören: »Wir können gerne ein detailliertes Design für unsere 20 Codezeilen erstellen, aber das wird unser Modell nicht verbessern« – was ein Modell sein sollte, wagte sie nicht zu fragen!

Und dann wollte sie, dass das Team Unit Tests und Qualifikationstests durchführt. Aber das Team zeigte ihr Fahrsimulatoren und Autos, die mit aufgeschnallten Kameras um das Firmengebäude fuhren. Verzweifelt darüber, dass sie weder in der Lage war, dem Team bei der Verbesserung seiner Qualität zu helfen, noch die Implementierung von Automotive SPICE® einzufordern, fragte sie: »O.k., was brauchen Sie also, um die Qualität dieses Produkts zu verbessern?« Die klare Antwort lautete: »Gute Daten, ein gutes Machine-Learning-Modell und gute Bewertungsmetriken, um zu überprüfen und sicherzustellen, dass dem ML-Modell und im weiteren Verlauf dem ADAS-System auf den Straßen vertraut werden kann, eigenständig Entscheidungen zu treffen.« Leider gab es im Automotive SPICE®-Koffer nichts, was geholfen hätte, die Qualität dieser wesentlichen Aspekte des Produkts zu verbessern. Dies war eine sehr lehrreiche Erfahrung für unsere Kollegin, aber sie war mit einer solchen Erfahrung nicht allein: In den vergangenen Jahren haben mehrere Automotive SPICE®-Experten weltweit ähnliche Erfahrungen gemacht und kamen zu einer gemeinsamen Erkenntnis: Es ist ein Wandel in Automotive SPICE® erforderlich, wenn es der Maßstab für die Entwicklungsqualität in der Automobilindustrie bleiben soll. Aus dieser Notwendigkeit heraus wurde die Erweiterung »Machine Learning for Automotive SPICE®« entwickelt.

Bevor wir allerdings in die weiteren Details des Plug-ins einsteigen, werden wir zwei Fragen vorab beantworten:

- Was ist Machine Learning?
- Was sind die wesentlichen Unterschiede zwischen der typischen Entwicklung von automobilen, softwaregesteuerten Systemen und Machine Learning?

Fangen wir mit der ersten Frage an. »Machine Learning« oder »maschinelles Lernen« besteht aus einem dreistufigen Prozess: Problemdefinition, Training und Implementierung. Am Anfang steht das zu lösende Problem. Dieses sollte so strukturiert sein, dass es mittels Mustererkennung bewältigt werden kann. Die Problemdefinition bestimmt dabei wesentlich die Qualität des späteren Resultats. So müssen beispielsweise die richtigen Daten identifiziert und ein geeignetes untrainiertes Modell gewählt werden. Die Modellentwicklung beginnt mit einem untrainierten Modell, das mithilfe von Trainingsdaten trainiert wird. Zum Training werden dedizierte Datensätze aus einer großen Sammlung von Dateninstanzen definiert. Als Starthilfe müssen die Dateninstanzen kategorisiert oder mit einem Hinweis auf das gewünschte Ergebnis versehen sein. Das untrainierte Modell wird dann den Trainingsdaten ausgesetzt. Übertragen werden anschließend die unstrukturierten Informationen in ein standardisiertes Format, beispielsweise als Zuordnung zu den wahrscheinlichsten Verkehrszeichennamen. Die ML-Ingenieure erhalten mehrere trainierte Modelle. Diese entsprechen potenziellen Lösungswegen. Bei der Erkennung des Stoppzeichens orientiert sich Modellkandidat #1 an der prozentualen Verteilung von Rot, während #2 die achteckige Form zur Identifizierung nutzt. Die MLE-Ingenieurteams bewerten dann das Ergebnis, ohne zu wissen, welche Kriterien der Kandidat angewendet hat. Sie wählen den vielversprechendsten Modellkandidaten aus und verfeinern diesen auf der Basis von Versuch und Irrtum immer weiter. Dieser kuratierte Trainingsprozess wird als »überwachtes maschinelles Lernen« bezeichnet. Dabei bedarf es erhöhter Aufmerksamkeit, da im Datenkörper möglicherweise Informationen enthalten sind, die es in der Wirklichkeit nicht gibt. Wurden die Verbotszeichen im Trainingsdatensatz mit auffälligen Schrauben montiert, nutzt Kandidat #3 vielleicht besagte Schrauben als Marker. So etwas wird als »Data Bias« (verzerrte Daten) bezeichnet – in diesem Fall basiert die Identifikation auf einer vermeintlichen Objekteigenschaft. Der iterative Trainingsprozess wird so lange durchgeführt, bis eines der generierten Modelle imstande ist, die Dateninstanzen dem Verkehrszeichenkatalog zuzuordnen. Dieses Artefakt wird anschließend in die Anwendungssoftware implementiert. Es enthält z.B. einen Entscheidungsbaum, der zeigt, wie die Bildfarben mit den verschiedenen Verkehrszeichen verknüpft sind. Letztlich wird an einem unabhängigen Datensatz getestet, ob das Modell richtig funktioniert und keine falschen Daten – Stichwort Muttern und Schrauben – fokussiert.

Nun kommen wir zur zweiten Frage. Wie in der Anekdote schon angedeutet, sind einige Unterschiede fundamental: Die Datenanalyse und -verwaltung sowie das Training der Algorithmen sind die wichtigsten und kritischsten Aktivitäten. Die Datenqualität ist viel kritischer und komplexer als die Qualität des Quellcodes, und das maschinelle Lernen erfordert einen Forschungs- und Entwicklungsansatz mit Versuch-und-Irrtum-Zyklen.

Die Validierung und Verifikation von Modellen des maschinellen Lernens basieren auf dem Labeling von Daten, dem Training, dem Aufspüren von Data Bias und der Sicherstellung, dass die wichtigsten Leistungsindikatoren (Key Performance

Indicators, KPIs) erfüllt werden. Das Projektmanagement muss den großen Aufwand berücksichtigen, der für die Sammlung von Datensätzen und deren Kennzeichnung erforderlich ist. Der Forschungs- und Entwicklungscharakter des maschinellen Lernens muss berücksichtigt werden, da diese Art der Entwicklung wenig vorhersehbar ist. Dies ist ein Projektrisiko.

Da die Entwicklung von Modellen des maschinellen Lernens nicht deterministisch ist, können die typischen Ansätze zur Qualitätssicherung und Verifikation nicht angewendet werden. Stattdessen müssen Prinzipien wie Vertrauenswürdigkeit und Erklärungsfähigkeit (ISO TR 24048) befolgt werden, um ein ML-System zu verstehen und zu bewerten. Es sollte klar sein, welche Datensätze für das Training, die Validierung und das Testen verwendet wurden.

Machine Learning wird sehr häufig bei der Entwicklung von ADAS (Advanced Driver Assistance Systems) verwendet. Aber auch ohne autonomes Fahren nimmt der Einsatz von Ansätzen des maschinellen Lernens in der Automobilindustrie rapide zu, etwa in den Bereichen Diagnose, Wartung und Vorhersage des Verschleißes von Getriebesystemen.

Die ML-Prozesse in Automotive SPICE® 4.0 wurden als Standard für die Bewertung der Prozessfähigkeit und der Fähigkeiten des maschinellen Lernens in der Automobilindustrie entwickelt. Sie decken einen ganzheitlichen Ansatz für die Entwicklung des maschinellen Lernens ab, der Datenmanagement, Algorithmus-Training, Validierung und Testen für die Entwicklung des maschinellen Lernens umfasst. Das Plug-in »Machine Learning for Automotive SPICE®« besteht aus fünf Prozessen: der Prozessgruppe Machine Learning Engineering (MLE) mit vier Entwicklungsprozessen und einem zusätzlichen unterstützenden Prozess für das Datenmanagement (SUP.11).

Das Plug-in ist eine Ergänzung der SWE-Prozesse. Im Rahmen der Erstellung der Softwarearchitektur wird entschieden, welche Softwareanforderungen durch ML-Komponenten umgesetzt werden sollen.

Im Prozess MLE.1 werden die Anforderungen an diese Komponenten sowie an die Datensätze, die zum Training und Testen der entsprechenden ML-Modelle verwendet werden, erstellt, analysiert und strukturiert.

Im Prozess MLE.2 werden die Architektur des ML-Modells sowie die initialen Hyperparameter-Werte definiert. Hyperparameter sind die Steuerelemente des ML-Modells (s. auch das Glossar ab S. 561).

Im Prozess MLE.3 werden Datensätze aus den in SUP.11 gesammelten und verarbeiteten Daten genutzt, um das ML-Modell zu trainieren und zu validieren.

Im Prozess MLE.4 werden weitere unabhängige Datensätze verwendet, um zu testen, ob erst das trainierte ML-Modell und anschließend das einsatzbereite ML-Modell die Anforderungen und die ML-Architektur erfüllen.

Im Prozess SUP.11 werden die Daten entsprechend den Datenanforderungen aus MLE.1 für das Training des ML-Modells sowie dessen Validierung und Test gesammelt und verarbeitet. Um die Datenqualität zu sichern, erfolgen des Weiteren Qualitätsprüfungen, die auf definierten Qualitätsmetriken basieren.

Auch wenn die Anwendung des MLE-Plug-ins erst nach der Definition der Softwarearchitektur startet, ersetzt das MLE-Plug-in die Prozesse SWE.3 und SWE.4 nicht. Der ML-Algorithmus besteht weiterhin aus Quellcode. Auch dieser Quellcode muss auf Grundlage eines Feinentwurfs entwickelt werden und die Unit-Verifikation durchlaufen.

Wenn das ML-Modell die Tests bestanden hat, wird es in die Gesamtsoftware integriert und im Rahmen von SWE.5 getestet.

4.8 Validierung

Am Ende dieser Reise durch die verschiedenen neuen Prozessgruppen steht die Validierungs-Prozessgruppe. Ihr Hauptziel ist es, den Beweis zu erbringen, dass das Endprodukt, das eine direkte Benutzerinteraktion ermöglicht, die Erwartungen an den vorgesehenen Gebrauch in seiner betrieblichen Zielumgebung erfüllt. Das Augenmerk liegt auf dem sogenannten vorgesehenen Gebrauch und richtet sich an die Endbenutzer des Produkts. Es wird jedoch ein großer Satz von Produkten im Fahrzeug ausgeschlossen, die nicht direkt an dieser Interaktion mit dem Endbenutzer beteiligt sind. Homologations- und gesetzliche Typgenehmigungs-Anforderungen sind Beispiele für Stakeholder-Anforderungen, die einer Validierung unterliegen. Fehlen gesetzliche Vorschriften, können die Erwartungen hinter der Validierung explorativer oder sogar subjektiver Natur sein – denken Sie an die Benutzererfahrung, das »Gefühl« oder die Einstellung während der Fahrtests.

Der einzige Prozess dieser Gruppe, VAL 1, kann in großen Teilen nur vom Auftraggeber und nicht vom Lieferanten ausgeführt werden, was sicherlich einer der Gründe ist, warum er nicht als SYS.6 definiert wurde. Auf diesen Punkt wird in Abschnitt 11.1 näher eingegangen.

5 Wesentliche Konzepte

5.1 Der Begriff des Systems

Automotive SPICE® ist ein Assessmentmodell für ein Projekt, in dem ein System mithilfe von Systems Engineering entwickelt wird. Deshalb ist es wichtig, in einem ersten Schritt ein Verständnis dafür zu entwickeln, was ein System ist. Ein System ist zunächst ein gedankliches Konstrukt, das im Engineering mit dem zu entwickelnden Produkt identisch sein kann.

Ein System wird normalerweise durch seine Grenzen, Eingaben und Ausgaben definiert. Die bewusste Definition der Systemgrenzen hilft uns, unsere Aufgaben zu strukturieren. Sie definieren, wo das System beginnt und endet und was sich innerhalb und außerhalb des Systems befindet.

Die Eingaben sind die Ressourcen, die dem System zugeführt werden, z.B. Energie, Informationen oder Materialien, und die Ausgaben sind die vom System erzeugten Ergebnisse, z.B. Produkte, Dienstleistungen oder Entscheidungen.

Ein System ist, etwas konkreter betrachtet, eine Sammlung von miteinander verbundenen Komponenten, die als solche selbst ein System bilden können. Diese Komponenten arbeiten zusammen, um eine bestimmte Funktion oder eine Reihe von Funktionen zu realisieren.

In der Technik und der Physik wird ein System oft als eine Gruppe interagierender Teile definiert, die zusammenwirken, um ein bestimmtes Ergebnis zu erzielen, z.B. ein Motor. In der Informatik kann ein System eine Sammlung von Hardware- und Softwarekomponenten sein, die zusammenarbeiten, um eine bestimmte Aufgabe zu erfüllen, z.B. die Verarbeitung von Daten oder die Steuerung eines Roboters.

Für einen Zulieferer ist ein System in der Regel das von ihm entwickelte System (oder auch eine Komponente, Funktion). Dieses wird dann in Teilsysteme heruntergebrochen. Der Zulieferer kann aber auch auf komplexere Art und Weise eingebunden sein.

Beispiele für Systeme in der Automobilindustrie sind Montageteile oder Module, Steuergeräte und Fahrzeugfunktionen, die über mehrere Montageteile, Module oder Steuergeräte verteilt sind. In Zukunft können die Grenzen eines Systems in der Automobilindustrie über ein einzelnes Fahrzeug hinausgehen und auch Dienstleistungen wie z.B. Onlinedienste, On-Demand-Funktionen und autonomes Fahren umfassen. Die IT-Kopplung mit einem Funktions-Backend bzw. einer Plattform erweitert derzeit den Blickwinkel darauf, was als System in der Fahrzeugentwicklung betrachtet werden kann.

Der Anwendungsbereich der SYS-Prozesse im Kontext von Automotive SPICE® ist weit gefasst und nicht an spezifische Systemgrenzen gebunden. Dies bedeutet, dass das Referenz- und Assessmentmodell in Automotive SPICE® keine Produkthierarchie repräsentiert, sondern die SYS-Prozesse sowohl ein »System of Systems« als auch unterschiedliche Ebenen eines einzelnen Produkts darstellen können.

Der Ansatz, ein System einfach in seine Bestandteile zu zerlegen, reicht nicht aus, um die Komplexität eines Systems von Systemen zu verstehen, da dabei die Wechselwirkungen zwischen den Systemen verloren gehen. An dieser Stelle kommen Schnittstellenbeschreibungen ins Spiel. Bei den OEMs gibt es heute umfangreiche Tool-Suiten, um dies zu handhaben.

5.1.1 Systemebenen

Aus Sicht eines OEM kann ein Fahrzeug mit all seinen Einzelkomponenten als System betrachtet werden. Diese Einzelkomponenten können weiter in Teilsysteme wie Infotainment, Motormanagement und Fahrerassistenz unterteilt werden.

Abbildung 5–1 soll die verschiedenen Systemebenen bei einem OEM veranschaulichen, wobei die Systemebene 0 das gesamte Fahrzeug darstellt.

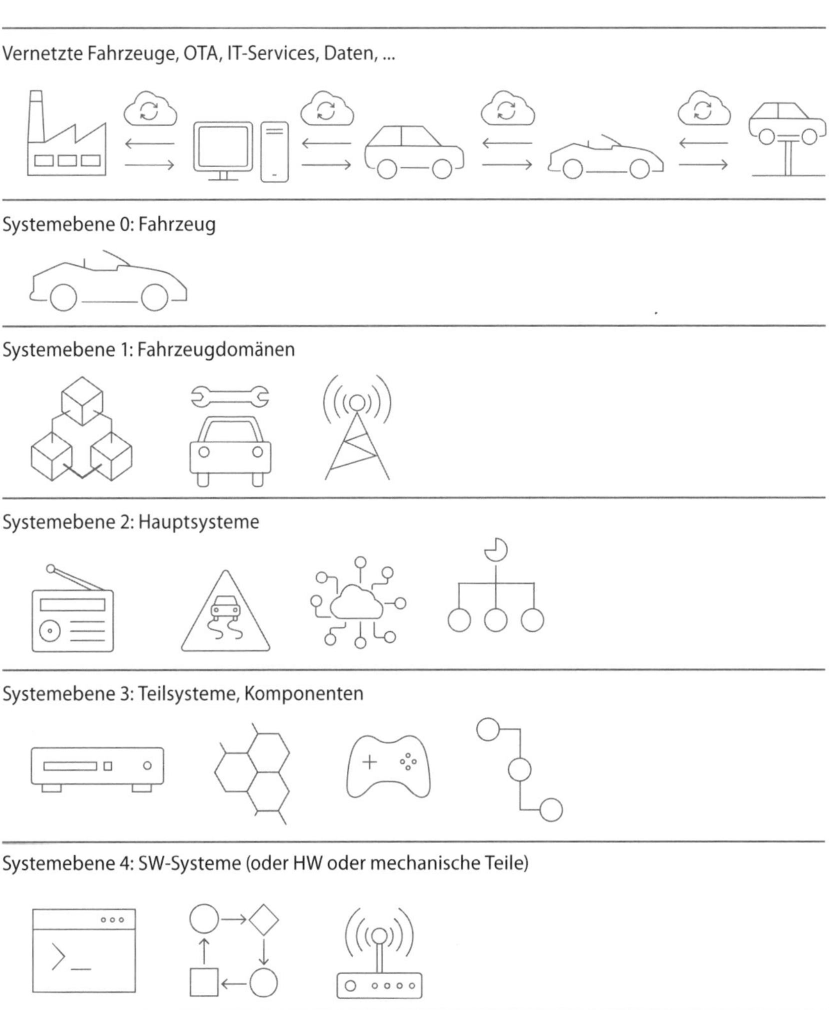

Abb. 5–1 *Mögliche Systemebenen für das Gesamtfahrzeug*

In einem systemorientierten Ansatz würden wir nun dieses System immer weiter in einer Kette von Teilsystemen herunterbrechen, bis wir irgendwann zu einer Komponente oder Funktion kommen, die von einem Zulieferer verantwortet wird.

Das Fahrzeug gliedert sich in der Systemebene 1 zunächst auf die klassischen Domänen, wie das Bodysystem oder Chassis, Antriebssystem, Infotainment etc. Danach gibt es meistens noch eine Unterstruktur, bis man bei den Systemen ankommt, die an einen Zulieferer vergeben werden.

Die Symbole sind in dieser Darstellung beliebig gewählt, da wir nicht immer vorhersehen können, was in das Fahrzeug integriert wird.

5.2 Systematischer Ansatz und Strategie

Eine wesentliche Änderung in Automotive SPICE® 4.0 ist das Verschwinden der Strategien aus den Basispraktiken des Prozessattributs PA 1.1. Das heißt, für den Capability Level 1 sind keine Strategien mehr erforderlich. Dafür sind sie jetzt für alle Prozesse zum Erreichen des Capability Level 2 obligatorisch.

Die Prozesse, die bisher einer Strategie bedurften und die abgewertet wurden, wenn die Arbeit nicht entsprechend der Strategie durchgeführt wurde, waren SYS.4, SYS.5, SUP.1, SUP.8, SUP.9 und SUP.10. Bedeutet das Wegfallen dieser Praktiken, dass man in den betroffenen Prozessen das Vorgehen nicht mehr festlegen muss?

Vermutlich wird es seitens der Assessoren unterschiedliche Auslegungen geben, doch um eine Bewertung »Largely« zu erhalten, ist ein systematisches Vorgehen notwendig, und dies erfordert eindeutig die Definition und strukturierte, organisierte, wiederholbare und konsistente Ausführung von Prozessen. Wir müssen erreichen, dass Prozesse nicht ad hoc oder chaotisch ausgeführt werden, sondern einer definierten Struktur folgen, die zu vorhersehbaren Ergebnissen führt.

Das strukturierte Vorgehen hat folgende Vorteile für das Projekt:

- Es gibt eine eindeutige Abfolge von Aktivitäten, Rollen, Eingaben und Ausgaben. Sie folgen einer logischen Reihenfolge und sind dokumentiert.
- Die Aktivitäten werden immer mehr oder weniger auf die gleiche Weise ausgeführt, unabhängig von der Person, die sie durchführt. Diese Wiederholbarkeit stellt sicher, dass die Qualität des Ergebnisses im Laufe der Zeit und über verschiedene Projekte oder Teams hinweg konsistent ist.
- Aufgrund des strukturierten Charakters des Vorgehens erhöht sich die Wahrscheinlichkeit, dass die Ergebnisse (unabhängig davon, ob es sich um ein Produkt, eine Dienstleistung oder eine beliebige Leistung handelt) stets einem bestimmten Qualitätsstandard entsprechen.

Einige der notwendigen Festlegungen, die vorher in der Strategie verortet waren, sind nun in die anderen Praktiken gewandert. Aber auch wenn diese nicht explizit erwähnt werden, so ist doch zu bewerten, ob sie notwendig sind, damit der Zweck des Prozesses erreicht werden kann.

Ein Konfigurationsmanagement oder eine Qualitätssicherung ohne ein klar definiertes Vorgehen wird beispielsweise in den meisten Fällen nicht funktionieren.

Die Frage, die wir uns also weiterhin stellen müssen, ist: Was müssen wir eindeutig und nachvollziehbar dokumentieren, um die Erfüllung des Zwecks des Prozesses sicherzustellen?

Die Tatsache, dass nun alle Prozesse des Capability Level 2 eine Strategie erfordern, wird in Abschnitt 18.1 behandelt.

5.3 Angemessenheit der Umsetzung

Es gibt eine Vielzahl von Möglichkeiten, wie ein Prozess in einem Projekt umgesetzt werden kann. Und das führt zu der Frage, wie man erkennen kann, ob die gefundene Lösung passt und Automotive SPICE®-konform ist.

Dabei ist die zentrale Fragestellung, ob der gelebte Prozess zweckmäßig ist bzw. ob der systematische Ansatz des Prozesses dieses Kriterium erfüllt. Ein »Wir machen das beliebig und immer mal anders« wird nie ausreichen.

In einem kleinen Projekt mag es angemessen sein, eine einfache Excel-Liste für das Anforderungsmanagement zu verwenden. Doch wenn das Projekt wächst, wird es rasch unrealistisch, von dieser Liste zu erwarten, dass sie Konsistenz und Nachverfolgbarkeit gewährleistet.

Ebenso unterscheidet sich das Kompetenzmanagement eines 3-Personen-Teams häufig von dem eines 20-Personen-Teams. Aber Achtung! Dies bedeutet nicht, dass in einem kleinen Team das gesamte Projektmanagement nur im Kopf ohne richtige Dokumentation durchgeführt werden kann.

Bei der Bewertung der Angemessenheit sind folgende Aspekte sinnvolle Hinweisgeber:

- Der Prozesszweck muss klar und von allen Beteiligten verstanden werden.
- Die Beteiligten verpflichten sich freiwillig zur Unterstützung der Implementierung und Anwendung des Prozesses und daran zu arbeiten.
- Der Prozess muss im Kontext der Projekt- oder Unternehmensziele gesehen werden und nützt dem Projekt.
- Aus dem gelebten Prozess sollten möglichst keine Risiken für das Projekt entstehen, zumindest sollte es ein Bewusstsein für diese geben.
- Manchmal ist weniger mehr. Gibt es einen einfacheren, effektiveren Weg, die Dinge zu tun? Oder einen guten Grund?

Im Zweifelsfall schadet es nie, aufzuschreiben, welche Annahmen man getroffen hat und warum man etwas auf eine bestimmte Art und Weise macht.

5.4 Trennung von Fragestellung und Lösung

Im Systems Engineering ist es ein Grundprinzip, den Problemraum und den Lösungsraum getrennt zu betrachten und zu analysieren, ähnlich wie wir dies vom Design Thinking her kennen. Der Problemraum beschreibt die Fragestellung, die wir mit dem System, das wir entwickeln wollen, zu lösen gedenken. Der Lösungsraum hingegen ist der Raum aller möglichen Lösungen für ein bestimmtes Problem. Durch die getrennte Betrachtung und Analyse des Problemraums und des Lösungsraums können Systemingenieure sicherstellen, dass sie das Problem, das sie zu lösen versuchen, vollständig verstehen und ein breites Spektrum möglicher Lösungen untersuchen. Abbildung 5–2 verdeutlicht den Weg vom Problem- zum Lösungsraum.

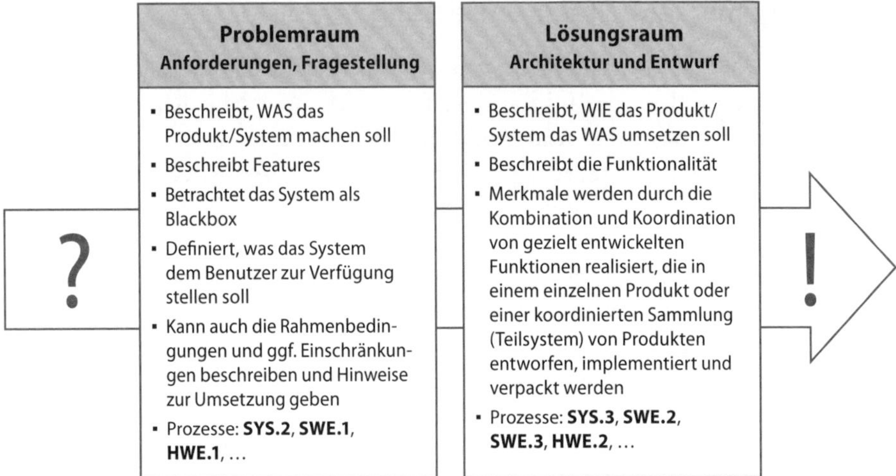

Abb. 5–2 *Vom Problem zur Lösung*

Es geht darum, zunächst grundlegend zu verstehen, welches Problem wir lösen müssen, und erst dann an der Lösung zu arbeiten, um häufige Fallstricke zu vermeiden, wie z.B. die verfrühte Konzentration auf eine bestimmte Lösung, die möglicherweise nicht die beste Lösung für das anstehende Problem ist.

Darüber hinaus unterstützt eine getrennte Betrachtung von Problem- und Lösungsraum auch dabei, alle relevanten Aspekte und Anforderungen für das zu entwickelnde System abzudecken.

In Automotive SPICE® bezeichnen wir die Analyse des Problemraums als Anforderungsanalyse. Und wir verwenden die gut strukturierten Anforderungen als Mittel zur Beschreibung des Problemraums, wobei wir das zu entwickelnde System als Blackbox betrachten.

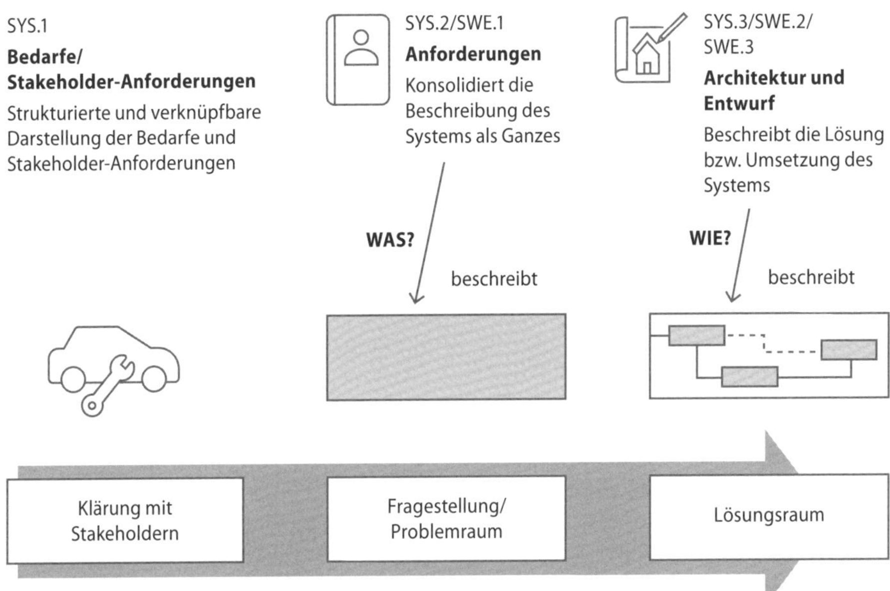

Abb. 5–3 *Entwicklungsablauf*

In Abbildung 5–3 wird dieses Vorgehen zu den Prozessen von Automotive SPICE® 4.0 in Bezug gesetzt. Vorgelagert ist ein Schritt, in dem die Anforderungen und Bedarfe der Stakeholder ermittelt werden.

Bei den meisten OEMs werden in einem ersten Schritt Funktionslisten erstellt. Alle Stakeholder werden aufgefordert, benötigte Funktionen zu ermitteln und aufzuschreiben. Diese müssen dann konsolidiert und in die Form von System-, Software- oder Hardwareanforderungen gebracht werden, um die Problemstellung zu definieren.

5.5 Analysen

Wir werden häufig gefragt, wie man nun tatsächlich eine Analyse durchführen muss. Auch hier scheint die Erwartung zu sein, dass es dafür eine Art Patentrezept gibt. Genau hier kommen wir aber zu dem Punkt, wo das Wissen und die Erfahrung eines Ingenieurs gebraucht werden.

In Automotive SPICE® spielen Analysen in verschiedenen Prozessen eine entscheidende Rolle, um die Qualität, Sicherheit und Zuverlässigkeit von Software und Systemen im Automobilbereich zu gewährleisten. Im Folgenden finden Sie eine Aufschlüsselung einiger der wichtigsten Prozesse in Automotive SPICE®, in denen Analysen explizit erwähnt werden oder implizit erforderlich sind, beispielsweise:

- **Anforderungserhebung** (SYS.1)
  Bei den Stakeholder-Anforderungen gibt es keine Analysen im eigentlichen Sinne. Hier besteht die Arbeit darin, ein gemeinsames Verständnis von den Anforderungen zu gewinnen. Darauf gehen wir u.a. in Abschnitt 5.7 ein. Bei Änderungen der Bedarfe in späteren Projektphasen ist häufig eine frühe technische Bewertung sinnvoll.
- **System-/Software-/Hardware-/Machine-Learning-Anforderungsanalyse** (SYS.2/SWE.1/HWE.1/MLE.1)
  Analyse der System-/Software-/Hardware-/Machine-Learning-Anforderungen, um sicherzustellen, dass sie auf der richtigen System- oder Abstraktionsebene definiert werden und dass sie die notwendigen Eignungskriterien erfüllen, z.B.:
  - Umsetzbarkeit
  - Prüfbarkeit
  - Korrektheit
- **Analyse der Architektur** (SYS.3/SWE.2/HWE.2/MLE.2)
  Analyse der System-/Software-/Hardware-/Machine-Learning-Architektur, um sicherzustellen, dass diese mit den Anforderungen übereinstimmt und für den beabsichtigten Zweck geeignet ist.
- **Problemlösungs-Management** (SUP.9)
  Analyse der in einer beliebigen Phase gemeldeten Mängel oder Probleme, um die Grundursachen zu ermitteln und Abhilfemaßnahmen festzulegen.
- **Änderungsmanagement** (SUP.10)
  Analyse von Änderungsanträgen, um ihre Auswirkungen auf das Projekt zu bestimmen und ihre Durchführbarkeit zu bewerten.
- **Risikomanagement** (MAN.5)
  Analyse potenzieller Risiken während des gesamten Projektlebenszyklus, Bestimmung ihrer Wahrscheinlichkeit und ihres Schweregrads sowie Entscheidung über Strategien zur Risikominderung.

Eine effektive Analyse beginnt mit dem Verständnis der zu lösenden Aufgabe oder einer gegebenen Fragestellung. Hierzu können Daten gesammelt, Hypothesen aufgestellt und verschiedene Lösungsansätze evaluiert werden. Während Automotive SPICE® Anforderungen und Erwartungen an den Prozess stellt, obliegt es dem Ingenieur, die am besten geeigneten Techniken und Methoden auszuwählen und anzuwenden.

In vielen Fällen gibt es etablierte Standardmethoden wie FMEA oder FTA, um Fehlerquellen zu lokalisieren und ihre Auswirkungen zu bewerten.

Es ist erwähnenswert, dass diese Prozesse zwar explizit Analysen nach dem Automotive SPICE®-Modell erfordern, viele andere Prozesse jedoch implizit ebenfalls Analysen beinhalten können. Die Tiefe und Strenge der Analyse hängt vom Prozessbereich, der Projektkomplexität und den damit verbundenen Risiken ab.

5.6 Reviews

Ein Review ist die systematische Bewertung eines Produkts, eines Prozesses oder eines Systems. Im Systems Engineering sind Reviews formale Aktivitäten, bei denen Dokumente, Entwürfe, Code oder andere Artefakte untersucht werden, um Unstimmigkeiten festzustellen, die Einhaltung von Standards zu gewährleisten und die Übereinstimmung mit Anforderungen zu überprüfen. Sie beziehen verschiedene Interessengruppen mit ein, von Designern, Architekten und Ingenieuren bis hin zu Endbenutzern und Kunden.

Reviews helfen dabei, Fehler in einem frühen Stadium zu erkennen und zu beheben, wodurch die Qualitätskosten gesenkt und ein robustes Endprodukt sichergestellt wird.

Übliche Vorgehensweisen sind:

- **Walkthroughs**
  - Ein Moderator führt das Reviewteam durch das Material und erläutert den Denkprozess und die Entscheidungen.
  - Ideal für informelle Überprüfungen und Wissensaustausch.
- **Technische Überprüfungen**
  - Konzentriert sich auf die technische Solidität des Arbeitsprodukts.
  - Es wird sichergestellt, dass das Produkt mit den technischen Richtlinien, Standards und Anforderungen übereinstimmt.
- **Inspektionen**
  - Ein formaler Überprüfungsprozess, bei dem das Produkt anhand einer Reihe von vordefinierten Kriterien oder einer Checkliste streng bewertet wird.
  - Hochgradig strukturiert, mit festgelegten Rollen wie Autor, Moderator, Schreiber und Prüfer.
- **Peer-Reviews**
  - Die Teammitglieder bewerten die Arbeit der anderen, um Unstimmigkeiten und Verbesserungsmöglichkeiten zu ermitteln.
  - Fördert die kollektive Verantwortung und den Wissensaustausch.
- **Stakeholder-Reviews**
  - Direkte Einbeziehung von Stakeholdern oder Kunden, um zu überprüfen, ob das Reviewobjekt ihren Erwartungen und Anforderungen entspricht.
  - Bietet unschätzbares Feedback aus der Sicht des Benutzers.

In der Automobilindustrie begegnen uns meistens werkzeuggestützte Peer-Reviews und Inspektionen, wenn es von der ISO 26262 bei sicherheitskritischen Systemen verlangt wird.

Erfolgsfaktoren für die Durchführung von Reviews sind:

- **Klare Zielsetzung**
  Legen Sie den Zweck und die Ziele der Überprüfung eindeutig fest. Geht es darum, die Einhaltung von Standards zu überprüfen, nach Mängeln zu suchen oder einfach nur Feedback einzuholen?
- **Die richtigen Teilnehmer**
  Ziehen Sie Teilnehmer mit dem entsprechenden Fachwissen und den Kenntnissen über das zu prüfende Produkt hinzu.
- **Unabhängigkeit**
  Die Reviewer sollten möglichst unabhängig und damit nicht betriebsblind sein. Im Gegenzug ist es auch wichtig, dass sie für den jeweiligen Reviewinhalt ausreichend qualifiziert sind.
- **Freiraum** und die Möglichkeit, sich einzubringen und sich den Inhalten des Reviews zu widmen.
- **Vorbereitung**
  Stellen Sie sicher, dass alle Teilnehmer im Voraus Zugang zu den relevanten Materialien haben, damit sie auf die Prüfung vorbereitet sind.
- **Strukturierter Ansatz**
  Befolgen Sie einen systematischen Prozess für die Überprüfung, um sicherzustellen, dass alle Aspekte abgedeckt sind und das Feedback effektiv erfasst wird.
- **Umsetzbares Feedback**
  Stellen Sie sicher, dass das Feedback spezifisch, umsetzbar und konstruktiv ist.
- **Dokumentation**
  Dokumentieren Sie die Ergebnisse der Überprüfung, einschließlich der festgestellten Unstimmigkeiten, der Maßnahmen und der getroffenen Entscheidungen.
- **Folgemaßnahmen**
  Stellen Sie sicher, dass die bei der Überprüfung ermittelten Maßnahmen umgehend angegangen und bei nachfolgenden Überprüfungen kontrolliert werden.

Durch Reviews wird sichergestellt, dass alle Beteiligten ein gemeinsames Verständnis von Anforderungen, Entwürfen und anderen wichtigen Aspekten haben. Durch das frühzeitige Erkennen potenzieller Fallstricke tragen Reviews dazu bei, die mit der Systementwicklung und -einführung verbundenen Risiken zu verringern.

5.7 Bidirektionale Rückverfolgbarkeit und Konsistenz

Rückverfolgbarkeit (Traceability) und Konsistenz sind wichtige Konzepte in der Produktentwicklung, insbesondere in der Automobilindustrie.

Rückverfolgbarkeit bezieht sich auf die Fähigkeit, die Beziehungen zwischen verschiedenen Elementen des Entwicklungsprozesses, insbesondere Anforderungen und Entwurfselemente, über verschiedene Prozessstufen hinweg zu verfolgen. Dadurch entstehen Ketten wechselseitiger Rückverfolgbarkeit und Konsistenz, durch die sichergestellt wird, dass Anforderungen auf höchster Ebene letztendlich in Hardware, Software und Mechanik umgesetzt werden.

Das heißt, man will sich, um die Zusammenhänge nachzuvollziehen, zwischen verschiedenen Artefakten des Entwicklungsprozesses sowohl vorwärts als auch rückwärts bewegen können. Das bedeutet beispielsweise konkret: Es sollte nicht nur möglich sein, von einer Softwareanforderung zu dem entsprechenden Testfall zu navigieren, sondern auch umgekehrt, von einem Testergebnis zurück zur ursprünglichen Anforderung. Dabei wird die Verlinkung zwischen Softwareanforderungen und Testfällen sowie zwischen Testfällen und Testergebnissen zentral betrachtet.

Die beidseitige Rückverfolgbarkeit ist ein wichtiges Konzept im Assessment und unterstützt die Bewertung, ob das entwickelt wird, was geplant wurde. Das Konzept der Rückverfolgbarkeit schafft also Transparenz (s. Abb. 5–4).

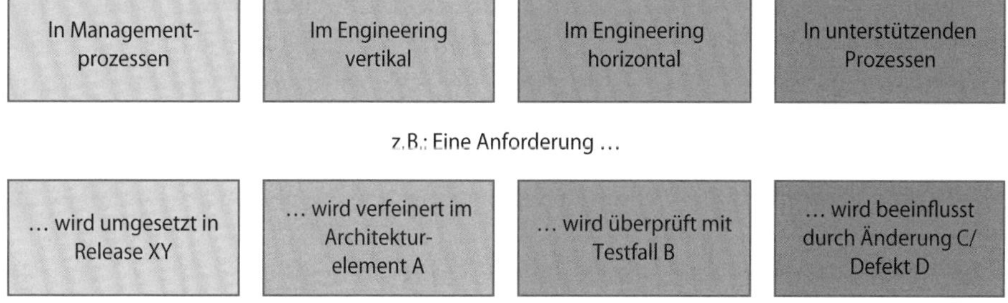

Abb. 5–4 *Rückverfolgbarkeit und Transparenz*

Dadurch können Beweise für eine ordnungsgemäße und systematische Arbeit erbracht werden. Dies ist auch im Assessment relevant, um die Konformität mit den Erwartungen von Automotive SPICE® nachzuweisen. Es geht dabei um Konsistenz zwischen verschiedenen Abstraktionsebenen, im V-Modell upstream oder downstream sowie horizontal zwischen den Prozessen auf der rechten Seite des V (s. Abb. 5–5 am Beispiel der System- und Softwareprozesse).

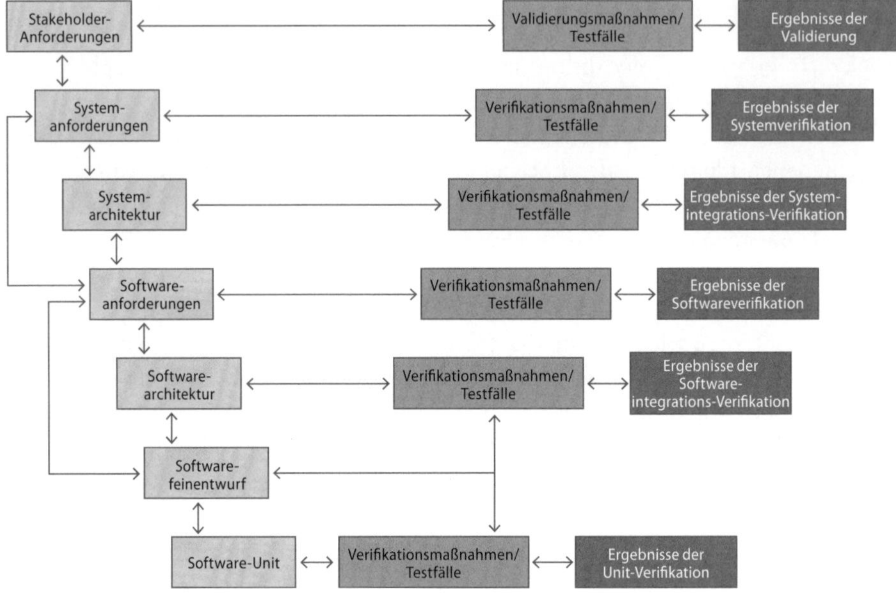

Abb. 5–5 *Rückverfolgbarkeit am Beispiel V-Modell*

Werkzeugbasierte Rückverfolgbarkeit kann genutzt werden, um diese Beweise zu erbringen. Dabei sollte die Granularität der Rückverfolgbarkeit angemessen sein. In der Praxis werden hierzu Tool-Suiten oder schnittstellenoptimierte Toolketten verwendet.

Konsistenz hingegen bezieht sich darauf, in welchem Maße nachgelagerte Elemente auf korrekten Interpretationen von vorgelagerten Elementen beruhen und ob die Rückverfolgbarkeitsverbindungen zwischen den Elementen korrekt und vollständig sind. Konsistenz wird meistens durch Reviews nachgewiesen, und es ist wichtig, ein geeignetes Reviewkriterium zu haben.

Im Automotive SPICE®-Modell werden Rückverfolgbarkeit und Konsistenz durch Basispraktiken in den Entwicklungsprozessen und im Prozess zum Anforderungsänderungsmanagement berücksichtigt. Darüber hinaus befasst sich der Projektmanagementprozess mit der Konsistenz.

Fahrzeuge werden zunehmend komplexer, und Rückverfolgbarkeit ist unerlässlich, um die Produktentwicklung zu beherrschen. Die Vorteile von Rückverfolgbarkeit umfassen die Unterstützung von Kundenanforderungen, die Coverage-Analyse, Tests, Auswirkungsanalysen und Konsistenzprüfungen. Allerdings wird das Konzept der Konsistenz oft nicht gut verstanden, und der Aufwand zur Herstellung der Konsistenz wird oft unterschätzt.

Es ist wichtig zu beachten, dass Rückverfolgbarkeit durch eine einfache Konsistenz- und Coverage-Prüfung mittels automatisierter Abfragen nachgewiesen kann. Für die Konsistenzprüfung ist dies jedoch unzureichend. Reviews sind erforderlich, um die Konsistenz sicherzustellen, und gut durchgeführte Konsistenzreviews können dazu beitragen, die Anzahl der Defekte im Produkt sowie den Aufwand für Tests und Fehlerbehebungen zu reduzieren. Letztendlich hilft dies, die Entwicklungskosten zu senken.

Rückverfolgbarkeit und Konsistenz sind eng miteinander verbundene Konzepte, und beide sind für einen erfolgreichen Produktentwicklungs-Prozess unerlässlich.

5.8 Übergänge zwischen verschiedenen Verständnisebenen

Im Rahmen der Systementwicklung verfeinern wir die Anforderungen und Entwurfselemente nicht nur in struktureller Hinsicht, wir überschreiten auch verschiedene Abstraktionsebenen. Ein Stakeholder auf oberster Ebene, wie ein Produktmanager, die Fahrzeugqualitätssicherung, die Inbetriebnahme, um ein paar Beispiele zu nennen, muss eine Softwareanforderung für eine Funktion in einem Steuergerät nicht mehr verstehen. Die Anforderung ist nicht mehr in seiner Sprache geschrieben, und das muss sie auch nicht sein. Der Anwendungsfall im Prozess sieht stattdessen vor, dass sie in der Sprache eines Softwareentwicklers, der für den Bereich qualifiziert ist, geschrieben und verstanden werden muss.

Diese Übertragung in eine andere Abstraktionsebene tritt zum ersten Mal auf, wenn wir aus Stakeholder-Anforderungen Systemanforderungen machen, und an der Stelle sollte ein beiderseitiges inhaltliches Verständnis gegeben sein. Eine Systemanforderung sollte, wenn sie konsolidiert ist, die ihr zugeordneten Qualitätsanforderungen erfüllen.

Einen ähnlichen Wechsel der Sprache haben wir, wenn aus Systemanforderungen Softwareanforderungen gemacht werden. Auf dieser Ebene erfolgt nun die Analyse, welche Aspekte der Systemebene in welcher Form in den verschiedene Subdisziplinen (z.B. Software, Hardware, Mechanik) abgebildet werden. Der Systemverantwortliche kann und muss an dieser Stelle nicht mehr im Detail verstehen, wie genau die Software die Funktionalität einer Systemanforderung umsetzt. Wie auf der Ebene darüber ist aber auch hier ein beiderseitiges inhaltliches Verständnis notwendig. Das Gleiche gilt auch für die anderen Subdisziplinen.

5.9 Kommunikation und Transparenz

In Automotive SPICE® 4.0 gibt es, wie schon in der Vorgängerversion, Basispraktiken, die eine strukturierte Kommunikation einfordern. Das bedeutet in jedem Fall, dass die davon betroffenen Akteure, meist das Management und der nachgelagerte Prozess, über Änderungen und Ergänzungen informiert werden müssen. Diese Art von Transparenz ist für einen reibungslosen Ablauf unerlässlich. Die Kommunikation von Änderungen und Fertigstellungen löst oft weitere Aktivitäten in den betroffenen Prozessen aus.

Der Kommunikationsprozess ist ein integraler Bestandteil insbesondere in den Engineering-Prozessen wie den Anforderungsanalyseprozessen (SYS.2, SWE.1, HWE.1, MLE.1), den Entwurfsprozessen (SYS.3, SWE.2, SWE.3, HWE.2, MLE.2, MLE.3) sowie den Verifikationsprozessen (SYS.4, SYS.5, SWE.4, SWE.5, SWE.6, HWE.3, HWE.4, MLE.4). Es ist wichtig, dass das Entwicklungsteam sicherstellt, dass alle relevanten Interessengruppen während des gesamten Entwicklungsprozesses informiert und auf dem Laufenden gehalten werden.

Wenn wir uns Automotive SPICE® ansehen, werden wir feststellen, dass auf der linken Seite des V-Modells in verschiedenen Prozessen Praktiken mit »Communicate agreed ...« beginnen und auf der rechten Seite mit »Summarize and Communicate«. Diese Praktiken unterstreichen die Bedeutung der Kommunikation von abgestimmten Arbeitsergebnissen. Warum? Weil in jedem Projekt viele Aktivitäten eng miteinander verbunden sind und für einen reibungslosen Übergang zwischen den Prozessen eine klare Kommunikation von Arbeitsergebnissen und anderen relevanten Informationen unerlässlich ist.

Aber wie erreichen wir das? Es genügt nicht nur, Ergebnisse zu kommunizieren; sie müssen proaktiv und an alle beteiligten Projektmitglieder übermittelt werden. Eine effektive Kommunikation stellt sicher, dass jedes Teammitglied versteht, was im Laufe des Prozesses erreicht wurde. Das ultimative Ziel dabei ist die Zustellung relevanter Arbeitsergebnisse an die Stakeholder (s. Abb. 5–6).

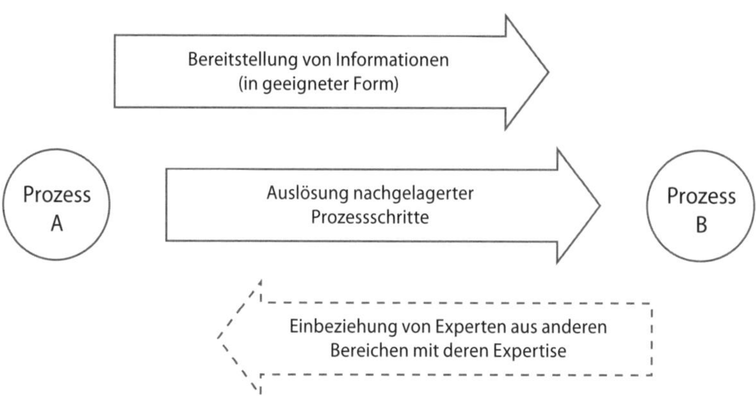

Abb. 5–6 *Kommunikation zwischen Prozessen*

Diese effektive Kommunikation ist nicht nur der Schlüssel zu einem effizienten Projektverlauf ohne unnötige Verzögerungen, sie fördert auch die Transparenz im Projekt. Durch klare Kommunikation können Probleme rechtzeitig erkannt und behoben werden. Und selbst wenn direkte Interaktionen zwischen Sender und Empfänger nicht immer erforderlich sind, muss dennoch sichergestellt werden, dass die Information korrekt übermittelt wird.

Es ist von zentraler Bedeutung, dass Arbeitsprodukte nicht nur vereinbart, sondern auch klar verstanden werden. Daher ist es unerlässlich, zuerst zu bestimmen, wer welche Informationen benötigt. Dies erfordert oft eine gründliche Stakeholder-Analyse und einen Kommunikationsplan, der definiert, welche Rollen generell und im Falle von Änderungen informiert werden müssen. Dabei sollten die Schlüssel-Stakeholder – von Projektbeteiligten über das Management bis hin zu Kunden – nicht übersehen werden (s. Abb. 5–7).

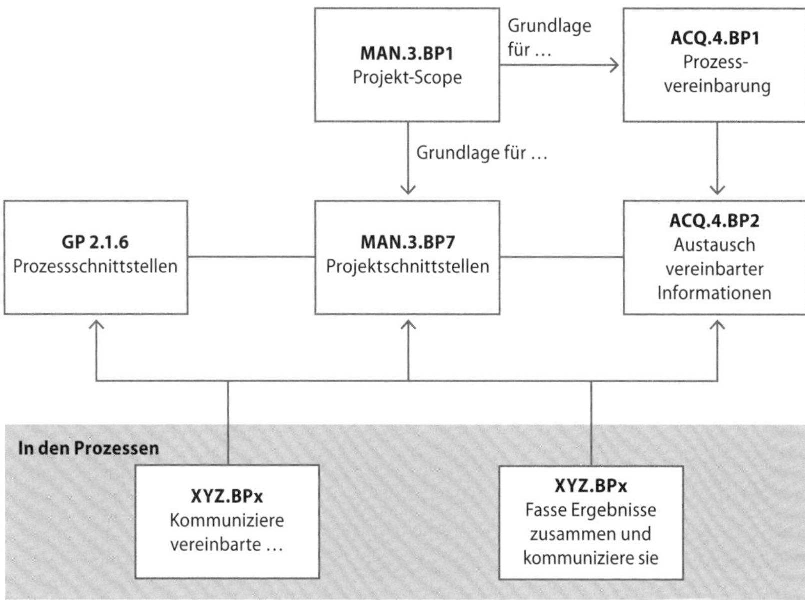

Abb. 5–7 *Praktiken, die sich mit der Kommunikation beschäftigen*

Ein weiterer zentraler Aspekt ist, wo und wie diese Arbeitsergebnisse und Änderungsbenachrichtigungen gespeichert werden. Hier zeigt uns Automotive SPICE® 4.0 den Weg mit SUP.8.BP2 ff. Ein effizientes Dokumenten- oder Konfigurationsmanagement-System, das allen Teilnehmern zugänglich ist, kann hier Wunder wirken.

Während E-Mails oft das bevorzugte Medium sind, können sie in größeren Projekten leicht übersehen werden, oder wichtige Details gehen verloren. Es ist daher ratsam, Informationen nicht nur in E-Mails zu speichern, sondern an einem zentralen, leicht zugänglichen Ort. Moderne Datenbanklösungen, Tools mit intelligenten Benachrichtigungssystemen oder integrierte SharePoint-Systeme können hier hilfreich sein.

Mit einem höheren Capability Level wachsen die Erwartungen an die Projektkommunikation: Während auf Level 1 eine informelle Kommunikation ausreichen mag, erfordert Level 2 eine geplante und strukturierte Kommunikation. Bei Capability Level 3 ist dann ein maßgeschneiderte Kommunikationsstrategie auf Organisationsebene gefragt.

5.9.1 Kommunikation der vereinbarten Ergebnisse

Kommunikation ist ein wesentlicher Aspekt des Entwicklungsprozesses und spielt eine entscheidende Rolle bei der Gewährleistung einer effizienten und effektiven Projektdurchführung. Bei den Anforderungsanalyse- und Entwurfsprozessen auf der linken Seite des V geht es hierbei darum, die Ergebnisse eines Prozesses an einen nachgelagerten Prozess zu übergeben (Handover-Prozess).

Die Guidelines [VDA 2023] heben die Bedeutung der Weitergabe von Informationen hervor, u.a. an Stakeholder, die bestimmte Arbeitsprodukte benötigen, um ihre Arbeit zu beginnen und ordnungsgemäß auszuführen, sowie an diejenigen, die am Management von Aktivitäten und Arbeitsprodukten beteiligt sind.

Transparenz gegenüber den betroffenen Interessengruppen ist wichtig, um einen reibungslosen Projektablauf zu gewährleisten, da sie dazu beiträgt, Vertrauen zwischen allen an einem Projekt beteiligten Parteien aufzubauen. Wenn die Beteiligten genau wissen, was vor sich geht und die Ergebnisse eines Prozesses im Projekt kennen, haben sie eher Vertrauen in den Prozess und das Ergebnis. Dies bewirkt eine bessere Kommunikation und Zusammenarbeit, was wiederum zu einem effizienteren und effektiveren Projekt führt.

Transparenz trägt auch dazu bei, dass auftretende Probleme rechtzeitig erkannt und angegangen werden können. Wenn die Beteiligten informiert sind und Zugang zu relevanten Informationen haben, können sie Rückmeldungen und Vorschläge einbringen, die zur Verbesserung des Projekts beitragen können. Wenn die Beteiligten über den Projektfortschritt informiert sind, können sie außerdem ihre eigenen Pläne und Aktivitäten entsprechend anpassen.

Darüber hinaus fördert die Transparenz die Verantwortlichkeit und stellt sicher, dass alle Beteiligten auf die gleichen Ziele hinarbeiten. Außerdem können die Beteiligten die Mitglieder des Projektteams für ihre Handlungen zur Verantwortung ziehen.

Vereinbarungen können schrittweise über den Status jedes einzelnen Objekts oder über die Überprüfung einer gesamten Baseline getroffen werden.

Durch die Förderung eines transparenten Prozessablaufs können Organisationen effizientere und effektivere Ergebnisse in ihren Projekten erzielen.

5.9.2 Zusammenfassen und Kommunizieren

In den Verifikationsprozessen auf der rechten Seite des V ist die Zusammenfassung der Ergebnisse von Verifikationsmaßnahmen entscheidend für eine effektive und effiziente Projektdurchführung. Die zusammengefassten Verifikationsergebnisse werden zur Verfügung gestellt, um sicherzustellen, dass die Beteiligten ein klares Verständnis des Erfolgs oder Misserfolgs des Test- bzw. Verifikationsprozesses haben und darüber, wie sich die Ergebnisse zu den vereinbarten Anforderungen und Entwürfen verhalten. Der Zweck der Zusammenfassung der Ergebnisse besteht darin, den Beteiligten relevante Informationen in klarer und prägnanter Form zur Verfügung zu stellen. Dies ist wichtig, da die Beteiligten die Ergebnisse der Verifikationsmaßnahmen verstehen müssen, um fundierte Entscheidungen über die nächsten Schritte im Projekt treffen zu können.

Werden die Ergebnisse nicht richtig zusammengefasst, kann dies zu Missverständnissen führen. Wenn beispielsweise in einem Testbericht nur der Prozentsatz der fehlgeschlagenen und blockierten Tests aufgelistet wird, ohne den Bezug zu den abgedeckten Anforderungen oder Architekturkomponenten herzustellen, ist dies für das Verständnis des Gesamtbildes nicht hilfreich. Ebenso kann die Bereitstellung einer riesigen Menge von Low-Level-Daten ohne Zusammenfassung überwältigend und für die Empfänger des Berichts nicht nützlich sein.

Ein Bericht sollte für den Adressaten aus sich heraus verständlich sein, ohne dass Nachfragen beim Verfasser nötig werden. Dabei kann von einem Fachverständnis ausgegangen werden. Um Missverständnisse zu vermeiden, ist es wichtig, klare und prägnante Zusammenfassungen der Ergebnisse zu liefern. Dies kann durch die Verwendung von Dashboards oder anderen Tools erreicht werden, die einen Überblick über die Testergebnisse und ihre Auswirkungen auf die bereitgestellten Funktionen geben. Darüber hinaus ist es wichtig, Erklärungen für teilweise implementierte Anforderungen oder fehlgeschlagene oder blockierte Tests aufzunehmen.

5.10 Nachvollziehbarkeit

In Abschnitt 5.7 wurde bereits auf die in den Engineering-Prozessen geforderte Rückverfolgbarkeit und Konsistenz eingegangen. Aber auch ohne die explizite Dokumentation in den Basispraktiken im Automotive SPICE® PAM kommt dem Gedanken der Nachvollziehbarkeit eine wichtige Bedeutung zu. Es geht darum, auch einige Zeit nach den entsprechenden Aktivitäten und dem Treffen von Entscheidungen im Projekt diese noch nachvollziehen zu können.

Hierzu ist es wichtig, nicht nur die Ergebnisse zu dokumentieren, sondern auch, wie man zu den Ergebnissen gekommen ist. Dies kann beispielsweise im Projekt hilfreich sein, wenn ein Mitarbeiterwechsel notwendig wird, um Einarbeitungszeiten zu verkürzen, aber auch, um später bei gewünschten Änderungen die Auswirkungen analysieren zu können.

Im Umkehrschluss bedeutet dies jedoch nicht, dass häufige Personalwechsel gut sind. Auch bei guter Nachvollziehbarkeit ist damit zu rechnen, dass die Projektleistung und die Termintreue sinken, wenn neue Mitarbeiter eingearbeitet werden müssen. Die Nachvollziehbarkeit kann aber neben anderen Aktivitäten ggf. helfen, diesen Effekt abzumildern.

Nachvollziehbarkeit dient auch als Nachweis für eine prozesskonforme Arbeitsweise und somit zur Absicherung für alle Beteiligten.

Nachvollziehbarkeit bedeutet also nicht nur, dass jede Information irgendwo erfasst wird, sondern auch, dass sie in geeigneter Art und Weise auffindbar und verfügbar ist.

Häufig werden Entscheidungen zwar dokumentiert, es fehlt jedoch eine Herleitung oder Begründung. Diese sind aber für die Nachvollziehbarkeit ebenfalls wichtig.

Manch ein assessierter Prozess würde in der Bewertung besser abschneiden, wenn die Interviewten nicht nur ihren gelebten Prozess gut erläutern, sondern auch die entsprechenden Evidenzen zeigen könnten. An dieser Stelle sei der Hinweis erlaubt, dass Evidenzen nicht erst eine Woche vor einem Assessment erstellt werden sollten.

6 Prozessübergreifende Themen

6.1 Integration, Verifikation und Validierung (IVV)

Die Qualität eines Produkts zu belegen, ist im Engineering von zentraler Bedeutung. Im vorausgehenden Kapitel haben wir gesehen, dass Anforderungen und Entwurfselemente immer weiter verfeinert und in die Sprache und Darstellung anderer Entwicklungsebenen übertragen worden sind. Auf all diesen Ebenen hat uns die Frage begleitet, wie wir überprüfen können, ob das, was wir spezifiziert haben, von dem betrachteten Entwicklungsobjekt letztendlich erreicht wird. Die Ziele sind vielfältig und umfassen Produktverantwortung, Kundenzufriedenheit, Wiederverwendbarkeit, Vermeidung von Produktrückrufen und späten Korrekturen.

Diese Nachweisführung bezeichnen wir als »Verifikation« und, wenn es um den beabsichtigten Nutzen des Systems geht, als »Validierung«. Durch Verifikation oder Validierung versuchen wir, Abweichungen vom gewünschten Verhalten zu identifizieren. Bei Validierung und Verifikation gibt es viele Gemeinsamkeiten, sodass wir sie hier auch zusammen darstellen wollen. Viele Prinzipien und durchzuführende Aktivitäten sind die gleichen, egal, ob wir den Prozess SYS.4, den SWE.6 oder den VAL.1 anschauen, um drei Beispiele zu nennen.

Wir wollen betonen, dass die IVV-Prozesse nie für die Qualität des Systems verantwortlich sind. Man kann Qualität nicht in ein System hineintesten!

Fehler oder Abweichungen können aus verschiedensten Gründen entstehen. Menschen machen Fehler – das ist menschlich. Einflüsse wie Strahlung oder Magnetismus können ebenfalls Fehlereffekte auslösen. Doch eines ist klar: Fehler passieren immer, und es ist unsere Aufgabe, Vorkehrungen dagegen zu treffen und sie zu identifizieren.

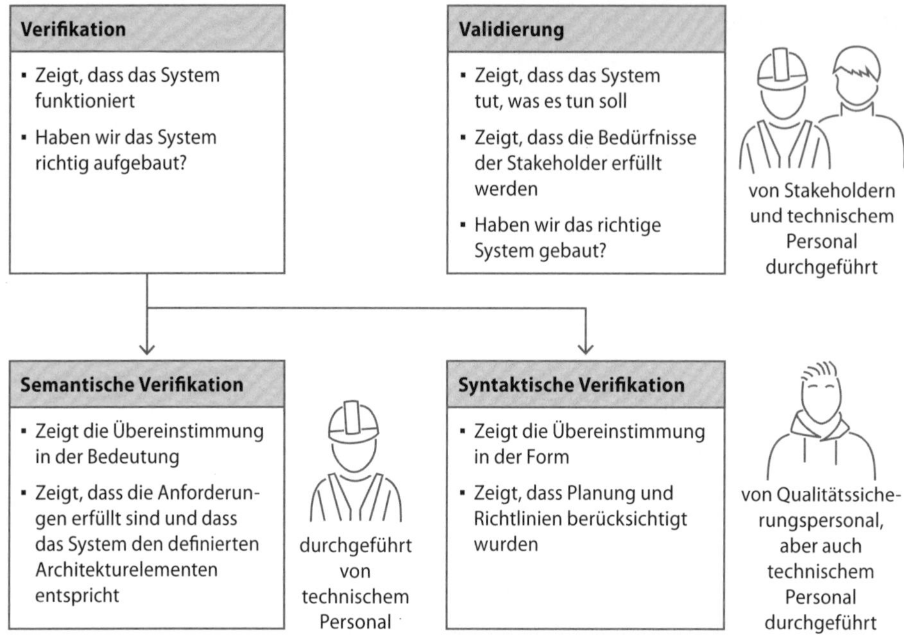

Abb. 6–1 *Differenzierung der Begriffe Verifikation und Validierung*

In Abbildung 6–1 werden die Begriffe Verifikation und Validierung gegenübergestellt. Dies bestätigt die bereits in Abbildung 5–3 aufgezeigten Prozesszusammenhänge.

Das Ziel der Verifikation besteht darin, objektive Nachweise dafür zu liefern, dass das System oder Systemelement seine spezifizierten Anforderungen und Eigenschaften erfüllt. Hierbei werden Anomalien (Fehler, Defekte oder Mängel) in Informationen, implementierten Systemelementen oder Lebenszyklus-Prozessen mithilfe geeigneter Methoden, Techniken, Standards oder Regeln identifiziert. Dieser Prozess liefert die notwendigen Informationen zur Lösung der erkannten Anomalien.

In Abbildung 6–1 wird zwischen syntaktischen und semantischen Aspekten der Verifikation unterschieden. Automotive SPICE® 4.0 macht diese Unterscheidung nicht, beinhaltet aber beide Aspekte. Bei syntaktischer Verifikation geht es häufig um die Einhaltung von Richtlinien bei der Spezifikation, Codierung etc.

Der Zweck der Validierung ist es, objektive Nachweise dafür zu erbringen, dass das System in der Anwendung seine geschäftlichen Ziele und Stakeholder-Anforderungen erfüllt und in seiner beabsichtigten Betriebsumgebung die gewünschten Ergebnisse liefert.

Das Ziel der Validierung besteht darin, Vertrauen in die Fähigkeit des Systems zu gewinnen, seine beabsichtigte Mission oder Verwendung unter spezifischen Betriebsbedingungen zu erreichen.

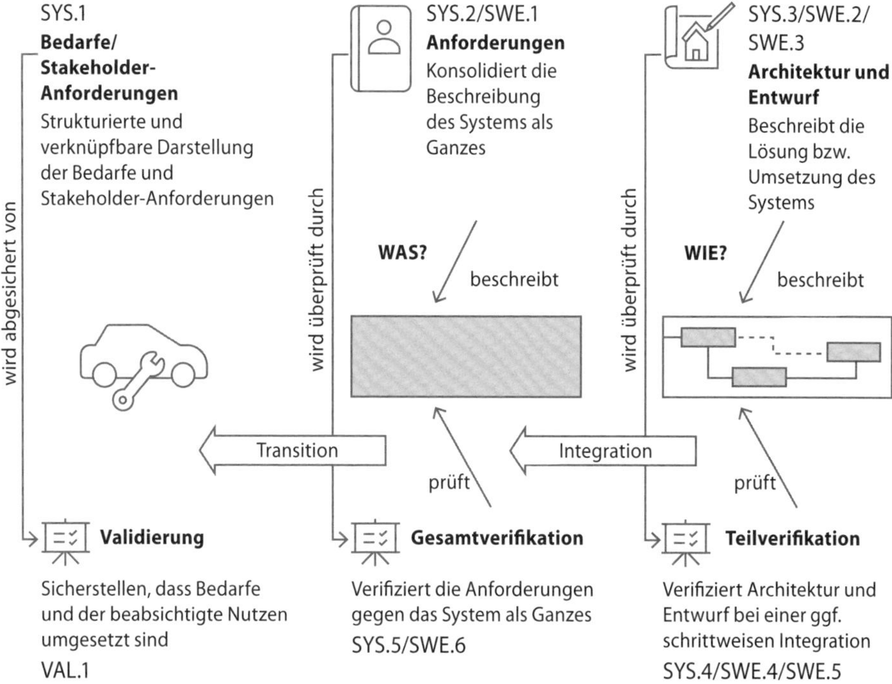

Abb. 6–2 *Entwicklungsprozesse im Zusammenhang*

In Abbildung 6–2 wird die Abfolge der einzelnen Entwicklungsprozesse einer Systemebene und die Zuordnung zwischen Entwurfs- und Verifikationsprozessen dargestellt. Natürlich laufen viele Aktivitäten in modernen Entwicklungsprojekten parallel ab, aber die jeweilige Freigabe der einzelnen Schritte muss in der hier definierten Reihenfolge stattfinden: Solange meine Anforderungen nicht beschrieben sind, kann auch meine Architektur nicht abgeschlossen sein.

Der Validierungsprozess VAL.1 ist bei Automotive SPICE® 4.0 neu hinzugekommen stellt das Gegenstück zum SYS.1 dar. Die anderen Entwicklungsprozesse der Entwurfsphase waren durch die bidirektionale Rückverfolgbarkeit auch bisher schon einem Verifikationsprozess zugeordnet. Wie bereits erwähnt, kann die Validierung zu einem großen Teil nur vom OEM durchgeführt werden.

Diese Parität zwischen Entwurfsprozess und Verifikationsprozess wird nun teilweise durch den SWE.5 gebrochen, der sowohl Teile des SWE.2 als auch des SWE.3 verifiziert. Dennoch gilt weiter, dass alles, was in den Entwurfsprozessen spezifiziert wird, auch verifiziert werden muss.

Bei der Verifikation und Validierung ist es wichtig, den Bezug zu dem Entwurf des Systems stets vor Augen zu haben. Wir haben auf der einen Seite das spezifizierte System, das die Grundlage für die Erstellung der Verifikations- und Validierungsmaßnahmen bildet. Dies gilt in gewisser Weise auch für das explorative Testen, lässt sich in diesem Fall aber nicht explizit nachweisen. Daher kann explorative Validierung oder Verifikation nie die anderen Entwurfsmethoden ersetzen.

Basierend auf dem Systementwurf wird das System umgesetzt, das wir zu verifizieren und letztendlich zu validieren haben. Dies ist angelehnt an den Standard ISO/IEC/IEEE 15288 [ISO/IEC/IEEE 15288] in Abbildung 6–3 dargestellt.

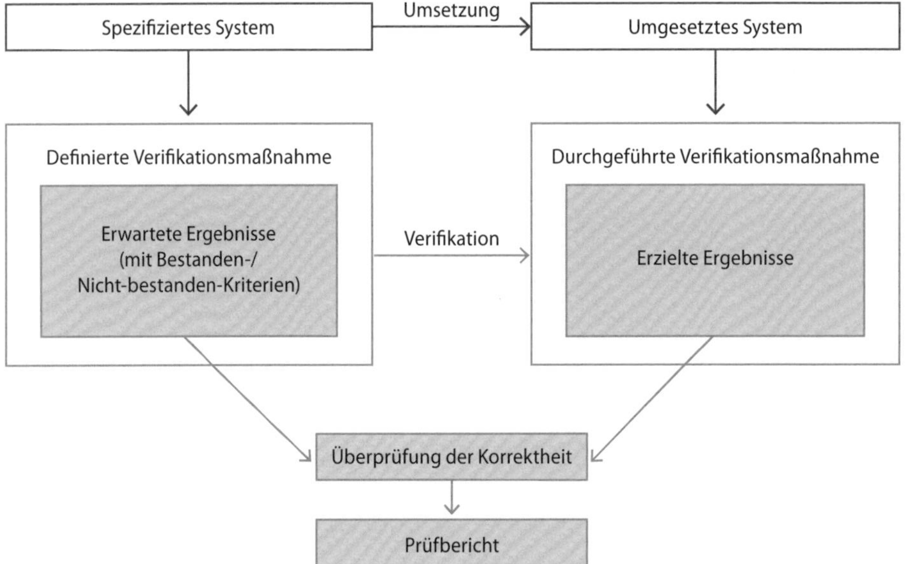

Abb. 6–3 *Durchführung von Verifikationsmaßnahmen*

Die definierten Verifikations- oder Validierungsmaßnahmen werden nun entsprechend der Planung an dem umgesetzten System durchgeführt und die Ergebnisse analysiert. Die Ergebnisse werden dann zusammengefasst und dienen jeweils als Input für die nachfolgenden Prozesse.

6.1.1 Integration von Teilsystemen

Bei der Integration werden kleinste Teile zu immer größeren Einheiten systematisch zusammengefügt und dabei gleichzeitig getestet. Integration und Integrationstest werden daher in der Praxis nicht unabhängig voneinander betrachtet. Die Verifizierbarkeit von Teilmengen des Systems stellt das Hauptkriterium für den Aufbau der Integration dar. Für jeden Integrationsschritt sollten Schnittstellen und Kommunikationsabläufe getestet werden können.

Der Integrationsprozess ist in zwei Richtungen strukturiert: strukturelle Abhängigkeiten von Teilsystemen oder Komponenten und die mit der Zeit zunehmende Anzahl von Funktionen und Reifegrad. Dies wird in Abbildung 6–4 dargestellt.

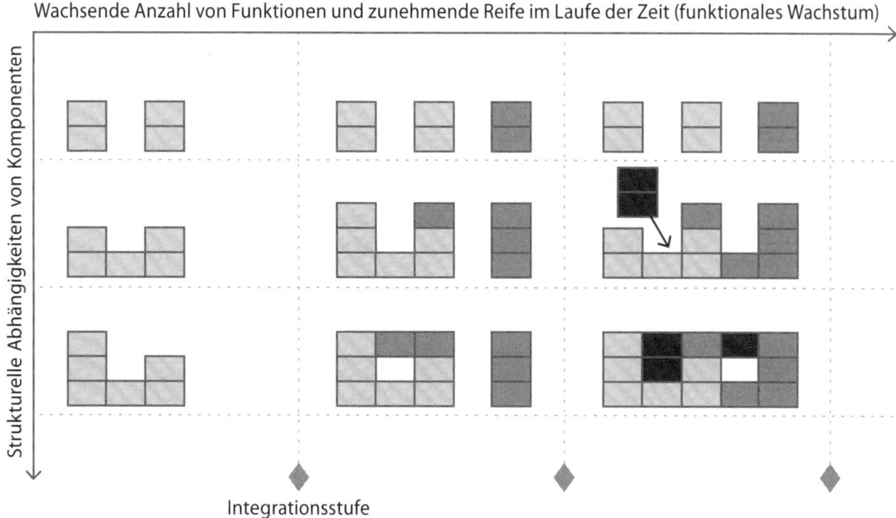

Abb. 6–4 *Vorgehen bei der Integration*

Auf das funktionale Wachstum im Verlauf der Zeit gehen wir genauer in Abschnitt 6.1.2 ein. Zunächst beschäftigen wir uns mit den strukturellen Abhängigkeiten, die zu unterschiedlichen Integrationsansätzen führen können.

Es gibt verschiedene Vorgehensweisen bei der Integration, z. B. Big-Bang-Integration, Integration »mit dem Strom«, inkrementelle Integration, Integration von Teilmengen, Top-down-Integration, Bottom-up-Integration, »Continuous Integration« und kriteriengesteuerte Integration. In Tabelle 6–1 werden verschiedene Vorgehensweisen zur Integration beschrieben. Die Tabelle erhebt keinen Anspruch auf Vollständigkeit und die in ihr dargestellten Ansätze können in der Praxis auch kombiniert werden. Die Wahl des Ansatzes hängt auch von der jeweiligen Testbarkeit ab.

Integrationsweise	Beschreibung
Big Bang	Alle Systemelemente werden in nur einem Schritt zusammengefügt. Das Vorgehen ist einfach und erfordert keine Simulation der zu diesem Zeitpunkt nicht verfügbaren Systemelemente. Für komplexe Systeme wird dieses Vorgehen nicht empfohlen.
»mit dem Strom«	Gelieferte Systemelemente werden zusammengefügt, sobald sie verfügbar sind. Dies ermöglicht einen schnellen Beginn der Integration.
Inkrementelle oder stufenweise Integration	Dieser Ansatz beinhaltet eine schrittweise Integration mit begleitenden Tests. In einer vordefinierten Reihenfolge werden ein oder einige wenige Systemelemente zu einem bereits integrierten Inkrement von Systemelementen hinzugefügt. Die schrittweise Integration hilft, Fehler frühzeitig zu erkennen und zu beheben, besonders bei komplexen Systemen.

Integrationsweise	Beschreibung
Subset-Integration	Systemelemente werden in Teilmengen zusammengestellt (eine Teilmenge ist ein Aggregat) und dann zusammengefügt.
Top-down	Systemelemente oder Aggregate werden in der Reihenfolge ihrer Aktivierung oder Nutzung integriert.
Bottom-up	Systemelemente oder Aggregate werden in der umgekehrten Reihenfolge ihrer Aktivierung oder Nutzung integriert.
Kriteriengesteuert	Die kritischsten Systemelemente im Vergleich zum gewählten Kriterium werden zuerst integriert (z.B. Zuverlässigkeit, Komplexität, technologische Innovation).
Continuous Integration (CI)	Insbesondere im agilen Umfeld, speziell in der Softwareentwicklung, beliebte Integrationsweise. Nach jedem Commit wird eine Integration ausgelöst, die automatisierte Tests durchführt und ein neues Software-Build erstellt. Diese Methode stellt sicher, dass immer eine betriebsfähige Software vorhanden ist und die Integrationstests zum richtigen Zeitpunkt durchgeführt werden.

Tab. 6–1 *Überblick zu Integrationsansätzen*

Ein zentrales Anliegen bei der Integration sind der optimale Zeitpunkt und die Reihenfolge der Integration, insbesondere wenn verschiedene Komponenten zu unterschiedlichen Zeiten fertiggestellt werden.

6.1.2 Integrationsstufen und funktionales Wachstum

Nach den Ansätzen, die sich auf den strukturellen Aufbau des Systems beziehen, möchten wir jetzt noch auf das funktionale Wachstum des Systems eingehen. In der Automobilindustrie spricht man häufig von »Integrationsstufen«.

Diese dienen der Planung des funktionalen Wachstums, der Festlegung von Terminen, zu denen zuvor definierte und vereinbarte Funktionen verfügbar sind, und der Bereitstellung gültiger Konfigurationen für entsprechende Tests, Anwendungen und Feinabstimmungen. Diese Ebenen geben auch Auskunft über die Betriebsfähigkeit und die Kontrollierbarkeit von Funktionen (s. Abb. 6–5).

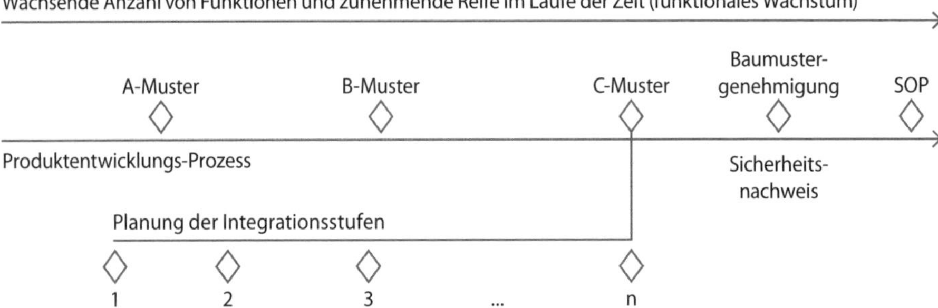

Abb. 6–5 *Integrationsstufen in der Automobilindustrie*

Integrationsstufen werden bei der Entwicklung komplexer Systeme, z.B. in der Automobilindustrie, verwendet, um das funktionale Wachstum des Systems zu planen und zu steuern. Sie werden von OEMs definiert und bilden feste Meilensteine, zu denen zuvor definierte und vereinbarte Funktionen zur Verfügung gestellt werden. Diese Ebenen liefern auch gültige Konfigurationen für entsprechende Tests, Anwendungen und Feinabstimmungen sowie Informationen über die Betriebsfähigkeit und die Beherrschbarkeit von Funktionen. Die Integrationsebenen dienen der Planung und Organisation des Integrationsprozesses, indem sie angeben, welche Systemelemente integriert werden und was das Ziel der Integrationsebene für den spezifischen Integrationsumfang ist. Auf diese Weise wird sichergestellt, dass das System so integriert wird, dass der Projekt- und Freigabeplan eingehalten wird und das System zu den vereinbarten Terminen funktionsfähig ist.

Zu den Integrationsstufen werden die Integrationsergebnisse dokumentiert und alle relevanten Meilensteine oder Rahmenbedingungen, die den Integrationsprozess beeinflussen können, berücksichtigt. Dazu gehören auch der Zeitplan für die Integration und alle Ressourcen.

Es ist notwendig, Verifikationsmaßnahmen für jeden Integrationsschritt auszuwählen. Dabei sollten Kriterien für die Regression, die Priorisierung von Anforderungen oder die vorgesehene Nutzung des gelieferten Produktrelease berücksichtigt werden. Es ist von Bedeutung, dass die ausgewählten Verifikationsmaßnahmen eine ausreichende Abdeckung gemäß dem Release-Umfang haben.

Auf das Thema der Auswahl der Verifikationsmaßnahmen werden wir in Abschnitt 6.1.4 noch genauer zu sprechen kommen.

6.1.3 Methoden zur Verifikation und Validierung

Die Version 3.1 von Automotive SPICE® spricht, wenn es um die Verifikation geht, hauptsächlich vom Testen und ergänzt das um ein paar zusätzliche Verfahren. In den vergangenen Jahren hat sich der Methodenkoffer erweitert. Es gibt nun verschiedene Maßnahmen, um die Qualität und Konformität von Einheiten sicherzustellen: Statische Analyse, Codereviews und Einheitstests sind die prominentesten. Jede dieser Methoden hat ihre eigenen Vorteile und dient einem speziellen Zweck im Verifikationsprozess.

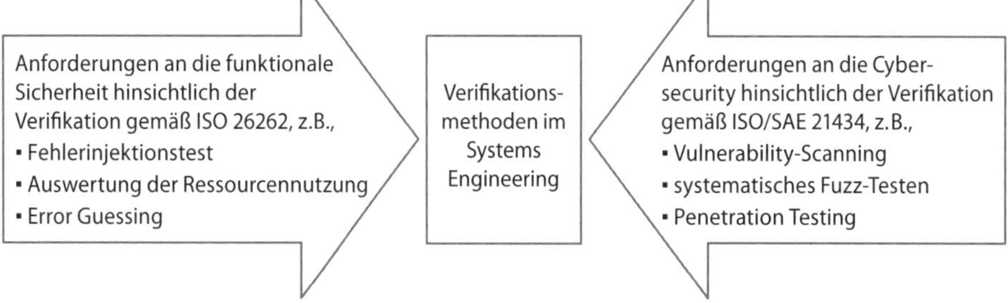

Abb. 6-6 *Einflüsse auf die Verifikationsmethodik durch andere Standards*

Durch andere Standards kommen, wie in Abbildung 6–6 dargestellt, zusätzliche Arten der Verifikation hinzu, die wir nachfolgend ebenfalls erläutern wollen. Auch wenn Automotive SPICE® 4.0 auf dem Capability Level 1 keine Teststrategie mehr vorschreibt, sollte irgendwo definiert sein, welche Methodik in welchem Zusammenhang eingesetzt wird. Da wir es häufig mit Systemen mit Sicherheitsrelevanz zu tun haben, müssen wir dies sowieso aufgrund der ISO 26262 tun.

Detaillierter als Automotive SPICE® geht der Standard ISO/IEC/IEEE 29119 [ISO/IEC/IEEE 29119] auf das Thema Softwaretest ein, während wir zum einen das allgemeinere Thema Verifikation betrachten und zum anderen auch die Systemebene und andere Disziplinen wie beispielsweise die Hardware mit einbeziehen.

Wir wollen an dieser Stelle kein vollständiges Kompendium des Testens oder der Verifikation bieten, wohl aber einige Begriffe kurz erläutern, die in diesem Umfeld relevant sein können oder es in Zukunft sein werden. Dabei erheben wir keinen Anspruch auf Vollständigkeit.

Eine systematische Verifikation oder Validierung erfordert, dass man sich sowohl mit Methoden zur Identifikation von Verifikations- oder Validierungsmaßnahmen beschäftigt als auch eine gute Argumentation für die Wahl einer Verifikations- oder Validierungsmethodik bietet.

Im Folgenden werden übliche Testfallentwurfsmethoden aufgeführt, die man ggf. auch in Bezug auf Simulationen anwenden kann:

Anforderungsbasiertes Testen

Schon im Verlauf der Anforderungserstellung, beispielsweise im SYS.2 oder SWE.1, müssen wir uns Gedanken machen, wie unsere Anforderungen letztendlich verifiziert werden können. Anforderungsbasiertes Testen (oder Verifizieren) ist die immer einzusetzende Methode, um Verifikationsmaßnahmen zu ermitteln. Dabei werden die Anforderungen oder Entwurfselemente systematisch betrachtet und Verifikationsmaßnahmen definiert. Durch die erforderliche Rückverfolgbarkeit und Reviews auf Konsistenz zu den Anforderungen und Entwurfselementen wird abgesichert, dass letztendlich das System durch die Verifikationsmaßnahmen vollständig geprüft wird.

Explorative Verifikation

Explorative Verifikation, oft auch als »exploratives Testen« bezeichnet, ist ein Ansatz, bei dem Verifikationsmaßnahmen basierend auf Expertenwissen und grundsätzlicher Systemkenntnis erarbeitet werden. Dieses Vorgehen ist in Automotive SPICE® 4.0 als ergänzende Methode explizit erlaubt und gewünscht. Statt sich auf vordefinierte Abläufe zu verlassen, nutzen die Testingenieure ihre Fachkenntnisse, Intuition und Erfahrung, um die Systeme zu erforschen und zu prüfen. Nichtsdestotrotz ist eine nachvollziehbare Dokumentation erforderlich.

Das Hauptziel ist es, bisher unbekannte Fehler oder unerwartete Verhaltensweisen des Systems aufzudecken. Während strukturierte Tests sicherstellen, dass die bekannten und erwarteten Funktionen korrekt arbeiten, hat das explorative Testen den Vorteil, das Unerwartete zu entdecken. Es erlaubt Testern, sich flexibel auf das System einzulassen, sich von ihrer Neugier leiten zu lassen und so Bereiche und Szenarien zu erforschen, die in traditionellen Testmethoden vielleicht übersehen worden wären.

Mit zunehmender Integrationsdichte wird es allerdings immer schwieriger, Fehler zu finden bzw. die Fehlerursache richtig abzuleiten. Gerade bei komplexen Systemen ist es häufig nicht effektiv, da die Fehlerursache oft nicht so einfach gefunden werden kann.

Exploratives Testen kann daher im besten Fall die klassischen Methoden der Testfallermittlung ergänzen und sollte nicht auf späte Projektphasen verschoben werden. Denn je später ein Fehler gefunden wird, desto schwieriger ist er zu beheben.

Äquivalenzklassenbildung und Grenzwertüberprüfung

Das Konzept der Äquivalenzklassen basiert auf einer einfachen Idee: Wenn ein Testfall für eine bestimmte Eingabe erfolgreich verläuft, dann sollten auch andere ähnliche Eingaben erfolgreich sein. Diese ähnlichen Eingaben bilden eine sogenannte »Äquivalenzklasse«. Diese enthält eine Gruppe von Datenwerten, die das Prüfobjekt auf die gleiche Weise verarbeitet. Die Prüfung eines Vertreters der Äquivalenzklasse wird dann als ausreichend angesehen. Die Definition einer Äquivalenzklasse sollte klar dokumentiert werden.

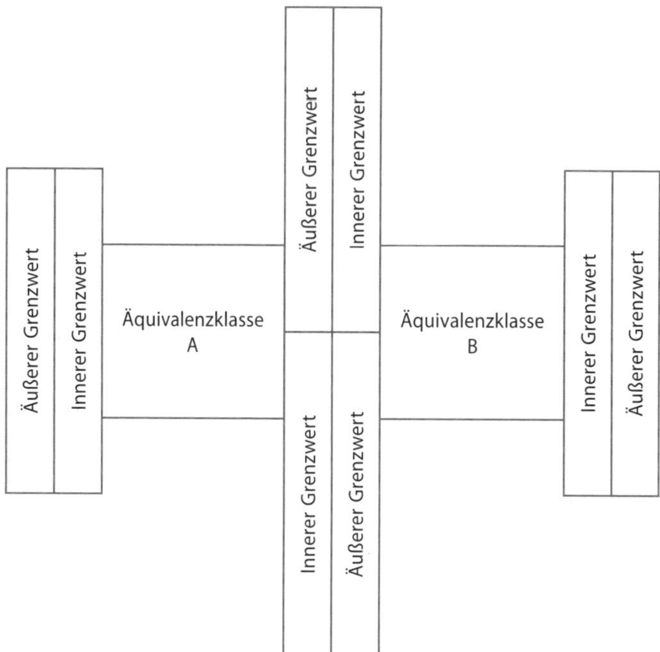

Abb. 6–7 *Äquivalenzklassen und Grenzwertbetrachtungen*

Während Äquivalenzklassen helfen, die Anzahl der notwendigen Tests zu reduzieren, ist es immer noch wichtig, besonderes Augenmerk auf die Grenzen dieser Klassen zu legen. Hier kommen Grenzprüfungen ins Spiel.

Fehler treten oft an den Grenzen von Äquivalenzklassen auf. Daher sollten die Werte an den Grenzen explizit nachgeprüft werden. An jeder Grenze werden der genaue Grenzwert und die beiden nächstliegenden Werte (innerhalb und außerhalb der Äquivalenzklasse), wie in Abbildung 6–7 dargestellt, getestet.

In der Automobilindustrie werden neben dem herkömmlichen Testen noch folgende Verifikations- oder Validierungsmethoden verwendet. Diese sind zum Teil durch Automotive SPICE® oder durch andere Standards wie ISO 26262 oder ISO/SAE 21434:2021 gefordert:

Statische Codeanalysen

Statische Analysen nutzen Compiler und Code-Checker-Anwendungen. Zum Beispiel können Compiler bereits einige einfache Überprüfungen durchführen, wie die Initialisierung einer Variablen. Code-Checker, wie das klassische Lint, sind ein integraler Bestandteil der Build-Umgebung. Sie prüfen gegen bestimmte Regelsätze, wobei die MISRA-Richtlinien als besonders wichtig erachtet werden. Deren Kriterien für die Unit-Verifikation legen fest, welche Regeln zu überprüfen sind und in welchen Fällen Ausnahmen zulässig sind. Darüber hinaus ermöglichen Tools wie Telelogic Logiscope, Polyspace oder Coverity eine tiefere Analyse, die sogar die Simulation von Codeausführungen beinhaltet.

Codereviews

Codereviews können in verschiedenen Formen stattfinden, von formellen Inspektionen bis zu weniger formellen »Peer-Reviews«. Bei diesen Überprüfungen wird der Code gegen die festgelegten Kriterien, die Codierrichtlinien der Organisation und die relevanten Softwareanforderungen geprüft. Hierbei geht es nicht nur darum, Fehler zu finden, sondern auch um die Einhaltung von Standards und Best Practices.

Simulationen

Zusätzlich können Simulationen genutzt werden, um Probleme frühzeitig zu erkennen und Kosten zu sparen. Dies ist speziell bei mechanischen Systemen State of the Art. Die Modelle sind Näherungen an reale Systeme, müssen aber dennoch genau und glaubwürdig sein.

Back-to-Back-Testing

Bei der Anwendung von modellbasiertem Testen wird die Ausführung des Modells unterstützt, wobei Testergebnisse mit den Tests des generierten Codes verglichen werden, ein Vorgang, der als Back-to-Back-Testing bekannt ist.

Fehlerinjektionstest

In der Welt der Softwareverifikation gibt es zahlreiche Methoden, um die Robustheit, Zuverlässigkeit und Sicherheit von Systemen zu überprüfen. Eine dieser Methoden, die auf den ersten Blick kontraintuitiv erscheinen mag, ist der Fehlerinjektionstest. Aber warum sollte jemand absichtlich Fehler in ein System einbringen?

Bei Fehlerinjektionstests, auch bekannt als »Störinjektionstests«, werden gezielt Fehlerzustände oder ungünstige Bedingungen in ein System eingeführt, um dessen Verhalten in solchen Situationen zu beobachten. Das Hauptziel ist es, zu überprüfen, wie gut das System mit unerwarteten Fehlern oder Ausfällen umgehen kann und ob es in der Lage ist, sich von solchen Zuständen selbstständig zu erholen.

In der realen Welt sind Systeme einer Vielzahl von unvorhersehbaren Einflüssen ausgesetzt, sei es durch Hardwareausfälle, Netzwerkstörungen oder andere externe Faktoren. Indem man solche Fehlerzustände simuliert, kann man sicherstellen, dass das System auch unter ungünstigen Bedingungen weiterhin korrekt funktioniert und nicht unerwünschte Nebenwirkungen zeigt.

Diese Art des Testens wird hauptsächlich bei sicherheitskritischen Systemen eingesetzt. Es erfordert immer einen Whitebox-Verifikationsansatz oder zumindest einen Greybox-Ansatz und ist daher eher beim Integrationstest als beim Qualifizierungstest zu finden.

Vulnerability-Scanning

In der heutigen digital vernetzten Welt sind Informationssicherheit und Datenschutz von größter Bedeutung. Mit dem stetigen Anstieg von Cyberangriffen und Datenverletzungen ist es für Organisationen unerlässlich geworden, ihre Netzwerke und Systeme regelmäßig auf Schwachstellen zu überprüfen. Hier kommt das Vulnerability-Scanning ins Spiel.

Jede nicht behobene Schwachstelle in einem System kann als Eintrittspunkt für böswillige Akteure dienen. Durch das Aufspüren und Beheben dieser Schwachstellen können Organisationen das Risiko eines erfolgreichen Cyberangriffs erheblich reduzieren.

Vulnerability-Scanner sind spezialisierte Softwaretools, die Datenbanken mit bekannten Schwachstellen nutzen, um Systeme zu überprüfen.

Systematisches Fuzz-Testen

Selbst wenn Software sorgfältig entwickelt und mit herkömmlichen Testmethoden geprüft wurde, können immer noch Fehler oder Schwachstellen übersehen werden. Das sogenannte »Fuzzing« hilft dabei, diese schwer zu findenden Fehler zu identifizieren, insbesondere solche, die unter ungewöhnlichen oder unerwarteten Bedingungen auftreten.

Ein Fuzzing-Tool generiert eine Vielzahl von Eingabedaten und gibt diese an die Software weiter. Wenn die Software abstürzt, einfriert oder anderweitig fehlerhaft reagiert, wird dies vom sogenannten »Fuzzer« erkannt. Der fehlerhafte Input wird dann zur weiteren Analyse gespeichert.

Das Besondere am systematischen Fuzzing ist, dass es versucht, alle Codepfade der Anwendung zu erkunden, um sicherzustellen, dass jeder Teil des Codes gründlich getestet wird.

Penetration Testing

In einer digital vernetzten Welt, in der Software einen zentralen Platz in unserem Alltag einnimmt, ist Sicherheit mehr als nur ein zusätzliches Feature – sie ist eine Notwendigkeit. Penetration Tests (dt. Eindringungstests) sind eine Schlüsselkomponente, um die Sicherheit von Systemen zu gewährleisten.

Penetration Tests sind simulierte Angriffe auf Computersysteme, Netzwerke oder Anwendungen mit dem Ziel, Sicherheitslücken zu finden, bevor sie von echten Angreifern ausgenutzt werden können. Es handelt sich hierbei nicht um willkürliche Angriffe, sondern um gezielte, strukturierte Tests, die von Fachleuten – den sogenannten »Ethical Hackers« oder »White-Hat-Hackers« – durchgeführt werden.

Software und Systeme sind komplex und vom Menschen gemacht. Wo es Komplexität gibt, gibt es auch Fehler und potenzielle Schwachstellen. Selbst wenn ein System mit den besten Absichten und unter Verwendung der neuesten Sicherheitspraktiken entwickelt wurde, können dennoch Lücken übersehen werden. Penetration Tests helfen dabei, diese Lücken zu identifizieren und zu schließen, bevor sie zu einem echten Problem werden. Diese Tests können als Blackbox-Test, Whitebox-Test oder Greybox-Test durchgeführt werden. Die Tests können sowohl manuell als auch automatisiert erfolgen, oft in Kombination, um die besten Ergebnisse zu erzielen.

Einige OEMs richten seit einigen Jahren Hackertage aus, um die Verwundbarkeit ihrer Systeme zu testen.

SIL, MIL, HIL

Ein wesentlicher Schritt für die systematische Verifikation und Validierung ist die Festlegung und schließlich der Aufbau einer geeigneten Testumgebung. Um von einem systematischen Ansatz zu sprechen, muss dies geplant und dokumentiert werden.

In der Automobilindustrie gibt es übliche Testumgebungen wie Model-in-the-Loop (MIL), Software-in-the-Loop (SIL), Hardware-in-the-Loop (HIL) und Vehicle-in-the-Loop (VIL). Eine Testumgebung besteht beispielsweise aus Hardware, Software und Middleware. Sie bietet die notwendige Umgebung, um das integrierte System oder einen Teil der Elemente zu testen.

In Automotive SPICE® fällt im Assessment dieses Thema mit der eigentlichen Durchführung der Verifikationsmaßnahmen zusammen. Es sollte in geeigneter Weise definiert werden, in welcher Umgebung die definierten Verifikationsmaßnahmen durchgeführt werden können.

Wenn in Zukunft Simulationen teilweise das herkömmliche Testen ersetzen, sind diesbezüglich ebenfalls entsprechende Vorbereitungen nötig.

In jedem Schritt des Verifikationsprozesses müssen Kunden- oder OEM-Anforderungen berücksichtigt werden. Die verwendeten Methoden, Techniken und Umgebungen müssen ebenso definiert werden wie etwaige Einschränkungen hinsichtlich der Testabdeckung.

Eine übliche Zielabdeckung ist z. B. die Statement-Coverage, d. h., jedes Statement wird im Test mindestens einmal durchlaufen. Für sicherheitskritische Systeme werden jedoch oft noch höhere Anforderungen gestellt.

6.1.4 Planung der Verifikation und Validierung

Automotive SPICE® kennt keine dezidierte Basispraktik für die Planung von Verifikation oder Validierung. Das bedeutet, dass die Verifikation, wie im Prozess MAN.3 in Abschnitt 15.1 beschrieben, geplant und nachverfolgt werden sollte. Wenn man in Richtung eines höheren Capability Level schaut, sollten auch die generischen Praktiken des Prozessattributs PA 2.1 berücksichtigt werden (s. dazu Abschnitt 18.2).

Es sind jedoch einige Aspekte in Bezug auf die Auswahl der Validierungs- und Verifikationsmaßnahmen zu beachten, um sicherzustellen, dass die Produkt- oder Systemanforderungen erfüllt werden. Die dokumentierte Auswahl dieser Maßnahmen muss eine ausreichende Abdeckung gemäß dem Release-Umfang bieten und sollte sich auf die Projektphase und die Integrationsstrategie beziehen, in der der Verifikations- oder Validierungsdurchlauf geplant wird.

Wichtige Auswahlkriterien sind u. a. die Priorisierung der Anforderungen und der Bedarf an Regressionstests. Diese können beispielsweise aufgrund von Änderungen in der Systemarchitektur, dem Softwareentwurf oder den Stakeholder-Anforderungen notwendig werden. Auch der beabsichtigte Einsatz des gelieferten Produktrelease, sei es auf einem Teststand, einer Teststrecke oder im realen Straßenverkehr, spielt bei der Auswahl der Maßnahmen eine Rolle. Weiterhin können Faktoren wie kontinuierliche Integration und kontinuierliche Entwicklung oder die Bestätigung von Anforderungen entscheidend sein.

Ein weiterer wichtiger Aspekt bei der Auswahl kann die Verfügbarkeit einer Testumgebung oder anderer Enabler für die Verifikation oder Validierung sein. Dies hängt stark von den spezifischen Anforderungen des Projekts und den Ressourcen ab, die zur Verfügung stehen.

Es ist unerlässlich, die Verifizierungs- oder Validierungsaktivitäten eng mit anderen Projektaktivitäten zu koordinieren. Dies stellt sicher, dass alle Beteiligten auf dem gleichen Stand sind und das Endprodukt von höchster Qualität ist.

Die Definition von Exit-Kriterien ist ebenfalls gefordert, da sie bestimmen, wann ein Testzyklus abgeschlossen ist. In diesem Zusammenhang sollte auch entschieden werden, wie umfangreich die Testdokumentation sein soll. Ein standardisiertes Template kann hierbei helfen, Konsistenz und Effizienz zu gewährleisten.

Ein detaillierter Verifizierungs- oder Validierungsplan sollte erstellt werden. Dieser Plan sollte klare Richtlinien darüber enthalten, was getestet wird, wer für die Tests verantwortlich ist, wann diese Tests stattfinden und wie umfangreich sie sind.

Das Schätzen des Testaufwands und der Testkosten ist ebenso essenziell, um sicherzustellen, dass das Projekt im vorgegebenen Budget und Zeitrahmen bleibt.

Es ist wichtig zu betonen, dass die Planung der Verifizierung und Validierung kein einmaliger Prozess ist. Es wird ständig (neu) geschätzt und (neu) geplant, um sich an die sich ändernden Anforderungen und Umstände des Projekts anzupassen. Dies wird in Abbildung 6–8 verdeutlicht.

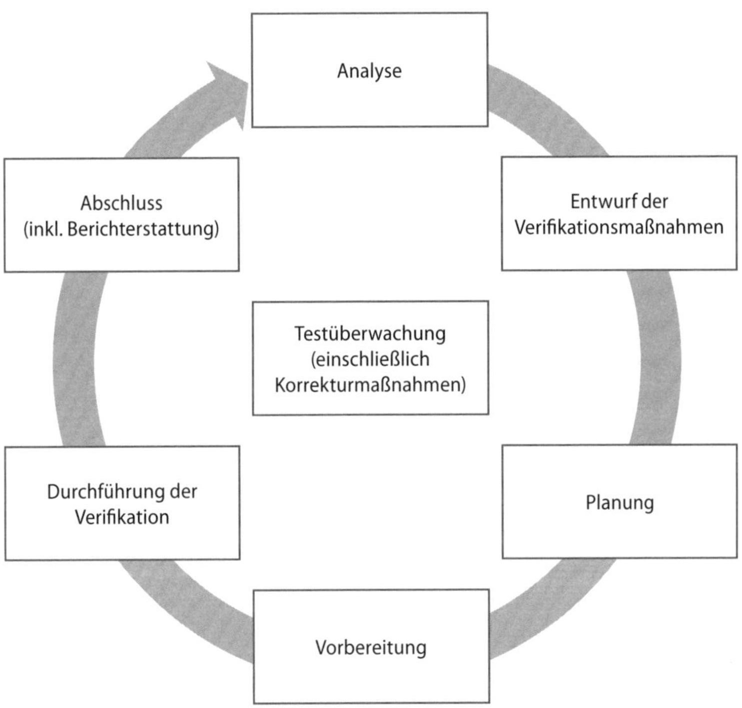

Abb. 6–8 *Vorgehen bei der Verifikation*

Eine Planung von Verifikation und Validierung ist sicherlich schon im Rahmen der Basispraktiken notwendig. Sobald wir uns in Richtung des Capability Level 2 bewegen, steigt der Anspruch an den gelebten Prozess. Gerade Verifikation und Fehlerbehebung sollten systematisch mit Metriken überwacht werden, um am Ende eine Aussage über die Güte des Systems machen zu können.

Eine systematische Steuerung der IVV-Prozesse ist darüber hinaus hilfreich, um dieses Vorgehen effizient zu gestalten. Dabei sollte man Trends in der Fehlerhäufigkeit, Fehlerursache und die Fehlerabbaukurve im Auge behalten und den KPIs entsprechend reagieren können.

Zu guter Letzt möchten wir noch auf ein häufiges Missverständnis hinweisen: Die Darstellung der Verifikationsprozesse im V-Modell lässt die Interpretation zu, dass diese Prozesse strikt sequenziell ausgeführt werden müssen, eine höhere Verifikationsstufe also erst nach erfolgreichem Abschluss der darunter liegenden Stufe gestartet werden kann (z.B. SYS.4 kann erst nach erfolgreichem Abschluss von SWE.6 begonnen werden). Diese Interpretation spiegelt aber nicht immer die Realität in Projekten wider. Ein gutes Gegenbeispiel ist, dass in manchen Projekten für einen Softwaretest die tatsächliche elektronische Zielumgebung, also das Steuergerät, benötigt wird. In diesem Fall müsste zunächst die Software in das System integriert werden und erst danach kann ein expliziter Softwaretest durchgeführt werden. Ein solches Vorgehen ist bewährte Praxis in der Automobilindustrie und widerspricht auch nicht den Prinzipien von Automotive SPICE®. In diesem Fall ist es nur von entscheidender Bedeutung, dass die Testfälle für den Softwaretest explizit den Softwareanforderungen zugewiesen werden und die vorher und nachher durchgeführten Integrationstests den jeweiligen Architekturelementen.

6.2 Modellbasiertes Systems Engineering (MBSE)

Modellbasiertes Systems Engineering oder modellbasierte Systementwicklung ist ein Ansatz in der System- und Softwareentwicklung, bei dem Modelle für verschiedene Zwecke verwendet werden, wie z.B. zur Unterstützung des Anforderungserhebungs-Prozesses oder zur Entwicklung komplexer Algorithmen. Dieser Ansatz kann bereits in der konzeptionellen Designphase beginnen und setzt sich durch alle Entwicklungs- und Lebenszyklus-Phasen fort.

An dieser Stelle soll nur ein kurzer Einblick in die Welt des modellbasierten Systems Engineering gegeben werden. Für eine vertiefte Auseinandersetzung mit diesem Thema empfehlen wir die Bücher von Bruce Powel Douglass, die die Vorgehensweisen sehr detailliert darstellen [Douglass 2016; Douglass 2021].

Wie bei den meisten Ansätzen sind Projekte, die modellbasiertes Systems Engineering verwenden, nicht automatisch Automotive SPICE®-konform. Der Ansatz steht aber auch nicht im Widerspruch dazu, wenn verschiedene Aspekte berücksichtigt werden, die im Folgenden erläutert werden. Wie so oft in diesem Kontext geht es dabei um eine nachvollziehbare Dokumentation und ein systematisches Vorgehen.

Die Vorteile des modellbasierten Systems Engineering sind vielfältig und umfassen u.a. eine hohe Codequalität, die Einhaltung von Standards wie MISRA und AUTOSAR, Wiederverwendbarkeit, verkürzte Entwicklungszeiten sowie die Möglichkeit des Rapid Prototyping ohne Testumgebungen wie SIL/HIL. Es markiert einen Paradigmenwechsel in der Systementwicklung, indem es den Fokus von traditionellen, dokumentenbasierten Ansätzen hin zu Modellen verlagert.

Modellbasiertes Systems Engineering wird an vielen Stellen in der Automobilindustrie eingesetzt, stellt aber nicht in jedem Fall den besten oder alleinigen Ansatz im Vorgehen dar.

Die Grundlage der meisten Arbeitsergebnisse bildet das Modell, in dem die für Ingenieure wichtigen Daten in Form von Modellierungselementen dargestellt werden. Diese Elemente können in verschiedenen Ansichten, einschließlich Diagrammen, Tabellen oder Matrizen, dargestellt werden und bilden ein kohärentes Ganzes, das die entscheidenden Daten über das betrachtete System repräsentiert.

Modelle, die häufig auf Basis von UML- oder SysML-Spezifikationen erstellt werden, dienen als zentrale Informationsquelle und Werkzeug zur Unterstützung von Systemanforderungen, Design, Analyse, Verifikation und Validierung. Sie können in unterschiedlichen Phasen des Entwicklungsprozesses eingesetzt werden. Dabei ist es notwendig, den Einsatzfall des Modells zu definieren und zu dokumentieren.

Die Formalisierung der Modellierung ermöglicht häufig eine präzisere und umfassendere Darstellung des Systems, was ein besseres Verständnis und eine verbesserte Kommunikation zwischen allen Beteiligten fördern kann.

Textuelle Anforderungen bleiben zumeist ein wesentlicher Bestandteil. Durch die Modellierung werden diese Anforderungen in nutzbare Einheiten wie Epics, Use Cases und User Stories gruppiert, wobei die Möglichkeit besteht, sie vollständig in den Modellen zu verwalten.

Trotz dieser Vorteile bringt die Modellierung auch Herausforderungen mit sich, wie die Komplexität der Modellierung, die Validierung und Verifikation der Modelle, die Konsistenz der Modelle sowie die Anforderungen an Flexibilität und Anpassungsfähigkeit. Nicht alle Systeme sind für diesen Ansatz geeignet, insbesondere wenn sie von geringer Komplexität oder kleinem Umfang sind.

Für die Umsetzung einer modellbasierten Entwicklung, die mit Automotive SPICE® konform ist, ist es wesentlich, Konsistenz und Nachvollziehbarkeit gemäß dem generischen Konzept zu gewährleisten. Drei wesentliche Themen sind dabei Modellierungsnotationen, der Umgang mit den Modellen bei der Codegenerierung und eine systematische Verifikation.

Modellierungsnotationen können grafisch, textuell oder eine Mischung aus beiden sein und variieren je nach Verwendungszweck des Modells. Die Syntax und Semantik der Notationen müssen formal, semiformal oder informell definiert und auf den jeweiligen Einsatzfall abgestimmt werden. Aspekte, die nicht durch die Modellierungsnotationen ausgedrückt werden können, benötigen zusätzliche Beschreibungen in natürlicher Sprache, z.B. Textannotationen. Diese sollten sorgfältig mit dem entsprechenden Modell verknüpft oder dokumentiert werden, sodass die zusätzlichen Informationen leicht zugänglich und nachvollziehbar sind. Alle zusätzlichen Beschreibungen müssen mit den Modellen konsistent sein.

Eine weitere wichtige Fragestellung zur Automotive SPICE®-Konformität ergibt sich, wie bereits erwähnt, bei dem Thema Codegenerierung.

Im Kontext der Feinentwurfsphase, wie sie Automotive SPICE® im SWE.3 vorsieht, wird die Frage, ob ein zur Codegenerierung verwendetes Modell als Feinentwurf (Detailed Design) gilt, unter der Bedingung bejaht, dass zusätzliche Beschreibungen bereitgestellt werden. Diese zusätzlichen Beschreibungen sind notwendig, um das Modell und seine Implementierung der Anforderungen zu verstehen. Sie können innerhalb des Modells oder in separaten Dokumenten dokumentiert werden und sollten sowohl funktionale als auch nicht funktionale Anforderungen berücksichtigen. Die Definition der Schnittstellen und die Beschreibung des dynamischen Verhaltens sind dabei zentrale Elemente.

Generell muss sichergestellt werden, dass der generierte Code mit dem Feinentwurf und den Softwareanforderungen übereinstimmt. Die Modelle und der daraus generierte Code müssen hinsichtlich ihrer Übereinstimmung mit den erwähnten zusätzlichen Beschreibungen überprüft und getestet werden.

Die Verwendung einer qualifizierten Toolkette zur Verifikation des Modells und zur Codegenerierung spielt ebenfalls eine entscheidende Rolle. Damit kommen wir zum dritten oben angesprochenen Thema, der Verifikation.

Um die Qualität und Korrektheit des automatisch generierten Codes zu gewährleisten, müssen statische Verifikationen und Maßnahmen zur Unit-Verifikation durchgeführt werden. Dies gilt insbesondere dann, wenn der Code ohne manuelle Anpassungen nach der Generierung genutzt wird. Werden nach der Generierung Änderungen am generierten Code vorgenommen, ist eine erneute Verifikation erforderlich.

In der Praxis, z.B. in einer Simulink/Targetlink-Umgebung, umfassen die Umsetzungen der Praktiken SWE.3 und SWE.4 u.a. die Überprüfung der zusätzlichen Beschreibungen zusammen mit dem Modell, werkzeuggestützte Analysen des Modells, Konsistenzprüfungen entlang der Toolkette sowie statische Analysen des generierten Codes. Back-to-back-Tests sind ebenfalls ein wichtiger Bestandteil, um die Konsistenz zwischen Modell und Code zu validieren.

Entwicklungs- und Codegenerierungs-Werkzeuge sollten Funktionen für Konfigurationsmanagement und Nachvollziehbarkeit bzw. Schnittstellen zu externen Systemen unterstützen, um typische Probleme, die bei der Speicherung der Ausgabedateien in traditionellen Quellcodeverwaltungstools auftreten, zu vermeiden. In manchen Fällen, insbesondere bei hardwareabhängigen Komponenten, kann es erforderlich sein, manuell zu codieren, um die Speicherbelegung zu optimieren.

Die Einhaltung dieser Praktiken und die Berücksichtigung der spezifischen Anforderungen an zusätzliche Beschreibungen, Schnittstellendefinitionen und dynamisches Verhalten sind entscheidend, um die Vorteile der modellbasierten Entwicklung voll auszuschöpfen und gleichzeitig Automotive SPICE®-konforme Prozesse sicherzustellen.

6.3 Applikationsparameter

Applikationsparameter sind ein zentraler Aspekt der Softwareentwicklung im Automotive-Bereich. Diese auch als »Kalibrierungsparameter« bezeichneten Datenpunkte sind ein entscheidendes Werkzeug in der Hand von Ingenieuren und Entwicklern, um das Verhalten, die Funktionen und die Eigenschaften von Systemen und Software gezielt zu beeinflussen.

Beginnen wir mit einer genaueren Betrachtung dessen, was Applikationsparameter eigentlich sind. In ihrer Essenz sind es Daten, die dazu verwendet werden, Softwarefunktionen oder -eigenschaften zu modifizieren. Diese Modifikationen können vielfältig sein, angefangen von kleinen Anpassungen im Verhalten eines Systems bis hin zu umfassenden Änderungen, die das Produkt in unterschiedlichen Varianten erscheinen lassen.

Ein wesentliches Merkmal von Applikationsparametern ist ihre Fähigkeit, sowohl logische als auch quantitative Aspekte zu kombinieren. Auf der logischen Ebene haben sie klare Spezifikationen, die Namen, Beschreibungen, Einheiten, Wertebereiche, Schwellenwerte oder charakteristische Kurven umfassen können. Gleichzeitig beinhalten sie quantitative Datenwerte, die durch die Datenbeschaffung gewonnen werden. Diese Kombination ermöglicht eine präzise Steuerung und Anpassung des Systemverhaltens.

Ein typisches Anwendungsszenario für Applikationsparameter findet sich in der Modifikation des Verhaltens eines Systems, wobei die Parameter typischerweise beim Start aus einem Speicher gelesen werden. Dieser Vorgang ist insbesondere in der Automobilindustrie von Bedeutung, wo unterschiedliche Fahrzeugvarianten und Optionen schnell und effizient umgeschaltet werden müssen. Die Verwendung von Applikationsparametern ermöglicht dies, indem bestimmte Funktionalitäten an- oder abgeschaltet werden können.

Des Weiteren spielen Applikationsparameter eine entscheidende Rolle bei der Kalibrierung und Feinabstimmung von Systemen. Sie können während der Systemkalibrierung gemessen und durch die Modifikation von Parametersätzen während der Testläufe feinjustiert werden. Dies ist ein kritischer Schritt, um sicherzustellen, dass das System oder die Software unter verschiedenen Bedingungen optimal funktioniert. Weitere zu beachtende Aspekte können Tabelle 6–2 entnommen werden.

Aspekt	Beschreibung
Verhalten und Kalibrierung	Die Parameter sollten so gestaltet sein, dass sie das Systemverhalten effektiv modifizieren und sowohl während der Kalibrierung als auch bei Testläufen feinabgestimmt werden können.
Funktionalitätsschaltung	Applikationsparameter sollten die Möglichkeit bieten, bestimmte Funktionalitäten je nach Bedarf an- oder abzuschalten, um verschiedene Produktvarianten und -optionen zu unterstützen.
Variantenbildung	Sie sollten die Bildung von Software- oder Parametervarianten oder einer Kombination aus beiden ermöglichen.
Konfigurationsmanagement	Applikationsparameter müssen sorgfältig unter Konfigurationsmanagement gestellt werden, insbesondere wenn es viele Parametersätze und Kombinationen gibt.
Testabdeckung	Es muss eine umfassende Teststrategie vorhanden sein, die eine breite Palette von Parameterwerten und -kombinationen abdeckt, um eine kombinatorische Explosion der Testanforderungen zu verhindern.
Verantwortlichkeitsklärung	Die Verantwortlichkeiten für Applikationsparameter, insbesondere wenn Werte von verschiedenen Parteien geändert werden können, müssen klar definiert und kommuniziert werden.
Integration in Engineering-Prozesse	Applikationsparameter müssen in verschiedenen Engineering-Prozessen wie Produktfreigabe, Testprozessen, Systemanforderungs-Analyse und Softwareanforderungs-Analyse berücksichtigt werden.
Anforderungsmanagement	Es muss klar zwischen Anforderungen und Designentscheidungen unterschieden werden, und die Anforderungsspezifikation muss die Erwartungen an die Konfigurierbarkeit klar kommunizieren.
Behandlung als Konfigurationselemente	Aspekte wie Datensatzwerte, Variablennamen, technische Datentypen, Standardwerte und Speicherabbildungen sollten als Konfigurationselemente behandelt werden.
Codeauswahl zur Laufzeit	Applikationsparameter, die Codevarianten repräsentieren, sollten nicht in Anforderungen beschrieben, sondern in Designentscheidungen spezifiziert werden. Sie dürfen nicht im Widerspruch zu den zugehörigen Anforderungen stehen.

Tab. 6–2 *Zu beachtende Aspekte im Umgang mit Applikationsparametern*

Die Erstellung von Software- oder Parametervarianten oder einer Kombination aus beiden, ist ein weiteres wichtiges Anwendungsgebiet für Applikationsparameter. Sie ermöglichen eine hohe Flexibilität und Anpassungsfähigkeit von Softwareprodukten, was besonders in einer Branche wie der Automobilindustrie, die eine Vielzahl von Produktvarianten und -optionen anbietet, von unschätzbarem Wert ist.

Jedoch bringen Applikationsparameter auch Herausforderungen mit sich, insbesondere im Bereich des Konfigurationsmanagements, der Variantenverwaltung und des Testens. Das Konfigurationsmanagement steht vor der Aufgabe, mit einer großen Anzahl von Applikationsparametern und deren Kombinationen umzugehen, was sich als eine nicht zu unterschätzende Aufgabe herausstellen kann. Die Variantenverwaltung beinhaltet die Verwaltung von Software- und Parametervarianten und möglicherweise die Anpassung von Plattform-Applikationsparametern. Das Testen muss eine breite Palette von Parameterwerten und -kombinationen abdecken, was zu einer kombinatorischen Explosion der erforderlichen Tests führen kann. Daher ist es entscheidend, das Konfigurationsmanagement für Applikationsparameter besonders zu betonen und effizient zu gestalten.

Die Verantwortung für die Applikationsparameter ist oft nicht klar entlang der Kunden-Lieferanten-Grenzen definiert. In manchen Fällen definiert der Lieferant die Parameter, während der Kunde einige davon ändern kann. In anderen Fällen sind die Eigentümer von wiederverwendbaren Softwarekomponenten für die Pflege ihrer eigenen Parameter verantwortlich. Eine klare Definition der Verantwortlichkeiten ist hierbei entscheidend, insbesondere für Parameter, die für den Kunden nicht zugänglich sind. Es muss eindeutig festgelegt werden, wer für welche Parameter verantwortlich ist und unter welchen Umständen Parameterwerte von anderen Parteien als den Entwicklern geändert werden können.

Applikationsparameter haben einen tiefgreifenden Einfluss auf verschiedene Prozesse innerhalb des Engineering-Zyklus, einschließlich Produktfreigabe, Testprozesse, Systemanforderungs-Analyse und Softwareanforderungs-Analyse. Diese Prozesse müssen sorgfältig berücksichtigt und in die Teststrategien einbezogen werden, um sicherzustellen, dass die Applikationsparameter korrekt implementiert und genutzt werden.

Das Anforderungsmanagement spielt in diesem Kontext eine entscheidende Rolle. Es muss eine klare Unterscheidung zwischen Anforderungen aus einer Blackbox-Perspektive und Entscheidungen, die während der Designaktivität gefällt werden, treffen. Anforderungen sollten den Bedarf an konfigurierbarem Verhalten spezifizieren, während Designentscheidungen die Anzahl und spezifischen Details der Applikationsparameter festlegen. Die Anforderungsspezifikation muss die Erwartungen an die Konfigurierbarkeit klar kommunizieren, damit auf dieser Basis Teststrategien und -fälle korrekt definiert werden können.

Aspekte wie Datensatzwerte, Variablennamen, technische Datentypen, Standardwerte und Speicherabbildungen sollten als Konfigurationselemente behandelt werden.

Schließlich sind noch die Applikationsparameter für die statische (beim Kompilieren) oder dynamische (zur Laufzeit) Codeauswahl zu erwähnen (s. Abb. 6–9). Diese repräsentieren Codevarianten, die unterschiedliche Funktionalitäten für verschiedene Kunden oder Situationen ermöglichen. Sie sollten nicht in Anforderungen beschrieben werden; stattdessen sollte jede Anforderung für die Implementierung in spezifischen Varianten markiert werden. Designentscheidungen umfassen die Anzahl und Spezifikationen der Applikationsparameter für Codevarianten. Applikationsparameter, die Produktvarianten repräsentieren, dürfen nicht im Widerspruch zu den zugehörigen Anforderungen stehen.

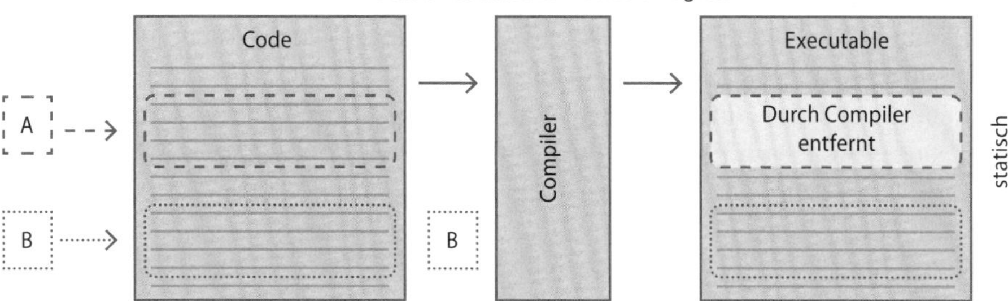

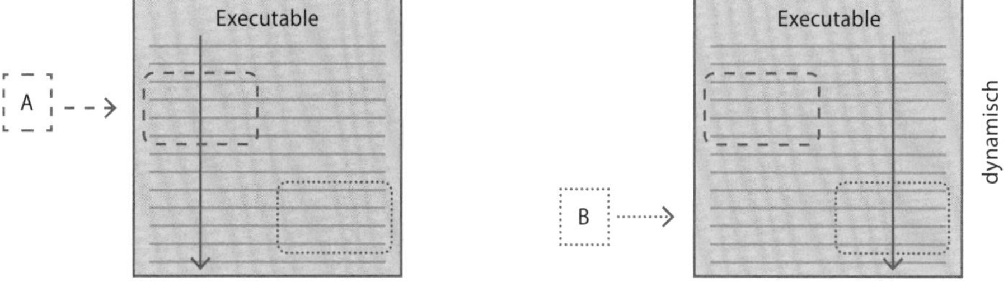

Abb. 6–9 *Statische und dynamische Codeauswahl*

6.4 Besonderheiten bei der Umsetzung der Automotive SPICE®-Konformität beim OEM

In den letzten Jahren hat Automotive SPICE® auch auf OEM-Seite an Bedeutung gewonnen. Ziel der OEMs ist es u.a. nachzuweisen, dass sie ihre Fahrzeuge nach dem Stand von Forschung und Technik entwickeln. Im Bereich des automatisierten Fahrens kann dies in Zukunft sogar für die Homologation relevant werden.

Darüber hinaus ist es auch für die OEMs notwendig, die eigenen Prozesse zu modernisieren und effizienter zu gestalten. Auch wenn schon seit einiger Zeit Zulieferer hinsichtlich ihrer Prozessfähigkeit mit Automotive SPICE® bewertet werden, sind die Erfahrungen mit OEMs noch etwas rar.

Der wesentliche Unterschied ist, dass wir es beim OEM mit einem Gesamtfahrzeug zu tun haben, d.h., unser Betrachtungsobjekt ist deutlich komplexer als ein vom Zulieferer entwickeltes System. Außerdem fällt die Anforderungsquelle Kunde weg, die einen klaren Einstiegspunkt in das Projekt definiert hat.

Daraus lässt sich schließen, dass der Prozess SYS.1 auf OEM-Seite, zumindest auf Gesamtfahrzeugebene, eine hohe Bedeutung hat und eigentlich unverzichtbar ist. Dies ist in diesem Fall kein kleines Unterfangen, zumal sichergestellt werden muss, dass alle relevanten Stakeholder berücksichtigt werden.

Ein weiterer Unterschied ist, dass der OEM nicht alle Entwicklungsprozesse durchläuft, sondern ab einem definierten Punkt die weitere Arbeit und auch die Aussteuerung der Arbeit dem Zulieferer überlässt. Dies geschieht irgendwo im SYS.4, sodass die Architektur nur zu einem gewissen Grad vom OEM verantwortet wird. Manchmal ist sogar nur der Übergang vom SYS.3 zum SYS.4 die Grenze für ein betrachtetes System im Fahrzeug. Für die darüberliegenden Systemebenen, in die das beim Zulieferer entwickelte System integriert werden muss, ist in jedem Fall SYS.3 anzuwenden. (Was Systemebenen sind, wird in Abschnitt 5.1.1 erläutert.)

In der Praxis wird der Systemgrenzbereich je nach Art des Lieferanten unterschiedlich definiert. Für einen Lieferanten eines mechatronischen Systems oder eines Antriebs ist das mechatronische Produkt die Systemgrenze. Sowohl die mechatronische Systemgrenze als auch die ECU-Systemgrenze werden durch separate Prozessinstanzen der SYS-Prozesse in abgegrenzter Weise reflektiert.

Das wirft dann zusätzlich die Frage auf, wer für die Verifikation auf dieser Ebene verantwortlich ist, da jede beteiligte Partei zunächst die logische Verantwortung hat, die selbst erstellten Anteile auch zu verifizieren. Wenn dies ausgelagert wird, sollte zumindest eine Steuerung (über den ACQ.4) vorhanden sein. Dies hat auch Auswirkungen auf das Projektmanagement im MAN.3, da der Projektleiter die Entwicklungsaktivitäten nicht planen kann und soll. Zulieferer werden als Gewerke ausgesteuert und sind für den Projektleiter mehr oder weniger eine Blackbox.

Damit ist dem, was der Projektleiter selbst aussteuern und planen kann, eine Grenze gesetzt. Umso wichtiger ist es, dass das Projekt beim OEM den ACQ.4 gut umgesetzt hat, dieser also Auge und Ohr für das Projekt ist, denn nur durch den ACQ.4 ist eine durchgängige Fortschrittsverfolgung möglich. Und wie wir beim MAN.3 sehen werden, ist das eine Kernaufgabe dieses Prozesses. Wir wollen jederzeit abschätzen können, ob wir noch im Plan sind. Dazu müssen wir die notwendigen Informationen beim Zulieferer einfordern bzw. den Informationsfluss von Anfang an richtig definiert haben.

Ein weiterer Prozess, der beim OEM eine ganz andere Dimension annimmt, ist SYS.4 und hier insbesondere die Integrationsstrategie. Während bei einfachen Systemen eine Big-Bang-Integration denkbar ist, muss beim OEM ein ausgefeiltes Konzept vorliegen, das die Abhängigkeiten zwischen den Systemen berücksichtigt. Dabei werden häufig auch Abteilungsgrenzen überschritten.

Zuletzt sei hier noch SUP.8, das Konfigurationsmanagement, genannt, das bei einem OEM deutlich komplexer ist als bei einem kleineren Zulieferer. Durch die verschiedenen Systemebenen haben wir eine Kaskade von Abhängigkeiten, in der Arbeitsprodukte z.B. für eine Baseline eingefroren und freigegeben werden können.

Hängt z.B. eine Spezifikation von einer Spezifikation auf einer höheren Ebene ab, so kann sie theoretisch erst dann für ein Review und die Freigabe eingefroren werden, wenn die übergeordnete Spezifikation bereits eingefroren und freigegeben wurde.

Im Konfigurationsmanagement müssen also mehr Abhängigkeiten berücksichtigt werden, als man es von einem Zulieferer gewohnt ist.

Schließlich stellt sich die Frage, wie die Automotive SPICE®-Konformität für ein Gesamtfahrzeug nachgewiesen werden kann. Sicherlich nicht durch ein großes Assessment mit vielen Instanzen. Hier sind Konzepte gefragt, wie durch gut gewählte Stichproben eine gute Abdeckung erreicht werden kann. Der Nachweis und das Erreichen der Automotive SPICE®-Konformität sollten über einen längeren Zeitraum geplant werden.

6.5 Einstufung der Prozesse für das Assessment

Es wird nicht immer möglich oder erforderlich sein, alle Prozesse in einem Assessment zu prüfen. Daher ist ein Scoping der Prozesse notwendig.

Hierfür gibt es eine Hilfestellung. In den Automotive SPICE® Guidelines werden die Prozesse in drei Gruppen eingeteilt:

- Base,
- Plug-in und
- Flex/Optional.

In der Gruppe Plug-in finden sich die Engineering-Prozesse und SUP.11 als wesentlicher Bestandteil des Machine Learning. Der Base-Scope beinhaltet die Prozesse, die auch bisher schon im »VDA Scope« zu finden waren, also neben MAN.3 die Unterstützungsprozesse SUP.1, SUP.8, SUP.9 und SUP.10. Der »Recommended VDA Scope« umfasst nun den Base-Scope und mindestens ein Plug-in, d.h. mindestens eine Prozessgruppe der Engineering-Prozesse. Alle anderen Prozesse sind als »Flex/Optional« gekennzeichnet.

Diese Einstufung wird im Folgenden bei allen Prozessen gleich oben rechts im einleitenden Kasten vermerkt.

7 Prozessgruppe der Akquisitionsprozesse

Diese Prozessgruppe umfasst in Automotive SPICE® 4.0 nur noch einen Prozess.

7.1 ACQ.4 Lieferantenüberwachung

Der Zweck ist, die Leistung eines externen, vertragsgebundenen Lieferantenunternehmens anhand der vereinbarten Verpflichtungen zu verfolgen und zu bewerten.	**Flex/Optional**
Erwartete Prozessergebnisse: ■ Gemeinsame Aktivitäten, wie zwischen dem Kunden und dem Lieferanten vereinbart, werden durchgeführt. ■ Alle für den Austausch vereinbarten Informationen werden regelmäßig zwischen dem Kunden und dem Lieferanten ausgetauscht. ■ Die Leistung des Lieferanten wird anhand der Vereinbarungen überwacht. ■ Änderungen an der Vereinbarung werden, falls erforderlich, zwischen dem Kunden und dem Lieferanten ausgehandelt und in der Vereinbarung dokumentiert.	

7.1.1 Prozessbeschreibung

Bei der Entwicklung von Automobilkomponenten ist eine enge Zusammenarbeit zwischen dem Fahrzeughersteller und den Lieferanten von entscheidender Bedeutung. Jede Komponente muss den strengen Qualitätsanforderungen entsprechen und sich nahtlos in das Gesamtsystem des Fahrzeugs integrieren. Und diese Zulieferer haben häufig selbst wieder Zulieferer bis hin zu ganzen Zuliefererketten. In diesem Prozess geht es nun darum, diese Schnittstellen zwischen Lieferant und Kunde zu managen, z.B. zwischen Tier 2 und Tier 3.

In vielen Fällen, besonders wenn es um die Unterauftragsvergabe von Entwicklungsarbeiten oder die Anpassung von gekauften Komponenten geht, wird die Erfüllung des ACQ.4 unerlässlich. Er stellt sicher, dass die Beteiligten sich über die Anforderungen, Rollen und Verantwortlichkeiten im Klaren sind, um jegliche Ungenauigkeiten oder Missverständnisse zu vermeiden.

Das Ziel des Prozesses ACQ.4 Lieferantenüberwachung im Kontext von Automotive SPICE® 4.0 ist es, sich auf gemeinsame Schnittstellen zu einigen und sicherzustellen, dass der Austausch über diese Schnittstellen systematisch gelebt und verfolgt wird. Das erfolgreiche Management dieser Beziehung geht über das bloße Vorhandensein von Vertragsunterlagen hinaus.

Der Annahme, dass der Prozess ACQ.4 also hauptsächlich ein Thema der Beschaffung bzw. des Einkaufs sei, möchten wir an dieser Stelle deutlich widersprechen. Aus unserer Sicht ist es vorteilhaft, wenn der Prozess durch das Entwicklungsprojekt selbst getrieben wird, da nur so eine ausreichende Vernetzung mit den anderen Prozessen erreicht werden kann.

Automotive SPICE® macht dabei keinen Unterschied, ob die Produktentwicklung intern oder extern stattfindet. In beiden Szenarien müssen die gleichen Standards für die Lieferantenüberwachung angewendet werden, um Konsistenz und Qualität in der Zusammenarbeit zu gewährleisten.

Insgesamt beruht dieser Prozess auf den gleichen Prinzipien wie die Management- und Unterstützungsprozesse und wendet diese auf die Beziehung zum Lieferanten an. Er kann insofern auch nicht vollständig isoliert betrachtet werden, sondern muss mit diesen in Bezug gesetzt werden.

Der Scope wird beispielsweise im Projektmanagement (MAN.3) im Projekt des Kunden und im Projekt des Lieferanten in den ersten drei Basispraktiken festgelegt. Wenn sich die Arbeitsbereiche vom Kunden und Lieferanten überschneiden (z.B. OEM liefert einen Teil der SW für das System des Lieferanten), ist eine gute Abstimmung in diesem Zusammenhang wichtig. Die Scope-Definition auf beiden Seiten muss zusammenpassen.

Nutzen

- Es gibt eindeutig definierte Schnittstellen zum Lieferanten.
- Die Erwartungshaltung an den Lieferanten und umgekehrt ist geklärt.
- Prozesse über Unternehmens- oder Abteilungsgrenzen hinweg sind etabliert.
- Die Integration und Kommunikation zwischen dem Kunden und dem Lieferanten erfolgt nahtlos.
- Die Lieferantenbeziehung und die Liefererergebnisse werden kontinuierlich überwacht.
- Es ist sichergestellt, dass Informationen und Artefakte systematisch ausgetauscht werden.
- Es besteht ein Bewusstsein für die Leistung des Lieferanten.
- Bei Bedarf können korrigierende Maßnahmen ergriffen werden.

Der Lieferantenüberwachungs-Prozess tritt in den Vordergrund, wenn eine Organisation Unterlieferanten hat, Entwicklungsleistungen unterbeauftragt, ganze Prozesse auslagert oder wenn Produktkomponenten eingekauft und angepasst werden. Dieser Prozess ist nicht relevant, wenn lediglich Ressourcen für Entwicklungstätigkeiten eingekauft werden, wie es beim sogenannten Body Leasing der Fall ist.

Ein häufiger Irrtum ist die Annahme, dass die bloße Auferlegung von Automotive SPICE®-Compliance an Lieferanten den Bedarf an der Ausführung des ACQ.4-

Prozesses durch das Projekt eliminiert. Dies ist nicht der Fall. Es ist unerlässlich, dass Projekte den ACQ.4-Prozess ausführen, unabhängig von den Anforderungen, die sie an ihre Lieferanten stellen.

Die Guidelines [VDA 2023] schlagen vor, ACQ.4 auch auf Produkte »von der Stange« (Commercial off-the-shelf/COTS) anzuwenden, insbesondere auf Lieferanten, die Komponenten entwickeln oder unterstützte Standardprodukte liefern. Lieferanten von nicht unterstützten Standardprodukten sind jedoch ausgenommen.

Die Themen Lieferantenauswahl und -qualifizierung werden in diesem Prozess nicht adressiert, sind aber sehr wichtig, denn die Lieferantenauswahl ist die Grundlage für eine effektive Zusammenarbeit mit dem Lieferanten, ebenso wie die vertraglichen Vereinbarungen zwischen Auftraggeber und Lieferant und die Anwendung abgestimmter Prozesse. Hilfestellungen wie z.B. der PMBOK Guide [PMBOK 2017] für das Lieferantenmanagement können auf diesem Weg sehr nützlich sein.

Lieferantenüberwachung kann arbeitsintensiv sein. In einigen Fällen, speziell in großen und komplexen Projekten, mag es notwendig sein, eine dedizierte Rolle als Lieferantenmanager einzurichten, um sicherzustellen, dass alle Aspekte dieses Prozesses effizient und effektiv gehandhabt werden.

7.1.2 Basispraktiken

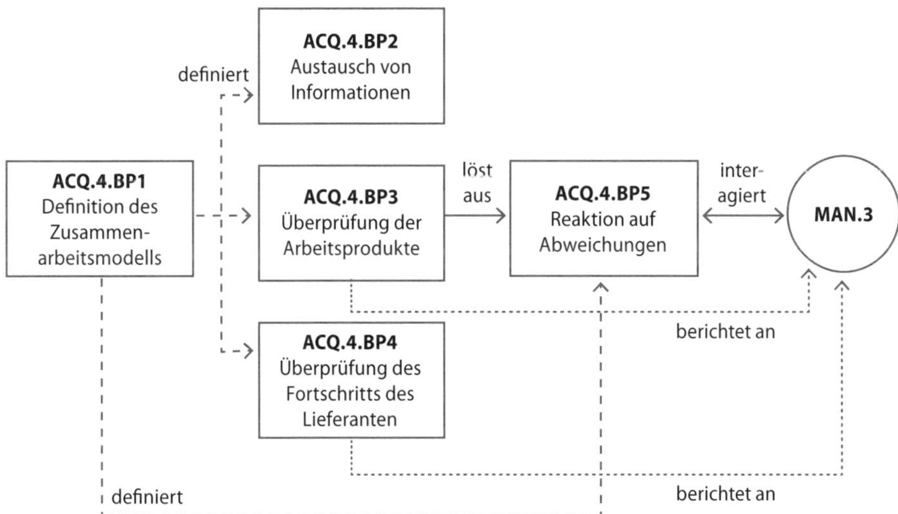

Abb. 7–1 *Zusammenspiel der Basispraktiken beim ACQ.4*

ACQ.4.BP1: Vereinbarung und Pflege gemeinsamer Aktivitäten, gemeinsamer Schnittstellen und auszutauschender Informationen. Erstelle und pflege eine Vereinbarung über auszutauschende Informationen, gemeinsame Aktivitäten, gemeinsame Schnittstellen, Zuständigkeiten, Art und Häufigkeit gemeinsamer Aktivitäten, Kommunikation, Sitzungen, Statusberichte und Überprüfungen.

In der Zusammenarbeit mit Zulieferern geht es zunächst um das Etablieren, Steuern und Überwachen gemeinsamer Aktivitäten, Schnittstellen und des Informationsaustauschs. Frühzeitig gilt es, Bedarfe zu erkennen und den erforderlichen Aufwand abzuschätzen. Ein Schlüsselelement für eine erfolgreiche Zusammenarbeit kann die schriftliche Vereinbarung zwischen Kunde und Lieferant sein. Fehlt eine solche, gibt es häufig Reibung bei der Zusammenarbeit, da Umfang und Rahmen der Zusammenarbeit unklar sind. Hierbei geht es nicht nur um die vorab geschlossenen vertraglichen Vereinbarungen, sondern vor allem darum, nach Projektbeginn die Zusammenarbeit abzustimmen.

Es empfiehlt sich also, die Zusammenarbeit in einer Schnittstellenvereinbarung klar zu definieren und auch ein formelles Commitment einzuholen. Beispiele für solche vereinbarten Dokumente sind DIAs (Development Interface Agreements), SOWs (Statements Of Work), Lizenzvereinbarungen usw.

Die Vereinbarung sollte neben Ansprechpartnern Liefergegenstände, gemeinsame Prozesse, auszutauschende Dokumente und Artefakte, die Regelkommunikation, Meldewege, Eskalationsmöglichkeiten und den Abgleich der Planung enthalten. Tabelle 7–1 gibt einen Überblick über die Aspekte, die in einer solchen Schnittstellenvereinbarung enthalten sein sollten.

Neben den Engineering-Prozessen sind das Konfigurationsmanagement (SUP.8), das Änderungsmanagement (SUP.10), die Qualitätssicherung (SUP.1), das Problemlösungs-Management (SUP.9) und das Projektmanagement (MAN.3) mit einzubeziehen. Für eine nahtlose Zusammenarbeit müssen Prozesse und Schnittstellen nicht nur koordiniert, sondern auch ausführlich festgehalten werden (s. Tab. 7–1). Es geht um regelmäßige Treffen, Planung von Kommunikation, den Informationsaustausch, die Klärung von Rollen und Verantwortlichkeiten, das Dokumentieren von Entscheidungen und Verfolgen von offenen Punkten und weitere Faktoren, darunter auch die Kooperation mit dem Qualitätsbereich.

Eine effektive Methode zur Förderung der Zusammenarbeit ist die Bildung eines gemeinsamen Projektteams von Kunde und Lieferant. Dies stärkt den Informationsaustausch und minimiert Missverständnisse.

Inhalt	Kurzbeschreibung
Umfang	Einfügen einer kurzen Beschreibung der Zusammenarbeit der Projektbeteiligten. Was ist Teil des Projekts und was ist nicht Bestandteil dieser Abstimmung. Außerdem Rahmenbedingungen, Grenzen und Umfang des Teilprojekts des Lieferanten.
Beteiligte Parteien	Beschreibung der an dem Projekt beteiligten Parteien und ihrer Rolle in dem Projekt und deren Verantwortungsbereich
Abgestimmter Lebenszyklus	Beschreibung, wie der Lebenszyklus der Parteien aufeinander abgestimmt werden soll. Dies ist insbesondere bei agilen Kooperationen relevant, wo die Häufigkeit der Treffen der Parteien und des Austauschs von Informationen aufeinander abgestimmt werden muss. Aber auch im klassischen Projektmanagement müssen die Projektpläne regelmäßig synchronisiert werden.
Informationssicherheit	Abstimmungen bezüglich der Informationssicherheit im Projekt
Kommunikationsmatrix	Identifikation der relevanten Ansprechpartner auf beiden Seiten und deren Bereich, sowie Festlegungen zur Regelkommunikation
Regelkommunikation	In diesem Abschnitt werden die Regelmeetings zwischen den beteiligten Parteien festgelegt. Dies schließt auch mögliche situationsbedingte Aktivitäten mit ein, wie z.B. Taskforce-Meetings. Festzulegen sind folgende Punkte: ■ Bezeichnung des Meetings ■ Häufigkeit/Auslöser ■ Zielsetzung ■ Dokumentation inklusive Offene-Punkte-Liste und Dokumentation von Entscheidungen ■ Ort/Link (bei Online-Meeting) ■ Rollen: • Verantwortlich (Responsible) • Abnahmebefugt (Accountable) • Beteiligte (Consulted) • Zu Informieren (Informed)
Festlegung des Berichtswesens zum Projektfortschritt	Termineinhaltung bzw. Projektverzug, Ressourcenengpässe, Risiken, qualitätssichernde Maßnahmen, ausgetauschte Informationen zum Qualitätsmanagement, Bestätigung der funktionalen Sicherheit
Festlegung des Berichtswesens zur technischen Umsetzung	Nachverfolgung der technischen Umsetzung, Definition, welche technischen Informationen dem Auftraggeber wann übergeben werden, Möglichkeiten zur Überprüfung
Reviews	Abstimmung eines Reviewprozesses. Dies sollte die Qualitätssicherung beider Parteien mit einbeziehen.

Inhalt	Kurzbeschreibung
Lieferungen und Abnahmeprozesse	Definition, wie Lieferungen vom Zulieferer an den Auftraggeber ablaufen sollen, Festlegungen zu Release Notes, Austauschformaten, beizufügenden Informationen; Festlegung, wie die Abnahme durch den Auftraggeber stattfinden soll und welche Abnahmekriterien genutzt werden
Schnittstellen der Qualitätssicherung	Festlegung, wie die Qualitätssicherung auf beiden Seiten einbezogen werden muss
Umgang mit Änderungsanträgen	Definition, wie Änderungsanträge eingebracht, verwaltet, entschieden und verhandelt werden. Eventuell Einrichten eines gemeinsamen CCB (Change Control Board)
Schnittstellen des Fehlermanagements	Definition eines beidseitigen Fehlermanagementsystems
Schnittstellen in Bezug auf zusätzlich relevante Themen	Dies bezieht sich auf Themen wie funktionale Sicherheit, SOTIF oder Cybersecurity, aus denen sich zusätzliche Anforderungen ergeben können, sowie mögliche weitere gemeinsame Prozesse.
Meldepflichten	Definition von Ereignissen, Änderungen oder eingetretenen Problemen, die vom Zulieferer an den Auftraggeber in einem vorgegebenen Zeitrahmen gemeldet werden müssen
Eskalation	Definition von Eskalationswegen und -kriterien
Service-Level-Vereinbarungen	Festlegen, ab wann welche Unterstützung des Lieferanten verfügbar sein muss mit Reaktionszeiten, Unterstützungsumfang etc.

Tab. 7–1 *Schnittstellenvereinbarungen im Lieferantenmanagement*

Besonders bei größeren Entwicklungsprojekten, bei denen mehrere Lieferanten beteiligt sind, wird die Anwendung dieses Prozesses komplex und die Bedeutung offensichtlich, klare, nachvollziehbare und für alle Beteiligten transparente Vereinbarungen treffen zu müssen.

In diesem Fall wird häufig ein Hauptlieferant eingesetzt, der in einem hierarchischen System agiert und weitere Lieferanten steuert. Es kann vorkommen, dass der Auftraggeber bestimmte Unterlieferanten festlegt oder sogar selbst als solcher fungiert.

Dieser Prozess ist eng mit der Basispraktik MAN.3.BP7 verknüpft, die allgemein die Schnittstellen des Projektmanagements betrachtet, während der Prozess ACQ.4 die Wechselwirkung mit dem Lieferanten behandelt. Eine transparente und effiziente Partnerschaft zwischen Kunde und Lieferant ist für den Projekterfolg entscheidend.

ACQ.4.BP2: Austausch aller vereinbarten Informationen. Nutze die definierten gemeinsamen Schnittstellen zwischen Kunde und Lieferant für den Austausch aller vereinbarten Informationen.

Im Rahmen von ACQ.4.BP2 steht der Austausch der vereinbarten Informationen über definierte, gemeinsame Schnittstellen zwischen Kunde und Lieferant im Fokus. Dieser Austausch stellt sicher, dass beide Parteien kontinuierlich über den aktuellen Stand des Projekts informiert sind und eventuelle Abweichungen oder Anpassungsbedarfe frühzeitig identifizieren können.

Ein regelmäßiger Informationsaustausch ist essenziell, um Missverständnisse und Informationslücken zu vermeiden. In der heutigen Zeit, in der elektronische Dokumente eine zentrale Rolle spielen, erfordert ein effizienter Dokumentenaustausch eine Plattform mit Dokumentenmanagement-Funktionen. Diese Plattformen ermöglichen nicht nur den Austausch von Dokumenten, sondern auch deren Versionierung, das Setzen von Zugriffsrechten und die Archivierung. Darüber hinaus gibt es Datenaustauschformate (z.B. für Anforderungen) oder gemeinsam genutzte Tools für Änderungsanträge, Risiken oder gefundene Fehler.

Nur wenn der Kunde ein klares Bild davon hat, was vom Lieferanten zu erwarten ist und umgekehrt, kann eine effiziente und reibungslose Zusammenarbeit gewährleistet werden. Hierbei ist es oft hilfreich, wenn die Koordination durch Projekt- oder Teilprojektleiter erfolgt. Diese Personen sind in der Regel mit den Details und Anforderungen des jeweiligen Projekts bestens vertraut und können so sicherstellen, dass alle vereinbarten Informationen korrekt und zeitnah ausgetauscht werden.

Zum Abschluss sei darauf hingewiesen, dass ACQ.4.BP2 in direktem Zusammenhang mit MAN.3.BP7 steht. Diese Verbindung zeigt einmal mehr, wie eng die verschiedenen Basispraktiken und Prozesse im Rahmen von Automotive SPICE® 4.0 miteinander verzahnt sind und wie wichtig eine ganzheitliche Betrachtung für den Projekterfolg ist.

ACQ.4.BP3: Überprüfung der Entwicklungsarbeitsprodukte mit dem Lieferanten. Überprüfe die Entwicklungsarbeitsprodukte mit dem Lieferanten auf der vereinbarten regelmäßigen Basis, wobei technische Aspekte, Probleme und Risiken berücksichtigt werden. Nachverfolge offene Maßnahmen.

Anmerkung 1: *Siehe SUP.9 für das Management von Problemen.*

Die Überwachung aller vertragsbasierten Lieferanten, einschließlich derer, die technische Dienstleistungen oder kommerzielle Produkte anbieten, erfordert eine präzise Leistungsbewertung. Hierbei ist die Festlegung von Leistungsindikatoren essenziell, um die Einhaltung der vereinbarten Anforderungen sicherzustellen.

Das Herzstück dieses Prozessschritts sind die regelmäßige Durchsicht und die Bewertung der technischen Entwicklung. Hierbei werden nicht nur die reinen Ergebnisse betrachtet, sondern es findet auch ein intensiver Austausch zu technischen Herausforderungen und Risiken statt.

Ein effektiver Reviewprozess erfordert mehr als nur regelmäßige Treffen oder einen geregelten Austausch von Informationen.

Die Praktiken ACQ.4.BP3 und ACQ.4.BP4 hängen im Projektgeschäft oft eng miteinander zusammen und werden nicht systematisch getrennt. Dies ist im Normalfall kein Problem. Man sollte aber im Hinterkopf behalten, dass sich die Praktik ACQ.4.BP.3 eher auf die Entwicklungsprozesse und die Praktik ACQ.4.BP.4 eher auf die Management- und Unterstützungsprozesse bezieht (s. Abb. 7–2).

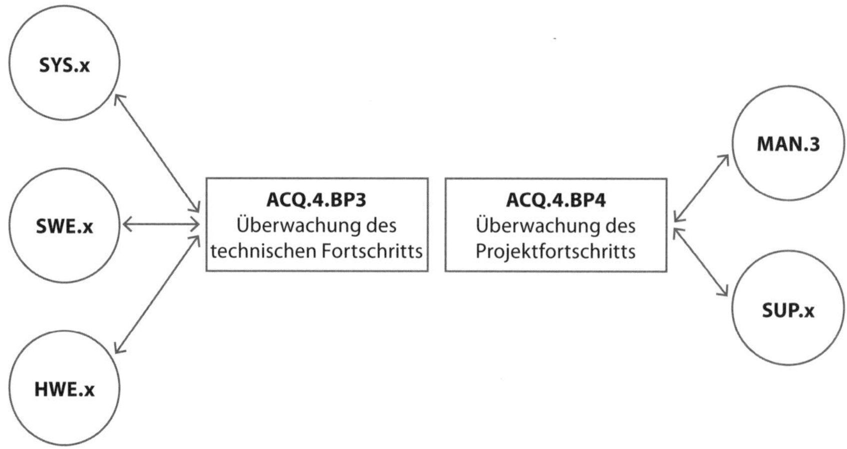

Abb. 7–2 *Differenzierung der Praktiken des ACQ.4*

Die Überprüfung der vom Lieferanten bereitgestellten Informationen muss durch Experten erfolgen. Nur so kann sichergestellt werden, dass alle technischen Aspekte korrekt bewertet und potenzielle Probleme frühzeitig erkannt werden. Es muss durch Vereinbarungen auch gewährleistet werden, dass der Auftraggeber Zugriff auf die notwendigen Informationen in hinreichender Detailtiefe hat.

In welcher Häufigkeit und Regelmäßigkeit Informationen ausgetauscht und Treffen durchgeführt werden, sollte bereits durch die in der Praktik ACQ.4.BP1 beschriebenen Abstimmungsaktivitäten festgelegt worden sein und von der Projektphase, der gegenwärtigen Projektsituation und den generellen Rahmenbedingungen des Projekts abhängen.

Während solcher technischen Reviews werden verschiedene Arbeitsprodukte betrachtet, darunter Anforderungsspezifikationen, System- und Softwarearchitektur, Schnittstellenspezifikationen, das eigentliche Produkt sowie Testpläne und Testdokumentationen. All diese Dokumente bieten einen detaillierten Einblick in den aktuellen Stand der Entwicklung und bilden die Basis für die gemeinsame Bewertung und Diskussion mit dem Lieferanten.

In Bezug auf das Risikomanagement sollten in dieser Praktik technische Risiken betrachtet werden und in der nachfolgenden Praktik ACQ.4.BP4 dann die Projektrisiken. Die Identifikation und Nachverfolgung von technischen Risiken und generellen Projektrisiken sind aber meistens keine getrennten Aktivitäten, sondern gehen ineinander über.

Ein zentrales Instrument im Rahmen des Reviewprozesses ist die Offene-Punkte-Liste (OPL). In dieser Liste werden alle technischen Fragen, Probleme und ungelösten Herausforderungen festgehalten. Die OPL dient als zentraler Anlaufpunkt und gewährleistet, dass kein Punkt übersehen wird und alle identifizierten Probleme systematisch angegangen werden.

Wenn Probleme identifiziert werden, müssen diese, wie in SUP.9 beschrieben, behandelt werden.

ACQ.4.BP4: Überprüfung des Fortschritts des Lieferanten. Überprüfe den Fortschritt des Lieferanten in Bezug auf Zeitplan, Qualität und Kosten auf der vereinbarten regelmäßigen Basis. Verfolge offene Maßnahmen bis zum Abschluss und Durchführung von Aktivitäten zur Risikominderung.

Anmerkung 2: *Siehe MAN.5 für das Management von Risiken.*

Im Zentrum von ACQ.4.BP4 steht die Überwachung und Bewertung des Fortschritts des Lieferanten. Während der Fokus von BP3 auf der technischen Entwicklung liegt, konzentriert sich BP4 auf die Gesamtleistung des Lieferanten in Bezug auf den geplanten Zeitrahmen, die Qualität der Lieferungen und die Einhaltung des Budgets.

Eine effektive Überwachung des Lieferanten erfordert regelmäßige Überprüfungen. In diesen Überprüfungen werden die tatsächlichen Leistungen des Lieferanten mit den vertraglich vereinbarten Zielen verglichen. Dabei wird besonderes Augenmerk auf Termintreue, Qualität und Kosten gelegt. Die Überwachung dieser drei Schlüsselbereiche gibt dem Projektteam die notwendigen Informationen, um festzustellen, ob der Lieferant seinen Verpflichtungen nachkommt oder ob Korrekturmaßnahmen erforderlich sind.

Neben der Überwachung des Fortschritts spielt das Risikomanagement eine entscheidende Rolle. Wenn während der Überprüfung Probleme identifiziert werden, die ein Risiko für den Projekterfolg darstellen könnten, müssen umgehend Risikominderungs-Maßnahmen ergriffen werden. Dies kann beispielsweise das Ergreifen von Korrekturmaßnahmen, das Umverteilen von Ressourcen oder das Anpassen des Projektplans beinhalten.

Die Verknüpfung von BP4 mit MAN.5 ist in diesem Zusammenhang von zentraler Bedeutung. MAN.5 befasst sich speziell mit dem Management von Risiken und bietet Richtlinien und Best Practices, wie Risiken identifiziert, bewertet und gehandhabt werden können.

ACQ.4.BP5: Handeln, um Abweichungen zu korrigieren. Ergreife Maßnahmen, wenn die vereinbarten Ziele nicht erreicht werden. Handle Änderungen der Ziele aus und dokumentiere dies in den Vereinbarungen.

Bei der Lieferantenüberwachung, wie auch im Projektmanagement, ist es unerlässlich, ständig die aktuellen Daten und Entwicklungen im Blick zu haben. Dies erlaubt es, schnell zu erkennen, wenn etwas nicht nach Plan läuft. Die Identifizierung von Abweichungen ist jedoch nur der erste Schritt. Entscheidend ist, wie auf diese Abweichungen reagiert wird.

Die Reaktion auf Abweichungen kann verschiedene Formen annehmen. Es könnte notwendig sein, mit dem Lieferanten zu verhandeln, um die vereinbarten Ziele oder den Zeitplan zu ändern. In anderen Fällen könnten zusätzliche Ressourcen oder technische Anpassungen erforderlich sein, um das Problem zu beheben.

Unabhängig von der gewählten Maßnahme ist es von zentraler Bedeutung, alle Korrekturmaßnahmen und Vereinbarungen zu dokumentieren. Dies stellt sicher, dass sich beide Parteien, Kunde und Lieferant, über die Änderungen im Klaren sind und sich auf die geänderten Ziele einigen.

Darüber hinaus betont BP 5 die Wichtigkeit der Dokumentation in diesem Prozess. Alle Maßnahmen, die ergriffen werden, um Abweichungen zu korrigieren, und alle Änderungen an den Vereinbarungen müssen klar und nachvollziehbar festgehalten werden. Dies dient nicht nur als Nachweis für spätere Überprüfungen, sondern auch als Kommunikationsmittel, um sicherzustellen, dass alle Beteiligten über den aktuellen Stand und die getroffenen Entscheidungen informiert sind.

Die Basispraktik ACQ.4.BP.5 unterstreicht die dynamische Natur der Lieferantenüberwachung. Wie bei allen Planungsaktivitäten müssen ständig Anpassungen vorgenommen werden, um auf unvorhergesehene Herausforderungen zu reagieren und sicherzustellen, dass das Projekt erfolgreich abgeschlossen wird.

7.1.3 Erzeugte Informationsobjekte

Bei den meisten Informationsobjekten für diesen Prozess geht es darum, die Aktivitäten nachvollziehbar zu machen, auch über einen längeren Zeitraum hinweg. Hierzu müssen meistens keine eigenständigen Arbeitsprodukte entstehen. Die Information kann in Tools und übergreifenden Dokumenten enthalten sein.

02-01 Zusage/ Vereinbarung	Die in der Praktik ACQ.4.BP.1 vereinbarten Informationsflüsse, Liefergegenstände usw. müssen nachvollziehbar zugesagt und kommuniziert werden. Hierbei geht es darum, Verbindlichkeit und Transparenz zu schaffen. Im Rahmen der ISO 26262 ist in diesem Kontext ein DIA (Development Interface Agreement) notwendig, das in vielen Punkten mit den Erfordernissen dieses Prozesses übereinstimmt, aber einen stärkeren Bezug zur funktionalen Sicherheit hat.
13-52 Kommunikationsnachweise	Ein wesentlicher Aspekt dieses Prozesses ist der Informationsfluss zu verschiedenen Themen. Die kommunizierten Informationen müssen auch im Nachhinein noch nachvollzogen werden können. Daher sollten sie beispielsweise in OPLs, Wikis usw. verwaltet werden. Hierzu muss aber kein spezielles Arbeitsprodukt erstellt werden, stattdessen sind pragmatische Lösungen, die auch angewendet werden, zu bevorzugen.
13-09 Nachweis der Sitzungen/ Meetings	Sitzungen/Meetings sollten auch im Nachhinein nachvollziehbar sein. Daher müssen sie in einer angemessenen Art und Weise vorbereitet und dokumentiert werden. Wie und mit welchen Tools das geschieht, wird durch Automotive SPICE® 4.0 nicht definiert. Die Information sollte jedoch zugänglich sein. Im Rahmen der Lieferantenüberwachung sollten in Agenda und Protokoll zumindest folgende Punkte berücksichtigt sein: - Zweck der Sitzung - Teilnehmer (geplant, tatsächlich anwesend) - Getroffene Entscheidungen - Erreichte Ergebnisse - Offene Fragen - Offene Punkte vorhergehender Sitzungen/Meetings
13-14 Fortschrittsstatus	Die Fortschrittsverfolgung ist ein wesentlicher Aspekt von jeglichem Projektmanagement und dient dazu, rechtzeitig Verzögerungen und Engpässe zu erkennen. Diese Fortschrittsverfolgung muss auch rückwirkend nachvollziehbar sein und kann werkzeuggestützt oder in Statusberichten erfolgen. Es sollte auch später noch nachvollziehbar sein, aufgrund von welchem Projektfortschritt welche Entscheidungen getroffen worden sind.
13-16 Änderungsantrag	Ein Änderungsantrag ist ein Antrag auf Modifizierung oder Änderung eines bestehenden Produkts, einer Dienstleistung oder eines Systems. Der Zweck eines Änderungsantrags besteht darin, einen strukturierten und formalen Prozess für Änderungen am ursprünglichen Plan oder Projektumfang zu schaffen. Damit soll sichergestellt werden, dass die Änderungen auf kontrollierte und systematische Weise bewertet, genehmigt und umgesetzt werden und dass die Auswirkungen der Änderungen verstanden und allen Beteiligten mitgeteilt werden. Der Prozess ist darauf ausgelegt, das Risiko unerwarteter Folgen zu minimieren, die Projektqualität und das Budget einzuhalten und sicherzustellen, dass die Änderungen mit den allgemeinen Projektzielen übereinstimmen. Änderungsanträge werden zumeist durch verschiedene Attribute charakterisiert und unterliegen einem Statusmodell. Dies wird im Prozess SUP.10 ausführlich beschrieben.

13-19 Nachweis der Reviewaktivitäten	Durchgeführte Reviews müssen stets dokumentiert werden, wobei sich die Detailtiefe aus der Art des jeweiligen Reviews ergibt. Es muss erkennbar sein, wann und durch wen die Reviewaktivitäten durchgeführt worden sind und was die Ergebnisse und Befunde waren.
14-02 Korrekturmaßnahmen	Wenn Abweichungen zur Planung oder zu Anforderungen identifiziert werden, müssen diese korrigiert werden. Dieses Vorgehen muss nachvollziehbar dokumentiert werden. Die zu dokumentierenden Informationen sind das Ausgangsproblem, die Verantwortlichkeit für die Durchführung der definierten Maßnahmen, die ermittelte Lösung (eine Reihe von Maßnahmen zur Behebung des Problems), das Startdatum und das angestrebte Abschlussdatum, ggf. Folgemaßnahmen zur Prüfung. Außerdem sollte die Maßnahme mit einem Statusindikator nachverfolgt werden. Häufig geschieht das werkzeuggestützt, sodass kein zusätzliches Arbeitsprodukt notwendig ist.
15-51 Analyseergebnisse	Werden im Rahmen der Aktivitäten in diesem Prozess Analysen durchgeführt oder kommuniziert, so müssen die Ergebnisse nachvollziehbar dokumentiert werden.

7.1.4 Zusätzliche Überlegungen

Bezug zu anderen Automotive SPICE®-Prozessen

- Der ACQ.4 hat einen starken Bezug zum MAN.3, da er das Projektmanagement in Bezug auf die Lieferantenüberwachung erweitert. Das, was wir im Projektmanagement durchführen, wird auf die Schnittstelle zum Lieferanten übertragen.
- Der ACQ.4 klärt aber auch die Schnittstellen in Bezug auf die Entwicklungs- und Unterstützungsprozesse. Insbesondere sollte definiert werden, wie Problemlösungs-Management (SUP.9) und Änderungsmanagement (SUP.10) über Firmengrenzen hinaus funktionieren können. Die Strategien der jeweiligen Prozesse sollten die Schnittstelle zum Lieferanten berücksichtigen.

Typische Fallstricke

- Überlastung des Lieferantenmanagers oder gar das Fehlen einer derartigen Besetzung mit entsprechender Überlastung des Projektleiters.
- Informationsflüsse werden zwar definiert, aber nicht eingefordert oder in geeigneter Weise ausgewertet.
- Interne Teams oder Bereiche werden nicht als Lieferanten betrachtet, sodass die Zulieferung von internen Komponenten nicht überwacht wird.

Zu berücksichtigen in Bezug auf PA 2.1

- Entscheidungen über den Beginn der Lieferantenüberwachung, Abschluss von Vereinbarungen und Überprüfung gelieferter Informationen sind zeitgebunden.
- Arbeitsprodukte müssen zum richtigen Zeitpunkt zur Verfügung stehen.
- Beidseitige Überprüfungen von Dokumenten, Meetings und Informationen.
- Ziele und Strategien sollten mit denen von MAN.3 übereinstimmen.
- Die Schnittstellen von MAN.3 und ACQ.4 haben oft eine große Überdeckung und sollten entsprechend gepflegt werden.

Zu berücksichtigen in Bezug auf PA 2.2

- Arbeitsprodukte müssen sprachlich und inhaltlich korrekt, präzise und klar sein.
- Agenden und Protokolle müssen nicht versioniert werden.
- Andere Vereinbarungen wie DIAs (Detailed Impact Assessments) und NDAs (Geheimhaltungsvereinbarungen) sollten jedoch versioniert werden.

Hinweise für Assessoren

- Überprüfen Sie, nach welchen Kriterien ein Projekt entscheidet, welche Lieferanten im Rahmen des ACQ.4-Prozesses betrachtet werden.
- Überprüfen Sie die Angemessenheit der Vereinbarungen und deren Einhaltung. Können mögliche Probleme rechtzeitig erkannt und ggf. behoben werden?
- Untersuchen Sie, wie der Lieferant seine Unterlieferanten überwacht und steuert.
- Überprüfen Sie, ob das Lieferantenmanagement tatsächlich wie definiert durchgeführt wird und ob Abweichungen definiert werden.
- Überprüfen Sie, ob Themen wie Qualitätssicherung, funktionale Sicherheit oder Cybersecurity berücksichtigt werden, wenn diese für das Projekt relevant sind.

8 Prozessgruppe der Bereitstellungsprozesse

Diese Prozessgruppe umfasst in Automotive SPICE® 4.0 einen Prozess.

8.1 SPL.2 Produktfreigabe

Der Zweck besteht darin, die Freigabe (das Release) eines Produkts für den vorgesehenen Kunden zu kontrollieren.	**Flex/Optional**
Erwartete Prozessergebnisse: ■ Der Inhalt des Produktrelease wird festgelegt. ■ Das Releasepaket wird aus konfigurierten Elementen zusammengestellt. ■ Die Dokumentation des Release wird definiert und erstellt. ■ Die Freigabe wird anhand definierter Kriterien durchgeführt. ■ Das Releasepaket wird dem vorgesehenen Kunden zur Verfügung gestellt.	

8.1.1 Prozessbeschreibung

Der Zweck des Produktfreigabe-Prozesses besteht darin, die Freigabe eines Produkts an den Zielkunden zu steuern. Ein Produktrelease ist eine konsistente Menge versionierter Objekte mit definierten Eigenschaften und Merkmalen, die zur Auslieferung an interne oder externe Kunden bestimmt ist. Ein Produktrelease ist somit eine Baseline im Sinne des Konfigurationsmanagements (s. SUP.8 BP 6). Der Prozess beinhaltet:

- Planung und Steuerung von Releases, inklusive des Inhalts und der Releasepakete
- Vorbereitung und Durchführung von Zwischen- und Endfreigaben für Releases, inklusive Freigabekriterien
- Festlegung von Klassifizierungs- und Nummerierungsschemata
- Definition der Art und Weise der Auslieferung
- Dokumentation und Support von Releases
- Bereitstellung der Releases

Dieser Prozess hat Schnittstellen zu den Prozessen Anforderungsanalyse (SYS.2/SWE.1), dem Projektmanagement (MAN.3), dem Konfigurationsmanagement (SUP.8) und den Verifikationsprozessen wie dem SWE.6 oder dem SYS.5. Es sollte mittels der Freigabekriterien sichergestellt werden, dass nur nach einer erfolgreichen Verifikation geliefert wird.

In der Anforderungsanalyse werden die zu realisierenden Anforderungen priorisiert (s. z.B. SYS.2.BP2). Im Rahmen des Projektmanagements werden diese Anforderungen z.B. mittels einer Feature-Rollout-Planung (FROP) (s. MAN.3, Abschnitt 15.1) den verschiedenen Releases und Meilensteinen zugeordnet, und deren Umsetzung wird verfolgt. Im Rahmen des Konfigurationsmanagements wird schließlich sichergestellt, dass die Inhalte der Releases korrekt verwaltet und zusammengestellt werden.

Nutzen

- Die Planung von Releases und deren Inhalten erhöht die Transparenz und die Zuverlässigkeit von Lieferungen.
- Eine strukturierte und systematische Erstellung und Freigabe von Releases erhöht die Lieferqualität.
- Die Dokumentation und Kommunikation der Releases und deren Inhalte vereinfachen die Verwendung der Lieferungen.

Im Rahmen der Absicherung von Releases ist es wichtig, dass nicht nur das Vorhandensein und die Korrektheit der geplanten Funktionalität geprüft wird. Darüber hinaus muss sichergestellt werden, dass das Release keine unerwünschten Inhalte umfasst. Aus diesem Grund sind klare Freigabekriterien und eine korrekte Dokumentation der Releases notwendig.

Bei internen Freigaben in einem Projekt ist zu überlegen, inwieweit dieser Prozess zur Anwendung kommen muss, da wesentliche Aspekte ggf. bereits durch ein gutes und konsequentes Konfigurationsmanagement abgedeckt werden und anderen bei internen Freigaben nicht die gleiche Bedeutung zukommt.

Auf OEM-Seite wird dieser Prozess häufig zur Unterstützung der Integration des Gesamtfahrzeugs eingesetzt, um sicherzustellen, dass die zu integrierenden Teilsysteme entsprechend freigegeben sind und damit die für die Integration notwendigen Qualitätsmerkmale aufweisen, z.B. ausreichend getestet sind.

8.1.2 Basispraktiken

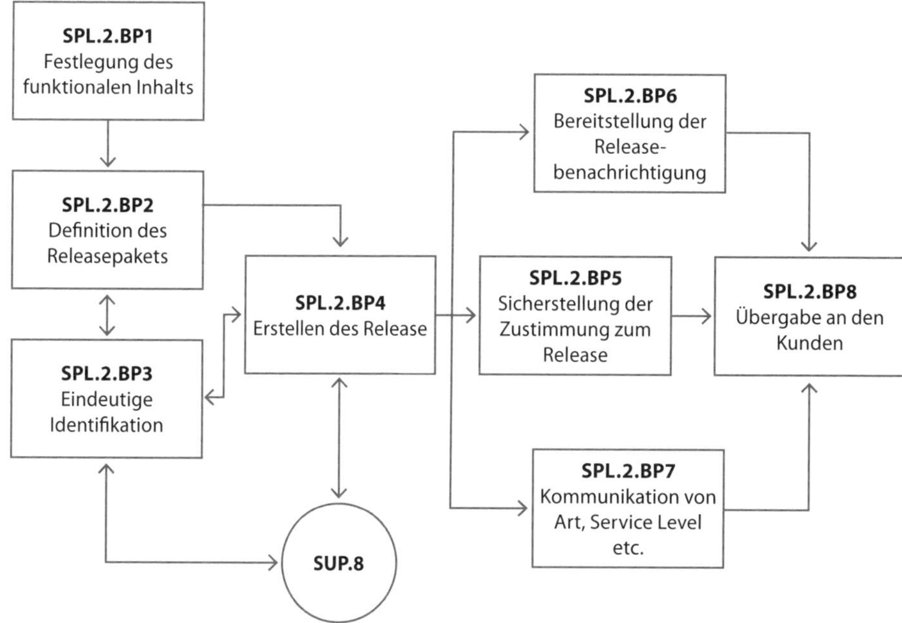

Abb. 8–1 *Zusammenspiel der Basispraktiken beim SPL.2*

SPL.2.BP1: Festlegung des funktionalen Inhalts der Freigaben. Definiere die einzubeziehende Funktionalität und die Freigabekriterien für jedes Release.

Anmerkung 1: *Dies kann die Hardware- und Softwareelemente sowie zusätzliche Applikationsparameter-Dateien (mit Einfluss auf die identifizierte Systemfunktionalität) umfassen, die für die Freigabe erforderlich sind.*

Eine Releaseplanung definiert, in welcher Version eines Produkts welche Eigenschaften realisiert werden. Auf dieser Basis kann man den Entwicklungsablauf strukturieren und die Arbeiten priorisieren. Für die Planung der funktionalen Inhalte können verschiedene Methoden eingesetzt werden, z.B. eine Feature-Roll-out-Planung (FROP) (s. MAN.3, Abschnitt 15.1). Neben den formell vereinbarten A/B/C-Mustern sind häufig auch Zwischenreleases notwendig (z.B. HW-Stand auf B-Muster, aber aktuelle Softwarefunktionalität). Auch diese müssen geplant werden. Die Releaseplanung ändert sich häufig im Projektverlauf. Gründe hierfür sind z.B.:

- Das Projekt hat Verzug, jedoch müssen die Releasetermine eingehalten werden. Somit wird die Funktionalität für ein Release reduziert und ein darauffolgendes Release eingeplant, das die vollständige Funktionalität sicherstellt.

- Anforderungen ändern sich im Projektverlauf, werden anders priorisiert, oder neue Anforderungen müssen berücksichtigt werden. Dadurch werden die Anforderungen in ein früheres Release vorgezogen oder auf ein späteres Release verschoben.
- Der Scope des Projekts ändert sich und in diesem Kontext muss auch die Releaseplanung angepasst werden.

Werden neben den ursprünglich geplanten Releases weitere Releases notwendig, so sollten diese beantragt und genehmigt werden. Ein Releaseantrag für weitere Releases sollte zumindest folgende Punkte beinhalten:

- Die betroffenen Objekte
- Die Gründe für das Release
- Die Vorgehensweise, wie die Lieferung erfolgen soll

Die Releaseplanung muss verfolgt und aktualisiert werden. Bei dieser Praktik ist es wichtig, Augenmaß walten zu lassen, denn in kleineren, wenig komplexen Projekten ist das dargestellte Vorgehen vermutlich übertrieben, wenn nicht sogar schädlich, während es in größeren Projekten wichtig ist, geeignete Mechanismen zu etablieren.

In diesem Zusammenhang sind auch die Applikationsparameter zu beachten: Da Applikationsparameter Einfluss auf das Verhalten und die Funktionalität des Produkts haben, weist die Anmerkung darauf hin, dass die Releaseplanung auch die für die jeweilige Funktionalität wirksamen Applikationsparameter (s. auch Abschnitt 6.3) für jedes Release beinhalten soll.

SPL.2.BP2: Definition des Releasepakets. Definiere das Release sowie unterstützende Werkzeuge und Informationen.

Anmerkung 2: *Das Releasepaket kann auch Programmierwerkzeuge enthalten.*

Neben den funktionalen Inhalten muss definiert werden, welche konkreten Objekte und Dokumente ein Release umfasst. Dies können auch eine entwicklungsbegleitende Dokumentation, Test- und QS-Berichte oder eine Liste bekannter Fehler sein. Außerdem ist zu definieren, ob es sich um ein reines Softwarerelease handelt oder ob ein System (also Software auf definiertem HW-Stand) geliefert wird. Das umfasst dann u.a. auch das Steuergerät selbst. Die Anmerkung weist darauf hin, dass Tools ebenfalls Gegenstand eines Release sein können, z.B. Coding- bzw. Flashtools oder auch spezielle Entwicklungsumgebungen und Compiler.

Ein Releasepaket kann auch die Dokumentation enthalten, die dem Kunden hilft, das System/die Software korrekt zu installieren und zu nutzen sowie dessen Fähigkeiten, aber auch Einschränkungen zu verstehen. Die Definition des Releasepakets hängt häufig eng mit dem Baselining im SUP.8.BP5 zusammen.

SPL.2.BP3: Sicherstellung einer eindeutigen Identifikation von Releases. Stelle eine eindeutige Identifikation der Freigabe auf Grundlage des beabsichtigten Zwecks und der Erwartungen an die Freigabe sicher.

Anmerkung 3: *Die eindeutige Identifizierung kann durch ein Klassifizierungs- und Nummerierungsschema für Produktreleases realisiert werden.*

Jedes Release muss eindeutig identifizierbar sein, um jederzeit den Zweck für diese Lieferung erkennen zu können. Eine Lieferung kann aus verschiedenen Musterständen der SW und der HW bestehen. Dies muss auch nachträglich noch nachvollziehbar sein, wofür die Teilenummern und deren Versionierung zu beachten sind. Hieraus ergibt sich dann der geplante Inhalt des Release, wie auch in den beiden vorausgehenden Basispraktiken beschrieben.

Die Anmerkung weist darauf hin, dass die eindeutige Identifizierung durch ein Klassifikations- und Nummerierungsschema unterstützt werden kann.

Mögliche Klassifikationen sind z. B.:

- Internes Release
- Kundenrelease zu Testzwecken
- Offizielles Musterrelease
- Serienrelease

Mögliche Nummerierungen sind z. B.:

- E02A (Erprobungsfahrzeugphase, 2. Musterfreigabe A)
- SW2-O2-03.10.01-BF2 (Software-Iteration, OEM-Release, Build, Bugfix)

SPL.2.BP4: Erstellen des Release aus Elementen unter Konfigurationskontrolle. Erstelle das Release aus Elementen unter Konfigurationskontrolle, um die Integrität sicherzustellen.

Anmerkung 4: *Diese Praxis kann durch den Konfigurationsmanagement-Prozess SUP.8 unterstützt werden.*

Die in BP2 definierten Objekte werden zu einem Release zusammengefasst. Die Objekte werden ausschließlich aus dem Konfigurationsmanagement-System entnommen. Üblicherweise erfolgt die Zusammenstellung im Rahmen des Konfigurationsmanagements, in dem auch das Vorgehen hierfür definiert ist. In der Regel wird die Verantwortung für das Erstellen der Releases auf die jeweiligen Entwicklungsdisziplinen verteilt.

Das bedeutet, dass z. B. bei einem größeren, komplexeren Projekt ein Build- oder Konfigurationsmanager der Software für die Erstellung des Softwareanteils des Release verantwortlich ist, entsprechend eine Person in der Hardware für den Hardwareanteil und auf Gesamtsystemebene dann ein Release Manager des Gesamtprojekts.

Wenn beispielsweise bei einer einfachen Funktion wie einem Fensterheber nur zwei Personen an dem ganzen Projekt arbeiten, muss das Vorgehen entsprechend abgespeckt werden.

SPL.2.BP5: Sicherstellung der Zustimmung zum Release vor der Auslieferung. Die Kriterien für die Freigabe sind erfüllt, bevor die Lieferung erfolgt.

Im Rahmen der Genehmigung ist zu prüfen, ob die definierten Freigabekriterien eingehalten wurden. Ein Kriterium könnte beispielsweise sein, dass bestimmte Testfälle, z. B. für die funktionale Sicherheit, vollständig bestanden sein müssen. Diese Praktik macht es implizit notwendig, die Freigabekriterien vorab zu definieren. Dies sollte spätestens zusammen mit den in SPL2.BP1 definierten Umfängen erfolgen.

In der Praxis ist die Zustimmung meist ein formaler Akt durch die Projektleitung, das Konfigurationsmanagement, das Testmanagement und die Qualitätssicherung, da in der Regel im Vorfeld bekannt ist, ob eine Freigabe erfolgen kann oder nicht. Insbesondere bei großen und komplexen Projekten ist es wichtig, eindeutig festzulegen, wer an der Freigabe zu beteiligen ist. Dies kann je nach Meilenstein und Projektphase unterschiedlich sein. Wenn man sich z. B. auf OEM-Seite auf eine Gesamtfahrzeugintegration zubewegt, kann die Liste der zu beteiligenden Stakeholder sehr lang werden.

Es kann aber auch zu einer Ablehnung der Freigabe oder zu einer bedingten Freigabe kommen, wenn z. B. eine Straßenfreigabe erfolgen soll und das System nur zur Nutzung auf der Teststrecke freigegeben wird. Ein solches Vorgehen sollte nachvollziehbar dokumentiert werden und es sollten Kriterien für solche Entscheidungen vorliegen.

SPL.2.BP6: Bereitstellung einer Releasebenachrichtigung. Ein Release wird von Informationen begleitet, die die wichtigsten Merkmale des Release beschreiben.

Anmerkung 5: *Die Releasebenachrichtigung kann Informationen über rechtliche Aspekte wie relevante Zielmärkte, zu berücksichtigende Rechtsvorschriften usw. enthalten. Siehe auch VAL.1 Validierung.*

Um genau nachvollziehen zu können, was das auszuliefernde Release beinhaltet und was dafür noch zu berücksichtigen ist, muss eine begleitende Dokumentation des Release bereitgestellt werden. Diese kann neben der eigentlichen Beschreibung des Release Folgendes umfassen:

- Wurde die Funktionalität gemäß Releaseplanung umgesetzt?
- Welche Änderungen und Verbesserungen gegenüber dem vorhergehenden Release sind in das aktuelle Release eingeflossen?

- Für welchen Zweck wurde das Release erstellt (z.B. internes Release zu Testzwecken, offizielles Musterrelease, siehe auch BP3)?
- Gibt es Einschränkungen bei der Nutzung?
- Welche bekannten Fehler wurden behoben?
- Welche bekannten Fehler enthält das Release noch (ggf. Workarounds)?
- Wie ist die Speicherauslastung?
- Wurden die (Abnahme-)Tests in vollem Umfang durchgeführt (z.B. auch Tests bezüglich Temperatur- und Spannungsbereich, Rüttel-/Stoßfestigkeit, EMV etc.)?
- Wurden die Freigabekriterien erfüllt, und wenn nicht, welche Ausnahmen wurden vereinbart?
- Wie genau ist der Freigabestatus (z.B. vollständige Freigabe, Freigabe mit Einschränkungen)?

SPL.2.BP7: Kommunikation der Art des Release, dessen Service Level und der Supportdauer. Identifiziere und kommuniziere die Art, den Service Level und die Supportdauer für ein Release.

Für die ausgelieferten Musterstände wird ein Support vereinbart. Denkbar sind hier Regelungen zum Support bei Änderungen, zum Vorgehen bei Fehlern (z.B. neue Lieferung bei einem oder mehreren Fehlern mit bestimmter Priorität), zur schnellen Bereitstellung von Entwicklungsressourcen bei Bedarf, zur Bereitstellung eines Resident Engineer, zum Support bei reinen SW-Lieferungen (z.B. Navigationssoftware, Betriebssystem) über eine Hotline etc.

Auch die Dauer der vereinbarten Unterstützung muss festgelegt werden (z.B. bis zum nächsten Hauptrelease, bis zum nächsten Musterstand, bis zur Serienproduktion, bis 10 Jahre nach Serienstart etc.).

Betrachten wir beispielsweise eine Software, die auf einem Backend/Server läuft und Funktionalität zur Verfügung stellt, z.B. ein OTA-Server. Nur ein geringer Teil der Funktionalität läuft dabei im Fahrzeug und ein Großteil auf einem Server. Es ist zu klären, was passiert, wenn der Server ausfällt, und sicherzustellen, dass dieser innerhalb einer zu definierenden Zeit wieder verfügbar ist.

SPL.2.BP8: Übergabe des Releasepakets an den vorgesehenen Kunden. Übergebe das Releasepaket an den vorgesehenen Kunden.

Anmerkung 6: *Der vorgesehene Kunde kann eine interne Organisationseinheit oder eine externe Organisation sein.*

Das Produkt und die zugehörige Dokumentation werden ausgeliefert und der Kunde bestätigt den Empfang. Die Anmerkung weist darauf hin, dass der Kunde sowohl ein externer Kunde (z.B. ein OEM) als auch ein interner Kunde (z.B. die Testabteilung) sein kann. Gegebenenfalls beinhaltet die Auslieferung auch die Installation des Produkts in einer definierten Umgebung.

Zu beachten ist auch, ob der Umfang und die Art der Lieferung für das Produkt angemessen sind, z.B. Software über einen Austauschserver inklusive zugehöriger Dokumentation oder physikalisches Versenden von Musterständen eines Systems.

8.1.3 Erzeugte Informationsobjekte

11-03 Release Notes	Die Anmerkungen zur Veröffentlichung (Release Notes) beinhalten in der Regel folgende Aspekte: ■ Grundsätzliche Beschreibung der Freigabe ■ Freigabeinformationen inklusive Freigabeobjekt und -ID, Kompatibilitätsinformationen, Informationen zur Betriebsumgebung, Art des Release (Entwicklungsrelease, vollständig getestetes Release, Bugfix-Release, offizielles Musterrelease etc.) und Freigabestatus (Straßenfreigabe, vollständige Freigabe, Freigabe mit Auflagen etc.) ■ Übersicht, ob die Funktionalität gemäß Releaseplanung enthalten ist ■ Übersicht der Verifikationsergebnisse (z.B. Test Summary Report, Ressourcenverbrauch, wie Speicherauslastung oder CPU-Auslastung etc.), ■ Entwicklungsbegleitende Metriken, wie z.B. die Abdeckung der Rückverfolgbarkeit ■ Qualitätsmetriken wie Fehlertrends ■ Inhalte des Release ■ Beschreibung der Änderungen gegenüber der letzten Freigabe ■ Neue und geänderte Funktionalität ■ Behobene Fehler ■ Bekannte Fehler und Workarounds ■ Detaillierte Komponentenliste ■ Zugehörige Applikationsparameter (inklusive Sets, Versionsnummern etc.) ■ Sonstiges, wie z.B. technische Supportinformationen, Copyright- und Lizenzinformationen
11-04 Produktrelease-Paket	Das Releasepaket umfasst üblicherweise das eigentliche Produkt (z.B. ausschließlich Software, ausschließlich Hardware oder ein komplettes System). Es ist in der Regel sinnvoll, auch weitere Elemente in das Paket zu integrieren, z.B.: ■ Dokumentation der Freigabe für den Kunden (sowohl intern als auch extern) ■ Release Notes ■ Installationsanleitungen

→

13-06 Liefernachweis	Der Liefernachweis wird verwendet, um belegen zu können, welche Releaseelemente an wen ausgeliefert wurden. Dieser Nachweis sollte sowohl Namen, Adresse und Datum enthalten als auch die Art der Lieferung (z. B. elektronisch per Download, verschickt per Post etc.) sowie eine Bestätigung des Empfangs.
13-13 Produktfreigabe-Genehmigung	Die Freigabegenehmigung sollte beschreiben, was freigegeben wurde und für welchen Zweck. Darüber hinaus sollten die Aspekte des Liefernachweises ebenfalls berücksichtigt werden (s. auch 13-06 Liefernachweis).
18-06 Produktfreigabe-Kriterium	Die Freigabekriterien definieren die Erwartungen an ein Release und umfassen üblicherweise folgende Punkte: ■ Was ist der Status und die Art des Release? ■ Welche Elemente sind für das Release erforderlich? ■ Ist das Produkt vollständig und ist die Dokumentation vorhanden? ■ Wurde das Produkt angemessen geprüft? ■ Gibt es eine Begrenzung für noch im Produkt enthaltene Fehler? ■ Wie ist der Änderungsstatus?

8.1.4 Zusätzliche Überlegungen

Bezug zu anderen Automotive SPICE®-Prozessen

- Der Produktfreigabe-Prozess hat eine große Schnittstelle zum Konfigurationsmanagement-Prozess. Hier geht es darum, die Baselines für die Releases zu planen und zu erstellen sowie die Konfigurationselemente, die für eine Lieferung erforderlich sind, konsistent zu halten.
- Zum Projektmanagement existiert eine Schnittstelle für die Releaseplanung unter Berücksichtigung des Projektlebenszyklus.
- Die Anforderungsanalyse, sowohl auf System- als auch auf Softwareebene, interagiert ebenfalls mit dem Freigabeprozess. Im Rahmen der Analyse müssen die Anforderungen Releases zugeordnet werden können. Diese Information wird dann für die Planung und Zusammenstellung der Releases benötigt.
- Die Ergebnisse der verschiedenen Verifikations- und Validierungsprozesse müssen sich im Release und den dazugehörigen Release Notes wiederfinden (z. B. müssen durch den Systemtest gefundene Fehler, die in der Lieferung enthalten sind, in den Release Notes dokumentiert sein oder der Inhalt des Release muss Gegenstand der Validierung oder der Verifikation sein).

Typische Fallstricke

- Das Release Management betrachtet nur die Behandlung von externen Lieferungen an einen Kunden, nicht aber die Erstellung von Releases für interne Zwecke. Wenn interne Releases dann auch extern ausgeliefert werden, kann es zu unkontrollierten und undokumentierten Lieferungen kommen, zumindest wenn das Konfigurationsmanagement diesbezüglich nicht ausreichend etabliert ist. Ansonsten sollten alle Lieferungen über das Konfigurationsmanagement abgesichert werden.
- Eine uneinheitliche Benennung und fehlende Dokumentation von Releases kann dazu führen, dass ein Projekt keinen Überblick mehr darüber hat, welche Releases zu welchem Zweck ausgeliefert wurden und werden. Dabei entsteht auch das Risiko fehlerhafter Lieferungen an den Kunden. Dies kann zu Unzufriedenheit oder im schlimmsten Fall zu kritischen Situationen führen (z.B. ein Testrelease, in dem die funktionale Sicherheit noch nicht berücksichtigt wurde, wird für eine Testfahrt im öffentlichen Raum ausgeliefert).
- Durch eine nicht gepflegte Releaseplanung besteht das Risiko, dass nicht genügend Ressourcen eingeplant werden. Das wiederum kann zu ungenauer Freigabeerstellung führen, wodurch fehlerhafte Lieferungen begünstigt werden (s.o.).

Zu berücksichtigen in Bezug auf PA 2.1

- Das Ausführungsmanagement des Produktrelease-Prozesses soll die Aktivitäten zur Planung, Erstellung und Auslieferung der Releases umfassen. Die Planung und Verfolgung von Aktivitäten weiterer Prozesse, die für diesen Prozess eine Voraussetzung darstellen, werden separat betrachtet (z.B. Konfigurationsmanagement, Anforderungsanalyse oder Projektmanagement). Das heißt, sie sollten nicht in diesem Prozess bewertet werden.

Zu berücksichtigen in Bezug auf PA 2.2

- Es ist zunächst wichtig, festzuhalten, welche Arbeitsprodukte für den Freigabeprozess relevant sind. In erster Linie ist das Releasepaket selbst inklusive der Release Notes zu betrachten. Die Prüfung dieser Arbeitsprodukte erfolgt üblicherweise bei der Prüfung zur Releasefreigabe. Darüber hinaus sind auch Arbeitsprodukte wie die Releaseplanung und die Freigabekriterien zu betrachten.

Hinweise für Assessoren

- Vor Beginn des Assessments sollten Sie klären, welche Personen/Rollen im assessierten Projekt an der Umsetzung dieses Prozesses beteiligt sind; häufig sind die Aufgaben auf das Projektmanagement, Konfigurationsmanagement und Release Management sowie möglicherweise auch auf weitere Rollen verteilt.
- Die Releaseplanung wird manchmal im Rahmen der Zeitplanung festgelegt (z.B. über Freigabemeilensteine und ihnen zugewiesenen Funktionen/Features). Ein separates Dokument ist nicht zwingend erforderlich, solange der Inhalt eines Release sich eindeutig ablesen lässt.
- Es ist sehr hilfreich, wenn Sie danach fragen, wie die Konsistenz zwischen der Releaseplanung, dem Inhalt des betrachteten Release, dem definierten Releasepaket und den Release Notes geprüft wird. Hierfür sind Nachweise für die Ergebnisse erforderlich. Finden sich hier Inkonsistenzen, ist es angemessen, die entsprechenden Basispraktiken sowie die dafür relevanten generischen Praktiken abzuwerten.
- Es empfiehlt sich, die oben beschriebenen Fallstricke sowie Abhängigkeiten zu anderen Prozessen im Interview zu berücksichtigen, um den Prozess umfassend bewerten zu können.

9 Prozessgruppe zur Systementwicklung

Diese Prozessgruppe umfasst in Automotive SPICE® 4.0 fünf Prozesse.

9.1 SYS.1 Anforderungserhebung

Der Zweck besteht darin, durch Erfassung, Analyse und Verfolgung der sich entwickelnden Bedürfnisse und Anforderungen der Interessengruppen (Stakeholder) während des gesamten Lebenszyklus des Produkts und/oder der Dienstleistung einen Satz vereinbarter Anforderungen festzulegen.	**Plug-in**
Erwartete Prozessergebnisse: ■ Eine kontinuierliche Kommunikation mit dem Stakeholder ist etabliert. ■ Die Erwartungen der Stakeholder sind bekannt und die Anforderungen sind definiert und vereinbart. ■ Änderungen der Stakeholder-Anforderungen, die sich aus den Bedürfnissen der Stakeholder ergeben, werden analysiert, um eine Risikobewertung und Folgenabschätzung zu ermöglichen. ■ Die Bestimmung des Status der Stakeholder-Anforderungen ist für alle betroffenen Parteien sichergestellt.	

9.1.1 Prozessbeschreibung

Der Anforderungserhebungs-Prozess, insbesondere im Kontext der Automobilindustrie und im Rahmen des Automotive SPICE®-Prozessmodells, spielt eine zentrale Rolle in der effektiven und effizienten Entwicklung von Produkten und Dienstleistungen. Er beginnt mit dem Verständnis und der Erfassung der Bedürfnisse und Wünsche der Kunden und Stakeholder – ein Vorgang, der tiefgehendes Zuhören und Interaktion erfordert. Hierunter fallen aber auch Anforderungen, die sich aus Standards, Normen oder Gesetzgebung ergeben.

Die Umwandlung von Kundenanforderungen in Systemanforderungen, wie sie in der Automobilindustrie praktiziert wird, ist ein mehrstufiger Prozess, der eine sorgfältige Unterscheidung und Integration verschiedener Anforderungstypen erfordert. Diese Überprüfung und Umwandlung sind Teil des Prozesses SYS.1, der darauf abzielt, die tatsächlichen Wünsche, Bedürfnisse und Absichten hinter den scheinbar festgelegten Stakeholder-Anforderungen zu erkennen, zu diskutieren und letztendlich zu vereinbaren. Dies stellt sicher, dass keine – nicht artikulierte – verborgene Systemanforderung übersehen wird, aber auch, dass die Anforderungen nicht falsch interpretiert werden.

Im Gegensatz zu Designentscheidungen, die genau vorschreiben, wie etwas realisiert werden soll, beschreiben Anforderungen eher den Problemraum und lassen den Lösungsraum offen.

Es geht nicht nur um das Sammeln von Informationen, sondern vielmehr um deren Analyse und kontinuierliche Überwachung im Laufe der Produktentwicklung. Dieser iterative Prozess ermöglicht es, auf Änderungen in den Anforderungen und Bedürfnissen der Stakeholder angemessen zu reagieren. Durch diesen Ansatz können gemeinsame Anforderungen festgelegt werden, die alle Beteiligten unterstützen und die den Entwicklungsprozess leiten. Ein wesentlicher Aspekt dabei ist, dass Stakeholder-Anforderungen und Designentscheidungen nicht einfach unreflektiert übernommen werden dürfen.

Der Prozess der Anforderungserhebung umfasst auch die Identifikation von Anforderungen, die sich auf Eigenschaften des Endprodukts oder auf Arbeitsprozess- und Produktmerkmale beziehen. Dabei ist zu beachten, dass diese unterschiedlichen Arten von Anforderungen unterschiedlichen Rückverfolgbarkeits- und Verifizierungsprozessen unterliegen.

Darüber hinaus gibt es Anforderungen, die Eigenschaften oder Merkmale des direkten physischen Endprodukts oder die Arbeitsprozess- und Produktmerkmale, wie z. B. MISRA-Richtlinien oder das Erreichen eines bestimmten Capability Level, festgelegter Prozesse aus Automotive SPICE® adressieren. Während erstere einer vertikalen Rückverfolgbarkeit unterliegen, müssen letztere ebenfalls überprüft oder validiert werden, obwohl sie nicht einer horizontalen Rückverfolgbarkeit unterliegen.

Kundenanforderungs-Spezifikationen können bereits Anforderungen oder Designentscheidungen enthalten, die sich spezifisch auf Subdomänen wie z. B. Software (SWE.1, SWE.2, SWE.3), Hardware (HWE.1, HWE.2), maschinelles Lernen (MLE.1, MLE.2) oder auf die Systemarchitektur (SYS.3) beziehen. Auch Prozesse außerhalb von Automotive SPICE® 4.0 wie z. B. Mechanikprozesse können betroffen sein. In solchen Fällen ist es besonders wichtig, diese Anforderungen und Designentscheidungen nicht unreflektiert zu übernehmen, sondern sehr genau zu analysieren. Wenn festgestellt wird, dass eine solche Anforderung oder Beschränkung keine unbekannten Auswirkungen oder Nebeneffekte auf die bestehenden Systemanforderungen und Architekturentscheidungen hat, können diese Stakeholder-Anforderungen oder Designentscheidungen dennoch bestätigt und direkt in die entsprechenden Spezifikationen aufgenommen werden. Sie sollten dann in der Regel als Einschränkungen betrachtet werden. Wie bereits erwähnt, beschreiben die Anforderungen den Problemraum und nicht die Lösung. Der Lösungsraum wird aber durch diese Designentscheidungen eingeschränkt. Dies sollte jedoch immer im Einvernehmen mit den Vertretern der verschiedenen Domänen, wie beispielsweise Hardware oder Software, erfolgen.

Die direkte Rückverfolgbarkeit zu den Stakeholder-Anforderungen muss gewährleistet sein. Es ist auch zu überprüfen, ob diese domänenspezifischen Anforderungen und Designentscheidungen bereits durch eine bestehende Systemanforderung abgebildet werden oder ob eine zusätzliche Systemanforderung notwendig ist.

Der Prozess der Anforderungserhebung umfasst auch die Identifikation von Anforderungen, die sich auf Eigenschaften des Endprodukts oder auf Arbeitsprozess- und Produktmerkmale beziehen.

In der agilen Welt und in einem sich schnell entwickelnden technologischen Umfeld ist es unerlässlich, den Anforderungserhebungs-Prozess dynamisch zu gestalten und auch in späteren Phasen des Projekts auf neue Kundenbedürfnisse reagieren zu können. Der SYS.1-Prozess sollte daher auch in Verbindung mit dem Änderungsmanagement (SUP.10) betrachtet werden, um eine kontinuierliche Anpassung an die sich entwickelnden Bedürfnisse der Stakeholder zu gewährleisten.

Zusammenfassend lässt sich sagen, dass der Anforderungserhebungs-Prozess ein kontinuierlicher, interaktiver und dynamischer Prozess ist, der darauf abzielt, ein tiefes Verständnis für die Bedürfnisse und Anforderungen der Stakeholder zu entwickeln. Dies bildet die Grundlage für die Entwicklung von Produkten und Dienstleistungen, die nicht nur den technischen Standards entsprechen, sondern auch die Erwartungen und Anforderungen der Kunden und Stakeholder erfüllen.

In den letzten Jahren ist SYS.1 in der Automobilindustrie zunehmend in den Fokus gerückt. Er ist ein wichtiger Prozess zu Beginn des Requirements Engineering in der Systementwicklung und ist auch für Themen wie funktionale Sicherheit, Cybersecurity und SOTIF relevant. Um sicherzustellen, dass die Bedürfnisse der Interessengruppen erfüllt werden, muss es Nachfragemöglichkeiten für die Stakeholder geben, damit sie ihre Bedürfnisse oder Anforderungen einbringen können.

Bei agilem Vorgehen ist es üblich, die Stakeholder und ihre Bedürfnisse direkt anzusprechen und auch kurzfristig auf Änderungswünsche zu reagieren.

Der Prozess der Umwandlung von Kunden- oder Stakeholder-Anforderungen in Systemanforderungen ist eine komplexe Aufgabe, die sorgfältige Überlegungen und Analysen erfordert. Dieser Vorgang beginnt in diesem Prozess und wird dann im SYS.2 fortgesetzt.

Nutzen

- Die systematische Erfassung der Bedürfnisse und Anforderungen der Stakeholder ermöglicht es uns, die Visionen und Ziele unserer Kunden vollständig zu verstehen, was wiederum zu innovativeren und wirkungsvolleren Lösungen führt.
- Ein gemeinsames Verständnis der Projektanforderungen unter den Teammitgliedern und Stakeholdern gewährleistet eine Abstimmung und minimiert Nacharbeiten, wodurch wertvolle Zeit und Ressourcen eingespart werden.
- Die ordnungsgemäße Ermittlung und Berücksichtigung der Bedürfnisse und Anforderungen der Interessengruppen im Vorfeld führt zu einer größeren Akzeptanz des Projekts und letztlich zu einer höheren Erfolgswahrscheinlichkeit.
- Ein systematischer Prozess zur Ermittlung der Bedürfnisse und Anforderungen der Interessengruppen ermöglicht es uns, potenzielle Änderungen zu antizipieren und zu planen, wodurch unsere Projekte flexibler und anpassungsfähiger werden.
- Indem wir zusammenarbeiten, um ein gemeinsames Verständnis der Projektanforderungen zu schaffen, fördern wir die Beziehungen zu unseren Interessengruppen und stellen sicher, dass sie mit dem Endergebnis zufrieden sind.

In einigen Fällen kann jedoch eine Kundenanforderung auf Subdomänenebene oder eine Designbeschränkung nach einer gründlichen Überprüfung bestätigt werden. Wenn festgestellt wird, dass eine solche Anforderung oder Beschränkung keine unbekannten Auswirkungen oder Nebeneffekte auf die bestehenden Systemanforderungen und -architekturentscheidungen hat, kann sie direkt in die Spezifikation der entsprechenden Unterbereichsanforderung (SWE.1/HWE.1) aufgenommen oder auf der entsprechenden Entwurfsebene (SYS.3, SWE.2, SWE.3, HWE.2) mit direkter Rückverfolgbarkeit zur Kundenspezifikation berücksichtigt werden.

Auf OEM-Seite ist SYS.1 zumindest auf der Gesamtfahrzeugebene unverzichtbar, da hier ein Prozess erforderlich ist, in dem zunächst die zugrunde liegenden Anforderungen zusammengetragen werden. Ohne diesen Prozess kann kein neues Fahrzeug entwickelt werden.

Dabei wird häufig diskutiert, ob man die Anforderungen nur auf der obersten Systemebene, also für das Gesamtfahrzeug, ermittelt und dann die Anforderungen von dort nach unten herunterbricht oder ob man auch eine Anforderungserhebung auf den darunterliegenden Systemebenen ermöglicht. Automotive SPICE® macht hierzu keine expliziten Vorgaben.

9.1.2 Basispraktiken

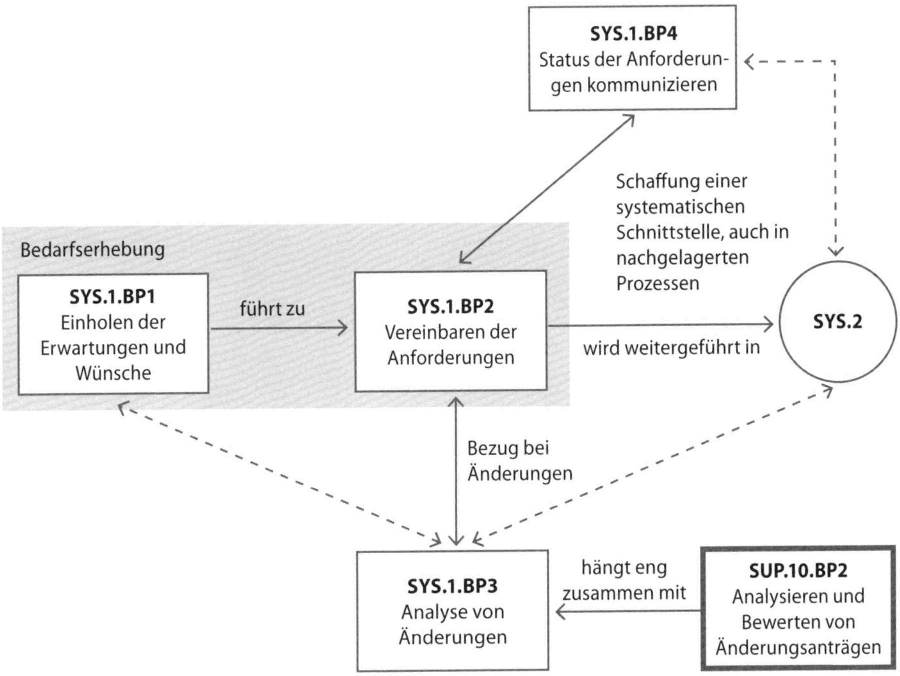

Abb. 9–1 *Zusammenspiel der Basispraktiken beim SYS.1*

SYS.1.BP1: Einholen der Erwartungen und Wünsche der Stakeholder. Identifiziere und definiere die Erwartungen und Wünsche der Stakeholder durch direkte Einholung ihrer Beiträge und Überprüfung ihrer Geschäftsangebote (falls zutreffend) sowie anderer Dokumente, die Beiträge zu Stakeholder-Anforderungen und Betrachtungen zur Zielbetriebs- und Hardwareumgebung enthalten.

Anmerkung 1: *Die Dokumentation der Stakeholder bzw. der Quelle einer Stakeholder-Anforderung unterstützt die Vereinbarung der Stakeholder-Anforderungen und die Änderungsanalyse (s. BP2 und BP3).*

Es sollte ein systematischer und strukturierter Ansatz gewählt werden, um die Anforderungen und Wünsche der Interessengruppen zu ermitteln und zu dokumentieren. Dazu gehört in der Regel eine Kombination aus dem direkten Einholen von Stakeholder-Input, z.B. durch Interviews, Workshops oder Umfragen, sowie die Durchsicht relevanter Dokumente, wie z.B. Geschäftspläne, Zielbetriebsumgebungen und anderer Dokumente, die Aufschluss über die Anforderungen der Interessengruppen geben. Es ist wichtig, alle potenziellen Stakeholder zu berücksichtigen, einschließlich interner Stakeholder wie Produktmanagement, Marketing, Vertrieb und Produktion, um sicherzustellen, dass ihre Bedürfnisse vollständig verstanden werden und ein Konsens über die Anforderungen besteht. Dies wird in Abbildung 9–2 dargestellt.

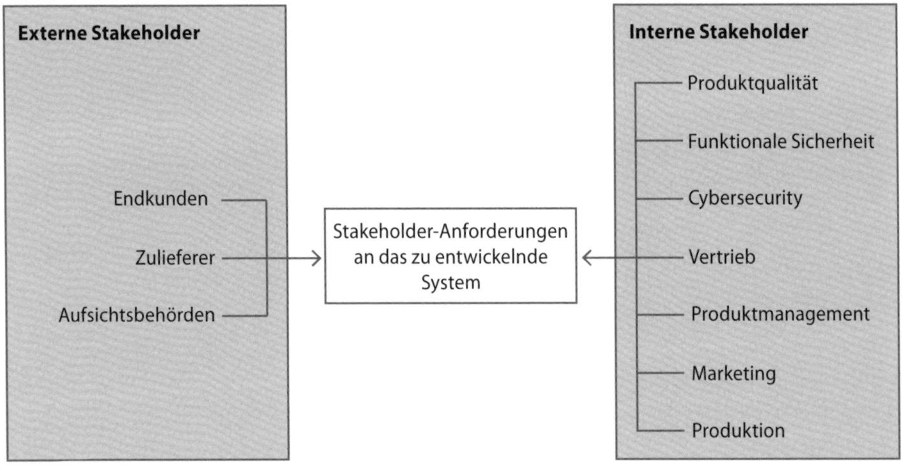

Abb. 9–2 *Typische Stakeholder in der Automobilindustrie*

Zu den bewährten Verfahren zur Einholung der Anforderungen von Interessengruppen gehören:

- Aktives Herantreten an die Interessengruppen und Erheben ihrer Anforderungen durch direkte Kommunikation und Engagement.
- Dokumentieren der Quelle jeder Stakeholder-Anforderung, um die Vereinbarung der Stakeholder-Anforderungen und die Änderungsanalyse zu unterstützen.
- Einbeziehung der Stakeholder in die Überprüfung und Validierung der Anforderungen, um ein gemeinsames Verständnis und Einverständnis sicherzustellen. Dieser Aspekt wird dann genauer in der Basispraktik SYS.1.BP2 beleuchtet.

Für diese Praktik ist ein systematisches Stakeholder-Management hilfreich. Insofern gibt es auch einen Bezug zu den Praktiken MAN.3.BP7 und GP 2.1.6 vorhanden.

Es gibt mehrere pragmatische Schritte, die unternommen werden können, um das Thema der Stakeholder-Anforderungen effektiv zu bearbeiten:

- Identifizieren Sie alle für das Projekt relevanten Interessengruppen, einschließlich Endkunden, Lieferanten, Aufsichtsbehörden und interne Stakeholder wie Produktmanagement, Marketing, Vertrieb und Produktion.
- Verwenden Sie verschiedene Techniken, um die Anforderungen von den Stakeholdern zu erheben, z.B. Interviews, Workshops, Umfragen und Durchsicht der relevanten Dokumente.
- Prüfen und priorisieren Sie die Anforderungen, um sicherzustellen, dass sie realisierbar und auf die Projektziele abgestimmt sind.

- Dokumentieren und kommunizieren Sie die Anforderungen klar und deutlich an alle relevanten Interessengruppen, um ein gemeinsames Verständnis und Einverständnis sicherzustellen. Siehe hierzu auch die nachfolgende Praktik SYS.1.BP2.
- Überwachen und aktualisieren Sie die Anforderungen während des gesamten Projekts kontinuierlich, um sicherzustellen, dass sie weiterhin relevant sind und den Bedürfnissen der Beteiligten entsprechen. Siehe hierzu auch die nachfolgende Praktik SYS.1.BP2.
- Verwenden Sie die Methodik des Änderungsmanagements, um Änderungen an den Anforderungen zu verfolgen, zu analysieren und zu implementieren und die Auswirkungen der Änderungen allen Beteiligten mitzuteilen.
- Validieren Sie die Anforderungen mit den Stakeholdern, um sicherzustellen, dass die Anforderungen von allen Interessengruppen verstanden und akzeptiert werden und dass es ein gemeinsames Verständnis der Anforderungen gibt.
- Verwenden Sie Tools wie Anforderungsmanagement-Software, um die Anforderungen zu verwalten, zu verfolgen und darüber Bericht zu erstatten, um sicherzustellen, dass die Anforderungen sichtbar und nachvollziehbar sind.
- Für legale und standardbezogene Anforderungen ist es ratsam, diese zentral für die Organisation zu analysieren und zu identifizieren, welche relevant sind. Diese Information kann dann an die Entwicklungsteams weitergegeben werden und dort als Stakeholder-Anforderungen genutzt werden.

Betrachtet man SYS.1 bei einem OEM, so kann die Anforderungserhebung einerseits sehr umfangreich sein und erfordert andererseits ein effektives und effizientes Vorgehensmodell. Daher wird diesem Prozess auf OEM-Seite ein hoher Stellenwert beigemessen. Beispielsweise muss der Funktionsumfang auf Gesamtfahrzeugebene festgelegt werden.

SYS.1.BP2: Vereinbaren der Anforderungen. Formalisiere die Erwartungen und Wünsche der Stakeholder in Anforderungen. Erreiche ein gemeinsames Verständnis der Anforderungen der Stakeholder zwischen den betroffenen Parteien durch Einholen einer ausdrücklichen Zustimmung aller betroffenen Parteien.

Anmerkung 2: *Beispiele für betroffene Parteien sind Kunden, Lieferanten, Entwicklungspartner, Joint-Venture-Partner oder Outsourcing-Partner.*

Anmerkung 3: *Die vereinbarten Stakeholder-Anforderungen können auf Machbarkeitsstudien und/oder auf der Analyse der Auswirkungen auf Kosten und Zeitplan basieren.*

Nachdem die Stakeholder-Anforderungen eingeholt worden sind, geht es darum, mit allen Beteiligten ein gemeinsames Verständnis für ihre Bedürfnisse und Anforderungen zu erreichen und ggf. auszuhandeln, was tatsächlich umgesetzt werden soll, denn oft widersprechen sich Anforderungen, die aus verschiedenen Quellen kommen. Dafür ist es wichtig, die tatsächlichen Bedürfnisse der Stakeholder zu identifizieren. Bei gesetzlichen Regelungen gibt es keinen Entscheidungsspielraum. Bei anderen Themen sollte jedoch über die Machbarkeit und ggf. über die Kosten und den Mehraufwand diskutiert werden. Ziel ist es letztlich, eine für alle Parteien akzeptable Einigung zu erzielen.

Häufig werden Widersprüche auch erst im nachfolgenden Prozess SYS.2 identifiziert. Dann müssen ggf. auch die Stakeholder-Anforderungen wieder neu vereinbart werden.

Diese Praktik erfordert eine aktive Kommunikation, aber auch eine nachvollziehbare Dokumentation und betrifft nicht nur Kunden, sondern auch Lieferanten und Entwicklungspartner, Joint-Venture-Partner, Outsourcing-Partner und andere.

Gerade bei Themen wie funktionaler Sicherheit oder Cybersecurity ist es essenziell, dass alle am Entwicklungsprojekt Beteiligten die Anforderungen, Zusammenhänge und Mechanismen verstehen, die umgesetzt werden sollen. Bei diesen Themen sollte auch die Verzahnung mit den Folgeprozessen sichergestellt werden.

Es ist sinnvoll, nicht nur die Entscheidungen zu dokumentieren, sondern zumindest teilweise auch die Gründe für die Entscheidungen. Diese sind dann später und für andere Personen leichter nachvollziehbar. In der ISO 15288 gibt es in diesem Zusammenhang Entscheidungsprozesse und es stehen verschiedene Methoden zur Verfügung, die angewendet werden können. Diese sind in Tabelle 9–1 aufgeführt und als Anregung zu verstehen.

Methode	Zielsetzung
Durchführung von Interviews und Workshops mit den Beteiligten	■ Bedürfnisse und Anforderungen verstehen ■ Ermittlung von Anforderungen und Bedarfen von Beteiligten ■ Zusammenarbeit und Diskussion erleichtern
Versand von Umfragen an die Beteiligten	■ Einholen von Feedback ■ Ermittlung von Anforderungen und Bedarfen von Beteiligten
Überprüfung relevanter Dokumente wie Geschäftsangebote des Kunden, Zielbetriebs- und Hardwareumgebung und andere Dokumente	■ Ermittlung von Anforderungen und Bedarfen von Beteiligten
Einbindung der Stakeholder in die Überprüfung und Validierung der Anforderungen durch gemeinsame Reviews	■ Sicherstellen eines gemeinsamen Verständnisses ■ Sicherstellen von Einigkeit zu den Stakeholder-Bedarfen und Zustimmung durch die Stakeholder
Einbeziehung der Stakeholder in den Entscheidungsprozess	■ Sicherstellen der Zustimmung zu den identifizierten Stakeholder-Anforderungen
Regelmäßige Kommunikation während des gesamten Projekts	■ Rechtzeitig Bedürfnisse und Bedenken verstehen und berücksichtigen

→

Methode	Zielsetzung
Erstellung von Prototypen oder Mock-ups des Produkts	■ Frühzeitige Sichtbarkeit des Produkts zum Einholen von Feedback
Dokumentation der Anforderungen in klarer und prägnanter Form (für die Stakeholder verständlich)	■ Sicherstellen eines gemeinsamen Verständnisses ■ Sicherstellen von Einigkeit zu den Stakeholder-Bedarfen und Zustimmung durch die Stakeholder
Dokumentieren der Quelle der Anforderungen	■ Sicherstellen der Nachvollziehbarkeit ■ Sicherstellen, dass auch in späteren Projektphasen Stakeholder-Anforderungen korrekt interpretiert und entsprechend berücksichtigt werden
Einbeziehung der Beteiligten in das Änderungsmanagement (s. auch SYS.1.BP3)	■ Sicherstellen, dass auch in späteren Projektphasen Stakeholder-Anforderungen korrekt interpretiert und entsprechend berücksichtigt werden ■ Kommunikation von Auswirkungen an alle Beteiligte
Verstehen und Einhalten von Standards und Vorschriften, die für das Projekt gelten, wie z.B. Diagnosevorschriften und Vorschriften in Bezug auf die Flash-Fähigkeit von Steuergeräten oder gesetzliche Anforderungen (aus der Zulassung)	■ Ermittlung von Anforderungen und Bedarfen von Beteiligten ■ Sicherstellung der Konformität mit Standards und Vorschriften

Tab. 9–1 *Methoden zur Abstimmung von Stakeholder-Anforderungen*

Die Vorgehensweise kann sich je nach Stakeholder-Gruppe unterscheiden:

- Bei der Zusammenarbeit mit Kunden ist es wichtig, eine regelmäßige Kommunikation und ein Engagement durch Treffen, Workshops und Umfragen zu etablieren, um ihre Bedürfnisse und Anforderungen zu verstehen und auf mögliche Bedenken oder Fragen einzugehen.
- Die Einbindung der Kunden in die Überprüfung und Validierung der Anforderungen durch gemeinsame Überprüfungen von Prototypen kann ebenfalls dazu beitragen, ein gemeinsames Verständnis zu erreichen.
- Bei der Zusammenarbeit mit Lieferanten ist es wichtig, deren Anforderungen an das System und relevante Designentscheidungen klar und deutlich zu dokumentieren und sie in den Überprüfungs- und Validierungsprozess einzubeziehen. Für Entwicklungs-, Joint-Venture- und Outsourcing-Partner gilt das ebenfalls. Auf diese Weise wird sichergestellt, dass deren Bedürfnisse vollständig verstanden werden und eine Einigung über die Anforderungen erzielt wird.
- Bei der Zusammenarbeit mit Aufsichtsbehörden ist es wichtig, deren Normen und Vorschriften zu verstehen und einzuhalten und sie in den Überprüfungs- und Validierungsprozess einzubeziehen, um sicherzustellen, dass ihre Anforderungen erfüllt werden.

Wie bereits oben beschrieben können Kundenanforderungen oder Designentscheidungen nach gründlicher Analyse in einigen Fällen bestätigt und direkt einzelnen Domänen bzw. nachgelagerten Prozessen zugeordnet werden. In diesem Fall müssen sie nicht auf verschiedenen Ebenen der Anforderungsspezifikationen wiederholt oder kopiert werden, sondern können direkt in die entsprechende Anforderungsspezifikation der Subdomänen (SWE.1/HWE.1, MLE.1) oder auf der jeweiligen Entwurfsebene (SYS.3, SWE.2, SWE.3, HWE.2, MLE.2) mit direkter Rückverfolgbarkeit zur Kundenspezifikation eingefügt werden. Solche Vereinbarungen fördern die frühe Interaktion verschiedener Domänenexperten und tragen dazu bei, Probleme bei der Interpretation von Anforderungen frühzeitig zu reduzieren. Die gründliche, nachvollziehbare Bewertung ist jedoch in diesem Zusammenhang wichtig (siehe dazu auch das SYS.1-bezogene Kapitel in den Guidelines [VDA 2023]). Hier muss auch sichergestellt werden, dass die Vereinbarungen nicht im Widerspruch zu existierenden Anforderungen stehen. Wenn z. B. eine Stakeholder-Anforderung direkt mit einer Softwareanforderung verknüpft wird, muss sichergestellt werden, dass diese Anforderung nicht im Widerspruch zu bestehenden Systemanforderungen oder zu existierenden Systemelementen steht.

Die grundlegende Vorgehensweise muss je nach Umfang und Komplexität des Projekts umgesetzt werden. Letztendlich ist es wichtig, immer pragmatisch oder besser gesagt angemessen zu handeln, denn die prozessorientierte Arbeit muss in der realen Welt immer einen Sinn ergeben.

SYS.1.BP3: Analyse von Änderungen der Stakeholder-Anforderungen. Analysiere alle an den Stakeholder-Anforderungen vorgenommenen Änderungen anhand der vereinbarten Stakeholder-Anforderungen. Bewerte die Auswirkungen und Risiken und leite geeignete Maßnahmen zur Änderungskontrolle und -minderung ein.

Anmerkung 4: *Anforderungsänderungen können sich aus verschiedenen Quellen ergeben, z. B. aus sich ändernden Technologien, den Bedürfnissen der Stakeholder oder aus rechtlichen Zwängen.*

Anmerkung 5: *Siehe SUP.10 Änderungsmanagement, falls erforderlich.*

Wie bereits erwähnt, ist dieser Prozess eng mit dem Änderungsmanagement, das häufig erst in späteren Projektphasen etabliert wird, verzahnt. Werden Änderungen an bereits vereinbarten Stakeholder-Anforderungen gewünscht, muss eine Auswirkungsanalyse durchgeführt werden, da eine Änderung der Stakeholder-Anforderungen große, nicht auf den ersten Blick erkennbare Auswirkungen auf alle abgeleiteten Systemanforderungen und die Architektur etc. sowie auf die Konsistenz in allen nachgelagerten Prozessen haben kann. Das diesbezügliche Vorgehen wird in SUP.10 Änderungsmanagement näher betrachtet (s. Abschnitt 14.4).

Es ist wichtig, die Auswirkungen der Änderungen auf die Beteiligten zu bewerten und zu verstehen, wie sich die Änderungen auf sie auswirken werden. Dazu gehört auch die Analyse der Auswirkungen auf die Anforderungen der Beteiligten sowie aller potenziellen Risiken oder Nutzen, die mit den Änderungen verbunden sind.

Seien Sie darauf vorbereitet, dass die Beteiligten unterschiedliche Meinungen haben, und seien Sie bereit, gemeinsam eine Lösung zu finden, die den Bedürfnissen aller Beteiligten gerecht wird.

Ziel ist es, die Änderungen und ihre Auswirkungen im Hinblick auf die für das Projekt geltenden Normen und Vorschriften, wie z.B. Diagnosevorschriften und Vorschriften zur Blitzlichttauglichkeit von Steuergeräten, oder die gesetzlichen Anforderungen (aus der Zulassung) zu bewerten, damit diese im Entwicklungsprozess berücksichtigt werden können.

Darüber hinaus sind die mit den Änderungen verbundenen potenziellen Risiken zu identifizieren, zu managen und in den Risikomanagement-Prozess zu integrieren.

SYS.1.BP4: Status der Anforderungen kommunizieren. Stelle sicher, dass alle betroffenen Parteien Kenntnis haben über den Status und die Disposition ihrer Anforderungen, einschließlich der Änderungen, und dass sie die notwendigen Informationen und Daten kommunizieren können.

Bei dieser Praktik geht es darum, die Ergebnisse dieses Prozesses transparent zu machen und in geeigneter Art und Weise zu teilen. Dieser Schritt, der in allen Entwicklungsprozessen zu finden ist, wird in Abschnitt 5.9.1 erläutert.

In vielen Fällen haben die Stakeholder ein Interesse an den Anforderungen, die sie in diesen Prozess eingesteuert haben. Diesbezüglich muss eine Möglichkeit geschaffen werden, wie die Stakeholder Rückfragen zu den Anforderungen oder zu Änderungen einbringen können.

9.1.3 Erzeugte Informationsobjekte

15-51 Analyseergebnisse	Die Ergebnisse der Analyse müssen einschließlich der Argumentation, die zu ihnen geführt hat, nachvollziehbar dokumentiert werden. Es ist nicht notwendig, einzelne Meinungen festzuhalten, wohl aber die Prämissen und Schlussfolgerungen. In diesem Zusammenhang ist es wichtig, den Abstimmungsprozess mit den Stakeholdern nachvollziehbar zu machen.
13-52 Kommunikationsnachweise	Jedes greifbare Artefakt, z.B. E-Mails, Sitzungsprotokolle, Offene-Punkte-Listen, Chatprotokolle, kann als Nachweis für Capability Level 1 herangezogen werden, solange die relevanten Interessengruppen angesprochen werden. Unter Berücksichtigung von PA 2.1 und insbesondere GP 2.1.7 ist eine stärker formalisierte und geplante Vorgehensweise mittels definierter Kommunikationsmedien erforderlich. Dies geschieht oft werkzeuggesteuert. Im Hinblick auf Capability Level 3 sollte dies im Standardprozess beschrieben und auf das Projekt zugeschnitten werden.

→

17-00 Anforderung **und** **17-54 Anforderungsattribut**	Anforderungen und deren Attribute werden in der Regel in einem Anforderungsmanagement-Tool verwaltet. Anforderungen müssen Qualitätskriterien erfüllen. Sie sollten beispielsweise eindeutig und atomar sein. Bei Stakeholder-Anforderungen sollte die Quelle zu erkennen sein, aus der die Anforderungen oder Bedarfe kommen. Attribute können diverse zusätzliche Informationen beinhalten wie Einstufungen, Priorisierungen, die Zuordnung zu Freigaben, Freigabestatus etc.

9.1.4 Zusätzliche Überlegungen

Bezug zu anderen Automotive SPICE®-Prozessen

- Die Ergebnisse des SYS.1 sind die Grundlage für die Ableitung der Systemanforderungen im SYS.2. Dazu ist es wichtig, dass die Stakeholder-Anforderungen eine eindeutige ID haben, um später eine Rückverfolgbarkeit herstellen zu können.
- Dieser Prozess beinhaltet die Schnittstelle zu den Interessengruppen und bietet diesen die Möglichkeit, ihre Bedürfnisse in allen nachgelagerten Prozessen abzufragen.

Typische Fallstricke

- In der Praxis kommen die Anforderungen nicht nur vom Kunden, sondern auch von anderen Interessengruppen, wie z.B. gesetzliche Anforderungen und interne Anforderungen (z.B. aus Produktion, Marketing, Produktplanung, internen Plattformen).
- Während funktionale Anforderungen das gewünschte Verhalten des Systems schildern, beschreiben nicht funktionale Anforderungen seine Eigenschaften und Fähigkeiten, z.B. Reaktionszeit, Durchsatz, Umgebungsbedingungen und Compliance-Anforderungen.
- Es ist wichtig zu ermitteln, was auf Systemebene konfigurierbar sein muss, wie z.B. regionalspezifische Emissionsvorschriften, und sicherzustellen, dass diese Anforderungen in den Systemanforderungen spezifiziert werden.
- Die Kundenanforderungen sind nicht immer konsistent, korrekt, detailliert genug oder auf das System anwendbar. Es ist wichtig, diese Anforderungen sorgfältig zu prüfen und zu validieren, bevor sie als Systemanforderungen übernommen werden.
- Wenn die Anforderungen unvollständig sind oder im Laufe der Zeit inkrementell entwickelt werden, kann dies zu Inkonsistenzen, Fehlern und technischen Unzulänglichkeiten führen, die die Systementwicklung und ihre Qualität beeinträchtigen können.

- Wenn während des gesamten Prozesses der Anforderungserhebung nicht ausreichend mit den Beteiligten kommuniziert und zusammengearbeitet wird, kann dies zu Missverständnissen, Meinungsverschiedenheiten und nicht abgestimmten Erwartungen führen.

Zu berücksichtigen in Bezug auf PA 2.1

- Da die Entwicklungsprozesse im Vergleich beispielsweise zu den Unterstützungsprozessen aufwendig sind, sollten die benötigten Ressourcen systematisch abgeschätzt und Ziele zur Schätzgenauigkeit vereinbart werden, um eine systematische Steuerung des Prozesses zu ermöglichen.
- Eine Strategie zur Anforderungserfassung sollte das Vorgehen beschreiben, wie die Stakeholder sowie deren Anforderungen ermittelt werden und wie die Kommunikationsschnittstellen aussehen. Auch dies sollte in den Zielvorgaben berücksichtigt werden.
- Viele Informationen zur Strategie und zu den Zielen des Prozesses können über das Anforderungsmanagement-Tool definiert sein.

Zu berücksichtigen in Bezug auf PA 2.2

- Hier geht es vor allem darum, wie das Anforderungsmanagement-Tool eingerichtet ist, wie der Überprüfungsprozess aufgebaut ist und durch das Tool unterstützt wird und wie die Rückverfolgbarkeit sichergestellt wird. Können sinnvolle Metriken zur Überwachung dieses Prozesses aus dem Anforderungsmanagement-Tool ermittelt werden?

Hinweise für Assessoren

- Überprüfen Sie, ob die Organisation über ein Verfahren verfügt, um die Anforderungen der Stakeholder zu erfassen und zu definieren, indem sie deren Beiträge direkt einholt und die Geschäftspläne, die angestrebte Betriebs- und Hardwareumgebung und andere relevante Dokumente prüft.
- Überprüfen Sie, ob die Organisation alle relevanten Stakeholder identifiziert hat, einschließlich Kunden, Lieferanten, Entwicklungspartner, Joint-Venture-Partner und Outsourcing-Partner.
- Überprüfen Sie, ob die Organisation ein System für die Kommunikation mit den Interessengruppen eingerichtet hat, einschließlich regelmäßiger Treffen, Aktualisierungen und Abfragemechanismen.
- Der Assessor sollte überprüfen, ob die Organisation über ein Verfahren zur Dokumentation der Anforderungen verfügt, einschließlich der Quelle der Anforderungen und aller Änderungen, die aufgetreten sein könnten.
- Prüfen Sie, ob die Organisation ein Rückverfolgbarkeitssystem eingerichtet hat, um die Anforderungen mit der Systemarchitektur zu verknüpfen, und ob die Anforderungen konsistent und korrekt sind.

- Prüfen Sie, ob die Organisation ein Verfahren zur Entscheidungsfindung mit den Stakeholdern eingeführt hat und ob ein gemeinsames Verständnis erreicht wurde.
- Prüfen Sie, ob die Organisation einen Prozess für die Verwaltung von Anforderungsänderungen eingeführt hat, einschließlich einer Analyse der Auswirkungen und einer Risikobewertung.
- Prüfen Sie, ob die Organisation den Stakeholdern Feedback über die Umsetzung ihrer Anforderungen gibt.

9.2 SYS.2 Systemanforderungs-Analyse

Der Zweck besteht darin, einen strukturierten und analysierten Satz von Systemanforderungen zu erstellen, der mit den Anforderungen der Stakeholder übereinstimmt.	**Plug-in**
Erwartete Prozessergebnisse: ■ Die Systemanforderungen sind spezifiziert. ■ Die Systemanforderungen sind strukturiert und nach Prioritäten geordnet. ■ Die Systemanforderungen sind auf Korrektheit und technische Machbarkeit untersucht. ■ Die Auswirkungen der Systemanforderungen auf die Betriebsumgebung sind analysiert. ■ Konsistenz und bidirektionale Rückverfolgbarkeit zwischen den Systemanforderungen und den Anforderungen der Stakeholder werden hergestellt. ■ Die Systemanforderungen werden vereinbart und an alle betroffenen Parteien kommuniziert.	

9.2.1 Prozessbeschreibung

In der heutigen Zeit der Systementwicklung hat sich das Verständnis von Spezifikationen gewandelt. Früher wurden Anforderungen oder Verifizierungs- und Validierungsmaßnahmen oft in einem einzigen physischen Dokument zusammengefasst. Heute hingegen sind diese Informationen häufig in Datenbanken oder Repositories, wie beispielsweise Application Lifecycle Management oder Product Lifecycle Management Tools, enthalten. Diese Informationen sind in der Regel Releases und Produktvarianten zugeordnet und durch Attribute oder andere Metainformationen gekennzeichnet. Anforderungen und Verifizierungsmaßnahmen für ein bestimmtes Produkt können aus verschiedenen Quellen stammen, beispielsweise aus Standardprodukt-Kits, Plattformdokumentationen oder neuen Funktionen für Kunden. Darüber hinaus ist eine selektive Baseline-Erstellung für Einträge in solchen Repositories möglich.

Die Systemanforderungs-Analyse ist die Grundlage für die gesamte Entwicklungsarbeit. Die Systemanforderungen beschreiben die Anforderungen an das Gesamtsystem, bestehend aus Hardware-, Mechanik-, Software- und sonstigen Komponenten, sowie an das Zusammenspiel dieser Komponenten.

Systemanforderungen unterscheiden sich von Stakeholder-Anforderungen dadurch, dass sie einen einheitlichen technischen Detaillierungsgrad haben, während Stakeholder-Anforderungen je nach Art des Stakeholders sehr unterschiedlich sein können. Systemanforderungen können als Antwort eines Projekts auf die Stakeholder-Anforderungen gesehen werden. Darüber hinaus müssen die Systemanforderungen untereinander konsistent sein. Daher ist eine Konsolidierung der Anforderungen notwendig. Eine mangelhafte Systemanforderungs-Analyse stellt eine der größten Ursachen von Fehlern in Entwicklungsprojekten dar.

Der Prozess SYS.2 baut auf den im SYS.1 ermittelten Stakeholder-Anforderungen (Lastenheftebene) auf und transformiert diese, ggf. nach einer Ausschreibung, in technisch detailliertere Anforderungen (Pflichtenheftebene).

Neben den Stakeholder-Anforderungen werden auch die Anforderungen der anderen an der Entwicklung beteiligten Gruppen und Personen berücksichtigt. Insbesondere das Zusammenspiel verschiedener Entwicklungsbereiche, wie Hardware-, Mechanik- und Softwareentwicklung oder Testabteilungen, ist für die erfolgreiche Durchführung der Systemanforderungs-Analyse entscheidend.

Die Anforderungen an die einzelnen Komponenten des Systems lassen sich oft nur schwer von den Anforderungsdokumenten der Stakeholder trennen, da diese in der Regel auf die gewünschte Funktionalität des Systems aus Sicht des Endkunden abzielen. Bei der Systemanforderungs-Analyse steht nun die technische Sicht des Entwicklungsteams im Vordergrund. In der Praxis werden die Anforderungen für die einzelnen Komponenten oft getrennt, z.B. durch entsprechende Strukturierung des Systemanforderungs-Dokuments oder durch Aufteilung in verschiedene Dokumente.

Nutzen

- Wenn die Systemanforderungen vollständig beschrieben sowie eindeutig und gut strukturiert sind, bietet dies eine starke Grundlage für eine effiziente Entwicklung und einen funktionierenden Systemtest.
- Ein klares Bild, wie das zu erstellende System aussehen soll und was es können soll, ist vorhanden, sodass in allen Folgeprozessen gezielt darauf hingearbeitet werden kann.

Für das Systems Engineering ist es wichtig, ein klares Verständnis davon zu haben, was das System ist und was für die Systemintegration, -prüfung und -qualifizierung wichtig ist. Eine Komponente wird als Teil des Systems betrachtet, wenn sie vom Projekt oder einem seiner Unterauftragnehmer entwickelt wird oder wenn das Projekt die Verantwortung für ihre Integration übernommen hat.

Eine Systemanforderung beschreibt ein Verhalten eines Systems oder eine nicht funktionale Eigenschaft oder Fähigkeit. Es ist wichtig, daran zu denken, dass die Systemanforderungen von den Anforderungen der Stakeholder abgeleitet werden, nicht nur von den Kundenanforderungen, und dass die nicht funktionalen Anforderungen nicht vernachlässigt werden.

Bei der Übernahme von Kundenanforderungen als Systemanforderungen ist es wichtig, diese sorgfältig zu überprüfen, um sicherzustellen, dass sie konsistent, korrekt und detailliert genug sind, und sie bei Bedarf zu echten Systemanforderungen zu erweitern. In diesen Fällen muss sichergestellt werden, dass die Anforderungen nachvollziehbar sind und dass etwaige Inkonsistenzen oder Lücken erkannt und behoben werden.

9.2.2 Basispraktiken

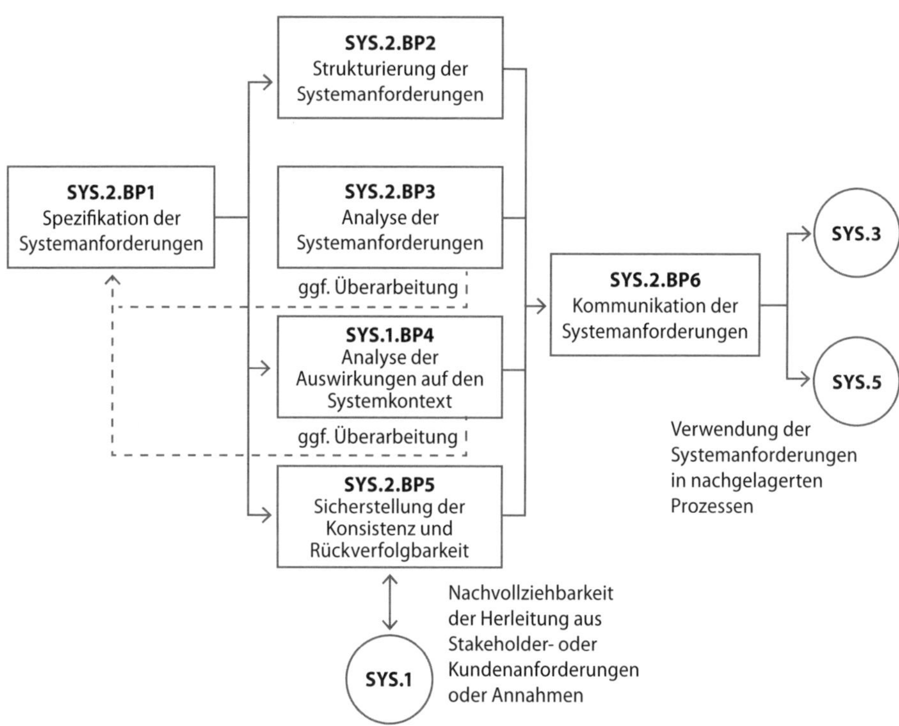

Abb. 9–3 *Zusammenspiel der Basispraktiken*

SYS.2.BP1: Spezifikation der Systemanforderungen. Nutze die Stakeholder-Anforderungen zur Identifizierung und Dokumentation der funktionalen und nicht funktionalen Anforderungen an das System gemäß den definierten Merkmalen für Anforderungen.

Anmerkung 1: *Merkmale von Anforderungen sind in Standards wie ISO/IEC/IEEE 29148 [ISO/IEC/IEEE 29148], ISO 26262-8:2018 [ISO 26262-8:2018] oder dem INCOSE Guide to Writing Requirements [INCOSE 2023] definiert.*

Anmerkung 2: *Beispiele für definierte Merkmale von Anforderungen, die von technischen Normen geteilt werden, sind Überprüfbarkeit (d. h., dass die Kriterien zur Verifizierbarkeit dem Anforderungstext inhärent sind), Eindeutigkeit/Verständlichkeit, Design- und Implementierungsfreiheit und keine Widersprüche zu anderen Anforderungen.*

Um diesen Prozess in Gang zu setzen, müssen, wie oben dargestellt, zunächst die Systemanforderungen abgeleitet werden. Sie beschreiben, was das betrachtete System leisten soll, sollen aber möglichst nicht vorgeben, wie es konkret umgesetzt werden soll.

Im Gegensatz zu den Kunden- und Stakeholder-Anforderungen liegt hier der Fokus auf Konsistenz und einer einheitlichen Beschreibung. Zudem sind sie stärker technisch ausgerichtet als die Stakeholder-Anforderungen.

Abbildung 9–4 zeigt die Bandbreite der Systemanforderungen.

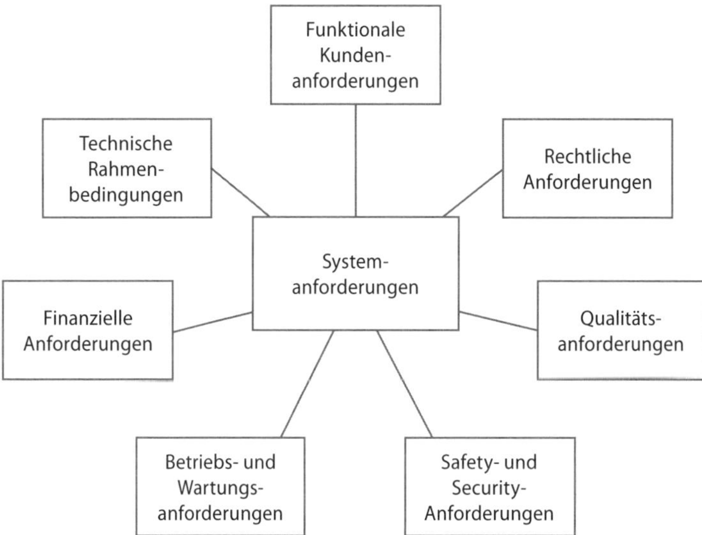

Abb. 9–4 *Einflussfaktoren auf die Systemanforderungen*

Anforderungen werden häufig in natürlicher Sprache unter Berücksichtigung zusätzlicher Qualitätskriterien verfasst, sie können aber auch in einer semiformalen oder formalen Notation definiert werden.

Die Anforderungen benötigen eine eindeutige ID und werden mit zusätzlichen Attributen versehen. Häufig werden auch Funktions- oder Merkmalslisten erstellt, die die Grundlage für die spätere Spezifikation der Systemanforderungen bilden.

Gemäß der ersten Bemerkung umfasst die Systemanforderungs-Spezifikation nicht nur die reinen Funktionsanforderungen, sondern auch andere Faktoren, wie z.B. die Eigenschaftsänderung oder Anpassung von Funktionen durch Anwendung/Kalibrierung von Daten (s. Abschnitt 6.3). Dies können z.B. Daten sein, mit denen Motoreigenschaften beeinflusst werden. Dies ist für den Auftraggeber und damit auch für den Endkunden wichtig, da hier direkt z.B. das Fahrverhalten durch Kennlinienänderung beeinflusst werden kann.

Eine werkzeuggestützte Systemanforderungs-Spezifikation oder systemgestützte Modellierung/Simulation eines Funktions- oder Verhaltensmodells (z.B. Zustandsautomaten) ist ebenfalls üblich. Als Standardwerkzeuge für die werkzeuggestützte Systemanforderungs-Spezifikation werden Werkzeuge wie DOORS, Polarion, Code-Beamer etc. eingesetzt.

Die Begriffe funktionale Anforderungen und nicht funktionale Anforderungen sind in der internationalen Fachwelt nicht eindeutig definiert, was zu unterschiedlichen Interpretationen und Anwendungen in verschiedenen Standards und Methodiken führt. Trotz dieser Uneinigkeit verwendet Automotive SPICE® weiterhin diese beiden Begriffe in prozessorientierten Ansätzen, um die Bedeutung beider Aspekte hervorzuheben und Assessoren die Möglichkeit zu geben, das Fehlen solcher Informationen in den Anforderungen abzuwerten.

Bezogen auf das System müssen also sowohl funktionale als auch nicht funktionale Anforderungen beschrieben werden.

Funktionale Anforderungen umfassen z.B.:

- Das funktionale Verhalten des Systems
- Fähigkeiten
- Schnittstellen
- Systemleistung
- Timing-Verhalten (das später in der Architektur ausdefiniert wird)
- Anforderungen an den Betrieb des Systems
- Designentscheidungen
- Applikationsparameter

Nicht funktionale Anforderungen haben keinen direkten Bezug zur technischen Funktion von Systemelementen und umfassen z.B.:

- Anforderungen an Qualität, Änderbarkeit, Testbarkeit, Wartbarkeit, Zuverlässigkeit, Dokumentation, Kommentierung und Verifikation
- Wirtschaftliche Zwänge (wie geschäftliche und organisatorische Anforderungen des Kunden)
- Geschäftliche Aspekte
- Marktanforderungen
- Markteinführungszeit
- Wiederverwendung
- Wartung und Produktpflege
- Technische Randbedingungen

- Zu beachtende Standards (ISO, DIN etc.), z. B. für funktionale Sicherheit [ISO 26262], Kundenstandards (z. B. technische Richtlinien), lokale Gesetze und auch Automotive SPICE® selbst
- Datenschutz und Datensicherheit
- Ergonomie

Vorgeschriebene Methoden zur Anforderungserstellung aus anderen Standards wie z. B. ISO 26262 müssen berücksichtigt werden.

Die Systemanforderungen müssen verschiedene Qualitätsanforderungen erfüllen, wie z. B. die Verifizierbarkeit (s. Anmerkung 2 auf S. 119).

SYS.2.BP2: Strukturierung der Systemanforderungen. Strukturiere und priorisiere die Systemanforderungen.

Anmerkung 3: *Beispiele für Strukturierungskriterien können Gruppierung (z. B. nach Funktionalität) oder Identifizierung von Produktvarianten sein.*

Anmerkung 4: *Die Priorisierung kann entsprechend den Projekt- oder Stakeholder-Bedürfnissen erfolgen, z. B. durch die Definition von Release-Umfängen. Bitte SPL.2.BP1 beachten.*

Die Systemanforderungen sollten so strukturiert sein, dass alle an den Anforderungen Beteiligten einen guten und schnellen Zugang zu den erforderlichen Informationen haben. Bei dieser Praxis geht es also um Effizienz, Transparenz und Nachvollziehbarkeit für alle Beteiligten und Nutzer der Systemanforderungen. Letzteres ist besonders wichtig bei sicherheitskritischen Aspekten. Bei der funktionalen Sicherheit muss es möglich sein, nachträglich ein korrektes systematisches Vorgehen nachzuweisen. Die übersichtliche Aufbereitung der Anforderungen hilft auch einem Systemingenieur, der neu im Projekt ist und sich zurechtfinden muss.

Bei der Strukturierung von Systemanforderungen ist es wichtig zu überlegen, welche Attribute eine Anforderung haben sollte und welche Informationen benötigt werden, um sie richtig zu dokumentieren. Im Bereich des modellbasierten Systems Engineering (MBSE) beispielsweise kann die Antwort auf diese Frage anders ausfallen als bei einem eher traditionellen Projekt. Darüber hinaus können auch Faktoren wie die funktionale Sicherheit eine Rolle spielen, da technische Sicherheitsanforderungen möglicherweise als Systemanforderungen gekennzeichnet werden müssen.

Ein wichtiger Aspekt bei der Strukturierung von Systemanforderungen besteht darin, sie so zu gruppieren, dass sie leicht verständlich und nachvollziehbar sind. Dies kann erreicht werden, indem eine Struktur und Gruppierung der Anforderungen gewählt wird, die sinnvoll ist und später leicht erklärt werden kann. Dies wird durch moderne Anforderungsmanagement-Tools unterstützt und kann für die Rückverfolgbarkeit dokumentiert und archiviert werden.

Bei der Strukturierung der Systemanforderungen ist auch die Komplexität des Projekts zu berücksichtigen. Es sollte ein konsistenter und systematischer Ansatz verwendet werden und die Struktur sollte für das jeweilige Projekt geeignet sein.

Sobald die grundlegende Arbeit der Strukturierung der Systemanforderungen erledigt ist, besteht der nächste Schritt darin, das funktionale Wachstum des Projekts zu planen. Dazu gehört die Zuordnung von Systemanforderungen oder deren Gruppen zu bestimmten Releases oder Integrationsstufen. Dies ist vor allem im Hinblick auf die immer kürzeren Entwicklungszyklen in der Automobilindustrie wichtig.

Auch hier ist Transparenz gefragt, denn nicht immer wird der komplette Funktionsumfang mit dem ersten Release erreicht. Vielmehr werden die Funktionen oft über verschiedene Entwicklungsstufen und Releases verteilt und im Laufe des Projekts erweitert. Die Koordination und Abstimmung dieser verteilten Funktionen sowie die gleichzeitige Freigabe der benötigten Infrastruktur sollten entsprechend geplant und durchgeführt werden.

Im Kontext der Guidelines [VDA 2023] für die Prozesse SYS.2, SWE.1 und HWE.2 werden die Begriffe funktional und nicht funktional nicht als relevante Klassifizierungs- oder Kategorisierungskriterien für Anforderungen angesehen. Der Grund dafür ist, dass eine bestimmte Anforderung sowohl funktionale als auch nicht funktionale Informationen enthalten kann und somit in beide Kategorien fallen würde. Zudem hat die Unterscheidung keine Auswirkungen darauf, wie Anforderungen weiterverarbeitet werden, beispielsweise in Bezug auf Rückverfolgbarkeit, Verifizierung und Validierung.

SYS.2.BP3: Analyse der Systemanforderungen. Analysiere die spezifizierten Systemanforderungen einschließlich ihrer Abhängigkeiten, um die Korrektheit und technische Machbarkeit sicherzustellen und das Projektmanagement bei der Projektschätzung zu unterstützen.

Anmerkung 5: *Siehe MAN.3.BP3 für die Projektdurchführbarkeit und MAN.3.BP5 für Projektschätzungen.*

Anmerkung 6: *Die technische Durchführbarkeit kann z.B. auf der Grundlage von Plattformen oder Produktlinien oder anhand der Entwicklung von Prototypen oder Produktdemonstratoren bewertet werden.*

Der wesentliche Unterschied zwischen Systemanforderungen sowie Stakeholder- und Kundenanforderungen besteht darin, dass Systemanforderungen konsolidiert werden und zusammenpassen. Sie müssen umsetzbar sein und Qualitätskriterien erfüllen. In dieser Hinsicht interagieren also die Analyse der Systemanforderungen (BP3) und die Spezifikation der Systemanforderungen (BP1).

Dies geschieht in der Regel nicht unabhängig von der Systemarchitektur, in der die Machbarkeit und andere Kriterien wie Überprüfbarkeit und Wartbarkeit erst abschließend bewertet werden können.

Eine fundierte Analyse der Systemanforderungen ist die Grundlage für eine korrekte Umsetzung. Der Umfang und die Angemessenheit der Analyse und ihrer Dokumentation hängen vom Kontext ab. Anforderungsanalysen stellen in diesem Prozess einen Kernaspekt der Ingenieurtätigkeit dar. Sie müssen durch Nachweise gestützt werden können. Letztlich müssen zumindest die inhaltliche und formale Korrektheit, die technische Machbarkeit und die Überprüfbarkeit bewertet werden.

Obwohl BP3 nicht explizit die Prüfung auf Verifizierbarkeit fordert, sollte dieser Aspekt im Hinblick auf BP1, in dem Verifizierbarkeit als eine der Schlüsselcharakteristiken von Anforderungen genannt wird, berücksichtigt werden.

Die ermittelten Systemanforderungen werden auf bestehende Abhängigkeiten geprüft. Bei komplexen, verteilten Funktionen bilden einzelne Funktionen die Grundlage für andere. Die Gesamtfunktion kann also von mehreren Teilen abhängig sein. Diese müssen identifiziert und später beschrieben werden. So steht beispielsweise eine Funktion, die die Vernetzung im Fahrzeug ermöglicht, in Wechselwirkung mit vielen anderen Funktionen. Funktionen können auch als Enabler für andere Funktionen dienen, indem sie z.B. Informationen für diese bereitstellen.

Im Hinblick auf die Verifizierbarkeit wird untersucht, ob eine Anforderung überhaupt bzw. mit welchem Aufwand verifiziert werden kann.

Es ist eine möglichst umfassende Beschreibung einer Funktion anzustreben. Damit soll verhindert werden, dass einzelne Komponenten vergessen werden und später nachgetragen werden müssen. Insbesondere OEMs legen Wert auf einen ganzheitlichen und funktionsorientierten Ansatz.

Im Mittelpunkt der funktionalen Machbarkeitsanalyse stehen die Systemanforderungen, die auf den Stakeholder-Anforderungen (oft in Form eines Lastenhefts) basieren. Die an der Entwicklung beteiligten Fachabteilungen bewerten die Machbarkeit des Projekts, d.h., es wird geprüft, inwieweit die Systemanforderungen aus technischer Sicht, aber auch im Hinblick auf die Einhaltung von Kosten und (zugesagten) Terminen, realisiert werden können. Zu den Machbarkeitsüberlegungen gehören folgende Fragen:

- Sind die Systemanforderungen und andere Annahmen realistisch?
- Wie sind die Zusammenhänge und Wechselwirkungen?
- Können die Kosten und Termine eingehalten werden?
- Welches sind die geschäftlichen und technischen Risiken?

Die Antworten der Abteilung auf diese Fragen dienen als Input für das Projektmanagement (MAN.3.BP3). Die Basispraktiken 3 und 4 sind zusammen mit der Rückverfolgbarkeit und Konsistenz von wesentlicher Bedeutung, um einen systematischen Ansatz für das Anforderungsmanagement aufzuzeigen.

SYS.2.BP4: Analyse der Auswirkungen auf den Systemkontext. Analysiere die Auswirkungen, die die Systemanforderungen auf Elemente im relevanten Systemkontext haben.

SYS.2.BP1 fokussiert sich auf die Anforderungen, die das betrachtete System selbst umsetzen soll. Im Gegensatz dazu befasst sich diese Basispraktik mit den Auswirkungen und Konsequenzen, die das System aufgrund dieser Anforderungen auf seinen Systemkontext hat. Der Begriff »Systemkontext« bezieht sich dabei auf alles, was außerhalb der Grenzen des betrachteten Systems liegt.

Elemente im Systemkontext können beispielsweise Nutzer, andere mechatronische Systeme oder Steuergeräte sein. Diese Elemente können die Funktionalitäten des Systems auslösen, Empfänger und Nutzer der Ergebnisse dieser Funktionalitäten sein, mit dem System interagieren oder Schnittstellen zum System haben. Dabei können Schnittstellen sowohl direkte als auch indirekte Interaktionen umfassen. Ein Beispiel für eine indirekte Interaktion wäre ein benachbartes System, das durch Hitze- oder Strahlungsemissionen des betrachteten Systems beeinträchtigt wird.

Die Analyse sollte beide Richtungen abdecken.

Tabelle 9–2 gibt einen Überblick, was mit Systemkontext gemeint ist. Es ist wichtig zu überlegen, was für jedes einzelne System als Betrachtungsumfang angemessen ist. Mit dem zunehmenden Trend zu vernetzten Fahrzeugen und Over-the-Air-Updates werden sich die Anforderungen in Zukunft weiterentwickeln. Dies kann bedeuten, dass die Anzahl und die Art der Schnittstellen, die im Systemkontext zu betrachten sind, zunehmen und die Analysen entsprechend komplexer werden.

Kontext-Kategorie	Beispiele
Mensch-Maschine-Schnittstelle	Tasten, Anzeigen, Spracherkennung, Benutzerschnittstellen, die Stress, Ablenkung, Unbehagen oder Ermüdung durch schlecht oder überdesignte HMIs (Human Machine Interfaces) verursachen, usw.
Physikalisches Umfeld mechatronischer Systeme	Vibrationen, Akustik, Kräfte, Leckagen (wie Kraftstoff, Öl, Wasser, Gas, Kühlmittel), gespeicherte Energie, bewegliche oder rotierende Elemente, kinetische Energie, elektrostatische und elektromagnetische Phänomene, elektrisch aktive Teile, die Abrieb von abgenutzten Teilen usw. erzeugen; Temperaturbereich, Feuchtigkeit, Anforderungen an den Bauraum des Systems
Elektrische Umgebung	Spannungs- und Strombereich, elektromagnetische Verträglichkeit, elektronische Steuereinheiten (ECUs), die Signalqualität, Wärme- oder Strahlungsemissionen, Größenkonflikte mit dem vorgesehenen Montageraum oder Gewichtskonflikte mit der im Systemkontext verwendeten Verbindungstechnologie verursachen
Kommunikations-umgebung	Kommunikationsprotokolle, Netzarchitektur, Datenaustausch mit anderen Systemen usw.
Sicherheitsumfeld (Safety)	Einhaltung von Sicherheitsstandards, Fehlertoleranz usw.
Sicherheitsumgebung (Cybersecurity)	Schutz vor unbefugtem Zugriff, Cyberangriffen usw.
Leistungsumgebung	Reaktionszeit, Durchsatz, Verfügbarkeit usw.
Regulatorisches Umfeld	Einhaltung staatlicher Vorschriften, Industriestandards usw.

→

Kontext-Kategorie	Beispiele
Service- und Wartungsumfeld	Reparatur- und Wartungsanforderungen, Verfügbarkeit von Ersatzteilen, vorbeugende und korrigierende Wartung, Tests usw.
Logistisches Umfeld	Verpackung, Transport, Lagerung usw.
Betriebliches Umfeld	Nutzungsszenarien, Benutzerprofile usw.

Tab. 9–2 *Mögliche Auswirkungen auf den Systemkontext*

Diese Auswirkungen müssen im Systemkontext kommuniziert werden. Sie können zu Änderungen der Anforderungen des betrachteten Systems oder des Systemkontexts führen oder auch nicht. Es ist zu beachten, dass für SWE.1 und HWE.1 der Begriff »Betriebsumgebung« verwendet wird, um eine bessere Passung für Prozesse zu erreichen, die sich nur mit Software und Hardware befassen.

Diese Analyse ist normalerweise Teil des Reviewprozesses. Es ist ein häufiger Fehler, Kundenanforderungen einfach als Systemanforderungen zu übernehmen, ohne sie im Systemkontext zu überprüfen.

In der Praxis werden die BP3- und BP4-Analysen oft nicht getrennt durchgeführt. Bei weniger komplexen Systemen sind sie häufig Teil desselben Reviewprozesses.

SYS.2.BP5: Sicherstellen der Konsistenz und Herstellen der bidirektionalen Rückverfolgbarkeit. Stelle die Konsistenz sicher und richte eine bidirektionale Rückverfolgbarkeit zwischen Systemanforderungen und Stakeholder-Anforderungen ein.

Anmerkung 7: *Bidirektionale Rückverfolgbarkeit unterstützt die Konsistenz, erleichtert die Analyse der Auswirkungen von Änderungsanträgen und unterstützt den Nachweis der Abdeckung von Stakeholder-Anforderungen. Rückverfolgbarkeit allein, z.B. das Vorhandensein von Verknüpfungen, bedeutet nicht unbedingt, dass die Informationen miteinander konsistent sind.*

Anmerkung 8: *Es kann nicht funktionale Stakeholder-Anforderungen geben, auf die sich die Systemanforderungen nicht zurückführen lassen. Beispiele hierfür sind Prozessanforderungen. Solche Stakeholder-Anforderungen müssen trotzdem verifiziert werden.*

Voraussetzung für die Rückverfolgbarkeit und den Nachweis der Konsistenz ist, dass auch die Anforderungen von Stakeholdern, Kunden oder übergeordneten Systemen in strukturierter Form vorliegen. Fehlen diese Informationen, müssen Annahmen getroffen und dokumentiert werden. Das Anforderungsmanagement kann sich dann auf diese Annahmen stützen.

Wie die Rückverfolgbarkeit und Konsistenz in diesem Prozess sichergestellt werden kann, hängt stark davon ab, wie die Stakeholder-Anforderungen in SYS.1 dokumentiert sind. Werden Stakeholder-Anforderungen und Systemanforderungen im gleichen System verwaltet, ist dies in der Regel recht einfach werkzeugbasiert möglich.

Der Aufwand, der an dieser Stelle betrieben werden muss, hängt stark von der Anzahl der Anforderungen ab. Bei einer geringen Anzahl von Anforderungen können vielleicht die Prozessziele erreicht werden, auch wenn beide Arten von Anforderungen in nicht spezifischen Werkzeugen wie z.B. MS-Excel verwaltet werden. Bei einer steigenden Anzahl von Anforderungen und bei den heute in der Automobilindustrie üblichen Systemen ist davon auszugehen, dass dies ohne ein geeignetes Anforderungsmanagement-Tool nicht möglich ist.

Es sollte eine Konsistenz und Rückverfolgbarkeit zwischen den Anforderungen der Stakeholder und den Systemanforderungen bestehen, und auch nicht funktionale Anforderungen wie Reaktionszeit und Einhaltung von Standards sollten berücksichtigt werden. Ein typischer Fehler ist die Übernahme von Kundenanforderungen als Systemanforderungen ohne sorgfältige Prüfung. Eine Schwachstelle liegt vor, wenn die zu implementierenden Systemanforderungen nicht nachweislich vollständig und konsistent mit allen entsprechenden Stakeholder-Anforderungen sind oder wenn nicht alle ihrer Anforderungen überprüft und durch Systemanforderungen abgedeckt wurden.

SYS.2.BP6: Kommunikation der vereinbarten Systemanforderungen und Auswirkungen auf den Systemkontext. Kommuniziere die vereinbarten Systemanforderungen und die Ergebnisse der Analyse der Auswirkungen auf den Systemkontext an alle betroffenen Parteien.

Diese Praktik besteht aus zwei Teilen. Sie zielt darauf ab, die Anforderungserstellung für die relevanten Beteiligten transparent zu machen, in diesem Fall in den nachgelagerten Prozessen für die Ingenieure und in den Managementprozessen für das Management. So ist es z.B. wichtig, dass die Systemarchitekten über Änderungen in den Anforderungen informiert sind und Werkzeuge und regelmäßige Kommunikation einsetzen, um sicherzustellen, dass alle Anforderungen erfüllt und Änderungen oder Aktualisierungen wirksam kommuniziert werden. Auch für die Beteiligten der Systemverifikations-Prozesse sind die Informationen über die Anforderungen von großer Bedeutung, um sicherzustellen, dass die definierten Testfälle und sonstigen Verifikationsmaßnahmen immer zu den zu verifizierenden Anforderungen passen. Nicht ausreichend kommunizierte Änderungen können zu Inkonsistenzen führen.

Die Kommunikation und Weitergabe von Informationen (Handover) bei der Verfeinerung des Systems, was gewissermaßen der linken Seite des V-Modells entspricht, wird in Abschnitt 5.9.1 ausführlicher behandelt.

Es ist zu beachten, dass Anforderungen unvollständig sein oder sich im Laufe der Zeit schrittweise entwickeln können. In diesen Fällen ist es wichtig, die Systemanforderungen sorgfältig zu überprüfen und zu aktualisieren, um sicherzustellen, dass sie konsistent und korrekt sind. Geschieht dies nicht, kann dies zu ineffizienten und kostspieligen Änderungen im späteren Entwicklungsprozess führen.

In diesem Zusammenhang legt Automotive SPICE® 4.0 mehr Wert auf den Systemkontext als sein Vorgänger. Das bedeutet, dass wir bereits bei der Definition der Systemanforderungen die spätere Integration und deren Rahmenbedingungen im Blick haben sollten.

Es gibt mehrere Möglichkeiten, vereinbarte Systemanforderungen und ihre Auswirkungen auf den Systemkontext zu kommunizieren. Eine Möglichkeit ist der Einsatz von Anforderungsmanagement-Tools (z.B. werkzeuggestützte Workflows), mit denen sich Anforderungen nachvollziehbar organisieren und strukturieren lassen. Dies kann dazu beitragen, die Nachvollziehbarkeit zu gewährleisten und fehlende Anforderungen zu identifizieren. Eine andere Möglichkeit ist die regelmäßige Kommunikation (z.B. tägliche Standup-Meetings) mit den Beteiligten, die dazu beitragen kann, dass alle Anforderungen erfüllt und Änderungen oder Aktualisierungen effektiv kommuniziert werden.

9.2.3 Erzeugte Informationsobjekte

17-00 Anforderung **und** **17-54 Anforderungsattribut**	Anforderungen und deren Attribute werden in der Regel in der Systemanforderungsspezifikation in einem Anforderungsmanagement-Tool angegeben. Anforderungen müssen mögliche Qualitätskriterien erfüllen. Sie sollten beispielsweise eindeutig und ausreichend atomar sein. Attribute können diverse zusätzliche Informationen beinhalten wie Einstufungen, Priorisierungen, die Zuordnung zu Releases, Reviewstatus etc.
15-51 Analyseergebnisse	Die Ergebnisse der Analysen und die Argumentationen, die zu ihnen geführt haben, müssen nachvollziehbar dokumentiert werden. Dies kann werkzeuggestützt erfolgen oder in Form von Review-Checklisten. Es gibt diesbezüglich keine besonderen Vorgaben zur Form.
13-51 Konsistenznachweise	Die Konsistenz der Systemanforderungen zu den Stakeholder-Anforderungen oder zu Annahmen in Ermangelung vorhandener übergeordneter Anforderungen muss für jede Anforderung einzeln überprüft werden, was nachvollziehbar sein muss. Ein Reviewprotokoll, das generell die Konsistenz belegt, genügt also nicht. Es muss für jede Anforderung nachvollziehbar sein, dass diese Prüfung vorgenommen wurde. Das notwendige feingranulare Review sollte nach Möglichkeit direkt im Anforderungsmanagement-Tool dokumentiert werden. Ein spezielles Arbeitsprodukt als Konsistenznachweis ist nicht notwendig.
13-52 Kommunikations-nachweise	Jedes greifbare Artefakt, z.B. E-Mails, Sitzungsprotokolle, Offene-Punkte-Listen, kann als Nachweis für den Capability Level 1 herangezogen werden, solange die relevanten Interessengruppen angesprochen werden. Man sollte aber immer daran denken, dass man den entsprechenden Nachweis auch zu einem deutlich späteren Zeitpunkt wiederfinden können muss. Unter Berücksichtigung von PA 2.1 und insbesondere GP 2.1.7 ist eine stärker formalisierte und geplante Vorgehensweise mittels definierter Kommunikationsmedien erforderlich. Dies geschieht oft werkzeuggesteuert. Im Hinblick auf Capability Level 3 sollte dies im Standardprozess beschrieben und auf das Projekt zugeschnitten werden.

9.2.4 Zusätzliche Überlegungen

Bezug zu anderen Automotive SPICE® -Prozessen

- Aus den Systemanforderungen (SYS.2) wird die Systemarchitektur (SYS.3) und damit die konkrete technische Umsetzung abgeleitet.
- Aus den Systemanforderungen (SYS.2) werden die Verifikationsmaßnehmen (Testfälle und ggf. weitere notwendige Maßnahmen) für die Systemverifikation (SYS.5) abgeleitet.

Typische Fallstricke

- Grundsätzlich können Probleme, die in dieser Phase auftreten, zu unnötigen und ungeplanten Kosten sowie zu Terminabweichungen im späteren Verlauf des Entwicklungszyklus führen.
- Eine nicht ausreichende konzeptionelle Trennung der verschiedenen Stakeholder-Anforderungen führt zu Unklarheiten, was diese Anforderungen adressieren sollen; dies kann weiter zu Inkonsistenzen in den Stakeholder- und Systemanforderungen führen.
- Die Vernachlässigung der nicht funktionalen Anforderungen kann zu schwerwiegenden Fehlentwicklungen führen.
- Die ausschließliche Berücksichtigung der Kundenanforderungen und Vernachlässigung der Anforderungen anderer Interessengruppen führt zu unvollständigen Systemanforderungen und der Notwendigkeit späterer Nacharbeit.
- Fehlende Systemanforderungen an die Konfigurierbarkeit des Systems können zu aufwendigen Korrekturen am System und an den nachfolgenden Entwicklungsergebnissen führen.
- Nicht nachzuweisen zu können, dass die Systemanforderungen vollständig und konsistent mit allen entsprechenden Stakeholder-Anforderungen sind, birgt das Risiko, dass das System unvollständig entwickelt wird oder den Stakeholder-Anforderungen widerspricht.
- Die fehlende Berücksichtigung oder Überprüfung aller Stakeholder-Anforderungen zu Beginn der Entwicklung führt zu Ineffizienz und späteren Änderungen.

Zu berücksichtigen in Bezug auf PA 2.1

- Die Anforderungsspezifikationen müssen nicht gesamthaft zu einem festgelegten Termin fertiggestellt sein. Es gilt jedoch, bestimmte funktionale und nicht funktionale Anforderungen termingerecht abzuschließen, zu überprüfen und abzunehmen. Beispielsweise könnten für eine automatische Heckklappe bestimmte Funktionalitäten wie das automatische Öffnen und Schließen 8 Monate vor dem Liefertermin für das B1-Muster definiert und spezifiziert sein.

- Bei Projekten, die eine Weiterentwicklung oder eine Variante einer Produktlinie darstellen, können maximale Aufwände für das Überprüfen und Ändern von Grundanforderungen festgelegt werden. Um dies zu realisieren, ist es jedoch notwendig, die typischen Aufwände für verschiedene Projekttypen zu kennen.
- Spezifische Schätzmethoden helfen bei der Ermittlung des Entwicklungsaufwands. Eine etablierte Technik ist die Use-Case-Methodik. Des Weiteren ist es wichtig, funktionale Abhängigkeiten zwischen verschiedenen Teilfunktionalitäten zu identifizieren, um potenzielle Sicherheitsrisiken zu vermeiden.
- Zu den Ressourcen zählen sowohl die Autoren der Anforderungen als auch benötigte Softwarewerkzeuge und Lizenzen. Zu beachten ist hierbei, dass für die Bearbeitung von Änderungsanträgen (Change Requests) keine neuen Mitarbeiter hinzugezogen werden.
- In vielen Projekten gibt es einen Hauptverantwortlichen für alle Systemanforderungen. Es kann jedoch sinnvoll sein, für verschiedene Teile der Systemanforderungen spezialisierte Autoren zu haben. Wegen funktionaler Abhängigkeiten muss eine ständige Kommunikation zwischen den Autorenteams sichergestellt sein.
- Zu den Stakeholdern gehören Systemtester, Mechanik-Konstrukteure, HW- und SW-Entwickler, Kundenrepräsentanten, der eigene technische Vertrieb, Marketing, Produktion und Qualitätsplanung. Alle diese Parteien müssen eng in den Prozess der Anforderungsdefinition und -überprüfung eingebunden werden, um sicherzustellen, dass alle Aspekte berücksichtigt werden und ein umfassendes Verständnis der Systemanforderungen gewährleistet ist.

Zu berücksichtigen in Bezug auf PA 2.2

- Die Attribuierung sollte die spezifischen Bedürfnisse und Anforderungen des jeweiligen Projekts bei der Definition zusätzlicher Felder berücksichtigen.
- Für die Systemanforderungen können zusätzliche Ziele wie Wiederverwendbarkeit (Anforderungen sollen so gestaltet sein, dass sie in anderen Kontexten wiederverwendbar sind) und Modularisierung (Anforderungen sollten modular aufgebaut sein, um Flexibilität und Anpassbarkeit zu ermöglichen) gesetzt werden.
- Die Prüfabdeckung (beispielsweise durch Reviews) sollte sorgfältig betrachtet werden, inklusive einer damit verbundenen Risikobetrachtung.

Hinweise für Assessoren

- Die Überprüfbarkeit von Anforderungen darf nicht allein durch das Vorhandensein von Testfällen begründet werden, es sei denn, die Testfälle werden zeitgleich mit den Anforderungen oder im Voraus erstellt (testgetriebene Entwicklung).
- Wenn es Regeln zur Formulierung oder Darstellung von Anforderungen gibt, müssen diese auch eingehalten werden.

- Falls die Kundenanforderungen, von denen die Systemanforderungen abgeleitet werden sollen, fehlen, sollten – ähnlich wie bei einem SEooC (Single Element out of context) in der funktionalen Sicherheit – Annahmen getroffen und dokumentiert werden, von denen dann die Systemanforderungen abgeleitet werden. Diese müssen dann mit späteren Kundenanforderungen abgeglichen werden.

9.3 SYS.3 Systemarchitektur-Entwurf

Der Zweck besteht darin, eine analysierte Systemarchitektur zu erstellen, die statische und dynamische Aspekte umfasst und mit den Systemanforderungen übereinstimmt.	**Plug-in**
Erwartete Prozessergebnisse: ■ Es wird eine Systemarchitektur entworfen, die die Systemelemente mit ihrem Verhalten, ihren Schnittstellen, ihren Beziehungen und ihren Interaktionen definiert. ■ Die Systemarchitektur wird anhand definierter Kriterien analysiert, und es werden besondere Merkmale identifiziert. ■ Konsistenz und bidirektionale Rückverfolgbarkeit zwischen Systemarchitektur und Systemanforderungen werden hergestellt. ■ Die vereinbarte Systemarchitektur und die besonderen Merkmale werden an alle betroffenen Parteien kommuniziert.	

9.3.1 Prozessbeschreibung

Im Prozess SYS.3 geht es um den Lösungsraum für die in SYS.2 entwickelten Anforderungen. Die Systemanforderungen beschreiben, was das zu entwickelnde System leisten soll. Die Systemarchitektur soll nun detailliert darlegen, wie diese Anforderungen umgesetzt werden. Beide Prozesse beeinflussen sich gegenseitig und werden in modernen Entwicklungsprojekten nicht mehr sequenziell abgearbeitet. Das bedeutet, dass es durchaus notwendig sein kann, die Systemanforderungen aufgrund des Architekturentwurfs zu verfeinern. Nur der Zusammenhang, dass der Architekturentwurf nicht vor den Systemanforderungen abgeschlossen werden kann, bleibt bestehen.

Die Systemanforderungen sollen definieren, **was** ein System können soll; die Architektur beschreibt nun, **wie** dies geschehen soll, und dokumentiert, welche Entscheidungen diesbezüglich getroffen werden. Daher ist es notwendig, das entworfene System zu analysieren sowie mögliche Alternativen zu betrachten und zu bewerten.

Die Entwicklung der Systemarchitektur wird maßgeblich von nicht funktionalen Anforderungen getrieben. Es kann vorkommen, dass während der Architekturentwicklung iterative Überarbeitungen der Systemanforderungen notwendig werden, insbesondere wenn festgestellt wird, dass bestimmte nicht funktionale Anforderungen technisch nicht gleichzeitig erfüllt werden können. Ein Beispiel aus den

Guidelines [VDA 2023] hierfür wäre die Anforderung, dass ein Signal innerhalb von 10 Millisekunden verarbeitet werden muss, während der Durchsatz auf 1000 Busnachrichten pro Minute beschränkt ist. Diese Art von Konflikten erfordert oft eine Neubewertung und Anpassung der Anforderungen.

Um die Konsistenz mit den Systemanforderungen zu erreichen, muss eine ausreichende Rückverfolgbarkeit hergestellt und nachgewiesen werden, und die Überprüfungen müssen sicherstellen, dass beides konsistent ist.

Nutzen

- Die Systemarchitektur definiert die Systemkomponenten, das dynamische Verhalten, die Funktionen sowie die internen und externen Schnittstellen.
- Die Systemarchitektur bildet die Grundlage für die Systemintegrations-Verifikation.
- Die Systemarchitektur ermöglicht es, die Komplexität besser zu erfassen, indem die Funktionalität gekapselt und in mehreren Schritten verfeinert wird.
- Die Systemarchitektur ermöglicht es, modular zu arbeiten und gefundene Lösungsmuster wiederzuverwenden.

In Automotive SPICE® werden die Erstellung und Aktualisierung der Systemarchitektur und des Systemdesigns in einem Prozess zusammengeführt, während ISO/IEC/IEEE 15288:2015 getrennte Prozesse für Architektur und Design beschreibt. Dies ist kein Problem, wenn man den unterschiedlichen Fokus der beiden Standards berücksichtigt. Es ist möglich, beide Modelle ohne Probleme und ohne Widersprüche zu erfüllen.

Im Vergleich zu Automotive SPICE® 3.1 wurde dieser Prozess gestrafft. Nachvollziehbarkeit und Konsistenz sind in einer Basispraktik zusammengefasst und die Schnittstellen und das dynamische Verhalten des Systems werden nicht mehr in separaten Basispraktiken beschrieben. Dennoch bleiben sie wesentliche Bestandteile des Architekturentwurfs.

Insgesamt ist die Entwicklung einer Systemarchitektur ein komplexer Prozess, der eine gründliche Analyse und sorgfältige Planung erfordert, um sicherzustellen, dass die Architektur mit den Systemanforderungen übereinstimmt und effektiv umgesetzt werden kann.

9.3.2 Basispraktiken

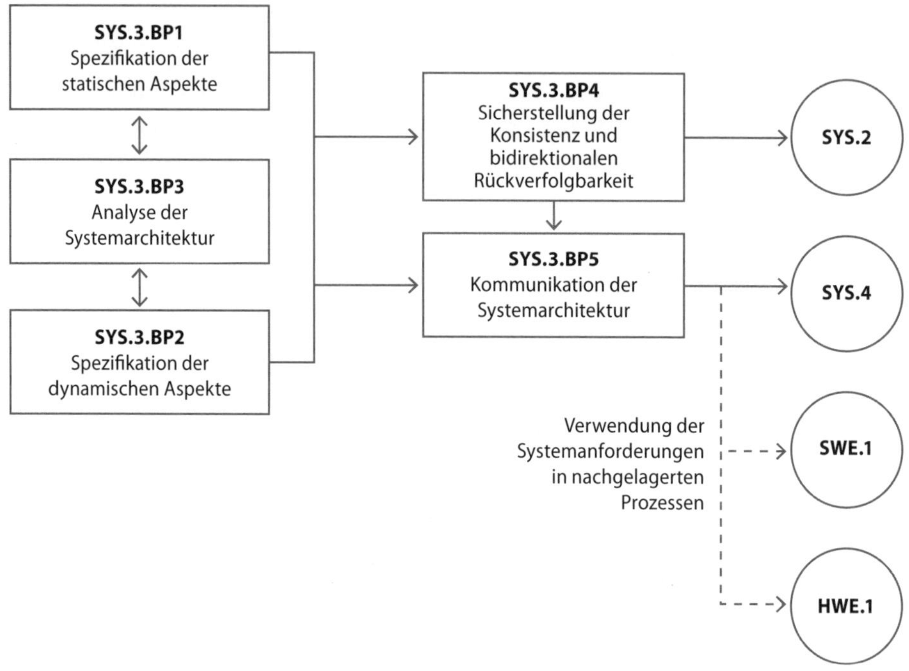

Abb. 9–5 *Zusammenspiel der Basispraktiken*

SYS.3.BP1: Spezifikation der statischen Aspekte der Systemarchitektur. Spezifiziere und dokumentiere die statischen Aspekte der Systemarchitektur in Bezug auf die funktionalen und nicht funktionalen Systemanforderungen, einschließlich externer Schnittstellen und einer definierten Menge von Systemelementen mit ihren Schnittstellen und Beziehungen.

Es gibt kein Patentrezept, um zu einer Architektur zu gelangen. Die Entwicklung der Architektur ist immer eine Ingenieurleistung, nicht etwas, das man einfach abarbeitet. Dabei gibt es Grundsätze, die beachtet werden sollten. Es geht darum, Lösungen für die Probleme zu finden, die in den Systemanforderungen identifiziert wurden. Je nach System kann das Vorgehen hier sehr unterschiedlich sein.

Die Spezifikation einer Systemarchitektur umfasst verschiedene Sichtweisen, wie z.B. die statische Struktur und die funktionale Dekomposition. Diese Sichtweisen werden für die Kommunikation, Diskussion, Überprüfungen, Analyse, Bewertung, Planung, Änderungsanträge, Auswirkungsanalysen und Wartung des Systems benötigt. Obwohl es keine allgemeingültige Definition gibt, welche Sichten erforderlich sind, sind mindestens eine statische Sicht zur Darstellung der Struktur und eine dynamische Sicht (s. BP2) zur Beschreibung des Verhaltens hinter den Systemfunktionalitäten von wesentlicher Bedeutung. Die Systemarchitektur wird meist grafisch dargestellt und durch Texterläuterungen ergänzt.

Im modernen Systems Engineering werden bei der Entwicklung von Architekturen unterschiedliche Perspektiven und Abstraktionsebenen berücksichtigt. Automotive SPICE® 4.0 macht diesbezüglich keine konkreten Vorgaben, stellt aber Mindestanforderungen an das Vorgehen.

Das Vorgehen erfolgt meist top-down, also hierarchisch von oben nach unten. Dies gilt zumindest zu Beginn, wenn keine bestehenden Architekturen integriert werden müssen. Die Systemarchitektur wird auf der Grundlage der funktionalen und nicht funktionalen Anforderungen des Systems entwickelt. Sie definiert alle Elemente innerhalb des Systems und kann z. B. in eine Hierarchie von Teilsystemen mit unterschiedlichen Detaillierungsgraden zerlegt werden. Ein wichtiger Indikator für die Angemessenheit der Granularität der definierten Architektur ist, ob die Integrationstests ohne Probleme und zusätzliche Informationen abgeleitet werden können. Dies gilt insbesondere für die Schnittstellen und das definierte dynamische Verhalten.

Der Entwurf der Systemarchitektur beginnt mit der höchsten, allgemeinsten Beschreibungsebene in Form von Übersichtsbildern, Listen und Beschreibungen von Systemelementen. Sie besteht aus Elementen, die entsprechend den zu implementierenden Systemanforderungen identifiziert werden, und beschreibt auch deren Zusammenspiel.

Die Verfeinerung findet dann in zweierlei Hinsicht statt:

- zum einen strukturell, wobei das System in kleinere Teilsysteme zerlegt wird (Dekomposition), und
- zum anderen in Bezug auf die Abstraktion. Ausgehend von der kunden- bzw. Stakeholder-orientierten Perspektive wird das System in seiner Abstraktion Schritt für Schritt verfeinert.

Strukturelle Verfeinerung

Die statische Sicht ermöglicht eine rekursive Zerlegung des Systems in handhabbare Elemente mit hoher Kohäsion und geringer Kopplung. Diese Zerlegung unterstützt die Zuweisung von Anforderungen an die Architekturelemente und hilft bei der Verteilung der Arbeit. Es kann notwendig sein, externe Elemente wie Plattformen, Drittanbieter-Komponenten oder COTS-Produkte in den Architekturentwurf einzubeziehen.

Bei der strukturellen Verfeinerung wird das System so weit dekomponiert, dass die Teilsysteme nur noch einer Disziplin zugeordnet werden. Dann wird die Architektur in den nachgelagerten Prozessen, z. B. SWE.2 oder HWE.2, weiter verfeinert. Diese entsprechen diesem Prozess, enthalten aber noch die für die jeweilige Disziplin relevanten Spezifika.

Abbildung 9–6 zeigt ein Beispiel für die strukturelle Zerlegung eines Systems in seine domänenspezifischen Teile.

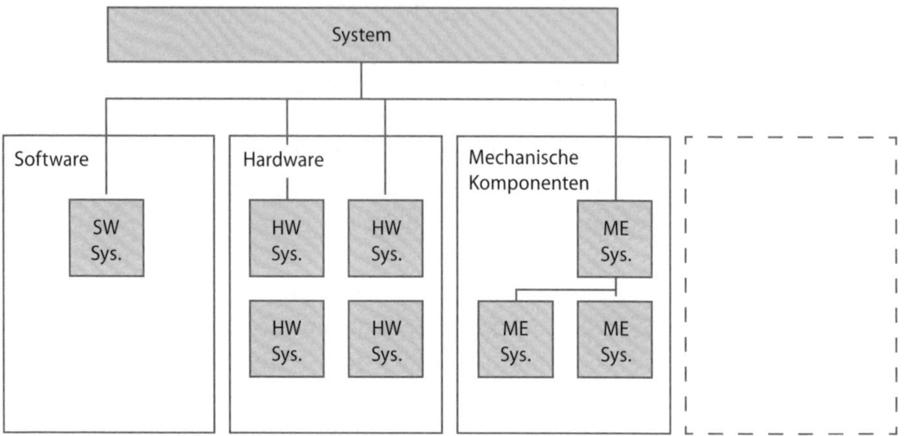

Abb. 9–6 *Aufteilung eines Systems auf die Entwicklungsdomänen*

In den jeweiligen Disziplinen wird die Architektur dann bis auf das kleinste Element verfeinert. In der Softwarearchitektur ist dies z.B. der Feinentwurf. Es müssen nicht immer alle Domänen vorhanden sein.

Verschiedene Sichtweisen

Verschiedene Abstraktionsebenen bedeuten, dass unterschiedliche Sichtweisen eingenommen werden und man sich Schritt für Schritt einer technisch immer konkreteren Lösung nähert. Die Gründe dafür sind eine bessere Nachvollziehbarkeit und die Möglichkeit der Wiederverwendung von Assets. Als Beispiel sei hier die Methode RFLP-Viewpoints der SOPHIST GmbH [SOPHIST 2021] genannt, die hier kurz skizziert werden soll (s. auch Abb. 9–7).

- Das »R« steht für »Requirements Viewpoint«. Diese Anforderungssichtweise ist der Ausgangspunkt für alle danach folgenden Sichtweisen. Sie soll sicherstellen, dass alle Anforderungen an das System für den Entwurf der Architektur berücksichtigt werden. Dieser Viewpoint entspricht dem Ergebnis der Systemanforderungs-Analyse (s. Prozess SYS.2, Abschnitt 9.2).
- Das »F« steht für »Functional Viewpoint«. Diese funktionale Sichtweise zeigt das System aus der Perspektive der konsolidierten Funktionen eines Betrachtungsgegenstands. Die in der funktionalen Sichtweise entworfenen Use Cases oder Funktionen sind unabhängig von einer bestimmten Lösung. Sie helfen, zusätzliche Anforderungen zu identifizieren oder zu erkennen, dass bestehende Anforderungen obsolet sind. Sie werden hierarchisch dargestellt (Funktionsdekomposition), mit Details zur funktionalen Realisierung des betrachteten Systems ergänzt und auf die Systemanforderungen zurückgeführt.
- Das »L« steht für »Logical Viewpoint«. Diese logische Sichtweise zeigt dann eine Sicht auf das System, die die Funktionen einer logischen Komponente zuordnet.

Logische Architekturelemente des betrachteten Systems sollten lösungsunabhängig sein, um die Wiederverwendung von Anforderungen und Funktionen in unterschiedlichen technischen Realisierungen zu verbessern und den Entwicklungsaufwand bei hoher technischer Varianz zu reduzieren. Sie bieten strukturelle Sichten für die logische Darstellung der physischen Architekturelemente und deren Interaktion untereinander einschließlich der Schnittstellen.

- Das »P« steht für »Physical Viewpoint«. Diese physikalische Sichtweise (manchmal auch technische Sichtweise genannt) erklärt schließlich, wie das System technisch implementiert wird, und zwar immer noch für die betrachtete Granularität, indem sie die technische Realisierung des Systems und konkrete Technologien beschreibt.

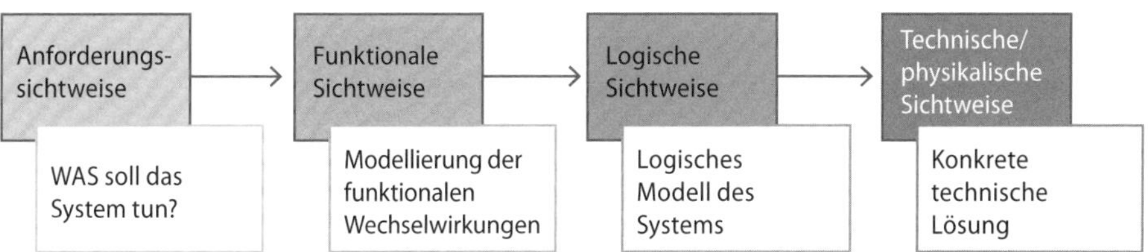

Abb. 9–7 *Sichtweisen des Architekturentwurfs*

Dieser Ansatz wird derzeit häufig verwendet, ist aber nicht das einzig mögliche Vorgehen. Für einfachere Systeme kann es oft ausreichend sein, die physikalische Sichtweise zu wählen. Betrachtet man jedoch komplexere Systeme, dann ist es ratsam, über einen solchen Ansatz nachzudenken.

Ein Beispiel hierfür ist eine Software verschiedener Systeme, die auf einem Steuergerät läuft. Die Hardware wird in diesem Fall von mehreren Systemen gemeinsam genutzt. Die Schnittstellen zwischen den Elementen der Systemarchitektur werden sowohl in der logischen als auch in der physikalischen Sichtweise bestimmt. Sie können entweder in der Systemarchitektur selbst oder in einem separaten Dokument definiert werden. Beschrieben werden die Schnittstellen nach außen (externe Schnittstellen), zu anderen Systemen und die Schnittstellen nach innen (interne Schnittstellen), die die Interaktionen zwischen den Systemelementen beschreiben.

In der physikalischen Sichtweise müssen die Schnittstellen dann so konkret festgelegt werden, dass sie im Integrationstest geprüft werden können. Dies umfasst sowohl die syntaktische Beschreibung, d.h. die Benennung der Schnittstellen, als auch die erlaubten Datentypen, d.h. die semantische Beschreibung in Form von definierten Wertebereichen und Toleranzen.

Model-Based Systems Engineering (MBSE)

Im Model-Based Systems Engineering (MBSE) wird häufig SysML als Modellierungssprache verwendet. In diesem Fall wird ein Modellierungswerkzeug genutzt, das es ermöglicht, wohlgeformte Modelle in der gegebenen Sprache unter Einhaltung der Regeln der Modellierungssprache zu entwerfen. Dieses unterscheidet sich von einfachen Diagrammwerkzeugen, wie MS Visio, die nur eine grafische Darstellung, aber keine Modellierung im eigentlichen Sinne erlauben.

Aber auch in nicht modellbasierten Entwicklungsprojekten werden für die Architektur meist grafische Darstellungen verwendet, deren Syntax auf SysML basiert. Für die statische Architektursicht können z.B. Blockdefinitionsdiagramme (BDD) oder interne Blockdiagramme (IBD) verwendet werden, für das dynamische Verhalten Aktivitätsdiagramme, Sequenzdiagramme oder Zustandsmaschinen-Diagramme. Diese Aufzählung erhebt keinen Anspruch auf Vollständigkeit.

SYS.3.BP2: Spezifikation der dynamischen Aspekte der Systemarchitektur. Spezifiziere und dokumentiere die dynamischen Aspekte der Systemarchitektur in Bezug auf die funktionalen und nicht funktionalen Systemanforderungen, einschließlich des Verhaltens der Systemelemente und ihrer Interaktion in verschiedenen Systemmodi.

Anmerkung 1: *Beispiele für Wechselwirkungen von Systemelementen sind Zeitdiagramme, die die Trägheit mechanischer Komponenten, die Verarbeitungszeiten von Steuergeräten und die Signallaufzeiten von Bussystemen widerspiegeln.*

Bei Systemen muss immer auch deren dynamische Sicht definiert werden. Das Fahrzeug reagiert als Datenknoten auf Benutzereingriffe oder auf Daten von Sensoren, Aktoren oder Daten aus der Cloud. Diese Komplexität der Daten und ihr asynchrones Eintreffen erfordern ein dynamisches Systemverhalten. Dieses muss festgelegt und in den nachgelagerten Prozessen überprüft werden.

Das dynamische Verhalten betrifft die in der vorausgehenden Basispraktik beschriebenen Sichtweisen.

Die Definition des dynamischen Verhaltens eines Systems im Architekturentwurf kann z.B. durch

- Sequenzdiagramme,
- den Entwurf der Interrupt-Behandlung,
- den Entwurf des Round-Robin-Schedulings,
- Budgetierung der CPU-Zeit für verschiedene Komponenten,
- Zustandsdiagramme,
- Datenflussdiagramme,
- Use Cases,
- Timing- oder Datenflussbeschreibungen
- und Ähnliches

erfolgen.

Die Darstellung des dynamischen Verhaltens mit Diagrammen ist die naheliegendste Art und Weise. In Systemen mit einer sehr geringen Komplexität kann es aber eine akzeptable Lösung sein, diese Aspekte rein textuell zu beschreiben.

Ein besonderer Aspekt ist die Modellierung von Betriebszuständen wie dem Systemstart. Hier muss die Reihenfolge der nach dem Einschalten nacheinander zu initialisierenden Komponenten modelliert werden, und jede Komponente erhält ein Planzeitbudget. Insgesamt muss damit die Kundenanforderung, dass das System nach einer maximalen Hochfahrzeit betriebsbereit sein muss, erfüllt werden. Dies muss in den nachgelagerten Prozessen nachgewiesen werden.

SYS.3.BP3: Analyse der Systemarchitektur. Analysiere die Systemarchitektur im Hinblick auf relevante technische Designaspekte im Zusammenhang mit dem Produktlebenszyklus und zur Unterstützung des Projektmanagements bei der Projektbewertung und leite spezielle Merkmale für Nicht-Software-Systemelemente ab. Dokumentiere eine Begründung für die Entwurfsentscheidungen der Systemarchitektur.

Anmerkung 2: *Siehe MAN.3.BP3 für Projektdurchführbarkeit und MAN.3.BP5 für Projektschätzungen.*

Anmerkung 3: *Beispiele für Produktlebenszyklus-Phasen sind Produktion, Wartung und Reparatur sowie Außerbetriebnahme.*

Anmerkung 4: *Beispiele für technische Aspekte sind die Herstellbarkeit für die Produktion, die Eignung bereits vorhandener Systemelemente für die Wiederverwendung oder die Verfügbarkeit von Systemelementen.*

Anmerkung 5: *Beispiele für Methoden, die für die Analyse technischer Aspekte geeignet sind, sind Prototypen, Simulationen und qualitative Analysen (z. B. FMEA-Ansätze).*

Anmerkung 6: *Beispiele für Begründungen der Entwurfsentscheidungen sind »Proven-in-Use«, Wiederverwendung einer Produktplattform oder Produktlinie, eine Make-or-Buy-Entscheidung oder evolutionäres Design (z. B. Set-based Design).*

Die Architekturanalyse unterstützt auch das Projektmanagement hinsichtlich Projektschätzungen und leitet spezielle Merkmale für Hardwareelemente ab. Die Überarbeitung von Systemarchitektur-Lösungen aufgrund einer architektonischen Analyse kann den Arbeitsumfang neu definieren. Sobald diese Lösung festgelegt ist, wählt SYS.4 Verifikationsmaßnahmen aus, die genau diesen Lösungsraum ansprechen.

Die in Automotive SPICE® 4.0 etwas erweiterte Architekturanalyse ersetzt die frühere Basispraktik der Vorgängerversion Automotive SPICE® 3.1 zur Bewertung alternativer Architekturen. Man führt sie durch,

- um zu prüfen, ob die Systemarchitektur die Anforderungen erfüllt,
- um Entwurfsentscheidungen systematisch zu treffen,
- um zusätzliche Anforderungen auf der Grundlage der Analyse von Fehlermodi zu ermitteln.

Darüber hinaus soll sie die Projektleitung dabei unterstützen, die Schätzungen zu verbessern. In diesem Zusammenhang geht es darum, eine Schätzung der Kosten und der erforderlichen Entwicklungszeiten und -ressourcen vorzunehmen und diese an die Projektleitung weiterzugeben (s. MAN.3.BP3). Diese Schätzung sollte im Laufe des Projekts verfeinert werden (s. daher auch MAN.3.BP5).

Bei der Analyse der Systemarchitektur können Techniken wie Prototyping, Simulationen oder qualitative Analysen (z.B. FMEA-Ansätze) zum Einsatz kommen. Diese Analyse ist wichtig, um zu bestimmen, ob der dokumentierte Architekturentwurf angemessen ist, und bezieht sich nicht auf ein physisches Muster, sondern auf die Dokumentation, die die Entwurfsentscheidungen repräsentiert.

Diese Vorgehensweise ergänzt die Analysen, die wir bereits auf der Ebene der Systemanforderungen betrachtet haben, und steht daher im Zusammenhang mit SYS.2.BP3 und SYS.2.BP4.

Auch wenn die Identifizierung und Bewertung von Entwurfsalternativen in Automotive SPICE® 4.0 nicht mehr explizit erforderlich ist, kann diese Methodik in vielen Fällen dennoch nützlich sein. Dabei sollten die Bewertungskriterien klar und auch im Nachhinein nachvollziehbar sein, ebenso wie die getroffene Entscheidung und die Argumentation, die zu dieser Entscheidung geführt hat. Für Architekturentscheidungen kann z.B. eine Entscheidungsmatrix mit vordefinierten Kriterien verwendet werden (s. Abb. 9–8).

Mögliche Kriterien für die Systemanalyse sind Benutzerfreundlichkeit, Einfachheit, Verifizierbarkeit, Wartbarkeit, Modifizierbarkeit, Kosten, Portabilität, Skalierbarkeit usw.

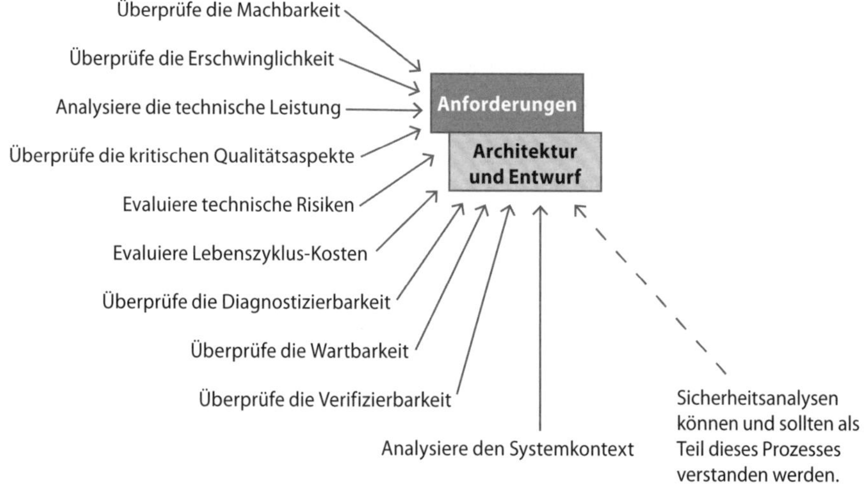

Abb. 9–8 *Analysen für Anforderungen und Architektur*

Es ist zu bedenken, dass eine systematische Analyse immer eine Art von Analysekriterien erfordert. Selbst wenn wir nur den Capability Level 1 in Betracht ziehen, müssen Kriterien für die Analyse definiert und ein rudimentärer Arbeitsablauf festgelegt werden.

Bei der Entwicklung der Systemarchitektur ist es wichtig, die Betriebsumgebung zu berücksichtigen, in der das System eingesetzt werden soll. Dazu gehört das Verständnis der Auswirkungen der Anforderungen auf die Umgebung und des Einflusses der Umgebung auf das System. Dies ist besonders wichtig, wenn das System Teil eines größeren, komplexeren Systems ist.

Wichtige Aspekte bei der Architekturanalyse sind die Verifizierbarkeit und die Diagnostizierbarkeit des Systems. Erstere stellt sicher, dass der Nachweis erbracht werden kann, dass das System die in der Architektur definierten Anforderungen erfüllt. Letztere ermöglicht es, sicherzustellen, dass dies auch im Feld der Fall ist. Die Systemdiagnose stellt eine Schnittstelle zur Systemwartung dar, die in Automotive SPICE® nicht explizit berücksichtigt wird, im Gegensatz zur ISO/IEC/IEEE 15288, die den Wartungsprozess explizit beschreibt. Im Hinblick auf neue Möglichkeiten der Fernwartung und Over-the-Air-Updates sollte diesem Aspekt in Zukunft mehr Aufmerksamkeit geschenkt werden.

SYS.3.BP4: Sicherstellung der Konsistenz und Schaffung einer bidirektionalen Rückverfolgbarkeit. Stelle die Konsistenz sicher und richte eine bidirektionale Rückverfolgbarkeit zwischen den Elementen der Systemarchitektur und den Systemanforderungen ein, die Eigenschaften oder Merkmale des physischen Endprodukts darstellen.

Anmerkung 7: *Bidirektionale Rückverfolgbarkeit unterstützt die Konsistenz und erleichtert die Auswirkungsanalyse von Änderungsanträgen und den Nachweis der Verifikationsabdeckung. Rückverfolgbarkeit allein, z.B. das Vorhandensein von Verknüpfungen, bedeutet nicht notwendigerweise, dass die Informationen zueinander konsistent sind.*

Anmerkung 8: *Es kann nicht funktionale Anforderungen geben, auf die sich der Systemarchitektur-Entwurf nicht zurückführen lässt. Beispiele dafür sind Anforderungen, die sich nicht auf direkte Eigenschaften oder Merkmale des physischen Endprodukts beziehen oder diese darstellen. Solche Anforderungen müssen dennoch verifiziert werden.*

Rückverfolgbarkeit bedeutet, nachvollziehen zu können, was aus welchem Grund so gemacht wird, wie es gemacht wird, und sicherzustellen, dass es keine Inkonsistenzen mit den vorgelagerten Entwicklungsschritten gibt (s. auch Abschnitt 5.7). Bei der Entwicklung der Systemarchitektur kann die Zuordnung der Architekturelemente auf Ebene geeigneter Anforderungscluster erfolgen, eine Zuordnung auf Ebene einzelner Anforderungen ist seit Automotive SPICE® 4.0 nicht mehr explizit gefordert (s. auch die Guidelines [VDA 2023]). Es muss sichergestellt werden, dass Systemanforderungen (soweit möglich) in der Systemarchitektur berücksichtigt und die relevanten Systemanforderungen für jedes Element der Systemarchitektur identifiziert und abgebildet werden.

Die Beziehungen zwischen Systemanforderungen und Systemarchitektur müssen also korrekt dokumentiert werden. Das bedeutet, dass das richtige Systemelement mit einer Anforderung verknüpft ist und umgekehrt, und dass keine Verknüpfungen ins Leere laufen.

Die Konsistenzprüfung mit den Systemanforderungen wird zweckmäßigerweise durch ein Review durchgeführt. Voraussetzung für die Konsistenzprüfung ist die Rückverfolgbarkeit (Traceability) zwischen den Elementen: die Identifikation der zusammengehörenden Elemente. In diesem Zusammenhang sind möglichst werkzeuggestützte Abdeckungsanalysen zur Rückverfolgbarkeit notwendig.

Die Rückverfolgbarkeit muss während der gesamten Projektlaufzeit aufrechterhalten werden – insbesondere nach Änderungen. Wie Anmerkung 7 (S. 139) besagt, unterstützt die Nachvollziehbarkeit die Auswirkungsanalyse im Änderungsmanagement, indem sie effektiv zeigt, welche Architekturelemente betroffen sind, wenn eine Anforderung geändert wird. Wenn anforderungsrelevante Änderungen an der Systemarchitektur vorgenommen werden, müssen die entsprechenden Konsistenzprüfungen erneut durchgeführt werden.

SYS.3.BP5: Kommunikation der vereinbarten Systemarchitektur. Kommuniziere die vereinbarte Systemarchitektur, einschließlich der besonderen Merkmale, an alle betroffenen Parteien.

Die Erwartung an diese Praxis hängt stark von der Projektgröße und -komplexität ab. In kleinen Projekten kann es ausreichen, wenn neue Baselines und Änderungen am Architekturentwurf in regelmäßigen Sitzungen bekannt gegeben und im besten Fall im Sitzungsprotokoll dokumentiert werden. In komplexeren Projekten, z.B. mit verteilter Entwicklung, ist in dieser Hinsicht eine ausgefeilte Vorgehensweise erforderlich. Damit soll sichergestellt werden, dass die Personen, die an der Systemarchitektur arbeiten oder von Änderungen betroffen sind, über diese informiert werden, damit sie darauf reagieren und sie bei ihrer eigenen Arbeit berücksichtigen können. Dennoch ist es immer empfehlenswert, die Kommunikationsstruktur und den Arbeitsablauf zu dokumentieren. Für Capability Level 2 ist dies sogar notwendig. Beachten Sie aber, dass dies so pragmatisch wie möglich erfolgen sollte.

Die Kommunikation und Weitergabe von Informationen (Handover) bei der Verfeinerung des Systems, was gewissermaßen der linken Seite des V-Modells entspricht, wird in Abschnitt 5.9.1 ausführlicher behandelt.

9.3.3 Erzeugte Informationsobjekte

04-06 Systemarchitektur	Die Systemarchitektur beschreibt, wie das System implementiert werden soll, was seine physischen oder logischen Komponenten sind und wie sie miteinander verbunden sind. Sie kann auf verschiedenen Abstraktionsebenen (Sichten) dargestellt werden. Eine Systemarchitektur beschreibt alle wichtigen Aspekte eines Systems (oder eines Teils eines Systems) und wie diese Aspekte zueinander in Beziehung stehen. Die Systemarchitektur muss alle Systemanforderungen umsetzen, die im Rahmen des Prozesses den einzelnen Elementen der Architektur zugeordnet werden. Dabei müssen Nachvollziehbarkeit und Konsistenz nachgewiesen werden (s. auch 13-51 Konsistenznachweise). Die Systemarchitektur bildet alle internen und externen Schnittstellen in einer solchen Granularität ab, dass z.B. ein systematisches Testen gegen diese Schnittstellenbeschreibungen möglich ist. Darüber hinaus muss das dynamische Verhalten des Systems definiert werden. Die Systemarchitektur wird in der Regel werkzeugbasiert entwickelt und für die Beschreibung können semiformale Sprachen wie SysML verwendet werden.
13-51 Konsistenznachweise	Die Konsistenz wird in der Regel durch ein Prüfprotokoll nachgewiesen. Bei einer großen Anzahl von Elementen reicht es nicht aus, die Frage der Konsistenz an einer Stelle zentral zu beantworten, sondern sie muss für alle Architekturelemente und Anforderungen einzeln oder für kleinere Mengen von Elementen dokumentiert werden. Die Dokumentation erfolgt im Allgemeinen werkzeuggestützt oder in spezifischen Checklisten. Es gibt also in der Regel kein besonderes Dokument, das die in diesem Fall benötigten Informationen enthält.
13-52 Kommunikations-nachweise	Jedes greifbare Artefakt, z.B. E-Mails, Sitzungsprotokolle, Offene-Punkte-Listen, kann als Nachweis für den Capability Level 1 herangezogen werden, solange die relevanten Interessengruppen angesprochen werden. Unter Berücksichtigung von PA 2.1 und insbesondere GP 2.1.7 ist eine stärker formalisierte und geplante Vorgehensweise mittels definierter Kommunikationsmedien erforderlich. Dies geschieht oft werkzeuggestützt. Im Hinblick auf den Capability Level 3 sollte dies im Standardprozess beschrieben und auf das Projekt zugeschnitten werden.

→

15-51 Analyseergebnisse	Die Ergebnisse der verschiedenen Analysen der Systemarchitektur müssen konsistent dokumentiert werden. Das bedeutet auch, dass die Gründe für die Entscheidungen und die vorgenommenen Bewertungen dokumentiert werden müssen. In diesem Zusammenhang sollte ein systematisches Vorgehen ersichtlich sein, im Vorgriff auf Capability Level 2 sollte die Vorgehensweise auch in der Strategie für diesen Prozess dokumentiert werden. (Wie bereits erwähnt, kann die Strategie auch durch Vorlagen oder Vorgaben und Regeln, die im verwendeten Werkzeug implementiert sind, umgesetzt werden.) Die Dokumentation spiegelt das Verständnis dafür wider, wie und warum jede Entscheidung getroffen wurde; sie führt auf, was über die Anforderungen, Einschränkungen und Optionen bekannt ist, die bei der Entscheidungsfindung berücksichtigt wurden; sie zeigt auf, wie sich diese Faktoren auf jede Entscheidung auswirken und welche Annahmen über diese Faktoren getroffen wurden. Die Dokumentation sollte auch eine Beschreibung aller alternativen Lösungen enthalten, die während der Entwicklung oder des Testens in Betracht gezogen wurden, und wie sich diese Alternativen auf die Entscheidungen auswirkten.
17-57 Besondere Merkmale	Besondere Merkmale werden für Hardware oder mechanische Systemelemente abgeleitet. Dazu gehören alle Merkmale eines hergestellten Produkts oder eines Produktherstellungs-Prozesses, die die Sicherheit oder die Einhaltung von Vorschriften, die Passform, die Funktion, die Leistungsanforderungen oder die spätere Verarbeitung des Produkts beeinflussen können. Wenn für die Hardware in der Produktion oder im späteren Betrieb sicherheitsrelevante Faktoren zu berücksichtigen sind, werden diese an die entsprechende Planung weitergegeben.

9.3.4 Zusätzliche Überlegungen

Bezug zu anderen Automotive SPICE®-Prozessen

- Dieser Prozess bildet die Grundlage für Integration und Integrationsverifikation und ist die einzige Quelle für deren systematischen Aufbau (s. dazu SYS.4).
- Die Anforderungen der jeweiligen Disziplinen werden auch auf Basis der Systemarchitektur abgeleitet. Das Vorgehen entspricht im Wesentlichen dem der Systemanforderungs-Analyse (s. hierzu SWE.1 und HWE.1).
- Die entsprechenden Architekturen in den einzelnen Disziplinen werden aus der Architektur auf Systemebene abgeleitet und dann weiter verfeinert. Das Vorgehen dort entspricht weitgehend dem auf der Systemebene, jedoch sind einige Besonderheiten zu beachten (s. hierzu SWE.2 und HWE.2).

Die Bezüge werden auch in Abbildung 9–9 dargestellt.

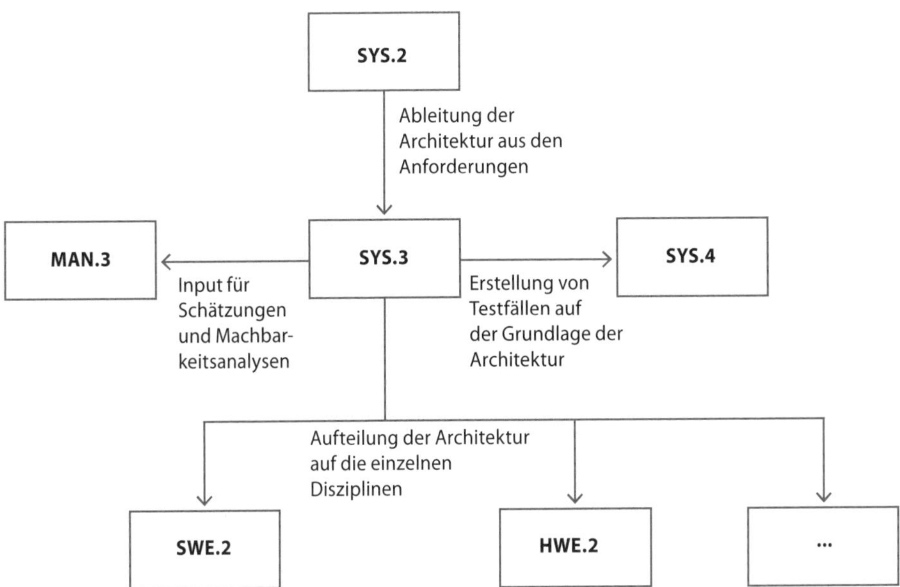

Abb. 9–9 *Einbindung des SYS.3 in den Prozesskontext*

Typische Fallstricke

- Es gibt keine klare Trennung zwischen Lösungs- und Problemraum.
- Die Rückverfolgbarkeit zwischen den verschiedenen Abstraktionsebenen ist nicht gewährleistet, sodass es keine Möglichkeit gibt, sicherzustellen, dass eine Abstraktionsebene systematisch auf der anderen aufbaut und das System am Ende tatsächlich seinen in den Anforderungen beschriebenen Zweck erfüllt.
- Da Schnittstellen schwer zu identifizieren sind, wird dies oft nicht vollständig getan.
- Die Beschreibung der Schnittstellen beschränkt sich auf die Syntax (Benennung und Identifikation im System). Die Semantik (Datentypen, Wertebereiche, Toleranzen) wird nicht berücksichtigt.
- Entwurfsentscheidungen und deren Begründung werden nicht dokumentiert.
- Die Granularität der definierten Architektur ist nicht angemessen, sodass die Integrationstests nicht ohne Probleme und zusätzliche Informationen abgeleitet werden können.

Zu berücksichtigen in Bezug auf PA 2.1

- Es ist eine Strategie zu beschreiben, wie der Architekturentwurf erstellt wird. Dabei ist z.B. zu beschreiben, welche Gesichtspunkte im Laufe der Entwicklung des Architekturentwurfs zu verwenden sind, wie Entwurfsprinzipien aus anderen Normen wie z.B. der ISO 26262 berücksichtigt werden und wie ggf. eine Schwachstellenanalyse gemäß ISO/SAE 21434 durchgeführt wird.

- Der Architekturentwurf muss systematisch entwickelt werden. In der Praxis werden kleine Arbeitsschritte, die sich in vielen Iterationen wiederholen, meist nicht im Detail geplant. Dagegen müssen die Arbeitsschritte, die z.B. auf Meilensteine abzielen, zu denen verschiedene Versionen der Systemarchitektur vorliegen sollen, sehr gut geplant und z.B. in den Projektplänen dokumentiert werden.
- Es sollten Ziele definiert werden, welche Teile der Anforderungen in welcher Phase des Projekts durch die Architektur abgedeckt sein sollen. Dies dient dann als Grundlage für die weitere Planung, die nachgehalten und entsprechend angepasst werden muss.

Zu berücksichtigen in Bezug auf PA 2.2

- Die Anforderungen des Prozessattributs PA 2.2 gelten insbesondere für die Systemarchitektur und die Schnittstellenspezifikationen.
- Die Systemarchitektur muss einem Review unterzogen worden sein und wird, falls erforderlich, vom Kunden oder verwandten Stakeholdern akzeptiert.
- Baselines mit Versionierung im Konfigurationsmanagement müssen den jeweils gültigen Systemarchitektur-Entwurf enthalten.
- Die Konsistenz der Baseline mit den Systemanforderungen und den Arbeitsprodukten in den nachgelagerten Prozessen muss gewährleistet sein.

Hinweise für Assessoren

- Handelt es sich um ein sicherheitskritisches System, dem ein Automotive Safety Integrity Level (ASIL) zugewiesen ist, müssen die Anforderungen der ISO 26262 berücksichtigt werden. Es sollte eine Aussage zu den vom Standard vorgegebenen Methodentabellen getroffen werden.
- Als Assessor benötigen Sie zumindest ein Grundverständnis der Architekturen, deren Erstellung Sie bewerten, um beurteilen zu können, ob der Ansatz für die Komplexität des betrachteten Systems angemessen ist.
- Es wird dringend empfohlen, dass Sie Assessor mit den möglichen Darstellungsarten von Systemarchitekturen vertraut sind, um deren Angemessenheit beurteilen zu können.

9.4 SYS.4 Systemintegration und Integrationsverifikation

Der Zweck besteht in der Integration und Verifikation der Systemelemente, sodass die integrierten Systemelemente konsistent zur Systemarchitektur sind.	**Plug-in**
Erwartete Prozessergebnisse: ■ Es werden Verifikationsmaßnahmen für die Systemintegrations-Verifikation der integrierten Systemelemente auf der Grundlage der Systemarchitektur spezifiziert, einschließlich der Schnittstellen von und der Wechselwirkungen zwischen Systemelementen. ■ Die Systemelemente werden zu einem vollständigen integrierten System integriert, das dem Release-Umfang entspricht. ■ Die Verifikationsmaßnahmen werden entsprechend dem Release-Umfang unter Berücksichtigung von Kriterien, einschließlich der Kriterien für die Regressionsverifikation, ausgewählt. ■ Die integrierten Systemelemente werden anhand der ausgewählten Verifikationsmaßnahmen verifiziert und die Ergebnisse der Systemintegrations-Verifikation werden aufgezeichnet. ■ Konsistenz und bidirektionale Rückverfolgbarkeit werden zwischen den Verifikationsmaßnahmen und den Elementen der Systemarchitektur hergestellt. ■ Die bidirektionale Rückverfolgbarkeit zwischen Verifikationsergebnissen und Verifikationsmaßnahmen wird hergestellt. ■ Die Ergebnisse der Systemintegration und der Integrationsverifikation werden zusammengefasst und an alle betroffenen Parteien übermittelt.	

9.4.1 Prozessbeschreibung

Die Systemintegration ist der Prozess, bei dem eine Reihe von Systemelementen zu einem realisierten System (Produkt oder Dienstleistung) zusammengeführt wird. Dieses System muss die Systemanforderungen, die Architektur und den Entwurf erfüllen. Der Prozess soll sicherstellen, dass alle verschiedenen Komponenten eines Systems wie beabsichtigt zusammenarbeiten.

Dieser Prozess folgt im Projektablauf häufig nicht auf den SYS.3-Prozess, den er gewissermaßen ergänzt, stattdessen bewegen wir uns zwischen der Systemintegration und der Verifikation auf den Domänenebenen (HWE.4 für Hardware, SWE.6 für Software und MSE.4 für Mechanik). Der Input für diesen Prozess umfasst somit Hardwaresysteme, mechanische Systeme, Software oder bereits integrierte Teilsysteme, die zusammengefügt werden sollen.

Nutzen

- Die Systemintegration und die Integrationsverifikation stellen sicher, dass die Systemelemente zu einem vollständigen und funktionsfähigen System zusammengeführt wurden.
- Es wird bestätigt, dass das System der Architektur und dem Entwurf entspricht.
- Der Nachweis wird erbracht, dass während der Integration keine Fehler oder Mängel aufgetreten sind.
- Die frühzeitige Erkennung und Identifizierung von Problemen wird ermöglicht, wodurch Kosten und Zeitaufwand für die Korrektur reduziert werden.
- Der Prozess trägt dazu bei, dass das Endprodukt von hoher Qualität und für den vorgesehenen Zweck geeignet ist.
- Schnittstellen und Kommunikationsabläufe zwischen Systemelementen können getestet werden.
- Die Effizienz des Entwicklungsprozesses wird erhöht, indem die parallele Entwicklung und die Prüfung von Systemelementen unterstützt werden.
- Die schrittweise und stufenweise Bereitstellung eines funktionalen Systems wird ermöglicht, wodurch das Risiko verringert und die Einbeziehung der Interessengruppen verbessert wird.
- Die Einhaltung von Industriestandards und Vorschriften kann nachgewiesen werden.

Bei der Integrationsprüfung werden teilweise integrierte Teilsysteme anhand der Architektur und des Entwurfs sowie Schnittstellen geprüft und das dynamische Verhalten des Systems getestet. Dabei kommen hauptsächlich Whitebox-Tests zum Einsatz, bei denen die Architektur und der Entwurf auf der betrachteten Granularität überprüft werden. Zweck der Integrationsprüfung ist es, den Nachweis zu erbringen, dass während des Integrationsprozesses keine Fehler, Defekte oder Störungen aufgetreten sind, und zu bestätigen, dass das System gemäß den Anforderungen der Architektur und den gewählten Methoden, Techniken, Standards oder Regeln erstellt wurde.

Es ist auch zu berücksichtigen, dass in manchen Projekten die Notwendigkeit besteht, die entwickelte Software auf dem Zielsystem zu prüfen. Dies hat zur Folge, dass die Systemintegration und die Integrationsverifikation zum Teil vor der Softwareverifikation durchgeführt werden müssen. Das bedeutet aber nicht, dass damit die Erwartungen von Automotive SPICE® verletzt werden. Es muss dann nur sichergestellt werden, dass die Verifikationsmethoden auf die entsprechende Ebene rückverfolgbar sind.

9.4.2 Basispraktiken

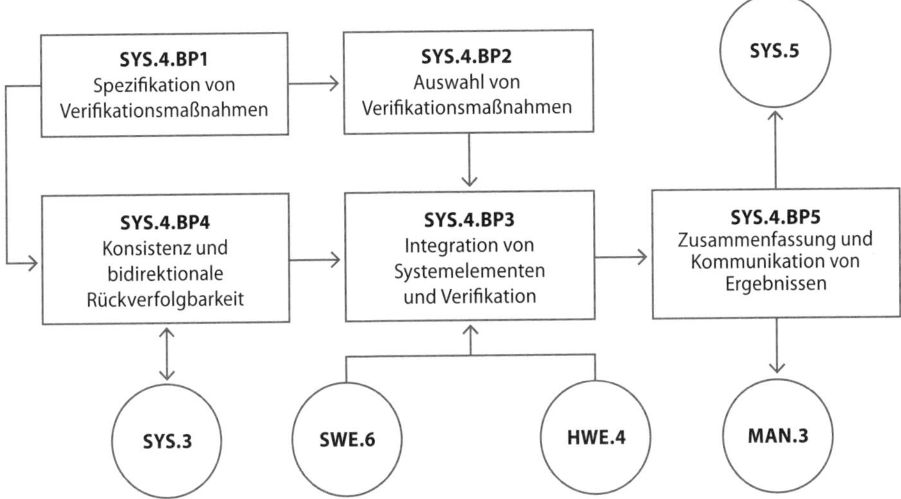

Abb. 9–10 *Zusammenspiel der Basispraktiken im SYS.4*

SYS.4.BP1: Spezifikation von Verifikationsmaßnahmen für die Systemintegration. Spezifiziere die Verifikationsmaßnahmen, basierend auf einer definierten Sequenz und Vorbedingungen für die Integration von Systemelementen, gegen die statischen und dynamischen Aspekte der Systemarchitektur, einschließlich

- Techniken für die Verifikationsmaßnahmen,
- Bestanden-/Nicht-bestanden-Kriterien für Verifikationsmaßnahmen,
- einer Definition von Eingangs- und Ausgangskriterien für die Verifikationsmaßnahmen und
- der erforderlichen Verifikationsinfrastruktur und der Einrichtung der Umgebung.

Anmerkung 1: *Beispiele dafür, worauf sich eine Verifikationsmaßnahme konzentrieren kann, sind die in der Systemarchitektur spezifizierten zeitlichen Abhängigkeiten des korrekten Signalflusses zwischen den aneinandergrenzenden Systemelementen oder die Wechselwirkungen zwischen Hardware und Software. Die Systemintegrations-Testfälle können sich konzentrieren auf*

- *den korrekten Signalfluss zwischen Systemelementen,*
- *die Rechtzeitigkeit und die zeitlichen Abhängigkeiten des Signalflusses zwischen den Systemelementen,*
- *die korrekte Interpretation von Signalen durch alle Systemelemente, die eine Schnittstelle verwenden, und*
- *die dynamische Interaktion zwischen Systemelementen.*

Für die Integrationsverifikation gilt der Grundsatz, dass sie sich auf die Systemarchitektur bezieht. Das heißt, wenn die Systemarchitektur nicht mit ausreichender Granularität beschrieben wurde, können wir auch keine angemessenen Verifikationsmaßnahmen in der Integrationsverifikation definieren.

Fehlt eine ausreichend beschriebene Systemarchitektur, wird häufig von den mit der Verifikation Betrauten eine Schattenarchitektur entworfen, gegen die dann getestet werden kann. Dies kann sowohl eine Hilfestellung für den Aufbau des SYS.3 sein als auch ein Kompromiss für die Verifikation in SYS.4. Dieser Ansatz kann allerdings nicht das erwartete finale Ergebnis dieser Prozesse ersetzen und nur eine Übergangslösung sein.

Um die Verifikationsmaßnahmen zu erstellen, müssen wir die Systemarchitektur vollständig analysieren, insbesondere die Schnittstellen zwischen den Elementen der Systemarchitektur und ihre Interaktionen. Dabei wird unser System weitgehend als Whitebox betrachtet. Wir schauen uns also das Innenleben an und sehen, ob die Teile so ineinandergreifen, wie wir es uns vorgestellt haben, oder besser gesagt, wie wir es in der Architektur definiert haben.

Um wirksame Verifikationsmaßnahmen oder -aktionen für die Integrationsverifikation zu definieren, ist es wichtig, die Schlüsselelemente dieses Prozesses zu verstehen. Die Integrationsverifikation umfasst das Testen teilweise integrierter Teilsysteme anhand der Architektur und des Entwurfs, das Testen von Schnittstellen und des dynamischen Verhaltens sowie der Kommunikationsabläufe zwischen Teilsystemen. Sie umfasst auch die Überprüfung der Architektur und des Entwurfs auf der betrachteten Granularität.

Es ist wichtig zu beachten, dass die Integrationsprüfung sich auf den Lösungsraum bezieht und das betrachtete System von innen betrachtet. Dies beinhaltet die Überprüfung der Schnittstellen zwischen den Teilsystemen oder Komponenten und des in der Architektur und im Entwurf definierten dynamischen Verhaltens, wie z. B. Zustandsautomaten und Sequenzdiagramme.

Bei der Definition von Verifikationsmaßnahmen ist es wichtig, sich zu überlegen, was verifiziert werden muss, z. B. eine Anforderung, ein Merkmal oder eine Eigenschaft als Referenz. Außerdem müssen das zu verifizierende Element, das erwartete Ergebnis und die anzuwendende Verifikationstechnik berücksichtigt werden. Auch der Grad der Zerlegung des Systems muss beachtet werden.

Beispiele für Verifikationsmaßnahmen sind die Verifikation der Architektur eines Systems, um die korrekte Anwendung von Mustern und Heuristiken sowie die korrekte Verwendung von Modellierungstechniken oder -methoden zu überprüfen. Zusätzlich kann der Entwurf eines Systemelements verifiziert werden, um die korrekte Verwendung von Mustern, Handelsregeln usw. nachzuvollziehen.

In diesem Zusammenhang werden beim Testen auf dieser Ebene Methoden wie die Äquivalenzklassen-Partitionierung oder die Grenzwertanalyse angewendet. Erstere ist eine Testmethode, bei der Eingabewerte auf der Grundlage ihres Verhaltens in Klassen oder Äquivalenzklassen unterteilt werden. Die Idee hinter dieser Technik ist, dass, wenn sich ein Wert aus einer Klasse auf eine bestimmte Art und

Weise verhält, sich alle Werte in dieser Klasse auf die gleiche Weise verhalten sollten. Wenn ein System beispielsweise Werte zwischen 1 und 100 akzeptiert, könnten die Äquivalenzklassen als Werte kleiner als 1, Werte zwischen 1 und 100 und Werte größer als 100 definiert werden. Auf diese Weise kann sich der Tester auf eine kleinere Gruppe von Eingaben konzentrieren und das System mit einer repräsentativen Stichprobe von Eingaben testen.

Die Grenzwertanalyse ist eine Testmethode, bei der der Schwerpunkt auf den Werten an den Rändern des Eingabebereichs liegt. Diese werden als Grenzwerte bezeichnet und sind besonders wichtig, weil sie oft die Grenzen der Fähigkeiten des Systems darstellen. Im Falle eines Systems, das Werte zwischen 1 und 100 akzeptiert, wären die Grenzwerte beispielsweise 1 und 100. Durch das Testen dieser Werte kann der Prüfer sicherstellen, dass sich das System korrekt verhält, wenn es an seine Grenzen stößt.

Beide Techniken werden eingesetzt, um die Effektivität des Testens zu verbessern, indem man sich auf bestimmte Eingabesätze konzentriert, bei denen die Wahrscheinlichkeit besteht, dass sie Fehler aufdecken. Mithilfe der Äquivalenzklassen-Partitionierung kann der Tester sich auf eine repräsentative Stichprobe von Eingaben konzentrieren, während die Grenzwertanalyse es dem Tester ermöglicht, sich auf Eingaben zu beschränken, die wahrscheinlich Probleme verursachen, weil sie an der Grenze der Fähigkeiten des Systems liegen. Zusammen können diese Techniken einen umfassenden Test der Funktionalität eines Systems ermöglichen.

Dabei geht es jedoch um mehr als nur um das Testen möglicher Verifikationsmethoden für die Integrationsverifikation:

- **Integrationsprüfung**
  Prüfung teilweise integrierter Teilsysteme anhand der Architektur und des Entwurfs, Prüfung von Schnittstellen, Prüfung des dynamischen Verhaltens, der Kommunikationsabläufe zwischen Teilsystemen und Prüfungen anhand der Architektur und des Entwurfs auf der betrachteten Granularität. Prüfung der internen Struktur und des Entwurfs eines Systems oder einer Komponente, um sicherzustellen, dass es bestimmte Anforderungen erfüllt und wie vorgesehen funktioniert.
- **Inspektion**
  Ein formaler Überprüfungsprozess, bei dem ein Dokument oder ein Produkt von einem Team untersucht wird, um Mängel und Verbesserungen zu ermitteln.
- **Analyse**
  Untersuchung eines Systems oder einer Komponente mithilfe mathematischer oder analytischer Methoden, um potenzielle Probleme zu erkennen.
- **Demonstration**
  Der Nachweis durch praktische Tests oder Simulationen, dass ein System oder eine Komponente die Anforderungen erfüllt.

- **Vergleich**
  Vergleich des Ergebnisses einer Verifikationsmaßnahme mit dem erwarteten Ergebnis, um die Korrektheit festzustellen.
- **Prüflisten**
  Verwendung vorab festgelegter Listen mit zu prüfenden Punkten, um Vollständigkeit und Konsistenz zu gewährleisten.
- **Messung**
  Verwendung physischer Messungen zur Überprüfung der Einhaltung von Anforderungen.
- **Simulation**
  Verwendung von Computermodellen, um das Verhalten und die Leistung eines Systems oder einer Komponente zu testen.
- **Statistische Analyse**
  Einsatz statistischer Methoden zur Analyse von Daten und zur Ermittlung von Mustern oder Trends, die auf Probleme mit einem System oder einer Komponente hinweisen können.

In Zukunft werden Simulationen eine größere Rolle bei der Verifikation spielen. Die Sicherstellung der Gebrauchstauglichkeit des Systems wird komplexer werden.

SYS.4.BP2: Auswahl von Verifikationsmaßnahmen. Dokumentiere die Auswahl von Verifikationsmaßnahmen für jeden Integrationsschritt, wobei Auswahlkriterien einschließlich Kriterien für die Regressionsverifikation zu berücksichtigen sind. Die dokumentierte Auswahl der Verifikationsmaßnahmen muss einen ausreichenden Abdeckungsgrad entsprechend dem Versionsumfang haben.

Anmerkung 2: *Beispiele für Auswahlkriterien können die Priorisierung von Anforderungen, die Notwendigkeit einer Regressionsverifikation (z. B. aufgrund von Änderungen an der Systemarchitektur oder an Systemkomponenten) oder die beabsichtigte Verwendung der ausgelieferten Produktversion (z. B. Prüfstand, Teststrecke, öffentliche Straße usw.) sein.*

Bei einer Regressionsstrategie geht es darum, eine erneute Verifikation der Integration im Falle von Änderungen von Systemkomponenten zu planen, z. B. wegen aufgedeckter und behobener Fehler oder geplanter Änderungen an Systemkomponenten. Regressionstest meint allerdings explizit nicht, die geänderten Elemente zu testen (dieses ist Teil der normalen Testwiederholung), sondern das Testen von nicht geänderten Elementen, die durch die Änderungen anderer Elemente beeinflusst werden könnten. Die Regressionsstrategie kann einfach festlegen, dass nach jeder Änderung eine vollständige Verifikation der Integration erfolgen muss. Allerdings ist das sehr aufwendig und in den meisten Fällen nicht praktikabel. Aus diesem Grund ist es wichtig, klare Kriterien für die Regressionsverifikation festzulegen, sodass eine sinnvolle Entscheidung für die Auswahl der notwendigen Regressionsverifikations-Maßnahmen möglich ist. Dies erfordert eine Planung oder ein Konzept auf Systemebene. Diese grundsätzliche Praxis ist jedoch weiter gefasst. Für die Integrationsverifikation ist ein Plan zu erstellen, was wann oder unter welchen Bedingungen getestet werden muss. Dies kann eine Gruppierung oder Priorisierung der Verifikationsaktivitäten erfordern. Bei reinen Softwareprojekten kann es auch möglich sein, die Verifikation vollständig zu automatisieren, sodass diese Auswahl nicht mehr notwendig ist. Dies sollte jedoch zumindest mit einer Begründung dokumentiert werden, um Missverständnisse zu vermeiden.

SYS.4.BP3: Integration von Systemelementen und Durchführung der Integrationsverifikation. Integriere die Systemelemente, bis das System gemäß den spezifizierten Schnittstellen und Wechselwirkungen zwischen den Systemelementen sowie gemäß der festgelegten Reihenfolge und den definierten Vorbedingungen vollständig integriert ist. Führe die ausgewählten Verifikationsmaßnahmen zur Systemintegration durch und zeichne die Daten der Verifikationsmaßnahmen einschließlich des Status »bestanden/nicht bestanden« und der entsprechenden Daten der Verifikationsmaßnahmen auf.

Anmerkung 3: *Beispiele für Vorbedingungen für den Beginn der Systemintegration können die erfolgreiche Verifikation von Systemelementen oder die Qualifizierung von bereits vorhandenen Systemelementen sein.*

Anmerkung 4: *Zur Behandlung von Verifikationsergebnissen, die von den erwarteten Ergebnissen abweichen, siehe SUP.9.*

Integration ist der Prozess des Zusammenfügens einer Reihe von Systemelementen zu einem realisierten System (Produkt oder Dienstleistung), das die Systemanforderungen, die Architektur und den Entwurf erfüllt. Dies ist das Gegenstück zur Verfeinerung des Systems im Architekturentwurfsprozess.

In der Automobilindustrie ist die Integration von entscheidender Bedeutung für die Entwicklung eines funktionsfähigen Fahrzeugs. Während die untergeordneten Teile des Fahrzeugs (Systeme, Komponenten) implementiert oder integriert werden, müssen sie in das nächsthöhere System eingebaut werden, sodass am Ende ein vollständiges Fahrzeug entsteht. Mit Automotive SPICE® 4.0 ist es nicht mehr notwendig, eine Integrationsstrategie auf dem Capability Level 1 zu definieren, aber es ist immer noch wichtig, zu entscheiden und zu dokumentieren, wie die Integration ablaufen soll. Insofern ist hier der einzige Unterschied zu der Vorgängerversion, dass die Bezeichnung »Integrationsstrategie« weggefallen ist.

Abschnitt 6.1.1 geht auf die verschiedenen Ansätze zur Integration im Detail ein. Ein Konzept, wie Continuous Integration, das in der Softwareentwicklung sehr gebräuchlich ist, werden wir vermutlich in der Systementwicklung seltener finden.

Für die Durchführung der Verifikationsmaßnahmen ist es wichtig, einen systematischen Ansatz für die Integration und die Tests zu verfolgen. Dazu gehört die Einhaltung der Integrations- und Regressionstest-Strategie, in der die spezifischen

Schritte und Verfahren zum Testen des Systems und seiner Komponenten festgelegt sind. Die Tests werden gemäß dieser Strategie durchgeführt und ihre Ergebnisse in Form von Testprotokollen und etwaigen Problemberichten dokumentiert.

Zu den üblichen Ansätzen für Systemintegrationstests in der Automobilindustrie gehören Simulationen wie die Teilmontage des Fahrzeugs auf einem oder mehreren Hardware-in-the-Loop(HIL)-Prüfständen oder Restbus-Simulationen. Diese ermöglichen es, das System auch dann zu testen, wenn bestimmte Komponenten oder Software noch nicht verfügbar sind. Dies ist besonders wichtig, um sicherzustellen, dass das System wie vorgesehen funktioniert und die festgelegten Anforderungen erfüllt.

Das Ziel der Verifikation besteht darin, zu bestätigen, dass das System gemäß den Anforderungen und den ausgewählten Methoden, Techniken, Normen oder Regeln korrekt aufgebaut wurde. Daher ist es von entscheidender Bedeutung, dass die Tests und die Dokumentation gründlich und umfassend sind, um den Nachweis zu erbringen, dass während des Integrationsprozesses keine Fehler oder Mängel aufgetreten sind.

Beim Testen kann eine große Menge an Daten anfallen, die in Testprotokollen dokumentiert werden müssen. Diese sollten eine aussagekräftige Zusammenfassung der protokollierten Daten als Nachweis für jedes Testergebnis enthalten. Eine ordnungsgemäße Dokumentation und Verwaltung der Testprotokolle liefern die notwendigen Nachweise und den Kontext für die Bewertung der Ergebnisse des Verifikationsprozesses.

Rohdaten müssen im Allgemeinen nicht gespeichert oder versioniert werden, da das Datenvolumen zu groß sein kann.

Die Überprüfungsberichte (die im Falle negativer Ergebnisse eine Risikobewertung enthalten) müssen bewertet werden, um sicherzustellen, dass sie alle Ergebnisse korrekt und vollständig beschreiben. Die Test-/Versuchsberichte sind als Ergebnisdokumentation ausreichend.

Der Umgang mit Abweichungen von den erwarteten Ergebnissen im Rahmen des SUP.9-Prozesses ist von entscheidender Bedeutung, um sicherzustellen, dass der Verifikationsprozess organisiert und effektiv bleibt.

SYS.4.BP4: Sicherstellung der Konsistenz und Herstellung der bidirektionalen Rückverfolgbarkeit. Stelle die Konsistenz sicher und richte eine bidirektionale Rückverfolgbarkeit zwischen Verifikationsmaßnahmen und der Systemarchitektur ein. Stelle außerdem eine bidirektionale Rückverfolgbarkeit zwischen Verifikationsergebnissen und Verifikationsmaßnahmen her.

Anmerkung 5: *Bidirektionale Rückverfolgbarkeit unterstützt die Konsistenz und erleichtert die Auswirkungsanalyse von Änderungsanträgen sowie den Nachweis der Verifikationsabdeckung. Rückverfolgbarkeit allein, z. B. das Vorhandensein von Links, bedeutet nicht notwendigerweise, dass die Informationen zueinander konsistent sind.*

Im Rahmen der Verifikation der Systemintegration muss eine bidirektionale Rückverfolgbarkeit und Konsistenz von den Architekturelementen zu den Verifikationsmaßnahmen und von den Verifikationsmaßnahmen zu den Ergebnissen hergestellt werden. Indirekt kann somit auch die Verifikation der Architektur nachgewiesen werden. Dies ermöglicht den Nachweis einer ordnungsgemäßen und systematischen Arbeit sowie den Nachweis der Konsistenz zwischen verschiedenen Abstraktionsebenen.

Die werkzeuggestützte Rückverfolgbarkeit kann für diesen Nachweis verwendet werden, aber es ist wichtig, dass die Granularität der Rückverfolgbarkeit angemessen ist. Dies betrifft insbesondere die Genauigkeit, mit der die Architektur referenziert werden kann.

Die Granularität muss mindestens der im Automotive SPICE® PAM genannten niedrigsten Granularität entsprechen, in diesem Fall einem einzelnen Systemarchitekturelement und einer einzelnen Verifikationsmaßnahme, z.B. einem Testfall. In Projekten sehen wir oft, dass die Rückverfolgbarkeit nur auf der Ebene der Kapitelüberschriften hergestellt wird. Dies ist nicht ausreichend. Nur wenn wir die Rückverfolgbarkeit nachweisen können, ist es möglich, die Konsistenz zwischen den Elementen der Architektur und den Verifikationsmaßnahmen systematisch zu überprüfen. Auch dies kann und sollte werkzeuggestützt erfolgen. Die Konsistenz wird meist durch Reviews nachgewiesen, und es ist wichtig, ein geeignetes Reviewkriterium zu haben. Zum Thema Konsistenz und Nachvollziehbarkeit siehe auch Abschnitt 5.7.

SYS.4.BP5: Zusammenfassen und Kommunizieren von Ergebnissen. Fasse die Ergebnisse der Systemintegration und der Integrationsverifikation zusammen und kommuniziere sie an alle betroffenen Parteien.

Anmerkung 6: *Die Bereitstellung aller notwendigen Informationen aus der Testfalldurchführung in einer Zusammenfassung ermöglicht es anderen Beteiligten, die Konsequenzen zu beurteilen.*

Bei dieser Praxis geht es darum, die Aktivitäten in diesem Prozess für die Beteiligten transparent zu machen. Dies kann z.B. durch regelmäßige Kommunikation, per E-Mail oder werkzeuggestützt erfolgen. Stakeholder in diesem Prozess sind die Projektmanager und Teamleiter, die dafür verantwortlich sind, dass die Integrations- und Verifikationsprozesse ordnungsgemäß durchgeführt werden und das Projekt im Zeitplan bleibt, die Entwickler und Ingenieure, die z.B. gefundene Fehler beheben müssen, und die Integratoren, die das System ggf. in ein übergeordnetes System integrieren. Im Allgemeinen sind alle Verantwortlichen in den nachgelagerten Prozessen Stakeholder.

Auf die generelle Bedeutung des Berichtswesens für einen funktionierenden Entwicklungsprozess wird in Abschnitt 5.9.2 eingegangen. Die Ergebnisse der Verifikationsmaßnahmen sind ein wesentlicher Aspekt für das Management des Projekts und den Nachweis der Güte der Projektergebnisse.

9.4.3 Erzeugte Informationsobjekte

08-60 Verifikationsmaßnahmen	Verifikationsmaßnahmen sind Methoden oder Techniken, die eingesetzt werden, um zu überprüfen, ob ein System oder Produkt die festgelegten Anforderungen erfüllt. In der Regel handelt es sich um eine Reihe von Prüfungen und Tests, die durchgeführt werden, um sicherzustellen, dass ein Produkt, eine Dienstleistung oder ein System die festgelegten Anforderungen und Standards erfüllen. Dazu gehören z.B. formale Verifikation, modellbasierte Verifikation, Simulation oder Tests, um die Konformität des Systems mit den konsolidierten Systemanforderungen sicherzustellen.
06-50 Anweisungen zur Integrationssequenz	Das Vorgehen bei der Integration muss festgelegt und dokumentiert werden. Zu den verschiedenen Vorgehensweisen siehe auch Abschnitt 6.1.1. Wenn wir uns auf Capability Level 2 bewegen, kann dies auch im Zusammenhang mit der Durchführungsstrategie erfolgen. Damit ein Informationsobjekt Sinn macht, sollte es konkret das Vorgehen beschreiben und sich auf die Systemarchitektur beziehen.
03-50 Daten aus Verifikationsmaßnahmen	Daten aus Verifikationsmaßnahmen werden während der Verifikationsausführung aufgezeichnet. Sie können Rohdaten aus Testfällen beinhalten, ebenso Werte aus Messungen, Berechnungen und Analysen oder Protokolle, die Simulations- oder Reviewergebnisse dokumentieren.
08-58 Auswahlset für Verifikationsmaßnahmen	Auf Grundlage der Verifikationsplanung werden Verifikationsmaßnahmen in Sets gruppiert, die dann in verschiedenen Phasen des Projekts ausgeführt werden. Dies geschieht z.B. auf der Grundlage einer Priorisierung, einer Funktionswachstumsplanung oder einer Regressionsstrategie.
15-52 Verifikationsergebnisse	Die Ergebnisse der Verifikation müssen nachvollziehbar dokumentiert werden. Letztlich muss per Verifikationsergebnis der Nachweis erbracht werden können, dass die Systemanforderungen erfüllt wurden. Ein systematischer und strukturierter Zugang zu den Informationen ist hilfreich.
13-51 Konsistenznachweise	Die Konsistenz wird meist durch Reviews überprüft. Hier ist es wichtig, eine ausreichende Granularität zu erreichen. Eine allgemeine Aussage genügt in diesem Zusammenhang meist nicht. Das heißt, die Überprüfung sollte für einzelne Systemanforderungen und die damit verbundenen Verifikationsmaßnahmen durchgeführt und damit auch nachvollziehbar dokumentiert werden. Dies geschieht in der Regel unter Verwendung geeigneter Werkzeuge.
13-52 Kommunikationsnachweise	Die Ergebnisse des Testprozesses müssen zusammengefasst und den Beteiligten zur Verfügung gestellt werden. Dieser Prozess muss auch im Nachhinein nachvollziehbar sein. Die Testergebnisse müssen in einer für die nachgelagerten Prozesse aussagekräftigen Weise zusammengefasst werden.
11-06 Integriertes System	Das wesentliche Ergebnis dieses Prozesses ist das zu entwickelnde System. Dieses soll in den nachfolgenden Prozessen geprüft werden.

9.4.4 Zusätzliche Überlegungen

Bezug zu anderen Automotive SPICE®-Prozessen

- Die Integration und die Verifikation der Integration basieren auf den Festlegungen der Systemarchitektur in SYS.3.
- Die Integration und die Verifikation der Integration in SYS.4 sind die Voraussetzung für den Prozess der Systemverifikation SYS.5 (auf der gleichen Systemebene).

Typische Fallstricke

- Es fehlt eine klar und eindeutig definierte Architektur bis hin zum Entwurf.
- Es erfolgt keine Anpassung der Integrationsstrategie an die physikalische Sichtweise.
- Das Testziel bzw. die zu erreichende Testtiefe ist nicht klar definiert.
- Die unterschiedlichen Zeitrhythmen der verschiedenen Disziplinen werden nicht synchronisiert.
- Die Abhängigkeiten und die Durchführung einer Big-Bang-Implementierung werden nicht analysiert.
- Es mangelt an Klarheit bei der Erläuterung der Ergebnisse, ohne den Bezug zu den abgedeckten Teilen der Architektur herzustellen.
- Es kommt zu einer Fehlinterpretation der organisatorischen Einordnung des Musterbaus.
- Die Interdisziplinarität und Koordination zwischen Teilprojekten
- Unterschätzung der Bedeutung von Stakeholder-Feedback für Testprozeduren bleibt unbeachtet.
- Die Anforderungen an Arbeitsprodukte und ihre Reviews werden vernachlässigt.

Zu berücksichtigen in Bezug auf PA 2.1

- Verschiedene Vorgehensweisen bei der Integration müssen schon aufgrund der Basispraktiken festgelegt werden. Die im PA 2.1 geforderte Strategie für die Ausführung des Prozesses sollte diese Festlegungen zusammenführen und ein systematisches Testmanagement erkennen lassen.
- Relevante Prozessziele können die Beachtung der vorgegebenen Termine und Aufwände für Systemintegrations-Testaktivitäten, die Ressourcen- und Aufwandsplanung als wichtige Stellgrößen und die Berücksichtigung von Change Requests (CRs) sein.
- Es sollte eine Feinplanung unter Einbezug aller technischen (Hardware-in-the-Loop, Testinfrastruktur usw.) und personellen Ressourcen geben und die Verfügbarkeit von Produkten und Testmitteln sollte nachweisbar sichergestellt werden.

- Die unterschiedlichen Stakeholder wie beispielsweise Fertigung, Musterbau und Kunden müssen in die Planung des Prozesses mit einbezogen werden.

Zu berücksichtigen in Bezug auf PA 2.2

- Jede Verifikationsmaßnahme sollte einen Status wie beispielsweise »erstellt«, »zu testen«, »getestet« oder »veraltet« haben. Die Verifikationsverfahren und -skripte sowie die Testspezifikationen müssen versioniert werden.
- Die Versionierung sollte werkzeuggestützt erfolgen. Das Werkzeug sollte in seiner Bearbeitungshistorie auch aufzeichnen, wer an den Verifikationsmaßnahmen gearbeitet hat.
- Die Wiederverwendbarkeit ab Capability Level 2 ist insbesondere bei einem Produktlinien- oder Modulansatz relevant.
- Wenn definierte Qualitätskriterien nicht vollständig sichergestellt werden können, ist ein risikobasierter Ansatz zu verfolgen.
- Für das Testen brauchen Testergebnisse keine Baselines oder einfache Versionierung, da jeder Testlauf eine neue Instanz von Testergebnissen erzeugt. Die Ergebnisse müssen sich auf die getesteten Muster beziehen.

Hinweise für Assessoren

- Berücksichtigen Sie, dass die Systemintegration und Integrationsverifikation in manchen Projekten parallel zur Softwareverifikation (SWE.6) stattfindet, da die Software nur in der Zielumgebung sinnvoll verifiziert werden kann. In diesem Fall müssen die Verifikationsmaßnahmen/Testfälle eindeutig erkennbar auf die korrekten Verifikationsobjekte verweisen (also Integrationstests auf Architekturelemente und Softwaretests auf Softwareanforderungen).
- Prüfen Sie, ob die Prozessziele klar definiert und terminlich realistisch sind und ob die Planung der Systemintegrationstests adäquat ist.
- Prüfen Sie, ob Verantwortlichkeiten klar definiert und Ressourcen angemessen zugeordnet sind.
- Beurteilen Sie die Feinplanung in Bezug auf Ressourcen und die Stakeholder-Einbindung und bewerten Sie die Flexibilität des Prozesses bei Änderungen.
- Beurteilung Sie, ob alle relevanten Stakeholder einbezogen und deren Anforderungen berücksichtigt werden. Achten Sie auf mögliche Missverständnisse bei der organisatorischen Einordnung von Funktionen.
- Überprüfen Sie die Koordination und Kommunikation zwischen verschiedenen Teams und Teilprojekten und ob Feedback von Stakeholdern und der Qualitätssicherung in den Prozess einfließt.

9.5 SYS.5 Systemverifikation

Der Zweck besteht in der Sicherstellung, dass das System so verifiziert wird, dass es mit den Systemanforderungen übereinstimmt.	**Plug-in**
Erwartete Prozessergebnisse: ■ Die Verifikationsmaßnahmen werden für die Systemverifikation des Systems auf der Grundlage der Systemanforderungen festgelegt. ■ Die Auswahl der Verifikationsmaßnahmen erfolgt entsprechend dem Release-Umfang unter Berücksichtigung von Kriterien, einschließlich Kriterien für die Regressionsverifikation. ■ Das integrierte System wird anhand der ausgewählten Verifikationsmaßnahmen verifiziert und die Ergebnisse der Systemverifikation werden aufgezeichnet. ■ Konsistenz und bidirektionale Rückverfolgbarkeit zwischen Verifikationsmaßnahmen und Systemanforderungen werden hergestellt. ■ Es wird eine bidirektionale Rückverfolgbarkeit zwischen den Verifikationsergebnissen und den Verifikationsmaßnahmen eingeführt. ■ Die Verifikationsergebnisse werden zusammengefasst und an alle betroffenen Parteien kommuniziert.	

9.5.1 Prozessbeschreibung

Als Systemingenieur sind Sie sicher schon einmal in die Situation gekommen, dass Sie die Entwicklung eines Systems abgeschlossen haben, sich aber trotzdem die Frage gestellt haben, ob das System zur Auslieferung bereit ist. Um diese Frage zu beantworten, müssen wir sicherstellen, dass das System, einschließlich Hardware, Software und Mechanik, die Systemanforderungen erfüllt. An dieser Stelle kommt der Prozess der Systemverifikation ins Spiel.

Bei der Systemverifikation kehren wir in den Problemraum zurück und prüfen, ob das ursprüngliche Problem durch das System gelöst wird. Der Zweck des Prozesses besteht darin, die Erfüllung der Systemanforderungen durch Tests und weitere Verifikationsmethoden nachzuweisen und sicherzustellen, dass das System zur Auslieferung bereit ist. Der Prozess umfasst alle notwendigen Verifikationsmaßnahmen, die die Erfüllung der Systemanforderungen nachweisen.

Im Aufbau ist der Prozess SYS.5 fast identisch mit SWE.6 oder HWE.4, abgesehen von einigen Details. Er kann also als Blaupause für diese Verifikationsprozesse verstanden werden, die weiter verfeinert und an die Anforderungen der Softwareentwicklung (SWE.4) und Hardwareentwicklung (HWE.4) angepasst werden.

Nutzen

- Die Systemverifikation stellt sicher, dass das integrierte System wie spezifiziert funktioniert und die Systemanforderungen erfüllt.
- Die Systemverifikation wird durchgeführt, nachdem das System aus seinen Teilsystemen auf der darunter liegenden Systemebene integriert wurde und die Integrationsverifikation durchgeführt wurde.
- Teilsysteme können integrierte Systeme, Hardware, Software, Mechanik und möglicherweise andere Komponenten sein.

Ein wichtiger Aspekt ist, dass der Systemverifikations-Prozess stark von der Qualität und Vollständigkeit der Systemanforderungen abhängt. Mit den jüngsten Aktualisierungen von Automotive SPICE® 4.0 ist dieser Prozess allgemeiner gehalten und konzentriert sich nicht mehr nur auf das Testen.

Obwohl Automotive SPICE® 4.0 keine spezifische Verifikationsstrategie für Capability Level 1 vorschreibt, ist es sehr empfehlenswert, einen gut definierten Ansatz für verschiedene Aspekte des Verifikationsprozesses zu haben. Dazu gehören die Festlegung des Testumfangs, die Definition der Testumgebung, Start- und Endekriterien für die Ausführung der Verifikation und eine Strategie für den Umgang mit fehlgeschlagenen Tests.

Ein umfassender Ansatz für diese Elemente kann dazu beitragen, dass dieser Prozess effizient und effektiv durchgeführt wird. Es hilft auch dabei, potenzielle Probleme während des Testprozesses zu vermeiden.

Automotive SPICE® 4.0 schreibt nicht vor, dass Verifikationsmaßnahmen unabhängig von der Entwicklung durchgeführt werden müssen, aber eine Unabhängigkeit für diese Verifikationsebene (z.B. durch verschiedene Abteilungen oder Bereiche) ist sinnvoll und weitverbreitet.

Zusammenfassend lässt sich sagen, dass die Systemverifikation ein entscheidender Schritt bei der Entwicklung eines Systems ist. Sie liefert den Nachweis, dass das System die Anforderungen erfüllt und zur Auslieferung bereit ist. Der Prozess der Systemverifikation, wie er in SYS.5 definiert ist, bietet einen umfassenden Ansatz, um die Übereinstimmung eines Systems mit seinen Anforderungen sicherzustellen.

9.5.2 Basispraktiken

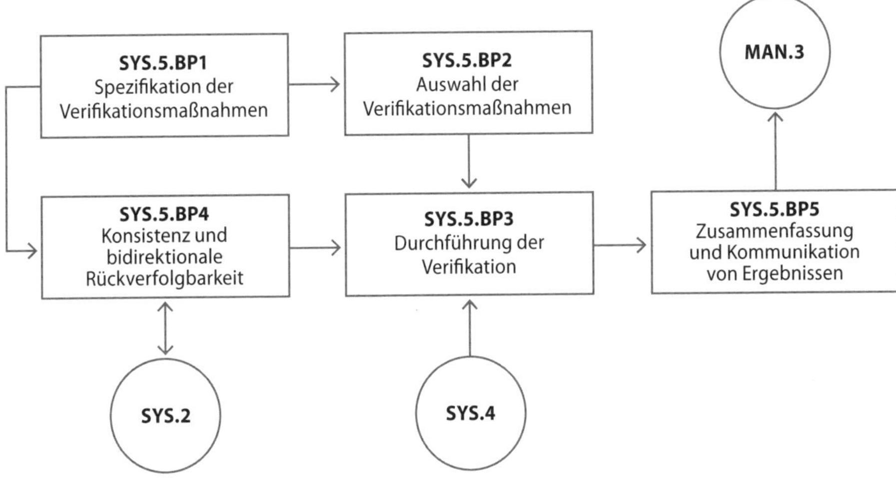

Abb. 9–11 *Wechselspiel der Basispraktiken des SYS.5*

SYS.5.BP1: Spezifikation der Verifikationsmaßnahmen für die Systemverifikation. Spezifiziere die Verifikationsmaßnahmen für die Systemverifikation, die geeignet sind, den Nachweis der Übereinstimmung mit den funktionalen und nicht funktionalen Informationen in den Systemanforderungen zu erbringen, einschließlich

- Techniken für die Verifikationsmaßnahmen,
- Kriterien für das Bestehen/Nichtbestehen der Verifikationsmaßnahmen,
- einer Definition der Eintritts- und Austrittskriterien für die Verifikationsmaßnahmen,
- der erforderlichen Reihenfolge der Verifikationsmaßnahmen und
- der erforderlichen Verifikationsinfrastruktur und der Einrichtung der Umgebung.

Anmerkung 1: *Die Verifikationsmaßnahmen für das System können Aspekte wie Thermik, Umwelt, Robustheit/Lebensdauer und EMV abdecken.*

Im Verlauf der Systemverifikation betrachten wir das System oder Teilsystem, das wir im vorangegangenen Prozess integriert haben, als eine Blackbox. Wir müssen uns nun überlegen, wie wir beweisen können, dass wir eine geeignete Lösung für das Problem haben, das wir mit unseren Systemanforderungen im SYS.2 beschrieben haben. Hierfür gibt es verschiedene Techniken, von denen das Testen derzeit die dominierende in der Automobilindustrie ist. Im Gegensatz zu seinen Vorgängern deckt Automotive SPICE® 4.0 dieses Thema aber allgemeiner ab und ist nicht nur auf das Testen beschränkt.

Eine Spezifikation der Systemverifikation muss entwickelt werden, um die Konformität des integrierten Systems mit den Systemanforderungen zu demonstrieren und den Nachweis sowohl für funktionale als auch nicht funktionale Anforderungen zu erbringen.

Um eine Systemverifikation durchführen zu können, müssen die Systemanforderungen in geeigneter Qualität und Überprüfbarkeit vorliegen. Dies ist häufig der Schwachpunkt bei der Durchführung dieses Prozesses. Es wird daher empfohlen, Testingenieure in den vorhergehenden Prozess der Systemanforderungs-Analyse (SYS.2) einzubeziehen, um eine gute und systematische Analyse der Anforderungen zu gewährleisten.

Wie bereits erwähnt, sind die Techniken für die Verifikationsmaßnahmen nicht nur Testmethoden, sondern können z.B. formale Verifikation, modellbasierte Verifikation, Simulation oder Testen beinhalten. Die Verfahren müssen begründet und beschrieben werden. Der größte Teil der Verifikation in diesem Prozess wird jedoch typischerweise durch anforderungsbasiertes Testen durchgeführt. Für nicht testbare Anforderungen müssen formale Verifikationsmaßnahmen eingesetzt und ausreichend begründet werden.

In Automotive SPICE® 4.0 ist eine Strategie auf Capability Level 1 nicht mehr erforderlich, aber ein systematischer Ansatz zur Ableitung von Verifikationsmaßnahmen muss erkennbar und dokumentiert sein, und die Beschreibung und Verwaltung von Verifikationsmaßnahmen muss bestimmten Qualitätskriterien entsprechen: Alle Verifikationsmaßnahmen müssen ein eindeutiges »Bestanden-/Nichtbestanden«-Ergebnis haben, über definierte Eintritts- und Austrittskriterien verfügen und die erforderliche Verifikationsinfrastruktur und -umgebung definiert haben. Handelt es sich um ein sicherheitskritisches System, müssen die entsprechenden Methoden für ASIL zur Ableitung der Testfälle verwendet und Normen wie ISO 26262 und ISO/SAE 21434 für Cybersecurity berücksichtigt werden.

In einigen Bereichen sind die Systemanforderungen möglicherweise nicht genau beschrieben; in diesem Fall muss eine nachvollziehbare Begründung gegeben werden. In der Automobilentwicklung beispielsweise erfolgt die Feinabstimmung der Fahrwerks- und Antriebselektronik durch umfangreiche Versuche mit Testfahrern in Zusammenarbeit mit Entwicklungsingenieuren sowie durch erfahrungsbasierte Tests, die nicht ausdrücklich mit den Systemanforderungen verknüpft sind.

Die Verifikationsmaßnahmen können sich auf die Bereiche Thermik, Umwelt, Robustheit/Lebensdauer und EMV beziehen. In diesen Fällen gibt es normalerweise vom OEM vorgegebene Standardtestverfahren.

SYS.5.BP2: Auswahl der Verifikationsmaßnahmen. Dokumentiere die Auswahl der Verifikationsmaßnahmen unter Berücksichtigung der Auswahlkriterien, einschließlich der Kriterien für die Regressionsverifikation. Die Auswahl der Verifikationsmaßnahmen muss eine ausreichende Abdeckung entsprechend dem Versionsumfang haben.

***Anmerkung 2:** Beispiele für Auswahlkriterien können die Priorisierung der Anforderungen, die Notwendigkeit einer Regressionsverifikation (z. B. aufgrund von Änderungen der Systemanforderungen), die beabsichtigte Verwendung der gelieferten Produktversion (Prüfstand, Teststrecke, öffentliche Straße usw.) sein.*

Nachdem wir die Verifikationsmaßnahmen für unser System definiert haben, besteht der nächste Schritt darin, einen systematischen Ansatz für ihre Umsetzung zu entwickeln, um eine vollständige Abdeckung der Systemanforderungen zu gewährleisten und das System für die Auslieferung vorzubereiten.

Um dieses Ziel zu erreichen, beginnen wir mit der systematischen Planung des Verifikationsprozesses. Dazu gehört die Festlegung des Zeitpunkts und der Reihenfolge der Verifikationsmaßnahmen und deren Beziehung zum Projektlebenszyklus. Ein wichtiger Aspekt ist auch eine Regressionstest-Strategie für den erneuten Test des integrierten Systems im Falle von Änderungen von Systemkomponenten, z.B. wegen aufgedeckter und behobener Fehler oder geplanter Änderungen am System. Regressionstest meint allerdings explizit nicht, die geänderten Elemente zu testen (dieses ist Teil der normalen Testwiederholung), sondern das Testen von nicht geänderten Elementen, die durch die Änderungen anderer Elemente beeinflusst werden könnten.

Die Sicherstellung einer ausreichenden Abdeckung entsprechend dem Release-Umfang ist entscheidend. Um zu bestimmen, welche Verifikationsmaßnahmen zu welchem Zeitpunkt durchgeführt werden sollen, werden Faktoren wie die Priorisierung der Anforderungen, Regressionstests und die beabsichtigte Verwendung der Produktversion berücksichtigt. Es ist wichtig zu beachten, dass die Auswahlkriterien an die spezifischen Bedürfnisse des Projekts angepasst werden müssen. Ein pragmatischer, praktikabler Ansatz ist einem sehr detaillierten Prozessmodell, das jedes Detail berücksichtigt, vorzuziehen.

Schließlich ist es wichtig, die zuvor definierten Eingangs- und Ausgangskriterien zu berücksichtigen, wenn Entscheidungen über die Durchführung der Verifikationsmaßnahmen getroffen werden. Dies stellt sicher, dass wir die richtigen Entscheidungen treffen und auf dem richtigen Weg bleiben, um die Erfüllung der Systemanforderungen und die Lieferbereitschaft zu erreichen.

In diesem Zusammenhang ist es wichtig, Kriterien für die Auswahl von Testfällen zu haben. Dabei sind Faktoren wie Abdeckung, Änderungen, Abhängigkeiten und Regressionstests zu berücksichtigen. Die Zuordnung von Testmethoden zu den Projektphasen sollte ebenfalls beachtet und die Auswahl dokumentiert werden. Dazu gehören auch die Auswahlkriterien, einschließlich der Regressionskriterien, damit klar ist, warum bestimmte Testfälle ausgewählt wurden. Wichtig ist auch eine klare Definition der Testabdeckung in Bezug auf das Projekt und den Releaseplan. Dadurch wird sichergestellt, dass alle Systemanforderungen getestet werden und das Produkt vor der Freigabe gründlich getestet wird. Eine gut definierte Teststrategie trägt dazu bei, dass das Projekt reibungslos abläuft und das Endprodukt alle erforderlichen Anforderungen erfüllt.

Auch wenn Automotive SPICE® 4.0 keine Teststrategie vorschreibt, ist ein umfassender Ansatz für die Auswahl von Testfällen und die Testabdeckung sehr zu empfehlen. Eine gut durchdachte Strategie kann dazu beitragen, dass alle Systemanforderungen erfüllt werden, das Produkt gründlich getestet wird und das Projekt reibungslos abläuft.

SYS.5.BP3: Durchführung der Verifikation des integrierten Systems. Führe die Verifikation des integrierten Systems unter Verwendung der ausgewählten Verifikationsmaßnahmen durch. Zeichne die Verifizierungsergebnisse einschließlich des Status »bestanden/nicht bestanden« und der entsprechenden Daten der Verifizierungsmaßnahmen auf.

Anmerkung 3: *Zur Behandlung von Verifikationsergebnissen, die von den erwarteten Ergebnissen abweichen, siehe SUP.9.*

Im Verlauf der Projektlebenszyklen müssen die Verifikationsmaßnahmen entsprechend der Planung durchgeführt und die Ergebnisse dokumentiert werden. Die ordnungsgemäße und termingerechte Durchführung der Überprüfungsmaßnahmen sowie der systematische Zugang zu den Ergebnissen müssen gewährleistet sein.

Insbesondere das Testen kann durch manuelles Testen oder einen automatisierten Ansatz erfolgen, z.B. durch die Verwendung von Testskripten oder speziell programmierten Testroutinen. Unabhängig von der gewählten Methode ist es wichtig, dass die Vollständigkeit und Konsistenz der Testskripte und -programme mit den zugewiesenen Testfällen übereinstimmen.

Letztlich muss kriterienbasiert festgelegt werden, welche Testdaten wie lange zur Verfügung stehen müssen, z.B. für sicherheitskritische Tests oder für Tests an Haupt-Baselines.

Beim Testen kann eine große Menge an Daten anfallen, die in Testlogs als Nachweis für die Durchführung und der Testergebnisse dokumentiert werden müssen. Diese Logs dienen als Grundlage für die in der BP5 geforderte aussagekräftige Zusammenfassung der Testergebnisse. Rohdaten müssen im Allgemeinen nicht gespeichert oder versioniert werden, da das Datenvolumen zu groß sein kann. Die Verifikationsberichte (die im Falle negativer Ergebnisse auch eine Risikobewertung enthalten sollten, siehe auch BP5) müssen überprüft werden, um sicherzustellen, dass sie alle Ergebnisse korrekt und vollständig beschreiben. Die Test-/Versuchsberichte sind als Ergebnisdokumentation ausreichend. Es ist von entscheidender Bedeutung, Abweichungen von den erwarteten Ergebnissen durch den SUP.9-Prozess zu verwalten, um sicherzustellen, dass der Verifikationsprozess organisiert und effektiv bleibt.

SYS.5.BP4: Sicherstellung der Konsistenz und Herstellung der bidirektionalen Rückverfolgbarkeit. Stelle die Konsistenz sicher und richte eine bidirektionale Rückverfolgbarkeit zwischen Verifikationsmaßnahmen und Systemanforderungen ein. Stelle außerdem eine bidirektionale Rückverfolgbarkeit zwischen Verifikationsergebnissen und Verifikationsmaßnahmen her.

Anmerkung 4: *Bidirektionale Rückverfolgbarkeit unterstützt die Konsistenz und erleichtert die Auswirkungsanalyse von Änderungsanträgen sowie den Nachweis der Verifikationsabdeckung. Rückverfolgbarkeit allein, z. B. das Vorhandensein von Verknüpfungen, bedeutet nicht unbedingt, dass die Informationen miteinander konsistent sind.*

In BP4 müssen wir folgende Zuordnungen berücksichtigen: die Konsistenz zwischen Systemanforderungen und Verifikationsmaßnahmen sowie die bidirektionale Rückverfolgbarkeit zwischen Verifikationsmaßnahmen und Verifikationsergebnissen. Es ist wichtig, eine klare Verbindung zwischen diesen beiden Aspekten der Verifikation herzustellen, um sicherzustellen, dass die Maßnahmen mit den Anforderungen übereinstimmen und die Ergebnisse zu den Maßnahmen zurückverfolgt werden können.

Eine Möglichkeit, dies zu erreichen, ist die werkzeuggestützte Rückverfolgbarkeit, aber es ist ebenso wichtig, sicherzustellen, dass die Granularität der Rückverfolgbarkeit angemessen ist. Das bedeutet, dass wir einen Detaillierungsgrad verwenden müssen, der für das Projekt angemessen ist und einen aussagekräftigen Nachweis für jedes Testergebnis liefert.

Alle Verifikationsmaßnahmen müssen sorgfältig daraufhin überprüft werden, ob sie geeignet sind, die entsprechende Anforderung zu testen. Zum Beispiel könnte die Systemanforderung wie folgt lauten: »Wenn der Knopf am Temperaturregler um ein Raster nach rechts gedreht wird, soll die Temperatur um 0,5 Grad Celsius erhöht werden.« Wenn der Testfall nun prüft, ob die Temperatur um 0,1 Grad Celsius erhöht wird, lässt sich eindeutig sagen, dass er nicht geeignet ist, die Anforderung zu überprüfen.

Der Überprüfungsstatus muss ebenfalls sichtbar sein, um den Fortschritt der Prüfungen festzustellen und um zu sehen, ob sie brauchbar sind oder nicht.

Zusammenfassend lässt sich sagen, dass BP4 von wesentlicher Bedeutung ist, um sicherzustellen, dass der Verifikationsprozess vollständig, angemessen und korrekt ist. Die Basispraktik trägt dazu bei, dass die Verifikationsmaßnahmen mit den Systemanforderungen übereinstimmen und die Ergebnisse zu den Maßnahmen zurückverfolgt werden können, wodurch die Gültigkeit des Verifikationsprozesses belegt wird.

SYS.5.BP5: Zusammenfassen und Kommunizieren von Ergebnissen. Fasse die Ergebnisse der Systemverifikation zusammen und kommuniziere sie an alle betroffenen Parteien.

Anmerkung 5: *Die Bereitstellung aller notwendigen Informationen aus der Testfalldurchführung in einer Zusammenfassung ermöglicht es anderen Beteiligten, die Konsequenzen zu beurteilen.*

Bei der BP5 geht es darum, sicherzustellen, dass die Ergebnisse der Verifikationsmaßnahmen, wie in BP3 besprochen, allen relevanten Interessengruppen effektiv mitgeteilt werden. Dazu gehören Projektmanager, Teamleiter, Entwickler, Ingenieure, Integratoren und alle anderen, die ein berechtigtes Interesse am Erfolg des Projekts haben.

Ein werkzeuggestützter Ansatz kann äußerst hilfreich sein, um diesen Prozess so transparent wie möglich zu gestalten. Beispielsweise kann eine regelmäßige Kommunikation über E-Mails, Berichte oder andere Werkzeuge dazu beitragen, dass alle Beteiligten auf dem Laufenden bleiben. Dabei ist jedoch zu beachten, dass die Informationen so zusammengefasst werden müssen, dass sie für die Zielgruppe geeignet sind. Es reicht nicht aus, einfach nur Zugang zu den Testprotokollen zu gewähren. Auch die bloße Aussage, der Test sei erfolgreich durchlaufen, ist keine ausreichende Zusammenfassung. Hier sei auf die Anmerkung 5 (s.o.) verwiesen, die besagt, dass die Informationen ausreichend sein müssen, um auf deren Basis weitere Entscheidungen treffen zu können.

Diese Praktik spielt eine entscheidende Rolle bei dem im Projektmanagement eingerichteten Berichtssystem. Durch die regelmäßige Übermittlung der Ergebnisse der Überprüfungsmaßnahmen wird es möglich, Trends zu erkennen und zu analysieren, um Bereiche mit Verbesserungsbedarf zu identifizieren.

Zusammenfassend lässt sich sagen, dass es bei BP5 darum geht, sicherzustellen, dass alle relevanten Interessengruppen die Ergebnisse der Verifikationsmaßnahmen kennen und die Informationen in einer Art und Weise präsentiert werden, die für das Zielpublikum geeignet ist. Diese Praktik unterstützt die allgemeinen Ziele des Projektmanagements und trägt dazu bei, dass die Systemverifikation ordnungsgemäß durchgeführt wird und das Projekt im Zeitplan bleibt.

Auf die generelle Bedeutung des Berichtswesens für einen funktionierenden Entwicklungsprozess wird in Abschnitt 5.9.2 eingegangen. Die Ergebnisse der Verifikationsmaßnahmen sind ein wesentlicher Aspekt für das Management des Projekts und den Nachweis der Güte der Projektergebnisse.

9.5.3 Erzeugte Informationsobjekte

08-60 Verifikationsmaßnahmen	Verifikationsmaßnahmen sind Methoden oder Techniken, um zu überprüfen, ob ein System oder Produkt die festgelegten Anforderungen erfüllt. In der Regel handelt es sich um eine Reihe von Prüfungen und Tests, mit denen sichergestellt wird, dass ein Produkt, eine Dienstleistung oder ein System die festgelegten Anforderungen und Standards erfüllt. Dazu gehören z.B. formale Verifikation, modellbasierte Verifikation, Simulation oder Tests, um die Konformität des Systems mit den konsolidierten Systemanforderungen sicherzustellen.
03-50 Daten aus Verifikationsmaßnahmen	Daten aus Verifikationsmaßnahmen werden während der Verifikationsausführung aufgezeichnet. Sie können Rohdaten aus Testfällen beinhalten, ebenso Werte aus Messungen, Berechnungen und Analysen oder Protokolle, die Simulations- oder Reviewergebnisse dokumentieren.
08-58 Auswahlset für Verifikationsmaßnahmen	Auf der Grundlage der Verifikationsplanung werden Verifikationsmaßnahmen in Sets gruppiert, die dann in verschiedenen Phasen des Projekts ausgeführt werden können. Dies geschieht z.B. auf der Grundlage einer Priorisierung, einer Funktionswachstumsplanung oder einer Regressionsstrategie.
15-52 Verifikationsergebnisse	Die Ergebnisse der Verifikation müssen nachvollziehbar dokumentiert werden. Letztlich muss mit den Verifikationsergebnissen der Nachweis erbracht werden können, dass die Systemanforderungen erfüllt wurden. Ein systematischer und strukturierter Zugang zu den Informationen ist hilfreich.
13-51 Konsistenznachweise	Die Konsistenz wird meist durch Reviews kontrolliert. Hier ist es wichtig, eine ausreichende Granularität zu erreichen. Eine allgemeine Aussage genügt in diesem Zusammenhang meist nicht. Das heißt, die Überprüfung sollte für einzelne Systemanforderungen und die damit verbundenen Verifikationsmaßnahmen durchgeführt und damit auch nachvollziehbar dokumentiert werden. Dies geschieht in der Regel auf Werkzeugbasis.
13-52 Kommunikationsnachweise	Die Ergebnisse des Überprüfungsprozesses sind zusammenzufassen und den Beteiligten zur Verfügung zu stellen. Dieser Prozess muss auch im Nachhinein nachvollziehbar sein. Die Prüfergebnisse müssen für die nachgelagerten Prozesse sinnvoll zusammengefasst werden.

9.5.4 Zusätzliche Überlegungen

Bezug zu anderen Automotive SPICE®-Prozessen

- Die Ergebnisse der Systemverifikation sind der Projektleitung im Prozess MAN.3 mitzuteilen, ebenso wie der Stand der Verifikation.
- Ist die Entwicklung in verschiedene Systemebenen unterteilt, ist die Systemverifikation das Einstiegskriterium für die Integration (SYS.4) in die nächsthöhere Ebene.
- Ansonsten stellt dieser Prozess den Abschluss der Systementwicklung dar. Nachgelagert ist noch die Validierung im Prozess VAL.1.

Typische Fallstricke

- Anforderungen, die nicht klar definiert oder verstanden werden, können zu Fehlinterpretationen und unvollständiger Überprüfung führen.
- Eine fehlende Rückverfolgbarkeit zwischen Anforderungen, Entwurf und Verifikationsaktivitäten kann dazu führen, dass wichtige Anforderungen übersehen oder unnötige Verifikationsaktivitäten durchgeführt werden.
- Knappheit an Personal, Werkzeugen und Zeit können zu einer unvollständigen Verifikation oder einer geringeren Qualität der Verifikationsergebnisse führen.
- Unzureichende Testfälle können bewirken, dass wichtige Anforderungen fehlen oder das System nicht vollständig verifiziert wird.
- Eine unzureichende Überprüfung und Genehmigung von Verifikationsaktivitäten und -ergebnissen können zu unentdeckten Fehlern und einer geringeren Qualität der Verifikationsergebnisse führen.
- Die Nichteinhaltung einschlägiger Industriestandards und Vorschriften kann sich in Nonkonformitäten und sogar gesetzlichen Problemen auswirken.

Zu berücksichtigen in Bezug auf PA 2.1

- Für eine Entwicklung gemäß Capability Level 2 ist es notwendig, eine vollständige Teststrategie zu erarbeiten. Die Planung und Verfolgung muss für Capability Level 2 systematisch erfolgen und eng mit dem Projektmanagement verzahnt sein.
- Für die Durchführung von Verifikationsmaßnahmen sind Start- bzw. späteste Endtermine festzulegen, die sich aus der Freigabe- und Musterplanung der Entwicklungsprojekte ergeben.
- Für die Systemverifikation ist zu planen und zu verfolgen, wann und in welchem Umfang sie durchgeführt werden muss. In diesem Zusammenhang ist es oft sinnvoll, mit KPIs zu arbeiten.
- Die Kosten und Ressourcen für die Systemverifikation müssen geplant werden.

- Zu den technischen Ressourcen gehören das zu prüfende Produkt (z.B. Testmuster), Elektronik mit Software, Elektronik mit Software und einem Aktuator, Elektronik mit Software, einem Aktuator und mechanischen Elementen, Testinfrastruktur und Testgeräte, wiederverwendbare Skripte, Testfälle sowie Sequenzen von Testprogrammen.
- Personelle Ressourcen sind die Tester, die für verschiedene technische Themen wie Funktionalität, Umwelttests, Lebenszyklus usw. zuständig sind.
- Gravierende Änderungen an der Planung müssen mittels Änderungsanträgen und gemäß SUP.10 gesteuert werden.

Zu berücksichtigen in Bezug auf PA 2.2

- Jede Verifikationsmaßnahme muss einen Status wie z.B. »erstellt«, »zu testen«, »getestet« oder »veraltet« haben. Die Verifikationsverfahren und -skripte sowie die Testspezifikationen müssen versioniert werden.
- Die Versionierung sollte werkzeuggestützt erfolgen. Das Werkzeug sollte in seiner Bearbeitungshistorie auch aufzeichnen, wer an den Verifikationsmaßnahmen gearbeitet hat.
- Die Wiederverwendbarkeit ab Capability Level 2 ist insbesondere bei einem Produktlinien- oder Modulansatz relevant.
- Wenn definierte Qualitätskriterien nicht vollständig sichergestellt werden können, ist ein risikobasierter Ansatz zu verfolgen.
- Für die Verifikation brauchen Verifikationsergebnisse keine Baselines oder einfache Versionierung, da jede Ausführung einer Verifikation eine neue Instanz von Verifikationsergebnissen erzeugt. Die Ergebnisse müssen sich auf die verifizierten Muster beziehen.

Hinweise für Assessoren

- Fragen Sie, wie viele Systemanforderungen den Maßnahmen zur Systemverifikation zugeordnet und für die untersuchte Version relevant sind. Dies gibt Aufschluss darüber, ob es geeignete Auswahlkriterien für die Verifikationsmaßnahmen gibt, und ermöglicht einen guten Überblick über die Art und Weise, wie mit den Verifikationsmaßnahmen gearbeitet wird.
- Überprüfen Sie, wie viele dieser Anforderungen nicht mit Maßnahmen zur Systemverifikation verknüpft wurden und umgekehrt.
- Betrachten Sie die entsprechenden Verifikationsmaßnahmen und finden Sie diejenigen, die nicht überprüft wurden.
- Betrachten Sie den letzten zusammenfassenden Bericht über die Systemverifikation und finden Sie diejenigen Verifikationsmaßnahmen, die nicht bestanden wurden (z.B. »fehlgeschlagen«, »gesperrt«).

- Wenn die Systemanforderungen nicht gut genug für eine systematische Überprüfung sind, ist es sehr naheliegend, dass dieser Prozess seinen Zweck nicht erfüllen kann, nämlich sicherzustellen, dass das entwickelte System konsistent zu den Anforderungen ist. Daraus ergibt sich eine Schwäche für die Bewertung des Prozesses.

10 Prozessgruppe zur Softwareentwicklung

In Automotive SPICE® 4.0 besteht diese Systemgruppe aus sechs Prozessen.

10.1 SWE.1 Softwareanforderungs-Analyse

Der Zweck besteht in der Erstellung eines strukturierten und analysierten Satzes von Softwareanforderungen, die mit den Systemanforderungen und der Systemarchitektur übereinstimmen.	**Plug-in**
Erwartete Prozessergebnisse: ■ Die Softwareanforderungen sind spezifiziert. ■ Die Softwareanforderungen sind strukturiert und priorisiert. ■ Die Softwareanforderungen sind auf Korrektheit und technische Machbarkeit analysiert. ■ Die Auswirkungen der Softwareanforderungen auf die Betriebsumgebung sind analysiert. ■ Konsistenz und bidirektionale Rückverfolgbarkeit zwischen Softwareanforderungen und Systemanforderungen sind hergestellt. ■ Die Konsistenz und die bidirektionale Rückverfolgbarkeit zwischen Softwareanforderungen und Systemarchitektur sind hergestellt. ■ Die Softwareanforderungen sind vereinbart und allen betroffenen Parteien mitgeteilt.	

10.1.1 Prozessbeschreibung

Die Softwareanforderungs-Analyse dient dazu, einen strukturierten und geprüften Satz von Softwareanforderungen zu erstellen, der sowohl mit den Systemanforderungen als auch mit der Systemarchitektur übereinstimmt, insbesondere hinsichtlich der Funktionalität und des dynamischen Systemverhaltens.

Die Softwareanforderungs-Analyse ist eine wesentliche Grundlage für die eigentliche Softwareentwicklung. Sie besteht aus der vollständigen Analyse und Dokumentation der Softwareanforderungen für die Softwareelemente des Systems, der Beschreibung der entsprechenden Software als Blackbox und deren Schnittstellen zur Systemarchitektur. Eine mangelhafte Softwareanforderungs-Analyse ist einer der größten Misserfolgsfaktoren in Software-Entwicklungsprojekten.

Nutzen

Gut strukturierte und analysierte Softwareanforderungen

- verhindern, dass Funktionen übersehen oder die Erwartungen der Beteiligten missverstanden werden,
- vermeiden das Weglassen von Aspekten der Software, die für die Funktionalität wesentlich sind,
- berücksichtigen auch die nicht funktionalen Aspekte der Software und
- bieten eine solide Grundlage für eine effiziente Softwareentwicklung und eine funktionierende Softwareverifikation.

Die korrekte Anwendung der Basispraktiken von SWE.1 hat einen Dominoeffekt auf den Software-Entwicklungsprozess. Wir werden in diesem Abschnitt sehen, wie diese Praktiken zusammenhängen:

Sobald die funktionalen und nicht funktionalen Anforderungen an die Software definiert sind, werden sie strukturiert und priorisiert. Anschließend werden die Korrektheit der Anforderungen und ihre Auswirkungen auf die Betriebsumgebung analysiert, um ihre technische Machbarkeit zu bestimmen.

Die Korrektheit und Vollständigkeit der Softwareanforderungen setzt auch die Konsistenz zu den Systemanforderungen und der Systemarchitektur voraus, und um diese zu erreichen, ist die Rückverfolgbarkeit erforderlich. Die Konsistenz dieser Rückverfolgbarkeit wird durch Überprüfungen sichergestellt.

Sobald die Softwareanforderungen vereinbart sind, werden sie an alle betroffenen Parteien weitergegeben.

10.1.2 Basispraktiken

SWE.1.BP1: Spezifikation der Softwareanforderungen. Nutze die Systemanforderungen und die Systemarchitektur zur Identifizierung und Dokumentation der funktionalen und nicht funktionalen Anforderungen an die Software gemäß den definierten Merkmalen für Anforderungen.

Anmerkung 1: *Merkmale von Anforderungen sind in Standards wie ISO/IEC/IEEE 29148 [ISO/IEC/IEEE 29148], ISO 26262-8:2018 [ISO 26262-8:2018] oder dem INCOSE Guide to Writing Requirements [INCOSE 2023] definiert.*

Anmerkung 2: *Beispiele für definierte Merkmale von Anforderungen, die von technischen Standards geteilt werden, sind Verifizierbarkeit (d. h. Verifizierungskriterien, die dem Anforderungstext inhärent sind), Eindeutigkeit/Verständlichkeit, Design- und Implementierungsfreiheit und keine Widersprüche zu anderen Anforderungen.*

Anmerkung 3: *Bei einer reinen Softwareentwicklung beziehen sich die Systemanforderungen und die Systemarchitektur auf eine bestimmte Betriebsumgebung. In diesem Fall können die Anforderungen der Stakeholder-Gruppen als Grundlage für die Ermittlung der erforderlichen Funktionen und Fähigkeiten der Software verwendet werden.*

Anmerkung 4: *Die Definition der Hardware-Software-Schnittstelle (HSI) bezieht sich auf die Hardware und ist daher eine Schnittstellenentscheidung auf der Systementwurfsebene. Wenn eine solche HSI existiert, kann sie einen Beitrag zu den Softwareanforderungen leisten.*

Aus den Systemanforderungen oder, wenn wir eine reine Softwareentwicklung betrachten, aus den im SYS.1 ermittelten Stakeholder-Anforderungen oder Bedarfen leiten wir in diesem Prozess die Softwareanforderungen ab. Wenn wir keinen vorgelagerten Prozess haben, müssen Annahmen getroffen und dokumentiert werden, aus denen wir dann die Softwareanforderungen herleiten können. Diese Praktik bricht die in Abschnitt 9.2.2 beschriebene Basispraktik SYS.2.BP1 auf die Ebene eines reinen Softwaresystems herunter.

Wichtig ist, dass die Anforderungen sowohl funktional als auch nicht funktional sind und die unterschiedlichen Aspekte der Softwareentwicklung abdecken.

Die Entwicklung von Softwareprodukten ist oft sowohl iterativ als auch inkrementell. Dies bedeutet, dass sich der funktionale Inhalt des Produkts über die verschiedenen Releases hinweg schrittweise weiterentwickelt und verfeinert. Ein inkrementeller Ansatz impliziert, dass neue Funktionen oder Elemente hinzugefügt werden, während ein iterativer Ansatz die Verfeinerung oder Anpassung bestehender Funktionen beinhaltet. Daraus folgt, dass die vollständige Menge an Anforderungen des Endprodukts nicht notwendigerweise zu Beginn des Projekts verfügbar sein muss. Stattdessen werden die Anforderungen über die Zeit hinweg durch Release-Definitionen geprägt.

Wichtig ist, dass wir auch tatsächlich Softwareanforderungen erstellen und nicht verkappte Systemanforderungen. Softwareanforderungen sind detaillierte Beschreibungen der Funktionen, Dienste und operativen Bedingungen, die eine Software erfüllen muss, und beziehen sich weniger auf den physikalischen Gesamtzusammenhang. Physikalische Größen sollten als Ein- und Ausgangsgrößen definiert werden. Softwareanforderungen sollten klar, präzise, messbar und auf die Softwarekomponenten eines Systems bezogen sein und Nutzererwartungen berücksichtigen.

Dabei müssen auch die Erwartungen der Stakeholder beachtet werden, da die Softwareanforderungen mit Normen, Standards, Vorschriften und internen Anforderungen übereinstimmen müssen.

Angesichts der enormen Menge an zu dokumentierenden Softwareanforderungen, von denen jede einzelne die Qualitätsmerkmale erfüllt und alle zusammen die vollständige interne Sicht auf die Software widerspiegeln, ist es sehr hilfreich, über Methoden zu verfügen, die die Spezifikation von Softwareanforderungen unterstützen, wie beispielsweise die folgenden:

- Eine Requirements-Engineering-Methodik durch Modellierung, die die Spezifikation von Funktionen, ihre Strukturierung in eine Funktionsarchitektur und die explizite Spezifikation von Funktionsabhängigkeiten ermöglicht.
- Natürlichsprachliche Methoden, um effektive natürlichsprachliche Anforderungsspezifikationen zu schreiben, wie z.B. der »A short RE Primer« [SOPHIST 2016], der eine Schablone bereitstellt, die erklärt, wie Anforderungen einheitlich auf der Grundlage ihrer syntaktischen Strukturvorlagen konstruiert werden können.

Bei der Anforderungserstellung sollten die Vorgaben der in der Praktik zitierten Standards berücksichtigt werden, wie sie in ISO/IEC/IEEE 29148 [ISO/IEC/IEEE 29148], ISO 26262-8:2018 oder dem INCOSE Guide to Writing Requirements [INCOSE 2023] festgelegt sind. Diese Standards betonen die Wichtigkeit von spezifischen Charakteristika der Anforderungen, wie Verifizierbarkeit, Eindeutigkeit und Verständlichkeit. Verifizierbarkeit bedeutet, dass Kriterien für die Überprüfung der Erfüllung der Anforderungen im Text selbst enthalten sind. Eindeutigkeit und Verständlichkeit stellen sicher, dass die Anforderungen klar und ohne Mehrdeutigkeiten formuliert sind, frei von Entwurfs- und Implementierungsdetails sind und nicht im Widerspruch zu anderen Anforderungen stehen. Explizite Verifikationskriterien, wie sie in Automotive SPICE® 3.1 gefordert wurden, sind nicht mehr als eigenständige Basispraktik definiert. In bestimmten Situationen kann es aber trotzdem sinnvoll sein, diese Verifikationskriterien zu definieren und zu dokumentieren. Das Fehlen dieser Kriterien führt nicht zu einer Schwächung des Prozesses, wohl aber, wenn die Verifizierbarkeit nicht gewährleistet ist.

In Szenarien, in denen nur Software entwickelt wird, beziehen sich die Systemanforderungen und die Systemarchitektur auf ein gegebenes Betriebsumfeld. In solchen Fällen können die Anforderungen der Stakeholder als Grundlage für die Identifizierung der erforderlichen Funktionen und Fähigkeiten der Software dienen. Dies unterstreicht die Notwendigkeit, Softwareanforderungen im Kontext des Gesamtsystems und dessen Umgebung zu betrachten.

Ein weiterer wichtiger Aspekt ist die Definition der Hardware-Software-Schnittstelle (HSI), die Hardware in den Kontext setzt und eine Schnittstellenentscheidung auf der Ebene des Systementwurfs darstellt. In diesem Zusammenhang sind insbesondere auch die Anforderungen der ISO 26262 zu berücksichtigen.

Diese Faktoren gewährleisten, dass die entwickelte Software nicht nur funktional, sondern auch in ihr Betriebsumfeld und in das Gesamtsystem optimal integriert ist.

SWE.1.BP2: Strukturierung der Softwareanforderungen. Strukturiere und priorisiere die Softwareanforderungen.

Anmerkung 5: *Beispiele für Strukturierungskriterien können die Gruppierung (z.B. nach Funktionalität) oder die Darstellung von Produktvarianten sein.*

Anmerkung 6: *Die Priorisierung kann entsprechend den Projekt- oder Stakeholder-Bedürfnissen erfolgen, z.B. durch die Definition von Release-Umfänge (s. SPL.2.BP1).*

Dabei ist zu beachten, dass die Anforderungen so strukturiert werden, dass sie für die interne Organisation aussagekräftig sind und die Verteilung der Anforderungen auf die verschiedenen Interessenbereiche unterstützen, z.B. Multimedia, funktionale Sicherheit, Cybersecurity, Deep Learning, Basissoftware oder die Vielfalt der Anforderungen in Bezug auf Varianten, Marken, Modelle, Markt usw. Nur so kann sichergestellt werden, dass jeder Bereich die für ihn relevanten und in seiner Verantwortung liegenden Anforderungen kennt.

Eine weitere Möglichkeit, Softwareanforderungen zu strukturieren, besteht in der Sichtbarmachung, für welches Release die Umsetzung der Softwareanforderung geplant ist. Innerhalb eines Release sollten Prioritäten gesetzt werden, um im Falle eines plötzlichen Ressourcenmangels schnell und angemessen reagieren zu können; so sollten beispielsweise komplexe Funktionen oder Sicherheitsfunktionen eine hohe Priorität erhalten.

Die Release-Zuordnung selbst kann ebenfalls als Priorisierungsmöglichkeit verwendet werden. Dies impliziert, dass der Inhalt der nächsten und zukünftigen Releases bereits zu einem gewissen Grad definiert wird.

Ebenfalls lassen sich Anforderungen nach funktionalen Gruppen strukturieren. Dies geschieht häufig durch Beschreibung der verschiedenen Features in separaten Kapiteln.

SWE.1.BP3: Analyse von Softwareanforderungen. Analysiere die spezifizierten Softwareanforderungen einschließlich ihrer Abhängigkeiten, um die Korrektheit und technische Machbarkeit sicherzustellen und das Projektmanagement bei der Projektschätzung zu unterstützen.

Anmerkung 7: *Siehe MAN.3.BP3 für Projektdurchführbarkeit und MAN.3.BP5 für Projektschätzungen.*

Anmerkung 8: *Die technische Durchführbarkeit kann z.B. auf der Grundlage einer Plattform oder Produktlinie oder durch Prototyping bewertet werden.*

Softwareanforderungen werden konsolidiert und zusammengefügt. Sie müssen umsetzbar sein und Qualitätskriterien erfüllen. Hier greifen also die Analyse von Softwareanforderungen (BP3) und die Spezifikation der Softwareanforderungen (BP1) ineinander. Dieses Zusammenspiel sollte nicht unabhängig von der Architektur erfolgen, sodass erst am Ende die Machbarkeit und andere Kriterien, wie z.B. Überprüfbarkeit und Wartbarkeit, bewertet werden können. Aus der Betrachtung der Architektur ergeben sich wertvolle Hinweise für die Spezifikation von Softwareanforderungen.

Eine gute Softwareanforderungs-Analyse ist in diesem Prozess der Kernaspekt. Der Umfang und die Angemessenheit der Analyse und ihrer Dokumentation hängen vom Kontext ab. Sie müssen durch Nachweise gestützt werden können. Letztlich müssen zumindest die technische Machbarkeit, Korrektheit und Überprüfbarkeit bewertet werden.

Die ermittelten Softwareanforderungen werden auf bestehende Abhängigkeiten geprüft. Bei komplexen, verteilten Funktionen bilden einzelne Funktionen die Grundlage für andere. Die Gesamtfunktion kann also von mehreren Teilen abhängig sein. Diese müssen identifiziert und später beschrieben werden. Zum Beispiel steht eine Funktion, die das Starten und Erkennen des Benutzerprofils im Fahrzeug ermöglicht, in Wechselwirkung mit vielen anderen Funktionalitäten. Es ist eine möglichst umfassende Beschreibung einer Funktion anzustreben. Damit soll verhindert werden, dass einzelne Komponenten vergessen werden und später nachgetragen werden müssen. Insbesondere OEMs legen Wert auf eine ganzheitliche und funktionsorientierte Betrachtung. Im Zentrum der funktionalen Machbarkeitsanalyse stehen die Anforderungen an die Software.

Im Hinblick auf die Verifizierbarkeit wird untersucht, ob eine Anforderung überhaupt verifiziert werden kann bzw. mit welchem Aufwand sie verifiziert werden kann. Die Verifikationskriterien sind die wesentliche Grundlage für diese Untersuchung. Verifikationskriterien geben an, was erfüllt sein muss, damit eine Anforderung als erfolgreich verifiziert gilt. Im Sinne der Definition von Automotive SPICE® 4.0 ist es möglich, dass die Verifikationskriterien auch implizit durch die Formulierung der Anforderungen beschrieben werden können. In jedem Fall muss aber jede Anforderung explizit untersucht werden, ob sie verifizierbar ist. Das bloße Vorhandensein eines Testfalls ist keine ausreichende Begründung, es sei denn, der Testfall wurde gleichzeitig mit der Anforderung oder vorher erstellt (testgetriebene Entwicklung). Zu empfehlen ist auch, die Tester in die Überprüfung der Softwareanforderungen mit einzubeziehen.

Die an der Entwicklung beteiligten Fachabteilungen bewerten die Machbarkeit des Projekts, d.h., es wird geprüft, inwieweit die Softwareanforderungen aus technischer Sicht, aber auch im Hinblick auf die Einhaltung von Kosten und (zugesagten) Terminen, realisiert werden können. Zu den Machbarkeitsüberlegungen gehören folgende Fragen:

- Sind die Softwareanforderungen und andere Annahmen realistisch?
- Wie sind die Zusammenhänge und Wechselwirkungen?
- Sind der geschätzte Aufwand und die Ressourcen ausreichend?
- Können die Kosten und Termine eingehalten werden?
- Welches sind die geschäftlichen und technischen Risiken?

Die Antworten der Abteilungen auf diese Fragen dienen dem Projektmanagement als Input für die Projektbewertung und -planung. Eine Überarbeitung der Softwareanforderungen nach der Analyse kann unter Umständen auch zu einer Neudefinition des Arbeitsumfangs führen.

Die Analyse von Softwareanforderungen ist entscheidend, um deren Korrektheit und technische Machbarkeit sicherzustellen. Auch wenn Anforderungen einfach erscheinen, muss eine fundierte Analyse durchgeführt werden. Der Umfang und die Angemessenheit der Analyse hängen vom Produktkontext ab, z.B. von der Plattform. Das Ergebnis der Analyse kann von einer einfachen Attribuierung bis hin zu komplexen Simulationen oder dem Bau eines Demonstrators variieren, um die Machbarkeit der Softwareanforderungen zu bewerten.

Sobald die Anforderungen und damit die Problembeschreibung definiert sind, können im Prozess Softwareverifikation (SWE.6) die entsprechenden Verifizierungsmaßnahmen ausgewählt oder neu entwickelt werden, die überprüfen, ob die Lösung genau diesen Problembereich abdeckt.

SWE.1.BP4: Analyse der Auswirkungen auf die Betriebsumgebung. Analysiere die Auswirkungen, die die Softwareanforderungen auf Elemente der Betriebsumgebung haben.

Ein weiterer Aspekt der Softwareanforderungs-Analyse ist es, den Einfluss der Software auf ihr Betriebsumfeld zu verstehen und zu analysieren. Dies schließt die Auswirkungen der Software auf Nutzer, das Zielsystem, auf dem die Software läuft, und mögliche Stressfaktoren oder Unbehagen aufgrund schlecht gestalteter Benutzeroberflächen ein. Diese Auswirkungen müssen kommuniziert werden, um Änderungen zu ermöglichen und die Anforderungen entsprechend anzupassen.

Potenzielle Schlüsselfragen sind:

- Hat die Anforderung Auswirkungen auf andere Komponenten oder Systeme?
- Betrifft diese Anforderung z.B. das Betriebssystem oder die Hardware, sodass Informationen innerhalb einer bestimmten Zykluszeit verfügbar sein müssen?
- Betrifft diese Anforderung auch andere Anforderungen außerhalb des Steuergeräts, z.B. in Form einer Anforderung an die Signalqualität?
- Welche Schnittstellen zu externen Komponenten hat die betrachtete Software?

Die Basispraktiken SWE.1.BP3 und SWE.1.BP4 sind zusammen mit der Rückverfolgbarkeit und der Konsistenz wesentlich, um einen systematischen Ansatz für das Anforderungsmanagement aufzuzeigen.

SWE.1.BP5: Sicherstellung der Konsistenz und Herstellung der bidirektionalen Rückverfolgbarkeit. Stelle die Konsistenz sicher und richte eine bidirektionale Rückverfolgbarkeit zwischen Softwareanforderungen und Systemarchitektur ein. Stelle außerdem die Konsistenz sicher und etabliere die bidirektionale Rückverfolgbarkeit zwischen Softwareanforderungen und Systemanforderungen.

Anmerkung 9: *Redundante Rückverfolgbarkeit ist nicht gefordert.*

Anmerkung 10: *Es kann nicht funktionale Systemanforderungen geben, auf die sich die Softwareanforderungen nicht zurückführen lassen. Beispiele hierfür sind Prozessanforderungen oder Anforderungen, die sich auf spätere Phasen des Software-Produktlebenszyklus beziehen, wie z. B. die Behandlung von Zwischenfällen. Solche Anforderungen müssen trotzdem verifiziert werden.*

Anmerkung 11: *Bidirektionale Rückverfolgbarkeit unterstützt die Konsistenz und erleichtert die Analyse der Auswirkungen von Änderungsanträgen sowie den Nachweis der Verifikationsabdeckung. Rückverfolgbarkeit allein, z. B. das Vorhandensein von Verknüpfungen, bedeutet nicht unbedingt, dass die Informationen miteinander konsistent sind.*

Anmerkung 12: *Bei reiner Softwareentwicklung beziehen sich die Systemanforderungen und die Systemarchitektur auf die gegebene Betriebsumgebung. In diesem Fall können Konsistenz und bidirektionale Rückverfolgbarkeit zwischen Stakeholder- und Softwareanforderungen gewährleistet werden.*

Die Rückverfolgbarkeit von den Softwareanforderungen kann zu den Systemanforderungen oder zur Systemarchitektur nachgewiesen werden oder eine Kombination aus beiden Möglichkeiten darstellen. Es sollte der Ansatz verfolgt werden, der die Softwareentwicklung am besten unterstützt.

Bei der Softwareentwicklung ohne Systemanforderungen beziehen sich die Softwareanforderungen direkt auf die Stakeholder-Anforderungen. In diesem Fall ist es wichtig, Konsistenz und bidirektionale Rückverfolgbarkeit zwischen den Stakeholder-Anforderungen und den Softwareanforderungen zu gewährleisten.

Voraussetzung für die Nachvollziehbarkeit und den Nachweis der Konsistenz ist, dass die Systemanforderungen oder vorgelagerte Stakeholder-Anforderungen in strukturierter Form vorliegen. Fehlen diese Informationen, müssen Annahmen getroffen und dokumentiert werden.

Zusammenfassend lässt sich sagen, dass die Ziele der Rückverfolgbarkeit darin bestehen:

- Die Vollständigkeitsprüfungen (sind die System- oder Stakeholder-Anforderungen tatsächlich berücksichtigt und ist jede Softwareanforderung wirklich auf höherer Ebene gefordert),
- die Konsistenzprüfungen (passen die verknüpften Anforderungen auch inhaltlich zusammen,

- die Folgenabschätzung im Falle von Änderungswünschen oder Fehlern und
- die Berichterstattung über den Stand der Umsetzung von Softwareanforderungen zu unterstützen.

Auf das Thema Rückverfolgbarkeit (Traceability) und Konsistenz gehen wir auch in Abschnitt 5.7 ein.

SWE.1.BP6: Kommunikation der vereinbarten Softwareanforderungen und der Auswirkungen auf die Betriebsumgebung. Kommuniziere die vereinbarten Softwareanforderungen und die Ergebnisse der Analyse der Auswirkungen auf die Betriebsumgebung an alle betroffenen Parteien.

Im Projektplan sollten die Projektschnittstellen zu den Softwareanforderungen festgelegt werden. Zu diesen Schnittstellen sollten mindestens der Software-Projektleiter, der Softwaretester, die Qualitätssicherung und Vertreter der betroffenen Komponenten der operativen Umgebung gehören.

Die Kommunikation sollte dabei nach dem »Push-Prinzip« erfolgen, also aktiv durch die für die Anforderungen verantwortliche Person, und nicht nach dem »Pull-Prinzip«, bei dem jeder Stakeholder die Informationen selbst abholen muss.

Die Anforderungen müssen einen eindeutigen Status haben (z.B. »in Arbeit«, »in Review«, »freigegeben«) und es muss dokumentiert werden, wer im Falle von Änderungen des Status der Anforderungen (z.B. neue Anforderungen, analysiert, geändert usw.) oder der betroffenen Komponenten informiert werden muss.

Die Kommunikation und Weitergabe von Informationen (Handover) bei der Verfeinerung des Systems, was gewissermaßen der linken Seite des V-Modells entspricht, wird in Abschnitt 5.9.1 ausführlicher behandelt.

10.1.3 Erzeugte Informationsobjekte

17-00 Anforderung **und** **17-54 Anforderungsattribut**	Anforderungen und ihre Attribute werden in der Regel in der Softwareanforderungs-Spezifikation in einem Anforderungsmanagement-Tool angegeben. Anforderungen müssen mögliche Qualitätskriterien erfüllen. Sie sollten beispielsweise eindeutig und ausreichend atomar sein. Attribute können diverse zusätzliche Informationen beinhalten wie Einstufungen, Priorisierungen, die Zuordnung zu Releases, Reviewstatus etc.
15-51 Analyseergebnisse	Die Ergebnisse der Analysen und die Argumentationen, die zu ihnen geführt haben, müssen nachvollziehbar dokumentiert werden. Dies kann werkzeuggestützt erfolgen oder in Review-Checklisten. Es gibt diesbezüglich keine besonderen Vorgaben zur Form.

→

13-51 Konsistenznachweise	Die Konsistenz der Softwareanforderungen zu Systemanforderungen oder direkt zu Stakeholder-Anforderungen oder zu Annahmen in Ermangelung vorhandener übergeordneter Anforderungen muss für jede Anforderung einzeln überprüft werden, was nachvollziehbar sein muss. Ein Reviewprotokoll, das generell die Konsistenz belegt, genügt also nicht. Das notwendige feingranulare Review sollte nach Möglichkeit direkt im Anforderungsmanagement-Tool dokumentiert werden. Ein spezielles Arbeitsprodukt als Konsistenznachweis ist nicht notwendig.
13-52 Kommunikationsnachweise	Jedes greifbare Artefakt, z.B. E-Mails, Sitzungsprotokolle, Offene-Punkte-Listen, kann als Nachweis für Capability Level 1 herangezogen werden, solange die relevanten Interessengruppen angesprochen werden. Es sollte jedoch immer bedacht werden, dass der entsprechende Nachweis auch zu einem wesentlich späteren Zeitpunkt noch auffindbar sein muss. Unter Berücksichtigung von PA 2.1 und insbesondere GP 2.1.6 ist eine stärker formalisierte und geplante Vorgehensweise mittels definierter Kommunikationsmedien erforderlich. Dies geschieht oft werkzeuggesteuert. Im Hinblick auf Capability Level 3 sollte dies im Standardprozess beschrieben und auf das Projekt zugeschnitten werden.

10.1.4 Zusätzliche Überlegungen

Bezug zu anderen Automotive SPICE®-Prozessen

- Aus den Softwareanforderungen wird die Softwarearchitektur und damit die konkrete technische Umsetzung abgeleitet.
- Aus den Softwareanforderungen werden die Verifikationsmaßnahmen für die Softwareverifikation abgeleitet. Die Priorisierung der Umsetzung von Softwareanforderungen kann entsprechend der Definition von Release-Umfängen erfolgen (s. SPL.2).
- Die Softwareanforderungs-Analyse ist mit dem Projektmanagement MAN.3 verbunden, da sie eine Risikobewertung und Machbarkeitsanalyse durchführt, um das Projekt innerhalb des Umfangs, der Kosten, des Zeitplans und der Qualität zu liefern.
- Die Releaseplanung von Softwareanforderungen sollte im Hinblick auf die Termin- und Ressourcenplanung (Schätzung) von MAN.3 erfolgen.
- Die Softwareanforderungs-Analyse steht im Zusammenhang mit dem Problemlösungs-Management SUP.9 und dem Änderungsmanagement SUP.10, da auch Mängel und Änderungswünsche behandelt werden müssen.

Typische Fallstricke

- Systemanforderungen werden eins zu eins als Softwareanforderungen kopiert.
- Softwareanforderungen werden schon aus Sicht einer impliziten Lösung geschrieben und bieten keinen Raum mehr, die beste Lösung zu finden.
- Es findet bei komplexeren Softwareanforderungen keine Strukturierung und Verfeinerung statt, was zu unklaren oder nicht atomaren Anforderungen führen kann.
- Es werden keine Softwareanforderungen ermittelt, die auf Basis von internen Stakeholder-Anforderungen benötigt werden.
- Eine Softwareanforderung ist immer mit genau einer Systemanforderung verknüpft, was ein Hinweis auf eine unzureichende Analyse und Verfeinerung der Systemanforderung ist.
- Bei der Überprüfung der Softwareanforderungen werden die Verantwortlichen für die Verifikation nicht mit einbezogen, sodass die Verifizierbarkeit nicht gesichert ist.
- Ein Kommunikationsmechanismus zur Verteilung der Information bezüglich der Softwareanforderungen ist nicht definiert, die Schnittstellen sind nicht bekannt.

Zu berücksichtigen in Bezug auf PA 2.1

- Unter Berücksichtigung des Kommunikationsnachweises und insbesondere GP 2.1.7 ist ein stärker formalisiertes und geplantes Vorgehen mittels definierter Kommunikationsmedien erforderlich. Dies geschieht häufig werkzeuggetrieben.

Zu berücksichtigen in Bezug auf PA 2.2

- Hier geht es vor allem darum, wie das Werkzeug für das Softwareanforderungs-Management eingerichtet ist, wie der Review- und Baseline-Prozess implementiert ist und durch das Werkzeug unterstützt wird und wie die Nachvollziehbarkeit sichergestellt wird.

Hinweise für Assessoren

- Die Überprüfbarkeit von Anforderungen sollte nicht allein auf dem Vorhandensein von Verifikationsmaßnahmen beruhen, es sei denn, diese Maßnahmen werden zeitgleich mit den Anforderungen oder im Voraus erstellt (testgetriebene Entwicklung).
- Wenn Stakeholder-Anforderungen direkt als Softwareanforderungen verwendet werden, müssen Sie prüfen, ob es auf der Systemebene eine ausreichende Analyse gab, sodass keine Abhängigkeiten zu anderen Disziplinen übersehen wurden.

10.2 SWE.2 Softwarearchitektur-Entwurf

Der Zweck besteht in der Erstellung einer analysierten Softwarearchitektur, die statische und dynamische Aspekte umfasst und mit den Softwareanforderungen übereinstimmt.	**Plug-in**
Erwartete Prozessergebnisse: ■ Es wird eine Softwarearchitektur entworfen, die statische und dynamische Aspekte umfasst. ■ Die Softwarearchitektur wird anhand definierter Kriterien analysiert. ■ Konsistenz und bidirektionale Rückverfolgbarkeit werden zwischen Softwarearchitektur und Softwareanforderungen hergestellt. ■ Die Softwarearchitektur wird abgestimmt und allen betroffenen Parteien mitgeteilt.	

10.2.1 Prozessbeschreibung

Die Softwarearchitektur baut auf den Softwareanforderungen und der Systemarchitektur auf und bietet Richtlinien für detaillierte Entwurfs- und Codierungsaktivitäten. Nachdem wir das Problem definiert und das System als Blackbox betrachtet haben, wird nun ein Blick in das System geworfen, um eine Lösung zu finden. Diese tiefgreifende Untersuchung erfolgt in SWE.3.

Was wir in diesem Prozess entwickeln, bildet später den Kern dessen, was im SWE.5 integriert und verifiziert wird. Dies unterstreicht die Bedeutung einer sorgfältigen architektonischen Planung – nicht nur für die Umsetzung, sondern auch für die spätere Verifikation.

Automotive SPICE® 4.0 sieht nicht länger eine allgemeine Basispraktik für die Erstellung eines Architekturentwurfs vor. Stattdessen fokussiert es sich auf die zwei entscheidenden Aspekte:

- statische Aspekte, einschließlich Schnittstellen, in Basispraktik 1 und
- dynamische Aspekte in Basispraktik 2.

Die Qualität der Architektur beeinflusst viele Facetten der Software: Effizienz, Wartbarkeit, Testbarkeit, Wiederverwendbarkeit und letztlich auch die Wartungskosten. Ein gut durchdachter Architekturentwurf kann somit sowohl die Leistungsfähigkeit der Software steigern als auch die Lebenszyklus-Kosten reduzieren.

Der Prozess SWE.2 ist im Wesentlichen der Lösungsraum für die in SWE.1 entwickelten Anforderungen. Während die Analyse der Softwareanforderungen festlegt, was zu tun ist, sollte der Softwarearchitektur-Entwurf nun detailliert beschreiben, wie diese Anforderungen umgesetzt werden. Es ist eine Art Tanz, bei dem beide Prozesse aufeinander einwirken. Sie werden in modernen Entwicklungsprojekten nicht sequenziell abgearbeitet. Das bedeutet, dass es durchaus notwendig sein kann, Softwareanforderungen aufgrund des Softwarearchitektur-Entwurfs zu verfeinern.

Um Konsistenz mit den Softwareanforderungen zu gewährleisten, muss ausreichende Nachverfolgbarkeit hergestellt und plausibel sein. Reviews stellen sicher, dass beides konsistent ist. Dieser iterative Ansatz sorgt nicht nur für die Qualität des Endprodukts, sondern auch für die Transparenz und Verständlichkeit des Entwicklungsprozesses.

Die Softwarearchitektur ist das Bindeglied, das Anforderungen in praktikable, effiziente und wartbare Lösungen übersetzt.

Nutzen

- Die Architektur
  - ermöglicht die systematische Strukturierung der Software in ihre Elemente,
  - gewährleistet Konsistenz mit den Softwareanforderungen,
  - definiert das dynamische Verhalten der Software,
  - bestimmt den Ressourcenverbrauch der Softwareelemente,
  - ist entscheidend bei der Einhaltung der ISO 26262.
- Die Softwarearchitektur definiert die Softwarekomponenten, das dynamische Verhalten, die Funktionen sowie die internen und externen Schnittstellen.
- Die Softwarearchitektur bildet die Grundlage für die Verifikation der Softwareintegration.
- Die Softwarearchitektur ermöglicht es, die Komplexität besser zu erfassen, indem die Funktionalität gekapselt und in mehreren Schritten verfeinert wird.

Im Bereich der Softwareentwicklung ist der Entwurfsprozess keineswegs ein linearer Pfad. Vielmehr durchläuft er häufig mehrere Iterationen, in denen das Design der Softwarearchitektur bis zum Feinentwurf verfeinert wird. Interessanterweise gibt es eine Überlappung zwischen der System- und der Softwarearchitektur, wobei Komponenten der einen manchmal in der anderen aufgeführt sind. Dies ist besonders bei etablierten Produkten zu beobachten, die über stabile Architekturen verfügen.

Wenn wir uns SWE.2 (Softwarearchitektur-Entwurf) und SWE.3 (Softwarefeinentwurf) in Automotive SPICE® 4.0 näher ansehen, wird deutlich, dass der Architekturentwurf sich mit den größeren Elementen und deren Interaktion befasst. Im Gegensatz dazu geht es beim Feinentwurf darum, was innerhalb der einzelnen Komponenten geschieht.

Ein tiefes Verständnis für die verschiedenen Architektursichten ist von zentraler Bedeutung. Auch wenn es keine allgemeingültige Definition für die erforderlichen Sichten gibt, sind statische und dynamische Sichten in der Branche weit verbreitet. Allerdings gibt es keine Kriterien, die ihre Vollständigkeit garantieren. Die Industrie verwendet oft Viewpoints, also Muster, Vorlagen und Konventionen, um Ansichten zu erstellen. Dabei wird die architektonische Gestaltung häufig durch eine Kombination von Grafiken und Texterklärungen ergänzt.

In der Automobilsoftware-Entwicklung, die oft hardwarezentriert ist, gehen die Überlegungen weit über die bloße funktionale Entwicklung hinaus. Dazu gehören Aspekte wie das Zeitverhalten von Interrupts und Zeitscheiben sowie Kommunikationsprotokolle. Wichtig ist hierbei, dass das Zeitverhalten Reaktionen und

Interaktionen von Komponenten wie Prozessoren und Speichereinheiten umfasst und mögliche Zustände sowie Fehlerszenarien beschreibt. Das Kommunikationsverhalten skizziert hingegen die Reihenfolge und den Inhalt von Kommunikationsnachrichten, die auf Ereignissen basieren. Um die Robustheit der Softwarearchitektur zu bestimmen, können beispielsweise Stresstests wie Sensorausfälle oder schnelle Zunahmen von Interrupts herangezogen werden. Ein weiterer zentraler Aspekt ist die Berücksichtigung von nicht funktionalen Anforderungen, wie Sicherheit und Leistungsfähigkeit im Sinne von Ressourcenverbrauch, Robustheit und ähnlichen Aspekten.

Heutige Softwareentwicklungen folgen nicht dem Wasserfallmodell, sondern sind zyklisch. Prozessschritte werden wiederholt durchgeführt. Sollten neue Softwareanforderungen aufgrund von Designentscheidungen auftreten, müssen diese dokumentiert werden.

Im Automobilsektor wird häufig AUTOSAR verwendet. AUTOSAR, 2003 gegründet, zielt darauf ab, eine offene, standardisierte und skalierbare Softwarearchitektur für Steuergeräte in der Automobilindustrie bereitzustellen. Es ist wichtig zu beachten, dass die AUTOSAR-Architektur nur ein Teil der Softwarearchitektur-Dokumentation gemäß Automotive SPICE® ist. Während AUTOSAR vordefinierte Schnittstellen bietet, müssen diese möglicherweise aufgrund von funktionalen und nicht funktionalen Anforderungen ausgewählt und angepasst werden. In Abschnitt 20.5 gehen wir noch etwas genauer darauf ein.

Ein besonders wichtiger Aspekt ist die funktionale Sicherheit. Wenn ein System sicherheitskritisch ist, müssen auch die Software-Sicherheitsanforderungen berücksichtigt werden. Es ist dabei zu betonen, dass es keine separate Sicherheitsarchitektur gibt, die unabhängig entwickelt werden könnte. Es gibt nur eine Architektur.

Abschließend sei angemerkt, dass Automotive SPICE® die Erstellung und Aktualisierung von Softwarearchitektur und -entwurf in einem Prozess zusammenführt.

Rückverfolgbarkeit und Konsistenz werden in der Praxis kombiniert, und die Schnittstellen und das dynamische Verhalten der Software werden nicht mehr in getrennten Praktiken beschrieben. Dennoch bleiben sie wesentliche Bestandteile des Softwarearchitektur-Entwurfs.

10.2.2 Basispraktiken

SWE.2.BP1: Spezifikation der statischen Aspekte der Softwarearchitektur. Spezifiziere und dokumentiere die statischen Aspekte der Softwarearchitektur in Bezug auf die funktionalen und nicht funktionalen Softwareanforderungen, einschließlich externer Schnittstellen und einer definierten Menge von Softwarekomponenten mit ihren Schnittstellen und Beziehungen.

Anmerkung 1: *Die Definition der Hardware-Software-Schnittstellen (HSI) stellt den Hardwareentwurf in einen Kontext und ist daher ein Aspekt des Systemarchitektur-Entwurfs (SYS.3).*

Mit dem Betreten des Lösungsraums in BP1 begeben wir uns in das Herzstück der Softwareentwicklung. Hier untersuchen wir, mit welchen Softwareelementen wir die durch die Softwareanforderungen gestellten Herausforderungen meistern möchten. Interessanterweise lassen sich viele der Themen, die bereits bei SYS.3.BP1 behandelt wurden, direkt auf diese Praxis übertragen.

Die Strukturansicht ermöglicht es, die Software in handhabbare, kohärente und schwach gekoppelte Elemente zu zerlegen. Die Software besteht aus festgelegten Komponenten, deren Funktionen, Operationen und Interaktionen beschrieben sind. Diese Komponenten werden je nach Komplexität und Bedarf weiter verfeinert in Teilkomponenten (Dekomposition). Hier findet dann ggf. auch schon der Übergang zum Prozess »Softwarefeinentwurf und Unit-Konstruktion« (SWE.3) statt. Jede dieser Komponenten kann am Ende der Dekomposition eine oder mehrere Software-Units umfassen. Ein solches Vorgehen unterstützt die Zuweisung von Anforderungen an Architekturelemente, wobei hierfür eine ausreichende Granularität erforderlich ist. Dies erleichtert auch die Arbeitsverteilung an die Entwickler. Idealerweise bleiben die Elemente der Softwarearchitektur während des gesamten Entwicklungsprozesses stabil. Das Ziel ist, Elemente oder Schnittstellen während der weiteren Entwicklung nicht zu ändern. Für die Strukturansicht werden häufig UML-Diagramme wie Klassendiagramme und Komponentendiagramme verwendet. Hier kann auch auf Architekturmuster, basierend auf Modellen wie ISO/OSI-7, zurückgegriffen werden.

Bei der Schnittstellenansicht geht es darum, die Schnittstellen jedes Softwareelements zu identifizieren, zu entwickeln und zu dokumentieren. Die Beschreibung beinhaltet sowohl extern als auch intern ausgetauschte Daten. Das umfasst sowohl die syntaktische Beschreibung, also die Benennung der Schnittstellen sowie die erlaubten Datentypen, als auch die semantische Beschreibung in Form von definierten Wertebereichen und Toleranzen.

Das Zeitverhalten der Schnittstelleninteraktionen wird in BP2 beschrieben. Es gibt weniger Schnittstellen in der Architektur als im detaillierten Design. Während die Schnittstellen auf Architekturebene generisch beschrieben werden, liefert das detaillierte Design die genauen Details.

Zu den unterschiedlichen Ansichten bezüglich der Softwarearchitektur gehören auch BIOS- und Serviceansichten. Diese könnten beispielsweise Treiber wie CAN und LIN sowie eine Hardware-Abstraktionsschicht beinhalten.

Wenn Organisationen Plattformen entwickeln, beabsichtigen sie häufig, dass diese eine Basisarchitektur darstellen, die dann von einem Kunden- oder Anwendungsteam an ihre spezifischen Bedürfnisse angepasst werden kann. Ein Beispiel hierfür könnte sein, dass ein Lieferant für ein neues Projekt 90 % der bestehenden Architektur verwendet.

Ein wesentliches Ziel der Architektur besteht darin, vereinfachte Sichten auf das Softwaresystem zu bieten. Sie soll als Abstraktion dienen und Details verbergen, sodass ein tieferes Verständnis der Softwarekomponenten und ihrer Zwecke ermöglicht und beschrieben werden kann.

SWE.2.BP2: Spezifikation der dynamischen Aspekte der Softwarearchitektur. Spezifiziere und dokumentiere die dynamischen Aspekte der Softwarearchitektur in Bezug auf die funktionalen und nicht funktionalen Softwareanforderungen, einschließlich des Verhaltens der Softwarekomponenten und ihrer Interaktion in verschiedenen Softwaremodi, sowie Gleichzeitigkeitsaspekte.

Anmerkung 2: *Beispiele für Gleichzeitigkeitsaspekte sind anwendungsrelevante Interrupt-Behandlung, präemptive Verarbeitung, Multi-Threading.*

Anmerkung 3: *Beispiele für Verhaltensbeschreibungen sind natürliche Sprache oder semiformale Notation (z.B. SysML, UML).*

Nachdem wir im BP1 die statischen Aspekte der Softwarearchitektur untersucht haben, tauchen wir nun tiefer in die Dynamik des Systems ein. Es ist von zentraler Bedeutung, zu verstehen, wie sich die verschiedenen Bestandteile im Laufe der Zeit verhalten und miteinander interagieren, insbesondere in einem Echtzeitsystem, das sich durch sein dynamisches Verhalten auszeichnet.

Das dynamische Verhalten eines Systems ist stark beeinflusst von seinen Betriebsmodi, Prozessen, der Kommunikation zwischen diesen Prozessen, Aufgaben und Unterbrechungen. Ein besonders relevantes Beispiel hierfür sind die Interrupt-Service-Routinen. Diese sollten nicht mit komplexen Algorithmen oder domänenspezifischer Logik überladen sein, da sie parallele Kontroll- oder Datenströme darstellen. Ein hohes Interrupt-Aufkommen kann zu Interferenzen in der Anwendung führen. Dies unterstreicht die Bedeutung der Behandlung von relevanten Interrupt-Routinen als Software-Units, insbesondere im dynamischen Design, wie es auch in Automotive SPICE® 4.0 betont wird.

Ein weiterer wichtiger Punkt ist die Berücksichtigung der Zielplattform und ihrer potenziellen Arbeitslast. Dies gewährleistet, dass die Software auch unter realen Bedingungen reibungslos funktioniert.

Zur Darstellung des dynamischen Verhaltens können verschiedene UML-Diagramme herangezogen werden, beispielsweise Zustandsübergangsdiagramme oder Aktivitätsdiagramme. Diese bieten unterschiedliche Sichten auf die Softwarearchitektur:

- In der Verhaltens-/Zustandssicht dokumentieren wir das Timing und die dynamischen Interaktionen zwischen den Softwareelementen. Dies kann beispielsweise den Schlafmodus, das Hochfahren oder das Herunterfahren eines Systems betreffen.
- Die Anwendungsfall-Sicht zeigt, wie die Anwendungsfälle in der Architektur umgesetzt werden.
- Die Prozesssicht beschäftigt sich mit dem Design von Aufgaben, dem Timing und dem Speicheraufbau. Eine Aufrufhierarchie kann als Blockdiagramm dargestellt werden, das die Abfolge der Prozessaufrufe zeigt. Es kann auch nützlich sein, Wirkketten zu spezifizieren.

Die Modellierung des dynamischen Verhaltens erfordert oft dynamische Modelle, die Änderungen im Zeitverlauf berücksichtigen. Es gib am Markt verfügbare Werkzeuge, die diesen Ansatz unterstützen und den gesamten Prozess vom Design über Codierung und Testen bis hin zur Dokumentation abdecken.

SWE.2.BP3: Analysieren der Softwarearchitektur. Analysiere die Softwarearchitektur hinsichtlich relevanter technischer Designaspekte und zur Unterstützung des Projektmanagements bei der Projektschätzung. Dokumentiere eine Begründung für die Entscheidung über den Softwarearchitektur-Entwurf.

Anmerkung 4: *Siehe MAN.3.BP3 für die Projektdurchführbarkeit und MAN.3.BP5 für Projektschätzungen.*

Anmerkung 5: *Die Analyse kann die Eignung von bereits existierenden Softwarekomponenten für die aktuelle Anwendung beinhalten.*

Anmerkung 6: *Beispiele für Methoden, die sich für die Analyse technischer Aspekte eignen, sind Prototypen, Simulationen, qualitative Analysen.*

Anmerkung 7: *Beispiele für technische Aspekte sind Funktionalität, Timings und Ressourcenverbrauch (z. B. ROM, RAM, externes/internes EEPROM oder Data Flash oder CPU-Last).*

Anmerkung 8: *Designgründe können Argumente wie Bewährtes, Wiederverwendung eines Software-Frameworks oder einer Software-Produktlinie, eine Make-or-Buy-Entscheidung oder evolutionäres Design (z. B. Set-Based Design) umfassen.*

Nachdem wir die statischen und dynamischen Aspekte der Softwarearchitektur in den vorherigen Praktiken definiert haben, richten wir unseren Fokus nun auf die Analyse dieser Architektur. Hier stellen wir uns die kritische Frage: Ist das, was wir definiert haben, wirklich umsetzbar? Oder müssen wir Anpassungen vornehmen, um unser Ziel zu erreichen?

Diese Praktik ist eine Erweiterung der im MAN.3.BP3 durchgeführten Machbarkeitsanalyse, die hier jedoch speziell auf die Softwareentwicklung zugeschnitten ist. Unsere Hauptziele sind die Überprüfung der Architektur hinsichtlich relevanter technischer Designaspekte und die Unterstützung des Projektmanagements bei der Einschätzung von Projektrisiken.

Ein kritischer Schritt in dieser Phase ist die Identifikation von ressourcenintensiven Elementen. Es ist wichtig, den Verbrauch dieser Ressourcen, seien es Speicher, CPU-Zeit oder andere, genau zu analysieren und entsprechende Budgets zuzuweisen. Nur so können wir während der Integrationsphase notwendige Korrekturen durchführen und sicherstellen, dass keine zusätzlichen Kosten anfallen oder Leistungsprobleme auftreten.

Einige technische Aspekte, die es zu analysieren gilt, sind Funktionalität, Timing und Ressourcenverbrauch – beispielsweise der Gebrauch von ROM, RAM, EEPROM oder CPU-Last. Dabei muss auch die Softwareleistung auf Mehrkern-CPUs, die Multiprocessing und Multithreading verwenden, betrachtet werden.

Die Bedeutung des Begriffs »Analysieren« in diesem Kontext ist tiefgehend: Es bedeutet, das Thema systematisch zu beleuchten, eine Argumentation zu finden und sowohl die Begründung als auch das Ergebnis der Analyse zu dokumentieren. Es gibt verschiedene Methoden, die sich für die Analyse technischer Aspekte eignen, wie Prototypen, Simulationen oder qualitative Analysen. Die Entwurfsbegründungen können dabei verschiedene Argumente umfassen, beispielsweise den nachgewiesenen Einsatz, die Wiederverwendung eines Software-Frameworks, Make-or-Buy-Entscheidungen oder evolutionäre Ansätze wie das Set-basierte Design.

In manchen Fällen kann die Analyse auch im Rahmen eines Reviewprozesses erfolgen. Für die Durchführung eines Reviews zur Analyse müssen dann eindeutige Kriterien definiert werden, damit erkennbar ist, mit welchem Blick ein solches Review verlaufen soll. Es ist nicht ungewöhnlich, dass diese Analyse zu Änderungen in den vorangegangenen Praktiken und Prozessen führt. Beispielsweise kann sie zu neuen Softwareanforderungen führen oder die Eignung bereits vorhandener Softwarekomponenten für die aktuelle Anwendung infrage stellen.

Ein wiederkehrendes Problem in dieser Phase ist jedoch die unzureichende Dokumentation. Dies kann den Analyseprozess erheblich behindern und zeigt, wie wichtig es ist, von Anfang an detaillierte Aufzeichnungen zu führen.

SWE.2.BP4: Sicherstellung der Konsistenz und Herstellung der bidirektionalen Rückverfolgbarkeit. Stelle die Konsistenz sicher und richte eine bidirektionale Rückverfolgbarkeit zwischen der Softwarearchitektur und den Softwareanforderungen ein.

Anmerkung 9: *Es kann nicht funktionale Softwareanforderungen geben, auf die sich die Softwarearchitektur nicht zurückführen lässt. Beispiele hierfür sind Anforderungen an den Entwicklungsprozess. Solche Anforderungen müssen trotzdem verifiziert werden.*

Anmerkung 10: *Bidirektionale Rückverfolgbarkeit unterstützt die Konsistenz und erleichtert die Analyse der Auswirkungen von Änderungsanträgen sowie den Nachweis der Verifikationsabdeckung. Rückverfolgbarkeit allein, z. B. das Vorhandensein von Verknüpfungen, bedeutet nicht unbedingt, dass die Informationen miteinander konsistent sind.*

Wenn wir über Softwareentwicklung sprechen, sind die Prinzipien der Rückverfolgbarkeit (Traceability) und der Konsistenz von entscheidender Bedeutung. In diesem Abschnitt werden wir diese beiden Prinzipien im Kontext der Softwarearchitektur tiefergehend betrachten.

- **Beginnen wir mit der Rückverfolgbarkeit**
  Alle softwarebezogenen Anforderungen, die für die Architektur relevant sind, müssen den Elementen dieser Architektur zugewiesen werden. Dazu gehören z. B. Anforderungen im Zusammenhang mit der Dateneingabe, Startaufgaben und Schnittstellenanforderungen. Eine ausreichende Granularität, d. h. eine ausreichende Detaillierung, ist entscheidend, damit jede Anforderung und ihre Auswirkungen klar verstanden werden können. Einige Anforderungen gelten mög-

licherweise für die gesamte Software, sodass sie nicht spezifisch einem bestimmten Architekturelement zugeordnet werden können. Dies muss dann entsprechend nachvollziehbar sein.

- Die Konsistenz geht einen Schritt weiter und stellt sicher, dass die Verbindungen zwischen den Anforderungen und den Architekturelementen korrekt und vollständig sind. Das bedeutet konkret, dass die verknüpften Architekturelemente die Softwareanforderungen vollständig umsetzen und die verknüpften Elemente inhaltlich zueinander passen. Mit der Nachvollziehbarkeit ist bereits sichergestellt, dass alle Anforderungen auf Architekturebene verknüpft sind. Doch diese Verknüpfung muss hinreichend detailliert sein, sodass auch die Konsistenz gut nachvollzogen werden kann.

Daher ist es wichtig, sowohl die Rückverfolgbarkeit als auch die Konsistenz in der Softwarearchitektur sicherzustellen. Während die Rückverfolgbarkeit zeigt, welche Architekturelemente auf welchen Anforderungen basieren, stellt die Konsistenz sicher, dass diese Verknüpfungen korrekt und vollständig sind.

Häufig kann zwar die Rückverfolgbarkeit nachvollzogen werden, die Konsistenz aber nicht. Die Überprüfung der Konsistenz erfordert einen hohen Aufwand und kann nicht automatisiert werden. Meist sind Reviews auf der Granularitätsebene einzelner Anforderungen und Architekturelemente notwendig, die auch entsprechend dokumentiert werden sollten. Dies wird oft missverstanden und die Konsistenz nur sehr oberflächlich geprüft.

Auf das Thema Rückverfolgbarkeit und Konsistenz wird in Abschnitt 5.7 näher eingegangen.

SWE.2.BP5: Kommunikation der vereinbarten Softwarearchitektur. Kommuniziere die vereinbarten Softwarearchitektur an alle betroffenen Parteien.

Die Softwarearchitektur dient als Grundgerüst und Orientierung für die weiteren Entwicklungsphasen. Wie bei allen bedeutenden Projektmeilensteinen ist es unerlässlich, dass Fortschritte, insbesondere wenn eine bestimmte Reife erreicht wird, an alle relevanten Stakeholder kommuniziert werden.

Ein Architekturmeilenstein kann unterschiedliche Auswirkungen haben:

- Mit einem erreichten Reifegrad können bestimmte Entscheidungen getroffen oder überdacht werden, wie z.B. die Auswahl von Tools oder die Zuweisung von Ressourcen.
- Andere Teams oder Abteilungen können auf bestimmte Architekturelemente warten, um ihre Arbeit fortzusetzen oder zu beginnen.
- Mit Fortschritten in der Architektur können Risiken neu bewertet oder identifiziert werden.

Wenn solche Meilensteine erreicht sind, muss dies klar und deutlich an alle betroffenen Stakeholder kommuniziert werden. Hierbei geht es nicht nur um die reine Information, sondern auch um das Warum, das Wie und die nächsten Schritte.

Die Methoden der Kommunikation können je nach Organisation und Projekt variieren, aber einige bewährte Praktiken sollten beachtet werden:

- **Regelmäßige Updates**
  Ob wöchentlich, monatlich oder bei Erreichen von Meilensteinen – die Kommunikation sollte regelmäßig und geplant sein.
- **Zielgruppenspezifisches Kommunizieren**
  Nicht jeder Stakeholder benötigt den gleichen Detailgrad. Es ist wichtig, die Kommunikation an die Bedürfnisse der jeweiligen Zielgruppe anzupassen.
- **Interaktive Kommunikation fördern**
  Workshops, Reviews oder Q&A-Sessions können dazu beitragen, dass Informationen nicht nur gesendet, sondern auch verstanden und diskutiert werden.
- **Klare Dokumentation**
  Neben mündlichen Updates sollte es auch schriftliche Dokumente geben, auf die die Stakeholder jederzeit Zugriff haben.

Die Kommunikation und Weitergabe von Informationen (Handover) bei der Verfeinerung des Systems, was gewissermaßen der linken Seite des V-Modells entspricht, wird in Abschnitt 5.9.1 ausführlicher behandelt.

10.2.3 Erzeugte Informationsobjekte

04-04 Softwarearchitektur	Die Softwarearchitektur, oft als grafische Darstellung mit textuellen Erläuterungen präsentiert, ermöglicht es, die Software in handhabbare Elemente mit hoher Kohäsion und geringer Kopplung zu zerlegen. Diese Dekomposition unterstützt die Zuweisung von Anforderungen an diese architektonischen Elemente und hilft bei der Organisation der Arbeitspakete für die Entwickler. In der Architektur werden auch externe Softwareelemente wie Open-Source-Software oder Drittanbietersoftware berücksichtigt, insbesondere für die Analyse von Schnittstellen, dynamischem Verhalten und Ressourcenverbrauch.
13-51 Konsistenznachweise	Die Konsistenz wird in der Regel durch ein Prüfprotokoll nachgewiesen. Bei einer großen Anzahl von Elementen reicht es nicht aus, die Frage der Konsistenz an einer Stelle zentral zu beantworten, sondern sie muss für alle Architekturelemente und Anforderungen einzeln oder für kleinere Mengen von Elementen dokumentiert werden. Die Dokumentation erfolgt im Allgemeinen werkzeuggestützt oder in spezifischen Checklisten. Es gibt also in der Regel kein besonderes Dokument, das die in diesem Fall benötigten Informationen enthält.

→

13-52 Kommunikations-nachweise	Jedes greifbare Artefakt, z.B. E-Mails, Sitzungsprotokolle, Offene-Punkte-Listen, kann als Nachweis für Capability Level 1 herangezogen werden, solange die relevanten Interessengruppen angesprochen werden. Unter Berücksichtigung von PA 2.1 und insbesondere GP 2.1.6 ist eine stärker formalisierte und geplante Vorgehensweise mittels definierter Kommunikationsmedien erforderlich. Dies geschieht häufig werkzeuggestützt. Im Hinblick auf Capability Level 3 sollte dies im Standardprozess beschrieben und auf das Projekt zugeschnitten werden.
15-51 Analyseergebnisse	Die Ergebnisse der Analysen und die Argumentationen, die zu ihnen geführt haben, müssen nachvollziehbar dokumentiert werden. Dies kann werkzeuggestützt erfolgen oder in Review-Checklisten. Es gibt diesbezüglich keine besonderen Vorgaben zur Form.

10.2.4 Zusätzliche Überlegungen

Bezug zu anderen Automotive SPICE®-Prozessen

- Die Erarbeitung der Softwarearchitektur muss auf den in SWE.1 erstellten Anforderungen basieren. Daher besteht eine starke Abhängigkeit zu diesem Prozess.
- Der Architekturentwurf wird in SWE.5 verifiziert. Dies kann nur funktionieren, wenn bei der Erstellung des Architekturentwurfs auf Verifizierbarkeit geachtet wird.
- Der Fortschritt in den Entwicklungsprozessen ist das Kerngeschäft des Projektmanagements, insofern gibt es auch hier einen starken Bezug. Es ist eine feinere Planung als beispielsweise in den Unterstützungsprozessen notwendig.
- Es gibt einen Bezug zur Systemebene und dabei speziell zum Prozess SYS.3, der diesem Prozess auf der Systemebene entspricht. Hier sollte darauf geachtet werden, dass keine Widersprüche aufkommen. Darüber hinaus gibt es einen Bezug zum Prozess des Hardwareentwurfs HWE.2, der über die Systemebene gesteuert werden kann. Aus Softwarearchitektur-Betrachtungen können sich Anforderungen an die Hardware ergeben und umgekehrt kann die Hardware einen Einfluss auf die Softwarearchitektur haben. Dies sollte speziell bei der Basispraktik SWE.2.BP3 betrachtet werden.

Typische Fallstricke

- Die Softwarearchitektur ist nicht hinreichend detailliert beschrieben, um daraus Verifikationsmaßnahmen für die Softwareintegration abzuleiten.
- Architekturentscheidungen und die diesbezügliche Argumentation werden nicht dokumentiert, sodass eine spätere Nachvollziehbarkeit nicht gewährleistet ist.
- Die Softwarearchitektur wird in der eigentlichen Implementierung nicht berücksichtigt.

- Es existieren nur grafische Darstellungen der Architektur, speziell des dynamischen Verhaltens (z.B. Flussdiagramm, Zustandsdiagramm oder modellbasierte Darstellungen in Matlab Simulink) ohne weitere textuelle Beschreibung zur Erklärung der grafischen Darstellungen; dies ist häufig auf sogenanntes »Reverse Engineering« zurückzuführen, also das Erstellen von Beschreibungen und Dokumentation aus dem bereits entwickelten Code.
- Die Verwendung von Schnittstellen ist nicht geregelt, sodass auf dieser Basis keine Vorgaben zur Integration und keine Maßnahmen zur Integrationsverifikation erstellt werden können.
- Die Architektur sieht den gleichzeitigen Zugriff auf gemeinsame Ressourcen oder Informationsflüsse vor, der nicht nachvollziehbar beschrieben ist.
- Vorgaben für den Ressourcenverbrauch werden nur für die gesamte Software gemacht, sodass unklar ist, wie sich die Ressourcen auf die Komponenten verteilen lassen.
- Der Ressourcenverbrauch wird nur für den SOP geschätzt und nicht für jedes Release.
- Die Begründung für die gewählte Architektur ist lediglich »Die Architektur ist vorgegeben«, eine Betrachtung im Sinne der Analyse ist nicht erkennbar.
- Es gibt keine expliziten, sinnvollen Bewertungskriterien bei der Analyse der Architektur.

Zu berücksichtigen in Bezug auf PA 2.1

- Softwarearchitektur muss nicht sofort komplett sein. Bestimmte technische Lösungen sollten aber zeitgerecht festgelegt werden. Die Planung der Aktivitäten muss das inkrementelle oder iterative Vorgehen berücksichtigen.
- Die Aktivitäten zur Erstellung der Software sollten in hinreichender Granularität geplant und abgeschätzt werden. Die Abschätzungen sollten systematisch durchgeführt und kontinuierlich verbessert werden. Dies kann z.B. durch Aufteilung in funktionale Blöcke erfolgen.

Zu berücksichtigen in Bezug auf PA 2.2

- Softwarearchitektur wird in der Regel vorwiegend durch grafische Darstellungen beschrieben, für diese müssen Vorgaben existieren.
- Modellierungsrichtlinien etc. sind bei modellbasierter Entwicklung relevant.
- Anwendung von Qualitätskriterien gemäß ISO/IEC 25010 [ISO/IEC 25010], darunter Aspekte wie Funktionalität, Effizienz und Wartbarkeit, können sinnvolle Kriterien für die Erstellung der Architektur sein.

- Die Architekturprüfung beinhaltet sowohl formale als auch informelle Überprüfungen; der Fokus liegt auf den definierten Qualitätskriterien für die Architektur, Rückverfolgbarkeit und Konsistenz.
- Bei Lücken in der Prüfabdeckung ist eine risikobasierte Strategie anzustreben.

Hinweise für Assessoren

- Prüfen Sie, wie viele Softwareanforderungen für die Architektur und das untersuchte Release relevant sind und wie viele davon bereits überprüft und bearbeitet wurden.
- Untersuchen Sie, wie viele dieser Anforderungen nicht mit Ihrer Softwarearchitektur verknüpft sind.
- Falls Anforderungen nicht verknüpft sind, ermitteln Sie die Gründe. Ein erheblicher Anteil ohne triftigen Grund führt in der Regel zu einer Abwertung des Prozesses.
- Überprüfen Sie stichprobenartig die Verknüpfungen und die Konsistenz der verknüpften Elemente, eventuell auch über mehrere Prozesse hinweg.
- Assessoren sollten kontextsensitive Abhängigkeiten im Assessmentbericht mit umfassenden Argumenten bewerten.

10.3 SWE.3 Softwarefeinentwurf und Unit-Konstruktion

Der Zweck besteht in der Erstellung eines Softwarefeinentwurfs mit statischen und dynamischen Aspekten, der mit der Softwarearchitektur übereinstimmt, und in der Konstruktion von Software-Units, die mit dem Softwarefeinentwurf übereinstimmen.	**Plug-In**
Erwartete Prozessergebnisse: ■ Es wird ein Feinentwurf mit statischen und dynamischen Aspekten spezifiziert. ■ Die im Softwarefeinentwurf spezifizierten Software-Units werden erstellt. ■ Konsistenz und bidirektionale Rückverfolgbarkeit werden hergestellt zwischen: • Softwarefeinentwurf und Softwarearchitektur • Quellcode und Softwarefeinentwurf • Softwarefeinentwurf und Softwareanforderungen ■ Der Quellcode und der vereinbarte Softwarefeinentwurf werden an alle betroffenen Parteien kommuniziert.	

10.3.1 Prozessbeschreibung

Der Softwarefeinentwurf repräsentiert die feinste Verfeinerungsstufe in Softwaresystemen. Es ist dieser Schritt im Software-Entwicklungszyklus, der die Brücke zwischen den Softwareanforderungen, der Softwarearchitektur und der eigentlichen Implementierung schlägt.

Beginnen wir bei den Grundlagen: Das Herzstück jeder Software ist ihre Architektur. Sie beschreibt, wie die Software in Komponenten organisiert ist und wie diese miteinander interagieren. Sie stellt den Rahmen dar, in dem die Software funktioniert und wie sie mit ihrer Umgebung kommuniziert.

Auf Basis des Architekturentwurfs werden im Feinentwurf die Software-Units mit ihren Schnittstellen entwickelt. Dieses kann in Form eines Modells dargestellt werden, das einen genaueren Einblick in die Funktionsweise jeder einzelnen Unit gibt.

Der Feinentwurf füllt die Lücke zwischen der groben Struktur, die durch die Softwarearchitektur vorgegeben ist, und dem konkreten Code, der diese Struktur in die Tat umsetzt. Es geht darum, jedes Softwareelement in vollem Umfang zu beschreiben und festzulegen, wie es sich verhält und wie es strukturiert ist.

Die Software-Units werden dann gemäß den Spezifikationen des Feinentwurfs codiert. Dies geschieht häufig in iterativen Schritten, um sicherzustellen, dass alle Aspekte berücksichtigt werden und der Entwurf den Anforderungen entspricht.

Der Softwarefeinentwurf beinhaltet verschiedene Inhalte, wie in Tabelle 10–1 aufgelistet.

Inhalte	Fragestellung
Funktionen	Was soll die Software tun? Welche Aufgaben muss sie erfüllen?
Algorithmen	Wie werden diese Funktionen genau umgesetzt? Welche logischen Schritte sind erforderlich?
Eingangs- und Ausgangsgrößen	Welche Daten erhält die Software und was gibt sie aus?
Datenstrukturen	Wie sind die Daten organisiert und wie werden sie verarbeitet?
Ressourcen-verbrauch	Dies bezieht sich insbesondere auf technische Aspekte wie die Speicherbelegung.

Tab. 10–1 *Inhalte eines Softwarefeinentwurfs*

Während des Entwurfsprozesses können auch Unklarheiten oder Bedürfnisse nach weiterer Präzisierung auftreten. Dies ist oft der Fall bei der Erstellung des Softwaredesigns. Hier kann es auch vorkommen, dass Schwächen oder Widersprüche in den Anforderungen erkannt werden, die zuvor übersehen wurden.

Nutzen

- Der Softwarefeinentwurf liefert eine Spezifikation für den Ersteller des Sourcecodes,
- stellt klare Vorgaben für Entwickler bereit und
- unterstützt die Erstellung hochqualitativer, nachvollziehbarer und verifizierbarer Units.

In der Softwareentwicklung ist es von entscheidender Bedeutung, sicherzustellen, dass sowohl sicherheitsrelevante als auch nicht sicherheitsrelevante Anforderungen berücksichtigt werden. Dies gewährleistet, dass die entwickelte Software-Unit nicht nur ihre beabsichtigten Funktionen erfüllt, sondern auch den höchsten Sicherheitsstandards entspricht.

In dieser Unterphase der Softwareentwicklung werden sicherheitsrelevante und nicht sicherheitsrelevante Anforderungen innerhalb eines Entwicklungsprozesses bearbeitet. Es handelt sich also nicht um einen separaten Prozess für sicherheitskritische Aspekte, sondern um eine integrierte Herangehensweise, um sicherzustellen, dass alle Aspekte der Software in der Entwurfsphase berücksichtigt werden.

Wesentlich dabei ist, dass der Softwarefeinentwurf bestimmte Eigenschaften aufweist. Zu diesen Schlüsseleigenschaften gehören:

- **Konsistenz**
  Das Design sollte einheitlich und ohne Widersprüche sein, sodass es zuverlässig implementiert werden kann.
- **Verständlichkeit**
  Es ist wichtig, dass das Design für alle Beteiligten klar und verständlich ist, um Missverständnisse und Fehler zu vermeiden.
- **Wartbarkeit**
  Software entwickelt sich weiter. Ein guter Entwurf sollte daher so gestaltet sein, dass zukünftige Änderungen oder Erweiterungen problemlos vorgenommen werden können.
- **Verifizierbarkeit**
  Das Design muss überprüfbar sein, um sicherzustellen, dass es den Anforderungen entspricht und fehlerfrei funktioniert.

Ein weiterer zentraler Aspekt in dieser Phase sind die Designreviews. Diese Überprüfungen sind von großer Bedeutung, um frühzeitig Probleme zu erkennen und zu beheben, bevor sie sich zu größeren Herausforderungen entwickeln. Die Designreviews werden von verschiedenen Stakeholdern durchgeführt, um eine Vielzahl von Perspektiven und Expertisen in den Überprüfungsprozess einzubringen. Dies gewährleistet eine gründliche Analyse und fördert eine qualitativ hochwertige Softwareentwicklung.

Für modellbasierte Entwicklungsansätze können Werkzeuge zur Unterstützung bei der Codegenerierung für das Designreview eingesetzt werden. Diese Werkzeuge können den Reviewprozess automatisieren und sicherstellen, dass der Code den Spezifikationen des Designs entspricht.

Abschließend ist zu betonen, dass die Integration von sicherheitsrelevanten und nicht sicherheitsrelevanten Anforderungen im Software-Entwurfsprozess eine gründliche und kohärente Entwicklung gewährleistet. In Kombination mit regelmäßigen Designreviews wird sichergestellt, dass die entwickelte Software den höchsten Standards in Bezug auf Qualität und Sicherheit entspricht.

10.3.2 Basispraktiken

SWE.3.BP1: Spezifizierung der statischen Aspekte des Feinentwurfs. Spezifiziere für jede Softwarekomponente das Verhalten ihrer Software-Units, ihre statische Struktur und ihre Beziehungen sowie ihre Schnittstellen, einschließlich

- gültiger Datenwertebereiche für Eingänge und Ausgänge (aus Sicht der Anwendungsdomäne) und
- physikalischer Einheiten oder Maßeinheiten, die für Eingänge und Ausgänge gelten (aus Sicht der Anwendungsdomäne).

Anmerkung 1: *Die Grenze einer Software-Unit ist unabhängig von der Darstellung der Software-Unit im Quellcode, der Struktur der Codedatei bzw. der modellbasierten Implementierung. Sie wird vielmehr durch die Semantik der Anwendungsdomänen-Perspektive bestimmt. Daher kann eine Software-Unit auf der Codeebene durch eine einzelne Subroutine oder einer Gruppe von Subroutinen dargestellt werden.*

Anmerkung 2: *Beispiele für gültige Datenwertebereiche mit anwendbaren physikalischen Einheiten aus Sicht der Anwendungsdomäne sind »0..200 [m/s]«, »0..3.8 [A]« oder »1..100 [N]«. Für die Abbildung solcher Wertebereiche der Anwendungsdomänen auf Datentypen auf Programmiersprachen-Ebene (z.B. unsigned Integer mit einem Wertebereich von 0..65535) siehe BP2.*

Anmerkung 3: *Beispiele für eine Maßeinheit sind »%« oder »‰«.*

Anmerkung 4: *Ein Zähler ist ein Beispiel für einen Parameter oder einen Rückgabewert, auf den weder eine physikalische noch eine Maßeinheit anwendbar ist.*

Anmerkung 5: *Die Definition der Hardware-Software-Schnittstelle (HSI) steht im Zusammenhang mit dem Hardwareentwurf und ist daher ein Aspekt des Systementwurfs (SYS.3).*

Eine der Hauptaufgaben des Feinentwurfs ist es, ein verständliches und eindeutiges Design zu erstellen. Um dieses Ziel zu erreichen, ist es oft hilfreich, eine Kombination aus Diagrammen und natürlicher Sprache zu verwenden. Dies hilft, etwaige Mehrdeutigkeiten zu vermeiden. Außerdem kann die Verwendung von semiformalen Notationen wie Pseudocode, UML, SysML, Simulink und Stateflow dazu beitragen, das Design weiter zu präzisieren. Ein Beispiel hierfür könnte ein Entwurf sein, der Einschränkungen für die Datenspeicherung enthält. Zu den statischen Feinentwürfen können auch Varianten gehören, die je nach Anwendungsfall unterschiedlich sein können. Bei der Erstellung des Feinentwurfs ist es auch wichtig, zu klären, was genau unter einer Software-Unit verstanden wird. Sie ist ein Teil einer Softwarekomponente, der keine weitere Unterteilung erfordert. Dabei muss es Kriterien geben, anhand derer Software-Units voneinander abgegrenzt werden können. Das bedeutet, dass nach bestimmten Kriterien entschieden wird, welchen Umfang eine Software-Unit hat. Es ist wichtig, sowohl im Entwurf als auch im Code Konsistenz zu gewährleisten. Ein weiterer Schwerpunkt liegt auf den technischen Schnittstellendefinitionen. Zu den Erwartungen an die Definition der Schnittstellen gehört, wie auch schon in der System- und Softwarearchitektur beschrieben, dass sowohl die syntaktische Beschreibung, also die Benennung der Schnittstellen sowie die erlaubten Datentypen, als auch die semantische Beschreibung in Form von definierten Wertebereichen und Toleranzen vorliegt. Das Ziel ist es, konsistente Schnittstellen zu schaffen. Dies kann insbesondere bei Varianten eine Herausforderung sein.

Bei der modellbasierten Entwicklung kann der Code aus dem Modell generiert werden. Einige OEMs verlangen bei dieser Art der Codegenerierung die Einhaltung der MISRA-Richtlinien. In solchen Fällen wird der Feinentwurf oft durch Modelle ausgedrückt, die als Grundlage für die Codegenerierung dienen.

Die modellbasierte Entwicklung kann jedoch auch ohne Codegenerierung eingesetzt werden, und es gibt Varianten, bei denen grafische Modelle und textuelle Erklärungen verwendet werden. In Bezug auf die verwendeten Designwerkzeuge ist zu beachten, dass einige Werkzeuge möglicherweise keine akzeptablen detaillierten Entwurfsdarstellungen erzeugen. Das bedeutet, dass das mit dem Werkzeug erstellte Modell nicht alle Aspekte des Entwurfs beschreibt und die fehlenden Aspekte dann zusätzlich dokumentiert werden müssen.

Unabhängig vom gewählten Ansatz kann die natürliche Sprache andere Notationen ergänzen. Insbesondere bei der modellbasierten Entwicklung bezieht sich dies auf das Implementierungsmodell und die begleitende Dokumentation. Schließlich sollte man bei der Erstellung von Feinentwürfen auch Standard-Softwarekomponenten berücksichtigen. Diese werden in der Regel parallel zu den Entwicklungsprojekten gepflegt.

SWE.3.BP2: Spezifikation der dynamischen Aspekte des Feinentwurfs. Spezifiziere und dokumentiere die dynamischen Aspekte des Feinentwurfs in Bezug auf die Softwarearchitektur, einschließlich der Interaktionen zwischen relevanten Software-Units zur Erfüllung des dynamischen Verhaltens der Komponente.

Anmerkung 6: *Beispiele für Verhaltensbeschreibungen sind natürliche Sprache oder semiformale Notation (z.B. SysML, UML).*

Beim Feinentwurf von Software muss auch das dynamische Verhalten der einzelnen Elemente beschrieben werden. Dies geschieht analog zum dynamischen Verhalten der Architektur (SWE.2.BP2), nur betrachtet man nun das Verhalten der Software-Units.

Hier gibt es verschiedene gängige Notationsformen, die im Feinentwurf verwendet werden können. Dazu gehören (Daten-)Flussdiagramme, Sequenzdiagramme, SADT-Diagramme, objektorientierte Designbeschreibungen wie UML, Entscheidungstabellen, Zustandsübergangstabellen und -diagramme sowie Pseudocode. Bei geringer Komplexität der Software kann es auch angemessen sein, das dynamische Verhalten rein textuell zu beschreiben. Letztlich muss die Beschreibung des dynamischen Verhaltens detailliert genug sein, um die folgenden Aspekte abzubilden:

- Alle notwendigen Informationen für die Implementierung des Codes sind bereitgestellt.
- Die notwendige korrekte Ausführungsreihenfolge der Software-Units ist festgelegt und durch das Design sichergestellt.
- Der korrekte Daten- und Kontrollfluss ist beschrieben und gewährleistet.
- Die Interaktion zwischen den relevanten Software-Units ist beschrieben.
- Die für die Software relevanten Betriebszustände sind im Design berücksichtigt.

Es kann sein, dass nicht alle Software-Units relevant für das dynamische Verhalten sind. In einem solchen Fall muss nachvollziehbar sein, nach welchen Kriterien die Relevanz bestimmt wird und für welche Software-Units das dynamische Verhalten beschrieben sein muss.

Beim Erstellen eines Feinentwurfs sollte auch die Qualität gemäß ISO/IEC 25010 berücksichtigt werden, die Kriterien wie Funktionalität, Zuverlässigkeit, Sicherheit und Wartbarkeit umfasst.

Der übergeordnete Zweck des Feinentwurfs besteht darin, systematische Fehler zu vermeiden und sicherzustellen, dass die Software-Unit effizient und fehlerfrei funktioniert. Es ist ein entscheidender Schritt, um hochwertige Softwareprodukte zu entwickeln, die den Anforderungen und Erwartungen der Stakeholder entsprechen.

SWE.3.BP3: Entwicklung von Software-Units. Entwickle und dokumentiere Software-Units in Übereinstimmung mit dem Feinentwurf und unter Beachtung von Codierungsprinzipien.

Anmerkung 7: *Beispiele für Codierungsprinzipien auf Capability Level 1 sind der Verzicht auf implizite Typkonvertierungen, nur ein Ein- und Ausstiegspunkt in Subroutinen sowie Bereichsprüfungen (Design-by-Contract, defensive Programmierung). Weitere Beispiele siehe z. B. ISO 26262-6, Abschnitt 8.4.5 zusammen mit Tabelle 6.*

In der Praktik SWE.3.BP3 geht es um die Implementierung auf Quellcodeebene. Diese Implementierung kann entweder manuell erfolgen oder automatisch aus entsprechenden Modellen generiert werden, wobei dies in Übereinstimmung mit der Software-Entwicklungsumgebung geschehen sollte.

Es ist nicht nur wichtig, dass der Quellcode entsprechend den Vorgaben des Feinentwurfs erstellt wird, sondern auch, dass bestimmte Richtlinien und Standards eingehalten werden. Frühzeitig im Entwicklungszyklus sollten grundlegende Codierungsprinzipien berücksichtigt werden, wie z.B. keine impliziten Typumwandlungen, ein Ein- und Ausstiegspunkt in Routinen, Bereichsprüfungen und die Vermeidung globaler Variablenzugriffe zugunsten der Kapselung.

Diese Prinzipien gewährleisten nicht nur die Qualität und Konsistenz des Codes, sondern helfen auch dabei, zukünftige Wartungsarbeiten zu erleichtern und die Robustheit des Systems zu erhöhen. Code-Komplexitätsmetriken sollten als Leitlinien und nicht als strenge Regeln verwendet werden. Die Entscheidung über die Grenzen einer Software-Unit sollte auf Basis des Wissens über den Anwendungsbereich und nicht ausschließlich auf Metriken basieren (s. auch BP1).

Die Anwendung defensiver Programmierpraktiken, einschließlich der Überprüfung von Wertebereichen und der Verwendung von ENUMs mit Hamming-Abstand, erhöht die Robustheit gegen Speicherfehler.

Für die Entwicklung der Software auf unterster Ebene ist die Antwort auf die Henne-Ei-Frage klar: Der Feinentwurf muss nachweislich vor dem Code entstanden sein. Es empfiehlt sich, die Vorgehensweise diesbezüglich gut begründen zu können.

Ein weiterer wichtiger Aspekt in dieser Phase ist die Beachtung der Ziele für Laufzeit und Ressourcenverbrauch. Diese Ziele sind oft kritisch für die Performance und Effizienz der Software und müssen während des gesamten Implementierungsprozesses berücksichtigt werden.

Unabhängig davon, ob die Implementierung manuell oder automatisch erfolgt, sind Modellierungsrichtlinien und Profile für die Programmiersprachen erforderlich. Sie bieten einen Rahmen für die Erstellung und Strukturierung von Modellen, die als Grundlage für die Generierung von Quellcode dienen können. Bei manueller Codierung sind zudem Programmierungsrichtlinien unerlässlich. Diese stellen sicher, dass der Code nicht nur funktional, sondern auch gut strukturiert, lesbar und wartbar ist. Diese Richtlinien können unternehmens- oder projektspezifisch sein oder auch bewährte Standards wie die MISRA-Richtlinien beinhalten.

SWE.3.BP4: Sicherstellung der Konsistenz und Herstellung der bidirektionalen Rückverfolgbarkeit. Stelle die Konsistenz sicher und richte eine bidirektionale Rückverfolgbarkeit ein zwischen:

- Softwarefeinentwurf und Softwarearchitektur
- Entwickelten Software-Units und Softwarefeinentwurf
- Softwarefeinentwurf und Softwareanforderungen

Anmerkung 8: *Redundanz sollte vermieden werden, indem eine Kombination dieser Ansätze gewählt wird.*

Anmerkung 9: *Beispiele für die direkte Rückverfolgbarkeit einer Software-Unit im Feinentwurf zu einer Softwareanforderung sind Kommunikationsmatrizen oder Basissoftwareaspekte, wie z.B. eine Liste von Diagnose-Identifikatoren, die zu einer AUTOSAR-Konfiguration gehören.*

Anmerkung 10: *Bidirektionale Rückverfolgbarkeit unterstützt die Konsistenz und erleichtert die Analyse der Auswirkungen von Änderungsanträgen sowie den Nachweis der Verifikationsabdeckung. Rückverfolgbarkeit allein, z.B. das Vorhandensein von Verknüpfungen, bedeutet nicht notwendigerweise, dass die Informationen zueinander konsistent sind.*

Im Zentrum von SWE.3.BP4 steht die Gewährleistung von Rückverfolgbarkeit und Konsistenz zwischen Anforderungen, Architektur, Feinentwurf und Software-Units.

Wenn Architektur und Entwurf ein gemeinsames Werkzeug verwenden, wird die Nachvollziehbarkeit zwischen ihnen nahezu selbstverständlich. Wenn es aber einen Bruch bei den Werkzeugen gibt, sollte unter Umständen mehr in einen systematischen Ansatz investiert werden. Die Rückverfolgbarkeit wird auf dieser Ebene oft durch Namenskonventionen gewährleistet.

Bezüglich der Rückverfolgbarkeit eines einzelnen Elements des Feinentwurfs bieten die Automotive SPICE® Guidelines [VDA 2023] zwei Optionen an:

- **Option A**
  Rückverfolgbarkeit über die Softwarearchitektur ermöglicht es, die Beziehung zwischen Anforderungen und den Komponenten/Softwareeinheiten, die diese Anforderungen erfüllen, herzustellen. Dies kann durch die Verwendung von dynamischen Interaktionsmodellen wie UML/SysML-Sequenz- oder -Aktivitätsdiagrammen unterstützt werden.
- **Option B**
  Eine direkte Rückverfolgbarkeit zwischen einer spezifischen Softwareanforderung und einem Element des Feinentwurfs kann in Fällen, in denen bestimmte Software-Units für die Decodierung spezifischer Nachrichten verantwortlich sind, sinnvoller sein.

Ebenso sollten sie, falls anwendbar, mit der Hardware-Software-Schnittstellenspezifikation übereinstimmen. Die Nachvollziehbarkeit zwischen Anforderungen und Details des Entwurfs ist hier von grundlegender Bedeutung.

Ein weiterer Punkt, der besonders bei modellbasierter Entwicklung hervorgehoben wird, ist die Möglichkeit, Werkzeuge für Konsistenzprüfungen zu verwenden. Diese Werkzeuge können sicherstellen, dass das erstellte Design und die Implementierung in Übereinstimmung mit den festgelegten Anforderungen und Spezifikationen stehen.

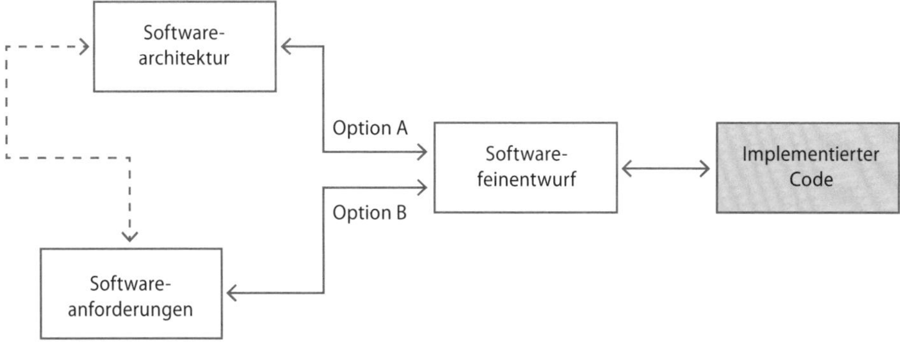

Abb. 10–1 *Rückverfolgbarkeit und Konsistenz des Feinentwurfs*

Ein weiterer Schwerpunkt der Basispraktik SWE.3.BP4 liegt auf der Überprüfung der Rückverfolgbarkeit und Konsistenz zwischen Feinentwurf und Implementierung im Code (s. Abb. 10–1). Diese Überprüfungen können in informeller Form, wie z.B. durch Peer-Reviews, erfolgen.

Auch Pair Programming, bei dem zwei Entwickler gemeinsam an einem Code arbeiten, wird als Form der Codeüberprüfung betrachtet.

Bei sicherheitsrelevanten Elementen sollte die Wahl der Überprüfungstechniken auf Basis von ASIL getroffen werden, um sicherzustellen, dass alle sicherheitskritischen Aspekte ordnungsgemäß behandelt werden.

Die Themen Rückverfolgbarkeit und Konsistenz werden genauer in Abschnitt 5.7 erläutert.

SWE.3.BP5: Kommunikation des vereinbarten Softwarefeinentwurfs und der entwickelten Software-Units. Kommuniziere den vereinbarten Softwarefeinentwurf und die entwickelten Software-Units an alle betroffenen Parteien.

Wenn der Feinentwurf oder ein bestimmter Teil des Entwurfs einen definierten Reifegrad erreicht hat, ist es nicht nur ratsam, sondern essenziell, diese Entwicklung den betroffenen Stakeholdern mitzuteilen. Dies stellt sicher, dass alle Beteiligten auf dem neuesten Stand sind und entsprechend handeln können. Es könnte beispielsweise bedeuten, dass ein Testteam sich auf den Beginn von Tests vorbereitet, während das Dokumentationsteam beginnt, zugehörige Dokumente zu erstellen oder zu aktualisieren.

Diese Kommunikation kann in verschiedenen Formen erfolgen. Dies ist genauer in Abschnitt 5.9.1 erläutert. Hier zwei Anmerkungen dazu:

- Es kann sich um formelle Meetings, E-Mail-Benachrichtigungen, Bulletin-Boards oder andere Kommunikationsmittel handeln. Unabhängig von der gewählten Methode besteht das Ziel immer darin, Klarheit zu schaffen und sicherzustellen, dass alle Stakeholder informiert sind und entsprechend reagieren können.

- Es ist auch wichtig, diesen Prozess nicht als einmaliges Ereignis zu betrachten. Jedes Mal, wenn ein bedeutender Fortschritt in der Entwicklung erzielt wird, sollte dieser Kommunikationsprozess wiederholt werden. Dies stellt nicht nur sicher, dass alle auf dem gleichen Stand sind, sondern fördert auch ein Umfeld von Transparenz und Zusammenarbeit.

Die Basispraktik SWE.3.BP5 dient dazu, die Brücke zwischen der technischen Entwicklung und der Kommunikation mit den Stakeholdern zu schlagen. Es ist wichtig, den Fortschritt regelmäßig mit den Beteiligten zu teilen, um ein kohärentes und effizientes Entwicklungsprojekt sicherzustellen. Erfolgreiche Softwareentwicklung besteht nicht nur aus Codierung und Design, sondern auch aus effektiver Kommunikation.

Die Kommunikation und Weitergabe von Informationen (Handover) bei der Verfeinerung des Systems, was gewissermaßen der linken Seite des V-Modells entspricht, wird in Abschnitt 5.9.1 ausführlicher behandelt.

10.3.3 Erzeugte Informationsobjekte

<table>
<tr>
<td>04-05
Softwarefeinentwurf</td>
<td>Ein Softwarefeinentwurf ist ein entscheidender Schritt in der Softwareentwicklung, der eine detaillierte Ausarbeitung der Architektur einer Software umfasst. Er beinhaltet die präzise Definition des Kontrollflusses, das Format der Eingabe- und Ausgabedaten, die verwendeten Algorithmen und die definierten Datenstrukturen. Zudem werden globale Variablen begründet und erläuternde Anmerkungen hinzugefügt, um einzelne Elemente oder ganze Diagramme und Modelle verständlicher zu machen.

Elemente eines Softwarefeinentwurfs sind:
- Definition des Kontrollflusses
- Format der Eingabe-/Ausgabedaten
- Algorithmen
- Definierte Datenstrukturen
- Begründete globale Variablen
- Erläuternde Anmerkungen

Abhängig von der Komplexität oder Kritikalität einer Software-Unit können unterschiedliche Ausdruckssprachen verwendet werden, von natürlicher oder informeller Sprache über semiformale Sprachen wie UML oder SysML bis hin zu formalen Sprachen im Rahmen modellbasierter Ansätze. Der Feinentwurf dient als Blaupause für die Implementierung und ist grundlegend für die Qualität und Wartbarkeit der Software.</td>
</tr>
</table>

→

11-05 Software-Unit	Eine Software-Unit stellt das kleinste Element in einem konzeptionellen Modell dar, das bewusst nicht weiter unterteilt wird und Teil einer Softwarekomponente ist. Sie kann verschiedenste Formen annehmen, wie z.B. kommentierten Quellcode, Autocode, eine Objektdatei, eine Bibliothek, ein ausführbares Programm oder ein ausführbares Modell, die alle als Eingabe für die Verifikation dienen können. Diese Einheiten sind die Grundbausteine der Softwareentwicklung und ermöglichen eine detaillierte Überprüfung und Optimierung einzelner Softwareelemente. Durch ihre spezifische und abgeschlossene Funktionalität innerhalb der größeren Softwarekomponente erleichtern Software-Units sowohl die Wartung als auch die Erweiterung von Softwareprodukten.
13-51 Konsistenznachweise	Die Konsistenz wird in der Regel durch ein Prüfprotokoll nachgewiesen. Bei einer großen Anzahl von Elementen reicht es nicht aus, die Frage der Konsistenz an einer Stelle zentral zu beantworten, sondern sie muss für alle Anforderungen einzeln oder für kleinere Mengen von Anforderungen dokumentiert werden. Die Dokumentation erfolgt im Allgemeinen werkzeuggestützt oder in spezifischen Checklisten. Es gibt also in der Regel kein besonderes Dokument, das die in diesem Fall benötigten Informationen enthält.
13-52 Kommunikationsnachweise	Jedes greifbare Artefakt, z.B. E-Mails, Sitzungsprotokolle, Offene-Punkte-Listen, kann als Nachweis für Capability Level 1 herangezogen werden, solange die relevanten Interessengruppen angesprochen werden. Unter Berücksichtigung von PA 2.1 und insbesondere GP 2.1.7 ist eine stärker formalisierte und geplante Vorgehensweise mittels definierter Kommunikationsmedien erforderlich. Dies geschieht oft werkzeuggestützt. Im Hinblick auf Capability Level 3 sollte dies im Standardprozess beschrieben und auf das Projekt zugeschnitten werden.

10.3.4 Zusätzliche Überlegungen

Bezug zu anderen Automotive SPICE®-Prozessen

- Der Feinentwurf verfeinert den Architekturentwurf und schließt somit den Anforderungs- und Entwurfsprozess ab. Daher besteht ein logischer Bezug zu dem vorausgehenden SWE.2. Dabei ist zu beachten, dass die Prozesse in modernen Entwicklungsprojekten nicht einfach wasserfallartig durchlaufen werden, sondern es durchaus beidseitige Wechselwirkungen geben kann.
- Der Feinentwurf wird im SWE.4 verifiziert. Die Prozesse SWE.3 und SWE.4 hängen eng zusammen und können häufig auch zusammen assessiert werden. Hierbei ist wichtig, dass die Unit-Verifikation auf dem Feinentwurf basiert und nicht auf dem entstandenen Code.
- Der Fortschritt in den Entwicklungsprozessen ist das Kerngeschäft des Projektmanagements, insofern gibt es auch hier einen starken Bezug. Es ist eine feinere Planung als beispielsweise in den Unterstützungsprozessen notwendig.

Typische Fallstricke

- Die Entwicklung des Feinentwurfs wird übersprungen und der Code unmittelbar erstellt. Gegebenenfalls wird der Feinentwurf dann noch mit Werkzeugen wie Doxygen aus dem Code generiert. Dies ist kein akzeptables Vorgehen, aber in agilen Projekten häufig zu beobachten. Das Problem ist, dass die Trennung von Feinentwurf und Code und das Prinzip, dass der Code aus dem Feinentwurf generiert werden soll, verletzt werden. Dabei handelt es sich um eine Überinterpretation des agilen Prinzips, dass Code wichtiger als die Dokumentation sei. Dies bedeutet aber nicht, dass man bei der Entwicklung komplexer Systeme nicht nachvollziehbar und systematisch Inhalte herleiten muss. Das ist kein Widerspruch zur Agilität, sondern eine zusätzliche Qualitätsanforderung, die erfüllt werden muss.
- Der Code wird nicht ausreichend kommentiert, und die Zusammenhänge zur Feinspezifikation können nicht nachvollzogen werden.
- Es gibt keine geeigneten Modellierungs- oder Codierungsrichtlinien oder diese werden nicht befolgt.
- Es werden grafische Darstellungen (z. B. Flussdiagramme) ohne textuelle Beschreibung als Feinentwurf verwendet. Dies ist häufig auf sogenanntes »Reverse Engineering« zurückzuführen, also das Erstellen von Beschreibungen und Dokumentation aus dem bereits entwickelten Code.
- Es existiert keine Beschreibung des internen Verhaltens einer Unit.
- Interne Anforderungen anderer Komponenten oder Units werden nicht dem Feinentwurf einer Unit zugeordnet.
- Das Modell zur Codegenerierung wird als Feinentwurf betrachtet, aber es gibt keine ausreichenden textuellen Erklärungen.

Zu berücksichtigen in Bezug auf PA 2.1

- Die Aktivitäten zur Erstellung der Software sollten in hinreichender Granularität geplant und abgeschätzt werden. Die Abschätzungen sollten systematisch erfolgen und kontinuierlich verbessert werden.
- Wenn wir uns in Richtung eines Capability Level 2 bewegen, steigen die Erwartungen bezüglich der Reproduzierbarkeit und Optimierung von Arbeitsprozessen. Es sollten Vorgehensweisen dokumentiert sein (beispielsweise in einer Strategie), wie ein Feinentwurf für eine Unit effektiv und mit guter Qualität erstellt werden kann.
- Aufgewendete Zeiten und Änderungen sollten systematisch nachverfolgt werden, um Schwachstellen rechtzeitig erkennen zu können und um den Prozess kontinuierlich zu verbessern.
- Anpassungen bei Feinentwurf und Code könnten je nach Projekttyp erforderlich sein. Dies sollte in der Planung berücksichtigt werden.

- Technische und personelle Ressourcen sowie Stakeholder-Vertreter sind zu berücksichtigen.
- Technische Ressourcen: Software-Modellierungstools und Lizenzen, Drittanbietersoftware wie AUTOSAR, CAN-Stacks etc., eigene oder kommerzielle Funktionsbibliotheken, Frameworks, Open-Source-Software.
- Der Produktlinienansatz benötigt standardisierte Einheiten/Komponenten.
- Die Bearbeitung von Änderungsanträgen muss dokumentiert, geplant und gesteuert werden.

Zu berücksichtigen in Bezug auf PA 2.2

- Der Feinentwurf sollte anhand von Qualitätskriterien und Modellierungsrichtlinien überprüft werden.
- Für die Modellerstellung sind Architektur- und Entwurfsrichtlinien erforderlich.
- Bei Capability Level 2 kommen zusätzliche Kriterien hinzu: Kompatibilität, Skalierbarkeit, Erweiterbarkeit, Modularität, Wiederverwendbarkeit, Portabilität.

Hinweise für Assessoren

- Zum Umgang mit dem Feinentwurf und dem daraus entstehenden Code gibt es unzählige Ansätze, sodass der erste Schritt im Assessment immer darin besteht, diese Ansätze den Betrachtungsobjekten im Automotive SPICE® zuzuordnen. Dieses Mapping ist unerlässlich, um den Prozess zuverlässig bewerten zu können. Dazu gehört auch, die Granularität einer Software-Unit im Projekt zu klären.
- Werkzeuge wie Doxygen die können Dokumentation aus Codekommentaren generieren. Nachträgliche Dokumentation ohne zuvor durchgeführten Entwurf sollten Sie mit Vorsicht betrachten. Ziel sollte es immer sein, dass erst die Entwurfsbeschreibung erstellt wird und dann die Codierung erfolgt. Dieses Prinzip wird umso wichtiger, je komplexer das System wird. Ein wesentlicher Aspekt dieser Systematik ist es, den Überblick behalten zu können und die Entwicklung langfristig nachvollziehbar zu machen. Bei Assessments sollten Sie den Nachweis über Historien im Konfigurationsmanagement-System beachten. Entwurf und Code dürfen nicht gleichzeitig abgeschlossen werden.
- In der modellbasierten Entwicklung:
  - Modellierung wird oft mehr als Codierung denn als Design betrachtet.
  - Designwerkzeuge decken möglicherweise nicht alle Aspekte des Feinentwurfs ab, es könnten zusätzliche Entwurfsdokumente erforderlich sein.
  - Eine besondere Überprüfung ist notwendig für Architekturmodellierung, Verhaltensaspekte und Schnittstellenmodellierung.
  - Sie sollten prüfen, ob eine ausreichende Entwurfsdokumentation für die Elemente vorhanden ist.

10.4 SWE.4 Software-Unit-Verifikation

Der Zweck besteht in der Überprüfung, ob die Software-Units mit dem Softwarefeinentwurf übereinstimmen.	**Plug-in**
Erwartete Prozessergebnisse: ■ Es werden Verifikationsmaßnahmen für die Verifikation von Software-Units festgelegt. ■ Die Maßnahmen zur Verifikation von Software-Units werden entsprechend dem Release-Umfang ausgewählt, einschließlich der Kriterien für die Regressionsverifikation. ■ Die Software-Units werden anhand der ausgewählten Verifizierungsmaßnahmen verifiziert und die Ergebnisse werden aufgezeichnet. ■ Zwischen den Verifikationsmaßnahmen und den Software-Units werden Konsistenz und bidirektionale Rückverfolgbarkeit hergestellt; zwischen den Verifikationsergebnissen und den Verifikationsmaßnahmen wird bidirektionale Rückverfolgbarkeit sichergestellt. ■ Die Ergebnisse der Verifikation von Software-Units werden zusammengefasst und allen betroffenen Parteien mitgeteilt.	

10.4.1 Prozessbeschreibung

Die Verifikation von Software-Units ist ein essenzieller Bestandteil des Software-Entwicklungsprozesses, der darauf abzielt, die Konsistenz der Software-Units mit dem Feinentwurf sicherzustellen.

Ein effektiver Verifikationsprozess kombiniert verschiedene Methoden. Dazu gehören Codereviews, bei denen der Code von Experten geprüft wird, statische und dynamische Codeanalysen, die sicherstellen, dass der Code sowohl in seiner Ruheform als auch während der Ausführung korrekt ist, sowie die Verifikation von Software-Units selbst.

Ein weiterer wichtiger Aspekt der Verifikation ist die Berücksichtigung von Anwendungsparameter-Kombinationen in Tests. Durch das Testen verschiedener Kombinationen wird sichergestellt, dass die Software unter verschiedenen Bedingungen korrekt und zuverlässig funktioniert.

Für sicherheitskritische Anwendungen, insbesondere solche mit hohen Anforderungen an die ASIL-Klassifizierung, ist es auch von entscheidender Bedeutung, spezifische Sicherheitsmaßnahmen zu überprüfen, die aus sicherheitsorientierten Analysen hervorgegangen sind. Dies stellt sicher, dass alle potenziellen Sicherheitsrisiken identifiziert und angegangen werden.

Zudem ist es wichtig zu bestätigen, dass die Software-Unit mit dem Unit-Design übereinstimmt und die erforderliche ASIL-Stufe erreicht. Dies gibt den Stakeholdern das Vertrauen, dass die Software nicht nur funktioniert, sondern auch sicher ist.

Schließlich muss sichergestellt werden, dass keine unerwünschten Funktionalitäten oder Eigenschaften in Bezug auf die funktionale Sicherheit vorhanden sind. Jede unerwünschte Funktionalität könnte ein potenzielles Sicherheitsrisiko darstellen, und es ist von entscheidender Bedeutung, solche Risiken im Verifikationsprozess zu identifizieren und zu eliminieren.

Nutzen

- Units sind bereit für die Produktintegration sowie für weitere Verifikation/Validierung.
- Es existieren dokumentierte Tests und Ergebnisse für Regressionstests.
- Klare Rückverfolgbarkeit zwischen Software-Units, ihrem Entwurf und den Verifikationsergebnissen ist hergestellt.

Die Verifikation von Software-Units wird durch die Kombination von Codereviews, statischer Codeanalyse, dynamischer Codeanalyse und Software-Unit-Tests bestimmt, um das gewünschte Qualitätsniveau zu erreichen. Hierfür müssen entsprechende Maßnahmen definiert werden.

- Dazu gehören Unit-Testfälle, Peer-Review-Checklisten für Sourcecode-Reviews und Vorgaben für die statische Analyse (z.B. Profile für die Analysewerkzeuge, die festlegen, welche Prüfungen durchgeführt werden). Auch Kombinationen von Anwendungsparametern müssen bei den Tests berücksichtigt werden.
- Die Software-Units werden dann entsprechend dem geplanten Vorgehen mit den ausgewählten Verifikationsmaßnahmen verifiziert.
- Die Rückverfolgbarkeit und die Konsistenz zwischen den Software-Units, dem Feinentwurf und den Verifikationsergebnissen sowie zwischen der Testspezifikation und den Testergebnissen werden sichergestellt.
- Die Rückverfolgbarkeit zum Design und zu den Testfällen der Software-Units wird häufig durch Namenskonventionen sichergestellt.
- Eine Zusammenfassung der Testergebnisse und der Ergebnisse der statischen Verifikation wird erstellt und an die entsprechenden Stellen weitergeleitet.

Auch wenn Automotive SPICE® 4.0 auf Capability Level 1 keine Strategie für die Unit-Verifikation mehr fordert, ist es sinnvoll, bereits an dieser Stelle festzuhalten, nach welchem Ansatz das Projekt bei der Verifikation durchgeführt werden soll. So kann sichergestellt werden, dass alle Aktivitäten sinnvoll und gemäß den Anforderungen von Automotive SPICE® 4.0 durchgeführt werden.

10.4.2 Basispraktiken

SWE.4.BP1: Spezifikation von Verifikationsmaßnahmen für Software-Units. Spezifiziere die Verifikationsmaßnahmen für jede im Softwarefeinentwurf definierte Software-Unit, einschließlich

- Bestanden-/Nicht-bestanden-Kriterien für Verifikationsmaßnahmen,
- Eingangs- und Ausgangskriterien für Verifikationsmaßnahmen und
- der erforderlichen Verifikationsinfrastruktur.

Anmerkung 1: *Beispiele für Maßnahmen zur Verifikation von Einheiten sind statische Analyse, Code-Reviews und Unit Tests.*

Anmerkung 2: *Die statische Analyse kann auf der Grundlage von MISRA-Richtlinien und anderen Codierungsstandards durchgeführt werden.*

In Automotive SPICE® wird der Verifikationsprozess von Software-Units als essenzieller Schritt betrachtet, um die Integrität und Qualität des entwickelten Codes zu gewährleisten. Ein zentrales Anliegen dieses Prozesses ist die Überprüfung der Software-Units gegenüber dem Feinentwurf.

Die Verifikation umfasst dabei nicht nur das dynamische Testen der Software-Units, sondern auch statische Verifikationsmethoden. Ein wichtiges Prinzip hierbei ist, dass nicht zwangsläufig eine vollständige Codeabdeckung erreicht werden muss. Vielmehr ist entscheidend, dass spezifische Testfälle gezielt diejenigen Codeabschnitte abdecken, die aufgrund ihres Zwecks und ihrer Definition überprüft werden sollen. Die Codeabdeckung dient somit lediglich als unterstützende Information, um die Vollständigkeit der ausgewählten Testfälle zu bewerten, und stellt nicht das Hauptziel der Verifikation dar.

Ein weiterer wichtiger Aspekt in 4.0 ist, dass zwar keine explizite Teststrategie mehr gefordert wird, es aber dennoch empfehlenswert ist, sich eine grundlegende Systematik und Argumentation für die Verifikation zurechtzulegen. Dies ermöglicht es, am Ende des Verifikationsprozesses dessen Vollständigkeit nachzuweisen. Zudem ist es von Bedeutung, für alle Verifikationsmaßnahmen eindeutige Kriterien zu definieren, wie etwa Bestanden-/Nicht-bestanden-Kriterien sowie Eingangs- und Ausgangskriterien. Diese klaren Kriterien ermöglichen erst ein eindeutiges Verifikationsergebnis. Abbildung 10–2 stellt den Zusammenhang verschiedener Verifikationsmaßnahmen mit den Spezifikationsdokumenten dar.

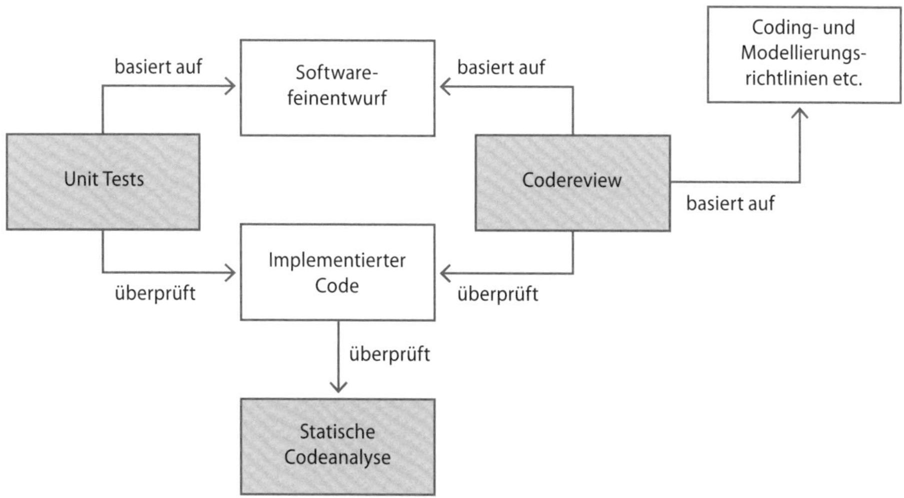

Abb. 10–2 *Verifikationsmaßnahmen auf Unit-Ebene*

Die Automatisierung von Verifikationsmaßnahmen spielt eine entscheidende Rolle bei der Steigerung der Effizienz und Effektivität des Verifikationsprozesses. Es ist jedoch von großer Bedeutung, dass die Korrektheit, Vollständigkeit und Konsistenz der eingesetzten Skripte und Programme in der Definition der Verifikationsmaßnahme berücksichtigt werden.

Explorative Tests, die auf Erfahrungen und sogenanntem »Error Guessing« basieren, ergänzen die standardisierten Testverfahren, indem sie potenzielle Fehlerquellen aufdecken, die möglicherweise nicht durch die herkömmlichen Tests erfasst werden. Auch wenn diese explorativen Tests nicht direkt aus der Feinspezifikation abgeleitet werden können, ist eine Rückverfolgbarkeit zwischen den Testfällen und ihren Ergebnissen erforderlich.

Häufig wird die Software, wie auch in der ISO 26262 favorisiert, unmittelbar auf der Zielhardware getestet. Dies birgt einige Nachteile in sich, denn gerade in frühen Phasen des Projekts können so Softwarefehler nur schwer von Hardwareproblemen separiert werden. Es empfiehlt sich also häufig, auch aus Gründen der Kosteneffizienz, die ganze Kette von der Software-in-the-Loop (SIL) bis zur Hardware-in-the-Loop (HIL) zu durchlaufen.

SWE.4.BP2: Auswahl von Software-Unit-Verifikationsmaßnahmen. Dokumentiere die Auswahl von Verifikationsmaßnahmen unter Berücksichtigung von Auswahlkriterien, einschließlich der Kriterien für die Regressionsverifikation. Die dokumentierte Auswahl der Verifikationsmaßnahmen muss einen ausreichenden Abdeckungsgrad entsprechend dem Release-Umfang aufweisen.

Die Auswahl der Verifikationsmaßnahmen sollte auf der Grundlage von Fachwissen und Erfahrung erfolgen, selbst wenn der Release-Umfang nicht vollständig definiert ist. Hierfür sollten auch Kriterien definiert sein, sodass die Auswahl jederzeit nachvollziehbar ist. In Abhängigkeit vom Umfang der zu testenden Softwareversion und der Regressionstest-Planung sind die Verifikationsmaßnahmen systematisch auszuwählen und nachvollziehbar zu dokumentieren. Grundsätzlich sollten die Verifikationsmaßnahmen für jede Softwareversion die Verifikation von neu hinzugefügten und geänderten Units umfassen. Mit fortschreitender Automatisierung kann häufig der gesamte Umfang an Verifikationsmaßnahmen durchgeführt werden.

Die Verifikationskriterien sollten klar festlegen, in welchem Umfang sowohl der Entwurf als auch der Code abgedeckt werden müssen. Eine inhärente Testabdeckung ist insbesondere in zwei Szenarien gegeben: Erstens, wenn standardisierte Software-Units verwendet werden, die bereits im Vorfeld qualifiziert wurden, und zweitens, wenn in Übernahmeprojekten unveränderte Komponenten nicht erneut getestet werden.

Wichtig ist auch, dass sowohl sicherheitsrelevante als auch nicht sicherheitsrelevante Anforderungen bei der Verifikation berücksichtigt werden.

SWE.4.BP3: Verifikation von Software-Units. Führe die Verifikation von Software-Units unter Verwendung der ausgewählten Verifikationsmaßnahmen durch. Zeichne die Verifikationsergebnisse einschließlich des Bestanden-/Nicht-bestanden-Status und der entsprechenden Daten der Verifikationsmaßnahmen auf.

Anmerkung 3: *Zur Behandlung von Verifikationsergebnissen, die von den erwarteten Ergebnissen abweichen, siehe SUP.9.*

Diese Basispraktik erfordert eine sorgfältige Durchführung und Dokumentation der verschiedenen Verifikationsmaßnahmen sowie der erzielten Ergebnisse. Im Zentrum der Verifikationsaktivitäten steht die Anwendung ausgewählter Verifikationsmaßnahmen, die sich nach den festgelegten Verifikationskriterien richten.

Ein zentraler Bestandteil der Verifikation ist die detaillierte Dokumentation. Es ist essenziell, alle Ergebnisse der Verifikation, wie Codereview-Ergebnisse, Berichte aus der statischen Analyse oder Unit-Test-Berichte, vollständig zu erfassen. Diese Dokumentation dient nicht nur als Nachweis der durchgeführten Verifikationsschritte, sondern auch als Beleg dafür, dass alle relevanten Aspekte der Verifikation berücksichtigt wurden.

Für die Durchführung der Verifikation stehen den Entwicklern diverse technische Ressourcen zur Verfügung. Dazu zählen spezialisierte Testwerkzeuge, Software-Debugger, Werkzeuge für die statische Analyse sowie die Zielhardware und Hardware-Debugger. Die Auswahl der richtigen Verifikationsumgebung ist dabei entscheidend, um die Ziele der Unit-Verifikation effektiv zu erreichen. So kann es in manchen Fällen notwendig sein, die dynamischen Unit Tests direkt auf der Zielhardware durchzuführen, um Abhängigkeiten in Bezug auf wechselnde Hardware-

Testumgebungen auszuschließen. Bei modellbasierter Entwicklung kann die Verifikation auch auf Modellebene erfolgen, ergänzt durch Back-to-Back-Vergleichstests.

Ein praxisnahes Vorgehen umfasst die Erstellung von privaten Builds durch die Entwickler, die Durchführung persönlicher Unit Tests, statischer Analysen und Reviews, gefolgt von der Integration der Software in den Teamstream. Regelmäßige Team-Builds und die Verteilung von Berichten an die Entwickler sind ebenfalls Teil des Prozesses. Diese umfassenden Tests und die gemeinsame Nutzung der Ergebnisse im Team tragen zur Verbesserung der Softwarequalität bei.

Die Ergebnisse der Verifikation, einschließlich des Bestanden-/Nicht-bestanden-Status und der Daten der Verifikationsmaßnahmen, müssen genau aufgezeichnet werden. Bei Abweichungen von den erwarteten Ergebnissen ist es wichtig, eine Verbindung zum Problemlösungs- oder Fehlerbehebungs-Prozess herzustellen.

SWE.4.BP4: Sicherstellung der Konsistenz und Herstellung der bidirektionalen Rückverfolgbarkeit. Stelle die Konsistenz sicher und richte eine bidirektionale Rückverfolgbarkeit zwischen Verifikationsmaßnahmen und den im Feinentwurf definierten Software-Units ein. Stelle außerdem die bidirektionalen Rückverfolgbarkeit zwischen den Verifikationsergebnissen und den Verifikationsmaßnahmen her.

Anmerkung 4: *Bidirektionale Rückverfolgbarkeit unterstützt die Konsistenz und erleichtert die Auswirkungsanalyse von Änderungsanträgen sowie den Nachweis der Verifikationsabdeckung. Rückverfolgbarkeit allein, z. B. das Vorhandensein von Verknüpfungen, bedeutet nicht notwendigerweise, dass die Informationen zueinander konsistent sind.*

Im Fokus von BP4 steht die Sicherstellung der Rückverfolgbarkeit und Konsistenz zwischen den Software-Units, dem Feinentwurf und den Testergebnissen. Das bedeutet, dass jede Software-Unit, die entwickelt oder geändert wurde, entsprechend im Entwurf dokumentiert ist und dass die Ergebnisse der Tests mit den jeweiligen Software-Units und dem Design übereinstimmen. Ein solches Vorgehen gewährleistet, dass alle Aspekte des Software-Entwicklungsprozesses konsistent zueinander sind und keine Diskrepanzen oder Inkonsistenzen entstehen.

Ein übliches Vorgehen zur Sicherung der Rückverfolgbarkeit ist die Vereinbarung einer Namenskonvention, mit der eine Verbindung zwischen verschiedenen Elementen des Entwicklungsprozesses hergestellt werden kann. Vereinfacht ausgedrückt bedeutet dies, dass z. B. die Software-Units immer den Namen des Entwurfselements als Präfix im Namen tragen und im Verifikationsergebnis der Name der verifizierten Software-Unit entsprechend eingetragen wird. Je nach Verifikationsmethode und -werkzeug kann dies automatisiert oder manuell geschehen. Ein durchdachtes Namensschema kann helfen, den Zusammenhang zwischen einem spezifischen Entwurfselement, der zugehörigen Software-Unit und dem entsprechenden Testergebnis schnell und eindeutig zu identifizieren.

Die konsequente Anwendung von Namenskonventionen und eine systematische Dokumentation gewährleisten, dass jeder Schritt im Entwicklungsprozess nachvollziehbar bleibt. Das erleichtert nicht nur das Projektmanagement und die Fehlerbehebung, sondern erhöht auch das Vertrauen in die Qualität und Integrität des Endprodukts. Natürlich muss die Rückverfolgbarkeit über die verschiedenen Entwicklungsphasen hinweg aufrechterhalten werden. Die Rückverfolgbarkeit ermöglicht eine Konsistenzprüfung, wobei zu beachten ist, dass eine Konsistenzprüfung in der Regel nicht automatisiert erfolgen kann. Hier ist der genaue Blick von Experten erforderlich. Üblicherweise erfolgt diese Prüfung durch Reviews. Auf das Thema Rückverfolgbarkeit und Konsistenz gehen wir genauer in Abschnitt 5.7 ein.

SWE.4.BP5: Zusammenfassung und Kommunikation von Ergebnissen. Fasse die Ergebnisse der Verifikation von Software-Units zusammen und kommuniziere sie an alle betroffenen Parteien.

Anmerkung 5: *Die Bereitstellung aller notwendigen Informationen aus der Testfallausführung in einer Zusammenfassung ermöglicht es anderen Beteiligten, die Konsequenzen zu beurteilen.*

Diese Praktik legt den Schwerpunkt darauf, die Ergebnisse von Tests, statischen Überprüfungen oder anderen Verifikationsmaßnahmen zu sammeln, zu analysieren und mit dem Team zu teilen. Statische Überprüfungsberichte werden direkt an die betroffenen Entwickler weitergeleitet, die daraufhin ihre identifizierten Probleme adressieren und beheben. Dies ermöglicht eine schnelle Reaktion und stellt sicher, dass entdeckte Mängel ohne Verzögerung korrigiert werden können.

Darüber hinaus wird eine Vielzahl von Unit Tests durchgeführt, einschließlich umfassender Regressionstests, die sicherstellen sollen, dass Änderungen an der Software keine unerwarteten Nebenwirkungen auf bestehende Funktionalitäten haben. Die Ergebnisse dieser Tests werden in übersichtlicher Form an die jeweiligen Stakeholder verteilt. Auf diese Weise hat jeder Einblick in den aktuellen Zustand der Software, kann den Erfolg der durchgeführten Tests bewerten und erforderliche Korrekturmaßnahmen ergreifen.

Ein zentrales Element von BP5 ist der zusammenfassende Bericht. Dieser gibt einen detaillierten Überblick über die durchgeführten Verifikationsmaßnahmen und deren Ergebnisse. Die folgenden Punkte sollten dabei dokumentiert werden:

- Anzahl der ausgeführten Tests, inklusive Anzahl der erfolgreichen, fehlgeschlagenen und ausgelassenen Tests
- Anzahl der Codereviews, inklusive der noch offenen gefundenen Fehler
- Anzahl der in der statischen Codeanalyse geprüften Regeln, inklusive Anzahl der Warnungen und Fehlermeldungen
- Sonstige Erkenntnisse aus den Verifikationsmaßnahmen
- Zusammenfassung der Ergebnisse als abschließender Kommentar, wie die Ergebnisse einzuordnen sind, sodass die weiteren Stakeholder die Ergebnisse auch interpretieren können

Manche Berichte weisen die prozentuale Verteilung der jeweiligen Ergebnisse aus, um die Erfolgsquote der durchgeführten Maßnahmen darzustellen. Diese Erfolgsquote kann als Indikator für die Qualität der Software und den Fortschritt im Entwicklungsprozess verstanden werden.

Auf die generelle Bedeutung des Berichtswesens für einen funktionierenden Entwicklungsprozess wird in Abschnitt 5.9.2 eingegangen. Die Ergebnisse der Verifikationsmaßnahmen sind ein wesentlicher Aspekt für das Management des Projekts und den Nachweis der Güte der Projektergebnisse.

10.4.3 Erzeugte Informationsobjekte

08-60 Verifikationsmaßnahmen	Definition der Verifikationsmaßnahmen wie Codereview, statische Analyse und Spezifikation von Unit Tests, einschließlich Unit-Testfällen und deren Erfolgskriterien.
03-50 Daten aus Verifikationsmaßnahmen	Daten aus Verifikationsmaßnahmen werden während der Verifikationsausführung aufgezeichnet. Sie können Rohdaten aus Testfällen beinhalten, ebenso Werte aus Messungen, Berechnungen und Analysen oder Protokolle, die Simulations- oder Reviewergebnisse dokumentieren.
08-58 Auswahlset für Verifikationsmaßnahmen	Wählen Sie die Verifikationsmaßnahme für jedes Release aus und berücksichtigen Sie den Release-Umfang und die Regressionstest-Strategie.
15-52 Verifikationsergebnisse	Ergebnisse der jeweiligen Verifikationsmaßnahmen, einschließlich Unit Tests, Codereviews und statischer Analyse.
13-51 Konsistenznachweise	Die Konsistenz wird in der Regel durch ein Prüfprotokoll nachgewiesen. Bei einer großen Anzahl von Elementen reicht es nicht aus, die Frage der Konsistenz an einer Stelle zentral zu beantworten, sondern sie muss für alle Software-Units und Designelemente einzeln oder für kleinere Mengen davon dokumentiert werden. Die Dokumentation erfolgt im Allgemeinen werkzeuggestützt oder in spezifischen Checklisten. Es gibt also in der Regel kein besonderes Dokument, das die in diesem Fall benötigten Informationen enthält.
13-52 Kommunikationsnachweise	Jedes greifbare Artefakt, z. B. E-Mails, Sitzungsprotokolle, Offene-Punkte-Listen, kann als Nachweis für den Capability Level 1 herangezogen werden, solange die relevanten Interessengruppen angesprochen werden. Unter Berücksichtigung von PA 2.1 und insbesondere GP 2.1.7 ist eine stärker formalisierte und geplante Vorgehensweise mittels definierter Kommunikationsmedien erforderlich. Dies geschieht oft werkzeuggestützt. Im Hinblick auf Capability Level 3 sollte dies im Standardprozess beschrieben und auf das Projekt zugeschnitten werden.

10.4.4 Zusätzliche Überlegungen

Bezug zu anderen Automotive SPICE®-Prozessen

- Der Prozess SWE.4 hängt eng mit SWE.3 zusammen, sodass diese Prozesse häufig nicht als unabhängige Prozesse ablaufen, sondern ineinander integriert und eng verzahnt sind, insbesondere, wenn die Entwickler selbst die Unit-Verifikation spezifizieren und durchführen.
- Das Ergebnis der Einzelprüfung wird in der Regel als Eingangskriterium für den nächsten Schritt des Softwareintegrations-Tests verwendet.
- Bei allen Verifikationsprozessen besteht ein Bezug zu SUP.9 Problemlösungs-Management, da der Fehlerbehebungs-Prozess dort angesiedelt ist.

Typische Fallstricke

- Unit-Verifikation wird nur als einfaches Debugging betrachtet. Dabei geht ein wesentlicher Aspekt des Prozesses verloren, nämlich die Gewährleistung der Softwarequalität.
- Der Druck bei der Projektabwicklung führt oft dazu, dass effektive Unit Tests übersprungen werden oder man sich einredet, dass das Testen der Unit implizit im Gesamtkontext der restlichen Software besser oder ausreichend ist.
- Die Ziele der Codeabdeckung (Zweigabdeckung, Pfadabdeckung, Anweisungsabdeckung) sind zwar definiert (z.B. 50 % Zweigabdeckung), aber es sind keine Kriterien für diese Festlegung erkennbar.
- Der Unit Test zielt auf die Low-Level-Software-Anforderungen und nicht auf das Unit-Design ab.

Zu berücksichtigen in Bezug auf PA 2.1

- Bei der Planung von Codereviews ist es oft üblich, den Aufwand prozentual in die Entwicklung des Codes einfließen zu lassen (z.B. 10 % des Entwicklungsaufwands für Review), sodass keine separate Reviewplanung erfolgt, Ähnliches gilt auch für die Ausführung der statischen Codeanalyse.
- Je nach Automatisierungsgrad können dynamische Unit Tests und statische Codeanalyse automatisch (z.B. beim Check-in in das Code-Verwaltungssystem) ausgeführt werden, dies muss bei der Planung der Verifikationsaktivitäten berücksichtigt werden.
- Es ist eine umfassende Strategie, inklusive Methoden und Anweisungen für die Durchführung von Software-Unit-Verifikation, vorhanden und mit relevanten Standards, wie z.B. ISO 26262, abgestimmt.

Zu berücksichtigen in Bezug auf PA 2.2

- Alle relevanten Software-Einzelprüfungsmaßnahmen wurden vor der Implementierung überprüft. Es wurde eine Checkliste verwendet.
- Vor jeder Überprüfung wird eine Zwischen-Baseline erstellt.
- Eine Haupt-Baseline wird für bestimmte Releases/Meilensteine erstellt.
- Bei Testfällen für Code oder Modell bei modellbasierter Entwicklung sollten auch die qualitativen Qualitätskriterien gemäß ISO/IEC 25010 berücksichtigt werden.

Hinweise für Assessoren

- Fragen Sie nach den Kriterien für die Festlegung der Codeabdeckung und prüfen Sie, ob diese eingehalten werden.
- Überprüfen Sie, ob die Strategie für die Unit-Verifikation nicht nur Unit Tests umfasst, sondern auch statische Prüfungen (Codeanalyse, Codereview) beschreibt.
- Überprüfen Sie die statischen Codeanalyse-Berichte auf Verstöße und Begründungen.
- Überprüfen Sie, ob alle Unit Tests für eine bevorstehende Kundenfreigabe durchgeführt wurden.
- Lassen Sie sich die Zusammenfassung der gesamten Unit-Verifikationsmaßnahmen zeigen, die die Ergebnisse der Unit Tests, Codeanalysen und Codereviews enthalten sollte.
- Überprüfen Sie, ob es Kriterien für die Durchführung von Codereviews gibt (z.B. Inspektion für ASIL-D-relevante Units, Peer-Reviews für nicht-ASIL-relevante Units).
- Die Überprüfung von Units muss oft mit anderen Standards abgestimmt werden, z.B. ISO 26262. Überprüfen Sie, ob dies in der Strategie berücksichtigt wurde.
- Eine korrekt durchgeführte Auswahl der Verifikationsmaßnahmen sollte nicht abgewertet werden, auch wenn der Freigabeinhalt unzureichend oder unvollständig definiert ist.

10.5 SWE.5 Verifikation von Softwarekomponenten und Integrationsverifikation

Der Zweck besteht in der Überprüfung, ob die Softwarekomponenten mit dem Softwarearchitekturentwurf übereinstimmen, sowie in der Integration von Softwareelementen und der Überprüfung, ob die integrierten Softwareelemente mit der Softwarearchitektur und dem Softwarefeinentwurf übereinstimmen.	**Plug-in**
Erwartete Prozessergebnisse: ■ Es werden Maßnahmen für die Verifikation der Softwareintegration der integrierten Softwareelemente auf der Grundlage der Softwarearchitektur und des Feinentwurfs spezifiziert, einschließlich der Schnittstellen der Softwarekomponenten und der Interaktionen zwischen ihnen. ■ Verifikationsmaßnahmen für Softwarekomponenten werden spezifiziert, um den Nachweis zu erbringen, dass die Softwarekomponenten mit dem Verhalten und den Schnittstellen der Softwarekomponenten übereinstimmen. ■ Die Softwareelemente werden zu einer vollständig integrierten Software integriert. ■ Die Verifikationsmaßnahmen werden entsprechend dem Release-Umfang unter Berücksichtigung von Kriterien, einschließlich der Kriterien für die Regressionsverifikation, ausgewählt. ■ Die Softwarekomponenten werden mit den ausgewählten Verifikationsmaßnahmen verifiziert und die Ergebnisse der Integrationsverifikation werden aufgezeichnet. ■ Integrierte Softwareelemente werden mit den ausgewählten Verifikationsmaßnahmen verifiziert und die Ergebnisse der Integrationsverifikation werden aufgezeichnet. ■ Zwischen den Verifikationsmaßnahmen, der Softwarearchitektur und dem Feinentwurf werden Konsistenz und bidirektionale Rückverfolgbarkeit hergestellt und zwischen den Verifikationsergebnissen und den Verifikationsmaßnahmen wird ebenfalls eine bidirektionale Rückverfolgbarkeit hergestellt. ■ Die Ergebnisse der Verifikation von Softwarekomponenten und der Verifikation der Integration von Softwareelementen werden zusammengefasst und allen betroffenen Parteien mitgeteilt.	

10.5.1 Prozessbeschreibung

In der Softwareentwicklung spielt die Verifikation eine entscheidende Rolle. Nachdem in SWE.2 die Architektur und in SWE.3 der Feinentwurf festgelegt wurden, liegt der Fokus in diesem Prozess darauf, diese Spezifikationen zu überprüfen und sicherzustellen, dass das umgesetzte Design auch tatsächlich den Anforderungen entspricht. Einen Teil des Feinentwurfs haben wir zuvor schon in SWE.4 überprüft. Im Falle von komplexen Softwareprodukten, die eine hohe Anzahl von Software-

Units beinhalten, kann es notwendig sein, die Integration in eine Software-Unit-Integration und eine Softwarekomponenten-Integration aufzuteilen. In dem Fall sind drei Schritte notwendig (s. auch die Guidelines [VDA 2023, Kapitel 2.4]):

1. Integration der Software-Units und Verifikation dieser Integration (s. Abb. 10–3)
2. Verifikation der einzelnen integrierten Softwarekomponenten (s. Abb. 10–4)
3. Integration der verifizierten Softwarekomponenten zur gesamten Software und Verifikation dieser Integration (s. Abb. 10–5)

Dieser Aspekt wurde in der Vorgängerversion Automotive SPICE® 3.1 nicht ausreichend betrachtet und ist in Automotive SPICE® 4.0 nun explizit integriert.

Im ersten Schritt geht es darum, die kleinsten Einheiten, die Software-Units, jeweils zu Softwarekomponenten zu integrieren. Dabei soll geprüft werden, ob die Software-Units korrekt zusammenspielen.

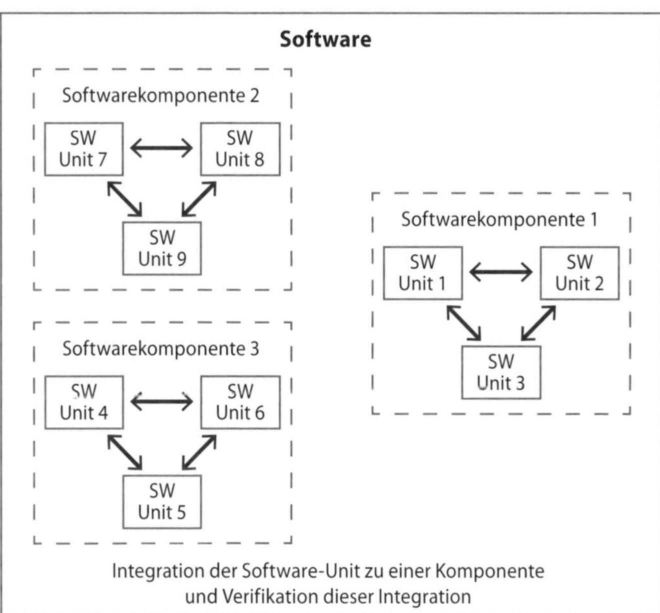

Abb. 10–3 *Schritt 1 – Integration der Software-Units*

Bei der Verifikation der Softwarekomponenten geht um die Sicherstellung, dass jede Komponente für sich korrekt funktioniert und den festgelegten Anforderungen genügt, bevor diese dann weiter integriert werden.

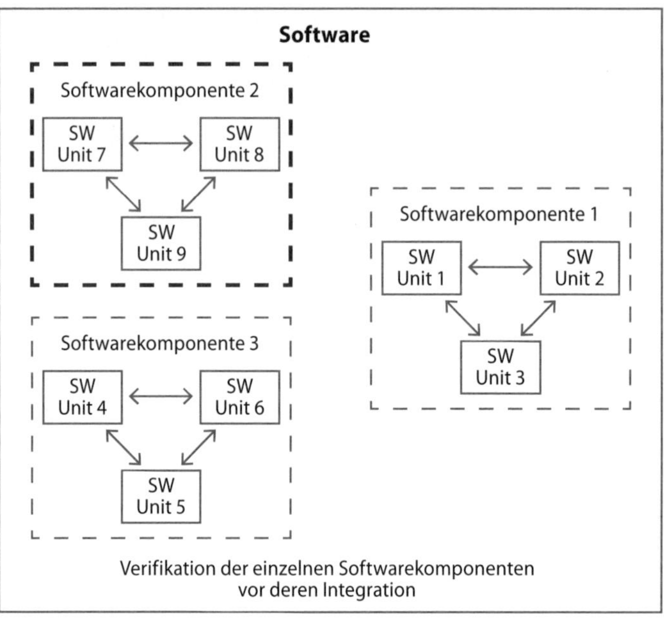

Abb. 10–4 *Schritt 2 – Verifikation der Softwarekomponenten*

Nach der Verifikation der Softwarekomponenten erfolgt die Integration der Komponenten zur Gesamtsoftware und die Verifikation dieser Integration. Damit wird sichergestellt, dass alle Komponenten in ihrer Gesamtheit korrekt zusammenarbeiten und das Gesamtsystem den Anforderungen gerecht wird.

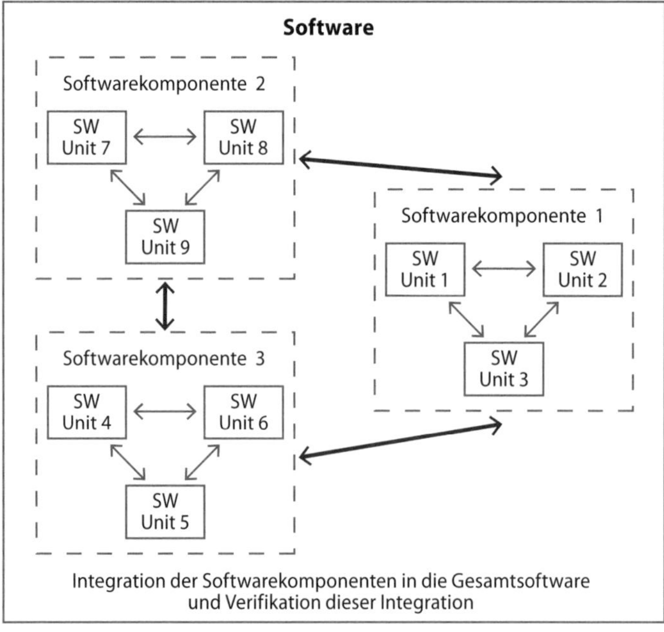

Abb. 10–5 *Schritt 3 – Integration der Softwarekomponenten*

Die Integration und Verifikation komplexer Softwareprogramme oder -systeme sind kritische Aspekte in der Entwicklung. Dieser Prozess erfordert eine gründliche Planung, Durchführung und Analyse. Es ist zu beachten, dass die hier verwendeten Techniken sowohl für eingebettete Software als auch für softwareintensive Systeme anwendbar sind.

Oft gibt es ein übergeordnetes Konzept für die Verifikation und Validierung, das verschiedene Verifikationsstufen umfasst. Dazu gehören Unit-, Integrations-, Komponenten- oder Softwarequalifikationsstufen.

Ein entscheidendes Prinzip, das immer beachtet werden sollte: Je früher ein Fehler oder ein Problem im Prozessablauf erkannt wird, desto geringer sind die dadurch verursachten Kosten. Dies unterstreicht die Bedeutung einer gründlichen und frühzeitigen Verifikation im Software-Entwicklungsprozess.

Nutzen

- Die Software wird schrittweise integriert und getestet, um Fehler in den Interaktionen zwischen den Komponenten der Software zu finden, bevor mit der Softwareverifikation (SWE.6) begonnen wird.
- Das Auffinden und Beheben von Fehlern in der Verifikation der Integration reduziert den Aufwand in der Softwareverifikation (SWE.6) durch fehlerhaften Input.
- Alle Schnittstellen und dynamischen Verhaltensweisen werden geprüft, der Ressourcenverbrauch wird gemessen und die Ergebnisse werden dokumentiert.

In der fortgeschrittenen Welt der Softwareentwicklung, insbesondere im Kontext von Automotive SPICE® 4.0, spielt die effiziente Verifikation eine zentrale Rolle. Die Herausforderung liegt nicht nur in der Entwicklung von qualitativ hochwertiger Software, sondern auch in der Sicherstellung, dass diese korrekt und zuverlässig funktioniert.

Auch wenn Automotive SPICE® 4.0 auf dem Capability Level 1 keine explizite Teststrategie mehr vorsieht, sind eine systematische Vorgehensweise und klare Entscheidungen unabdingbar. Eine umfassende Testplanung ist hierbei essenziell. Insbesondere müssen folgende Themenbereiche berücksichtigt werden:

- Definition der Techniken für die Verifikationsmaßnahmen (z. B. Verwendung von Äquivalenzklassen, Positiv- und Negativtests und Grenzwertüberprüfungen)
- Festlegung von Ein- und Ausgangskriterien für diese Verifikationsmaßnahmen
- Vorgaben zur benötigten Verifikationsinfrastruktur und zur Umgebungskonfiguration

Um die Auswahl der Testfälle systematisch zu gestalten, sollte ein strategieähnlicher Ansatz in Erwägung gezogen oder direkt auf dem Capability Level 1 schon eine komplette Strategie erstellt werden. Wenn für das Produkt funktionale Sicherheit relevant ist, müssen auch Entscheidungen in Bezug auf Methoden aus der ISO 26262 dokumentiert werden.

Der Katalog der Verifikationsmaßnahmen kann sowohl aus Anforderungen abgeleitete Verifikationsmaßnahmen als auch erfahrungsbasierte Tests (z.B. Error Guessing) umfassen. Während erfahrungsbasierte Tests in der Regel nicht direkt zur Softwarearchitektur oder zu den Softwareanforderungen zurückverfolgt werden können, muss ihre Nachverfolgbarkeit zu den Ergebnissen gewährleistet sein.

Moderne Fahrzeuge bestehen aus zahlreichen Komponenten, die jeweils individuelle Tests erfordern. Es wird erwartet, dass reale Testfahrten in Zukunft abnehmen, während virtuelle Testfahrten an Bedeutung gewinnen. Testfälle sind dabei an jede Entwicklungsstufe der Software gekoppelt. Loop-Tests, wie HIL (Hardware-in-the-Loop), SIL (Software-in-the-Loop) und MIL (Model-in-the-Loop), sind weit verbreitet. Es gibt spezialisierte Teams, die Testfälle für HIL oder echte Testfahrten entwerfen.

In der modernen Softwarelandschaft tendieren viele Unternehmen dazu, Software wiederzuverwenden. Sie passen Plattformsoftware entsprechend den Projektanforderungen an und erweitern sie. Dies erfordert eine noch sorgfältigere Qualitätssicherung, insbesondere bei der Weiterentwicklung von Plattformsoftware, um die Qualität und Zuverlässigkeit der Software in neuen Kontexten zu gewährleisten.

10.5.2 Basispraktiken

SWE.5.BP1: Spezifikation von Verifikationsmaßnahmen für die Softwareintegration. Spezifiziere Verifikationsmaßnahmen, basierend auf einer definierten Sequenz und Vorbedingungen für die Integration von Softwareelementen, gegen die definierten statischen und dynamischen Aspekte der Softwarearchitektur, einschließlich

- Techniken für die Verifikationsmaßnahmen,
- Bestanden-/Nicht-bestanden-Kriterien für Verifikationsmaßnahmen,
- Ein- und Ausgangskriterien für Verifikationsmaßnahmen und
- der erforderlichen Verifikationsinfrastruktur und der Einrichtung der Umgebung.

Anmerkung 1: *Beispiele, auf die sich die Verifikationsmaßnahmen zur Softwareintegration konzentrieren können, sind der korrekte Datenfluss und die dynamische Interaktion zwischen den Softwarekomponenten zusammen mit ihren zeitlichen Abhängigkeiten, die korrekte Interpretation der Daten durch alle Softwarekomponenten, die eine Schnittstelle nutzen, und die Einhaltung der Ziele für den Ressourcenverbrauch.*

Anmerkung 2: *Die Verifikationsmaßnahme der Softwareintegration kann durch die Verwendung von Hardware-Debug-Schnittstellen oder Simulationsumgebungen (z.B. Software-in-the-Loop-Simulation) unterstützt werden.*

Die Verifikation der Integration soll sicherzustellen, dass verschiedene Softwarekomponenten systematisch und harmonisch zusammenarbeiten. Sie ist ein essenzieller Teil des Software-Entwicklungsprozesses und schließt sich unmittelbar an die Verifikation der Software-Units an. Auch wenn die Überprüfung der einzelnen

Software-Units in SWE.4 keine Fehler identifiziert haben, können im Zusammenspiel dieser Units Fehler auftreten. Ein klassisches Beispiel hierfür ist das Zusammenspiel von Frontend und Backend. Obwohl beide Teile möglicherweise unabhängig voneinander korrekt funktionieren, können sie bei der Integration Schnittstellenfehler aufweisen. Die Verifikation der Integration dient dazu, solche Fehler zu identifizieren. Diese Basispraktik fordert also, für diesen Zweck passende Verifikationsmaßnahmen zu identifizieren und zu spezifizieren. Die Durchführung dieser Verifikationsmaßnahmen setzt voraus, dass zuvor die Unit-Verifikation durchgeführt wurde und sämtliche darin entdeckten Fehler behoben wurden. Im Verlauf der Integration werden Architektur- und Designobjekte zu größeren Teilen zusammengeführt und das Zusammenwirken aller dieser Teile überprüft.

In Abschnitt 6.1.1 gehen wir auf die verschiedenen Ansätze zur Integration im Detail ein. In der Softwareentwicklung wird heutzutage häufig eine kontinuierliche Integration umgesetzt. Hierzu ist ein hoher Grad der Testautomatisierung notwendig.

Die primären Ziele der Verifikation auf dieser Ebene sind das Aufdecken von Schnittstellenfehlern und die Erkennung von Problemen, die bereits bei der Integration auftreten können. Hierzu gehört der korrekte Datenfluss zwischen Softwarekomponenten, das korrekte Timing und passende Datenflussabhängigkeiten, die richtige Interpretation von Schnittstellendaten, dynamische Interaktionen zwischen Softwareelementen und die Einhaltung von Zielen beim Ressourcenverbrauch an Schnittstellen.

Zur Steigerung der Effizienz können verschiedene Verifikationsebenen miteinander kombiniert werden, wie Unit, Integration, Komponenten- und Systemqualifizierung. Es ist jedoch wichtig, sicherzustellen, dass der Zweck jeder Verifikationsebene in vollem Umfang erfüllt wird.

SWE.5.BP2: Spezifikation von Verifikationsmaßnahmen zur Verifikation des Verhaltens von Softwarekomponenten. Spezifiziere Maßnahmen für die Verifikation von Softwarekomponenten anhand des definierten Verhaltens der Softwarekomponenten und ihrer Schnittstellen in der Softwarearchitektur, einschließlich

- Techniken für die Verifikationsmaßnahmen,
- Ein- und Ausgangskriterien für Verifikationsmaßnahmen,
- Bestanden-/Nicht-bestanden-Kriterien für Verifikationsmaßnahmen und
- der erforderlichen Verifikationsinfrastruktur und der Einrichtung der Umgebung.

Anmerkung 3: *Die Verifikationsmaßnahmen beziehen sich auf Softwarekomponenten, aber nicht auf die Software-Units, da die Verifikation der Software-Units im Prozess SWE.4 Software-Unit-Verifikation behandelt wird.*

In Automotive SPICE® 4.0 wird der Verifikation der Softwarekomponenten eine größere Bedeutung beigemessen als in den Vorgängerversionen. Nach der erfolgreichen Integration der Software-Units in die verschiedenen Softwarekomponenten ist es wichtig, diese auf ihre korrekte Funktion und Interaktion zu überprüfen. Dieser Schritt wird als Komponentenverifikation bezeichnet.

Die Komponentenverifikation konzentriert sich insbesondere darauf, sicherzustellen, dass die integrierten Komponenten genau so funktionieren, wie es der Architekturentwurf vorsieht. Die Softwarekomponente wird aus Software-Units zusammengesetzt.

Die Verifikationsmaßnahmen werden aus den Bestandteilen des Architekturentwurfs abgeleitet, die einen direkten Bezug zu einer bestimmten Komponente haben. Somit gewährleistet dieser Ansatz, dass die Überprüfung präzise auf die spezifischen Anforderungen und Erwartungen der jeweiligen Komponente ausgerichtet ist.

Die Verifikationsmaßnahmen konzentrieren sich dabei auf die Prüfung einzelner Softwarekomponenten-Schnittstellen, insbesondere auf die Prüfung der Semantik, d.h. darauf, ob die Parameterwerte der Schnittstelle entsprechend der Komponentendefinition und Schnittstellenbeschreibung korrekt interpretiert werden. Das Verhalten der Parametergrenzen sollte überprüft werden.

Ein weiterer zentraler Aspekt der Komponentenverifikation ist die Festlegung von Kriterien, anhand derer entschieden wird, ob eine Überprüfung als erfolgreich gilt oder nicht. Diese sogenannten Bestanden-/Nicht-bestanden-Kriterien sind essenziell, um eine objektive Bewertung der Ergebnisse zu gewährleisten. Dies kann beispielsweise bedeuten, dass eine bestimmte Funktionalität vorhanden sein muss, dass Durchführungsstandards eingehalten werden müssen oder dass keine kritischen Fehler auftreten dürfen.

Insgesamt trägt die Komponentenverifikation dazu bei, das Vertrauen in die Qualität und Zuverlässigkeit integrierter Softwarekomponenten zu stärken. Indem sie sicherstellt, dass diese Komponenten gemäß den Vorgaben des Architekturentwurfs funktionieren, bietet sie eine solide Grundlage für die weiteren Integrationsschritte im Software-Entwicklungsprozess.

SWE.5.BP3: Auswahl von Verifikationsmaßnahmen. Dokumentiere die Auswahl von Maßnahmen für die Integrationsverifikation für jeden Integrationsschritt unter Berücksichtigung von Auswahlkriterien, einschließlich Kriterien für die Regressionsverifikation. Die dokumentierte Auswahl der Verifikationsmaßnahmen muss einen ausreichenden Abdeckungsgrad entsprechend dem Release-Umfang haben.

Anmerkung 4: *Beispiele für Auswahlkriterien können die Notwendigkeit einer kontinuierlichen Integration/kontinuierlichen Entwicklungsregressions-Verifikation (z.B. aufgrund von Änderungen der Softwarearchitektur oder des Feinentwurfs) oder die beabsichtigte Verwendung des ausgelieferten Produktrelease (z.B. Prüfstand, Teststrecke, öffentliche Straße) sein.*

Im Rahmen von BP3 ist es notwendig, aus einem vordefinierten Katalog von Maßnahmen für die Integrationsverifikation und Komponentenverifikation auszuwählen. Dieser Katalog bietet eine Vielzahl von Methoden und Techniken, die entwickelt wurden, um sicherzustellen, dass Softwarekomponenten und Systeme korrekt funktionieren, sowohl einzeln als auch in ihrer Gesamtheit.

Die Auswahl der richtigen Maßnahmen ist jedoch nicht trivial. Es ist wichtig, dass die Auswahl eine ausreichende Abdeckung der zu testenden Funktionen und Features bietet. Dadurch wird sichergestellt, dass alle potenziellen Fehlerquellen identifiziert und behoben werden können.

Ein besonders relevantes Thema innerhalb von BP3 sind Verifikationen von Regressionen. Aufgrund der Art von Software sind diese Verifikationen häufiger erforderlich als bei anderen Arten von Produkten. Bei jeder Änderung oder Aktualisierung der Software besteht das Risiko, dass bereits funktionierende Teile des Systems unbeabsichtigt beeinflusst werden. Deshalb ist es unerlässlich, nach jeder Änderung sicherzustellen, dass bereits getestete und verifizierte Funktionen weiterhin korrekt arbeiten.

Mit der Zeit, insbesondere in großen und komplexen Projekten, kann die Anzahl der Regressionsverifikationen wachsen. Dies führt zu einer ständig wachsenden Testmenge. Eine sorgfältige Auswahl der Verifikationsmaßnahmen ist daher unerlässlich. Es ist nicht immer praktikabel oder wirtschaftlich sinnvoll, alle verfügbaren Verifikationen erneut durchzuführen.

Daher muss ein Gleichgewicht zwischen Gründlichkeit und Wirtschaftlichkeit gefunden werden. Dabei kommt auch ein systemtechnischer Ansatz ins Spiel. Anstatt nur die Software aus einer reinen Testperspektive zu betrachten, erfordert dieses Gleichgewicht einen holistischen Blick. Dabei wird nicht nur die Software selbst, sondern auch ihre Interaktion mit anderen Systemkomponenten, ihre Bedeutung für das Gesamtsystem und die potenziellen Risiken, die sie birgt, berücksichtigt.

SWE.5.BP4: Integration von Softwareelementen und Durchführung der Integrationsverifikation. Integriere die Softwareelemente, bis die Software gemäß den spezifizierten Schnittstellen und Interaktionen zwischen den Softwareelementen und gemäß der definierten Reihenfolge und den definierten Vorbedingungen vollständig integriert ist. Führe die ausgewählten Maßnahmen zur Integrationsverifikation durch. Zeichne die Daten der Verifikationsmaßnahmen einschließlich des Status »bestanden/nicht bestanden« und der entsprechenden Daten der Verifikationsmaßnahmen auf.

Anmerkung 5: *Beispiele für Vorbedingungen für den Beginn der Softwareintegration sind die Qualifizierung bereits vorhandener Softwarekomponenten, Standard-Softwarekomponenten, Open-Source-Software oder automatisch generierter Software.*

Anmerkung 6: *Definierte Vorbedingungen können z.B. eine Big-Bang-Integration aller Softwarekomponenten, eine kontinuierliche Integration sowie eine schrittweise Integration (z.B. über Software-Units und/oder Softwarekomponenten hinweg bis zur vollständig integrierten Software) mit begleitenden Verifikationsmaßnahmen ermöglichen.*

Anmerkung 7: *Zur Behandlung von Abweichungen der Verifikationsergebnisse von den erwarteten Ergebnissen siehe SUP.9.*

Innerhalb des Rahmens von Automotive SPICE® 4.0 nimmt BP4 eine zentrale Position ein, indem es den Integrationsprozess und die parallele Verifikation während dieser Phase beleuchtet. Die Integration erfolgt immer basierend auf den festgelegten Maßnahmen zur Integrationsverifikation, der zugehörigen Dokumentation und dem Projektplan. Besonders wichtig in diesem Kontext ist die Integration von Parametern für die Anwendungs- und Variantencodierung. Es ist zu beachten, dass diese Parameter im Laufe des Projekts reifen und manchmal ganz oder teilweise vom OEM bereitgestellt oder erstellt werden.

Die Verifikation der Integration erfolgt parallel zur eigentlichen Integrationsarbeit. Sie basiert auf den in BP1 festgelegten Verifikationsmaßnahmen und der Auswahl der Testfälle.

Die Integrationsverifikation konzentriert sich hauptsächlich darauf, querschnittliche Funktionen, Schnittstellen, Datenflüsse und das Timing zu testen, um die Designanforderungen zu überprüfen. Dabei findet sie in der Regel in einem Laborumfeld statt. Ein tiefes Verständnis der inneren Struktur der Software ist unabdingbar, weshalb sowohl Whitebox- als auch Greybox-Tests zur Anwendung kommen. Diese Tests werden größtenteils von den Entwicklern der jeweiligen Softwaremodule durchgeführt.

In größeren Projekten sind Rollen wie der Integrator oder Integration Manager nicht ungewöhnlich. Diese Rollen arbeiten häufig mit zusätzlichem Testpersonal zusammen, um die Komplexität beherrschen zu können und den Umfang der Integration sicherzustellen.

Testtreiber spielen eine entscheidende Rolle in diesem Prozess. Sie versorgen die Testobjekte mit Daten und protokollieren die Ergebnisse. Um Ressourcen optimal zu nutzen, ist es ideal, Testtreiber aus der Unit-Verifikation wiederzuverwenden.

Für die Tester ist es essenziell, über Kenntnisse zu spezifischen Details zu verfügen, um die Tests korrekt auszuführen. Bei der Durchführung der Testfälle sollte stets ein klares Ergebnis vorliegen: entweder »Bestanden« oder »Nicht-bestanden«. Es ist von großer Bedeutung, dass diese Testergebnisse klar dokumentiert werden, sodass sie auch zu einem späteren Zeitpunkt nachvollzogen werden können.

BP4 legt einen entscheidenden Schwerpunkt auf die genaue und systematische Integration von Softwarekomponenten, parallel zur ständigen Verifikation. Dies stellt sicher, dass während des gesamten Prozesses eine hohe Qualität und Funktionalität gewährleistet ist. Ein geradliniger Ansatz, kombiniert mit klarer Dokumentation und spezialisierten Rollen, ermöglicht es den Teams, die wachsende Komplexität moderner Automobilsoftware erfolgreich zu bewältigen.

SWE.5.BP5: Durchführung der Verifikation von Softwarekomponenten. Führe die ausgewählten Maßnahmen zur Verifikation des Verhaltens der Softwarekomponente durch. Zeichne die Verifikationsergebnisse einschließlich des Bestanden-/Nicht-bestanden-Status und der entsprechenden Daten der Verifikationsmaßnahmen auf.

Anmerkung 8: *Zur Behandlung von Verifikationsergebnissen, die von den erwarteten Ergebnissen abweichen, siehe SUP.9.*

Die Basispraktik BP5 in Automotive SPICE® 4.0 widmet sich der spezifischen Verifikation von Softwarekomponenten. Eine korrekte und gründliche Komponentenverifikation ist von großer Bedeutung, um die Qualität und Funktionsfähigkeit von Software sicherzustellen. Die Komponentenverifikation wird auf der Grundlage der in BP2 festgelegten Verifikationsmaßnahmen und der Testfallauswahl durchgeführt. Dies gewährleistet eine gezielte und strukturierte Herangehensweise an den Verifikationsprozess. In der Praxis werden oft Sammlungen von Testfällen verwendet, bei denen die Auswahl der Testfälle auf dem funktionalen Fortschritt basiert. Dies bedeutet, dass die Testfälle regelmäßig angepasst und erweitert werden, um mit der Softwareentwicklung Schritt zu halten.

Es ist auch üblich, unterschiedliche Testabdeckungen für verschiedene Releases anzuwenden. Hierbei wird je nach Reifegrad und Anforderungen der Software eine differenzierte Testtiefe gewählt.

Regressionstestfälle sind dabei ebenfalls von zentraler Bedeutung. Diese sorgen dafür, dass bereits implementierte und getestete Funktionalitäten durch nachfolgende Änderungen nicht beeinträchtigt werden.

Allgemein gilt: Mit dem Fortschreiten der Funktionsimplementierung nehmen sowohl die Anzahl der Testfälle als auch der damit verbundene Aufwand zu.

Für Tester ist es essenziell, über die spezifischen Details informiert zu sein, um die Tests korrekt durchzuführen. Ein klarer Leitfaden und die entsprechende Dokumentation stellen sicher, dass der Test korrekt und reproduzierbar ist.

Jeder Testfall sollte klar und eindeutig sein. Bei seiner Durchführung muss stets ein klares Ergebnis vorliegen: entweder »Bestanden« oder »Nicht bestanden«. Hierfür ist es notwendig, schon vor der Testausführung genau festzulegen, wie das erwartete Ergebnis aussehen soll. Dies stellt sicher, dass es keine Mehrdeutigkeiten in den Testergebnissen gibt.

Eine genaue Dokumentation der Testergebnisse ist von entscheidender Bedeutung. Sie ermöglicht nicht nur eine aktuelle Überprüfung und Freigabe, sondern sorgt auch dafür, dass die Testergebnisse selbst zu einem späteren Zeitpunkt verstanden und nachvollzogen werden können.

Eine strukturierte Herangehensweise, die Anpassungsfähigkeit an den Entwicklungsfortschritt und eine klare Dokumentation sind dabei die Schlüssel zu einem erfolgreichen Verifikationsprozess.

SWE.5.BP6: Sicherstellung der Konsistenz und Herstellung der bidirektionalen Rückverfolgbarkeit. Stelle die Konsistenz sicher und richte eine bidirektionale Rückverfolgbarkeit zwischen Verifikationsmaßnahmen und den statischen und dynamischen Aspekten der Softwarearchitektur und des Feinentwurfs ein. Stelle außerdem eine bidirektionale Rückverfolgbarkeit zwischen Verifikationsergebnissen und Verifikationsmaßnahmen her.

Anmerkung 9: *Bidirektionale Rückverfolgbarkeit unterstützt die Konsistenz und erleichtert die Auswirkungsanalyse von Änderungsanträgen sowie den Nachweis der Verifikationsabdeckung. Rückverfolgbarkeit allein, z.B. das Vorhandensein von Verknüpfungen, bedeutet nicht unbedingt, dass die Informationen miteinander konsistent sind.*

Die Rückverfolgbarkeit von Verifikationsmaßnahmen zu den entsprechenden Entwurfsphasen ist ein kritischer Aspekt im Software-Entwicklungsprozess. In Automotive SPICE® 4.0 wird diese Rückverfolgbarkeit unter BP6 adressiert, wobei sowohl die Softwarearchitektur als auch der Feinentwurf betrachtet werden.

Die Verifikationsmaßnahmen müssen klar auf das architektonische Design und den Feinentwurf zurückverfolgt werden können. Dies stellt sicher, dass alle Entwurfsaspekte ordnungsgemäß überprüft und validiert werden und dass es keine Lücken in der Verifikation gibt.

Im Kontext der Komponentenverifikation ist es von zentraler Bedeutung, dass diese Maßnahmen gegen den Architekturentwurf rückverfolgbar sind. Das bedeutet, dass jede Komponente, die im Architekturentwurf definiert ist, einer spezifischen Verifikationsmaßnahme zugeordnet und dementsprechend geprüft wird. Die Integrationsverifikation hat eine doppelte Bindung. Sie muss sowohl gegen den Architekturentwurf als auch gegen den Feinentwurf rückverfolgbar sein. Dies stellt sicher, dass die Integration auf beiden Ebenen korrekt funktioniert und alle Interaktionen zwischen den Komponenten sowie ihre jeweiligen Funktionen ordnungsgemäß verifiziert werden.

Der Feinentwurf muss vollständig durch die Unit-Verifikation (s. SWE.4) und die Integrationsverifikation überprüft werden. Hierbei geht es darum, sicherzustellen, dass jedes Detail, das im Designprozess festgelegt wurde, auch in der Implementierung korrekt umgesetzt wird.

Der Architekturentwurf auf der anderen Seite muss durch die Integrationsverifikation und die Komponentenverifikation vollständig verifiziert werden. Dies stellt sicher, dass die übergeordnete Struktur und die Beziehungen zwischen den verschiedenen Komponenten korrekt implementiert werden.

Die Rückverfolgbarkeit von Verifikationsmaßnahmen zu den Designphasen im Rahmen von BP6 gewährleistet eine lückenlose und systematische Überprüfung der Software und stellt sicher, dass das Produkt nicht nur funktional korrekt ist, sondern auch den im Entwurfsprozess festgelegten Spezifikationen entspricht. Ein solcher Ansatz stärkt das Vertrauen in die Qualität des Endprodukts und minimiert das Risiko von Fehlern oder Inkonsistenzen.

Die Rückverfolgbarkeit kann durch Verknüpfungen oder Namenskonventionen erreicht werden. Die Konsistenz wird durch bidirektionale Rückverfolgbarkeit unterstützt und kann durch Überprüfungsprotokolle nachgewiesen werden.

SWE.5.BP7: Zusammenfassung und Kommunikation der Ergebnisse. Fasse die Ergebnisse der Verifikation der Softwarekomponenten und der Softwareintegration zusammen und kommuniziere sie an alle betroffenen Parteien.

Anmerkung 10: *Die Bereitstellung aller notwendigen Informationen aus der Testfallausführung in einer Zusammenfassung ermöglicht es anderen Beteiligten, die Konsequenzen zu beurteilen.*

Die Effektivität der Softwareverifikation hängt nicht nur von der Durchführung der Tests selbst ab, sondern auch von der Art und Weise, wie die Ergebnisse analysiert, zusammengefasst und kommuniziert werden. Testergebnisse müssen in einer Weise konsolidiert werden, die es ermöglicht, sie den relevanten Stakeholdern verständlich zu präsentieren. Wie in den bereits beschriebenen Prozessen sollte der Bericht dabei eine klare Übersicht bieten:

- Anzahl der geplanten Tests
- Anzahl der ausgeführten Tests, inklusive Anzahl der erfolgreichen, fehlgeschlagenen und ausgelassenen Tests
- Sonstige Erkenntnisse aus den Verifikationsmaßnahmen
- Zusammenfassung der Ergebnisse als abschließender Kommentar, wie die Ergebnisse einzuordnen sind, sodass die weiteren Stakeholder die Ergebnisse auch interpretieren können

Manche Berichte weisen die prozentuale Verteilung der jeweiligen Testergebnisse aus, um die Erfolgsquote der durchgeführten Maßnahmen darzustellen. Diese Erfolgsquote kann als Indikator für die Qualität der Software und den Fortschritt im Entwicklungsprozess verstanden werden.

Neben den reinen Zahlen sollten auch Trends in der Verifikation herausgearbeitet und berichtet werden. Diese können beispielsweise aufzeigen, ob es im Laufe der Zeit Verbesserungen in der Qualität gibt oder ob wiederkehrende Probleme existieren. Das Verständnis solcher Trends kann dazu beitragen, den Verifikationsprozess kontinuierlich zu optimieren.

Diese Zusammenfassung der Testergebnisse ist aber nur dann wertvoll, wenn sie auch denjenigen Personen zugänglich gemacht wird, die ein Interesse am Erfolg der Softwareintegration haben. Dazu gehören Projektmanager, Softwaretester, Testmanager, Softwarearchitekten und alle anderen relevanten Stakeholder. Es ist essenziell, dass dieser Bericht nicht nur Daten präsentiert, sondern diese auch in einen Kontext setzt.

In einem komplexen Software-Entwicklungsprojekt können solche Berichte den Unterschied ausmachen zwischen einem gut informierten Team, das in der Lage ist, proaktiv auf Herausforderungen zu reagieren, und einem Team, das im Dunkeln tappt.

Auf die generelle Bedeutung des Berichtswesens für einen funktionierenden Entwicklungsprozess wird in Abschnitt 5.9.2 eingegangen. Die Ergebnisse der Verifikationsmaßnahmen sind ein wesentlicher Aspekt für das Projektmanagement (MAN.3) und den Nachweis der Güte der Projektergebnisse.

10.5.3 Erzeugte Informationsobjekte

08-60 Verifikationsmaßnahmen	In diesem Prozess beziehen sich die Verifikationsmaßnahmen auf die Softwarekomponenten und die übergreifende Softwarearchitektur. Verifikationsmaßnahmen beinhalten die systematische Anwendung von Methoden wie Tests, Reviews und statischen Analysen, um zu bewerten, ob die Software den definierten Entwürfen und Anforderungen entspricht. Verifikationsmaßnahmen dienen dazu, die Korrektheit zu überprüfen und sicherzustellen, dass keine unbeabsichtigten Funktionalitäten oder Fehler im Code vorhanden sind.
06-50 Anweisung zum Integrationsablauf	Diese Anweisung gibt die schrittweise Abfolge an, in der die Softwarekomponenten in immer größere, integrierte Softwareelemente integriert werden. Typische Integrationsreihenfolgen sind: ■ Bottom-up, beginnend mit der hardwarenahen Software ■ Top-down, beginnend mit der Benutzeroberfläche ■ Beginnend mit einer Basissoftware, dann Integration von kritischen Modulen/Einheiten ■ Integration in beliebiger Reihenfolge, z.B. je nach Verfügbarkeit ■ Big Bang: Integration aller Teile in einem einzigen Schritt In Abschnitt 6.1.1 gehen wir allgemein auf das Thema Integration ein.
03-50 Daten aus Verifikationsmaßnahmen	Daten aus Verifikationsmaßnahmen werden während der Verifikationsausführung aufgezeichnet. Sie können Rohdaten aus Testfällen beinhalten, ebenso Werte aus Messungen, Berechnungen und Analysen oder Protokolle, die Simulations- oder Reviewergebnisse dokumentieren.
08-58 Auswahlset von Verifikationsmaßnahmen	Auf Grundlage der Verifikationsplanung werden Verifikationsmaßnahmen in Sets gruppiert, die dann in verschiedenen Phasen des Projekts ausgeführt werden. Dies geschieht z.B. auf der Grundlage einer Priorisierung, einer Funktionswachstumsplanung oder einer Regressionsstrategie.
15-52 Verifikationsergebnisse	Die Ergebnisse aller Verifikationen müssen nachvollziehbar aufgezeichnet und in Testberichten zusammengefasst werden. Bei Testaufzeichnungen ist zu prüfen, welche Mitschnitte oder Protokolle in welchem Fall wie lange zur späteren Nachvollziehbarkeit aufgehoben werden müssen. Dies ist insbesondere im Fehlerfall und im Zusammenhang mit der funktionalen Sicherheit relevant.
13-51 Konsistenznachweise	Die Konsistenz wird in der Regel durch ein Prüfprotokoll nachgewiesen. Bei einer großen Anzahl von Elementen reicht es nicht aus, die Frage der Konsistenz an einer Stelle zentral zu beantworten, sondern sie muss für alle Anforderungen einzeln oder für kleinere Mengen von Anforderungen dokumentiert werden. Die Dokumentation erfolgt im Allgemeinen werkzeuggestützt oder in spezifischen Checklisten. Es gibt also in der Regel kein besonderes Dokument, das die in diesem Fall benötigten Informationen enthält.

→

13-52 Kommunikationsnachweise	Jedes greifbare Artefakt, z.B. E-Mails, Sitzungsprotokolle, Offene-Punkte-Listen, kann als Nachweis für Capability Level 1 herangezogen werden, solange die relevanten Interessengruppen angesprochen werden. Unter Berücksichtigung von PA 2.1 und insbesondere GP 2.1.7 ist eine stärker formalisierte und geplante Vorgehensweise mittels definierter Kommunikationsmedien erforderlich. Dies geschieht oft werkzeuggestützt. Im Hinblick auf Capability Level 3 sollte dies im Standardprozess beschrieben und auf das Projekt zugeschnitten werden.
01-03 Softwarekomponente	Eine Softwarekomponente ist ein Element der Softwarearchitektur, das sich oberhalb der Ebene der Software-Units befindet und eine höhere Abstraktionsebene innerhalb der Softwarestruktur darstellt. Sie wird durch ein Element des Designmodells oder durch ausführbaren Code wie Bibliotheken (Libs) oder Skripte repräsentiert und umfasst ggf. eine Konfigurationsbeschreibung. Diese Komponenten sind grundlegend für die Modularisierung und Wiederverwendbarkeit in der Softwareentwicklung, da sie es ermöglichen, komplexe Systeme in handhabbare Einheiten zu gliedern. Zudem dienen Softwarekomponenten als Schnittstellen für die Interaktion zwischen verschiedenen Teilen eines Softwaresystems.
01-50 Integrierte Software	Integrierte Software bezeichnet ein ausführbares Softwarepaket, das neben dem eigentlichen Programmcode auch Anwendungsparameter-Dateien umfasst, die als technische Lösung zur Implementierung von konfigurationsorientierten Anforderungen dienen. Diese Software beinhaltet alle konfigurierten Softwareelemente, was sie zu einer vollständigen und betriebsbereiten Einheit macht, die für spezifische Anwendungsfälle angepasst werden kann. Beislpiele für integrierte Software sind Simulatoren mit Stubbing-Funktionalität oder Debug-fähiger Objektcode, die in unterschiedlichsten Entwicklungsumgebungen zum Einsatz kommen können.

10.5.4 Zusätzliche Überlegungen

Bezug zu anderen Automotive SPICE®-Prozessen

- Die Integration und die Verifikation der Integration basieren auf den Definitionen des Softwarearchitektur-Entwurfs (s. SWE.2) und des Softwarefeinentwurfs (s. SWE.3).
- Das Ergebnis aus der Verifikation in SWE.5 ist in der Regel eines der Einstiegskriterien für die nächste Stufe der Softwareverifikation (s. SWE.6).

Typische Fallstricke

- Die Integration wird in jedem Projekt durchgeführt, aber manchmal fehlen die Integrationstests.
- Der Integrationstest wird häufig falsch verstanden als die Prüfung, ob die zusammengesetzten Softwarekomponenten funktionieren. Dabei wird übersehen, dass die Integrationsverifikation explizit die Schnittstellen zwischen den Units und Komponenten sowie das dynamische Verhalten überprüfen soll.

Zu berücksichtigen in Bezug auf PA 2.1

- Die schon auf Capability Level 1 erforderlichen Festlegungen, wie die Integration und Verifikation der Integration erfolgen soll, müssen nun in einer formalen Strategie dokumentiert werden.
- Die Aktivitäten zur Verifikation von Softwarekomponenten und zur Integrationsverifikation werden für bestimmte Releases geplant, überwacht und gesteuert; eine detaillierte Planung bis zum Projektende ist in der Regel weder möglich noch zielführend.
- Die Ressourcenplanung muss auch die Verifikationsumgebung einbeziehen.

Zu berücksichtigen in Bezug auf PA 2.2

- Alle relevanten Maßnahmen zur Verifikation der Softwarekomponenten und der Integration wurden vor der Implementierung überprüft. Es wurde eine Checkliste verwendet.
- Im Allgemeinen sind die Regeln für das Konfigurationsmanagement der Komponentenverifikation und der Integrationsverifikation im Konfigurationsmanagement-Plan definiert.
- Für bestimmte Releases/Meilensteine wird eine wichtige Baseline erstellt.

Hinweise für Assessoren

- Das Vorhandensein einer eigenen Testebene für Integrationstests ist nicht immer ersichtlich, jedoch muss der eigentliche Zweck der Integrationstests erfüllt werden.
- Für viele Teams ist es heute völlig normal (insbesondere beim Einsatz agiler Methoden), Unit Tests, Integrationstests und Qualifikationstests in Kombination durchzuführen, oft mehrmals am Tag. Das ist kein Problem, vor allem ist es kein Big Bang. Allerdings muss der eigentliche Zweck der Integrationstests erfüllt werden. In diesen Fällen müssen Sie überprüfen, worauf sich die jeweiligen Testfälle beziehen, d. h., auf welche Elemente in den Anforderungen, der Architektur oder des Designs sich die Testfälle beziehen (s. auch Rückverfolgbarkeit).

10.6 SWE.6 Softwareverifikation

<table>
<tr><th>Der Zweck besteht in der Sicherstellung, dass die Verifikation der integrierten Software ergibt, dass diese mit den Softwareanforderungen übereinstimmt.</th><th>Plug-in</th></tr>
<tr><td>Erwartete Prozessergebnisse:
■ Auf der Grundlage der Softwareanforderungen werden Verifikationsmaßnahmen für die Softwareverifikation festgelegt.
■ Die Verifikationsmaßnahmen werden entsprechend dem Release-Umfang unter Berücksichtigung definierter Kriterien, einschließlich der Kriterien für die Regressionsverifikation, ausgewählt.
■ Die integrierte Software wird anhand der ausgewählten Verifikationsmaßnahmen verifiziert und die Ergebnisse der Softwareverifikation werden aufgezeichnet.
■ Konsistenz und bidirektionale Rückverfolgbarkeit werden zwischen Verifikationsmaßnahmen und Softwareanforderungen hergestellt; und bidirektionale Rückverfolgbarkeit wird zwischen Verifikationsergebnissen und -maßnahmen eingeführt.
■ Die Ergebnisse der Softwareverifikation werden zusammengefasst und an alle betroffenen Parteien kommuniziert.</td><td></td></tr>
</table>

10.6.1 Prozessbeschreibung

Die Softwareverifikation stellt sicher, dass die Softwareanforderungen korrekt umgesetzt werden und die integrierte Software die Softwareanforderungen vollständig erfüllt.

Im Kern geht es bei dieser Überprüfung um die Sicherstellung, dass die integrierte Software gemäß den Softwareanforderungen verifiziert worden ist. Mit anderen Worten, es geht nicht nur darum, festzustellen, ob die Software funktioniert, sondern auch, ob sie den genauen Anforderungen entspricht, die an sie gestellt werden. Dies ist von zentraler Bedeutung, da Software, auch wenn sie funktioniert, möglicherweise nicht den spezifischen Bedürfnissen oder Anforderungen des Endbenutzers entspricht.

Diese Bestätigung ist somit ein entscheidender Schritt, um das Vertrauen in die Software und deren Zuverlässigkeit zu stärken.

Wie in den bereits zuvor beschriebenen Prozessen gilt auch für SWE.6, dass Automotive SPICE® 4.0 die Möglichkeit bietet, verschiedene Verifikationsstufen zu kombinieren. Dies bedeutet, dass die Verifikation von Units, der Integration und der gesamten Software kombiniert werden können, wenn der Kontext des Projekts dies erforderlich macht oder ermöglicht. Ein solches Vorgehen kann unter Umständen Ressourcen effizienter nutzen (z.B. gemeinsam genutzte Verifikationsumgebungen, Lizenzen, Personen).

Es ist auch erwähnenswert, dass die Prozesse SYS.5 und SWE.6 ähnliche Ziele verfolgen. Der Hauptunterschied zwischen diesen beiden liegt im getesteten Objekt.

Während SYS.5 sich auf das gesamte System bezieht, konzentriert sich SWE.6 speziell auf die Gesamtsoftware. Diese Trennung unterstreicht die Bedeutung, dass sowohl das System als auch die jeweiligen Endprodukte der darunter liegenden Disziplinen (z.B. Software, Hardware, Mechanik) explizit geprüft werden müssen, um sicherzustellen, dass das Gesamtprodukt reibungslos funktioniert.

Softwaretests werden während der Entwicklung eines Systems durchgeführt, bevor die gesamte Software mit der Hardware und den mechanischen Komponenten verbunden wird. Damit soll sichergestellt werden, dass die Software wie erwartet funktioniert.

Nutzen

- Dokumentierte Aspekte:
  - Testspezifikation und Testfälle
  - Durchführung und Historie des Tests
  - Handhabung von Fehlern
- Verifikationsmaßnahmen erfolgen nach Integration der Software.

In der Praxis ist es oft so, dass die Verifikationsprozesse SWE.5 und SWE.6 gemeinsam auf der Zielhardware durchgeführt werden. Dieser kombinierte Ansatz stellt sicher, dass alle Komponenten in ihrer realen Betriebsumgebung getestet werden und nicht nur isoliert. Dadurch können potenzielle Konflikte oder Unverträglichkeiten frühzeitig erkannt und behoben werden.

Es ist interessant, festzustellen, dass im Rahmen von Automotive SPICE® 4.0 keine spezielle Strategie für die Software-Qualifikationsverifikation auf Capability Level 1 mehr erforderlich ist. Dies bedeutet jedoch nicht, dass dieser Schritt vernachlässigt werden kann. Es ist vielmehr wichtig, klare Argumente dafür zu liefern, dass die Verifikationsziele erreicht wurden. Jedes Unternehmen muss sicherstellen, dass es überzeugende Nachweise dafür hat, dass die integrierten Systeme den festgelegten Anforderungen entsprechen. Ohne ein klar definiertes Vorgehen zur Verifikation ist es kaum möglich, strukturierte und effiziente Verifikationen durchzuführen.

Ein weiterer Punkt, der Beachtung verdient, ist die Herausforderung, real durchgeführte Tests den Automotive SPICE®-Prozessen zuzuordnen. Es kann vorkommen, dass während des Testprozesses Unklarheiten darüber entstehen, welcher spezifische Automotive SPICE®-Prozess für einen bestimmten Test relevant ist. Dies kann auf die Vielzahl von Tests und die feinen Unterschiede zwischen den verschiedenen Prozessen zurückzuführen sein. Es ist daher entscheidend, klare Richtlinien und Dokumentationspraktiken zu haben, um solche Zuordnungsprobleme zu vermeiden.

Zusammenfassend lässt sich sagen, dass die Softwareverifikation in der Automobilindustrie ein komplexer und kritischer Prozess ist, der sorgfältige Planung, Durchführung und Dokumentation erfordert. Mit einem klaren Verständnis der Anforderungen und Best Practices von Automotive SPICE® 4.0 können Unternehmen diesen Prozess jedoch effizient und effektiv gestalten.

10.6.2 Basispraktiken

SWE.6.BP1: Spezifikation von Verifikationsmaßnahmen für die Softwareverifikation. Spezifiziere die Maßnahmen für die Softwareverifikation, die geeignet sind, den Nachweis der Übereinstimmung der integrierten Software mit den funktionalen und nicht funktionalen Informationen in den Softwareanforderungen zu erbringen, einschließlich

- Techniken für die Verifikationsmaßnahmen,
- Kriterien für das Bestehen/Nicht-bestehen von Verifikationsmaßnahmen,
- einer Definition der Ein- und Ausgangskriterien für die Verifikationsmaßnahmen,
- der erforderlichen Reihenfolge der Verifikationsmaßnahmen sowie
- der erforderlichen Verifikationsinfrastruktur und der Einrichtung der Umgebung.

Anmerkung 1: *Die Auswahl geeigneter Techniken für die Verifikationsmaßnahmen kann vom Inhalt der jeweiligen Softwareanforderung abhängen (z.B. Grenzwerte und Äquivalenzklassen für datenbereichsorientierte Anforderungen, Positiv-/»Schönwetter«-Tests vs. Negativtests wie z.B. Fehlerinjektion) oder von anforderungsbasiertem Testen vs. Error Guessing aufgrund von Wissen oder Erfahrung.*

In der Softwareentwicklung nach Automotive SPICE® ist die Verifikation ein entscheidender Schritt, um sicherzustellen, dass die Software gemäß den Anforderungen funktioniert. Innerhalb des Prozesses SWE.6 liegt der Fokus der Basispraktik 1 auf der Festlegung von Verifikationsmaßnahmen für die Softwareverifikation.

Die Verifikationsspezifikation spielt eine zentrale Rolle dabei. Ihr Hauptziel ist es, die Übereinstimmung der Software mit den festgelegten Anforderungen nachzuweisen. Dabei ist es nicht notwendig, sich ausschließlich auf die vordefinierten Anforderungen zu stützen. Vielmehr kann auch Erfahrungswissen, das sich über Jahre in einem Unternehmen oder Team ansammelt, als Basis für die Erstellung von Testfällen herangezogen werden. Unabhängig von der Herangehensweise muss am Ende der Verifikation der Nachweis erbracht werden, dass alle Softwareanforderungen korrekt umgesetzt wurden.

Ein wichtiger Aspekt bei SWE.6.BP1 ist die Spezifikation der durchzuführenden Tests. Hierbei geht es nicht nur darum, welche Tests durchgeführt werden sollen, sondern auch um die Methoden, die Testreihenfolge, die genaue Testumgebung, welche Anforderungen geprüft werden und das erwartete Verhalten der Software während des Tests. Das übergeordnete Ziel am Ende der Entwicklung ist klar: Die Gesamtheit der Softwareanforderungen muss nachgewiesen werden.

Was die Art der Tests betrifft, so wird häufig der sogenannte Blackbox-Test verwendet. Bei dieser Methode wird die interne Softwarestruktur nicht berücksichtigt. Es werden Eingaben (Inputs) vorgegeben und überprüft, ob die Ausgaben (Outputs) den Erwartungen entsprechen.

Bei komplexerer Software kann jedoch der Greybox-Test zum Einsatz kommen. Hierbei wird die interne Struktur der Software berücksichtigt, und größere

Software-Units werden separat getestet. Diese Methode bietet einen tieferen Einblick in das Verhalten und die Funktionsweise der Software.

In der modernen Softwareentwicklung, insbesondere in Umgebungen mit Continuous Integration, ist eine vollständige Testautomatisierung üblich. Das kontinuierliche und inkrementelle Testen, bei dem die Anforderungen von Automotive SPICE® erfüllt werden, ist der Schlüssel zu einer effizienten und qualitativ hochwertigen Softwareentwicklung.

SWE.6.BP2: Auswahl von Verifikationsmaßnahmen. Dokumentiere die Auswahl von Verifikationsmaßnahmen unter Berücksichtigung von Auswahlkriterien, einschließlich Kriterien für die Regressionsverifikation. Die dokumentierte Auswahl von Verifikationsmaßnahmen muss eine ausreichende Abdeckung entsprechend dem Release-Umfang aufweisen.

Anmerkung 2: *Beispiele für Auswahlkriterien können die Priorisierung von Anforderungen, die kontinuierliche Entwicklung, die Notwendigkeit einer Regressionsverifikation (z. B. aufgrund von Änderungen der Softwareanforderungen) oder die beabsichtigte Verwendung des ausgelieferten Produktrelease (Prüfstand, Teststrecke, öffentliche Straße usw.) sein.*

Die dokumentierte Auswahl der Verifikationsmaßnahmen muss eine ausreichende Abdeckung entsprechend dem Release-Umfang aufweisen.

Es ist möglich, dass es Lieferungen mit unterschiedlichen Erwartungen gibt, bei denen die Software auf der Grundlage der ausgewählten Verifikationsmaßnahme ordnungsgemäß getestet wird, z. B. wenn mit dem Kunden vereinbart wurde, dass alle implementierten Softwareanforderungen bei größeren Lieferungen vollständig abgedeckt werden, während bei kleineren Lieferungen nur das Delta der implementierten Softwareanforderungen seit der letzten Lieferung getestet werden muss.

Eine weitere Auswahl von Verifikationsmaßnahmen ist für die Regressionsverifikation relevant, die Änderungsanträge oder Fehler abdeckt. Dies erfordert die Auswahl von Testfällen zur Abdeckung der Änderungsanträge oder Fehler und der Auswirkungen, die sie auf andere Elemente in der Software haben, sodass Anforderungen, die von den betroffenen Anforderungen abhängig sind, ebenfalls getestet werden.

Ein zentrales Element dieser Basispraktik ist die Dokumentation. Bei der Auswahl von Verifikationsmaßnahmen ist es nicht nur entscheidend, dass diese Maßnahmen ausgewählt werden, sondern auch, dass der Auswahlprozess selbst dokumentiert wird. Dabei werden spezifische Kriterien berücksichtigt, die sicherstellen, dass die getroffenen Entscheidungen nachvollziehbar und begründet sind. Diese Kriterien können sowohl technischer als auch organisatorischer Natur sein und sind oftmals fest in den Unternehmensrichtlinien verankert.

Ein weiterer wichtiger Aspekt von SWE.6.BP2 ist die Sicherstellung einer ausreichenden Testabdeckung. Hierbei geht es darum, sicherzustellen, dass alle relevanten Softwarebestandteile getestet werden und keine kritischen Lücken im Testprozess existieren. Die Grundlage für die Bewertung der Testabdeckung bildet die Software-Teststrategie sowie der Freigabeplan des Projekts. Dieser Plan gibt vor, welche Softwareversionen oder -module zu welchem Zeitpunkt fertiggestellt und getestet werden sollen und er ist bei der Auswahl der Testfälle stets zu berücksichtigen.

SWE.6.BP3: Verifikation der integrierten Software. Führe die Verifikation der integrierten Software unter Verwendung der ausgewählten Verifikationsmaßnahmen durch. Zeichne die Verifikationsergebnisse einschließlich des Status »Bestanden/Nicht-bestanden« und der entsprechenden Daten der Verifikationsmaßnahmen auf.

Anmerkung 3: *Zur Behandlung von Verifikationsergebnissen, die von den erwarteten Ergebnissen abweichen, siehe SUP.9.*

Im Rahmen von Automotive SPICE® 4.0 wird innerhalb des Prozesses großer Wert auf die strukturierte Umsetzung und transparente Dokumentation gelegt. Die Basispraktik SWE.6.BP3 konzentriert sich dabei auf die effektive Durchführung der ausgewählten Verifikationsmaßnahmen und die lückenlose Dokumentation der resultierenden Ergebnisse.

Die zuvor in SWE.6.BP2 sorgfältig ausgewählten Testfälle werden nun in die Praxis umgesetzt. Es ist von essenzieller Bedeutung, dass diese Tests nicht nur durchgeführt, sondern auch ihre Ergebnisse systematisch erfasst werden. Dies gewährleistet nicht nur die Nachvollziehbarkeit des Testprozesses, sondern bietet auch die Möglichkeit zur späteren Analyse und ggf. zur Fehlerbehebung. Dabei geht es nicht nur darum, festzustellen, ob ein Test »bestanden« oder »nicht bestanden« hat, sondern auch darum, detaillierte Informationen darüber zu sammeln, wie die Software unter verschiedenen Bedingungen reagiert. Mit der entsprechenden Dokumentation wird auch Transparenz bezüglich des jeweils aktuellen Status der Testausführungen geschaffen. Das erleichtert nicht nur die Kommunikation innerhalb des Entwicklungsteams, sondern bietet auch Stakeholdern, wie z.B. Projektmanagern oder Qualitätsmanagern, einen klaren Einblick in den Fortschritt des Verifikationsprozesses.

Die Kombination von methodischer Durchführung und gründlicher Dokumentation stellt sicher, dass die Softwareverifikation nicht nur den Anforderungen von Automotive SPICE® 4.0 gerecht wird, sondern auch den höchsten Qualitätsansprüchen in der Softwareentwicklung entspricht. Ein solches Vorgehen fördert nicht nur das Vertrauen in die entwickelte Software, sondern legt auch den Grundstein für zukünftige Entwicklungsphasen oder Projekte, indem wertvolles Feedback und Erfahrungswissen systematisch erfasst und archiviert werden.

SWE.6.BP4: Sicherstellung der Konsistenz und Herstellung der bidirektionalen Rückverfolgbarkeit. Stelle die Konsistenz sicher und richte eine bidirektionale Rückverfolgbarkeit zwischen Verifikationsmaßnahmen und Softwareanforderungen ein. Führe eine bidirektionale Rückverfolgbarkeit zwischen Verifikationsergebnissen und Verifikationsmaßnahmen ein.

Anmerkung 4: *Bidirektionale Rückverfolgbarkeit unterstützt die Konsistenz und erleichtert die Auswirkungsanalyse von Änderungsanträgen sowie den Nachweis der Verifikationsabdeckung. Rückverfolgbarkeit allein, z.B. das Vorhandensein von Verknüpfungen, bedeutet nicht unbedingt, dass die Informationen miteinander konsistent sind.*

Wie in Abschnitt 5.7 beschrieben, muss die bidirektionale Rückverfolgbarkeit zwischen den Softwareanforderungen und den Verifikationsmaßnahmen sowie die Rückverfolgbarkeit zwischen den Testfällen und den Resultaten der jeweiligen Testläufe sichergestellt werden.

Dieses Vorgehen hat mehrere Vorteile. Zum einen gewährleistet es, dass alle Softwareanforderungen auch tatsächlich durch entsprechende Testfälle verifiziert werden. Zum anderen bietet es eine klare Struktur und Nachvollziehbarkeit, die bei Diskrepanzen oder Änderungen der Anforderungen von unschätzbarem Wert ist.

Ein weiterer kritischer Punkt innerhalb von BP4 ist die Sicherstellung der Konsistenz. Dies bedeutet, dass die Systemanforderungen und die darauf basierenden Verifikationsmaßnahmen konsistent sein müssen. Jede Diskrepanz zwischen diesen beiden Aspekten könnte zu Problemen in der späteren Entwicklung oder während der Verifikation führen. Aus diesem Grund ist eine Überprüfung auf Konsistenz unerlässlich.

Zusätzlich dazu wird empfohlen, alle Testspezifikationen und Testfälle regelmäßig zu überprüfen. Der Status dieser Überprüfung sollte transparent und sichtbar gemacht werden, um sicherzustellen, dass alle Beteiligten über den aktuellen Stand informiert sind.

SWE.6.BP5: Zusammenfassung und Kommunikation von Ergebnissen. Fasse die Ergebnisse der Softwareverifikation zusammen und kommuniziere sie an alle betroffenen Parteien.

Anmerkung 5: *Die Bereitstellung aller notwendigen Informationen aus der Testfalldurchführung in einer Zusammenfassung ermöglicht es anderen Beteiligten, die Konsequenzen zu beurteilen.*

Für diesen Verifikationsprozess gelten die gleichen Anforderungen an die Zusammenfassung und Kommunikation der Ergebnisse wie für die bereits beschriebenen Verifikationsprozesse. Das bedeutet, es geht um die Sicherstellung, dass die Ergebnisse allen relevanten Interessengruppen effektiv mitgeteilt werden. Dazu gehören Projektmanager, Teamleiter, Entwickler, Ingenieure, Integratoren und alle anderen, die ein berechtigtes Interesse am Erfolg des Projekts haben.

Ein werkzeuggestützter Ansatz kann äußerst hilfreich sein, um diesen Prozess so transparent wie möglich zu gestalten. Beispielsweise kann eine regelmäßige Kommunikation über E-Mails, Berichte oder andere Tools dazu beitragen, dass alle Beteiligten auf dem Laufenden bleiben. Dabei ist jedoch zu beachten, dass die Informationen so zusammengefasst werden müssen, dass sie für die Zielgruppe geeignet sind. Es reicht nicht aus, einfach nur Zugang zu den Testprotokollen zu gewähren. Auch die bloße Aussage, der Test sei erfolgreich durchlaufen, ist keine ausreichende Zusammenfassung. Hier sei auf die Anmerkung 5 (S. 234) verwiesen, die besagt, dass die Informationen ausreichend sein müssen, um auf deren Basis weitere Entscheidungen treffen zu können. Folgende Inhalte sollte ein solcher Bericht mindestens haben:

- Anzahl der geplanten Tests
- Anzahl der ausgeführten Tests, inklusive Anzahl der erfolgreichen, fehlgeschlagenen und ausgelassenen Tests (manche Projekte fügen hier auch eine prozentuale Verteilung mit ein)
- Sonstige Erkenntnisse aus den Verifikationsmaßnahmen
- Zusammenfassung der Ergebnisse als abschließender Kommentar, wie die Ergebnisse einzuordnen sind, sodass die Stakeholder die Ergebnisse auch interpretieren können

Zusammenfassend lässt sich sagen, dass es bei BP5 darum geht, sicherzustellen, dass alle relevanten Interessengruppen die Ergebnisse der Verifikationsmaßnahmen kennen und dass die Informationen in einer Art und Weise präsentiert werden, die für das Zielpublikum geeignet ist. Diese Praktik unterstützt die allgemeinen Ziele des Projektmanagements und trägt dazu bei, dass die Systemverifizierung ordnungsgemäß durchgeführt wird und das Projekt im Zeitplan bleibt.

Auf die generelle Bedeutung des Berichtswesens für einen funktionierenden Entwicklungsprozess wird in Abschnitt 5.9.2 eingegangen. Die Ergebnisse der Verifikationsmaßnahmen sind ein wesentlicher Aspekt für das Management des Projekts und den Nachweis der Güte der Projektergebnisse.

10.6.3 Erzeugte Informationsobjekte

08-60 Verifikationsmaßnahmen	In diesem Prozess beziehen sich die Verifikationsmaßnahmen auf die Softwareanforderungen. Verifikationsmaßnahmen umfassen die systematische Anwendung von Methoden wie Tests, Reviews und statischer Analysen, um zu bewerten, ob die Software den definierten Entwürfen und Anforderungen entspricht. Verifikationsmaßnahmen dienen dazu, die Korrektheit zu überprüfen und sicherzustellen, dass keine unbeabsichtigten Funktionalitäten oder Fehler im Code vorhanden sind.
03-50 Daten aus Verifikationsmaßnahmen	Daten aus Verifikationsmaßnahmen werden während der Verifikationsausführung aufgezeichnet. Sie können Rohdaten aus Testfällen beinhalten, ebenso Werte aus Messungen, Berechnungen und Analysen oder Protokolle, die Simulations- oder Reviewergebnisse dokumentieren.

→

08-58 Auswahlset für Verifikations-maßnahmen	Auf der Grundlage der Verifikationsplanung werden Verifikationsmaßnahmen in Sets gruppiert, die dann in verschiedenen Phasen des Projekts ausgeführt werden können. Dies geschieht z.B. auf der Grundlage einer Priorisierung, einer Funktionswachstumsplanung oder einer Regressionsstrategie.
15-52 Verifikations-ergebnisse	Die Ergebnisse aller Verifikationen müssen nachvollziehbar aufgezeichnet und in Testberichten zusammengefasst werden. Bei Testaufzeichnungen ist zu prüfen, welche Mitschnitte oder Protokolle in welchem Fall wie lange zur späteren Nachvollziehbarkeit aufgehoben werden müssen. Dies ist insbesondere im Fehlerfall und im Zusammenhang mit der funktionalen Sicherheit relevant.
13-51 Konsistenznachweise	Die Konsistenz wird in der Regel durch ein Prüfprotokoll nachgewiesen. Bei einer großen Anzahl von Elementen reicht es nicht aus, die Frage der Konsistenz an einer Stelle zentral zu beantworten, sondern sie muss für alle Anforderungen einzeln oder für kleinere Mengen von Anforderungen dokumentiert werden. Die Dokumentation erfolgt im Allgemeinen werkzeuggestützt oder in spezifischen Checklisten. Es gibt also in der Regel kein besonderes Dokument, das die in diesem Fall benötigten Informationen enthält.
13-52 Kommunikations-nachweise	Jedes greifbare Artefakt, z.B. E-Mails, Sitzungsprotokolle, Offene-Punkte-Listen, kann als Nachweis für Capability Level 1 herangezogen werden, solange die relevanten Interessengruppen angesprochen werden. Unter Berücksichtigung von PA 2.1 und insbesondere GP 2.1.7 ist eine stärker formalisierte und geplante Vorgehensweise mittels definierter Kommunikationsmedien erforderlich. Dies geschieht oft werkzeuggestützt. Im Hinblick auf Capability Level 3 sollte dies im Standardprozess beschrieben und auf das Projekt zugeschnitten werden.

10.6.4 Zusätzliche Überlegungen

Bezug zu anderen Automotive SPICE®-Prozessen

- Die Auswahl der Testfälle basiert auf einer Priorisierung der Softwareanforderungen, wie in SWE.1 beschrieben. Insofern besteht neben der Herleitung der Testfälle aus den Anforderungen auch hier ein Bezug zum SWE.1.
- Die Entscheidung, welche Testfälle implementiert werden, richtet sich nach dem definierten Release-Umfang und der vorgesehenen Nutzung der auszuliefernden Software, entsprechend SPL.2.
- Der Umfang der abzudeckenden Tests steht in direktem Zusammenhang mit dem Projekt- und Freigabeplan (s. MAN.3 und SPL.2).
- Bei Abweichungen der Verifikationsergebnisse von den erwarteten Ergebnissen müssen diese im Problemlösungs-Management SUP.9 behandelt werden.

Typische Fallstricke

- Aktivitäten wie Verifikationen und Softwaretests werden oft nicht identifiziert und geplant.
- Die Zuständigkeiten für Testaktivitäten sind nicht festgelegt.
- Ein häufiges Problem sind unzureichend beschriebene Anforderungen:
  - Eine fehlende klare Strukturierung der Anforderungen kann zu mangelnder Nachvollziehbarkeit und Konsistenz führen.
  - Fehlt die Analyse auf Verifizierbarkeit, kann dies den gesamten Verifikationsprozess beeinträchtigen.
  - Sind Anforderungen nicht ausreichend detailliert, kann das zu Missverständnissen und Fehlinterpretationen führen. Dies kann die Softwarequalität beeinträchtigen und später Probleme in der Entwicklungsphase verursachen.
- Es sollte klar definiert sein, wann und gegen welche Spezifikationen getestet wird. Zudem muss transparent sein, wann ein Testziel als erreicht gilt und welche Testabdeckung erzielt werden soll. Unklarheiten in diesen Bereichen können den gesamten Verifikationsprozess infrage stellen.
- Es ist wichtig, klar zu definieren, wie sich die verschiedenen Testphasen voneinander abgrenzen und wie sie im gesamten Entwicklungszyklus eingeordnet werden.
- Die Verifikation sollte nahtlos an plattform- und projektspezifische Anforderungen angepasst werden. Dies stellt sicher, dass der Verifikationsprozess optimal auf das jeweilige Projekt zugeschnitten ist.

Zu berücksichtigen in Bezug auf PA 2.1

- Eine Verifikationsstrategie ist für PA 2.1 notwendig, d.h., es gibt ein systematisches Testvorgehen bzw. eine Testmethodik (z.B. Fehlerinjektion oder exploratives Testen), eine Festlegung der benötigten Testabdeckung zu bestimmten Zeitpunkten, ein bewusst definiertes Testende (nicht nur zeitbasiert), festgelegte Qualitätsziele, Kriterien zur Abschlussbestimmung einer Testphase und Techniken zur Erstellung von Testfällen (z.B. Äquivalenzklassenanalyse, Grenzwertprüfungen, Positiv-/Negativ-Tests).
- Die Start- bzw. spätesten Enddaten für die Verifikationsaktivitäten werden durch die Entwicklungsphasen sowie durch die Freigabe- und Musterplanung im Projekt bestimmt.
- Automotive SPICE® schreibt nicht vor, dass Tests organisatorisch unabhängig von der Entwicklung sein müssen, unabhängige Softwaretests sind jedoch vorteilhaft und weit verbreitet.
- Technische Ressourcen für den Test und andere Enabler werden gesteuert, wie beispielsweise die Testinfrastruktur, Ziel-Simulationstools, Testfälle, Skripte usw.

- Weitere Informationsquellen, die Input liefern, werden einbezogen, z.B. Feldbeobachtungen, Elektronik-Hardwareentwickler, Elektronikherstellung usw.
- Das Personal für Qualitätssicherung sollte das Recht haben, stichprobenartige Kontrollen durchzuführen.

Zu berücksichtigen in Bezug auf PA 2.2

- Die Wiederverwendbarkeit ab Capability Level 2 ist insbesondere bei einem Produktlinien- oder Modulansatz relevant.
- Jede Verifikationsmaßnahme muss einen Status wie z.B. »erstellt«, »zu testen«, »getestet« oder »veraltet« haben. Die Verifikationsverfahren und -skripte sowie die Testspezifikationen müssen versioniert werden.
- Die Rohdaten aus Testergebnissen brauchen in der Regel keine Aufbewahrung oder Versionierung, außer in speziellen Fällen.
- Es ist empfehlenswert, die Verifikationsmaßnahmen nach der Erstellung, bei Änderungen und negativen Ergebnissen zu überprüfen.
- Es gibt Review-Checklisten für Software-Testpläne, -Testprozesse und -Testfälle.
- Die Testspezifikation wurde u.a. überprüft, um die Konsistenz mit den entsprechenden Softwareanforderungen sicherzustellen.

Hinweise für Assessoren

- Fragen Sie, wie viele Softwareanforderungen den Maßnahmen zur Softwareverifikation zugeordnet und für die untersuchte Version relevant sind. Dies hilft, einen Einblick zu bekommen, ob es geeignete Auswahlkriterien für Verifikationsmaßnahmen gibt, und ermöglicht einen guten Überblick darüber, wie mit Verifikationsmaßnahmen gearbeitet wird.
- Überprüfen Sie, wie viele dieser Anforderungen nicht mit Systemqualifizierungstests verknüpft wurden und umgekehrt.
- Betrachten Sie die entsprechenden Verifikationsmaßnahmen und finden Sie diejenigen, die nicht überprüft wurden.
- Sehen Sie sich den letzten zusammenfassenden Bericht über die Softwareverifikation an und finden Sie diejenigen Tests, die nicht bestanden wurden (z.B. »fehlgeschlagen«, »gesperrt«).
- Wenn die Softwareanforderungen nicht gut genug für eine systematische Überprüfung sind, ist es sehr naheliegend, dass dieser Prozess seinen Zweck nicht erfüllen kann, nämlich sicherzustellen, dass die entwickelte Software konsistent zu den Anforderungen ist. Daraus ergibt sich eine Schwäche für die Bewertung des Prozesses.

11 Prozessgruppe zur Validierung

Diese Prozessgruppe wurde neu in Automotive SPICE® 4.0 aufgenommen und umfasst einen Prozess.

11.1 VAL.1 Validierung

Der Zweck besteht im Nachweis, dass das Endprodukt, das eine direkte Interaktion mit dem Endnutzer ermöglicht, die beabsichtigten Nutzungserwartungen in seiner betrieblichen Zielumgebung erfüllt.	**Flex/Optional**
Erwartete Prozessergebnisse: ■ Die Validierungsmaßnahmen werden unter Berücksichtigung der Kriterien für die Regressionsprüfung ausgewählt. ■ Das Produkt wird unter Verwendung der ausgewählten Validierungsmaßnahmen validiert und die Ergebnisse der Validierung werden aufgezeichnet. ■ Konsistenz und unidirektionale Rückverfolgbarkeit werden zwischen den Validierungsmaßnahmen und den Anforderungen der Stakeholder hergestellt; und zwischen den Validierungsergebnissen und den Validierungsmaßnahmen werden Konsistenz und bidirektionale Rückverfolgbarkeit hergestellt. ■ Die Ergebnisse der Validierung werden zusammengefasst und an alle betroffenen Parteien kommuniziert.	

11.1.1 Prozessbeschreibung

Mit der Einführung von Automotive SPICE® 4.0 gibt es die Validierung als assessierbaren Prozess. Die Validierung ist kein neues Konzept in der Automobilindustrie. Es geht darum, eine Brücke zwischen Mensch und Maschine zu schlagen und sicherzustellen, dass das Produkt die Erwartungen in seiner Betriebsumgebung erfüllt. Das heißt, ihr Ziel besteht darin, nachzuweisen, dass das Endprodukt, das eine direkte Interaktion mit dem Endbenutzer ermöglicht, die Erwartungen an den vorgesehenen Gebrauch in seiner betrieblichen Zielumgebung erfüllt. Dabei liegt der Fokus auf dem vorgesehenen Gebrauch und wendet sich an den Endnutzer des Produkts. Reine eingebettete Softwareprodukte oder ECU, die keine direkte Benutzerschnittstelle bieten, sind hiervon ausgenommen.

Beim Thema funktionale Sicherheit und Cybersecurity müssen zusätzliche Überlegungen und spezifische Validierungsprozesse berücksichtigt werden. Dies beinhaltet die Erstellung eines Validierungsplans, die Definition von Ergebnissen und die Planung von Aktivitäten, um sicherzustellen, dass die Sicherheitsziele korrekt, vollständig und auf Fahrzeugebene erreicht werden. Dies wird insbesondere in den Abschnitten 5 und 9 von ISO 26262-4 hervorgehoben.

Nutzen

- Die Validierung gewährleistet, dass das Endprodukt den beabsichtigten Nutzererwartungen entspricht.
- Sie liefert objektive Nachweise zur Unterstützung der Produktqualität.
- Transparenz und Effizienz im Projekt werden erhöht.
- Die Einhaltung von Standards wie ISO 26262 wird unterstützt.
- Die Homologation und gesetzliche Typgenehmigung wird ebenfalls unterstützt.

Die Validierung konzentriert sich auf Funktionen, die vom Endnutzer erlebt werden können. Häufig liegt die Verantwortung hierfür beim OEM. Sie ist auch für die ISO 26262 relevant, wobei hier der vorgesehene Gebrauch von Sicherheitsmechanismen im Vordergrund steht.

Homologations-Anforderungen und gesetzliche Typgenehmigungs-Anforderungen sind weitere Beispiele für Stakeholder-Anforderungen, die einer Validierung unterliegen.

Fehlen gesetzliche Anforderungen, können die Zielsetzungen hinter der Validierung explorativer oder sogar subjektiver Natur sein.

Die erfolgreiche Umsetzung des Validierungsprozesses führt dazu, dass

- Validierungsmaßnahmen für Stakeholder-Anforderungen definiert werden,
- die Verfügbarkeit von Diensten, die von Stakeholdern benötigt werden, bestätigt wird,
- Einschränkungen der Validierung, die die Anforderungen, Architektur oder das Design beeinflussen, identifiziert und
- objektive Belege dafür geliefert werden, dass das realisierte System oder Systemelement die Bedürfnisse der Stakeholder erfüllt.

In Abschnitt 6.1 gehen wir näher auf die Abgrenzung zwischen Verifikation und Validierung ein und geben prozessübergreifende Hinweise zu diesem Thema.

11.1.2 Basispraktiken

VAL.1.BP1: Spezifikation von Validierungsmaßnahmen für die Produktvalidierung. Spezifiziere die Validierungsmaßnahmen für das Endprodukt auf Grundlage der Stakeholder-Anforderungen, um den Nachweis zu erbringen, dass das System die Erwartungen für den beabsichtigten Einsatz in seiner betrieblichen Zielumgebung erfüllt, wie auch

- Techniken für die Validierungsmaßnahmen,
- Bestanden-/Nicht-bestanden-Kriterien für Validierungsmaßnahmen,
- eine Definition der Ein- und Ausgangskriterien für die Validierungsmaßnahmen,
- die erforderliche Reihenfolge der Validierungsmaßnahmen sowie
- die erforderliche Validierungsinfrastruktur und die Einrichtung der Validierungsumgebung.

Anmerkung 1: *Ein Beispiel für validierungsrelevante Stakeholder-Anforderungen sind Homologations- oder gesetzliche Typgenehmigungs-Anforderungen. Weitere Beispiele für Quellen von Verwendungserwartungen sind technische Risiken (s. MAN.5, SYS.3.BP4, SWE.2.BP3, HWE.2.BP6).*

Anmerkung 2: *Wenn die Anforderungen der Stakeholder nicht umfassend spezifiziert werden können oder sich häufig ändern, kann eine wiederholte Validierung von (oft schnell entwickelten) Inkrementen in der Produktweiterentwicklung eingesetzt werden, um die Anforderungen der Stakeholder zu verfeinern und die Risiken bei der korrekten Identifizierung der Bedürfnisse zu mindern.*

Anmerkung 3: *Die Validierung kann weiter durchgeführt werden, um zu bestätigen, dass das Produkt auch die oft weniger formell ausgedrückten, aber manchmal übergeordneten Einstellungen, Erfahrungen und subjektiven Tests erfüllt, die die Zufriedenheit der Stakeholder oder Endnutzer ausmachen.*

Zunächst sind Validierungsmaßnahmen für die Produktvalidierung festzulegen. Hierbei soll einerseits überprüft werden, ob die Stakeholder-Anforderungen erfüllt werden, andererseits soll sichergestellt werden, dass der vorgesehene Gebrauch des Systems gegeben ist. Es gibt viele Parallelen zu den Verifizierungsprozessen, wobei auch in diesem Prozess Bestanden-/Nicht-bestanden-Kriterien obligatorisch sind.

Es liegt in der Natur der Sache, dass das System häufig als Blackbox betrachtet wird. Abhängig vom Produkt und den spezifischen Anforderungen sollte aber eine geeignete Kombination von Testtechniken eingesetzt werden. Es kann eine Kombination aus manuellen Tests (z.B. Benutzertests) und automatisierten Tests verwendet werden. Ziel ist es, nachzuweisen, dass die Erwartungen an den vorgesehenen Gebrauch in seiner betrieblichen Zielumgebung erfüllt werden. Insofern werden sich viele Validierungsmaßnahmen auf den Einsatz im Fahrzeug beziehen. Viele Validierungsmaßnahmen werden auch erst spät im Projektlebenszyklus durchgeführt werden, z.B. während der Felderprobung.

Eine Stakeholder-Anforderung könnte sein, dass das System innerhalb von 5 Sekunden nach dem Start des Fahrzeugs voll funktionsfähig ist, ein von dem Endkunden erlebbares Verhalten des Systems.

Eine entsprechende Validierungsmaßnahme wäre ein Test, bei dem das Fahrzeug gestartet wird und die Zeit bis zur vollen Betriebsbereitschaft des Infotainmentsystems gemessen wird. Darüber hinaus sind Bestanden-/Nicht-bestanden-Kriterien unerlässlich. In diesem Fall könnte das Kriterium lauten, dass das System in 95 % der Testdurchführungen innerhalb von 5 Sekunden startet.

Bei der Definition von Validierungsmaßnahmen sind einige Aspekte zu beachten:

- Wie bereits erwähnt, sind klare Kriterien entscheidend, um zu bestimmen, ob eine Validierung erfolgreich war oder nicht.
- Außerdem müssen Ein- und Ausgangskriterien definiert werden: Diese legen fest, wann mit der Validierung begonnen werden soll und wann sie abgeschlossen ist. Ein mögliches Eingangskriterium könnte sein, dass alle Entwicklungsarbeiten abgeschlossen sind, während ein Ausgangskriterium darin bestehen könnte, dass alle Tests erfolgreich abgeschlossen wurden.
- Bevor mit der Validierung begonnen wird, sollte klar sein, welche Bedingungen erfüllt sein müssen (z. B. bestimmte Hard- oder Softwareversionen).
- Manchmal ist es notwendig, die Maßnahmen in einer bestimmten Reihenfolge durchzuführen, um valide Ergebnisse zu erhalten, insbesondere wenn spätere Tests von den Ergebnissen früherer Tests abhängen. Auch dies muss bei der Definition von Validierungsmaßnahmen bedacht werden.
- Die für die Validierung erforderliche Infrastruktur und Umgebung kann spezifische Hardware, Software oder andere Tools umfassen, die für die Durchführung der Validierung erforderlich sind. Ein praxisnahes Beispiel könnte die Validierung eines neuen adaptiven Geschwindigkeitsregelsystems (Adaptive Cruise Control, ACC) in einem Fahrzeug sein. Die Anforderungen könnten beinhalten, dass das ACC unter verschiedenen Bedingungen, wie z. B. Regen, Schnee oder dichtem Verkehr, funktioniert. Die Validierung würde dann Tests in diesen verschiedenen Szenarien umfassen, wobei sowohl die funktionale Sicherheit als auch andere Faktoren wie die Benutzerfreundlichkeit berücksichtigt werden.

VAL.1.BP2: Auswahl der Validierungsmaßnahmen. Dokumentiere die Auswahl von Validierungsmaßnahmen unter Berücksichtigung von Auswahlkriterien, einschließlich Kriterien für die Regressionsvalidierung. Die dokumentierte Auswahl der Validierungsmaßnahmen muss einen ausreichenden Abdeckungsgrad entsprechend dem Release-Umfang haben.

Anmerkung 4: *Beispiele für Auswahlkriterien können der Freigabezweck des gelieferten Produkts sein (z. B. Prüfstand, Teststrecke, Validierung auf öffentlichen Straßen, Feldeinsatz durch Endnutzer), Homologation/Typgenehmigung, Bestätigung von Anforderungen oder die Notwendigkeit einer Regression, z. B. aufgrund von Änderungen der Anforderungen und Bedürfnisse der Interessengruppen.*

Die Auswahl von Validierungsmaßnahmen ist eng mit dem Projektlebenszyklus und der Planung verknüpft. Es ist nicht immer sinnvoll, alle Validierungsmaßnahmen durchzuführen, da dies sowohl zeit- als auch ressourcenintensiv sein kann. Hier sind einige Schritte und Überlegungen, die dabei helfen können:

- Berücksichtigen Sie, in welcher Phase des Lebenszyklus sich das Projekt befindet. Es ist nicht immer effizient, alle möglichen Validierungsmaßnahmen durchzuführen. Stattdessen sollte man sich auf die Maßnahmen konzentrieren, die für die jeweilige Projektphase am relevantesten und wertvollsten sind. In frühen Phasen können konzeptionelle und modellbasierte Validierungen vorherrschen, während in späteren Phasen umfangreiche Feldtests erforderlich sein können.
- Bei jeder Änderung am System sollte es eine Strategie geben sein, um sicherzustellen, dass keine bestehenden Funktionen beeinträchtigt werden (Regression).
- Es kann vorkommen, dass Projekte hinter dem Zeitplan zurückbleiben. In solchen Fällen ist es wichtig, die Validierungsaktivitäten zu priorisieren, um sicherzustellen, dass kritische Systemfunktionen zuerst validiert werden. Diese Priorisierung sollte auf den Risiken und dem Wert der einzelnen Aktivitäten für das Projekt basieren.
- Trotz der Selektivität bei der Wahl der Maßnahmen muss sichergestellt werden, dass das System vollständig validiert wird. Dies bedeutet, dass bei Änderungen eine Regressionsstrategie angewendet werden sollte, um sicherzustellen, dass frühere Validierungen nach wie vor gültig sind.
- Die Auswahl der Validierungsmaßnahmen ist zu dokumentieren, wobei die Kriterien für die Auswahl einschließlich der Kriterien für die Regressionsvalidierung zu berücksichtigen sind. Es muss sichergestellt werden, dass die Auswahl der Validierungsmaßnahmen den Anforderungen des Release-Umfangs entspricht.
- Einige der Kriterien, die für die Auswahl von Validierungsmaßnahmen herangezogen werden könnten, sind der Zweck des gelieferten Produkts, die Typgenehmigung, die Bestätigung von Anforderungen oder die Notwendigkeit einer Regression aufgrund von Änderungen an Stakeholder-Anforderungen.
- Bei Produkten, bei denen die funktionale Sicherheit im Vordergrund steht, müssen zusätzliche Überlegungen angestellt werden. Der Validierungsplan sollte verwendet werden, um die Aktivitäten zu steuern, die die Produkte gegen die Sicherheitsziele validieren. Es gibt aber keine Notwendigkeit, die Planungen zur funktionalen Sicherheit separat durchzuführen. Dabei sollten insbesondere folgende Punkte beachtet werden:
  - Definition und Planung von Aktivitäten zur Nachweisführung
  - Konfiguration des Produkts, einschließlich seiner Kalibrierungsdaten
  - Festlegung von Testverfahren, Testfällen und Annahmekriterien
  - Auswahl geeigneter Validierungsausrüstung und -bedingungen

VAL.1.BP3: Durchführung der Validierung und Auswertung der Ergebnisse. Führe die Validierung des integrierten Endprodukts unter Verwendung der ausgewählten Validierungsmaßnahmen durch. Zeichne die Validierungsergebnisse einschließlich des Bestanden-/Nicht-bestanden-Status auf. Bewerte die Validierungsergebnisse.

Anmerkung 5: *Validierungsergebnisse können als Mittel zur Identifizierung von Stakeholder- oder Systemanforderungen verwendet werden, z. B. im Falle von Mock-ups oder Konzeptstudien.*

Anmerkung 6: *Zum Umgang mit Validierungsergebnissen, die von den erwarteten Ergebnissen abweichen, siehe SUP.9.*

Diese Praktik konzentriert sich auf die Durchführung der Validierung und die Auswertung der Ergebnisse. Hier sollten die Ergebnisse dokumentiert und bei Bedarf zusätzliche Informationen, wie Testprotokolle, gespeichert werden. Hierbei empfiehlt sich ein systematisches Vorgehen, das sich in die folgenden Arbeitsschritte aufteilt:

- Bevor mit der eigentlichen Validierung begonnen wird, ist es wichtig, die ausgewählten Validierungsmaßnahmen zu kennen und zu verstehen, die im Rahmen der BP2 festgelegt wurden.
- Führen Sie die Validierung des integrierten Systems mit den ausgewählten Validierungsmaßnahmen durch. Dies sollte in einer kontrollierten Umgebung erfolgen, in der alle Variablen, die die Ergebnisse beeinflussen könnten, berücksichtigt werden.
- Jeder Validierungsschritt und jedes Ergebnis sollte sorgfältig dokumentiert werden. Dies beinhaltet den Status »Bestanden-/Nicht-bestanden« sowie alle relevanten Daten, die zur Unterstützung der Ergebnisse gesammelt wurden.
- Es ist wichtig, nicht nur die direkten Validierungsergebnisse zu dokumentieren, sondern auch alle zusätzlichen Informationen oder Testprotokolle, die während des Validierungsprozesses erstellt wurden. Dadurch wird sichergestellt, dass die Validierung zu einem späteren Zeitpunkt nachvollzogen werden kann.
- Nachdem alle Ergebnisse dokumentiert wurden, sollten diese ausgewertet werden, um festzustellen, ob das System den festgelegten Anforderungen entspricht. Hierbei können auch Mock-ups oder Konzeptstudien hilfreich sein, um zusätzliche Anforderungen von Stakeholdern oder des Systems zu identifizieren.
- Sollten während der Validierung Probleme oder Abweichungen auftreten, ist es wichtig, diese gemäß SUP.9 zu behandeln und sicherzustellen, dass alle Nonkonformitäten vor der endgültigen Validierung behoben werden.
- Wenn während der Validierung Änderungen am System vorgenommen werden müssen, sollten diese gemäß SUP.10 dokumentiert und zur Überprüfung und Genehmigung eingereicht werden.

Es ist zu bedenken, dass zu einem späteren Zeitpunkt der Nachweis erbracht werden muss, dass die Validierung ordnungsgemäß durchgeführt wurde. Dies sollte bei der Entscheidung, welche Daten aufzubewahren sind, berücksichtigt werden. Es empfiehlt sich hierfür, eine dokumentierte Begründung zu haben, insbesondere in Bezug auf Themen wie die funktionale Sicherheit.

VAL.1.BP4: Sicherstellung der Konsistenz und Herstellung der bidirektionalen Rückverfolgbarkeit. Stelle die Konsistenz sicher und richte eine bidirektionale Rückverfolgbarkeit von Validierungsmaßnahmen zu den Stakeholder-Anforderungen ein, von denen sie abgeleitet sind. Stelle eine bidirektionale Rückverfolgbarkeit zwischen Validierungsergebnissen und Validierungsmaßnahmen her.

Anmerkung 7: *Beispiele für Quellen von Validierungsmaßnahmen, aus denen sie abgeleitet werden können, sind gesetzliche Anforderungen, Zulassungsanforderungen, Ergebnisse von technischen Risikoanalysen oder Anforderungen der Stakeholder und des Systems (s. SYS.1 und SYS.2).*

Anmerkung 8: *Wenn die Quellen für Validierungsmaßnahmen z. B. gesetzliche oder Zulassungsanforderungen sind, dann ist eine direkte bidirektionale Rückverfolgbarkeit von diesen Quellen zu den Validierungsmaßnahmen nicht möglich. In einem solchen Fall ist eine unidirektionale Rückverfolgbarkeit ausreichend.*

Anmerkung 9: *Die bidirektionale Rückverfolgbarkeit unterstützt die Konsistenz und erleichtert die Analyse der Auswirkungen von Änderungsanträgen sowie den Nachweis der Verifikationsabdeckung. Rückverfolgbarkeit allein, z. B. das Vorhandensein von Links, bedeutet nicht notwendigerweise, dass die Informationen zueinander konsistent sind.*

Um den Zweck dieses Prozesses sicherzustellen, brauchen wir die Rückverfolgbarkeit von Validierungsmaßnahmen zu Stakeholder-Anforderungen und die bidirektionale Rückverfolgbarkeit zwischen Validierungsergebnissen und Validierungsmaßnahmen.

Hier ist ein schrittweiser Ansatz zur Implementierung:

- Zunächst müssen alle relevanten Validierungsmaßnahmen identifiziert werden. Dies kann sich auf gesetzliche Anforderungen, Homologations-Anforderungen, technische Risikoanalysen oder spezifische Stakeholder- und Systemanforderungen beziehen.
- Für jede identifizierte Validierungsmaßnahme sollte eine klare Verbindung zu den Stakeholder-Anforderungen hergestellt werden, von denen sie abgeleitet ist. Das heißt, es sollte sowohl möglich sein, von der Anforderung zur Maßnahme als auch von der Maßnahme zur Anforderung zu gelangen.
- Es ist wichtig, zu überprüfen, ob alle Validierungsmaßnahmen konsistent mit den Stakeholder-Anforderungen sind. Jegliche Inkonsistenzen müssen identifiziert und korrigiert werden.

- In Fällen, in denen eine bidirektionale Rückverfolgbarkeit nicht möglich ist (z.B. bei gesetzlichen Anforderungen), sollte zumindest eine unidirektionale Rückverfolgbarkeit gewährleistet und dokumentiert werden.
- Die bidirektionale Rückverfolgbarkeit sollte regelmäßig überprüft werden, insbesondere wenn Änderungsanträge gestellt werden. Dies erleichtert die Analyse der Auswirkungen solcher Anfragen und stellt sicher, dass die Systemvalidierung immer auf dem neuesten Stand ist.
- Alle Rückverfolgbarkeitsinformationen und -ergebnisse sollten sorgfältig dokumentiert und für zukünftige Überprüfungen und Audits archiviert werden.
- Zum Schluss ist es wichtig, zu betonen, dass die Rückverfolgbarkeit nicht nur dazu dient, die Konsistenz sicherzustellen, sondern auch ein entscheidendes Werkzeug ist, um die Auswirkungen von Änderungen zu analysieren und die Abdeckung der Validierung nachzuweisen.

In Abschnitt 5.7 betrachten wir die Themen Rückverfolgbarkeit und Transparenz im Detail.

VAL.1.BP5: Zusammenfassung und Kommunikation der Ergebnisse. Fasse die Validierungsergebnisse zusammen und kommuniziere sie an alle betroffenen Parteien.

Anmerkung 10: *Die Bereitstellung aller notwendigen Informationen aus der Testfalldurchführung in einer Zusammenfassung ermöglicht es anderen Beteiligten, die Konsequenzen zu beurteilen.*

Schließlich ist es wichtig, die Validierungsergebnisse nicht nur zu erfassen, sondern auch in einer Form zusammenzufassen und zu kommunizieren, die für alle relevanten Stakeholder verständlich und nützlich ist. Nachdem die Validierungstests durchgeführt wurden, ist es notwendig, alle Ergebnisse systematisch zu sammeln und zu überprüfen, um sicherzustellen, dass alle relevanten Daten erfasst wurden.

Anstatt die detaillierten Testergebnisse in ihrer Rohform zu präsentieren, sollte eine klare und prägnante Zusammenfassung erstellt werden. Diese Zusammenfassung sollte die Hauptbefunde, festgestellte Mängel und wesentliche Informationen, die für das Verständnis der Ergebnisse notwendig sind, hervorheben.

Um den Stakeholdern zu helfen, die Konsequenzen der Testergebnisse zu verstehen, sollten relevante Anmerkungen und Hinweise in die Zusammenfassung aufgenommen werden. Beispielsweise können Informationen aus der Testdurchführung dazu beitragen, den Kontext der Ergebnisse zu verdeutlichen.

Je nach Zielgruppe und Art des Projekts sollte der am besten geeignete Kommunikationskanal gewählt werden. Dies können Berichte, Präsentationen, E-Mails oder Besprechungen sein.

Es sollte nicht nur bei einer einmaligen Kommunikation bleiben. Regelmäßige Updates und Feedback-Schleifen mit den Stakeholdern stellen sicher, dass diese stets informiert sind und ihre Rückmeldungen in zukünftige Validierungsaktivitäten einfließen.

Sowohl die rohen Validierungsergebnisse als auch die Zusammenfassungen sollten sorgfältig dokumentiert und archiviert werden, um zukünftige Referenzen und Audits zu erleichtern.

Eine sorgfältige Zusammenfassung und Kommunikation der Ergebnisse ermöglicht es allen Beteiligten, den Fortschritt des Projekts nachzuvollziehen und entsprechend zu handeln. Dies gewährleistet, dass diese stets auf dem neuesten Stand sind und das Projekt erfolgreich zum Abschluss gebracht werden kann.

Auf das Thema Kommunikation und Transparenz im Projekt wird in Abschnitt 5.9.2 näher eingegangen.

11.1.3 Erzeugte Informationsobjekte

08-59 Validierungs-maßnahmen	Die Validierungsmaßnahmen müssen für einen Experten verständlich und nachvollziehbar definiert werden. Dabei ist darauf zu achten, dass sie die Stakeholder-Anforderungen korrekt und ggf. in Kombination mit anderen Validierungsmaßnahmen vollständig überprüfen. Wenn es zusätzliche Richtlinien gibt, sind diese zu beachten.
08-58 Auswahlset für Validierungs-maßnahmen	Die in BP2 festgelegte Auswahl an Validierungsmaßnahmen ist nachvollziehbar zu dokumentieren.
13-24 Validierungs-ergebnisse	Wie in BP3 beschrieben, müssen die Ergebnisse der durchgeführten Validierungsmaßnahmen nachvollziehbar dokumentiert werden. Dabei ist ein systematisches Vorgehen einzuhalten.
13-51 Konsistenznachweise	Die Konsistenz muss systematisch und nachvollziehbar überprüft werden, dies muss für jede Validierungsmaßnahme einzeln dokumentiert werden. Eine Checkliste für den gesamten Katalog der Validierungsmaßnahmen ist nicht ausreichend.
13-52 Kommunikations-nachweise	Die Ergebnisse der Validierung müssen, wie in BP5 beschrieben, in geeigneter Form an alle Stakeholder kommuniziert werden. Dies sollte auch im Nachhinein nachvollziehbar sein, z. B. durch einen werkzeuggestützten Ansatz. Die ausschließliche Verwendung von E-Mails macht es manchmal schwierig, die entsprechende Information zu finden, insbesondere bei größeren Projekten. In jedem Fall sollte ein pragmatischer Ansatz gewählt werden.

11.1.4 Zusätzliche Überlegungen

Bezug zu anderen Automotive SPICE®-Prozessen

- Dieser Prozess hat keine nachgelagerten Prozesse, da er den Abschluss des Entwicklungsprozesses kennzeichnet.
- Er steht in Wechselwirkung mit dem Projektmanagement MAN.3 und mit den Unterstützungsprozessen.

Typische Fallstricke

- Wenn die Stakeholder-Anforderungen, Kundenerwartungen und der beabsichtigte Nutzen des Systems nicht klar und vollständig definiert sind, kann die Validierung unzureichend oder ungenau sein.
- Fehlende Kommunikation mit den Stakeholdern kann zu Missverständnissen über das erwartete Systemverhalten führen.
- Zu viel Druck, den Validierungsprozess schnell abzuschließen, kann zu übersehenen Fehlern oder unvollständigen Validierungsmaßnahmen führen.
- Ein unzureichendes Budget kann die Tiefe und den Umfang der Validierung begrenzen.
- Wenn nicht nachvollzogen werden kann, welche Anforderungen getestet wurden und welche nicht, kann dies zu Lücken in der Validierung führen.
- Die Validierung in einer Umgebung, die nicht dem tatsächlichen Einsatzszenario entspricht, kann zu falschen und unvollständigen Ergebnissen führen.
- Wenn das Validierungsteam nicht über das notwendige Fachwissen verfügt, können wichtige Aspekte übersehen werden.
- Ohne ausreichende Dokumentation der Validierungsergebnisse können wichtige Informationen verloren gehen oder nicht an relevante Stakeholder weitergegeben werden.
- Das Fokussieren auf die »normalen« Anwendungsfälle und die Vernachlässigung von Rand- oder Ausnahmefällen kann zu unentdeckten Fehlern führen.
- Das Ignorieren von Rückmeldungen von Endnutzern kann dazu führen, dass wichtige praktische Aspekte des Systems nicht validiert werden.
- Wenn sich die Erwartungen an das System während des Entwicklungsprozesses ändern, muss der Validierungsprozess entsprechend angepasst werden. Unterbleibt diese Anpassung, kann dies zu einer unzureichenden Validierung führen.

Zu berücksichtigen in Bezug auf PA 2.1

- Die Validierungsziele sollten sich in jedem Fall auf die Einordnung dieses Prozesses in den Produktlebenszyklus beziehen, um eine gute Planbarkeit zu erreichen.
- Das Zusammenspiel der Validierung mit der Ermittlung der Stakeholder-Anforderungen, insbesondere mit der Basispraktik SYS.1.BP5, die sich mit der Statusverfolgung des Bedarfs befasst, sollte in der Strategie für diesen Prozess beschrieben werden.
- Die Schnittstelle zum Änderungsmanagement für Stakeholder-Anforderungen und Bedarfe sollte in der Strategie beschrieben werden.
- Es sollten Überlegungen angestellt werden, wie die Validierung effizient gestaltet werden kann.
- In der Strategie sollte definiert werden, wie der Fortschritt der Verifikation oder Validierung bewertet wird. Hierbei sind Metriken zur Überwachung und Kontrolle der Verifikation oder Validierung von Vorteil. Eine Metrik kann beispielsweise die Abdeckung der Anforderungen oder die Effizienz der Maßnahmen sein.

Zu berücksichtigen in Bezug auf PA 2.2

- Es sollten Vorgaben gemacht werden, wie Validierungsmaßnahmen zu definieren und die Ergebnisse zu dokumentieren sind.

Hinweise für Assessoren

- Stellen Sie sicher, dass Validierungsergebnisse, einschließlich der Bestanden-/Nicht-bestanden-Status, vollständig dokumentiert sind.
- Überprüfen Sie auf zusätzlich gespeicherte Informationen, wie Testprotokolle.
- Wenn eine direkte bidirektionale Rückverfolgbarkeit nicht machbar ist, wie z.B. bei gesetzlichen Anforderungen, stellen Sie sicher, dass eine unidirektionale Rückverfolgbarkeit eingerichtet und als ausreichend erachtet wurde.
- Achten Sie auf typische Fehlerursachen wie Zeitdruck oder Missverständnisse. Dies kann bei der Bewertung hilfreich sein.
- Stellen Sie sicher, dass Aspekte der funktionalen Sicherheit und Cybersecurity in den Validierungsprozess integriert sind.
- Wenn sie nicht enthalten sind, suchen Sie nach dokumentierten Gründen für ihre Auslassung.

12 Prozessgruppe Machine Learning Engineering

Diese Prozessgruppe wurde neu in Automotive SPICE® 4.0 aufgenommen und umfasst vier Prozesse. Hinzu kommt der Unterstützungsprozess SUP.11 Machine-Learning-Datenmanagement.

12.1 MLE.1 Anforderungsanalyse für Machine Learning

Der Zweck besteht in der Verfeinerung der mit dem Machine Learning zusammenhängenden Softwareanforderungen zu einem Satz von ML-Anforderungen.	**Plug-in**
Erwartete Prozessergebnisse: ■ Die ML-Anforderungen einschließlich der ML-Datenanforderungen werden auf Grundlage der Softwareanforderungen und der Komponenten der Softwarearchitektur ermittelt und spezifiziert. ■ Die ML-Anforderungen werden strukturiert und priorisiert. ■ Die ML-Anforderungen werden auf Korrektheit und Verifizierbarkeit analysiert. ■ Die Auswirkungen der ML-Anforderungen auf die ML-Betriebsumgebung werden analysiert. ■ Konsistenz und bidirektionale Rückverfolgbarkeit zwischen ML-Anforderungen und Softwareanforderungen sowie zwischen ML-Anforderungen und Softwarearchitektur werden hergestellt. ■ Die ML-Anforderungen sind vereinbart und allen betroffenen Parteien mitgeteilt worden.	

12.1.1 Prozessbeschreibung

Beim maschinellen Lernen oder Machine Learning (ML) baut die Anforderungsanalyse auf den Softwareanforderungen auf, die im vorherigen Prozess der Softwareanforderungs-Analyse verarbeitet wurden, und verwendet die Elemente der Softwarearchitektur als Eingabe.

Die Ergebnisse dieser Analyse umfassen detaillierte, gut lesbare Spezifikationen, sowohl für funktionale als auch nicht funktionale Anforderungen des Machine Learning (ML-Anforderungen), einschließlich der Anforderungen an die ML-Daten.

Die Definition von ML-Anforderungen ist entscheidend für eine qualitativ hochwertige ML-Datenerfassung und -verarbeitung sowie für die Entwicklung eines zuverlässigen ML-Modells. Die ML-Anforderungen legen den strukturierten Rahmen fest, um sicherzustellen, dass die erhobenen Daten den spezifischen Bedürfnissen des ML-Modells entsprechen. Ein zentraler Aspekt sind die ML-Datenanforderungen, die Eigenschaften wie Datencharakteristika, Verteilungen, Genauigkeiten und Auflösungen definieren. Diese präzisen Vorgaben ermöglichen eine zielgerichtete Sammlung von Daten, die für das Training, die Validierung und das Testen des ML-Modells erforderlich sind.

Neben den technischen Aspekten umfassen die ML-Anforderungen auch Qualitätskriterien für die Datensammlung, wie z. B. Anforderungen an die Labeling-Qualität und die Integrität der Daten. Die Struktur und das Format der ML-Daten sollten ebenfalls detailliert beschrieben werden, um sicherzustellen, dass die Daten effektiv verarbeitet werden können.

Eine gründliche Analyse der ML-Anforderungen ist unerlässlich, um mögliche Fallstricke zu vermeiden. Unklare oder vage Formulierungen können zu Missverständnissen führen, die wiederum die Qualität der Datenerhebung und -verarbeitung beeinträchtigen können. Durch eine klare Kommunikation und Festlegung des Status der Anforderungen sowie die Einbeziehung von verschiedenen Stakeholdern, wie dem Software-Projektleiter, dem ML-Modell-Tester, aber auch einem Vertreter des Teams, das für die Daten verantwortlich ist, wird sichergestellt, dass die Datenbasis für das ML-Modell von guter Qualität ist.

12.1.2 Basispraktiken

MLE.1.BP1: Spezifikation der ML-Anforderungen. Nutze die Softwareanforderungen und die Softwarearchitektur, um funktionale und nicht funktionale ML-Anforderungen sowie ML-Datenanforderungen zu identifizieren und zu spezifizieren, die Datenmerkmale (z. B. Geschlecht, Wetterbedingungen, Straßenzustand innerhalb der Betriebsumgebung (Operational Design Domain, ODD)) und deren erwartete Verteilungen angeben.

Anmerkung 1: *Zu den nicht funktionalen Anforderungen können relevante Merkmale der ODD und der KPIs wie Robustheit, Leistung und Grad der Vertrauenswürdigkeit gehören.*

Anmerkung 2: *Die ML-Datenanforderungen bilden den Input für SUP.11 Datenmanagement für das Machine Learning, aber auch für andere MLE-Prozesse.*

Anmerkung 3: *Nur im Falle der ML-Entwicklung stellen die Anforderungen der Stakeholder die Softwareanforderungen dar.*

Wie in der Basispraktik schon erwähnt, entstehen hier nicht nur die uns bereits bekannten funktionalen und nicht funktionale Anforderungen, sondern auch sogenannte »ML-Datenanforderungen«.

Die Anforderungen an die ML-Daten sind von entscheidender Bedeutung, da Daten einen der wichtigsten Faktoren im ML darstellen. Während die Logik und die Mathematik typischer ML-Modelle oft relativ einfach sind, hängt die Leistung eines Modells in hohem Maße von den während des Trainings und Tests verwendeten Daten ab. Die ML-Datenanforderungen umfassen u.a.:

- **Datencharakteristika**
  Die Anforderungen an die Daten beinhalten die charakteristischen Merkmale und ihre erwarteten Eigenschaften, wie z.B. Verteilungen, Genauigkeiten, Auflösungen. So müssten beispielsweise Bilder von Verkehrszeichen Bedingungen wie Tages- und Nachtzeiten sowie verschiedene Wetterbedingungen wie Regen- und Schnee abdecken.
- **Verteilung der Datencharakteristika**
  Es wird auch die Verteilung der Datencharakteristika festgelegt, beispielsweise »10 % Tageszeit, 30 % Schnee etc.«. Die Verteilung muss so nahe wie möglich an der Verteilung in der Betriebsumgebung (ODD) liegen. Jede Abweichung kann zu einer fehlerhaften Mustererkennung im Feld führen, da ein ML-Modell die Mustererkennung in den meisten Fällen auf Basis von statistischen Daten berechnet.
- **Formatanforderungen**
  Die Struktur und das Format der ML-Daten müssen ebenfalls definiert werden, einschließlich der Einbettung von Metadaten. In den beiden obigen Beispielen könnte man sich vorstellen, dass es eine Anforderung gibt, die Daten mit Tages- und Nachtzeiten sowie Wetterbedingungen zu kennzeichnen.
- **Qualitätsanforderungen**
  Die Anforderungen an die Datenqualität, insbesondere die Qualität der Kennzeichnung und der Struktur, sind von großer Bedeutung.

Die ML-Datenanforderungen dienen als hauptsächlicher Input für den Prozess SUP.11.

Auch wenn die ML-Datenanforderungen der Protagonist dieses Prozesses sind, sollten weitere Arten von ML-Anforderungen nicht außer Acht gelassen werden:

- **Funktionale Bedingungen für Training und Test**
  Es werden die funktionalen Teile festgelegt, die für das Training und den Test des ML-Modells implementiert werden müssen. Ein Beispiel sind Einschränkungen der Trainingsumgebung, Programmiersprache(n), Einschränkungen, die sich aus den System- oder Softwarebedingungen (SYS.2, SYS.3, SWE.1, SWE.2) ergeben.
- **Hardwarebezogene ML-Funktionen**
  Anforderungen, die sich auf die Hardware beziehen, auf der das ML-Element ausgeführt werden soll, werden definiert.

- **Empfang von Signalen von elektronischen Sensoren**
  Anforderungen an den Empfang von Signalen von elektronischen Sensoren werden ebenfalls berücksichtigt.
- **Nicht funktionale Anforderungen**
  Nicht funktionale Anforderungen, wie Leistungs- und Qualitätsanforderungen, werden ebenfalls spezifiziert. Beispiele hierfür sind Anforderungen aus anderen Standards (z.B. ISO 26262 – Funktionale Sicherheit oder ISO/SAE 21434 – Cybersecurity Engineering) sowie Anforderungen an die Qualität des Outputs des ML-Modells.

Diese Anforderungen bilden den Input für die Prozesse MLE.2 bis MLE.4.

MLE.1.BP2: Strukturierung der ML-Anforderungen. Strukturiere und priorisiere die ML-Anforderungen.

Anmerkung 4: *Beispiele für Strukturierungskriterien können Gruppierung (z.B. nach Funktionalität) oder Variantenidentifikation sein.*

Anmerkung 5: *Die Priorisierung kann entsprechend den Anforderungen des Projekts oder der Stakeholder erfolgen, z.B. durch die Definition von Release-Umfängen (s. SPL.2.BP1).*

Dabei ist darauf zu achten, dass die Anforderungen so strukturiert sind, dass sie für die interne Organisation aussagekräftig sind und die Verteilung der Anforderungen auf die verschiedenen Interessenbereiche unterstützen, z.B. Datenmanagement, ML-Architektur, ML-Modell-Training, ML-Modell-Test usw., um sicherzustellen, dass jeder Bereich weiß, welche Anforderungen für ihn relevant sind und in seiner Verantwortung liegen.

Ein weiteres strukturierendes Element können Features sein, die das Modell abdecken muss. Angenommen, es handelt sich z.B. um ein Modell zur Verkehrszeichenerkennung, dann könnte man sich vorstellen, dass die Anforderungen zwischen generellen Anforderungen und spezifischen Anforderungen pro Verkehrszeichen unterscheiden.

Eine Möglichkeit, ML-Anforderungen zu priorisieren, besteht darin, sichtbar zu machen, für welches Release die Umsetzung der ML-Anforderung geplant ist. Innerhalb eines Release sollten Prioritäten gesetzt werden, um im Falle eines plötzlichen Ressourcenmangels schnell und angemessen reagieren zu können; so sollten beispielsweise komplexe Funktionen oder Sicherheitsfunktionen eine hohe Priorität erhalten.

Die Strukturierung der Anforderungen unterstützt die Übersicht und Priorisierung und ermöglicht ein schnelles Auffinden der für eine bestimmte Aufgabe relevanten Anforderungen.

MLE.1.BP3: Analyse der ML-Anforderungen. Analysiere die spezifizierten ML-Anforderungen einschließlich ihrer Abhängigkeiten zur Sicherstellung der Korrektheit, der technischen Machbarkeit und der Fähigkeit zum Testen von Machine-Learning-Modellen sowie zur Unterstützung des Projektmanagements bei der Projektschätzung.

Anmerkung 6: *Siehe MAN.3.BP3 für Projektdurchführbarkeit und MAN.3.BP5 für Projektschätzungen.*

Die ML-Anforderungen werden konsolidiert und zusammengefügt. Sie müssen umsetzbar sein und Qualitätskriterien erfüllen. Hier greifen also die Analyse der ML-Anforderungen (BP3) und deren Erstellung bzw. Verfeinerung (BP1) ineinander. Die Basispraktiken sind keinesfalls, wie in anderen Prozessen, als sequenzielle Handlungsanweisungen zu verstehen, sondern müssen sehr oft iterativ in kleinen Zyklen durchgeführt werden. Dieses Zusammenspiel sollte nicht losgelöst von der Software- und ML-Architektur erfolgen, sodass erst am Ende die Machbarkeit und andere Kriterien, wie z. B. Überprüfbarkeit und Wartbarkeit, bewertet werden können. Aus der Betrachtung der Architektur ergeben sich wertvolle Hinweise für die Spezifikation von ML-Anforderungen.

Eine gute ML-Anforderungsanalyse ist in diesem Prozess ein Kernaspekt der Ingenieurarbeit. Der Umfang und die Angemessenheit der Analyse und ihrer Dokumentation hängen vom Kontext ab. Sie müssen durch Nachweise gestützt werden können. Letztlich muss zumindest die technische Machbarkeit und Überprüfbarkeit bewertet werden. Bei einem ML-Modell ist es durchaus denkbar, dass im Rahmen der Machbarkeitsanalyse auch ein Proof of Concept zum Tragen kommt. So könnte in Falle der Verkehrsschildererkennung zunächst ein Modell erstellt werden, das einen Typ von Verkehrszeichen bei Tageslicht und optimalen Lichtbedingungen erkennt.

Die ermittelten ML-Anforderungen werden auf bestehende Abhängigkeiten geprüft. Bei komplexen, verteilten ML-Funktionen bilden einzelne ML-Modelle die Grundlage für andere. Die Gesamtfunktion kann also von mehreren Teilen abhängen. Diese müssen identifiziert und später beschrieben werden. Es ist eine möglichst umfassende Beschreibung einer ML-Funktion anzustreben. Damit soll verhindert werden, dass einzelne Komponenten vergessen und später nachgetragen werden müssen. Im Mittelpunkt der funktionalen Machbarkeitsanalyse stehen die Anforderungen an die Daten und das ML-Modell.

Es ist zu prüfen, ob eine Anforderung überhaupt bzw. mit welchem Aufwand verifiziert werden kann. Die Betrachtung der Verifizierbarkeit muss zusammen mit der Spezifikation der Anforderung erfolgen und kann nicht a posteriori durch das Vorhandensein eines Testfalls begründet werden, es sei denn, der Testfall wurde gleichzeitig mit oder vor der Anforderung erstellt (testgetriebene Entwicklung). Testgetriebene Entwicklung wird im ML-Kontext sehr häufig genutzt. Datenmanagement- und ML-Experten müssen die Umsetzung von ML-Funktionen oft explorativ angehen, weil keine Lösung nach dem Stand der Technik zur Verfügung steht. Dies führt auch dazu, dass ML-Anforderungen häufig aus den Erkenntnissen der Explorationsphase bzw. des explorativen Testens entstehen.

Häufig werden die Tester auch mit der Überprüfung der ML-Anforderungen beauftragt.

Die an der Entwicklung beteiligten Fachabteilungen bewerten die Machbarkeit des Projekts, d.h., es wird geprüft, inwieweit die ML-Anforderungen aus technischer Sicht, aber auch im Hinblick auf die Einhaltung von Kosten und (zugesagten) Terminen, realisiert werden können. Die Machbarkeitsüberlegungen umfassen folgende Fragen:

- Sind die ML-Anforderungen und andere Annahmen realistisch?
- Welche Abhängigkeiten und Wechselwirkungen bestehen?
- Sind der geschätzte Aufwand und die Ressourcen ausreichend?
- Können die Kosten und Termine eingehalten werden?
- Welches sind die geschäftlichen und technischen Risiken?

Die Antworten auf diese Fragen dienen als Input für das Projektmanagement.

Die Analyse von ML-Anforderungen ist entscheidend, um deren Korrektheit und technische Machbarkeit sicherzustellen. Selbst wenn Anforderungen einfach erscheinen, muss eine fundierte Analyse durchgeführt werden. Der Umfang und die Angemessenheit der Analyse hängen vom Produktkontext ab, z.B. von der Plattform. Das Ergebnis der Analyse kann von einer einfachen Attribuierung bis hin zu komplexen Simulationen oder dem Bau eines Demonstrators variieren, um die Machbarkeit der ML-Anforderungen zu bewerten.

Die Anforderungsanalyse unterstützt das Projektmanagement (MAN.3) bei der Projektbewertung. Eine Überarbeitung der ML-Anforderungen durch die Analyse kann den Arbeitsumfang neu definieren. Sobald diese Lösung festgelegt ist, wählt MLE.4 Verifizierungsmaßnahmen aus, die genau diesen Problembereich ansprechen.

Eine Besonderheit bei ML-Anforderungen ist, dass diese oft mit Wahrscheinlichkeiten belegt sind. Dies ist bereits aus der »konventionellen« ADAS-Entwicklung bekannt, gilt aber für ML-Modelle in fast allen Bereichen. So findet man z.B. Anforderungen wie: »Ein Fußgänger muss bei Schneefall noch mit 95% Sicherheit erkannt werden, selbst wenn er zu 60% verdeckt ist.« Die Analyse einer solchen Anforderung ist aufwendig, da man einmal die Anforderung selbst hat, die an das Modell gestellt wird. Daraus ergeben sich aber weitere Anforderungen an die Daten, die es erst ermöglichen, ein Modell zu trainieren, das diese Anforderung erfüllen kann. Vereinfacht zusammengefasst ergeben sich aus dieser Anforderung die folgende High-Level-Anforderungen an die Daten:

- Die Daten müssen Schneefall beinhalten.
- Es müssen Daten mit verschiedenen Abdeckungsgraden von Fußgängern vorliegen.

Es ist ersichtlich, dass eine Anforderung, die aus dem Softwarebereich übertragen wird, große Auswirkungen auf die ML-Anforderungen haben kann und entsprechend analysiert werden muss.

MLE.1.BP4: Analyse der Auswirkungen auf die ML-Betriebsumgebung. Analysiere die Auswirkungen, die die ML-Anforderungen auf die Schnittstellen der Softwarekomponenten und die ML-Betriebsumgebung haben.

Anmerkung 7: *Die ML-Betriebsumgebung ist definiert als die Infrastruktur und die Informationen, die sowohl das trainierte ML-Modell als auch das eingesetzte ML-Modell zur Ausführung benötigen.*

Ein wesentlicher Aspekt der ML-Anforderungsanalyse ist es, den Einfluss der Betriebsumgebung sowohl auf das trainierte als auch auf das eingesetzte ML-Modell zu verstehen und zu analysieren. Dies schließt die Auswirkungen des ML-Modells auf Nutzer, das Zielsystem, auf dem das ML-Modell läuft, usw. ein. Diese Auswirkungen müssen dokumentiert werden, um Änderungen zu ermöglichen und die Anforderungen entsprechend anzupassen.

Mögliche Schlüsselfragen sind:

- Hat diese Anforderung Auswirkungen auf andere Komponenten oder Systeme?
- Betrifft diese Anforderung z.B. das Betriebssystem oder die Hardware, sodass Informationen innerhalb einer bestimmten Zykluszeit verfügbar sein müssen?
- Betrifft diese Anforderung auch andere Anforderungen außerhalb der direkten Betriebsumgebung?

Eine Besonderheit bei der ML-Entwicklung, die hier zu beachten ist, besteht darin, dass in den meisten Fällen für das Training und die Nutzung des Modells unterschiedliche Betriebsumgebungen genutzt werden, meist auch unterschiedliche Programmiersprachen. So wird das Training oft auf einem PC in Python durchgeführt, wohingegen die Nutzung des Modells später in der eigentlichen Betriebsumgebung, z.B. in einem ADAS-System, in C++ umgesetzt wird.

Letztendlich muss in den ML-Anforderungen identifiziert und dokumentiert werden, was von der Infrastruktur und dem Datenmanagement benötigt wird, um das (eingesetzte und trainierte) ML-Modell auszuführen.

Die Basispraktiken MLE.1.BP3 und MLE.1.BP4 sind zusammen mit der Rückverfolgbarkeit und der Konsistenz wesentlich, um einen systematischen Ansatz für das Anforderungsmanagement aufzuzeigen.

MLE.1.BP5: Sicherstellung der Konsistenz und Herstellung der bidirektionalen Rückverfolgbarkeit. Stelle die Konsistenz sicher und richte eine bidirektionale Rückverfolgbarkeit zwischen ML-Anforderungen und Softwareanforderungen sowie zwischen ML-Anforderungen und der Softwarearchitektur ein.

Anmerkung 8: *Bidirektionale Rückverfolgbarkeit unterstützt die Konsistenz, erleichtert die Auswirkungsanalyse von Änderungsanträgen und den Nachweis der Verifikationsabdeckung. Rückverfolgbarkeit allein, z.B. das Vorhandensein von Verknüpfungen, bedeutet nicht notwendigerweise, dass die Informationen zueinander konsistent sind.*

Anmerkung 9: *Redundante Rückverfolgbarkeit ist nicht beabsichtigt, aber mindestens einer der angegebenen Rückverfolgbarkeitspfade ist redundant.*

Die Rückverfolgbarkeit von den ML-Anforderungen kann zu den Softwareanforderungen oder zur Softwarearchitektur nachgewiesen werden oder eine Kombination aus beiden Möglichkeiten darstellen. Es sollte der Ansatz verfolgt werden, der die Modellentwicklung am besten unterstützt.

Bei der Modellentwicklung ohne Softwareanforderungen beziehen sich die ML-Anforderungen möglicherweise direkt auf die Systemanforderungen. In diesem Fall ist es wichtig, Konsistenz und bidirektionale Nachverfolgbarkeit zwischen den Systemanforderungen und den ML-Anforderungen zu gewährleisten.

Voraussetzung für die Nachvollziehbarkeit und den Nachweis der Konsistenz ist, dass die Softwareanforderungen oder vorgelagerte Systemanforderungen in strukturierter Form vorliegen. Fehlen diese Informationen, müssen Annahmen getroffen und dokumentiert werden.

Zusammenfassend kann gesagt werden, dass die Rückverfolgbarkeit Folgendes unterstützt:

- Die Konsistenzprüfungen, z.B. die Überprüfung der Vollständigkeit und Korrektheit von ML-Anforderungen
- Die Folgenabschätzung bei Änderungswünschen oder Fehlern
- Die Berichterstattung über den Stand der Umsetzung von ML-Anforderungen

Die Themen Rückverfolgbarkeit und Konsistenz werden auch in Abschnitt 5.7 behandelt.

MLE.1.BP6: Kommunikation der vereinbarten ML-Anforderungen und Auswirkungen auf die Betriebsumgebung. Kommuniziere die vereinbarten ML-Anforderungen und die Ergebnisse der Auswirkungsanalyse auf die ML-Betriebsumgebung an alle betroffenen Parteien.

Der Projektplan sollte die Projektschnittstellen zu den ML-Anforderungen definieren. Diese Schnittstellen sollten mindestens den Software-Projektleiter, den ML-Modell-Tester, die Qualitätssicherung und Vertreter der betroffenen Komponenten der Betriebsumgebung umfassen.

Die Kommunikation sollte nach dem Push-Prinzip und nicht nach dem Pull-Prinzip erfolgen. Das bedeutet, dass die betroffenen Stakeholder aktiv informiert werden müssen.

Es muss ein definiertes Statusmodell der Anforderungen geben, z.B. »in Prüfung«, »freigegeben« usw., das die Kommunikation unterstützt. So müsste sichergestellt sein, dass nur Anforderungen mit einem Endstatus, z.B. »freigegeben«, »abgelehnt«, »doppelt«, für die weitere Verarbeitung verwendet werden.

Es ist zu dokumentieren, wer bei Änderungen des Status der Anforderungen (z.B. neue Anforderungen, analysiert, geändert usw.) oder der betroffenen ML-Modelle zu informieren ist.

Die Kommunikation und Weitergabe von Informationen (Handover) bei der Verfeinerung des Systems, was gewissermaßen der linken Seite des V-Modells entspricht, wird in Abschnitt 5.9.1 ausführlicher behandelt.

12.1.3 Erzeugte Informationsobjekte

17-00 Anforderung **und** **17-54 Anforderungsattribut**	Anforderungen und deren Attribute werden in der Regel in der ML-Spezifikation in einem Anforderungsmanagement-Tool angegeben. Anforderungen müssen mögliche Qualitätskriterien erfüllen. Sie sollten beispielsweise eindeutig und ausreichend atomar sein. Attribute können diverse zusätzliche Informationen beinhalten wie Einstufungen, Priorisierungen, die Zuordnung zu Releases, Reviewstatus etc. Anforderungen müssen strukturiert sein, wozu u.a. die Anforderungsattribute dienen.
15-51 Analyseergebnisse	Die Ergebnisse der Analysen und die Argumentationen, die zu ihnen geführt haben, müssen nachvollziehbar dokumentiert werden. Dies kann werkzeuggestützt erfolgen oder in Review-Checklisten. Es gibt diesbezüglich keine besonderen Vorgaben zur Form.
13-51 Konsistenznachweise	Die Konsistenz der ML-Anforderungen zu Softwareanforderungen oder direkt zu Systemanforderungen oder zu Annahmen in Ermangelung vorhandener übergeordneter Anforderungen muss für jede Anforderung einzeln überprüft werden, was nachvollziehbar sein muss. Ein Reviewprotokoll, das generell die Konsistenz belegt, genügt also nicht. Das notwendige feingranulare Review sollte nach Möglichkeit direkt im Anforderungsmanagement-Tool dokumentiert werden. Ein spezielles Arbeitsprodukt als Konsistenznachweis ist nicht notwendig.

13-52 Kommunikationsnachweise	Jedes greifbare Artefakt, z. B. E-Mails, Sitzungsprotokolle, Offene-Punkte-Listen, kann als Nachweis für Capability Level 1 herangezogen werden, solange die relevanten Interessengruppen angesprochen werden. Es sollte jedoch immer bedacht werden, dass der entsprechende Nachweis auch zu einem sehr viel späteren Zeitpunkt noch auffindbar sein muss. Unter Berücksichtigung von PA 2.1 und insbesondere GP 2.1.6 ist eine stärker formalisierte und geplante Vorgehensweise mittels definierter Kommunikationsmedien erforderlich. Dies geschieht oft werkzeuggestützt. Im Hinblick auf Capability Level 3 sollte dies im Standardprozess beschrieben und auf das Projekt zugeschnitten werden.

12.1.4 Zusätzliche Überlegungen

Bezug zu anderen Automotive SPICE®-Prozessen

- Die ML-Datenanforderungen dienen als Hauptinput für das ML-Datenmanagement SUP.11.
- Aus den ML-Anforderungen wird die ML-Architektur MLE.2 abgeleitet.
- Aus den ML-Anforderungen werden die Testfälle für das Testen des ML-Modells MLE.4 erstellt.
- Die Priorisierung der Umsetzung von ML-Anforderungen kann entsprechend der Definition der Release-Umfänge erfolgen (s. SPL.2).
- Die ML-Anforderungsanalyse ist mit dem Projektmanagement MAN.3 verbunden, da sie eine Risikobewertung und Machbarkeitsanalyse durchführt, um das Produkt innerhalb des Umfangs, der Kosten, des Zeitplans und der Qualität zu liefern.
- Die Releaseplanung von ML-Anforderungen sollte im Hinblick auf die Termin- und Ressourcenplanung (Schätzung) von MAN.3 erfolgen.
- Ein weiterer Bezug besteht zum Konfigurationsmanagement SUP.8 wegen der Werkzeugunterstützung für die Entwicklung, Versionierung und das Ziehen von Baselines von ML-Anforderungen.
- Die ML-Anforderungsanalyse steht im Zusammenhang mit dem Problemlösungs-Management SUP.9 und dem Änderungsmanagement SUP.10, da auch Mängel und Änderungswünsche behandelt werden müssen.

Typische Fallstricke

- Vage, mehrdeutige oder unklare Anforderungen können zu Missverständnissen und Fehlinterpretationen führen, die wiederum zu Fehlern oder Inkonsistenzen in der Datensammlung und der ML-Architektur führen können.
- Anforderungen, die nicht ausreichend detailliert oder vollständig sind, können zu unvollständigen oder fehlerhaften Datensammlungen und ML-Modellen führen, die nicht ihre beabsichtigte Funktion erfüllen können.
- Fehlerhafte oder unvollständige Anforderungen an die Datensammlung können zu einer Datenverzerrung (Data Bias) führen (s. SUP.11).

Zu berücksichtigen in Bezug auf PA 2.1

- Unter Berücksichtigung des Kommunikationsnachweises und insbesondere GP 2.1.7 ist ein stärker formalisiertes und geplantes Vorgehen mittels definierter Kommunikationsmedien erforderlich. Dies geschieht häufig werkzeuggestützt.

Zu berücksichtigen in Bezug auf PA 2.2

- Hier geht es vor allem darum, wie das ML-Anforderungsmanagement-Tool eingerichtet ist, wie der Review- und Baseline-Prozess implementiert ist und durch das Tool unterstützt wird und wie die Nachvollziehbarkeit sichergestellt wird.
- Es werden aber auch Qualitätsvorgaben gemacht, wie Anforderungen zu erstellen sind, welcher Syntax sie folgen sollen etc.

Hinweise für Assessoren

- Seien Sie offen für die große Bandbreite von ML-Anforderungen.
- Ein sehr wichtiger Bestandteil der ML-Anforderungen sind die Datenanforderungen. Stellen Sie sicher, dass diese präzise und ausführlich definiert sind und den ML-Datenmanagement-Prozess unterstützen.

12.2 MLE.2 Machine-Learning-Architektur

Der Zweck ist die Entwicklung einer ML-Architektur zur Unterstützung von Training und Einsatz, die mit den ML-Anforderungen übereinstimmt, und die Bewertung der ML-Architektur anhand definierter Kriterien.	**Plug-in**
Erwartete Prozessergebnisse: ■ Eine ML-Architektur wird entwickelt. ■ Hyperparameterbereiche und Anfangswerte werden als Grundlage für das Training festgelegt. ■ Eine Evaluierung der ML-Architekturelemente wird durchgeführt. ■ Die Schnittstellen der ML-Architekturelemente sind definiert. ■ Die Ziele für den Ressourcenverbrauch der ML-Architekturelemente sind definiert. ■ Konsistenz und bidirektionale Rückverfolgbarkeit zwischen den ML-Architekturelementen und den ML-Anforderungen sind hergestellt. ■ Die ML-Architektur ist vereinbart und allen betroffenen Parteien mitgeteilt worden.	

12.2.1 Prozessbeschreibung

Die ML-Architektur spielt eine entscheidende Rolle bei der Erstellung qualitativ hochwertiger ML-Modelle, indem sie einen strukturierten und systematischen Rahmen für den gesamten ML-Entwicklungsprozess bereitstellt. Durch die Auswahl geeigneter Modelle, die Festlegung initialer Hyperparameter und die Definition von Vor- und Nachverarbeitungs-Komponenten, aber auch durch Vorgaben der Trainings- und der eigentlichen Betriebsumgebung schafft sie eine klare Richtlinie für die Entwicklung. Dies gewährleistet nicht nur eine effektive Steuerung des Trainingsprozesses, sondern ermöglicht auch die Anpassung an verschiedene Szenarien und Anforderungen. Die Schnittstellen zwischen den verschiedenen Architekturelementen müssen berücksichtigt und dokumentiert werden, um eine nahtlose Integration und Interaktion zwischen den Modellkomponenten sicherzustellen. Darüber hinaus hilft die ML-Architektur bei der genauen Definition der Ressourcenanforderungen, einschließlich der CPU/GPU-Auslastung, des Speicherbedarfs und anderer kritischer Ressourcen. Diese genaue Spezifikation ist entscheidend, um die Machbarkeit des Modells sicherzustellen und unerwartete Herausforderungen während der Implementierung zu minimieren. Insgesamt bietet die ML-Architektur eine strukturierte Grundlage, die nicht nur die Effizienz und Qualität der ML-Modelle steigert, sondern auch die Anpassungsfähigkeit und Skalierbarkeit in unterschiedlichen Umgebungen und Einsatzszenarien unterstützt. Der Prozess der ML-Architektur geht über die einfache Auswahl eines geeigneten Modells und die Definition seiner Hyperparameter hinaus. Die Schritte umfassen u.a. die Festlegung von Vor- und Nachverarbeitungs-Komponenten, die Definition von Softwarekomponenten, die für das Training benötigt werden, sowie die Festlegung von Zielen für den Ressourcenverbrauch. Der ML-Architekturprozess ist eine komplexe und iterative Reise, die ein tiefes Verständnis für Daten, Modelle und Problemdomänen erfordert. Durch eine detaillierte Dokumentation der Entscheidungen und Evaluierungen wird nicht nur die Transparenz gewährleistet, sondern auch eine solide Grundlage für die kontinuierliche Verbesserung und Entwicklung leistungsfähiger ML-Modelle geschaffen.

Ähnlich wie bei System-, Software- und Hardwareanforderungen können die Anforderungen an maschinelles Lernen als eine Zusammenfassung dessen betrachtet werden, was entwickelt werden soll, und die Architektur als die Lösung oder die Art und Weise, wie es entwickelt werden soll. Bei Machine Learning ist dies noch komplexer, da in den meisten Fällen zwischen der Trainings- und der Einsatzumgebung unterschieden werden muss. Selbst in der Einsatzumgebung kann zwischen einem HIL und dem Fahrzeug unterschieden werden, was zu eigenen Einschränkungen führen kann.

12.2.2 Basispraktiken

MLE.2.BP1: Entwicklung der ML-Architektur. Entwickle und dokumentiere die ML-Architektur, die die ML-Architekturelemente spezifiziert, einschließlich der Details des ML-Modells, des Pre- und Post-Processing und der Hyperparameter, die für die Erstellung, das Training, den Test und den Einsatz des ML-Modells erforderlich sind.

Anmerkung 1: *Zu den notwendigen Details des ML-Modells können Schichten, Aktivierungsfunktionen und Backpropagation (Rückpropagierung) gehören. Der Detaillierungsgrad des ML-Modells muss nicht unbedingt Aspekte wie einzelne Neuronen abdecken.*

Anmerkung 2: *Die Details des ML-Modells können sich zwischen dem beim Training verwendeten ML-Modell und dem eingesetzten ML-Modell unterscheiden.*

Ein zentraler Aspekt dieses Prozesses ist die Berücksichtigung aller erforderlichen ML-architektonischen Elemente in der ML-Architektur. Dies schließt Hyperparameter-Wertebereiche und anfängliche Werte ein, ebenso wie detaillierte Informationen zum ML-Modell und zu möglichen anderen Softwareteilen, die für MLE.3 (Machine-Learning-Training) notwendig sind.

Während in der klassischen Softwarearchitektur der Schwerpunkt auf der Definition des statischen und dynamischen Verhaltens des Softwaresystems liegt, liegt in MLE.2 der Fokus auf der bestmöglichen Einstellung und Vorbereitung des ML-Modells auf den nächsten Schritt der ML-Modell-Entwicklung, dem Training des ML-Modells sowie der Festlegung der Trainings- und Einsatzumgebung.

Um besser in der Lage zu sein, das Konzept und die Logik dieses Prozesses zu verstehen, ist es wichtig, folgende Schlüsselbegriffe und deren Zusammenhang zu verstehen:

- **Hyperparameter** sind gewissermaßen die Stellschrauben des ML-Modells. Sie sind im Bereich des maschinellen Lernens Parameter, deren Werte dazu dienen, das Training des ML-Modells zu steuern. Diese Werte müssen zwischen den einzelnen Trainingsschritten festgelegt werden. Beispiele hierfür sind die Lernrate, die Verlustfunktion, die Modelltiefe und Regularisierungskonstanten.
- **Vorverarbeitung** bezieht sich auf Funktionen, die die Daten für die Verwendung im ML-Modell vorbereiten. Hierzu gehören Operationen wie Datenbeschriftung, Datenreinigung, Bildbeschneidung und Filterung.
- **Nachverarbeitung** bezeichnet Funktionalitäten, die die Ausgabe des ML-Modells für weitere Verarbeitungsschritte vorbereiten. Ein konkretes Beispiel hierfür wäre die Ausgabe des ML-Modells, die besagt »83 % Wahrscheinlichkeit, dass es sich um ein Motorrad handelt«. Die Nachverarbeitung kann festlegen, dass das Signal »Motorrad erkannt« mit dem Zusatz »unsicher« gesendet wird.
- **ML-Parameter** sind die gelernten Eigenschaften des ML-Modells. Sie repräsentieren das extrahierte Wissen des Modells über das Problem, die mathematische Methode zu Mustererkennung und die Ausgabe des Ergebnisses. Ein konkretes Beispiel hierfür sind die Gewichte in den Formeln an jedem Knoten des neuronalen Netzes. In der Regel sind ML-Parameter ein Ergebnis des Trainings des Modells.

Das ausgewählte Modell, das durch Hyperparameter mit passenden Werten justiert wird, die Vor- und Nachverarbeitungsfunktion von Daten sowie die ML-Parameter sind elementare Bestandteile einer ML-Architektur.

Oft werden während des ML-Architekturprozesses verschiedene ML-Modelle parallel betrachtet und trainiert. Mithilfe von Hyperparametern können diese Modelle konfiguriert werden.

Die Begründung für verschiedene Hyperparameter und ihre Ausgangswerte sollten erklärt und dokumentiert werden. Dies gewährleistet nicht nur Transparenz, sondern auch eine fundierte Grundlage für zukünftige Iterationen und Verbesserungen und vermeidet die Nutzung von Einstellungen, die sich bereits als nicht zielführend erwiesen haben.

Die Auswahl der richtigen Modelle bildet den Anfang des ML-Architekturprozesses. Dabei muss berücksichtigt werden, welche Modelle für die spezifische Aufgabe und die Art der Daten am besten geeignet sind. Es gibt verschiedene Modelle wie Entscheidungsbäume, neuronale Netze und Support Vector Machines, von denen jedes seine eigenen Stärken und Komplexitäten hat. Es ist zu beachten, dass einige Elemente der ML-Architektur, die für das Training erforderlich sind, nach der Bereitstellung des ML-Modells möglicherweise nicht mehr verfügbar sind. Klassische Softwarekomponenten, die Bestandteil von ML-Modellen sind, sollten gemäß SWE.3 (Softwarefeinentwurf und Unit-Konstruktion) und SWE.4 (Software-Unit-Verifikation) entwickelt werden. Die Evaluierung dieser ML-architektonischen Elemente, einschließlich der vor- und nachgelagerten Verarbeitung, sollte umfassend dokumentiert werden. Eine Besonderheit im ML-Umfeld ist, dass sehr oft auf bereits entwickelte Modelle zurückgegriffen wird. Hier gibt es eigene Modelle und Communitys, die sich mit Modellen für bestimmte Problemstellungen beschäftigen. Die Auswahl des Modells sollte aber auch in diesem Fall mit einer Begründung dokumentiert werden.

MLE.2.BP2: Bestimmung der Hyperparameterbereiche und Anfangswerte. Bestimme und dokumentiere die Hyperparameterbereiche und die Anfangswerte als Grundlage für das Training.

Wie schon in BP1 erwähnt, sind Hyperparameter kritische Steuerelemente für das zu trainierende ML-Modell und beeinflussen maßgeblich die Leistung des Modells während des Trainingsprozesses.

Die Begründung für verschiedene Hyperparameter und ihre Ausgangswerte sollten klar dokumentiert werden, um die Entscheidungsfindung transparent zu gestalten.

Mindestanforderungen für Hyperparameter sind eine präzise Beschreibung, der anfängliche Wert und der endgültige Wert nach Mitteilung der Ergebnisse des ML-Trainings. Des Weiteren sollten auch dazwischen genutzte Werte dokumentiert werden, um zu vermeiden, dass Werte wieder verwendet werden, die in der Kombination bereits geprüft wurden.

MLE.2.BP3: Analyse von ML-Architekturelementen. Definiere die Kriterien für die Analyse der ML-Architekturelemente. Analysiere die ML-Architekturelemente nach den definierten Kriterien.

Anmerkung 3: *Vertrauenswürdigkeit und Erklärbarkeit können Kriterien für die Analyse der ML-Architekturelemente sein.*

Hier stellen wir uns die kritische Frage: Ist das, was wir definiert haben, wirklich umsetzbar? Oder müssen wir Anpassungen vornehmen, um unser Ziel zu erreichen?

Diese Praktik ist eine Erweiterung der Machbarkeitsanalyse, die im MAN.3.BP3 und in den Analyse-Basispraktiken der Anforderungsprozesse durchgeführt wird, aber speziell auf die ML-Entwicklung zugeschnitten ist. Die Hauptziele sind die Überprüfung der Architektur hinsichtlich relevanter technischer Designaspekte und die Unterstützung des Projektmanagements bei der Bewertung von Projektrisiken.

Zu den zu analysierenden technischen Aspekten gehören die Vertrauenswürdigkeit und Erklärbarkeit des ML-Modells sowie die Funktionalität, das Timing usw.

Die Bedeutung des Begriffs »Analysieren« in diesem Kontext ist vielschichtig. Es bedeutet, das Thema systematisch zu beleuchten, eine Argumentation zu finden und sowohl die Begründung als auch das Ergebnis der Analyse zu dokumentieren.

Für die Analyse technischer Aspekte stehen verschiedene Methoden zur Verfügung, wie Prototypen, Simulationen oder qualitative Analysen. Die Designbegründungen können dabei verschiedene Argumente umfassen, beispielsweise den nachgewiesenen Einsatz, die Wiederverwendung eines Software-Frameworks, Make-or-Buy-Entscheidungen oder evolutionäre Ansätze.

In manchen Fällen kann die Analyse auch im Rahmen eines Reviewprozesses durchgeführt werden. Es ist nicht ungewöhnlich, dass diese Analyse zu Änderungen der bisherigen Praktiken und Prozesse führt. Beispielsweise können sich neue ML-Anforderungen ergeben oder die Eignung bereits vorhandener ML-Komponenten für die aktuelle Anwendung infrage gestellt werden.

Ein immer wiederkehrendes Problem in dieser Phase ist jedoch die unzureichende Dokumentation. Dies kann den Analyseprozess erheblich behindern und zeigt, wie wichtig es ist, von Anfang an detaillierte Aufzeichnungen zu führen.

Zusammenfassend kann gesagt werden, dass die Analyse der ML-Architektur ein entscheidender Schritt im ML-Entwicklungsprozess ist. Es handelt sich um den Moment der Wahrheit, in dem festgestellt wird, ob die geplante Architektur realisierbar ist oder ob noch Optimierungen vorgenommen werden müssen.

MLE.2.BP4: Definition der Schnittstellen der ML-Architekturelemente. Bestimme und dokumentiere die internen und externen Schnittstellen jedes ML-Architekturelements, einschließlich seiner Schnittstellen zu verwandten Softwarekomponenten.

Klare und gut dokumentierte Schnittstellen fördern eine reibungslose Kommunikation zwischen den ML-Elementen. Sie sind entscheidend, um potenzielle Missverständnisse zu vermeiden und die Integration verschiedener Architekturelemente zu erleichtern.

Die ML-Architektur muss die Schnittstellen sorgfältig und mit dem richtigen Detaillierungsgrad definieren. Typischerweise werden diese Schnittstellen in Bezug auf Name, Typ, Wertebereich, Standardwert, Einheit, Auflösung und Richtung dokumentiert.

Die Schnittstellenbeschreibung umfasst sowohl extern als auch intern ausgetauschte Daten. Da es im MLE-Kontext keinen Feinentwurf (vgl. SWE.3 für traditionell entwickelte Software) gibt, muss die Schnittstellenbeschreibung in der ML-Architektur alle Informationen über die Schnittstellen enthalten. Dabei sind auch die verschiedenen Umgebungen zu berücksichtigen.

MLE.2.BP5: Definition von Zielen für den Ressourcenverbrauch der ML-Architekturelemente. Bestimme und dokumentiere die Ziele für den Ressourcenverbrauch aller relevanten ML-Architekturelemente während des Trainings und des Einsatzes.

Die Definition der Ressourcenanforderungen für alle kritischen Ressourcenelemente ist entscheidend. Hierbei werden Faktoren wie CPU/GPU-Auslastung, ROM, RAM, EEPROM und Data Flash, Datenbandbreite, Servernutzung in und Kommunikation mit der Cloud usw. berücksichtigt. Diese müssen in Bezug auf Trainingszeitziele, ML-Anforderungen, Ausführungsumgebung, Nutzungsprofil und externe Auslöser betrachtet werden. Auch die Ausführungszeit, der Speicherplatz und die Kommunikationsressourcen müssen in einer Schätzung einfließen.

Die Ressourcenverbrauchs-Ziele der ML-Architektur müssen aus den ML-Anforderungen für alle ressourcenkritischen Elemente abgeleitet werden und können zwischen dem trainierten und dem bereitgestellten ML-Modell variieren.

Nur so können während der Integrationsphase notwendige Korrekturen durchgeführt werden, wodurch sichergestellt werden kann, dass keine zusätzlichen Kosten anfallen oder Leistungsprobleme auftreten.

MLE.2.BP6: Sicherstellung der Konsistenz und Einrichtung einer bidirektionalen Rückverfolgbarkeit. Stelle die Konsistenz sicher und richte eine bidirektionale Rückverfolgbarkeit zwischen den ML-Architekturelementen und den ML-Anforderungen ein.

Anmerkung 4: *Bidirektionale Rückverfolgbarkeit unterstützt die Konsistenz und erleichtert die Auswirkungsanalyse von Änderungsanträgen sowie den Nachweis der Verifikationsabdeckung. Rückverfolgbarkeit allein, z.B. das Vorhandensein von Verknüpfungen, bedeutet nicht notwendigerweise, dass die Informationen zueinander konsistent sind.*

Anmerkung 5: *Die bidirektionale Rückverfolgbarkeit sollte auf einer angemessenen Abstraktionsebene zu den ML-Architekturelementen hergestellt werden.*

Die Prinzipien von Rückverfolgbarkeit und Konsistenz sind auch bei der Entwicklung der ML-Architektur von entscheidender Bedeutung. In diesem Abschnitt werden wir diese beiden Prinzipien im Kontext der ML-Architektur tiefergehend betrachten.

Wir beginnen mit der Rückverfolgbarkeit. Alle ML-bezogenen Anforderungen, die für die Architektur relevant sind, müssen den Elementen dieser Architektur zugewiesen werden. Dies umfasst Anforderungen im Zusammenhang mit der Dateneingabe, Startaufgaben und Schnittstellenanforderungen. Hierbei sind es die ML-Ingenieure, die entscheiden, welchen Architekturelementen die Anforderungen zugeordnet werden. Einige Anforderungen können für die gesamte Software gelten, sodass sie nicht spezifisch einem bestimmten Architekturelement zugeordnet werden können. Die Verbindung dieser Anforderungen zu den Architekturelementen stellt die Nachvollziehbarkeit her. Eine ausreichende Granularität, d.h. eine ausreichende Detaillierung, ist hierbei entscheidend, damit jede Anforderung und ihre Auswirkungen klar verstanden werden können.

Die Konsistenz geht einen Schritt weiter und stellt sicher, dass die Verbindungen zwischen den Anforderungen und den Architekturelementen korrekt und vollständig sind. Konkret bedeutet dies, dass die verknüpften Architekturelemente die

ML-Anforderungen vollständig umsetzen. Mit der Nachvollziehbarkeit ist bereits sichergestellt, dass alle Anforderungen auf Architekturebene verknüpft sind. Doch diese Verknüpfung muss hinreichend detailliert sein, sodass auch die Konsistenz gut nachvollzogen werden kann.

In der Projektpraxis wird der Konsistenz noch zu wenig Beachtung geschenkt. Dies liegt daran, dass die Konsistenz lange Zeit nicht gut verstanden wurde und sie einen erheblichen Überprüfungsaufwand erfordert. Ein weiteres Hindernis ist, dass sie nicht automatisiert überprüft werden kann.

Es ist von zentraler Bedeutung, sowohl die Rückverfolgbarkeit als auch die Konsistenz in der ML-Architektur sicherzustellen. Während die Rückverfolgbarkeit aufzeigt, welche Anforderungen auf welchen Architekturelementen basieren, stellt die Konsistenz sicher, dass diese Verknüpfungen korrekt und vollständig sind. Dies garantiert nicht nur die Qualität des Endprodukts, sondern auch den reibungslosen Ablauf des gesamten Entwicklungsprozesses.

Die Themen Rückverfolgbarkeit und Konsistenz werden auch in Abschnitt 5.7 behandelt. Im Kontext der ML-Entwicklung ist zu beachten, dass die Konsistenz für die verschiedenen Betriebsumgebungen einzeln nachgewiesen werden muss.

MLE.2.BP7: Kommunikation der vereinbarten ML-Architektur. Informiere alle betroffenen Parteien über die vereinbarte ML-Architektur, einschließlich der Details des ML-Modells und der anfänglichen Hyperparameterwerte.

Die ML-Architektur ist ein zentraler Bestandteil jeder ML-Entwicklung. Sie dient als Grundgerüst und Orientierung für alle weiteren Entwicklungsphasen. Wie bei allen wichtigen Projektmeilensteinen ist es unerlässlich, dass Fortschritte, insbesondere wenn sie einen bestimmten Reifegrad erreichen, an alle relevanten Stakeholder kommuniziert werden.

Ein Architekturmeilenstein kann unterschiedliche Auswirkungen haben:

- Mit einem erreichten Reifegrad können bestimmte Entscheidungen getroffen oder überdacht werden, wie z.B. die Auswahl von Tools oder die Zuweisung von Ressourcen.
- Andere Teams oder Abteilungen können auf bestimmte Architekturelemente warten, um ihre Arbeit fortzusetzen oder zu beginnen.
- Mit Fortschritten in der Architektur können Risiken neu bewertet oder identifiziert werden.

Wenn solche Meilensteine erreicht sind, muss dies allen betroffenen Stakeholdern klar und deutlich kommuniziert werden. Hierbei geht es nicht nur um die reine Information, sondern auch um das Warum, das Wie und die nächsten Schritte.

Die Methoden der Kommunikation können je nach Organisation und Projekt variieren, aber einige bewährte Praktiken sollten beachtet werden:

- **Regelmäßige Updates**
  Ob wöchentlich, monatlich oder bei Erreichen von Meilensteinen – die Kommunikation sollte regelmäßig und vorhersehbar erfolgen.
- **Zielgruppenspezifische Kommunikation**
  Nicht alle Stakeholder benötigen den gleichen Detaillierungsgrad. Es ist wichtig, die Kommunikation an die Bedürfnisse der jeweiligen Zielgruppe anzupassen.
- **Interaktive Kommunikation fördern**
  Workshops, Reviews oder Q&A-Sessions können dazu beitragen, dass Informationen nicht nur übermittelt, sondern auch verstanden und diskutiert werden.
- **Klare Dokumentation**
  Neben mündlichen Updates sollte es auch schriftliche Dokumente geben, auf die Stakeholder jederzeit zugreifen können.

Die Kommunikation und Weitergabe von Informationen (Handover) bei der Verfeinerung des Systems, was gewissermaßen der linken Seite des V-Modells entspricht, wird in Abschnitt 5.9.1 ausführlicher behandelt.

12.2.3 Erzeugte Informationsobjekte

04-51 ML-Architektur	Eine ML-Architektur ist grundsätzlich ein spezieller Teil einer Softwarearchitektur (s. 04-04). Zusätzlich gilt: ▪ Sie beschreibt die Gesamtstruktur des ML-basierten Softwareelements. ▪ Sie spezifiziert die ML-Architekturelemente, einschließlich eines ML-Modells und anderer ML-Architekturelemente, die für Training, Einsatz und Test des ML-Modells bereitgestellt werden. ▪ Sie beschreibt die Schnittstellen innerhalb des ML-basierten Softwareelements und zu anderen Softwareelementen. ▪ Sie beschreibt die Details des ML-Modells wie verwendete Schichten, Aktivierungsfunktionen, Verlustfunktion und Backpropagation. ▪ Sie enthält die definierten Hyperparameter-Bereiche und Anfangswerte für den Trainingsstart. ▪ Sie definiert die Ziele für den Ressourcenverbrauch. ▪ Sie enthält die zugewiesenen ML-Anforderungen.

→

13-51 Konsistenznachweise	Die Konsistenz der Systemanforderungen zu den Stakeholder-Anforderungen (oder zu Annahmen in Ermangelung vorhandener übergeordneter Anforderungen) muss für jede Anforderung einzeln überprüft werden, was nachvollziehbar sein muss. Ein Reviewprotokoll, das die Konsistenz generell belegt, ist daher nicht ausreichend. Das notwendige feingranulare Review sollte möglichst direkt im Anforderungsmanagement-Tool dokumentiert werden. Ein spezielles Arbeitsprodukt als Konsistenznachweis ist nicht notwendig.
13-52 Kommunikationsnachweise	Jedes greifbare Artefakt, z. B. E-Mails, Sitzungsprotokolle, Offene-Punkte-Listen, kann als Nachweis für Capability Level 1 herangezogen werden, solange die relevanten Interessengruppen angesprochen werden. Unter Berücksichtigung von PA 2.1 und insbesondere GP 2.1.6 ist eine stärker formalisierte und geplante Vorgehensweise mittels definierter Kommunikationsmedien erforderlich. Dies geschieht häufig werkzeuggestützt. Im Hinblick auf Capability Level 3 sollte dies im Standardprozess beschrieben und auf das Projekt zugeschnitten werden.
15-51 Analyseergebnisse	Die Ergebnisse der Analysen und die Argumentationen, die zu ihnen geführt haben, sind nachvollziehbar zu dokumentieren. Dies kann werkzeuggestützt erfolgen oder in Review-Checklisten. Es gibt diesbezüglich keine besonderen Vorgaben zur Form.
01-54 Hyperparameter	Hyperparameter werden verwendet, um das zu trainierende ML-Modell zu steuern, z. B.: ■ Lernrate des Trainings ■ Skalierung des Netzes (Anzahl der Schichten oder Neuronen pro Schicht) ■ Verlustfunktion Minimale Merkmale: ■ Beschreibung ■ Anfangswert ■ Endwert bei der Übermittlung der Ergebnisse des ML-Trainings

12.2.4 Zusätzliche Überlegungen

Bezug zu anderen Automotive SPICE®-Prozessen

- Die Erarbeitung der ML-Architektur muss auf den im MLE.1 erstellten Anforderungen basieren, insofern besteht eine starke Abhängigkeit von diesem Prozess.
- Die ML-Architektur ist ein Input für MLE.3 Machine-Learning-Training.

Typische Fallstricke

- Die ML-Architektur ist nicht hinreichend detailliert spezifiziert, um als Basis für das Training des ML-Modells zu dienen.
- Es fehlt die Dokumentation von Architekturentscheidungen und der diesbezüglichen Argumentation für eine spätere Nachvollziehbarkeit.
- Es besteht Unklarheit darüber, welche dedizierten Schnittstellen oder Funktionen verwendet werden sollen und welche nicht, was das Training des ML-Modells erschwert.
- Der Ressourcenverbrauch wird nur für den SOP geschätzt und nicht für jedes Release.
- Es wird keine Evaluierung durchgeführt, da die Architektur als vorgegeben gilt.
- Es gibt keine expliziten, sinnvollen Bewertungskriterien bei der Analyse.

Zu berücksichtigen in Bezug auf PA 2.1

- Die Werte der Hyperparameter der ML-Architektur werden während des ML-Modell-Trainings angepasst. Allerdings sollen die Initialwerte definiert sein sowie die Komponenten für die Vor- und Nachverarbeitung.
- Spezifische Maximalaufwände können notwendig sein.

Zu berücksichtigen in Bezug auf PA 2.2

- Die Wiederverwendbarkeit ab Capability Level 2 ist insbesondere bei einem Produktlinien- oder Modulansatz relevant.
- Die ML-Architektur und die Hyperparameter sind versioniert.
  - Empfehlung: werkzeuggestützte Versionierung.
- Der Lesezugriff muss für jeden Architekten gewährleistet sein.
- Die Freigabestrategie ist zu beachten.
- Der ML-Architekturprozess ist in die gesamte Freigabestrategie zu integrieren.
- Es gibt Review-Checklisten für die ML-Architektur und die Hyperparameter.
- Es gibt einen Konfigurationsmanagement-Plan, der beschreibt, wie die kontinuierliche Integration in MLE.2 gemanagt wird.
- Es gibt Nachweise für den Einsatz von Tools für das Management von Arbeitsprodukten im Zusammenhang mit MLE.2.
- Die ML-Architektur wird durch das ML-Team analysiert.
- Belege für die Überprüfung sind die Änderung des Status der ML-Architekturelemente (von »genehmigungsreif« zu »genehmigt«) und ggf. Kommentare in der Historie.

- Die Architekturprüfung beinhaltet sowohl formale als auch informelle Überprüfungen; der Fokus liegt auf den definierten Qualitätskriterien für die Architektur, die Rückverfolgbarkeit und die Konsistenz.
- Bei Lücken in der Testabdeckung ist eine risikobasierte Strategie anzustreben.

Hinweise für Assessoren

- Überprüfen Sie, ob die Begründung für die verschiedenen Hyperparameter und deren Ausgangswerte klar dokumentiert ist.
- Bei den Hyperparameter-Werten sollen mindestens die Anfangs- und Endwerte dokumentiert sein.
- Prüfen Sie, wie viele ML-Anforderungen für die ML-Architektur und das untersuchte Release relevant sind und wie viele davon bereits überprüft und bearbeitet wurden.
- Untersuchen Sie, wie viele dieser ML-Anforderungen nicht mit der ML-Architektur verknüpft sind.
- Falls Anforderungen nicht verknüpft sind, ermitteln Sie die Gründe dafür. Ein erheblicher Anteil ohne triftigen Grund führt in der Regel zu einer Abwertung des Prozesses.
- Überprüfen Sie stichprobenartig die Verknüpfungen und die Konsistenz der verknüpften Elemente, ggf. auch über mehrere Prozesse hinweg.

12.3 MLE.3 Machine-Learning-Training

Der Zweck ist die Optimierung des ML-Modells, um die definierten ML-Anforderungen zu erfüllen.	**Plug-in**
Erwartete Prozessergebnisse: ■ Ein ML-Trainings- und -Validierungsansatz wird festgelegt. ■ Der Datensatz für das ML-Training und die ML-Validierung wird erstellt. ■ Das ML-Modell, einschließlich der Hyperparameter-Werte, wird optimiert, um die definierten ML-Anforderungen zu erfüllen. ■ Konsistenz und bidirektionale Rückverfolgbarkeit werden zwischen dem ML-Trainings- und -Validierungs-Datensatz und den ML-Datenanforderungen hergestellt. ■ Die Ergebnisse der Optimierung werden zusammengefasst und das trainierte ML-Modell wird vereinbart und allen betroffenen Parteien mitgeteilt.	

12.3.1 Prozessbeschreibung

Der Machine-Learning-Trainingsprozess ist der Prozess, in dem die Musik des maschinellen Lernens spielt. Nachdem im SUP.11 (Datenmanagement für Machine Learning) die Daten gesammelt, strukturiert, analysiert, bereinigt und beschildert worden sind, und in MLE.2 sozusagen das »Gehirn« des ML-Modells entstanden ist (inklusive ML-Algorithmus, Hyperparameter und Vor- und Nachverarbeitungskomponenten), werden die Daten nun genutzt, um das Modell für die Aufgabe(n) zu trainieren, für die es vorgesehen ist.

Auch wenn wir bei Machine Learning als Teilgebiet der künstlichen Intelligenz sprechen, ähnelt der Lernprozess im Machine-Learning-Training im Kern dem Lernprozess eines Neugeborenen, das die Welt erkundet und sich zum Kleinkind, Kind, Jugendlichen und Erwachsenen entwickelt. Dies muss jedoch im Kontext gesehen werden. Wie schon in der Einleitung zu ML erwähnt, lernt der Algorithmus, eine Art Muster zu erkennen, aber nicht gleichzeitig zu laufen, Klavier zu spielen etc.

Die Daten aus SUP.11 sind die gesamte Umgebung eines Neugeborenen. Während das Neugeborene schon mit einem Gehirn (seiner ML-Architektur) auf die Welt kommt, sind es die »Daten« seiner Umgebung, die es trainieren, z.B. seine Eltern zu erkennen, später seine ersten Worte zu sprechen, allein zu essen etc. Je besser und ohne Verzerrungen diese Eingangsdaten sind, desto größer sind die Chancen, die Welt richtig zu interpretieren und entsprechend zu agieren.

Machine-Learning-Training ist ein komplexer Prozess, der darauf abzielt, ein ML-Modell zu entwickeln, das in der Lage ist, eine funktionale Abbildung von Eingabedaten auf eine erlernte Eigenschaft zu erstellen. Dieser Prozess ist entscheidend für die Optimierung der Qualität dieser Abbildung. Die Hyperparameter-Werte des ML-Modells werden angepasst, bis die Abweichung der gelernten Eigenschaften von den erwarteten Werten unter einem vordefinierten Schwellenwert liegt.

Grundlegend verwendet das maschinelle Lernen einen ML-Algorithmus, der die Fähigkeit besitzt, eine mathematische Abbildung von Eingabedaten auf erlernte Eigenschaften zu realisieren. Diese Abbildung wird durch Hyperparameter-Werte gesteuert, die während des Trainingsprozesses optimiert werden.

Der Trainingsprozess im maschinellen Lernen führt selbst bei einfachen Aufgaben schnell zu einem hochdimensionalen Optimierungsproblem, da er erhebliche Mengen an Speicher und Rechenleistung erfordert, insbesondere wenn Gleitkommaberechnungen notwendig sind. Deswegen ist MLE.2.BP5 bei Machine Learning so relevant.

Aufgrund der Komplexität der Aufgabe ist der Trainingsprozess in der Regel iterativ. Es können Änderungen an der ML-Architektur (s. MLE.2), der ML-Trainings- und -Validierungsmethode oder dem ML-Trainings- und -Validierungs-Datensatz erforderlich sein. Der Trainingsprozess kann bestimmte Herausforderungen mit sich bringen, darunter Überanpassung (Overfitting), Unteranpassung (Underfitting) oder Verzerrungen (Data Bias) in den Daten, die sich auf die Leistung des Modells auswirken können.

Selbst bei umfangreicher Erfahrung kann nicht von Anfang an garantiert werden, dass ein definiertes ML-Modell sofort mit dem ersten Training die geforderte Qualität erreicht. Daher sind iterative Änderungen keineswegs ein Zeichen für das Scheitern der Prozesse MLE.2 oder MLE.3, sondern ein integraler Bestandteil des Prozesses, um ein ausgereiftes ML-Modell zu entwickeln, das letztendlich alle Anforderungen erfüllt.

Der Datensatz für das ML-Training und die ML-Validierung muss sorgfältig aus der ML-Datensammlung (s. SUP.11) erstellt werden, entsprechend der ML-Trainings- und -Validierungsmethode. Abweichungen können zu Trainingsergebnissen führen, die nicht sicherstellen, dass die ML-Anforderungen erfüllt werden. Deswegen sind eine hohe Datenqualität und ein gutes Datenmanagement unabdingbar.

Die sorgfältige Auswahl des Datensatzes für das ML-Training und die ML-Validierung ist entscheidend. Dabei müssen vordefinierte Kriterien berücksichtigt werden, um das Trainingsziel zu unterstützen und gängige Probleme wie z. B. Verzerrungen (Data Bias, s. o.) zu vermeiden.

12.3.2 Basispraktiken

MLE.3.BP1: Spezifikation des ML-Trainings- und -Validierungsansatzes. Spezifiziere einen Ansatz, der das Training und die Validierung des ML-Modells unterstützt, um die definierten ML-Anforderungen zu erfüllen. Der ML-Trainings- und -Validierungsansatz umfasst

- Ein- und Ausgangskriterien für das Training und die Validierung,
- Ansätze für die Abstimmung/Optimierung der Hyperparameter,
- einen Ansatz für die Erstellung und Änderung von Datensätzen sowie
- eine Trainings- und Validierungsumgebung.

Anmerkung 1: *Der ML-Trainings- und -Validierungsansatz kann zufällige Ausfälle und andere Methoden, das Modell robuster zu machen, beinhalten.*

Anmerkung 2: *ML-Validierung ist die Optimierung der Hyperparameter während des Machine-Learning-Trainings (MLE.3). Der Begriff »Validierung« hat hier eine andere Bedeutung als bei VAL.1.*

Anmerkung 3: *Die Trainingsumgebung sollte die Umgebung des eingesetzten Modells widerspiegeln.*

Im Trainings- und Validierungsansatz werden die Rahmenbedingungen für die Durchführung des Machine-Learning-Trainingsprozesses definiert.

Es gibt eine Reihe von Methoden, die zur Einstellung von Hyperparametern verwendet werden können. Dazu gehören:

- **Grid Search**, eine erschöpfende Suche nach allen Kombinationen,
- **Random Search**, eine zufällige Stichprobenauswahl,
- **Bayes'sche Optimierung** mit einem probabilistischen Modell,

- **gradientenbasierte Optimierung** mit Gradientenabstieg für schnelle Konvergenz und
- **evolutionäre Algorithmen**, bei denen eine reine Population potenzieller Lösungen erzeugt wird, die sich im Laufe der Zeit durch genetische Operationen weiterentwickelt.

Jede Methode hat Vor- und Nachteile. Grid Search ist rechenintensiv, Random Search ist effizienter bei vielen Parametern, Bayes'sche Optimierung ist fortschrittlich, gradientenbasierte Optimierung ermöglicht schnelle Konvergenz und evolutionäre Algorithmen bewältigen komplexe Probleme durch genetische Operationen. Die Wahl hängt von der spezifischen Problemstellung und den verfügbaren Ressourcen ab [Data Base Camp 2023].

Bei der Definition des Ansatzes für die Erstellung und Modifikation von Datensätzen wird u.a. erwartet, dass festgelegt wird, wie aus der vorhandenen, bereits verarbeiteten Datensammlung dedizierte Datensätze für das Training und die ML-Validierung erzeugt werden, ob die Methode je Trainingszyklus angepasst wird, welche Kriterien die Datensätze erfüllen müssen etc.

Ähnlich wie beim Testen soll auch für das Training und die Validierung des ML-Modells die virtuelle Umgebung definiert werden, in der beide Aktivitäten stattfinden. Neben der Benennung der verwendeten Tools sind auch die zugehörigen technischen und Konfigurationsdaten von Bedeutung.

Zuletzt ist es auch noch wichtig, zu definieren, was die Voraussetzungen sind, um das Training und die Validierung starten zu können, und wann die Aufgabe als abgeschlossen gelten kann.

MLE.3.BP2: Erstellung eines ML-Trainings- und -Validierungs-Datensatzes. Wähle Daten aus der von SUP.11 bereitgestellten ML-Datensammlung aus und ordne sie dem Datensatz für das Training und die Validierung des ML-Modells gemäß dem festgelegten ML-Trainings- und -Validierungsansatz zu.

Anmerkung 4: *Der ML-Trainings- und Validierungs-Datensatz kann je nach ML-Anforderungen Eckfälle (corner cases), unerwartete Fälle und Normalfälle enthalten.*

Anmerkung 5: *Ein getrennter Datensatz für Training und Validierung kann in einigen Fällen nicht erforderlich sein (z.B. k-fache Kreuzvalidierung, keine Optimierung der Hyperparameter).*

Die Auswahl von Trainingsdatensätzen spielt eine entscheidende Rolle im Machine-Learning-Training, da sie maßgeblich die Leistung und die Fähigkeiten des Modells beeinflusst. ML-Trainings- und -Validierungsansatz muss gemäß dem ML-Datenmanagement (SUP.11) und unter Berücksichtigung des ML-Trainings- und -Validierungsansatzes erstellt werden. Bei Abweichung von dieser Vorgehensweise kann nicht sichergestellt werden, dass die ML-Anforderungen erfüllt werden.

Die Datensätze für das ML-Training und die ML-Validierung in einem bestimmten Trainingszyklus müssen sorgfältig anhand vordefinierter Kriterien ausgewählt werden. Diese Auswahl ist entscheidend, um das Trainingsziel zu unterstützen und häufig auftretende Probleme wie Verzerrungen zu verhindern. Data Bias in den Trainingsdaten kann dazu führen, dass das Modell verzerrte und nicht repräsentative Muster lernt, was sich negativ auf seine Fähigkeit zur Verallgemeinerung auswirken kann. Dies kann zu einem Underfitting führen.

Die sorgfältige Auswahl der Trainingsdaten sollte mehrere Aspekte berücksichtigen: Erstens ist es wichtig, dass die Daten den Anforderungen des spezifischen Anwendungsgebiets (z.B. ODD) entsprechen. Dies könnte die Vielfalt der Datenpunkte, die Abdeckung verschiedener Szenarien oder spezifische Randfälle umfassen. Zweitens sollten mögliche Verzerrungen vermieden werden, um sicherzustellen, dass das Modell tatsächlich die Realität abbildet. Dazu muss es fair und ausgewogen trainiert werden. Dies erfordert eine genaue Analyse der Betriebsumgebung des Systems und der Daten, um sicherzustellen, dass keine unerwünschten Muster oder Diskriminierungen auftreten.

Es ist wichtig zu betonen, dass bei einigen ML-Validierungsmethoden, wie z.B. der k-fachen Kreuzvalidierung, kein separater Datensatz für das Training und die Validierung zu Beginn des Trainings erforderlich ist. Bei diesen Methoden wird der vorhandene Datensatz in k Teile unterteilt, wobei k-1 Teile zum Training und der verbleibende Teil zur Validierung verwendet werden. Dies ermöglicht eine effiziente Nutzung bei begrenzten Datenmengen.

MLE.3.BP3: Erstellung und Optimierung des ML-Modells. Erstelle das ML-Modell gemäß der ML-Architektur und trainiere es unter Verwendung des identifizierten ML-Trainings- und Validierungs-Datensatzes gemäß dem ML-Trainings- und -Validierungsansatz, um die definierten ML-Anforderungen sowie die Trainings- und Validierungsausstiegskriterien zu erfüllen.

An diesem Punkt ist es wichtig, das iterative Verhältnis zwischen Training und Validierung zu verstehen. Bevor das trainierte ML-Modell zum Testen weitergegeben wird, dient die Validierung im Rahmen des ML-Trainings dazu, ein erstes Feedback nach oder während eines Trainingszyklus zu geben, um einen Maßstab für den Trainingsfortschritt zu haben. Die beiden Schritte stehen in direktem Zusammenhang miteinander, sind aber auch mit der Optimierung des ML-Modells verbunden.

Die Validierung trägt dazu bei, die Leistung des Modells zu optimieren, insbesondere im Hinblick auf die Hyperparameter gemäß MLE.2 (Machine Learning-Architektur). Es ist wichtig zu beachten, dass der Begriff »Validierung« in diesem Kontext eine andere Bedeutung hat als bei VAL.1 (Validierung): Die Validierung im ML-Training bezieht sich darauf, wie das Modell während des Trainingsprozesses überprüft wird, um sicherzustellen, dass es effektiv lernt und optimale Leistungen erzielt. Dieser Schritt unterstützt die systematische Anpassung der Hyperparameter, um eine effiziente Modelloptimierung zu erreichen.

Im traditionellen Software-Entwicklungsprozess umfasst die Validierung die Überprüfung, ob das entwickelte System die spezifizierten Stakeholder-Anforderungen erfüllt. Im ML-Kontext geht es darüber hinaus. Die ML-Validierung ist somit eng mit dem Training des Modells verbunden.

Während des Trainingsprozesses wird das Modell mit einem Trainingsdatensatz trainiert, und die Validierung erfolgt mit einem separaten Validierungsdatensatz. Diese Trennung ermöglicht es, die Leistung des Modells anhand von Daten zu bewerten, die während des Trainings nicht genutzt wurden. Dies ist entscheidend, um sicherzustellen, dass das Modell in der Lage ist, unbekannte Daten entsprechend einzuordnen.

Ein wesentlicher Aspekt der ML-Validierung ist die Optimierung der Hyperparameter. Wie schon in MLE.2 (ML-Architektur) erwähnt, steuern die Hyperparameter das Verhalten des ML-Modells und müssen so eingestellt werden, dass das Modell optimale Leistungen erzielt. Die Validierung ermöglicht es, verschiedene Hyperparameter-Konfigurationen zu testen und diejenigen auszuwählen, die die besten Ergebnisse liefern.

Während des Trainings können verschiedene Herausforderungen auftreten, wie z.B. Overfitting, Underfitting oder unerwünschte Muster in den Daten. Die Validierung ermöglicht es, diese Probleme zu erkennen und entsprechende Anpassungen am Modell vorzunehmen.

Die Vorbereitung der Trainingsumgebung ist ein weiterer entscheidender Aspekt, der im Zusammenhang mit der ML-Validierung steht. Dies umfasst die Festlegung der erforderlichen Hardwareressourcen und Optimierungsansätze, um sicherzustellen, dass das Training effizient erfolgt und Probleme wie Überanpassung vermieden werden.

Dieser iterative Ansatz ist entscheidend, um den komplexen Herausforderungen des maschinellen Lernens gerecht zu werden und sicherzustellen, dass das Modell die gestellten Anforderungen erfüllt.

MLE.3.BP4: Sicherstellung der Konsistenz und Herstellung der bidirektionalen Rückverfolgbarkeit. Stelle die Konsistenz sicher und richte eine bidirektionale Rückverfolgbarkeit zwischen dem ML-Trainings- und -Validierungs-Datensatz und den ML-Datenanforderungen ein.

Anmerkung 6: *Bidirektionale Rückverfolgbarkeit unterstützt die Konsistenz und erleichtert die Analyse der Auswirkungen von Änderungsanträgen. Rückverfolgbarkeit allein, z.B. das Vorhandensein von Links, bedeutet nicht unbedingt, dass die Informationen zueinander konsistent sind.*

Mit Bezug auf die Rückverfolgbarkeit ist der ML-Trainings- und -Validierungs-Datensatz den ML-Datenanforderungen zuzuordnen. Dabei ist nachzuweisen, dass der ML-Trainings- und -Validierungs-Datensatz so ausgewählt wurde, dass er die ML-Datenanforderungen erfüllt bzw. den darin definierten Kriterien entspricht. Die Verbindung des Trainings- und Validierungsdatensatzes mit den ML-Datenanforderungen stellt die Nachvollziehbarkeit her. Eine ausreichende Granularität, d.h. eine ausreichende Detaillierung, ist hierbei entscheidend, damit jede Anforderung und ihre Auswirkungen klar verstanden werden können und die Verbindung nachvollziehbar ist.

Die Konsistenz geht einen Schritt weiter und stellt sicher, dass die Verbindungen zwischen den ML-Datenanforderungen und dem ML-Trainings- und -Validierungs-Datensatz korrekt und vollständig sind. Mit der Rückverfolgbarkeit ist bereits sichergestellt, dass alle ML-Datenanforderungen mit dem ML-Trainings- und -Validierungs-Datensatz verknüpft sind. Doch diese Verknüpfung muss hinreichend detailliert sein, sodass auch die Konsistenz gut nachvollzogen werden kann.

Ein bedeutendes Problem in den letzten Jahren war, dass, obwohl sich die Rückverfolgbarkeit stark verbessert hat, die Konsistenz nach wie vor problematisch bleibt. Hauptursachen hierfür sind, dass die Konsistenz lange Zeit nicht gut verstanden wurde und sie einen erheblichen Überprüfungsaufwand erforderte. Ein weiteres Hindernis ist, dass die Konsistenz nicht automatisiert überprüft werden kann.

Zusammenfassend ist es von zentraler Bedeutung, sowohl die Rückverfolgbarkeit als auch die Konsistenz im ML-Trainings- und -Validierungs-Datensatz sicherzustellen. Während die Rückverfolgbarkeit uns zeigt, welche ML-Trainings- und -Validierungs-Datensätze auf welchen ML-Datenanforderungen basieren, stellt die Konsistenz sicher, dass diese Verknüpfungen korrekt und vollständig sind. Dies garantiert nicht nur die Qualität des Endprodukts, sondern auch den reibungslosen Ablauf des gesamten Entwicklungsprozesses.

Die Themen Rückverfolgbarkeit und Konsistenz werden auch in Abschnitt 5.7 behandelt.

MLE.3.BP5: Zusammenfassung und Kommunikation des vereinbarten trainierten ML-Modells. Fasse die Optimierungsergebnisse zusammen und informiere alle betroffenen Parteien über das vereinbarte trainierte ML-Modell.

Der Projektplan sollte die Projektschnittstellen zum Machine-Learning-Training definieren. Zu diesen Schnittstellen sollten mindestens der Software-Projektleiter, der ML-Modell-Tester, die Qualitätssicherung und Vertreter der betroffenen Komponenten der operativen Umgebung gehören.

Die Kommunikation sollte nach dem Push-Ansatz erfolgen. Das bedeutet, dass die betroffenen Stakeholder aktiv informiert werden müssen.

Es muss dokumentiert werden, wer zu informieren ist, wenn sich der Status des Machine-Learning-Trainings (z.B. Training mit neuem Datensatz) oder der betroffenen ML-Modelle ändert.

Die Kommunikation und Weitergabe von Informationen (Handover) bei der Verfeinerung des Systems, was gewissermaßen der linken Seite des V-Modells entspricht, wird in Abschnitt 5.9.1 ausführlicher behandelt.

12.3.3 Erzeugte Informationsobjekte

08-65 ML-Trainings- und -Validierungsansatz	Der ML-Trainings- und -Validierungsansatz beschreibt mindestens die folgenden Punkte: ■ Ein- und Ausgangskriterien für das ML-Training ■ Ansätze für die Abstimmung/Optimierung von Hyperparametern, die beim Training verwendet werden sollen ■ den Ansatz für die Erstellung und Änderung von Datensätzen ■ die Trainingsumgebung, einschließlich der erforderlichen Trainingshardware (z.B. GPU oder zu verwendender Supercomputer) ■ den Schnittstellenadapter für die Bereitstellung von Eingabedaten und die Speicherung von Ausgabedaten ■ ggf. Maßnahmen zur Organisation des Datensatzes und der Trainingsumgebung Der ML-Trainings- und -Validierungsansatz kann zusätzlich robuste Methoden wie zufällige Ausfälle umfassen.
03-51 ML-Datensatz	Auswahl von ML-Daten, z.B. für das Training des ML-Modells (ML-Trainings- und -Validierungs-Datensatz) oder den Test des trainierten und eingesetzten ML-Modells (ML-Testdatensatz).
13-52 Kommunikationsnachweise	Jedes greifbare Artefakt, z.B. E-Mails, Sitzungsprotokolle, Offene-Punkte-Listen, kann als Nachweis für Capability Level 1 herangezogen werden, solange die relevanten Interessengruppen angesprochen werden. Unter Berücksichtigung von PA 2.1 und insbesondere GP 2.1.6 ist eine stärker formalisierte und geplante Vorgehensweise mittels definierter Kommunikationsmedien erforderlich. Dies geschieht häufig werkzeuggestützt. Im Hinblick auf Capability Level 3 sollte dies im Standardprozess beschrieben und auf das Projekt zugeschnitten werden.
01-53 Trainiertes ML-Modell	Das trainierte ML-Modell ist das Ergebnis des Trainingsprozesses. Es besteht aus der Software, die die ML-Architektur darstellt, dem Satz von Gewichten, die während des Trainings optimiert wurden, und dem endgültigen Satz von Hyperparametern.
01-54 Hyperparameter	Hyperparameter werden verwendet, um das zu trainierende ML-Modell zu steuern, z.B.: ■ Lernrate des Trainings ■ Skalierung des Netzes (Anzahl der Schichten oder Neuronen pro Schicht) ■ Verlustfunktion Minimale Merkmale: ■ Beschreibung ■ Anfangswert ■ Endwert bei der Übermittlung der Ergebnisse des ML-Trainings

13-51 Konsistenznachweise	Die Konsistenz der Softwareanforderungen zu Systemanforderungen oder direkt zu Stakeholder-Anforderungen oder zu Annahmen in Ermangelung vorhandener übergeordneter Anforderungen muss für jede Anforderung einzeln nachvollziehbar überprüft werden. Ein Reviewprotokoll, das generell die Konsistenz belegt, genügt also nicht. Das notwendige feingranulare Review sollte nach Möglichkeit direkt im Anforderungsmanagement-Tool dokumentiert werden. Ein spezielles Arbeitsprodukt als Konsistenznachweis ist nicht notwendig.

12.3.4 Zusätzliche Überlegungen

Bezug zu anderen Automotive SPICE®-Prozessen

- Die Auswahl der Trainings- und -Validierungs-Datensätze muss die ML-Datenanforderungen erfüllen.
- Die ML-Architektur ist neben den ML-Datensätzen der zweite Input für die Durchführung des Trainings und der Validierung.
- Das Ergebnis dieses Prozesses ist ein trainiertes ML-Modell, das als Input für MLE.4 (Testen von Machine-Learning-Modellen) dient.

Typische Fallstricke

- Die ausgewählten Datensätze erfüllen nicht die ML-Datenanforderungen oder enthalten Verzerrungen oder leiden unter Overfitting oder Underfitting.
- Es wird der gleiche Datensatz für Training und Validierung verwendet.

Zu berücksichtigen in Bezug auf PA 2.1

- Die Aufgaben im Zusammenhang mit MLE.3 werden geplant und überwacht.
- Projektverantwortlichkeiten und fachliche Kompetenzen für die Durchführung sind beschrieben.
- Es gibt eine auf Zielen basierende realistische Planung, einschließlich der Koordination von technischen und personellen Ressourcen sowie von Stakeholder-Vertretern.
- Start- oder späteste Enddaten für ML-Modell-Trainings- und -Validierungsaktivitäten werden durch die Entwicklungsprojekte bestimmt.
- Die Datumsangaben stammen aus der Freigabe- und Musterplanung des Projekts.
- Ressourcen und Aufwand sind häufige Planungsvariablen.
- Der Umgang mit Änderungsanträgen (Change Requests, CRs) wird berücksichtigt.

- Erwartete Richtlinien: ML-Modell-Trainingsmethoden, ML-Modell-Qualitätskriterien, Hinweise zur Auswahl des Datensatzes.
- Technische Ressourcen für das ML-Training und die ML-Validierung und andere Enabler werden gesteuert.

Zu berücksichtigen in Bezug auf PA 2.2

- Die Wiederverwendbarkeit ab Capability Level 2 ist insbesondere bei einem Produktlinien- oder Modulansatz relevant.
- Der ML-Trainings- und -Validierungsansatz, die ML-Datensätze, das ML-Modell und die Hyperparameter sind versioniert.
  - Empfehlung: werkzeuggestützte Versionierung.
- Der Lesezugriff muss für jeden ML-Ingenieur, der ML-Modell-Trainings durchführt, gewährleistet sein.
- Die Freigabestrategie muss eingehalten werden.
- Der Trainingsprozess des ML-Modells ist in die gesamte Freigabestrategie zu integrieren.
- Es gibt Review-Checklisten für den ML-Trainings- und -Validierungsansatz, das ML-Modell, die ML-Datensätze und die Hyperparameter.
- Es gibt einen Konfigurationsmanagement-Plan, der beschreibt, wie die kontinuierliche Integration bei MLE.3 gemanagt wird.
- Es gibt Nachweise für den Einsatz von Tools für das Management von Arbeitsprodukten im Zusammenhang mit MLE.3.
- Das ML-Modell wird durch das ML-Team analysiert.
- Nachweise für die Überprüfung sind die Änderung des Status des ML-Modells (von »genehmigungsreif« zu »genehmigt«) und ggf. Kommentare in der Historie.
- Die ML-Modellprüfung beinhaltet sowohl formale als auch informelle Überprüfungen; der Fokus liegt auf den definierten Qualitätskriterien für das ML-Modell, der Rückverfolgbarkeit und der Konsistenz.

Hinweise für Assessoren

- Fragen Sie, nach welchen Kriterien die Trainings- und Validierungsdatensätze ausgewählt wurden.
- Erkundigen Sie sich, wie die in den Trainingsszenarien verwendeten Leistungskennzahlen ausgewählt wurden.
- Fragen Sie, wie die Trainingsszenarien ausgewählt wurden.
- Überprüfen Sie, ob alle erforderlichen Arten der Konsistenz und Rückverfolgbarkeit vorhanden sind.
- Fragen Sie, wann ein ML-Modell ausreichend trainiert wurde.

12.4 MLE.4 Testen des Machine-Learning-Modells

Der Zweck besteht in der Sicherstellung, dass das trainierte ML-Modell und das eingesetzte ML-Modell mit den ML-Anforderungen übereinstimmen.	**Plug-in**
Erwartete Prozessergebnisse: ■ Es wird ein ML-Testansatz definiert. ■ Ein ML-Testdatensatz wird erstellt. ■ Das trainierte ML-Modell wird getestet. ■ Das eingesetzte ML-Modell wird vom trainierten ML-Modell abgeleitet und getestet. ■ Zwischen dem ML-Testansatz und den ML-Anforderungen sowie dem ML-Testdatensatz und den ML-Datenanforderungen werden Konsistenz und bidirektionale Rückverfolgbarkeit hergestellt; zwischen dem ML-Testansatz und den ML-Testergebnissen wird eine bidirektionale Rückverfolgbarkeit hergestellt. ■ Die Ergebnisse der ML-Tests werden zusammengefasst und zusammen mit dem eingesetzten ML-Modell an alle betroffenen Parteien kommuniziert.	

12.4.1 Prozessbeschreibung

Das Testen von Modellen ist eines der meistdiskutierten Themen im Bereich des maschinellen Lernens. Bei der klassischen Entwicklung eingebetteter Systeme im Automobilbereich wird zunächst ein sehr klares Bild des erwarteten Ergebnisses entwickelt und wie dieses Ergebnis mit hoher Sicherheit erreicht werden kann, indem die Anforderungen, die Architektur und der Feinentwurf spezifiziert werden.

Danach wird durch Tests, statische Codeanalysen, Reviews etc. verifiziert, dass sich das System genau so verhält, wie es spezifiziert wurde. Das korrekte Ergebnis, das bei der Überprüfung erwartet wird, ist genau das, was auf der linken Seite des V-Modells angegeben wurde. Das Ergebnis ist vorhersagbar und sicher, und deshalb vertrauen wir dem System, solange es gut getestet wurde.

Bei der ML-Entwicklung entwickeln wir ein Modell, das in der Lage ist, Entscheidungen zu treffen. Während die Erwartung an das Ergebnis noch in der Spezifikation festgelegt werden kann, kann nicht definiert, sondern nur beeinflusst werden, wie dieses Ergebnis erreicht wird. In den meisten Fällen ist nicht nachvollziehbar, wie das Modell zu seiner Entscheidung kommt, sondern man geht nach dem Testen nur davon aus, dass es mit hoher Wahrscheinlichkeit die richtige Entscheidung treffen wird. Folglich gibt es keine Garantie dafür, dass das ML-Modell immer zu dem erwarteten Ergebnis kommt, da wir nur eine sehr begrenzte Transparenz über seinen Entscheidungsprozess haben.

Das ML-Modell ist quasi eine Blackbox. Wir können es nur beeinflussen, indem wir einen soliden Trainingsprozess etablieren. Hierzu müssen wir sicherstellen, dass die Daten, die wir für das Training verwenden, von hoher Qualität sind und alle definierten Anforderungen erfüllen, indem wir die Hyperparameter-Werte anpassen und das Modell testen.

Jeder Schritt in der ML-Entwicklung dient dazu, unsere Gewissheit zu erhöhen, dass wir einem künstlichen Entscheidungsfindungs-Modell mindestens genauso viel und vorzugsweise mehr vertrauen können als einer menschlichen Entscheidung. Das Testen von Modellen des maschinellen Lernens ist der letzte Schritt auf dieser Reise.

Wie schon angedeutet, wird durch das Testen des ML Modells nicht nur die technische Funktionalität, sondern auch die Fähigkeit des Modells, mit Unsicherheiten, variablen Daten und neuen Situationen umzugehen, gewährleistet. Durch das schrittweise Vorgehen mit zahlreichen verfeinerten Trainingsrunden ermöglicht der Testprozess, Anpassungen und Verbesserungen vorzunehmen. So wird sichergestellt, dass das Modell den Anforderungen und Erwartungen in dynamischen Umgebungen entspricht. Eine umfassende Dokumentation der Testergebnisse und eine kontinuierliche Überwachung nach der Bereitstellung sind entscheidend, um das Vertrauen in die Leistungsfähigkeit von ML-Modellen zu stärken und ihre Zuverlässigkeit in der Praxis zu gewährleisten.

Für die MLE-Prozesse wurde bewusst der Begriff des Testens anstelle von Verifikation gewählt, da in der Bewertung von ML-Modellen keine statischen Verifikationsmethoden wie statische Codeanalyse, Codereviews oder Inspektionen verwendet werden.

Das trainierte ML-Modell wird mit einem dedizierten Testdatensatz intensiv geprüft. Bei erfolgreichem Abschluss dieser Überprüfung wird das implementierbare Modell (ausführbar in der Zielumgebung) abgeleitet und ebenfalls getestet. Im Erfolgsfall wird das bereitgestellte Modell an die Gesamt-Softwareentwicklung oder andere Stakeholder übergeben. Das trainierte ML-Modell existiert zunächst in der Trainingsumgebung und nutzt typischerweise leistungsstarke externe Hardware sowie interpretative Sprachen wie Python oder Ruby.

Das bereitgestellte ML-Modell wird aus dem trainierten Modell abgeleitet und ist oft in kompilierten Sprachen wie C oder C++ implementiert. Diese Ableitung kann zu Leistungs- oder Genauigkeitsverlusten gegenüber dem trainierten ML-Modell führen. Daher muss auch das bereitgestellte Modell eingehend getestet werden.

Hinsichtlich des Testdatensatzes muss dieser sich von dem für das Training oder die Validierung verwendeten Datensatz unterscheiden. Auch bei Mängeln des ML-Modells darf der Testdatensatz nicht in den Trainingsprozess überführt werden. Der Testdatensatz wird unter Verwendung von Daten zusammengestellt und muss geeignet sein, die Erfüllung der ML-Anforderungen nachzuweisen, einschließlich einer angemessenen Verteilung von ML-Testfällen. Diese Daten werden vom Prozess SUP.11 (ML-Datenmanagement) zur Verfügung gestellt.

12.4.2 Basispraktiken

MLE.4.BP1: Spezifikation eines ML-Testansatzes. Spezifiziere einen ML-Testansatz, der geeignet ist, den Nachweis der Übereinstimmung des trainierten ML-Modells und des eingesetzten ML-Modells mit den ML-Anforderungen zu erbringen. Der ML-Testansatz umfasst:

- ML-Testszenarien mit Verteilung von Datenmerkmalen (z.B. Geschlecht, Wetterbedingungen, Straßenzustand innerhalb der ODD), die durch die ML-Anforderungen definiert sind,
- Verteilung und Häufigkeit der einzelnen ML-Testszenarien innerhalb des ML-Testdatensatzes,
- erwartetes Testergebnis pro Testdatum,
- Ein- und Ausgangskriterien für die Tests,
- Vorgehensweise bei der Erstellung und Änderung von Datensätzen und
- die erforderliche Testinfrastruktur und die Einrichtung der Testumgebung.

Anmerkung 1: *Das erwartete Testergebnis pro Testdatum erfordert möglicherweise eine Kennzeichnung der Testdaten, um den Vergleich der Ausgabe des ML-Modells mit der erwarteten Ausgabe zu unterstützen.*

Anmerkung 2: *Ein Testdatum ist die kleinste Datenmenge, die vom ML-Modell zu einer einzigen Ausgabe verarbeitet wird, z.B. ein Bild bei der Fotoverarbeitung oder eine Audiosequenz bei der Spracherkennung.*

Anmerkung 3: *Ein Datenmerkmal ist eine Eigenschaft der Daten, die in der ODD unterschiedliche Ausprägungen haben kann. So kann z.B. die Wetterlage Ausdrücke wie sonnig, neblig oder regnerisch enthalten.*

Anmerkung 4: *Ein ML-Testszenario ist eine Kombination von Ausdrücken aller definierten Datenmerkmale, z.B. Wetterbedingungen = sonnig, Straßenbedingungen = Schotterstraße.*

Für die Spezifikation des ML-Testansatzes stehen Testszenarien und Testdatensätze im Mittelpunkt.

Die Definition der richtigen Testszenarien für das Testen von ML-Modellen ist entscheidend, um das Vertrauen in das ML-Modell zu erhöhen. Diese Testszenarien und die ausgewählten Testmetriken müssen alle möglichen Anwendungsfälle abdecken, in denen das ML-Modell Entscheidungen treffen soll, einschließlich aller möglichen Länder, Umgebungen, Bedingungen, Geschlechter, Sprachen usw., und mit dem Unerwarteten umgehen können. Um gute Testszenarien zu definieren, soll sichergestellt werden, dass die Leistungsmetriken mit den beabsichtigten Anwendungsfällen des Modells übereinstimmen. Diese Metriken sollen messbar sein und die wichtigsten Leistungsindikatoren widerspiegeln, die das Modell in der realen Welt liefern soll. Zum Beispiel könnte die Leistungsmetrik für ein Modell, das Verkehrsschilder erkennt, der Prozentsatz der korrekt erkannten Schilder sein, zusammen mit Maßnahmen für falsch negative und falsch positive Ergebnisse. Dabei ist es besser, mehrere Metriken zu verwenden. Im Falle von Automotive- und selbstfahrenden Anwendungsfällen können zusätzliche Bewertungsmetriken berücksichtigt werden. Dazu gehören die Reaktionszeit des Modells, seine Fähigkeit, unerwartete Hindernisse oder Straßenbedingungen zu erkennen und darauf zu reagieren, sowie die Leistung in komplexen Szenarien wie Kreuzungen oder Autobahnknoten [NavInfo].

Im Zusammenhang mit dem Testen von Machine-Learning-Modellen werden verschiedene Testtypen und -methoden erwartet, die sicherstellen, dass die Modelle den Anforderungen entsprechen und zuverlässig in realen Szenarien funktionieren. Diese Methoden haben sich beim Testen von Machine Learning bewährt [ISO IEC TR 24028]:

- Formale Methoden, wie metrische Tests, ermöglichen die quantitative Bewertung der Modellleistung.
- Unsicherheitstests prüfen die Variation der Netzwerkantwort, um sicherzustellen, dass die Verallgemeinerung keine instabilen Verhaltensweisen einführt.
- Der maximale Stapelraum testet die Stabilität der Klassifizierung rund um den Trainingssatz.
- Empirische Tests, wie Benchmarking und metamorphe Tests, verwenden sorgfältig gestaltete Datensätze zur Leistungsmessung und zur Etablierung von Beziehungen zwischen Eingaben und Ausgaben.
- Expertenpanels bieten eine Überprüfung der Ergebnisse, insbesondere wenn KI-Systeme das Urteil von Experten ersetzen sollen.

Ein weiterer Ansatz ist der Intelligenzvergleich, bei dem die angewandten intellektuellen Fähigkeiten eines KI-Systems mit menschlichen Fähigkeiten verglichen werden. In Feldversuchen wird die Leistung, Effizienz oder Haltbarkeit unter realen Betriebsbedingungen getestet, während Tests in simulierter Umgebung die Evaluierung von KI-Systemen im Kontext physischer Handlungen auf die Umgebung ermöglichen. Der Vergleich mit menschlicher Intelligenz wird angewendet, wenn das KI-System darauf ausgelegt ist, menschliche Aktivitäten zu automatisieren. Die Bestätigung erfolgt durch den Nachweis, dass das KI-System diese Aktivitäten besser oder zumindest nicht schlechter als ein Mensch durchführt.

Für die Sicherheit von KI-Systemen sind repräsentative Datenstichproben von entscheidender Bedeutung, um Schwellenwerte und Vertrauen in den Prozess sicherzustellen. Diese müssen die Art der angewandten Informationsverarbeitungs-Aufgabe widerspiegeln, der das KI-System oder die menschliche Intelligenz ausgesetzt ist [ISO IEC TR 24028].

Des Weiteren kann die Leistung des Modells unter absichtlich böswilligen Eingaben, die darauf abzielen, das Modell zu täuschen oder auszunutzen, getestet werden. Gleichzeitig wird dabei getestet, wie das ML-Modell auf unbekannte Situationen reagiert. Im Zusammenhang mit selbstfahrenden Autos könnte ein Angreifer beispielsweise ein Geschwindigkeits-Verkehrszeichen so modifizieren, dass die angegebene Geschwindigkeit falsch angezeigt wird (z.B. 130 km/h anstatt 30 km/h), sodass das Modell fälschlicherweise die Geschwindigkeit des Fahrzeugs über das

Limit hinaus anzeigt. Bei den Tests mit Angreifern würde die Leistung des Modells bei der Erkennung manipulierter Verkehrszeichen getestet, um sicherzustellen, dass das Modell diese als manipuliert identifiziert [NavInfo].

Der Testansatz sollte mindestens das Testen des trainierten ML-Modells und des einsatzbereiten ML-Modells abdecken.

MLE.4.BP2: Erstellung eines ML-Testdatensatzes. Erstelle den ML-Testdatensatz, der zum Testen des trainierten ML-Modells und zum Testen des eingesetzten ML-Modells benötigt wird, aus der vom SUP.11 bereitgestellten ML-Datensammlung unter Berücksichtigung des ML-Testansatzes. Der ML-Testdatensatz darf nicht für das Training verwendet werden.

Anmerkung 5: *Der ML-Testdatensatz für das trainierte ML-Modell kann sich vom Testdatensatz für das eingesetzte ML-Modell unterscheiden.*

Anmerkung 6: *Zusätzliche Datensätze können für spezielle Zwecke verwendet werden, z. B. zur Gewährleistung von Sicherheit, Fairness und Robustheit.*

Der Testdatensatz muss aus dem vom SUP.11 bereitgestellten ML-Datensatz gemäß dem ML-Testansatz erstellt werden. Dieser ML-Testdatensatz dient dem abschließenden Test des trainierten ML-Modells und des bereitgestellten ML-Modells und darf nicht für das Training verwendet werden. Das bedeutet, dass keine wesentlichen Änderungen/Optimierungen aufgrund des ML-Testdatensatzes vorgenommen werden sollten. Bei jeder Optimierung gelangen schnell Informationen über den Datensatz in das Modell, was rasch zu einer Anpassung an den verwendeten Datensatz und damit zu einem Overfitting führen kann.

Sollte der Test fehlschlagen und eine Optimierung des ML-Modells erforderlich sein, muss sichergestellt werden, dass der ML-Testdatensatz weiterhin zuverlässig ist, um die Einhaltung der ML-Anforderungen zu gewährleisten. Daher kann eine Änderung des ML-Testdatensatzes erforderlich sein (s. hierzu auch die entsprechenden Kapitel in den Guidelines [VDA 2023]).

MLE.4.BP3: Test des trainierten ML-Modells. Teste das trainierte ML-Modell gemäß dem ML-Testansatz unter Verwendung des erstellten ML-Testdatensatzes. Protokolliere und bewerte die ML-Testergebnisse.

Anmerkung 7: *Die Auswertung der Testprotokolle kann eine Musteranalyse der fehlgeschlagenen Testdaten beinhalten, um z. B. die Vertrauenswürdigkeit zu unterstützen.*

Der Schwerpunkt der Basispraktik MLE.4.BP3 liegt auf der effektiven Durchführung der ausgewählten Testmaßnahmen und der lückenlosen Dokumentation der resultierenden Ergebnisse.

Es ist von essenzieller Bedeutung, dass diese Tests nicht nur durchgeführt, sondern ihre Ergebnisse auch systematisch erfasst werden. Dies gewährleistet nicht nur die Nachvollziehbarkeit des Testprozesses, sondern bietet auch die Möglichkeit einer späteren Analyse und ggf. Fehlerbehebung. Dabei geht es nicht nur darum, festzustellen, ob ein Test »bestanden« oder »nicht bestanden« wurde, sondern auch darum, detaillierte Informationen darüber zu sammeln, wie das ML-Modell unter verschiedenen Bedingungen reagiert.

Die Analyse der Testergebnisse ist besonders wichtig beim Testen des trainierten ML-Modells. Das Ergebnis der Analyse dient der Entscheidung, ob aus dem trainierten Modell das einsatzbereite Modell abgeleitet werden kann oder ob das Modell noch weiter trainiert und nachjustiert werden muss, um seinen Einsatzzweck noch besser zu erfüllen. Zur Analyse werden oft statistische Methoden herangezogen. Eine typische Methode kann z.B. das Prüfen einer Nullhypothese sein, bei der die Wahrscheinlichkeit berechnet wird, dass das Modell die richtige Entscheidung trifft. Dies sollte dann den entsprechenden funktionalen Anforderungen entsprechen.

Parallel dazu ist die Dokumentation der Testergebnisse ein kritischer Schritt im Testprozess. Jeder Testfall, ob erfolgreich oder nicht, muss dokumentiert werden, um eine transparente Übersicht über den Status des ML-Modell-Testens zu erhalten. Dies erleichtert nicht nur die Kommunikation innerhalb des Entwicklungsteams, sondern bietet auch Stakeholdern, wie z.B. Projektmanagern oder Qualitätsmanagern, einen klaren Einblick in den Fortschritt des Testprozesses.

Die Kombination aus methodischer Durchführung und gründlicher Dokumentation stellt sicher, dass das ML-Modell-Testen nicht nur den Anforderungen von Automotive SPICE® 4.0, sondern auch den Qualitätsansprüchen in der ML-Entwicklung gerecht wird. Ein solches Vorgehen fördert nicht nur das Vertrauen in das entwickelte ML-Modell, sondern legt auch den Grundstein für zukünftige Entwicklungsphasen oder Projekte, indem wertvolles Feedback und Erfahrungen systematisch erfasst und archiviert werden.

Schließlich betont der Prozess MLE.4.BP3 die Bedeutung der effektiven Umsetzung von Testmaßnahmen und der sorgfältigen Dokumentation beim Testen von ML-Modellen. Beide Aspekte sind unerlässlich, um die Qualität und Zuverlässigkeit der Software sicherzustellen und den Anforderungen des Automotive SPICE® 4.0-Modells gerecht zu werden.

MLE.4.BP4: Ableitung des eingesetzten ML-Modells. Leite das einsatzbereite ML-Modell aus dem trainierten ML-Modell gemäß der ML-Architektur ab. Das einsatzbereite ML-Modell wird zum Testen und zur Lieferung an die Softwareintegration verwendet.

Anmerkung 8: *Das eingesetzte ML-Modell wird in das Zielsystem integriert und kann sich vom trainierten ML-Modell unterscheiden, das oft leistungsfähige Hardware erfordert und interpretative Sprachen verwendet.*

Nachdem das trainierte ML-Modell ausführlich getestet wurde und kein fehlerhaftes Verhalten mehr identifiziert wurde, kann das einsatzbereite ML-Modell abgeleitet werden.

Die Dokumentation des ML-Modells und seiner Implementierungsschritte ist entscheidend, um Transparenz und Nachvollziehbarkeit zu gewährleisten sowie eine Grundlage für zukünftige Iterationen und Verbesserungen zu schaffen.

Einige bewährte Verfahren für den Einsatz von ML-Modellen sind:

- Die Auswahl der richtigen Plattform für die Bereitstellung des Modells. Im Kontext der Automobilindustrie ist die Einsatzplattform meist das Endgerät (On-Device-Einsatz).
- Das Testen des bereitgestellten Modells (s. auch BP5)
- Die Überwachung des Modells nach der Bereitstellung, um sicherzustellen, dass es weiterhin gut funktioniert und keine Probleme oder Fehler auftreten. Die Überwachung kann mit verschiedenen Überwachungswerkzeugen und -techniken erfolgen, z.B. Protokollierung, Metriken und Warnungen.
- Die Versionskontrolle des bereitgestellten ML-Modells, um eine Historie der Änderungen am Modell zu erhalten und sicherzustellen, dass die richtige Version in der Produktion verwendet wird.
- Die Implementierung von Sicherheitsmaßnahmen, da Modelle für maschinelles Lernen anfällig für Angriffe sein können und möglicherweise sensible Daten preisgeben.
- Das Dokumentieren des eingesetzten ML-Modells, um sicherzustellen, dass andere Entwickler oder Nutzer das Modell leicht verstehen und verwenden können.

Als Input für diese Beschreibung diente der Online-Guide von Ali Zahid Raja [Raja 2023].

MLE4.BP5: Testen des eingesetzten ML-Modells. Teste das eingesetzte ML-Modell gemäß dem ML-Testansatz unter Verwendung des erstellten ML-Testdatensatzes. Zeichne die ML-Testergebnisse auf und werte sie aus.

Es gelten die gleichen Regeln und Prinzipien wie bei MLE.4.BP3.

Die Unterschiede zwischen den beiden Testschritten liegen im Zweck der beiden Testschritte und in der Testumgebung.

Das Testen des trainierten ML-Modells dient dazu, Vertrauen zu gewinnen, dass das ML-Modell seinen Einsatzzweck erfüllen kann. Das Testen des einsatzbereiten ML-Modells dient wiederum der finalen Freigabe des ML-Modells, bevor dieses in die Gesamtsoftware integriert wird, und stellt sicher, dass es sich genauso verhält wie das trainierte Modell in der Trainingsumgebung.

Während das Testen des trainierten ML-Modells in einer Entwicklungsumgebung stattfindet, erfolgt das Testen des einsatzbereiten ML-Modells unter den Bedingungen der Zielumgebung. Dies kann eine Simulation einer Zielumgebung, die reale Zielumgebung oder beides sein. Zum Beispiel testet ein Automobilzulieferer das System in der Simulation und in über 100 Testfahrzeugen.

Die Entdeckung eines Fehlers im ML-Modell zu diesem Zeitpunkt ist ein äußerst unerwünschtes Ergebnis. Ein systematischer Fehler im einsatzbereiten ML-Modell kann dazu führen, dass auf die Evaluierung der ML-Architektur, der ML-Daten und des ML-Modell-Trainings zurückgegriffen werden muss, was im Prinzip bedeutet, dass die Entwicklung des ML-Modells von vorne beginnen muss.

Es wird daher dringend empfohlen, das trainierte ML-Modell sehr ausführlich und mit den richtigen Testszenarien zu testen, bevor das einsatzbereite ML-Modell abgeleitet wird. Wenn beim Testen des abgeleiteten Modells Fehler auftreten, muss jedoch geprüft werden, ob nicht eine Inkonsistenz beim Erstellen des abgeleiteten Modells aus dem trainierten Modell aufgetreten ist.

MLE.4.BP6: Sicherstellung der Konsistenz und Herstellung der bidirektionalen Rückverfolgbarkeit. Stelle die Konsistenz sicher und richte eine bidirektionale Rückverfolgbarkeit zwischen dem ML-Testansatz und den ML-Anforderungen sowie dem ML-Testdatensatz und den ML-Datenanforderungen ein – wie auch eine bidirektionale Rückverfolgbarkeit zwischen dem ML-Testansatz und den ML-Testergebnissen.

Anmerkung 9: *Die bidirektionale Rückverfolgbarkeit unterstützt die Konsistenz und erleichtert die Auswirkungsanalyse von Änderungsanträgen sowie den Nachweis der Verifikationsabdeckung. Rückverfolgbarkeit allein, z.B. das Vorhandensein von Verknüpfungen, bedeutet nicht notwendigerweise, dass die Informationen zueinander konsistent sind.*

Mit Bezug auf die Rückverfolgbarkeit soll der ML-Testansatz den ML-Anforderungen entsprechen. Es soll gezeigt werden, dass alle relevanten ML-Anforderungen im ML-Testansatz reflektiert werden.

Des Weiteren sollen die ML-Testdatensätze den ML-Datenanforderungen zugewiesen werden. Hierbei soll nachgewiesen werden, dass die ML-Testdatensätze so ausgewählt wurden, dass sie die ML-Datenanforderungen erfüllen bzw. den dort definierten Kriterien entsprechen. Die Verbindung der ML-Testdatensätze mit den ML-Datenanforderungen stellt die Nachvollziehbarkeit her. Eine ausreichende Granularität, d.h. eine ausreichende Detaillierung, ist hierbei entscheidend, damit jede Anforderung und ihre Auswirkungen klar verstanden werden können.

Schließlich sind die ML-Testergebnisse dem ML-Testansatz zuzuweisen, um sicherzustellen, dass die Testszenarien, Leistungskennzahlen und Test-Ausgangskriterien angewendet bzw. eingehalten werden. Außerdem muss nachgewiesen werden, dass die richtige Testumgebung für die Testdurchführung ausgewählt wurde.

Die Konsistenz geht einen Schritt weiter und stellt sicher, dass die bidirektionalen Verbindungen korrekt und vollständig sind. Das bedeutet konkret, dass der verknüpfte ML-Testansatz und die verknüpften ML-Testdatensätze die ML-Datenanforderungen vollständig umsetzen bzw. von diesen abgeleitet wurden. Dasselbe gilt für die Beziehung zwischen ML-Testansatz und ML-Testergebnissen.

Per Rückverfolgbarkeit ist bereits sichergestellt, dass alle bidirektionalen Verbindungen hergestellt sind. Doch diese Verbindungen müssen hinreichend detailliert sein, sodass auch die Konsistenz gut nachvollzogen werden kann.

Konsistenz ist nach wie vor ein Schwachpunkt vieler Prozesse. Dies liegt daran, dass Konsistenz lange Zeit nicht gut verstanden wurde. Sie erfordert einen erheblichen Aufwand, weil sie nicht automatisiert überprüft werden kann.

Es ist von entscheidender Bedeutung, sowohl die Rückverfolgbarkeit als auch die Konsistenz sicherzustellen. Während die Rückverfolgbarkeit uns zeigt, was worauf basiert, stellt die Konsistenz sicher, dass diese Verknüpfungen korrekt und vollständig sind. Dies garantiert nicht nur die Qualität des Endprodukts, sondern auch den reibungslosen Ablauf des gesamten Entwicklungsprozesses.

Die Themen Rückverfolgbarkeit und Konsistenz werden auch in Abschnitt 5.7 behandelt.

MLE.4.BP7: Zusammenfassung und Kommunikation von Ergebnissen. Fasse die ML-Testergebnisse des ML-Modells zusammen. Informiere alle betroffenen Parteien über die vereinbarten Ergebnisse und das eingesetzte ML-Modell.

Im Projektplan sollten die Projektschnittstellen für den Test des ML-Modells festgelegt werden. Zu diesen Schnittstellen sollten mindestens der Software-Projektleiter, der Dateningenieur, die Qualitätssicherung und Vertreter der betroffenen Komponenten der Betriebsumgebung gehören.

Die Kommunikation sollte nach dem Push-Ansatz erfolgen. Das bedeutet, dass die betroffenen Stakeholder aktiv informiert werden müssen.

Es ist zu dokumentieren, wer zu informieren ist, wenn sich der Status des ML-Modelltests (z.B. Testen mit neuem Datensatz) oder der betroffenen ML-Modelle ändert.

Die Kommunikation und Weitergabe von Informationen (Handover) wird in Abschnitt 5.9.1 ausführlicher behandelt.

12.4.3 Erzeugte Informationsobjekte

08-64 ML-Testansatz	Der ML-Testansatz beschreibt: ■ ML-Testszenarien mit Verteilung von Datenmerkmalen (z.B. Geschlecht, Wetterbedingungen, Straßenzustand innerhalb der ODD), die durch ML-Anforderungen definiert sind ■ Die Menge jedes ML-Testszenarios innerhalb des Testdatensatzes ■ Das erwartete Testergebnis pro Testdatensatz ■ Bestanden-/Nicht-bestanden-Kriterien für die ML-Tests ■ Ein- und Ausgangskriterien für die ML-Tests ■ Die erforderliche ML-Testinfrastruktur und Umgebungskonfiguration

→

03-51 ML-Datensatz	Auswahl von ML-Daten, z.B. für das Training des ML-Modells (ML-Trainings- und -Validierungs-Datensatz) oder den Test des trainierten und eingesetzten ML-Modells (ML-Testdatensatz)
13-52 Kommunikationsnachweise	Jedes greifbare Artefakt, z.B. E-Mails, Sitzungsprotokolle, Offene-Punkte-Listen, kann als Nachweis für Capability Level 1 herangezogen werden, solange die relevanten Interessengruppen angesprochen werden. Unter Berücksichtigung von PA 2.1 und insbesondere GP 2.1.6 ist eine stärker formalisierte und geplante Vorgehensweise mittels definierter Kommunikationsmedien erforderlich. Dies geschieht häufig werkzeuggestützt. Im Hinblick auf Capability Level 3 sollte dies im Standardprozess beschrieben und auf das Projekt zugeschnitten werden.
11-50 Eingesetztes ML-Modell	■ Es wird aus dem trainierten ML-Modell (s. 01-53) abgeleitet und soll in das Zielsystem integriert werden. ■ Es kann sich vom trainierten ML-Modell unterscheiden, das oft leistungsfähige Hardware benötigt und interpretative Sprachen verwendet.
13-50 ML-Testergebnisse	■ Testdaten und Protokolle ■ Testdaten mit korrekten Ergebnissen ■ Testdaten mit falschen Ergebnissen ■ Nicht durchgeführte Testdaten und eine Begründung ■ Informationen über die Testdurchführung (Datum, Teilnehmer, Modellversion usw.) ■ Abstraktion oder Zusammenfassung der ML-Testergebnisse
13-51 Konsistenznachweise	Die Konsistenz der Software zu Systemanforderungen oder direkt zu Stakeholder-Anforderungen oder zu Annahmen in Ermangelung vorhandener übergeordneter Anforderungen muss für jede Anforderung einzeln überprüft werden, was nachvollziehbar sein muss. Ein Reviewprotokoll, das generell die Konsistenz belegt, genügt also nicht. Das notwendige feingranulare Review sollte nach Möglichkeit direkt im Anforderungsmanagement-Tool dokumentiert werden. Ein spezielles Arbeitsprodukt als Konsistenznachweis ist nicht notwendig.

12.4.4 Zusätzliche Überlegungen

Bezug zu anderen Automotive SPICE®-Prozessen

- Das Testen des ML-Modells ist die Voraussetzung für die Ableitung und Freigabe des einsatzbereiten ML-Modells, das in die Gesamtsoftware integriert wird.
- Siehe SUP.9 zur Behandlung von Abweichungen der Testergebnisse von den erwarteten Ergebnissen.

Typische Fallstricke

- Inadäquate oder unzureichende Metriken werden für das Testen des ML-Modells ausgewählt.
- Die Testszenarien decken nicht alle mögliche Anwendungsfälle und Konditionen ab, in denen das ML-Modell eingesetzt wird.
- Die Testdatensätze unterscheiden sich nicht von den Trainingsdatensätzen.
- Aus dem trainierten ML-Modell wird das einsatzbereite ML-Modell abgeleitet, ohne dass das trainierte ML-Modell ausführlich und umfangreich getestet wurde.
- Die Zuständigkeiten für Testaktivitäten sind nicht festgelegt.
- Ein häufiges Problem ist die fehlende klare Strukturierung der Anforderungen, was zu mangelnder Nachvollziehbarkeit und Konsistenz führen kann. Es ist essenziell, dass Anforderungen präzise und nachvollziehbar formuliert werden, um spätere Verwirrung und Missverständnisse zu vermeiden.
- Bei der Erstellung von Anforderungen ist es entscheidend, auch auf deren Testbarkeit zu achten. Wenn Anforderungen nicht testbar sind, kann dies den gesamten Testprozess beeinträchtigen.
- Es sollte klar definiert sein, wann und gegen was getestet wird. Zudem muss transparent sein, wann ein Testziel als erreicht gilt. Unklarheiten in diesen Bereichen können den gesamten Testprozess infrage stellen.
- Es ist wichtig, klar zu definieren, wie sich das Testen des trainierten ML-Modells vom Testen des einsatzbereiten ML-Modells abgrenzt und wie sie im gesamten Entwicklungszyklus eingeordnet werden.

Zu berücksichtigen in Bezug auf PA 2.1

- Die Aufgaben im Zusammenhang mit MLE.4 werden geplant und überwacht.
- Projektverantwortlichkeiten und berufliche Kompetenzen für die Durchführung sind beschrieben.
- Es gibt eine auf Zielen basierende realistische Planung, einschließlich der Koordination von technischen und menschlichen Ressourcen sowie Stakeholder-Vertretern.
- Start- oder späteste Enddaten für ML-Modell-Testaktivitäten werden durch Entwicklungsprojekte bestimmt.
- Datumsangaben stammen aus der Release- und Musterplanung des Projekts.
- Ressourcen und Aufwand sind häufige Planungsvariablen.
- Der Umgang mit Änderungsanträgen (Change Requests, CRs) wird berücksichtigt.

- Richtlinien zu Testabdeckung, Testmethoden und Techniken zur Erstellung von Testfällen werden erwartet.
- Technische Ressourcen für den Test und andere Enabler werden gesteuert, wie beispielsweise die Testinfrastruktur, Ziel-Simulationstools, Testszenarien, Skripte usw.

Zu berücksichtigen in Bezug auf PA 2.2

- Die Wiederverwendbarkeit ab Capability Level 2 ist insbesondere bei einem Produktlinien- oder Modulansatz relevant.
- Jede Testmaßnahme verfügt über einen Status.
- Testprozeduren, Skripte und Testspezifikationen sind versioniert.
  - Empfehlung: werkzeuggestützte Versionierung.
  - Ergebnisse benötigen keine spezielle Versionierung.
  - Rohdaten aus Testergebnissen benötigen außer in Sonderfällen keine Aufbewahrung oder Versionierung.
  - Eine genauere Festlegung in der Strategie wird empfohlen.
- Der Lesezugriff muss für jeden Tester gewährleistet sein.
- Tests können sowohl informell als auch formell durchgeführt werden.
- Die Überprüfung von Testmaßnahmen nach der Erstellung, nach Änderungen und bei negativen Ergebnissen ist erforderlich.
- Der Abgleich eines aggregierten Testübersichts-Berichts mit den tatsächlichen Testergebnissen wird empfohlen.
- Die Freigabestrategie ist einzuhalten.
- Der Testprozess für das ML-Modell ist in die gesamte Freigabestrategie zu integrieren.
- Es gibt Review-Checklisten für die Testpläne, Testprozesse und Testfälle für das ML-Modell.
- Es gibt einen Konfigurationsmanagement-Plan, der beschreibt, wie die kontinuierliche Integration in MLE.4 gemanagt wird.
- Es gibt Nachweise für den Einsatz von Tools für das Management von Arbeitsprodukten im Zusammenhang mit MLE.4.
- Die Testergebnisse werden durch das ML-Team analysiert.
- Die Überprüfung wird durch die Änderung des Status des Testfalls (von »genehmigungsreif« zu »genehmigt«) und ggf. durch Kommentare in der Historie belegt.

Hinweise für Assessoren

- Fragen Sie nach den Kriterien, nach denen die Testdatensätze ausgewählt wurden.
- Erkundigen Sie sich, wie die in den Testszenarien verwendeten Leistungskennzahlen ausgewählt wurden.
- Finden Sie heraus, wie die Testszenarien ausgewählt wurden.
- Prüfen Sie, ob alle erforderlichen Arten der Konsistenz und Rückverfolgbarkeit vorhanden sind.
- Fragen Sie nach, wann ein trainiertes und ein einsatzbereites ML-Modell ausreichend getestet wurde.

13 Prozessgruppe zur Hardwareentwicklung

Diese Prozessgruppe wurde neu in Automotive SPICE® 4.0 aufgenommen und umfasst vier Prozesse.

13.1 HWE.1 Hardware-Anforderungsanalyse

Der Zweck besteht in der Erstellung eines strukturierten und analysierten Satzes von Hardwareanforderungen, die mit den Systemanforderungen und der Systemarchitektur übereinstimmen.	**Plug-in**
Erwartete Prozessergebnisse: ■ Die Hardwareanforderungen werden spezifiziert. ■ Die Hardwareanforderungen werden strukturiert und priorisiert. ■ Die Hardwareanforderungen werden auf Korrektheit und technische Machbarkeit analysiert. ■ Die Auswirkungen der Hardwareanforderungen auf die Betriebsumgebung werden analysiert. ■ Konsistenz und bidirektionale Rückverfolgbarkeit zwischen Hardwareanforderungen und Systemanforderungen werden hergestellt. ■ Konsistenz und bidirektionale Rückverfolgbarkeit zwischen den Hardwareanforderungen und der Systemarchitektur werden hergestellt. ■ Die Hardwareanforderungen werden vereinbart und allen betroffenen Parteien mitgeteilt.	

13.1.1 Prozessbeschreibung

Mit diesem Prozess beginnt die Entwicklung eines Hardwaresystems und seiner Bestandteile, wie die für ein Mikroprozessor-System notwendigen Hardwareelemente, die ggf. nicht als eigenständige Systeme betrachtet werden.

In den vorgelagerten Prozessen (SYS.1, 2 und 3) haben wir das System bzw. die Beschreibung oder Definition des Systems so weit zerlegt, dass wir jetzt ein reines Hardwaresystem betrachten. Dies soll aber nicht den Fall ausschließen, dass wir auch direkt mit der Hardwareentwicklung beginnen.

Auch dieser Betrachtungsgegenstand stellt wieder ein System dar. Insofern erfolgt die Vorgehensweise ähnlich wie bei den SYS-Prozessen. Allerdings kommen einige Spezifika der Hardwareentwicklung hinzu.

Kommen wir aber zunächst zu den Dingen, die gleich bleiben. Diese bilden den Kern des Systems Engineering, wie in Abschnitt 9.2 beschrieben: Wir betrachten wiederum zuerst den Problemraum, d.h., wir leiten zunächst die Anforderungen an das Hardwaresystem ab, bevor wir die Architektur entwickeln. Dabei ist zu beachten, dass Anforderungen nicht unbedingt in Textform vorliegen müssen, sondern in jeder beliebigen Form auftreten können.

Das Hauptziel von HWE.1 ist es, die Anforderungen an das Hardwaresystem zu sammeln und zu konsolidieren. Wie auf der Systemebene werden die funktionalen und nicht funktionalen Anforderungen an das Hardwaresystem auf der Grundlage der für die Anforderungen auf Systemebene definierten Merkmale identifiziert und dokumentiert.

Hardwareanforderungen werden grundsätzlich aus der Systemebene abgeleitet, wo auch die Abgrenzung zwischen Hardware und Software festgelegt wird. In diesem Kontext entsteht die Hardware-Software-Schnittstelle (HSI), die eine zentrale Rolle spielt, da an ihr auch spezifische Anforderungen formuliert werden können, um die Interaktion zwischen Hardware- und Softwarekomponenten des Systems zu spezifizieren.

Plattformanforderungen sollten idealerweise auf der Systemebene berücksichtigt werden. Dabei ist es möglich, dass bestimmte leistungsbezogene Anforderungen, wie z.B. die Prozessorgeschwindigkeit, durch Architekturentscheidungen an die Hardware weitergegeben werden, auch wenn diese nicht direkt aus der Systemebene resultieren. Durch solche Architekturentscheidungen kann dann die Rückverfolgbarkeit (Traceability) sichergestellt werden, was wiederum die Zuweisung des korrekten Automotive Safety Integrity Level (ASIL) ermöglicht.

Nutzen

- Wenn die Hardwareanforderungen vollständig beschrieben sowie eindeutig und gut strukturiert sind, kann auf effiziente Weise sichergestellt werden, dass das Hardwaresystem die gesetzten Erwartungen erfüllt und geeignet ist, seinen Zweck zu erfüllen.
- Basierend auf den Hardwareanforderungen kann bei der Verifikation der Hardwareanforderungen im HWE.4 die Güte der Umsetzung nachgewiesen werden.
- Auf diese Weise kann sichergestellt werden, dass ein klares Verständnis des Problems und der Anforderungen an die Hardwarelösung besteht.

Die Spezifikation der Hardwareanforderungen sollte die neuesten Änderungen widerspiegeln und muss überprüfbar sein. Weitere wichtige Qualitätskriterien bzw. Merkmale von Anforderungen sind Eindeutigkeit, Verständlichkeit, Design- und Implementierungsfreiheit und Widerspruchsfreiheit.

Im Automotive SPICE®-Kontext haben wir uns bisher mehr mit der Software- und Systementwicklung beschäftigt. Daher ist es sinnvoll, hier ein paar Unterschiede genauer zu beleuchten:

- Ein wesentlicher Unterschied zwischen Hardware- und Softwareentwicklung ist die Häufigkeit der Releases, denn bei der Softwareentwicklung kann es zu häufigeren Releases kommen als bei der Hardwareentwicklung. Dies liegt daran, dass der Hardware-Entwicklungsprozess mehr Zeit und Ressourcen erfordert.
- Es ist zu beachten, dass von Hardwaresystemen zu Beginn des Integrationsprozesses häufig erwartet wird, dass sie zu einem definierten Grad funktionsfähig sind. Dies ist darauf zurückzuführen, dass der Prozess der Herstellung und Änderung von Hardware zeitaufwendiger und kostenintensiver ist. Fehler können daher, wenn diese spät entdeckt werden, den Zeitplan erheblich beeinträchtigen.
- Die unterstützenden Prozesse in der Hardwareentwicklung können sich von denen in der Softwareentwicklung unterscheiden. Die Grundsätze bleiben jedoch die gleichen.

13.1.2 Basispraktiken

HWE.1.BP1: Spezifikation der Hardwareanforderungen. Auf der Grundlage der Systemanforderungen und der Systemarchitektur einschließlich der Schnittstellendefinitionen werden die funktionalen und nicht funktionalen Anforderungen an die Hardware gemäß den definierten Anforderungsmerkmalen ermittelt und dokumentiert.

Anmerkung 1: *Merkmale von Anforderungen sind in Standards wie ISO/IEC/IEEE 29148 [ISO/IEC/IEEE 29148], ISO/IEC/IEEE 24765 [ISO/IEC/IEEE 24765], ISO 26262-8:2018 [ISO 26262-8:2018] oder dem INCOSE Guide to Writing Requirements [INCOSE 2023] definiert.*

Anmerkung 2: *Beispiele für definierte Merkmale von Anforderungen, die von den oben genannten Standards geteilt werden, sind Verifizierbarkeit (d. h. Verifizierungskriterien, die dem Anforderungstext inhärent sind), Eindeutigkeit/Verständlichkeit, Design- und Implementierungsfreiheit und keine Widersprüche zu anderen Anforderungen.*

Anmerkung 3: *Im Falle einer reinen Hardwareentwicklung beziehen sich die Systemanforderungen und die Systemarchitektur auf eine bestimmte Betriebsumgebung. In diesem Fall können die Anforderungen der Interessengruppen als Grundlage für die Ermittlung der erforderlichen Funktionen und Fähigkeiten der Hardware verwendet werden.*

Anmerkung 4: *Die Definition der Hardware-Software-Schnittstelle (HSI) bezieht sich auf die Software und ist daher eine Schnittstellenentscheidung auf der Systementwurfsebene. Wenn eine solche HSI existiert, kann sie einen Beitrag zu den Hardwareanforderungen leisten.*

Die Spezifikation von Hardwareanforderungen zielt darauf ab, einen strukturierten und analysierten Satz von Hardwareanforderungen zu etablieren, der mit den Systemanforderungen und der Systemarchitektur (soweit vorhanden) konsistent ist. Dieser Prozess berücksichtigt die iterative und inkrementelle Entwicklung des Produkts, wobei sich der funktionale Inhalt über verschiedene Releases hinweg schrittweise entwickelt und verfeinert. Es ist wichtig zu beachten, dass die vollständigen Anforderungen an das Endprodukt nicht notwendigerweise zu Beginn des Projekts vorliegen müssen, sondern sich im Laufe der Zeit durch die Definition von Release-Umfängen und iterativen Überarbeitungen herausbilden können.

Zunächst betrachten wir das Hardwaresystem, das wir entwickeln wollen, als Blackbox. Wir beschreiben systematisch, was dieses System können soll und ggf. auch, was es nicht kann. Es ist immer sinnvoll, auch über die Grenzen dessen nachzudenken, was man entwickelt, Gedanken zu machen. Aber es gibt noch etwas anderes, was wir beschreiben wollen, und zwar alle sonstigen Eigenschaften, die das System haben soll bzw. auch haben muss, z. B. aufgrund gesetzlicher Anforderungen. Diese bezeichnen wir als nicht funktionale Anforderungen. Und wie bereits in der Einleitung zu diesem Kapitel erwähnt, haben wir viele Möglichkeiten, diese Anforderungen zu beschreiben. Die Anforderungen können also Diagramme und Skizzen enthalten, die helfen, die Zielsetzung und das Problem, das es zu lösen gilt, besser zu verstehen.

Hierbei ist es wichtig, die Anforderungen in der Sprache der Hardwareentwickler darzustellen. Im Gegensatz zu den Stakeholder-Anforderungen, müssen sie es ermöglichen, dass im nächsten Schritt eine Hardwarearchitektur und ein Hardwareentwurf entstehen können.

Wenn es eine übergeordnete Systemebene gibt, die in ein reines Hardwaresystem zerlegt wurde, werden die Hardwareanforderungen auf Basis dieser Ebene erstellt. Ist dies nicht der Fall, werden Stakeholder-Anforderungen oder -Bedürfnisse konsolidiert und in geeigneter Weise vereinheitlicht. Der Prozess SYS.1 kann dazu verwendet werden, die Anforderungen der Interessengruppen als Grundlage für die Definition der Hardwareanforderungen zu erheben. In manchen Fällen werden die Hardwareanforderungen nicht von Systemanforderungen abgeleitet, sondern resultieren aus Architekturentscheidungen. Auch in diesen Fällen ist die Rückverfolgbarkeit sicherzustellen.

Natürlich gibt es Qualitätsmerkmale, Hardwareanforderungen erfüllen müssen. Das erste Merkmal haben wir schon erwähnt, dass die Anforderungen so geschrieben sein müssen, dass sie für die Hardwareentwickler eindeutig zu verstehen sind und dass sie so präzise wie möglich sein sollten, ohne bereits den Lösungsraum einzuschränken. Das heißt, dass das System zunächst eine Blackbox bleibt.

Um mit den Anforderungen systematisch arbeiten zu können, müssen sie hinreichend genau identifizierbar sein, z. B. durch eine Nummerierung.

Die Überprüfbarkeit ist ein weiterer wichtiger Aspekt der Hardwareanforderungen. Sie müssen klar definiert und eindeutig sein und dürfen keinen Raum für Interpretationen zulassen. Die neuesten Änderungen müssen sich in der Spezifikation der Hardwareanforderungen widerspiegeln, damit das Entwicklungsteam über aktuelle Informationen verfügt. Außerdem müssen die Anforderungen frei von Design und Implementierung sein, da sie nicht vorschreiben sollen, wie die Hardware zu entwerfen oder zu implementieren ist. Schließlich dürfen sie auch nicht im Widerspruch zu anderen Anforderungen stehen.

Zusammenfassend lässt sich sagen, dass ein gut definiertes Hardwaresystem für den Erfolg eines jeden Projekts entscheidend ist. Durch die Einhaltung der entsprechenden Prozesse, einschließlich der Definition des Problembereichs, der Ableitung der Hardwareanforderungen und der Sicherstellung der Überprüfbarkeit und anderer wichtiger Qualitätskriterien, kann das Hardwaresystem so entworfen und implementiert werden, dass es die Anforderungen der Beteiligten erfüllt und innerhalb des Gesamtsystems optimal funktioniert.

HWE.1.BP2: Strukturierung der Hardwareanforderungen. Strukturiere und priorisiere die Hardwareanforderungen.

Anmerkung 5: *Beispiele für Strukturierungskriterien können Gruppierung (z.B. nach Funktionalität) oder Variantenidentifikation sein.*

Anmerkung 6: *Die Priorisierung kann entsprechend den Projekt- oder Stakeholder-Bedürfnissen erfolgen, z.B. durch die Definition von Release-Umfängen (s. SPL.2.BP1).*

Die Strukturierung und Priorisierung von Anforderungen unterstützen die Übersichtlichkeit und die zielgerichtete Verwendung. Funktionale und nicht funktionale Anforderungen können als Kategorisierungskriterien dienen.

Eine mögliche Herangehensweise zur Priorisierung von Anforderungen ist die Zuordnung von Anforderungen zu Releases, was impliziert, dass die Inhalte der nächsten und zukünftigen Releases definiert sind. Basierend auf dem Releaseplan der Systemebene werden den Anforderungen in der Regel Prioritäten zugewiesen und diese den geplanten Releases zugeordnet.

Für das Management der Hardwareanforderungen kann es hilfreich sein, ein strukturiertes Format zu verwenden, wie z.B. eine Anforderungs-Rückverfolgbarkeits-Matrix (RTM). Eine RTM ist ein Dokument, das eindeutige Bezeichner, Beschreibungen und andere relevante Informationen für jede Anforderung enthält. Dieses Format ermöglicht es dem Entwicklungsteam, die Anforderungen während des gesamten Entwicklungsprozesses zu verfolgen und zu verwalten und sicherzustellen, dass alle Anforderungen erfüllt werden.

Durch die Einteilung der Hardwareanforderungen in Kategorien oder Gruppen und die Verwendung eines strukturierten Formats wie einer RTM kann das Entwicklungsteam sicherstellen, dass das Hardwaresystem auf strukturierte und logische Weise entworfen und implementiert wird. Dieser Ansatz trägt zur Verringerung des Fehlerrisikos bei und stellt sicher, dass das System die Erwartungen der Stakeholder erfüllt. Darüber hinaus kann es dazu beitragen, den Entwicklungsprozess zu straffen und die Kommunikation und Zusammenarbeit zwischen den Teammitgliedern zu verbessern.

Zusammenfassend kann gesagt werden, dass die Einteilung der Hardwareanforderungen in Kategorien oder Gruppen auf der Grundlage ihrer Funktion oder

Wichtigkeit, die Zuweisung von Prioritätsstufen für jede Anforderung und die Verwendung eines strukturierten Formats wie z.B. einer RTM entscheidende Schritte im Hardware-Entwicklungsprozess sind. Durch das Befolgen dieser Schritte kann das Entwicklungsteam sicherstellen, dass das Hardwaresystem auf strukturierte und logische Weise entworfen und implementiert wird, was letztendlich zu einem System führt, das die Erwartungen der Beteiligten erfüllt und innerhalb des Gesamtsystems optimal funktioniert.

HWE.1.BP3: Analyse der Hardwareanforderungen. Analysiere die spezifizierten Hardwareanforderungen einschließlich ihrer Abhängigkeiten zur Sicherstellung der, Korrektheit und technischen Machbarkeit sowie zur Unterstützung des Projektmanagements bei der Projektschätzung.

Anmerkung 7: *Siehe MAN.3.BP3 für die Projektdurchführbarkeit und MAN.3.BP5 für Projektschätzungen.*

Anmerkung 8: *Die Analyse der technischen Machbarkeit kann auf der Grundlage eines vorgegebenen Hardwaredesigns (z.B. Plattform) oder durch die Entwicklung von Prototypen erfolgen.*

Die Analyse der Hardwareanforderungen bildet die Grundlage für eine korrekte Implementierung und sollte trotz der Einfachheit der Anforderungen gründlich durchgeführt werden. Die Ergebnisse dieser Analyse können von einfachen Attributen bis hin zu komplexen Simulationen reichen, um die Machbarkeit der Hardwareanforderungen zu bewerten. Die Analyse der Hardwareanforderungen stellt somit sicher, dass die Anforderungen korrekt, realisierbar und für das geplante Hardwaresystem geeignet sind. Darüber hinaus ist die Verifizierbarkeit zu prüfen. Die Kriterien für die Verifikation sind bei Hardwareanforderungen zumeist unmittelbar enthalten.

Für jede Hardwareanforderung sollte explizit nachweisbar betrachtet werden, dass sie technisch machbar ist und im Rahmen der verfügbaren Hardwarekomponenten und -ressourcen umgesetzt werden kann.

Nach der Analyse jeder einzelnen Anforderung besteht der nächste Schritt darin, die Abhängigkeiten zwischen den Hardwareanforderungen zu ermitteln und zu dokumentieren. Dazu gehört auch die Identifizierung von Konflikten oder Kompromissen, die entstehen können, wenn mehrere Anforderungen zusammen betrachtet werden. Dieser Schritt ist wichtig, um sicherzustellen, dass die Anforderungen kohärent sind und nicht miteinander in Konflikt stehen.

Der Einsatz von Modellierungs- und Simulationswerkzeugen kann eine hilfreiche Methode sein, um die Durchführbarkeit der Hardwareanforderungen und deren Abhängigkeiten zu bewerten. Diese Tools können dabei helfen, potenzielle Risiken oder Probleme zu erkennen, die während der Implementierung auftreten können, und es dem Entwicklungsteam ermöglichen, diese proaktiv anzugehen.

In vielen Fällen ist es sinnvoll, die Hardwareanforderungen mit den Beteiligten, einschließlich Kunden, Endnutzern und anderen relevanten Parteien, zu überprüfen und zu validieren. Mit diesem Schritt wird sichergestellt, dass die Anforderungen angemessen sind und den Bedürfnissen aller Beteiligten entsprechen. Er trägt auch dazu bei, dass das Hardwaresystem so entwickelt und implementiert wird, dass es den Erwartungen der Beteiligten entspricht.

HWE.1.BP4: Analyse der Auswirkungen auf die Betriebsumgebung. Identifiziere die Schnittstellen zwischen der spezifizierten Hardware und anderen Elementen der Betriebsumgebung. Analysiere die Auswirkungen der Hardwareanforderungen auf diese Schnittstellen und die Betriebsumgebung.

Um das optimale Funktionieren eines Hardwaresystems zu gewährleisten, müssen Umgebungsbedingungen, die spezifische Betriebsumgebung und komponentenspezifische Anforderungen berücksichtigt werden. Eine gründliche Analyse dieser Faktoren ermöglicht es Hardwareentwicklern, sicherzustellen, dass das System in seiner vorgesehenen Umgebung korrekt, sicher und zuverlässig arbeitet. Dazu gehören die Identifikation der Betriebsumgebung und Schnittstellen, die Analyse deren Auswirkungen auf das System sowie die Evaluation der Leistung, Zuverlässigkeit und Sicherheit unter Berücksichtigung von Temperatur, Feuchtigkeit, Vibration und anderen relevanten Faktoren. Durch die anschließende Validierung der Leistung mittels Simulation, Prototyping und Tests sowie durch die Dokumentation und Kommunikation der Ergebnisse können Entwickler sicherstellen, dass das Hardwaresystem den Anforderungen entspricht und sich nahtlos in das Gesamtsystem integriert, wodurch das Risiko von Fehlern oder Ausfällen minimiert und die Erwartungen der Beteiligten erfüllt werden.

HWE.1.BP5: Sicherstellung der Konsistenz und Herstellung der bidirektionalen Rückverfolgbarkeit. Stelle die Konsistenz sicher und richte eine Rückverfolgbarkeit zwischen den Hardwareanforderungen und der Systemarchitektur ein. Stelle außerdem die Konsistenz sicher und richte eine Rückverfolgbarkeit zwischen den Hardwareanforderungen und den Systemanforderungen ein.

Anmerkung 9: *Redundante Rückverfolgbarkeit ist nicht vorgesehen.*

Anmerkung 10: *Es kann nicht funktionale Hardwareanforderungen geben, auf die sich der Hardwareentwurf nicht zurückführen lässt. Beispiele hierfür sind Anforderungen an den Entwicklungsprozess. Solche Anforderungen sind weiterhin zu verifizieren.*

Anmerkung 11: *Bidirektionale Rückverfolgbarkeit unterstützt die Konsistenz und erleichtert die Auswirkungsanalyse von Änderungsanträgen sowie den Nachweis der Verifikationsabdeckung. Rückverfolgbarkeit allein, z.B. das Vorhandensein von Verknüpfungen, bedeutet nicht notwendigerweise, dass die Informationen zueinander konsistent sind.*

Anmerkung 12: *Im Falle einer reinen Hardwareentwicklung beziehen sich die Systemanforderungen und die Systemarchitektur auf eine bestimmte Betriebsumgebung. In diesem Fall können die Konsistenz und bidirektionale Rückverfolgbarkeit zwischen Stakeholder-Anforderungen und Hardwareanforderungen gewährleistet werden.*

Die Rückverfolgbarkeit stellt sicher, dass eine klare und dokumentierte Beziehung zwischen den Hardwareanforderungen und den Stakeholder-Anforderungen besteht, was eine einfachere Überprüfung und Validierung des Hardwaresystems ermöglichen soll. Dieser Detaillierungsgrad stellt sicher, dass die Beziehungen zwischen den Hardwareanforderungen und der Hardwarearchitektur eindeutig dokumentiert und nachvollziehbar sind.

Für die Entwicklung von Hardware ohne direkte Systemanforderungen können die Hardwareanforderungen direkt auf die Anforderungen der Stakeholder bezogen werden, wobei Konsistenz und bidirektionale Rückverfolgbarkeit zwischen den Anforderungen der Stakeholder und den Hardwareanforderungen gewährleistet sein müssen. Wird das Hardwaresystem unabhängig und ohne Softwarekomponenten entwickelt, muss die Rückverfolgbarkeit und Konsistenz von den Hardwareanforderungen ggf. zu den Stakeholder-Anforderungen hergestellt werden. Dadurch wird sichergestellt, dass das Hardwaresystem die Erwartungen der Stakeholder erfüllt und optimal im Gesamtsystem funktioniert.

In Fällen, in denen Softwarekomponenten in das Hardwaresystem integriert sind, muss die Überprüfung der Hardwareanforderungen auf Konsistenz, Vollständigkeit, Übereinstimmung mit den relevanten Software-Sicherheitsanforderungen und Korrektheit/Genauigkeit durchgeführt werden. Diese Überprüfung gewährleistet, dass das Hardwaresystem und die Softwarekomponenten nahtlos und sicher zusammenarbeiten. Dies ist allerdings im Wesentlichen ein Thema der Systemebene und sollte dort adressiert werden.

Bezüglich der Rückverfolgbarkeit wird wie auch bei den Software-Anforderungen die Rückverfolgbarkeit zwischen Hardwareanforderungen und Systemarchitektur sowie zwischen Hardwareanforderungen und Systemanforderungen unterschieden. Diese Prozesse unterstützen nicht nur das Projektmanagement bei der Schätzung des Projektaufwands, sondern tragen auch dazu bei, dass die Hardwareanforderungen korrekt in das Gesamtsystem integriert und in Einklang mit den Bedürfnissen der Stakeholder entwickelt werden.

Auf die Themen Rückverfolgbarkeit und Konsistenz wird in Abschnitt 5.7 näher eingegangen.

HWE.1.BP6: Kommunikation der vereinbarten Hardwareanforderungen und Auswirkungen auf die Betriebsumgebung. Kommuniziere die vereinbarten Hardwareanforderungen und die Ergebnisse der Analyse der Auswirkungen auf die Betriebsumgebung an alle betroffenen Parteien.

Diese Basispraktik entspricht bis auf die Zuordnung zu dieser Disziplin oder Domäne der Praktik SYS.2.BP6 und sollte entsprechend umgesetzt werden (s. dazu Abschnitt 9.2.2).

Die Kommunikation und Weitergabe von Informationen (Handover) bei der Verfeinerung des Systems, was gewissermaßen der linken Seite des V-Modells entspricht, wird in Abschnitt 5.9.1 ausführlicher behandelt.

13.1.3 Erzeugte Informationsobjekte

13-51 Konsistenznachweise	Die Konsistenz der Hardwareanforderungen zu den System-Anforderungen oder zu Stakeholder-Anforderungen muss für jede Anforderung einzeln überprüft werden. Ein Reviewprotokoll, das generell die Konsistenz belegt, genügt also nicht. Das notwendige feingranulare Review sollte nach Möglichkeit direkt im Anforderungsmanagement-Tool dokumentiert werden. Ein spezielles Arbeitsprodukt als Konsistenznachweis ist nicht notwendig.
13-52 Kommunikations-nachweise	Jedes greifbare Artefakt, z.B. E-Mails, Sitzungsprotokolle, Offene-Punkte-Listen, kann als Nachweis für Capability Level 1 herangezogen werden, solange die relevanten Interessengruppen angesprochen werden. Unter Berücksichtigung von PA 2.1 und insbesondere GP 2.1.6 ist eine stärker formalisierte und geplante Vorgehensweise mittels definierter Kommunikationsmedien erforderlich. Dies geschieht häufig werkzeuggestützt. Im Hinblick auf Capability Level 3 sollte dies im Standardprozess beschrieben und auf das Projekt zugeschnitten werden.
15-51 Analyseergebnisse	Die Ergebnisse der Analysen und die Argumentationen, die zu ihnen geführt haben, müssen nachvollziehbar dokumentiert werden. Dies kann werkzeuggestützt erfolgen oder in Review-Checklisten. Es gibt diesbezüglich keine besonderen Vorgaben zur Form.
17-00 Anforderung **und** **17-54 Anforderungsattribut**	Anforderungen und ihre Attribute werden in der Regel in einem Anforderungsmanagement-Tool definiert. Anforderungen müssen mögliche Qualitätskriterien erfüllen. Sie sollten beispielsweise eindeutig und ausreichend atomar sein. Eine Besonderheit von Hardwareanforderungen besteht darin, dass diese in der Regel die Kriterien zur Verifikation bereits enthalten. Attribute können diverse zusätzliche Informationen beinhalten wie Einstufungen, Priorisierungen, die Zuordnung zu Releases, Reviewstatus etc.

13.1.4 Zusätzliche Überlegungen

Bezug zu anderen Automotive SPICE®-Prozessen

- Dieser Prozess bildet die Grundlage für die gesamte Hardwareentwicklung. Er definiert das Problem, das das spezifizierte System lösen soll.
- Im HWE.4 werden die Hardwareanforderungen verifiziert, sodass sich diesbezüglich eine direkte Abhängigkeit ergibt. Die Verifikation kann nur so gut sein wie die Anforderungen, gegen die sie geprüft wird.
- Der HWE.2 ist diesem Prozess ebenfalls direkt nachgelagert.

Typische Fallstricke

- Eine unzureichende Erfassung und Analyse von Anforderungen in der Hardwareentwicklung kann dazu führen, dass wichtige Funktionen oder Leistungsmerkmale übersehen werden, was spätere kostspielige Designänderungen erforderlich macht.
- Vage, zweideutige oder unklare Anforderungen können zu Missverständnissen und Fehlinterpretationen führen, was wiederum Fehler oder Inkonsistenzen im Hardwaredesign zur Folge haben kann.
- Anforderungen, die zu ehrgeizig, unrealistisch oder unpraktisch sind, können zu Entwürfen führen, die technisch nicht realisierbar oder zu teuer sind.
- Anforderungen, die nicht ausreichend detailliert oder vollständig sind, können zu Entwürfen führen, die nicht den beabsichtigten Spezifikationen entsprechen oder bei denen wichtige Merkmale oder Funktionen fehlen.
- Anforderungen, die im Widerspruch zueinander stehen oder inkonsistent sind, können zu Entwürfen führen, die nur schwer oder gar nicht umgesetzt werden können und unter Umständen erhebliche Kompromisse erfordern.
- Anforderungen, die nicht den Input oder das Feedback von Stakeholdern, wie Endnutzern, Kunden oder anderen relevanten Parteien, einbeziehen, können deren Bedürfnisse oder Erwartungen nicht erfüllen, was zu einem Entwurf führt, der nicht zweckmäßig ist.
- Werden die Anforderungen nicht nach Prioritäten geordnet, kann dies zu Entwürfen führen, die die kritischsten oder wichtigsten Aspekte des Hardwaresystems nicht berücksichtigen, was zu einer suboptimalen Leistung oder Funktionalität führt.

Zu berücksichtigen in Bezug auf PA 2.1

- Die Aktivitäten zur Hardwareentwicklung sollten in angemessener Granularität geplant und abgeschätzt werden. Dabei ist es wichtig, dass die Abschätzungen systematisch erfolgen, basierend auf Erfahrungen aus früheren Projekten oder standardisierten Benchmarks. Die kontinuierliche Verbesserung dieser Abschätzungen durch Feedback-Schleifen und Post-mortem-Analysen ist entscheidend, um Genauigkeit und Zuverlässigkeit der Planung zu erhöhen.
- In der Hardwareentwicklung müssen Anforderungsspezifikationen nicht gesamthaft zu einem festgelegten Termin abgeschlossen sein. Wichtig ist jedoch, kritische funktionale und nicht funktionale Anforderungen, wie beispielsweise die Funktionalitäten einer automatischen Heckklappe, termingerecht zu definieren, zu überprüfen und abzunehmen.
- Der Aufwand bei Weiterentwicklungen kann begrenzt werden: Bei der Weiterentwicklung oder der Variante einer Produktlinie im Hardwarebereich können maximale Aufwände für das Überprüfen und Anpassen von Basisanforderungen festgelegt werden. Dies setzt die Kenntnis typischer Aufwände für verschiedene Projekttypen voraus.
- Mit dem Streben nach einem höheren Capability Level müssen die Erwartungen an die Reproduzierbarkeit und Optimierung der Arbeitsprozesse steigen. Für die Hardwareentwicklung bedeutet dies, dass klare Vorgehensweisen und Best Practices dokumentiert werden sollten, z.B. in Form einer Entwicklungs- oder Verifikationsstrategie. Diese Dokumentation hilft dabei, die Unit-Verifikation und andere kritische Prozesse effektiv und qualitativ hochwertig durchzuführen.
- Es ist wichtig, aufgewendete Zeiten und vorgenommene Änderungen systematisch zu erfassen und auszuwerten. Dies ermöglicht es, Schwachstellen und Verbesserungspotenziale in der Hardwareentwicklung rechtzeitig zu erkennen. Durch die systematische Erfassung und Analyse dieser Daten können Prozesse kontinuierlich verbessert und angepasst werden, um die Effizienz und Effektivität der Entwicklung zu steigern.
- Die kontinuierliche Verbesserung der Entwicklungsprozesse sollte ein zentrales Element der Hardwareentwicklung sein. Durch regelmäßige Reviews, Retrospektiven und die Anwendung von Lessons Learned aus vorangegangenen Projekten können Entwicklungsprozesse stetig optimiert werden. Dies trägt nicht nur zur Steigerung der Produktqualität bei, sondern fördert auch die Zufriedenheit des Entwicklungsteams und die Einhaltung von Zeit- und Budgetvorgaben.
- Zu den Ressourcen zählen neben den Autoren der Anforderungen auch benötigte Tools zur Hardwareentwicklung und Lizenzen. Bei der Bearbeitung von Änderungsanträgen sollte darauf geachtet werden, dass kein zusätzliches Personal erforderlich ist bzw. zusätzliche Teammitglieder für die Arbeiten eingeplant werden.

- Auch in der Hardwareentwicklung kann es sinnvoll sein, spezialisierte Autoren für unterschiedliche Bereiche der Systemanforderungen einzusetzen. Wegen der funktionalen Abhängigkeiten ist eine ständige Kommunikation zwischen den Teams unerlässlich.
- Zu den Stakeholdern zählen u.a. Hardwaretester, Konstrukteure, Entwickler, Kundenrepräsentanten und Qualitätsplaner. Eine enge Einbindung aller relevanten Parteien in den Prozess der Anforderungsdefinition und -überprüfung ist entscheidend, um ein umfassendes Verständnis der Systemanforderungen zu gewährleisten.

Zu berücksichtigen in Bezug auf PA 2.2

- Alle Hardwareanforderungen müssen präzise dokumentiert und strukturiert sein. Diese Dokumentation sollte sowohl funktionale als auch nicht funktionale Anforderungen umfassen und klar zwischen diesen unterscheiden. Die Attribuierung der Anforderungen sollte die spezifischen Bedürfnisse des Projekts reflektieren und Ziele wie Wiederverwendbarkeit und Modularisierung berücksichtigen, um Flexibilität und Anpassbarkeit in der Hardwareentwicklung zu fördern.
- Die Überprüfung der Anforderungen durch Reviews oder andere Verfahren sollte sorgfältig geplant werden, inklusive einer damit verbundenen Risikobetrachtung, um die Qualität und Sicherheit der Hardwarekomponenten sicherzustellen.
- Die Überprüfung der Konsistenz sollte systematisch durchgeführt und für jede Hardwareanforderung einzeln dokumentiert werden, insbesondere bei einer größeren Zahl von Anforderungen, um nachzuweisen, dass tatsächlich alle Anforderungen systematisch überprüft worden sind.

Hinweise für Assessoren

- Hardwareentwicklung ist keine Softwareentwicklung. Daher ist es wichtig, sich mit den üblichen Vorgehensweisen in dieser Domäne vertraut zu machen, um beurteilen zu können, welcher Dokumentationsgrad angemessen ist.
- Sie sollten prüfen, ob ein klar definiertes Verfahren zur Erfassung und Definition der Anforderungen der Stakeholder im Bereich der Hardwareentwicklung implementiert worden ist. Dies umfasst die direkte Einholung von Beiträgen, die Prüfung von Geschäftsvorschlägen, die Berücksichtigung der angestrebten Betriebs- und Hardwareumgebung sowie anderer relevanter Dokumente.
- Sie sollten auch überprüfen, ob alle relevanten Stakeholder systematisch identifiziert worden sind, einschließlich Kunden, Lieferanten, Entwicklungs-, Joint-Venture- und Outsourcing-Partner.

- Weiter sollten Sie evaluieren, ob effektive Kommunikationsmechanismen mit den Stakeholdern etabliert worden sind, einschließlich regelmäßiger Treffen, Updates und Feedback-Mechanismen.
- Überprüfen Sie, ob ein strukturiertes Verfahren zur Dokumentation der Hardwareanforderungen eingeführt worden ist, das auch die Quellen der Anforderungen und alle vorgenommenen Änderungen umfasst.
- Untersuchen Sie, ob ein Rückverfolgbarkeits-System vorhanden ist, das die Anforderungen mit der Hardwarearchitektur verknüpft, und ob die Anforderungen konsistent und korrekt dokumentiert sind.
- Prüfen Sie, ob ein Verfahren zur Entscheidungsfindung mit den Stakeholdern implementiert worden ist, das ein gemeinsames Verständnis der Anforderungen sicherstellt.
- Sie sollten evaluieren, ob das Team der Hardwareentwickler einen effektiven Prozess für das Management von Änderungen der Hardwareanforderungen eingeführt hat, einschließlich einer umfassenden Analyse der Auswirkungen und Risikobewertung.

13.2 HWE.2 Hardwareentwurf

Der Zweck ist die Erstellung eines mit den Hardwareanforderungen konsistenten und für die Fertigung geeigneten, analysierten Entwurfs, einschließlich dynamischer Aspekte, sowie die Ableitung produktionsrelevanter Daten.	**Plug-in**
Erwartete Prozessergebnisse: ■ Es wird eine Hardwarearchitektur und ein Hardwarefeinentwurf entwickelt, der die Elemente der Hardware identifiziert und ihr Verhalten sowie ihre Schnittstellen und die dynamischen Interaktionen der Hardwareelemente beschreibt. ■ Die Hardwarearchitektur und der Hardwarefeinentwurf werden analysiert und besondere Merkmale identifiziert. ■ Konsistenz und bidirektionale Rückverfolgbarkeit zwischen Hardwareanforderungen und Hardwareentwurf werden hergestellt. ■ Aus dem Hardwarefeinentwurf werden Hardware-Produktionsdaten abgeleitet und an alle betroffenen Parteien kommuniziert. ■ Die Informationen für den Produktionstest werden aus dem Hardwarefeinentwurf abgeleitet und an alle betroffenen Parteien kommuniziert. ■ Die Hardwarearchitektur und der Hardwarefeinentwurf sowie die besonderen Merkmale werden vereinbart und allen betroffenen Parteien mitgeteilt.	

13.2.1 Prozessbeschreibung

Nach der Definition der Problemstellung für das System wird auf der Grundlage der Hardwareanforderungen an einer Hardwarelösung gearbeitet, die dem definierten Problem gerecht wird. Diese beiden Prozesse beeinflussen sich gegenseitig. Der Ablauf ist meist weniger sequenziell als vielmehr interaktiv. Nichtsdestotrotz müssen die Anforderungen vollständig definiert sein, um in diesem Prozess zu einem Endergebnis zu gelangen.

Dazu werden Hardwareanforderungen, ggf. eine Spezifikation der Hardware-Software-Schnittstelle und eine Spezifikation der Systemarchitektur benötigt.

Gleichzeitig wird dadurch die Bedeutung der Herstellbarkeit und des Lieferketten-Managements deutlich. Durch die Konzentration auf diese Aspekte des Entwicklungsprozesses kann sichergestellt werden, dass die Komponenten effizient und kostengünstig hergestellt und montiert werden können. Dies trägt dazu bei, die Gesamtkosten für Entwicklung und Produktion zu senken, während gleichzeitig sichergestellt wird, dass die Hardwarelösung die erforderlichen Spezifikationen erfüllt.

Obwohl sich die Hardwareentwicklung von der Softwareentwicklung in Bezug auf die Häufigkeit der Releases und die frühzeitigen Erwartungen an die Funktionalität unterscheiden kann, sind die Grundsätze der guten Entwicklungspraktiken und der unterstützenden Prozesse die gleichen. Eine Analyse der Auswirkungen des Hardwaresystems auf die Betriebsumgebung und die Schnittstellen ist beispielsweise von entscheidender Bedeutung, um sicherzustellen, dass das Hardwaresystem in der vorgesehenen Umgebung korrekt, sicher und zuverlässig funktioniert.

Neben der Prüfung und Verifizierung durch Tests ist der Einsatz von Simulationen zur Reduzierung von Entwicklungszeit und -kosten, zur Verbesserung der Designqualität, zur Erhöhung der Genauigkeit und Zuverlässigkeit und zur Verbesserung der Kommunikation und Zusammenarbeit zwischen Designern und Interessengruppen heutzutage relevant. Durch die Identifizierung und Lösung potenzieller Entwurfsprobleme, bevor die Hardware gebaut wird, kann eine robustere Hardwarelösung gewährleistet werden.

Relevante Erfahrungen sind während der detaillierten Entwurfsphase der Hardware zu berücksichtigen, um häufige Entwurfsfehler zu vermeiden und sicherzustellen, dass die Hardwarelösung zuverlässig und effektiv ist. Obwohl die Herstellung von Prototypen nicht Teil dieses Prozesses ist, ist davon auszugehen, dass die Berücksichtigung der Schnittstelle zur Produktion, einschließlich der Festlegung der Inhalte für die End-of-Life-Phase (EOL), von entscheidender Bedeutung ist, um eine praktikable und nachhaltige Hardwarelösung zu gewährleisten.

Zusammenfassend lässt sich sagen, dass die Suche nach einer Hardwarelösung, die den Erwartungen der Stakeholder entspricht, einen ganzheitlichen Ansatz erfordert, der alle Aspekte des Entwicklungsprozesses sowie Simulationen und Erfahrungswerte einbezieht und die Produktion und Nachhaltigkeit berücksichtigt. Durch die Konzentration auf die Anforderungen an die Hardware, die Architektur, die Herstellbarkeit und das Lieferketten-Management kann eine qualitativ hochwertige Hardwarelösung entwickelt werden, die den Erwartungen der Stakeholder entspricht und im Gesamtsystem optimal funktioniert.

Nutzen

Hardwarearchitektur und -entwurf

- definieren die Komponenten, aus denen das Hardwaresystem besteht, das dynamische Verhalten der Komponenten, die Funktionen sowie die internen und externen Schnittstellen,
- bilden die Grundlage für die Integrationstests und
- ermöglichen es, modular zu arbeiten und gefundene Lösungsmuster wiederzuverwenden.

Es ist wichtig zu erkennen, dass es bei diesem Prozess nicht nur darum geht, eine Hardwarelösung für ein bestimmtes Problem zu finden, sondern auch darum, das Projekt zu managen, die Qualität zu sichern und alle Probleme zu lösen, die während des Entwicklungsprozesses auftreten können.

Eine der wichtigsten Voraussetzungen für diesen Prozess ist ein klares Verständnis der Hardwareanforderungen, einschließlich der Spezifikation der Hardware-Software-Schnittstelle und des Entwurfs der Systemarchitektur. Diese Konzentration auf die Herstellbarkeit und das Lieferketten-Management ist von entscheidender Bedeutung, um sicherzustellen, dass die Komponenten effizient und kostengünstig hergestellt und montiert werden können.

13.2.2 Basispraktiken

HWE.2.BP1: Spezifikation der Hardwarearchitektur. Entwickle die Hardwarearchitektur, die die Hardwarekomponenten identifiziert. Dokumentiere die Gründe für die definierte Hardwarearchitektur.

Anmerkung 1: *Beispiele für Aspekte, die sich in der Hardwarearchitektur widerspiegeln, sind Erdungskonzept, Versorgungskonzept, EMV-Konzept.*

Anmerkung 2: *Beispiele für eine Entwurfsbegründung können durch die Wiederverwendung einer Standard-Hardware, Standard-Plattform oder Produktlinie bzw. durch eine Make-or-Buy-Entscheidung impliziert oder auf evolutionäre Weise gefunden werden.*

Die Hardwarearchitektur soll einen klaren und strukturierten Ansatz für den Entwurf und die Implementierung des Hardwaresystems bieten. Im Kern bezieht sich die Hardwarearchitektur auf die allgemeine Organisation und Struktur des Hardwaresystems, einschließlich seiner Komponenten, Schnittstellen und Funktionen.

Sobald die Hardwareanforderungen feststehen, kann mit der Definition der Hardwarearchitektur begonnen werden. Es ist wichtig, dass die Architektur modular aufgebaut ist, über genau definierte Schnittstellen verfügt und unter Berücksichtigung von Sicherheitsaspekten entwickelt wurde. Die Architektur sollte außerdem einfach, wartbar und testbar sein, um sicherzustellen, dass sie einfach und effektiv implementiert und verifiziert werden kann.

Dazu gehört in der Regel ein Blockdiagramm, das den Zweck jedes Blocks, die wichtigen Aspekte der Schaltung und die Unterscheidungsmerkmale dieses Entwurfs von anderen auf dem Markt befindlichen Produkten klar umreißt.

Der Entwurf einer effektiven Hardwarearchitektur ist ein komplexer und iterativer Prozess, da die Architektur im Laufe der Zeit verfeinert und optimiert werden muss, um sicherzustellen, dass sie die erforderlichen Spezifikationen und Standards erfüllt.

Schon in den frühen Phasen des Architekturentwurfs sollten Überlegungen zu Verifikation und Testbarkeit integriert werden. Dies hilft, die Hardware so zu gestalten, dass sie effektiv auf ihre Einhaltung der Spezifikationen überprüft werden kann.

HWE.2.BP2: Spezifikation des Hardwarefeinentwurfs. Spezifiziere auf der Grundlage der in der Hardwarearchitektur identifizierten Komponenten die detaillierte Designbeschreibung und die Schaltpläne für die vorgesehenen Hardwarevarianten, einschließlich der Schnittstellen zwischen den Hardwareelementen. Leite die Hardware-Layouts, die Hardware-Stückliste und die Produktionsdaten ab.

Anmerkung 3: *Die Identifikation von Hardwareteilen und deren Lieferanten in der Hardware-Stückliste kann durch ein vordefiniertes Repository bestimmt sein (s. auch [IATF 16949], Abschnitt 8.4.1.2).*

Anmerkung 4: *Die Detailkonstruktion der Hardware kann Einschränkungen unterliegen, wie z. B. der Verfügbarkeit von Hardwareteilen auf dem Markt, Hardware-Konstruktionsregeln, Layoutregeln, Kriech- und Luftstrecken, Konformität der Hardwareteile mit Industrienormen wie AEC-Q, REACH.*

Für den Entwurf und die Entwicklung von Hardwaresystemen sind Fachkenntnisse und der Zugang zu Werkzeugen wie computergestützter Entwurfssoftware (CAD), Prüfgeräten und Fertigungswerkzeugen wichtig. Hier setzt die Basispraktik von BP2 an, die die Auswahl und Integration spezifischer Komponenten, den Entwurf des physischen Layouts und der Verbindungen des Systems sowie die Entwicklung der Software und Firmware zur Steuerung des Betriebs umfasst.

Beim Hardwareentwurf müssen verschiedene Faktoren wie Kosten, Leistung, Zuverlässigkeit und Herstellbarkeit sorgfältig berücksichtigt werden. Der Entwurfsprozess kann iterative Entwurfszyklen umfassen, um den Entwurf zu verfeinern und sicherzustellen, dass er den erforderlichen Spezifikationen entspricht. Zur Unterstützung dieses Prozesses werden häufig spezielle Tools wie CAD-Software, Schaltungssimulations-Tools sowie Test- und Validierungsgeräte eingesetzt.

Das Ergebnis des Hardware-Entwurfsprozesses umfasst den Schaltplan, das Layout, die Stückliste, die Architektur und den Feinentwurf. Es kann auch Informationen darüber enthalten, was aus früheren Entwürfen gelernt wurde, und Begründungen dafür, warum bestimmte Entwurfsentscheidungen getroffen wurden, z.B. die Verwendung einer Masseschicht auf der Rückseite oder die Platzierung von Zwischenkreiskondensatoren in der Nähe der Brückenschaltung.

Durch das Befolgung der Basispraktik von BP2 können Hardwareentwickler sicherstellen, dass ihre Entwürfe hinsichtlich Leistung, Zuverlässigkeit und Kosteneffizienz optimiert sind und die Anforderungen von Interessengruppen und Endnutzern erfüllen. Der Einsatz spezialisierter Werkzeuge und Techniken in Verbindung mit einer sorgfältigen Berücksichtigung aller relevanten Faktoren kann dazu beitragen, Hardwaresysteme zu entwickeln, die nicht nur funktional und zuverlässig, sondern auch innovativ und auf dem Markt wettbewerbsfähig sind.

Bei der Entwicklung von Hardware ist die richtige Definition der Schnittstellen von entscheidender Bedeutung. Dazu gehört die Bestimmung des erforderlichen Schnittstellentyps, z.B. analog, digital oder drahtlos, auf der Grundlage des Verwendungszwecks und der Systemanforderungen. Darüber hinaus müssen die Anforderungen an Datenrate und Bandbreite für jede Schnittstelle festgelegt, die für jede Schnittstelle zu verwendenden Protokolle und Signalisierungsmethoden bestimmt und die physikalischen und elektrischen Eigenschaften jeder Schnittstelle berücksichtigt werden. Die Kompatibilität mit den Komponenten und Geräten, die an die Schnittstelle angeschlossen werden sollen, ist ebenfalls ein wichtiger Aspekt.

Bei der Auswahl von Schnittstellen und Komponenten ist es wichtig, die Kompromisse zwischen Kosten, Leistung und Komplexität zu berücksichtigen. Eine klare und gründliche Dokumentation der Schnittstellenspezifikationen ist ebenfalls unerlässlich, um sicherzustellen, dass sie von Herstellern, Entwicklern und Anwendern korrekt implementiert werden können.

Neben der Definition der Schnittstellen müssen auch spezielle Merkmale identifiziert werden, die hauptsächlich von den in HWE.2.BP4 beschriebenen Analysen abhängen. Dabei handelt es sich um kritische Eigenschaften oder Funktionen eines Hardwareelements, die die Sicherheit des Systems gewährleisten. Beispiele für besondere Merkmale sind bestimmte Installationsverfahren für einen Sensor oder die Verwendung bestimmter Materialien, damit eine Komponente bei extremen Temperaturen korrekt funktioniert.

Das Ziel der Identifizierung und Spezifizierung spezieller Merkmale ist es, das Risiko von Ausfällen oder Fehlfunktionen während der Entwicklung, der Produktion, des Betriebs, der Wartung und der Stilllegung des Hardwareelements zu minimieren.

HWE.2.BP3: Spezifikation dynamischer Aspekte. Bewerte und dokumentiere das dynamische Verhalten der relevanten Hardwareelemente und die Interaktion zwischen ihnen.

Anmerkung 5: *Nicht alle Hardwareelemente haben ein dynamisches Verhalten, das beschrieben werden muss.*

Um das dynamische Verhalten des Hardwaresystems und seiner Untersysteme zu definieren, sind mehrere Schritte erforderlich. Zunächst müssen die Eingänge, Ausgänge und internen Zustandsvariablen (z.B. elektrische Signale oder Spannungspegel) des Systems ermittelt werden. Diese Variablen definieren das Gesamtverhalten des Systems und sind für seinen Betrieb entscheidend.

Als Nächstes sind die Steuerungsstrategie und der Algorithmus des Systems zu bestimmen. Dazu können beispielsweise Rückkopplungs- und Vorwärtssteuerungs-Schleifen gehören, die es dem System ermöglichen, angemessen auf Änderungen seiner Eingaben zu reagieren.

Eine Regelungsstrategie sollte so konzipiert sein, dass die Leistung des Systems optimiert und ein zuverlässiger und effizienter Betrieb gewährleistet wird.

Das dynamische Verhalten der Zustandsvariablen des Systems kann mithilfe von mathematischen Modellen, Simulationswerkzeugen oder empirischen Daten modelliert werden. Diese Modellierung dient der Analyse der Stabilität, der Robustheit und der Reaktion des Systems auf Störungen. Techniken wie Kontrolltheorie, Signalverarbeitung und Systemidentifikation werden eingesetzt, um sicherzustellen, dass das System wie erwartet funktioniert.

Sobald das dynamische Verhalten des Systems modelliert wurde, muss es durch Simulation, Prototyping (z.B. Evaluation Boards) oder Tests validiert werden. Diese Validierung stellt sicher, dass das System die erforderlichen Leistungsspezifikationen erfüllt und in der vorgesehenen Umgebung zuverlässig funktioniert.

Bei der Entwicklung der Steuerungsstrategie und der Auswahl von Sensoren und Aktoren müssen Kompromisse zwischen Genauigkeit, Geschwindigkeit und Komplexität berücksichtigt werden. Diese Abwägungen sollten sorgfältig geprüft werden, um sicherzustellen, dass das System die Leistungsanforderungen erfüllt und gleichzeitig kosteneffizient bleibt.

Schließlich sollten das dynamische Verhalten und die Steuerungsstrategie des Systems klar und gründlich dokumentiert werden, damit sie von Herstellern, Entwicklern und Benutzern korrekt implementiert werden können. Diese Dokumentation sollte detaillierte Beschreibungen der Eingänge, Ausgänge und internen Zustandsvariablen des Systems sowie der Steuerungsstrategie und des Algorithmus enthalten und so detailliert sein, dass auf dieser Basis Integrationstests innerhalb des HWE.3-Prozesses definiert werden können.

HWE.2.BP4: Analyse der Hardwarearchitektur und des Hardwarefeinentwurfs. Analysiere die Hardwarearchitektur und den Hardwarefeinentwurf hinsichtlich relevanter technischer Aspekte und Unterstützung des Projektmanagements bei der Projektbewertung. Identifiziere besondere Merkmale.

Anmerkung 6: *Beispiele für technische Aspekte sind die Herstellbarkeit für die Produktion, die Eignung bereits vorhandener Hardwarekomponenten für die Wiederverwendung oder die Verfügbarkeit von Hardwareelementen.*

Anmerkung 7: *Beispiele für geeignete Methoden zur Analyse technischer Aspekte sind Simulationen, Berechnungen, quantitative oder qualitative Analysen wie FMEA.*

Diese Basispraktik unterstreicht die Bedeutung der Durchführung einer Analyse der Hardwarearchitektur und des Hardwarefeinentwurfs. Der Zweck dieser Analyse besteht darin, den Nachweis zu erbringen, dass der Hardwareentwurf die Sicherheitsanforderungen erfüllt, ggf. mit der Hardware-Software-Schnittstelle kompatibel ist und die besonderen Merkmale für Produktion und Betrieb geeignet sind. Die Analyse dient der Verbesserung der Architektur und des Entwurfs und stellt eine ständige Interaktion zwischen dieser Praktik und den vorangegangenen Praktiken dar.

Für diese Analyse werden verschiedene Methoden verwendet, darunter Prototypentests, Simulationen, Berechnungen, qualitative/quantitative Analysen und die Ermittlung von Störungen. Darüber hinaus sind besondere Merkmale zu definieren und Verifikationsmaßnahmen für Produktion und Betrieb festzulegen, wenn die Analyse ergeben hat, dass sie relevant sind.

Es ist wichtig zu beachten, dass die Art des Hardwaresystems bestimmt, welche Analysen notwendig und sinnvoll sind, und es sollte auch untersucht werden, was auf Systemebene bereits getan wurde. Wenn die Cybersicherheit ein Thema für das Hardwaresystem ist, sollte eine entsprechende Schwachstellenanalyse durchgeführt werden.

Bei der Hardwareentwicklung sind Simulationen ein wesentliches Instrument, um sicherzustellen, dass das System wie vorgesehen funktioniert, bevor physische Prototypen hergestellt werden. Mithilfe von Simulationen werden Schaltungsentwürfe erstellt und analysiert, die Leistung optimiert und Fehlermöglichkeiten ermittelt. Durch die Anpassung von Komponentenwerten und -konfigurationen können die Entwickler die Auswirkungen auf die Schaltungsleistung simulieren und Bereiche mit Verbesserungspotenzial ermitteln. Darüber hinaus können Simulationen Worst-Case-Analysen und statistische Monte-Carlo-Simulationen durchführen, um zu gewährleisten, dass der Entwurf die geforderten Spezifikationen erfüllt und über ausreichende Entwurfsspannen verfügt.

Ein beliebtes Werkzeug für die Simulation von Hardwareschaltungen ist PSPICE. Die Namensähnlichkeit dieses Simulationswerkzeugs zu Automotive SPICE® ist rein zufällig. Mit PSPICE können Entwickler Schaltungsentwürfe mithilfe eines Schaltplaneditors oder durch Importieren von Schaltungsentwürfen aus anderen CAD-Tools erstellen und simulieren. Es ermöglicht den Entwicklern auch, das Verhalten der Schaltung zu analysieren, einschließlich Spannungs- und Stromwellenformen, Verlustleistung und Frequenzgang. Mit PSPICE können Entwickler genaue Modelle von Komponenten und Teilsystemen erstellen, um die Simulationsgenauigkeit zu verbessern und die Entwicklungszeit zu verkürzen.

Durch den Einsatz von Simulationswerkzeugen wie PSPICE können Konstrukteure sicherstellen, dass der Hardwareentwurf den erforderlichen Spezifikationen entspricht und wie vorgesehen funktioniert, wodurch sich Entwicklungszeit und -kosten verringern.

Bei der Entwicklung von Hardwaresystemen hat die Sicherheit oft oberste Priorität. Sicherheitskritische Systeme, insbesondere solche, die innerhalb eines Fahrzeugs vernetzt sind, erfordern eine gründliche Sicherheitsanalyse, um potenzielle Risiken und Gefahren zu erkennen und Maßnahmen zur Minimierung oder Beseitigung dieser Risiken zu ergreifen. Dazu gehört die Analyse des Hardwareentwurfs, um die Ursachen von Ausfällen und die Auswirkungen von Fehlern mithilfe von deduktiven und induktiven Analysemethoden auf verschiedenen Detailebenen zu ermitteln.

Ein gängiger Ansatz ist die Anwendung der Fehlermöglichkeits- und Einflussanalyse (Failure Mode and Effects Analysis, FMEA) oder der Fehlerbaumanalyse (Failure Tree Analysis, FTA), die typische Methoden für Sicherheitsanalysen sind. Auch wenn das System nicht sicherheitskritisch ist, können Analysen wie FMEA oder FTA hilfreich sein, um Fehlermöglichkeiten zu identifizieren.

Eine weitere wichtige Technik ist die abhängige Fehleranalyse in der funktionalen Sicherheit. Sie zielt darauf ab, potenzielle Fehler und Schwachstellen im Entwurfs- und Entwicklungsprozess zu identifizieren und zu korrigieren, um die Qualität und Zuverlässigkeit des Systems zu verbessern. Dabei wird insbesondere untersucht, wie der Ausfall eines Bauteils zum Ausfall anderer Bauteile innerhalb des Systems führen kann, sodass geeignete Maßnahmen ergriffen werden können, um diese Kaskadenausfälle zu verhindern.

Für sicherheitskritische Systeme müssen die Metriken der Hardwarearchitektur bewertet werden, z.B. die Single-Point-Fault-Metrik (SPFM) und die Latent-Fault-Metrik (LFM). Diese Metriken dienen zur Bewertung der Wirksamkeit der Architektur eines Elements bei der Bewältigung zufälliger Hardwareausfälle, die zu Sicherheitsrisiken führen könnten. Die Einhaltung der für die Metriken der Hardwarearchitektur vorgegebenen Zielwerte (definiert ab ASIL B) ist für jedes Sicherheitsziel, an dem das Element beteiligt ist, zu erreichen.

Die Sicherheitsanalyse ist ein wichtiger Schritt, um sicherzustellen, dass Hardwaresysteme zuverlässig und sicher in der Anwendung sind. Durch die frühzeitige Identifizierung potenzieller Gefahren und Risiken im Entwurfsprozess können Ingenieure geeignete Maßnahmen ergreifen, um diese Risiken zu mindern und Hardwaresysteme zu schaffen, die sowohl zuverlässig als auch sicher sind.

Abschließend lässt sich sagen, dass die Basispraktik HWE.2.BP4 die Bedeutung der Analyse der Hardwarearchitektur und des Hardwarefeinentwurfs unterstreicht. Die Analyse dient dazu, die Architektur und das Design zu verbessern, den Nachweis zu erbringen, dass der Hardwareentwurf die Sicherheitsanforderungen erfüllt, und sicherzustellen, dass die besonderen Merkmale für die Produktion und den Betrieb geeignet sind. Es ist von entscheidender Bedeutung, geeignete Methoden und Werkzeuge für die Durchführung der Analyse zu verwenden und die Ergebnisse auszuwerten, um die physische Hardware anhand des Hardwareentwurfs zu verifizieren.

HWE.2.BP5: Sicherstellung der Konsistenz und Herstellung der bidirektionalen Rückverfolgbarkeit. Stelle die Konsistenz sicher und richte die Rückverfolgbarkeit zwischen Hardwareelementen und Hardwareanforderungen ein. Stelle außerdem die Konsistenz sicher und richte die Rückverfolgbarkeit zwischen dem Hardwarefeinentwurf und den Komponenten der Hardwarearchitektur ein.

Anmerkung 8: *Es kann nicht funktionale Hardwareanforderungen geben, auf die sich der Hardwareentwurf nicht zurückführen lässt. Beispiele hierfür sind Anforderungen an den Entwicklungsprozess. Solche Anforderungen sind weiterhin zu verifizieren.*

Anmerkung 9: *Bidirektionale Rückverfolgbarkeit unterstützt die Konsistenz und erleichtert die Analyse der Auswirkungen von Änderungsanträgen sowie den Nachweis der Verifikationsabdeckung. Rückverfolgbarkeit allein, z.B. das Vorhandensein von Verknüpfungen, bedeutet nicht unbedingt, dass die Informationen miteinander konsistent sind.*

Um die Rückverfolgbarkeit zu erreichen, müssen die Hardwareanforderungen den Hardwareelementen zugeordnet werden, und die Rückverfolgbarkeit zwischen den Hardware-Sicherheitsanforderungen und den Hardware-Entwurfselementen muss bis auf die Ebene der Funktionsblöcken (z.B. Komponenten im Sinne der ISO 26262) reichen. Diese können auch die Basis für die FMEA des Hardwareentwurfs bilden.

Die Bedeutung dieser Basispraktik liegt auf der Hand: Durch die Sicherstellung von Rückverfolgbarkeit und Konsistenz können die Beteiligten Änderungen am Entwurf leicht nachvollziehen und identifizieren, was ihnen hilft, den Entwurf besser zu verstehen, potenzielle Probleme zu erkennen und den Gesamtentwurf zu verbessern.

Die Themen Rückverfolgbarkeit und Konsistenz werden in Abschnitt 5.7 ausführlicher behandelt.

HWE.2.BP6: Kommunikation der vereinbarten Hardwarearchitektur und des detaillierten Hardwarefeinentwurfs. Kommuniziere die vereinbarte Hardwarearchitektur und den Hardwarefeinentwurf, einschließlich der besonderen Merkmale und relevanten Produktionsdaten, an alle betroffenen Parteien.

Die Bedeutung einer effektiven Kommunikation kann in jedem Projekt nicht hoch genug eingeschätzt werden, und die Entwicklung von Hardware ist da keine Ausnahme. Die Sicherstellung, dass alle Beteiligten ein gemeinsames Verständnis der Hardwarearchitektur und des Feinentwurfs haben, ist entscheidend, um Missverständnisse und Fehlkommunikation zu vermeiden. Durch die Kommunikation der vereinbarten Ergebnisse können potenzielle Probleme und Risiken bereits in einem frühen Stadium des Projekts erkannt werden, sodass eine proaktive Schadensbegrenzung möglich ist. Dies erleichtert auch die Zusammenarbeit zwischen den Teammitgliedern und fördert die Ausrichtung auf die Projektziele, was eine effektive Prüfung und Validierung der Hardwarearchitektur und des Feinentwurfs ermöglicht, um sicherzustellen, dass sie den Anforderungen und Spezifikationen entsprechen.

Um Aktualisierungen der Hardwarearchitektur und des Feinentwurfs an relevante Parteien zu kommunizieren, ist es wichtig, diesen Produktionsdaten und besondere Merkmale zur Verfügung zu stellen. Es ist zu beachten, dass Hardware-, Software- und Mechanik-Schnittstellen von Entwurfsanpassungen betroffen sein können und dass Gefahren, die durch den Hardwareentwurf identifiziert und nicht in der Gefahrenanalyse und Risikobewertung berücksichtigt wurden, den betroffenen Parteien mitgeteilt werden müssen. Zu den Produktionsdaten gehören Stücklisten, Gerber-Daten (s. das Glossar, S. 564), Bestückungsdaten, Maskendaten und Eingaben für Testverfahren sowie EOL-Testlasten, die möglicherweise mitgeteilt werden müssen.

Zu den bewährten Verfahren für die Information der betroffenen Parteien gehören die Verwendung einer klaren und prägnanten Sprache, um technische Konzepte und Fachausdrücke für nicht technische Beteiligte zu erklären, die Bereitstellung von visuellen Hilfsmitteln wie Diagrammen, Flussdiagrammen und Schaltplänen zur Veranschaulichung der Hardwarearchitektur und des Feinentwurfs, die Sicherstellung einer aktuellen, genauen und für alle Beteiligten zugänglichen Dokumentation, die unverzügliche und klare Mitteilung von Änderungen und Aktualisierungen der Hardwarearchitektur und des Feinentwurfs sowie die Ermutigung zu Rückmeldungen und Fragen von Beteiligten, um das Verständnis zu fördern und Bedenken auszuräumen.

Schließlich ist es wichtig, weitere Punkte zu berücksichtigen, wenn es um die Produktion und Inbetriebnahme geht. Informationen, die notwendig sind, um eine fehlerhafte Montage, Demontage oder Außerbetriebnahme von sicherheitsrelevanten Hardwareelementen zu vermeiden, sind an die für Produktion, Betrieb, Wartung und Außerbetriebnahme verantwortlichen Personen weiterzugeben. Durch die Befolgung dieser Richtlinien kann der Hardwarefeinentwurf effektiv an alle Beteiligten kommuniziert werden, wodurch Missverständnisse und Fehlkommunikation reduziert und die erfolgreiche Umsetzung der Hardwarearchitektur und des Feinentwurfs sichergestellt werden.

Die Kommunikation und Weitergabe von Informationen (Handover) bei der Verfeinerung des Systems, was gewissermaßen der linken Seite des V-Modells entspricht, wird in Abschnitt 5.9.1 ausführlicher behandelt.

13.2.3 Erzeugte Informationsobjekte

04-52 Hardwarearchitektur	Die Hardwarearchitektur definiert den initialen Grundriss und die gesamte Struktur der Hardware, indem sie die benötigten Hardwarekomponenten und deren Schnittstellen, sowohl intern als auch extern, festlegt. Sie umfasst die Begründung für die gewählten Hardwarearchitekturoptionen, beschreibt das dynamische Verhalten, die Beziehungen und Abhängigkeiten zwischen den Hardwarekomponenten sowie alle zu entwickelnden Hardwarevarianten. Zudem beinhaltet sie Konzepte zur Stromversorgung, Kühlung und Erdung.
04-53 Hardwarefeinentwurf	Ein Hardwarefeinentwurf beschreibt die Verbindungen zwischen den einzelnen Hardwareteilen und legt deren Schnittstellen sowie das dynamische Verhalten fest, einschließlich Übergängen zwischen elektrischen Zuständen, Ein- und Ausschaltsequenzen, Frequenzen, Modulationen, Signalverzögerungen, Entprellzeiten, Filtern, Verhalten bei Kurzschlüssen und Selbstschutz-Maßnahmen. Er umfasst Schlussfolgerungen und Entscheidungen, die auf Analysen, Datenblättern und Anwendungshinweisen basieren, und definiert die Einschränkungen für das Layout. Dieser Entwurfsprozess zielt darauf ab, eine detaillierte Blaupause für die physische Realisierung der Hardwarekomponenten und ihre Interaktion zu erstellen.
15-51 Analyseergebnisse	Die Ergebnisse der Analysen und die Argumentationen, die zu ihnen geführt haben, müssen nachvollziehbar dokumentiert werden. Dies kann werkzeuggestützt erfolgen oder in Review-Checklisten. Es gibt diesbezüglich keine besonderen Vorgaben zur Form.
13-51 Konsistenznachweise	Die Konsistenz der Hardwarearchitektur zu den Hardwareanforderungen und zum Feinentwurf muss für jede Anforderung bzw. jedes Architekturelement einzeln überprüft werden, soweit sinnvoll möglich. Ein Reviewprotokoll, das generell die Konsistenz belegt, genügt also nicht. Das notwendige feingranulare Review sollte nach Möglichkeit direkt im Anforderungsmanagement-Tool dokumentiert werden. Ein spezielles Arbeitsprodukt als Konsistenznachweis ist nicht notwendig.
17-57 Besondere Merkmale	Besondere Merkmale beziehen sich auf Produktcharakteristiken oder Produktionsprozess-Parameter, die einen Einfluss auf die Sicherheit oder die Einhaltung offizieller Vorschriften, die Passform, die Funktion, die Leistung oder die weitere Verarbeitung des Produkts haben können, gemäß Standards wie IATF 16949, VDA 6.x-Richtlinien [VDA 2016] und ISO 26262. Diese Merkmale müssen verifizierbar sein, wie in VDA-Band 1 [VDA 2018] gefordert. Eine typische Methode zur Identifizierung und Bewertung besonderer Merkmale ist die Fehlermöglichkeits- und Einflussanalyse (FMEA).

13-52 Kommunikationsnachweise	Jedes greifbare Artefakt, z.B. E-Mails, Sitzungsprotokolle, Offene-Punkte-Listen, kann als Nachweis für Capability Level 1 herangezogen werden, solange die relevanten Interessengruppen angesprochen werden. Unter Berücksichtigung von PA 2.1 und insbesondere GP 2.1.6 ist eine stärker formalisierte und geplante Vorgehensweise mittels definierter Kommunikationsmedien erforderlich. Dies geschieht häufig werkzeuggestützt. Im Hinblick auf Capability Level 3 sollte dies im Standardprozess beschrieben und auf das Projekt zugeschnitten werden.
04-54 Hardware-Schaltpläne	Schaltpläne identifizieren die einzelnen Hardwarekomponenten und spezifizieren deren Verbindungen untereinander, um eine klare Übersicht über die elektrische Schaltung zu bieten. Sie enthalten die eindeutige Kennzeichnung aller Hardwareteile sowie Angaben zur Identifizierung von Varianten, was für die Nachvollziehbarkeit und Fertigung essenziell ist. Durch diese detaillierte Darstellung ermöglichen Schaltpläne das Verständnis des funktionalen Zusammenwirkens innerhalb eines Hardwaresystems und dienen als Grundlage für die Herstellung, Fehleranalyse und Weiterentwicklung.
14-54 Hardware-Stückliste	Eine Stückliste (Bill of Materials, BOM) für Hardware listet eindeutig Typ, Lieferant und Menge des kompletten Satzes aller Hardwareteile eines Hardwareprodukts auf. Sie dient als umfassendes Verzeichnis, das notwendig ist, um die erforderlichen Komponenten für die Produktion, Montage und Wartung eines Hardwareprodukts zu identifizieren und zu beschaffen. Die Stückliste ist ein kritisches Dokument für die Fertigungsplanung, Bestandskontrolle und Kostenkalkulation, indem sie sicherstellt, dass alle erforderlichen Teile verfügbar sind und den Produktionsprozess effizient unterstützen.
04-55 Hardware-Layout	Ein Layout im Kontext der Hardwareentwicklung definiert die Anordnung der Hardwarekomponenten und Beschriftungen auf einer Leiterplatte (PCB) und umfasst Herstellungsdaten wie Schaltungspfade (Breite und Routing), Durchkontaktierungen (Vias), Testpunkte, Anzahl der Lagen, Bohrungen, Material der PCB, Form, Lötstopplack und PCB-Beschichtung. Es dient als detaillierte Anleitung für die Fertigung der Leiterplatten, indem es exakte Informationen zur Positionierung und Verbindung der Komponenten sowie zu den physikalischen und elektrischen Eigenschaften der PCB bereitstellt. Jedes Layout erhält eine eindeutige Identifikation, um seine spezifische Konfiguration und Variante innerhalb eines Produktionsprozesses klar zu kennzeichnen und nachverfolgen zu können.

03-54 Hardware-Produktionsdaten	Produktionsdaten umfassen eine detaillierte Stückliste und das Layout, beispielsweise Gerber-Daten, die die physische Anordnung und Verbindung der Hardwareteile für die Herstellung spezifizieren. Sie definieren zudem Anforderungen für EOL-Tests, einschließlich Testtypen wie AOI (Automatische Optische Inspektion), ICT (In-Circuit-Test), Boundary-Scan, Testabdeckung, elektrische Belastungen und Akzeptanzkriterien, um die Qualität und Funktionalität des Produkts sicherzustellen. Im Falle der Halbleiterentwicklung beinhalten Produktionsdaten auch Maskendaten (GDS2), die für die Fertigung der Halbleiter-Bauelemente erforderlich sind.
04-56 Hardwarelement-Schnittstelle	Eine Hardwareelement-Schnittstelle (Hardware element interface) definiert die Kommunikation und Interaktion zwischen Hardwarekomponenten durch festgelegte Ausgänge, Eingänge, Typen und elektrische Charakteristika, einschließlich Signaltoleranzen. Sie umfasst sowohl hochrangige Schnittstellen wie SPI, I2C, CAN, LIN und Ethernet, die den Datenaustausch zwischen Komponenten ermöglichen, als auch elektrische Verbindungen und thermische Schnittstellen für die Wärmeableitung zwischen den Hardwareelementen. Diese Schnittstellen gewährleisten, dass Hardwareelemente effizient zusammenarbeiten und ihre Funktionen innerhalb des Gesamtsystems optimal erfüllen können, indem sie klare Vorgaben zur Signalübertragung und zum Energiemanagement bieten.

13.2.4 Zusätzliche Überlegungen

Bezug zu anderen Automotive SPICE®-Prozessen

- Der Hardwareentwurf in HWE.2 muss mit der in SYS.3 definierten Systemarchitektur konsistent sein, insbesondere hinsichtlich der Hardwarekomponenten und ihrer Interaktionen.
- HWE.2 setzt direkt auf HWE.1 auf, indem es die in HWE.1 spezifizierten Hardwareanforderungen in konkrete Hardwareentwürfe umsetzt.
- Die in HWE.2 entwickelten Hardwareentwürfe werden in HWE.3 verifiziert, um deren Übereinstimmung mit den Anforderungen und Entwurfsspezifikationen zu bestätigen.
- HWE.2 muss in den gesamten Projektmanagement-Prozess integriert sein, um Ressourcen, Zeitpläne und Meilensteine für die Hardwareentwicklung zu planen und zu überwachen.
- Die in HWE.2 erstellten Hardwareentwürfe und -dokumentationen müssen durch das Konfigurationsmanagement SUP.8 erfasst und verwaltet werden, um Änderungen nachzuverfolgen und die Integrität der Entwurfsdaten zu gewährleisten.
- Änderungen am Hardwareentwurf, die während oder nach HWE.2 auftreten, müssen durch den Änderungsmanagement-Prozess SUP.10 erfasst, bewertet und implementiert werden.

- Die in HWE.2 angewandten Entwurfspraktiken und -prozesse müssen den Qualitätsstandards und -richtlinien entsprechen, die im Qualitätsmanagement-Prozess SUP.1 festgelegt sind, um die Qualität der Hardwareentwürfe sicherzustellen. Insbesondere die Sicherstellung der Qualität der Arbeitsprodukte liegt nicht in erster Linie beim Qualitätssicherer, sondern beim Entwicklungsteam. Der Qualitätssicherer hat eher die Rolle einer »Second-Line-of-Defense«.

Typische Fallstricke

- Der übermäßige Rückgriff auf veraltete Hardwareentwürfe ohne Berücksichtigung neuer Technologien oder Standards kann die Wettbewerbsfähigkeit und Funktionalität der Hardware beeinträchtigen.
- Eine unzureichende Berücksichtigung von Sicherheits- und Zuverlässigkeitsanforderungen kann zu Hardware führen, die anfällig für Ausfälle ist oder Sicherheitsrisiken birgt, besonders in kritischen Anwendungsbereichen.
- Eine mangelnde Koordination und Kommunikation zwischen den Teammitgliedern kann zu Inkonsistenzen im Entwurf führen, wenn verschiedene Komponenten nicht korrekt zusammenarbeiten oder Doppelarbeit geleistet wird.
- Hardware, die nicht für zukünftige Erweiterungen oder Anpassungen konzipiert ist, kann schnell veralten.
- Ohne gründliche Tests können sich Fehler in die Produktion einschleichen, was die Zuverlässigkeit des Endprodukts beeinträchtigt.
- Das Unterschätzen der Auswirkungen von Umweltfaktoren wie Temperatur und Feuchtigkeit kann die Hardwareleistung erheblich beeinflussen. Diese Faktoren müssen im Entwurfsprozess berücksichtigt werden.
- Ein übermäßig komplexer Entwurf, der zu Schwierigkeiten bei der Implementierung und Wartung führt, kann die Fehleranfälligkeit erhöhen und die Herstellungs- und Wartungskosten in die Höhe treiben.
- Eine unzureichende Dokumentation des Entwurfs und seiner Komponenten erschwert die Fehlersuche, die Weiterentwicklung und die Wartung der Hardware.
- Die Nichtbeachtung von Kostenbeschränkungen und die mangelnde Optimierung des Entwurfs im Hinblick auf die Kosteneffizienz können zu einem Produkt führen, das teurer ist als notwendig, was die Marktchancen verringern kann.

Zu berücksichtigen in Bezug auf PA 2.1

- Eine klare Entwicklungsstrategie für die Hardwarearchitektur und den Feinentwurf ist erforderlich. Dies umfasst die Anwendung von Entwurfsprinzipien gemäß Standards wie ISO 26262 und die Durchführung von Schwachstellenanalysen gemäß ISO/SAE 21434.
- Die Entwicklungsschritte, insbesondere solche, die auf kritische Meilensteine abzielen, müssen sorgfältig geplant und in Projektplänen dokumentiert werden.

Sich wiederholende kleine Schritte können flexibler gehandhabt werden, während meilensteinbezogene Aktivitäten detailliert geplant werden müssen.

- Es sollten konkrete Ziele festgelegt werden, welche Anforderungen durch die Hardwarearchitektur in welcher Projektphase abgedeckt sein sollen. Diese Ziele bilden die Basis für die weitere Planung und Anpassungen.
- Die Erstellung der Hardware sollte ausreichend detailliert geplant und bewertet werden, wobei die Schätzungen systematisch und kontinuierlich verbessert werden sollten.
- Mit dem Streben nach einem höheren Capability Level steigen die Anforderungen an die Reproduzierbarkeit und Optimierung der Arbeitsprozesse. Es sollten dokumentierte Verfahren existieren, die beschreiben, wie ein hochwertiger Feinentwurf effizient erstellt werden kann.
- Es ist wichtig, aufgewendete Zeiten und Änderungen systematisch zu erfassen, um Schwachstellen frühzeitig zu identifizieren und den Entwicklungsprozess kontinuierlich zu verbessern.
- Sowohl die technischen Ressourcen (z.B. Entwurfswerkzeuge, Lizenzen) als auch die Qualifikation der Teammitglieder müssen in die Planung einbezogen werden.
- Die Bearbeitung von Änderungsanträgen muss sorgfältig geplant, gesteuert und dokumentiert werden. Änderungen sind in der Planung zu berücksichtigen.

Zu berücksichtigen in Bezug auf PA 2.2

- Die Hardwarearchitektur muss systematischen Reviews unterzogen und von den relevanten Stakeholdern akzeptiert werden.
- Das Konfigurationsmanagement muss die aktuelle Version der Hardwarearchitektur enthalten und mit den Anforderungen und den nachgelagerten Arbeitsprodukten konsistent sein.
- Der Feinentwurf sollte anhand spezifischer Qualitätskriterien und Modellierungsrichtlinien überprüft werden.
- Aspekte wie Kompatibilität, Erweiterbarkeit, Modularität, Wiederverwendbarkeit und Portabilität gewinnen bei höheren Capability Levels an Bedeutung.

Hinweise für Assessoren

- Bei sicherheitskritischen Systemen sind die Anforderungen der ISO 26262 zu beachten und die Methodentabellen des Standards zu berücksichtigen.
- Sie sollten ein Grundverständnis der zu bewertenden Hardwarearchitekturen besitzen, um deren Angemessenheit für die Systemkomplexität beurteilen zu können.
- Ein tiefgehendes Verständnis der verschiedenen Darstellungsarten von Hardwarearchitekturen ist für die Beurteilung ihrer Eignung unerlässlich.

13.3 HWE.3 Verifikation des Hardwareentwurfs

Der Zweck besteht in der Verifikation der produktionsdatenkonformen Hardware, um den Nachweis der Übereinstimmung mit dem Hardwareentwurf zu erbringen.	**Plug-in**
Erwartete Prozessergebnisse: ■ Es werden Verifikationsmaßnahmen für die Verifikation der Hardware gegenüber dem Hardwareentwurf festgelegt, einschließlich der Schnittstellen zwischen Hardwareelementen und der dynamischen Aspekte. ■ Die Auswahl der Verifizierungsmaßnahmen erfolgt entsprechend den Kriterien für den Release-Umfang, einschließlich der Kriterien für die Regressionsverifikation. ■ Die Verifizierung wird an Produktionsdaten-konformen Mustern unter Verwendung der ausgewählten Verifizierungsmaßnahmen durchgeführt, und die Verifizierungsergebnisse werden aufgezeichnet. ■ Konsistenz und bidirektionale Rückverfolgbarkeit werden zwischen Hardwareelementen und Verifikationsmaßnahmen hergestellt. ■ Zwischen den Verifikationsmaßnahmen und den Verifikationsergebnissen wird eine bidirektionale Rückverfolgbarkeit hergestellt. ■ Die Verifizierungsergebnisse werden zusammengefasst und an alle betroffenen Parteien weitergeleitet.	

13.3.1 Prozessbeschreibung

Die Verifikation der Hardwarearchitektur und des Hardwareentwurfs ist ein Prozess, der in den gesamten Produkt-Entwicklungsprozess integriert werden sollte. Er beinhaltet die Zusammenarbeit zwischen Hardwaredesignern, Softwareentwicklern und anderen Beteiligten, um sicherzustellen, dass die Hardware- und Softwarekomponenten kompatibel sind und die Gesamtsystem-Anforderungen erfüllen.

In Automotive SPICE® 4.0 gibt es zwei Referenzprozesse für die Verifikation gegenüber dem Hardwareentwurf und dessen Anforderungen. Wichtig ist jedoch, dass alle Ebenen, einschließlich der Anforderungen, der Hardwarearchitektur und des Hardwarefeinentwurfs, gründlich verifiziert werden.

Die Verifikationsmaßnahmen sollten während des gesamten Hardware-Entwicklungsprozesses, vom ersten Entwurf bis zum abschließenden Produkttest, festgelegt und angewendet werden. Dieser Prozess stellt sicher, dass der Entwurf mit den Anforderungen und Spezifikationen übereinstimmt und dass alle während des Entwurfsprozesses vorgenommenen Änderungen angemessen dokumentiert und genehmigt werden.

Es ist auch wichtig, die geeigneten Verifikationsmethoden und -werkzeuge für den Hardwareentwurf und die Architektur zu berücksichtigen. Die Komplexität und Sicherheitskritikalität der Hardware sollte berücksichtigt werden, um sicherzustellen, dass die effektivsten und effizientesten Verifikationsmethoden eingesetzt werden. Werden keine geeigneten Verifikationsmethoden angewandt, kann dies zu potenziellen Fehlern, Inkonsistenzen und Sicherheitsrisiken führen.

Der Verifikationsprozess sollte iterativ und fortlaufend während des gesamten Hardware-Entwicklungsprozesses durchgeführt werden. Er beinhaltet die Identifizierung und Lösung von Problemen und Risiken in einem frühen Stadium des Projekts und ermöglicht so eine proaktive Schadensbegrenzung. Die Verifikation erleichtert auch die Zusammenarbeit zwischen den Teammitgliedern und fördert die Ausrichtung auf die Projektziele.

Nutzen

- Die korrekte Zusammenarbeit der Hardwarekomponenten und Teilsysteme sowie die Bildung eines funktionsfähigen Gesamtsystems wird sichergestellt.
- Es wird bestätigt, dass der Hardwareentwurf die spezifizierten Anforderungen, einschließlich der Sicherheits- und Zuverlässigkeitsstandards, erfüllt.
- Die frühzeitige Erkennung und Behebung von Entwurfsfehlern und Kompatibilitätsproblemen wird ermöglicht, was zu einer Reduzierung von Kosten und Entwicklungszeit führt.
- Die Einhaltung relevanter Industriestandards und regulatorischer Anforderungen wird unterstützt, was zur Qualitätssicherung und Marktfähigkeit des Produkts beiträgt.
- Die effiziente und effektive Entwicklung durch die systematische Überprüfung und Bewertung des Designs zu verschiedenen Zeitpunkten im Entwicklungsprozess wird gefördert.
- Die Verifikation bietet die Grundlage für eine fundierte Entscheidungsfindung hinsichtlich der Weiterentwicklung und Optimierung des Hardwareentwurfs.
- Das Bewerten potenzieller Probleme und deren Auswirkungen auf das Gesamtsystem trägt zur Risikominimierung bei.
- Die Kommunikation und Zusammenarbeit innerhalb des Entwicklungsteams und mit den Stakeholdern wird durch klare, überprüfbare Entwurfsziele und -ergebnisse verbessert.
- Die Nachhaltigkeit und Zukunftsfähigkeit des Produkts wird durch die Berücksichtigung von Skalierbarkeit und Anpassbarkeit im Entwurfsprozess unterstützt.

Es stehen verschiedene Verifikationsmethoden und -werkzeuge zur Verfügung, und es ist wichtig, je nach Komplexität und Sicherheitskritikalität der Hardware die geeigneten auszuwählen. Der Verifikationsprozess sollte überprüfbar und dokumentiert sein, um die Einhaltung der Sicherheitsanforderungen an die Hardware zu belegen.

Regelmäßige Überprüfungen und Audits des Verifikationsprozesses sind wichtig, um eine effektive und effiziente Identifizierung und Lösung von Problemen beim Hardwareentwurf sicherzustellen. Darüber hinaus muss dafür gesorgt werden, dass die Hardwareintegration und -verifikation in Übereinstimmung mit den entsprechenden Automotive Safety Integrity Level (ASIL), wie in ISO 26262 definiert, durchgeführt werden. Dies beinhaltet auch die Berücksichtigung der Methodentabellen aus ISO 26262-5 bei der Auswahl der Testmethoden.

Qualifiziertes Personal mit entsprechender Ausbildung und Erfahrung in den relevanten Hardware-Entwurfs- und Verifikationstechniken sollte die Verifikation durchführen. Dadurch wird gewährleistet, dass sie korrekt und effektiv erfolgt. Außerdem sollte eine kontinuierliche Verbesserung des Verifikationsprozesses angestrebt werden, wobei die Erfahrungen aus früheren Projekten genutzt werden sollten, um diesen für zukünftige Hardware-Entwicklungsprojekte zu verbessern.

Insgesamt ist eine effektive Verifikation entscheidend für den Erfolg von Hardware-Entwicklungsprojekten, und es ist wichtig, geeignete Methoden und Werkzeuge auszuwählen, regelmäßige Überprüfungen und Audits durchzuführen, die Einhaltung einschlägiger Normen sicherzustellen, qualifiziertes Personal zu beschäftigen und kontinuierliche Verbesserungen anzustreben. Durch die Einhaltung dieser Richtlinien können Hardwareentwickler sicherstellen, dass ihre Produkte die erforderlichen Anforderungen und Spezifikationen erfüllen und von hoher Qualität und Zuverlässigkeit sind.

13.3.2 Basispraktiken

HWE.3.BP1: Spezifikation von Maßnahmen für die Verifikation gegen den Hardwareentwurf. Spezifiziere die Verifikationsmaßnahmen, die geeignet sind, die Übereinstimmung der Hardware mit dem Hardwareentwurf und seinen dynamischen Aspekten zu belegen. Dazu gehören

- Techniken für die Verifikationsmaßnahmen,
- Bestanden-/Nicht-bestanden-Kriterien für die Verifizierungsmaßnahmen,
- eine Definition der Ein- und Ausgangskriterien für die Verifikationsmaßnahmen,
- die notwendige Reihenfolge der Verifikationsmaßnahmen und
- die erforderliche Verifikationsinfrastruktur und die Einrichtung der Umgebung.

Anmerkung 1: *Beispiele dafür, worauf sich eine Verifikationsmaßnahme konzentrieren kann, sind die Rechtzeitigkeit und die zeitlichen Abhängigkeiten des korrekten Signalflusses zwischen den angeschlossenen Hardwareelementen und die Interaktionen zwischen den Hardwarekomponenten.*

Anmerkung 2: *Messpunkte können für das schrittweise Testen von Hardwareelementen verwendet werden.*

Die Verifikationsmaßnahmen werden systematisch aus dem Hardwareentwurf abgeleitet. Um dies zu erreichen, ist ein systematischer Ansatz erforderlich, der eine klare Definition der Verifikationsziele und die Erstellung eines Verifikationsplans mit spezifischen Aufgaben, Verantwortlichkeiten und Zeitplänen beinhaltet. Je nach Komplexität und Sicherheitskritikalität des Hardwareentwurfs sollten die geeigneten Verifikationsmethoden ausgewählt werden. Simulation, formale Verifikation, Emulation, Hardware-in-the-Loop-Tests und Prototypentests sind gängige Mittel zur Hardwareverifikation.

Für den Verifikationsprozess ist eine Verifikationsumgebung erforderlich, die die Werkzeuge, Simulatoren, Prüfstände und Hardwarekomponenten umfasst, die für die Durchführung der Verifikationsaufgaben benötigt werden. Es ist auch wichtig, Verifikationsmetriken zu definieren, wie z. B. Abdeckungsmetriken, Fehlerraten und Testdurchlauf-Raten, um die Effektivität des Verifikationsprozesses zu messen. Es müssen Akzeptanzkriterien festgelegt werden, um festzustellen, ob der Hardwareentwurf die geforderten Spezifikationen und Funktionen erfüllt.

Der Verifikationsplan und die Ergebnisse sollten regelmäßig überprüft werden, und es können Iterationen erforderlich sein, um sicherzustellen, dass der Verifikationsprozess während des gesamten Entwicklungszyklus des Hardwareentwurfs effektiv bleibt. Der Verifikationsprozess sollte dokumentiert und überprüfbar sein, um die Einhaltung der Hardware-Sicherheitsanforderungen nachzuweisen. Die Verifikation ist von qualifizierten Personen durchzuführen, die über eine entsprechende Ausbildung und Erfahrung in den relevanten Hardware-Entwurfs- und Verifikationstechniken verfügen.

Bei der Verifikation von Hardwaresystemen ist verstärkt auf die Bereitstellung von Enablern zu achten. Dies bedeutet die Bereitstellung von Werkzeugen, Prozessen und Methoden, die eine effiziente und effektive Verifikation des Hardwareentwurfs ermöglichen. Durch einen systematischen Ansatz bei der Verifikation können Hardwareentwickler sicherstellen, dass der Hardwareentwurf die erforderlichen Spezifikationen erfüllt und wie erwartet funktioniert. Dadurch wird das Risiko von Hardwarefehlern verringert und die allgemeine Produktqualität und -zuverlässigkeit erhöht.

HWE.3.BP2: Sicherstellung der Verwendung von konformen Mustern. Stelle sicher, dass die für die Verifizierung des Hardwareentwurfs verwendeten Muster mit den entsprechenden Produktionsdaten übereinstimmen, einschließlich besonderer Merkmale. Sorge dafür, dass Abweichungen dokumentiert werden und dass sie die Verifikationsergebnisse nicht verändern.

Anmerkung 3: *Beispiele für die Konformität sind Musterberichte, Aufzeichnung der optischen Inspektion, ICT-Bericht.*

Bei Hardwaresystemen muss sichergestellt werden, dass die für die Überprüfung verwendeten Proben mit den entsprechenden Produktionsdaten übereinstimmen, einschließlich besonderer Merkmale. Das bedeutet, dass die Proben unter den gleichen Umgebungs- und Betriebsbedingungen wie das Endprodukt oder der Produktionslauf und unter Verwendung der gleichen Materialien, Prozesse und Geräte hergestellt werden sollten.

Um die Rückverfolgbarkeit zu gewährleisten und die Verifikations- und Validierungsaktivitäten zu erleichtern, sollten die Proben ordnungsgemäß gekennzeichnet und dokumentiert sein und von allen relevanten Unterlagen wie Prüfberichten, Inspektionsprotokollen und Zertifizierungsdokumenten begleitet werden. Darüber hinaus ist es wichtig, die Proben angemessen zu lagern und zu handhaben, um Beschädigungen, Beeinträchtigungen oder Verunreinigungen zu vermeiden. Alle Abweichungen oder Nonkonformitäten, die während der Probenentnahme entdeckt werden, sollten dokumentiert und gemäß dem Qualitätsmanagement-System des Unternehmens behandelt werden.

Obwohl diese Praktik auf der Systemebene oder für Softwaresysteme nicht existiert, ist sie ein kritischer Aspekt des Hardware-Verifikationsprozesses. Durch die Sicherstellung der Übereinstimmung mit den Produktionsdaten und der ordnungsgemäßen Handhabung von Proben können Unternehmen ein größeres Vertrauen in die Effektivität ihres Verifikationsprozesses gewinnen und letztendlich qualitativ hochwertige Hardwaresysteme produzieren, die den erforderlichen Spezifikationen entsprechen.

HWE.3.BP3: Auswahl der Verifikationsmaßnahmen. Dokumentiere die Auswahl der Verifikationsmaßnahmen unter Berücksichtigung von Auswahlkriterien, einschließlich Regressionskriterien. Die dokumentierte Auswahl der Verifikationsmaßnahmen muss einen ausreichenden Abdeckungsbereich entsprechend dem Release-Umfang haben.

Anmerkung 4: *Beispiele für Auswahlkriterien können die Priorisierung von Anforderungen, die Notwendigkeit einer Regression aufgrund von Änderungen am Hardwareentwurf oder die beabsichtigte Verwendung der gelieferten Hardwareversion (z.B. Prüfstand, Teststrecke, öffentliche Straße) sein.*

Die Auswahl geeigneter Verifikationsmaßnahmen für den Hardwareentwurf ist entscheidend für die Gewährleistung der Sicherheit und Zuverlässigkeit. Aufgrund von Beschränkungen wie Ressourcenengpässen oder der Verfügbarkeit des Entwicklungsstandes ist es jedoch nicht immer möglich, alle Verifikationsmaßnahmen durchzuführen. In solchen Fällen muss ein systematischer Ansatz verwendet werden, um die Verifikationsmaßnahmen auf der Grundlage eines risikobasierten Ansatzes zu priorisieren.

Dabei sollten mehrere Auswahlkriterien berücksichtigt werden, darunter die Priorisierung der Anforderungen, der Regressionsbedarf aufgrund von Änderungen im Hardwareentwurf und die beabsichtigte Verwendung der gelieferten Hardwareversion (z.B. Prüfstand, Teststrecke oder öffentlicher Straßeneinsatz). Weitere zu berücksichtigende Faktoren sind Relevanz, Angemessenheit, Vollständigkeit, Nachvollziehbarkeit, Skalierbarkeit, Kosteneffizienz, Anwendbarkeit und Qualität.

Entscheidend ist, dass die Überprüfungsmaßnahmen für den Hardwareentwurf und seine Sicherheitsanforderungen relevant sind und dass sie geeignet sind, potenzielle Hardwarefehler und Gefahren zu erkennen und zu mindern. Es ist auch wichtig, dass die Verifikationsmaßnahmen vollständig sind und alle relevanten Aspekte des Hardwareentwurfs, einschließlich der funktionalen und nicht funktionalen Anforderungen, abdecken. Es muss unbedingt sichergestellt werden, dass die Verifikationsmaßnahmen auf die Hardware-Sicherheitsanforderungen und die Konstruktionsspezifikationen zurückgeführt werden können, dass sie auf größere und komplexere Hardwarekonstruktionen skalierbar sind, dass sich die Investition lohnt und dass sie auf die spezifische Hardwarekonstruktion und die vorgesehenen Anwendungsfälle anwendbar sind.

Ein weiterer Aspekt bei der Auswahl von Verifikationsmaßnahmen ist die Regressionsstrategie. Diese legt fest, welche Verifikationsmaßnahmen in welchem Kontext wiederholt werden müssen, z. B. für welche Änderungen oder welche Art von Entwicklungs-Baselines. Es ist wichtig sicherzustellen, dass die Regressionsstrategie dokumentiert und überprüfbar ist, um die Einhaltung der Hardware-Sicherheitsanforderungen nachzuweisen.

Durch die Auswahl geeigneter Verifikationsmaßnahmen, die Festlegung von Prioritäten auf der Grundlage eines risikobasierten Ansatzes und die Definition einer Regressionsstrategie kann der Hardwareentwurf effizient und effektiv verifiziert werden, was zu einer qualitativ hochwertigen, zuverlässigen und sicheren Hardware führt.

HWE.3.BP4: Verifikation des Hardwareentwurfs. Verifiziere den Hardwareentwurf unter Verwendung der ausgewählten Verifikationsmaßnahmen. Zeichne die Verifikationsergebnisse einschließlich des Bestanden-/Nicht-bestanden-Status und der entsprechenden Ausgabedaten der Verifikationsmaßnahmen auf.

Anmerkung 5: *Siehe SUP.9 für die Behandlung von Nonkonformitäten.*

Verifikationsmaßnahmen sind entscheidend für die Qualität und Sicherheit von Hardwaresystemen. Es ist unerlässlich, diese Maßnahmen planmäßig durchzuführen und die Durchführung zu dokumentieren, um ggf. die Qualität und funktionale Sicherheit des Systems nachzuweisen. Zu diesem Zweck sollte der Verifikationsprozess systematisch aufgebaut und planmäßig durchgeführt werden. Die Ergebnisse der Hardware-Integrations- und -Verifikationsaktivitäten sollten in einem Bericht dokumentiert werden, der alle relevanten Unterlagen wie Prüfberichte, Inspektionsprotokolle und Zertifizierungsdokumente enthalten sollte.

Für die Hardwareintegration und -verifizierung sollten geeignete Werkzeuge und Ausrüstungen verwendet werden, und die Tätigkeiten sollten von Personen mit entsprechenden Kenntnissen und Fähigkeiten durchgeführt werden. Die Hardware-Integrations- und -Verifikationsaktivitäten sollten in einer geeigneten Umgebung durchgeführt werden, die die notwendigen Anforderungen für die Prüfung und Bewertung erfüllt.

Um die Korrektheit, Vollständigkeit und Konsistenz des Verifikationsprozesses zu gewährleisten, sollte eine automatisierte Testimplementierung alle Aspekte abdecken, die in der Verifikationsspezifikation für einen automatisierten Test vorgesehen sind. Alle während des Verifikationsprozesses gefundenen Fehler sind einem Fehlerkorrektur-Prozess zuzuführen.

Darüber hinaus sollte ein risikobasierter Ansatz für die Priorisierung von Verifikationsmaßnahmen verwendet werden, wobei Auswahlkriterien wie die Priorisierung von Anforderungen, Regressionsbedarf aufgrund von Änderungen im Hardwareentwurf oder die beabsichtigte Verwendung der gelieferten Hardwareversion zu berücksichtigen sind. Darüber hinaus ist sicherzustellen, dass die Verifikationsmaßnahmen relevant, angemessen, vollständig, nachvollziehbar, skalierbar, kosteneffizient, anwendbar und von hoher Qualität sind und anerkannten Industriestandards und Best Practices entsprechen.

Insgesamt sind die Durchführung und Dokumentation von Verifikationsmaßnahmen von entscheidender Bedeutung für die Gewährleistung der Qualität und Sicherheit von Hardwaresystemen. Diese Maßnahmen sollten systematisch mit geeigneten Werkzeugen und Personen durchgeführt und sorgfältig dokumentiert werden, um die Einhaltung der Sicherheitsanforderungen an die Hardware nachzuweisen.

HWE.3.BP5: Sicherstellung der Konsistenz und Herstellung der bidirektionalen Rückverfolgbarkeit. Stelle die Konsistenz sicher und richte die bidirektionale Rückverfolgbarkeit zwischen den Hardwareelementen und den Verifikationsmaßnahmen ein. Etabliere eine bidirektionale Rückverfolgbarkeit zwischen den Verifikationsmaßnahmen und den Verifikationsergebnissen.

Anmerkung 6: *Bidirektionale Rückverfolgbarkeit unterstützt die Konsistenz und erleichtert die Auswirkungsanalyse von Änderungsanträgen sowie den Nachweis der Verifikationsabdeckung. Rückverfolgbarkeit allein, z.B. das Vorhandensein von Verknüpfungen, bedeutet nicht notwendigerweise, dass die Informationen zueinander konsistent sind.*

Reviews sind ein wichtiger Teil des Verifikationsprozesses im Hardwareentwurf. Sie ermöglichen eine systematische Überprüfung der Verifikationsmaßnahmen und stellen sicher, dass der Hardwareentwurf entsprechend den Anforderungen implementiert wurde. Um dies zu erreichen, müssen die Verifikationsmaßnahmen auf die relevanten Elemente des Hardwareentwurfs, wie z.B. Schnittstellen oder Beschreibungen des dynamischen Verhaltens, rückverfolgbar sein. Diese Rückverfolgbarkeit gewährleistet, dass ein angemessener Granularitätsgrad eingehalten wird.

Bei den Reviews prüft eine Gruppe von Experten die Verifikationsmaßnahmen und vergleicht sie mit dem Hardwareentwurf. Ziel ist es, Unstimmigkeiten oder Fehler zu identifizieren und sicherzustellen, dass die Verifikationsmaßnahmen vollständig, genau und effektiv sind. Der Überprüfungsprozess sollte systematisch und strukturiert sein, mit klaren Rollen und Verantwortlichkeiten für alle Beteiligten.

Damit die Überprüfungen effektiv sind, ist es wichtig, die folgenden Aspekte zu berücksichtigen:

- **Vorbereitung**
  Bevor die Überprüfung stattfindet, ist es wichtig, sich gründlich vorzubereiten. Dazu gehört die Festlegung der Ziele der Überprüfung, die Auswahl der geeigneten Prüfer und die Bereitstellung der erforderlichen Informationen und Hilfsmittel.

- **Durchführung**
  Während der Überprüfung sollten die Prüfer die Verifikationsmaßnahmen im Detail untersuchen, sie mit dem Hardwareentwurf vergleichen und etwaige Unstimmigkeiten oder Fehler aufdecken. Die Überprüfung sollte strukturiert und systematisch durchgeführt werden, mit klaren Kriterien für die Bewertung der Verifikationsmaßnahmen.
- **Nachbereitung**
  Nach der Überprüfung sollten alle festgestellten Probleme oder Unstimmigkeiten durch einen Fehlerkorrektur-Prozess behoben werden. Möglicherweise müssen die Überprüfungsmaßnahmen überarbeitet oder aktualisiert werden, um sicherzustellen, dass sie korrekt und wirksam sind.

Insgesamt sind Reviews ein wichtiger Teil des Verifikationsprozesses beim Hardwareentwurf. Sie ermöglichen eine systematische Überprüfung der Verifikationsmaßnahmen und stellen sicher, dass der Hardwareentwurf die erforderlichen Spezifikationen und Sicherheitsanforderungen erfüllt. Durch einen strukturierten und systematischen Ansatz können Hardwareentwickler die Qualität und Zuverlässigkeit ihrer Produkte verbessern und das Risiko von Fehlern oder Ausfällen verringern.

HWE.3.BP6: Zusammenfassung und Kommunikation der Ergebnisse. Fasse die Verifikationsergebnisse zusammen und kommuniziere sie an alle betroffenen Parteien.

Anmerkung 7: *Die Bereitstellung aller notwendigen Informationen aus der Testfall-Durchführung in einer Zusammenfassung ermöglicht es anderen Beteiligten, die Konsequenzen zu beurteilen.*

Es ist wichtig, die Ergebnisse der Überprüfung klar und deutlich zu dokumentieren. Dazu gehört die Erstellung eines Prüfberichts, in dem die Ergebnisse der Prüfung, die festgestellten Probleme oder Mängel, die ergriffenen Korrekturmaßnahmen und die Gesamtergebnisse der Prüfung im Einzelnen aufgeführt sind. Wenn relevante Fehler gefunden wurden, sollten auch Prüfprotokolle gespeichert werden.

Die Ergebnisse der verschiedenen Verifikationsmaßnahmen sind systematisch zu dokumentieren und für die verschiedenen Stakeholder-Gruppen angemessen zusammenzufassen. Dazu gehört eine klare und übersichtliche Zusammenfassung der Gesamtergebnisse der Hardwareverifikation, die eine Zusammenfassung der durchgeführten Tests, der erzielten Ergebnisse und der festgestellten Probleme oder Abweichungen enthält. Es ist auch wichtig, Empfehlungen für weitere Tests oder Verbesserungen des Hardwareentwurfs zu geben.

Bei der Darstellung der Ergebnisse des Verifikationsprozesses ist darauf zu achten, dass sie für die Beteiligten leicht verständlich formuliert sind. Dazu kann die Erstellung eines zusammenfassenden Berichts oder einer Präsentation gehören, in der die wichtigsten Ergebnisse des Verifikationsprozesses hervorgehoben werden. Durch eine klare und prägnante Dokumentation der Verifikationsergebnisse können sich die Beteiligten ein besseres Bild von der Gesamtqualität und Sicherheit des Hardwareentwurfs machen. Darüber hinaus können Trends analysiert und als Grundlage für künftige Hardware-Entwicklungsprojekte verwendet werden.

Auf die generelle Bedeutung des Berichtswesens für einen funktionierenden Entwicklungsprozess wird in Abschnitt 5.9.2 eingegangen. Die Ergebnisse der Verifikationsmaßnahmen sind ein wesentlicher Aspekt für das Management des Projekts und den Nachweis der Güte der Projektergebnisse.

13.3.3 Erzeugte Informationsobjekte

08-60 Verifikationsmaßnahmen	In diesem Prozess beziehen sich die Verifikationsmaßnahmen auf die verschiedenen Elemente des Hardwareentwurfs. Verifikationsmaßnahmen beinhalten die systematische Anwendung von Methoden wie Tests, Reviews und statischen Analysen, um zu bewerten, ob die Software den definierten Entwürfen und Anforderungen entspricht. Verifikationsmaßnahmen dienen dazu, die Korrektheit zu überprüfen und sicherzustellen, dass keine unbeabsichtigten Funktionalitäten oder Fehler im Code vorhanden sind.
03-50 Daten der Verifikationsmaßnahme	Daten der Verifikationsmaßnahme umfassen Aufzeichnungen und Ergebnisse, die während der Durchführung einer Verifikationsaktivität erfasst werden. Dazu gehören beispielsweise Rohdaten, Protokolle, Spuren, Ausgaben von Werkzeugen, Messwerte und Werte aus Berechnungen oder Simulationen sowie Befunde aus Überprüfungen wie optischen Inspektionen. Diese Daten bieten eine dokumentierte Grundlage zur Bewertung der Übereinstimmung mit den festgelegten Anforderungen und zur Identifizierung von Abweichungen oder Problemen im Verifikationsprozess.
08-58 Auswahlset der Verifikationsmaßnahmen	Wählen Sie die Verifikationsmaßnahme für jedes Release und berücksichtigen Sie den definierten Release-Umfang und die Regressionstest-Strategie.
15-52 Verifikationsergebnisse	Die Ergebnisse aller Verifikationen müssen nachvollziehbar aufgezeichnet werden und in Testberichten zusammengefasst werden.
13-51 Konsistenznachweise	Die Konsistenz wird in der Regel durch ein Prüfprotokoll nachgewiesen. Bei einer großen Anzahl von Elementen reicht es nicht aus, die Frage der Konsistenz an einer Stelle zentral zu beantworten, sondern sie muss für alle Verifikationsmaßnahmen einzeln oder für kleinere Mengen von Verifikationsmaßnahmen dokumentiert werden. Die Dokumentation erfolgt im Allgemeinen werkzeuggestützt oder in spezifischen Checklisten. Es gibt also in der Regel kein besonderes Dokument, das die in diesem Fall benötigten Informationen enthält.

13-52 Kommunikations-nachweise	Jedes greifbare Artefakt, z.B. E-Mails, Sitzungsprotokolle, Offene-Punkte-Listen, kann als Nachweis für Capability Level 1 herangezogen werden, solange die relevanten Interessengruppen angesprochen werden. Unter Berücksichtigung von PA 2.1 und insbesondere GP 2.1.7 ist eine stärker formalisierte und geplante Vorgehensweise mittels definierter Kommunikationsmedien erforderlich. Dies geschieht oft werkzeuggestützt. Im Hinblick auf Capability Level 3 sollte dies im Standardprozess beschrieben und auf das Projekt zugeschnitten werden.

13.3.4 Zusätzliche Überlegungen

Bezug zu anderen Automotive SPICE®-Prozessen

- Die Ergebnisse der Hardwareintegration fließen in die übergeordnete Systemintegration mit ein. Dieser Prozess stellt die Basis für die nachfolgende Hardwarequalifikation dar.
- Die in HWE.2 entwickelten Hardwareentwürfe und -architekturen sind die direkten Objekte der Verifikation in HWE.3. Die Ergebnisse der Verifikation können Rückmeldungen an HWE.2 liefern, um Entwurfsanpassungen vorzunehmen.
- HWE.3 muss mit SUP.8 interagieren, um sicherzustellen, dass alle Hardwareversionen und -konfigurationen ordnungsgemäß gemanagt und dokumentiert werden, was für die Nachverfolgbarkeit und Reproduzierbarkeit der Verifikationstests essenziell ist.
- HWE.3 muss eng mit dem Projektmanagement zusammenarbeiten, um Ressourcen, Zeitpläne und Risiken der Hardware-Verifikationsaktivitäten zu koordinieren und zu steuern.
- Bei allen Verifikationsprozessen gibt es einen Bezug zum SUP.9 Problemlösungs-Management, da der Fehlerbehebungs-Prozess dort angesiedelt ist.

Typische Fallstricke

- Das Fehlen klarer Ziele für die Verifikationsmaßnahmen kann zu unzureichenden Tests und Verifikationen führen, was ein nicht konformes Produkt zur Folge haben kann.
- Wenn die Testfälle nicht umfassend genug sind oder nicht alle möglichen Szenarien abdecken, ist der Verifikationsprozess möglicherweise nicht effektiv genug, um potenzielle Sicherheitsprobleme zu identifizieren.
- Die Simulation kann zwar ein nützliches Werkzeug für die Verifikation sein, sie kann aber nicht in allen Fällen die physische Prüfung ersetzen. Wenn man sich zu sehr auf die Simulation verlässt, können kritische Hardwarefehler übersehen werden, die nur durch physische Tests identifiziert werden können.

- Eine ordnungsgemäße Dokumentation des Verifikationsprozesses ist für die Einhaltung der Vorschriften unerlässlich. Eine unzureichende oder unvollständige Dokumentation kann dazu führen, dass die gesetzlichen Anforderungen nicht erfüllt werden.
- Es sollte eine Rückverfolgbarkeit zwischen den Hardware-Sicherheitsanforderungen, dem Hardwareentwurf und dem Verifikationsprozess bestehen. Ohne eine angemessene Rückverfolgbarkeit ist es schwierig, die Einhaltung der Vorschriften nachzuweisen.
- Die Verifikation erfordert spezielle Kenntnisse. Fehlendes Fachwissen kann unzureichende Prüfungen oder das Übersehen kritischer Sicherheitsaspekte zur Folge haben.
- Die Verifikation kann zeitaufwendig und teuer sein. Unzureichende Ressourcen können zu unzureichenden Prüfungen oder zur Nichterfüllung der gesetzlichen Anforderungen führen.
- Wenn mit der Verifikation erst spät im Entwicklungsprozess begonnen wird, kann es dazu kommen, dass Fristen überstürzt, eingehalten werden müssen und die Tests unzureichend sind. Die Verifikation sollte ein fortlaufender Prozess während des gesamten Entwicklungszyklus sein.

Zu berücksichtigen in Bezug auf PA 2.1

- Verschiedene Vorgehensweisen bei der Hardwareverifikation müssen basierend auf den Basispraktiken festgelegt und in einer Durchführungsstrategie zusammengeführt werden, die ein systematisches Testmanagement erkennen lässt.
- Die Aktivitäten zur Verifikation des Hardwareentwurfs sollten in hinreichender Granularität geplant und abgeschätzt werden, wobei die Abschätzungen systematisch erfolgen und kontinuierlich verbessert werden sollten.
- Mit dem Übergang zu Capability Level 2 steigen die Erwartungen an die Reproduzierbarkeit und Optimierung der Arbeitsprozesse. Es sollten dokumentierte Vorgehensweisen vorhanden sein, um die Hardwareverifikation effektiv und mit hoher Qualität durchzuführen.
- Aufgewendete Zeiten und Änderungen im Verifikationsprozess sollten systematisch erfasst werden, um Schwachstellen rechtzeitig erkennen und den Prozess kontinuierlich verbessern zu können.
- Relevante Prozessziele sind die Einhaltung vorgegebener Termine und Aufwände für Aktivitäten für den Hardware-Verifikationstest und die Berücksichtigung von Änderungsanträgen.
- Es sollte eine detaillierte Planung unter Einbezug aller technischen und personellen Ressourcen existieren, und die Verfügbarkeit von Produkten und Testmitteln sollte nachweisbar sichergestellt werden.

- Verschiedene Stakeholder, wie Fertigung, Musterbau und Kunden, sollten berücksichtigt bzw. einbezogen werden.
- Eine Verifikationsstrategie ist notwendig, inklusive eines systematischen Testvorgehens, festgelegter benötigter Testabdeckung zu bestimmten Zeitpunkten und definierter Qualitätsziele.
- Projektverantwortlichkeiten und Kompetenzen für die Durchführung der Hardwareverifikation sind klar zu definieren.
- Es muss eine zielorientierte und realistische Planung vorliegen, einschließlich der Koordinierung der technischen und personellen Ressourcen sowie der Vertreter der Interessengruppen.

Zu berücksichtigen in Bezug auf PA 2.2

- Jede Verifikationsmaßnahme sollte einen klaren Status wie »erstellt«, »zu testen«, »getestet« oder »veraltet« haben, und alle Verifikationsverfahren sowie Testskripte müssen versioniert werden.
- Die Wiederverwendbarkeit ab Capability Level 2 ist insbesondere bei einem Produktlinien- oder Modulansatz relevant.
- Wenn definierte Qualitätskriterien nicht vollständig gewährleistet werden können, sollte ein risikobasierter Ansatz angewendet werden.
- Testergebnisse benötigen aufgrund der Einzigartigkeit jedes Testlaufs keine Baselines oder einfache Versionierung, sondern müssen sich auf die getesteten Hardwareproben beziehen.

Hinweise für Assessoren

- Prüfen Sie, ob die Prozessziele klar definiert und realistisch terminiert sind und ob die Planung der Hardware-Verifikationstests angemessen ist.
- Untersuchen Sie die Definition von Verantwortlichkeiten auf Klarheit und die angemessene Zuordnung von Ressourcen.
- Beurteilen Sie die Einbeziehung aller relevanten Stakeholder und ihrer Anforderungen, mit besonderem Augenmerk auf die Koordination und Kommunikation zwischen verschiedenen Teams und Teilprojekten.
- Überprüfen Sie die Flexibilität des Prozesses in Bezug auf Änderungen und die Integration von Feedback der Stakeholder und Qualitätssicherung in den Verifikationsprozess.

13.4 HWE.4 Verifikation der Hardwareanforderungen

Der Zweck besteht in der Sicherstellung, dass die gesamte Hardware auf Übereinstimmung mit den Hardwareanforderungen überprüft wird.	**Plug-in**
Erwartete Prozessergebnisse: ■ Es werden Verifikationsmaßnahmen für die Verifizierung der Hardware gegen die Hardwareanforderungen festgelegt. ■ Die Verifikationsmaßnahmen werden unter Berücksichtigung von Kriterien, einschließlich Kriterien für die Regressionsverifikation, ausgewählt. ■ Die Verifikation wird, falls zutreffend, an Produktionsdaten-konformen Mustern unter Verwendung der ausgewählten Verifikationsmaßnahmen durchgeführt, und die Verifikationsergebnisse werden aufgezeichnet. ■ Konsistenz und bidirektionale Rückverfolgbarkeit zwischen den Verifikationsmaßnahmen und den Hardwareanforderungen werden hergestellt. ■ Es wird eine bidirektionale Rückverfolgbarkeit zwischen den Verifikationsmaßnahmen und den Verifikationsergebnissen hergestellt. ■ Die Verifikationsergebnisse werden zusammengefasst und an alle betroffenen Parteien weitergeleitet.	

13.4.1 Prozessbeschreibung

Bei der Entwicklung von Hardwaresystemen ist es von entscheidender Bedeutung, dass die Hardware den erforderlichen Spezifikationen und Sicherheitsanforderungen entspricht. Hier kommt der Verifikationsprozess ins Spiel, der für den Erfolg eines jeden Hardware-Entwicklungsprojekts entscheidend ist. In Automotive SPICE® 4.0 heißt der Prozess zur Verifizierung der Hardwareanforderungen im Original »Verification Against Hardware Requirements« und ähnelt in vielerlei Hinsicht HWE.3.

Das Ziel dieses Prozesses ist es, die Hardwareanforderungen systematisch zu testen und sicherzustellen, dass sie im Hardwareentwurf korrekt implementiert sind. Dieser Prozess ähnelt SYS.5, konzentriert sich aber auf die Hardwaresystem-Ebene. Es ist wichtig zu beachten, dass der Verifikationsprozess in den gesamten Produkt-Entwicklungsprozess integriert werden sollte, was die Zusammenarbeit zwischen Hardwaredesignern, Softwareentwicklern und anderen Beteiligten einschließt, um sicherzustellen, dass die Hardware- und Softwarekomponenten kompatibel sind und die gesamten Systemanforderungen erfüllen.

Um eine systematische Verifikation der Hardwareanforderungen zu gewährleisten, ist es wichtig, die zu erreichenden Verifikationsziele zu definieren und einen Verifikationsplan zu erstellen, der die spezifischen Verifikationsaufgaben, Zuständigkeiten und Zeitvorgaben für die Erfüllung der Verifikationsziele festlegt. Je nach Komplexität und Sicherheitskritikalität der Hardware sind geeignete Verifikationsmethoden auszuwählen. Diese Methoden können Simulation, formale Verifikation, Emulation, Hardware-in-the-Loop-Tests und Prototypentests umfassen.

Sobald der Verifikationsplan erstellt ist, ist es wichtig, die Verifikationsmaßnahmen wie geplant durchzuführen und die Ergebnisse in einem Hardware-Integrations- und -Verifikationsbericht zu dokumentieren. Dieser Bericht sollte alle festgestellten Probleme oder Mängel, die ergriffenen Korrekturmaßnahmen und die Gesamtergebnisse der Verifikation dokumentieren. Die Ergebnisse der verschiedenen Verifikationsmaßnahmen sind systematisch zu dokumentieren und für die verschiedenen Interessengruppen in geeigneter Weise zusammenzufassen.

Zusammenfassend kann gesagt werden, dass der Verifikationsprozess ein kritischer Schritt bei der Entwicklung von Hardwaresystemen ist, der sicherstellt, dass die Hardware die erforderlichen Spezifikationen und Sicherheitsanforderungen erfüllt. Durch systematisches Testen der Hardwareanforderungen kann gewährleistet werden, dass diese im Hardwareentwurf korrekt umgesetzt werden und das Hardwaresystem die Gesamtsystem-Anforderungen erfüllt.

Nutzen

- Die Verifikation garantiert, dass die entwickelte Hardware den vordefinierten Anforderungen entspricht. Dies ist grundlegend für die Funktionalität, Sicherheit und Zuverlässigkeit des Produkts und stellt die Rückverfolgbarkeit der Anforderungen bis zu den Stakeholder-Anforderungen und deren Umsetzung sicher.
- Durch frühzeitige und systematische Verifikation können Fehler und Probleme früh erkannt und behoben werden. Dies reduziert den Bedarf an kostspieligen Änderungen in späteren Entwicklungsphasen und vermeidet Verzögerungen im Produktionsprozess.
- Die Verifikation trägt zur Qualitätssicherung bei, indem sie sicherstellt, dass alle Hardwarekomponenten korrekt funktionieren und den erwarteten Leistungsstandards entsprechen. Sie hilft auch, potenzielle Risiken und Sicherheitsprobleme zu identifizieren und zu mindern.
- Durch die Überprüfung der Hardware auf Konformität mit relevanten Industriestandards und Vorschriften wird sichergestellt, dass das Produkt die gesetzlichen Anforderungen erfüllt. Dies ist besonders wichtig in regulierten Branchen, wie der Automobilindustrie, Medizintechnik oder Luft- und Raumfahrt.
- Der Verifikationsprozess erzeugt eine wertvolle Dokumentation, die für die Nachvollziehbarkeit der Entwicklung, für Audits und Zertifizierungen benötigt wird.

Der Prozess der Hardwareverifikation ist entscheidend, um sicherzustellen, dass die Hardware die erforderlichen Spezifikationen und Sicherheitsanforderungen erfüllt. In Automotive SPICE® 4.0 wird der Begriff »Test« oder »Testfall« durch den Begriff »Verifikationsmaßnahme« ersetzt, um den Ansatz zu verallgemeinern. Obwohl das Testen in vielen Fällen weiterhin die Methode der Wahl sein wird, bietet die neue Semantik mehr Möglichkeiten, die Eignung des Systems nachzuweisen. Allerdings wird eine klare Argumentation für die Eignung der Verifikationsmethode notwendig sein, um Vertrauen in die Ergebnisse zu gewinnen.

Es ist wichtig, Verifikationsmaßnahmen während des gesamten Hardware-Entwicklungsprozesses zu spezifizieren und anzuwenden, vom ersten Entwurf bis zum abschließenden Produkttest. Der Verifikationsprozess sollte iterativ und fortlaufend während des gesamten Lebenszyklus der Hardwareentwicklung erfolgen. Er sollte außerdem in den gesamten Produkt-Entwicklungsprozess integriert werden und die Zusammenarbeit zwischen Hardwaredesignern, Softwareentwicklern und anderen Beteiligten beinhalten, um sicherzustellen, dass die Hardware- und Softwarekomponenten kompatibel sind und die Anforderungen des Gesamtsystems erfüllen.

Um einen systematischen Verifikationsansatz zu gewährleisten, müssen die Verifikationsziele klar definiert werden, und es sollte ein Verifikationsplan erstellt werden, der spezifische Aufgaben, Verantwortlichkeiten und Zeitpläne festlegt. Je nach Komplexität und Sicherheitskritikalität des Hardwareentwurfs sollten die geeigneten Verifikationsmethoden ausgewählt und die Verifikationsumgebung definiert werden.

Außerdem ist es wichtig, den Verifikationsprozess regelmäßig zu überprüfen, um sicherzustellen, dass er bei der Identifizierung und Lösung von Problemen im Hardwareentwurf effektiv und effizient durchgeführt wird. Die Ergebnisse der Verifikationsmaßnahmen sollten systematisch dokumentiert und für die verschiedenen Interessengruppen in geeigneter Weise zusammengefasst werden. Schließlich ist eine kontinuierliche Verbesserung des Verifikationsprozesses anzustreben, wobei die aus früheren Projekten gewonnenen Erkenntnisse zur Information und Verbesserung des Verifikationsprozesses für künftige Hardware-Entwicklungsprojekte genutzt werden sollten.

13.4.2 Basispraktiken

HWE.4.BP1: Spezifikation der Maßnahmen für die Verifikation gegenüber den Hardwareanforderungen. Spezifiziere die Verifikationsmaßnahme, um den Nachweis für die Einhaltung der Hardwareanforderungen zu erbringen. Dazu gehören

- Techniken für die Verifikationsmaßnahmen,
- Bestanden-/Nicht-bestanden-Kriterien für die Verifikationsmaßnahmen,
- eine Definition der Ein- und Ausgangskriterien für die Verifikationsmaßnahmen,
- die notwendige Reihenfolge der Verifikationsmaßnahmen und
- die erforderliche Verifikationsinfrastruktur und die Einrichtung der Umgebung.

Anmerkung 1: *Die Verifikationsmaßnahmen können Aspekte wie Thermik, Umwelt, Robustheit/ Lebensdauer und EMV umfassen.*

Bei der Überprüfung von Hardwareanforderungen ist es wichtig, eine Kombination verschiedener Methoden anzuwenden, um sicherzustellen, dass alle Anforderungen erfüllt werden. Zu diesen Methoden gehören Testen, Analyse und Inspektion. In Automotive SPICE® 4.0 wird dies als Ableitung von Verifikationsmaßnahmen aus den Hardwareanforderungen bezeichnet.

Es ist wichtig zu beachten, dass die Verifikationsmaßnahmen sowohl funktionale als auch nicht funktionale Anforderungen an die Hardware abdecken sollten. Die Verifikation der Hardwareanforderungen kann auf verschiedenen Ebenen des

Hardwareentwurfs durchgeführt werden, z.B. auf Komponenten-, Modul- oder Systemebene. Die geeignete Verifikationsebene sollte auf der Grundlage der Kritikalität der Hardware und der damit verbundenen Sicherheitsanforderungen ausgewählt werden.

Die Auswahl geeigneter Techniken und Werkzeuge ist entscheidend für den Verifikationsprozess. Die Kritikalität der Hardware und die damit verbundenen Sicherheitsanforderungen sollten bei der Auswahl der Verifikationsmethoden berücksichtigt werden, ebenso die Umgebung, in der die Hardware eingesetzt wird, einschließlich Temperatur, Feuchtigkeit, Vibration und anderer Faktoren, die die Leistung der Hardware beeinflussen können.

Zusammenfassend kann gesagt werden, dass die Verifikation der Hardwareanforderungen mit einer Kombination verschiedener Methoden, auf der entsprechenden Ebene des Hardwareentwurfs und unter Verwendung geeigneter Techniken und Werkzeuge durchgeführt werden sollte. Wenn diese Richtlinien befolgt werden, können Hardwareentwickler sicherstellen, dass ihre Hardware die erforderlichen Spezifikationen und Sicherheitsanforderungen erfüllt.

HWE.4.BP2: Sicherstellung der Verwendung von konformen Mustern. Stelle sicher, dass die für die Verifikation der Hardwareanforderungen verwendeten Muster mit den entsprechenden Produktionsdaten übereinstimmen, einschließlich spezieller Merkmale, die vom Hardwareentwurf bereitgestellt werden.

Anmerkung 2: *Beispiele für die Konformität sind Musterberichte, Protokolle der optischen Integration und IKT-Berichte.*

Diese Praktik entspricht eins zu eins der Basispraktik 2 von HWE.3. Bitte schauen Sie dort für weitere Informationen nach.

HWE.4.BP3: Auswahl der Verifikationsmaßnahmen. Dokumentiere die Auswahl der Verifikationsmaßnahmen unter Berücksichtigung von Auswahlkriterien einschließlich Regressionskriterien. Die dokumentierte Auswahl der Verifikationsmaßnahmen muss einen ausreichenden Abdeckungsbereich entsprechend dem Release-Umfang haben.

Anmerkung 3: *Beispiele für Auswahlkriterien können die Priorisierung von Anforderungen, die Notwendigkeit einer Regression aufgrund von Änderungen der Hardwareanforderungen oder die beabsichtigte Verwendung der gelieferten Hardwareversion (z.B. Prüfstand, Teststrecke, öffentliche Straße) sein.*

Diese Praktik entspricht eins zu eins der Basispraktik 3 von HWE.3. Bitte schauen Sie dort für weitere Informationen nach.

HWE.4.BP4: Verifikation der konformen Hardwareproben. Verifiziere die konformen Hardwareproben unter Verwendung der ausgewählten Verifikationsmaßnahmen. Zeichne die Prüfergebnisse, einschließlich des »Bestanden-/Nicht-bestanden«-Status und der entsprechenden Ausgabedaten der Prüfmaßnahmen, auf.

Anmerkung 4: *Siehe SUP.9 für die Behandlung von Nonkonformitäten.*

Während des Überprüfungsprozesses sollten die Ergebnisse dokumentiert und analysiert werden, um etwaige Probleme oder Unstimmigkeiten zu ermitteln. Die Dokumentation sollte nicht nur Informationen zum Bestanden-/Nicht-bestanden-Status enthalten, sondern auch unterstützende Ausgabedaten zu den Verifikationsmaßnahmen. Wenn die Verifikation mithilfe von Tests erfolgt, sollte die Implementierung der Automatisierung die Korrektheit, Vollständigkeit und Konsistenz von Testskripten und Testprogrammen abdecken, die einem automatisierten Test in der Verifikationsspezifikation zugewiesen sind. Alle gefundenen Fehler sind mithilfe eines Fehlerkorrektur-Verfahrens zu beheben.

Insgesamt sollte der Verifikationsprozess iterativ und fortlaufend während des gesamten Lebenszyklus der Hardwareentwicklung durchgeführt werden. Er sollte gut dokumentiert und überprüfbar sein, um den Nachweis für die Einhaltung der Hardware-Sicherheitsanforderungen zu belegen. Die Ergebnisse des Verifikationsprozesses sollten in geeigneter Weise für verschiedene Interessengruppen zusammengefasst werden, z.B. in einem Bericht oder einer Präsentation, um sicherzustellen, dass das Hardwaresystem die erforderlichen Spezifikationen und Sicherheitsanforderungen erfüllt.

HWE.4.BP5: Sicherstellung der Konsistenz und Herstellung der bidirektionalen Rückverfolgbarkeit. Stelle die Konsistenz sicher zwischen Hardwareanforderungen und Verifikationsmaßnahmen. Richte eine bidirektionale Rückverfolgbarkeit zwischen Hardwareanforderungen und Verifikationsmaßnahmen ein. Etabliere eine bidirektionale Rückverfolgbarkeit zwischen Verifikationsmaßnahmen und Verifikationsergebnissen.

Anmerkung 5: *Bidirektionale Rückverfolgbarkeit unterstützt die Konsistenz und erleichtert die Auswirkungsanalyse von Änderungsanträgen sowie den Nachweis der Verifikationsabdeckung. Rückverfolgbarkeit allein, z.B. das Vorhandensein von Verknüpfungen, bedeutet nicht unbedingt, dass die Informationen miteinander konsistent sind.*

Rückverfolgbarkeit und Konsistenz sind entscheidende Faktoren im Verifikationsprozess, um sicherzustellen, dass die Hardwareanforderungen vollständig getestet und verifiziert werden. Durch die Herstellung der Rückverfolgbarkeit zwischen den Verifikationsmaßnahmen und den Hardwareanforderungen kann gewährleistet werden, dass jede Anforderung durch mindestens eine Verifikationsmaßnahme abgedeckt ist. Dies bedeutet, dass alle potenziellen Probleme oder Unstimmigkeiten im Zusammenhang mit einer Anforderung identifiziert und angegangen werden können.

Die Konsistenzprüfung ist auch wichtig, um sicherzustellen, dass die Verifikationsmaßnahmen mit den Hardwareanforderungen übereinstimmen und es keine Widersprüche oder Lücken im Verifikationsprozess gibt. Auf diese Weise ist der Hardwareentwurf vollständig verifiziert und erfüllt die erforderlichen Spezifikationen und Sicherheitsanforderungen.

Reviews sind ein wesentlicher Bestandteil des Verifikationsprozesses und sorgen dafür, dass die Rückverfolgbarkeits- und Konsistenzprüfungen effektiv durchgeführt werden. Es reicht nicht aus, einfach ein allgemeines Reviewergebnis vorliegen zu haben, dass die Verifikationsmaßnahmen nachvollziehbar und konsistent sind. Stattdessen müssen für jede spezifische Anforderung Überprüfungen durchgeführt werden, um sicherzustellen, dass die Rückverfolgbarkeits- und Konsistenzprüfungen erfüllt sind.

Durch die Etablierung eines strengen Verifikationsprozesses, der Rückverfolgbarkeit, Konsistenzprüfung und Reviews umfasst, kann sichergestellt werden, dass die Hardwareanforderungen vollständig verifiziert werden und der Hardwareentwurf die erforderlichen Spezifikationen und Sicherheitsanforderungen erfüllt. Dies führt zu höherer Produktqualität und Kundenzufriedenheit.

HWE.4.BP6: Zusammenfassung und Kommunikation der Ergebnisse. Fasse die Verifikationsergebnisse zusammen und kommuniziere sie an alle betroffenen Parteien.

Anmerkung 6: *Die Bereitstellung aller notwendigen Informationen aus der Testfall-Durchführung in einer Zusammenfassung ermöglicht es anderen Parteien, die Konsequenzen zu beurteilen.*

Diese Praktik entspricht eins zu eins der Basispraktik 6 von HWE.3. Bitte schauen Sie dort für weitere Informationen nach.

Auf die generelle Bedeutung des Berichtswesens für einen funktionierenden Entwicklungsprozess wird in Abschnitt 5.9.2 eingegangen. Die Ergebnisse der Verifikationsmaßnahmen sind ein wesentlicher Aspekt für das Management des Projekts und den Nachweis der Güte der Projektergebnisse.

13.4.3 Erzeugte Informationsobjekte

08-60 Verifikationsmaßnahmen	In diesem Prozess beziehen sich die Verifikationsmaßnahmen auf die Hardwareanforderungen. Verifikationsmaßnahmen beinhalten die systematische Anwendung von Methoden wie Tests, Reviews und statischen Analysen, um zu bewerten, ob die Hardware den definierten Entwürfen und Anforderungen entspricht. Verifikationsmaßnahmen dienen dazu, die Korrektheit zu überprüfen und sicherzustellen, dass keine unbeabsichtigten Funktionalitäten oder Fehler im Code vorhanden sind.
03-50 Daten der Verifikationsmaßnahme	Daten der Verifikationsmaßnahme umfassen Aufzeichnungen und Ergebnisse, die während der Durchführung einer Verifikationsaktivität erfasst werden. Dazu gehören beispielsweise Rohdaten, Protokolle, Traces, Ausgaben von Werkzeugen, Messwerte und Werte aus Berechnungen oder Simulationen sowie Befunde aus Überprüfungen wie optischen Inspektionen. Diese Daten bieten eine dokumentierte Grundlage zur Bewertung der Übereinstimmung mit den festgelegten Anforderungen und zur Identifizierung von Abweichungen oder Problemen im Verifikationsprozess.
08-58 Auswahlset der Verifikationsmaßnahmen	Wählen Sie die Verifikationsmaßnahme für jedes Release und berücksichtigen Sie den definierten Release-Umfang und die Regressionstest-Strategie.
15-52 Verifikationsergebnisse	Die Ergebnisse aller Verifikationen müssen nachvollziehbar aufgezeichnet und in Testberichten zusammengefasst werden.
13-51 Konsistenznachweise	Die Konsistenz wird in der Regel durch ein Prüfprotokoll nachgewiesen. Bei einer großen Anzahl von Elementen reicht es nicht aus, die Frage der Konsistenz an einer Stelle zentral zu beantworten, sondern sie muss für alle Verifikationsmaßnahmen einzeln oder für kleinere Mengen von Verifikationsmaßnahmen dokumentiert werden. Die Dokumentation erfolgt im Allgemeinen werkzeuggestützt oder in spezifischen Checklisten. Es gibt also in der Regel kein besonderes Dokument, das die in diesem Fall benötigten Informationen enthält.
13-52 Kommunikationsnachweise	Jedes greifbare Artefakt, z.B. E-Mails, Sitzungsprotokolle, Offene-Punkte-Listen, kann als Nachweis für Capability Level 1 herangezogen werden, solange die relevanten Interessengruppen angesprochen werden. Unter Berücksichtigung von PA 2.1 und insbesondere GP 2.1.6 ist eine stärker formalisierte und geplante Vorgehensweise mittels definierter Kommunikationsmedien erforderlich. Dies geschieht oft werkzeuggestützt. Im Hinblick auf Capability Level 3 sollte dies im Standardprozess beschrieben und auf das Projekt zugeschnitten werden.

13.4.4 Zusätzliche Überlegungen

Bezug zu anderen Automotive SPICE®-Prozessen

- HWE.4 setzt direkt auf den Ergebnissen von HWE.1 auf, indem verifiziert wird, dass die Hardware die definierten Anforderungen erfüllt.
- Entdeckte Probleme und Änderungen, die während der Hardwareverifikation identifiziert werden, müssen gemäß SUP.9 gemanagt werden.
- Das Projektmanagement (MAN.3) muss die Ressourcen, Zeitpläne und Aktivitäten für die Hardwareverifikation planen und überwachen.
- Die Verifikationsmaßnahmen und -ergebnisse müssen im Rahmen des Konfigurationsmanagements (SUP.8) dokumentiert und gemanagt werden, um Nachvollziehbarkeit und Konsistenz zu gewährleisten.

Typische Fallstricke

- Hardwareanforderungen, die nicht klar definiert oder verstanden sind, führen zu Fehlinterpretationen und einer unvollständigen Verifikation.
- Durch fehlende Rückverfolgbarkeit zwischen Hardwareanforderungen, Entwurf und Verifikationsaktivitäten kann es passieren, dass wichtige Anforderungen übersehen oder unnötige Verifikationsaktivitäten durchgeführt werden.
- Ein Mangel an Personal, Werkzeugen und Zeit kann zu einer unvollständigen Verifikation oder zu einer geringeren Qualität der Verifikationsergebnisse führen.
- Unzureichende Verifikationsmaßnahmen können die Ursache sein, dass wichtige Anforderungen nicht abgedeckt werden oder das System nicht vollständig verifiziert wird.
- Eine unzureichende Überprüfung und Genehmigung von Verifikationsaktivitäten und -ergebnissen kann zu unentdeckten Fehlern und zu einer geringeren Qualität der Verifikationsergebnisse führen.
- Die Nichtbeachtung einschlägiger Industriestandards und Vorschriften kann Nonkonformitäten und gesetzliche Probleme zur Folge haben.

Zu berücksichtigen in Bezug auf PA 2.1

- Eine Verifikationsstrategie ist zu entwickeln, die beschreibt, wie Hardwareanforderungen systematisch verifiziert werden sollen, einschließlich spezifischer Stakeholder-Anforderungen und der Auswahl von Verifikationsmethoden. In diesem Zusammenhang müssen auch konkrete projektspezifische Ziele für die Verifikation der Hardwareanforderungen definiert werden.
- Die Aktivitäten zur Verifikation der Hardwareanforderungen sollten in hinreichender Granularität geplant und abgeschätzt werden, wobei die Abschätzungen systematisch erfolgen und kontinuierlich verbessert werden sollten.

- Mit dem Übergang zu Capability Level 2 steigen die Erwartungen an die Reproduzierbarkeit und Optimierung der Arbeitsprozesse. Es sollten dokumentierte Vorgehensweisen vorhanden sein, um die Hardwareverifikation effektiv und mit hoher Qualität durchzuführen.
- Aufgewendete Zeiten und Änderungen sollten systematisch nachverfolgt werden, um Schwachstellen rechtzeitig zu erkennen und den Prozess kontinuierlich zu verbessern.
- Technische und personelle Ressourcen, einschließlich der für die Verifikation benötigten Hardware, Testinfrastruktur und der qualifizierten Tester, sind zu berücksichtigen.

Zu berücksichtigen in Bezug auf PA 2.2

- Jede Verifikationsmaßnahme sollte einen klaren Status haben und versioniert werden, um die Verfolgbarkeit zu gewährleisten.
- Die Wiederverwendbarkeit ab Capability Level 2 ist insbesondere bei einem Produktlinien- oder Modulansatz relevant.
- Wenn nicht alle definierten Qualitätskriterien vollständig sichergestellt werden können, sollte ein risikobasierter Ansatz verfolgt werden.
- Verifikationsverfahren und -skripte sollten werkzeuggestützt versioniert werden, inklusive der Dokumentation, wer an den Maßnahmen gearbeitet hat.

Hinweise für Assessoren

- Überprüfen Sie, ob klare Verifikationsziele definiert sind und die Planung der Hardware-Verifikationsaktivitäten adäquat ist.
- Überprüfen Sie, ob Verantwortlichkeiten für die Durchführung der Hardwareverifikation klar definiert und angemessen zugeordnet sind.
- Beurteilen Sie die Feinplanung in Bezug auf Ressourcen und die Stakeholder-Einbindung und bewerten Sie die Flexibilität des Prozesses bei Änderungen.
- Prüfen Sie, ob alle relevanten Stakeholder einbezogen und deren Anforderungen berücksichtigt werden.
- Überprüfen Sie die Koordination und Kommunikation zwischen verschiedenen Teams und Teilprojekten und ob Feedback von Stakeholdern und der Qualitätssicherung in den Prozess einfließt.

14 Prozessgruppe der Unterstützungsprozesse

Diese Prozessgruppe umfasst in Automotive SPICE® 4.0 fünf Prozesse.

14.1 SUP.1 Qualitätssicherung

Der Zweck besteht in der unabhängigen und objektiven Gewährleistung, dass Arbeitsprodukte und Prozesse den festgelegten Kriterien entsprechen und dass Nonkonformitäten behoben und weitere verhindert werden.	**Base**
Erwartete Prozessergebnisse: ■ Die Qualitätssicherung wird unabhängig und objektiv ohne Interessenkonflikte durchgeführt. ■ Es werden Kriterien für die Qualität von Arbeitsprodukten und Prozessdurchführungen festgelegt. ■ Die Konformität der Arbeitsprodukte und der Prozessdurchführung mit den festgelegten Kriterien und Zielen wird überprüft, dokumentiert und den zuständigen Stellen mitgeteilt. ■ Nonkonformitäten werden verfolgt, behoben und überdies verhindert. ■ Nonkonformitäten werden an die entsprechenden Managementebenen eskaliert. ■ Das Management stellt sicher, dass eskalierte Nonkonformitäten behoben werden.	

14.1.1 Prozessbeschreibung

Die Qualitätssicherung (QS) umfasst den gesamten Entwicklungsprozess von der Initiierung über die Entwicklung bis hin zur Nachbearbeitung (s. Abb. 14–1). Sie soll gegenüber dem Kunden, der Geschäftsleitung und anderen Stakeholdern sicherstellen, dass die Entwicklungsprozesse eingehalten wurden und die Arbeitsprodukte den Spezifikationen entsprechen.

Dieser Prozess erfordert eine unabhängige Qualitätssicherung (BP1) zur Durchführung von Qualitätssicherungs-Aktivitäten für Dokumente (BP3) und Prozesse (BP4) auf der Grundlage der Kriterien und Ziele (BP2) sowie die Aufzeichnung der

Nonkonformitäten und die Sicherstellung, dass diese rechtzeitig korrigiert werden (BP6). Wenn die Nonkonformität nicht rechtzeitig korrigiert werden kann oder Unterstützung durch das Management benötigt, ist eine Eskalation auf der entsprechenden Ebene (BP7) erforderlich. Die Qualitätssicherungs-Aktivitäten werden zusammengefasst und es erfolgt ein regelmäßiger Bericht der Ergebnisse an die relevanten Interessengruppen (BP5).

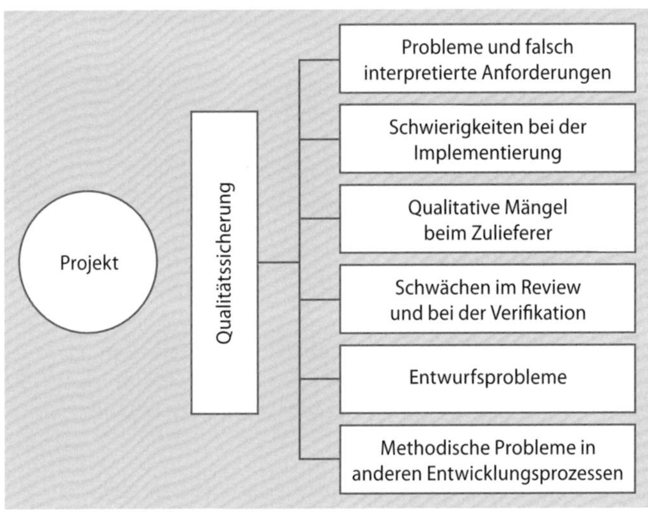

Abb. 14–1 *Qualitätssicherung als Schutzschild des Projekts*

Nutzen

- Die Qualitätssicherung bietet einen unabhängigen Einblick in das Projekt, in dessen Ablauf und in die Art und Weise, wie die Prozesse ausgeführt und die Arbeitsprodukte erstellt werden.
- Die Projektarbeit und die Prozessausführung werden objektiv überprüft.
- Konsistente Audits von Prozessen und Arbeitsprodukten zeigen Qualitätsprobleme auf und bieten die Möglichkeit, auf sie zu reagieren, sobald sie erkannt werden.
- Durch die frühzeitige Erkennung von Problemen wird die Anzahl der in späten Projektphasen gefundenen Fehler verringert, was teure Nacharbeiten und Aufwand reduziert.

Der Projektleiter und das Entwicklungsteam, nicht der QS-Ingenieur, sind für die Qualität im Projekt verantwortlich. Der QS-Ingenieur unterstützt das Projektteam, indem er z.B. eine wirksame QS-Strategie aufstellt und dafür sorgt, dass diese Strategie auch tatsächlich eingehalten wird. Dazu gehören die in BP2 und BP3 beschriebenen Kontrollen.

Die Qualitätssicherung muss unabhängig sein und objektiv und ohne Interessenkonflikte durchgeführt werden.

Qualitätssicherer sind meistens für mehrere Projekte verantwortlich, was oft zu Konflikten und mangelnder QS-Unterstützung in diesen Projekten führt.

Die Durchführung der Qualitätssicherung für Arbeitsprodukte liegt hauptsächlich in der Verantwortung der Entwickler, z.B. in Form von Reviews und Tests von Arbeitsprodukten. Der QS-Ingenieur prüft, ob diese Tätigkeiten korrekt und vollständig durchgeführt wurden. Die Ergebnisse werden gemeldet und bei Problemen wird eine Eskalation an das Management eingeleitet.

Es ist von entscheidender Bedeutung, Qualitätskriterien festzulegen und zu dokumentieren, anhand derer die Qualität der Arbeitsprodukte beurteilt werden kann. Damit wird deutlich, dass die Durchführung einer Überprüfung oder eines Tests zwar wichtig ist, dass es aber eigentlich darum geht, ob das, was geprüft oder getestet wurde, tatsächlich für die Lieferung geeignet ist. Um dies festzustellen, müssen spezifische Kriterien festgelegt und angewendet werden (z.B. in Checklisten für die Überprüfung).

14.1.2 Basispraktiken

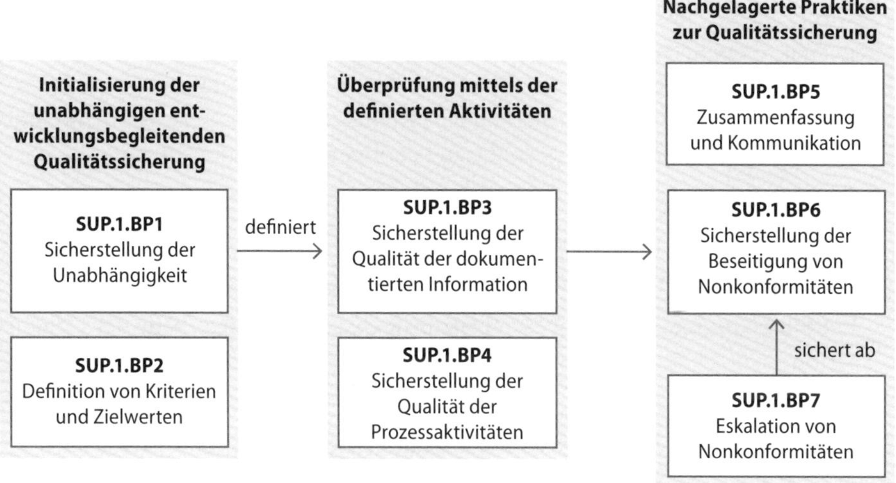

Abb. 14–2 *Zusammenspiel der Basispraktiken des SUP.1*

SUP.1.BP1: Sicherstellung der Unabhängigkeit der Qualitätssicherung. Stelle sicher, dass die Qualitätssicherung unabhängig und objektiv ohne Interessenkonflikte durchgeführt wird.

Anmerkung 1: *Mögliche Inputs für die Bewertung der Unabhängigkeit können die Zuordnung zur finanziellen und/oder organisatorischen Struktur sowie die Verantwortung für Prozesse, die der Qualitätssicherung unterliegen, sein (keine Selbstüberwachung).*

Unabhängigkeit ist für die Objektivität und Glaubwürdigkeit der Qualitätssicherung unerlässlich. Dies bedeutet, dass sie unvoreingenommen und frei von Interessenkonflikten sein muss.

Dazu gehört auch das Vier-Augen-Prinzip, wonach die Selbstüberwachung des Autors eines Arbeitsprodukts nicht ausreicht. Unabhängige Qualitätssicherungs-Rollen sollten nicht von Projektmanagern oder Entwicklern desselben Projekts wahrgenommen werden.

Daraus folgen in Automotive SPICE® organisatorische Vorgaben. Der Qualitätssicherer sollte nicht dem Projektmanager unterstellt sein und wenn möglich auch nicht dessen direktem Vorgesetzten. Das ist in kleinen Organisationen nicht immer ganz einfach umzusetzen, sodass auch hier die Angemessenheit beachtet werden muss. Es wird aber gefordert, parallele Strukturen mit einem parallelem Berichtsweg zu schaffen, für den auch ein Weg zur Eskalation definiert werden muss.

Die Organisationsstruktur muss das Qualitätssicherungs-Personal darin unterstützen, unabhängig von projektinternen Zwängen arbeiten zu können. Dies wird typischerweise durch eine von der Entwicklung unabhängige Organisationseinheit gewährleistet, der das QS-Personal administrativ unterstellt ist. Durch ihre Unabhängigkeit, typischerweise innerhalb der Qualitätsorganisation, vermeiden sie einen Interessenkonflikt mit dem Projekt. Sie sind in der Lage, Qualitätsprobleme in Prozessen und Arbeitsprodukten zu erkennen, zu melden, proaktiv zu eskalieren und ggf. auch Lieferungen zu blockieren. Dazu benötigen sie ein unabhängiges Berichtswesen.

Die Kriterien für die Unabhängigkeit sind:

- Das Vorhandensein einer unabhängigen Organisationsstruktur
- Ein unabhängiges Berichtswesen bis zur höchsten Führungsebene der Organisation

SUP.1.BP2: Definition von Kriterien für die Qualitätssicherung. Definiere Qualitätskriterien für Arbeitsprodukte sowie für Prozessaufgaben und deren Durchführung.

Anmerkung 2: *Qualitätskriterien können interne und externe Vorgaben wie Kundenanforderungen, Normen, Meilensteine usw. berücksichtigen.*

Obwohl Automotive SPICE® 4.0 keine spezifische Qualitätssicherungs-Strategie für Capability Level 1 vorschreibt, wird dringend empfohlen, einen klar definierten Ansatz zu verfolgen, um festzulegen, wie die Qualitätssicherungs-Aktivitäten durchgeführt werden sollen, um die Qualitätskriterien zu erreichen.

Die Kriterien für die Qualitätssicherung sollten basierend auf dem Projektzusammenhang identifiziert werden und interne Regeln, Erwartungen sowie externe Inputs wie Kundenanforderungen und Standards berücksichtigen. Von diesen Kriterien ausgehend, sind Methoden zur Sicherstellung der Qualität aller relevanten Arbeitsprodukte und Prozesse festzulegen.

Messbare Ziele sollten mit Zielvorgaben versehen sein, z.B.: Die Organisation misst die durchschnittliche Prozesskonformität von Projekten und erstellt Ampelberichte für das Management. Es gibt jedoch keine Definition dessen, was erwartet wird. Grün? Gelb? Und wie wird grün und gelb definiert?

Ein weiteres Beispiel für Qualitätskriterien: Eine Anforderung muss »genehmigt« werden, bevor sie in der Entwicklung verwendet wird. »Genehmigt« bedeutet, dass alle Überprüfungen (gemäß dem betrachteten Prozess) durchgeführt und Probleme gelöst wurden.

In Bezug auf konkrete Prozesse und deren Arbeitsprodukte besteht ein starker Bezug zu der generischen Praktik GP 2.2.1. Diese erfordert eine spezifischere Auseinandersetzung mit den Qualitätskriterien der einzelnen Arbeitsprodukte, auch in Bezug auf die in GP 2.1.1 geforderte Strategie.

SUP.1.BP3: Sicherstellung der Qualität von Arbeitsprodukten. Identifiziere Arbeitsprodukte, die der Qualitätssicherung gemäß den Qualitätskriterien unterliegen. Führe geeignete Aktivitäten durch, um die Arbeitsprodukte anhand der festgelegten Qualitätskriterien zu bewerten und die Ergebnisse zu dokumentieren.

Anmerkung 3: *Qualitätssicherungs-Aktivitäten können Überprüfungen, Problemanalysen und Lessons Learned umfassen, die die Arbeitsprodukte für die weitere Verwendung verbessern.*

Zur Qualitätssicherung von Arbeitsprodukten werden in der Regel Reviews durchgeführt, die auf vordefinierten Überprüfungsmethoden und -kriterien basieren. Die Teilnehmer der Reviews müssen über ausreichende Expertise verfügen, um die Arbeitsprodukte zu überprüfen. Darüber hinaus sollten QS-Ingenieure an ausgewählten Reviews teilnehmen können, um die Effektivität der Reviews und die Kontrolle der Arbeitsprodukte zu erhöhen. Gemäß SUP.1.BP2 (Kriterien und Zielwerte) werden die Arbeitsprodukte bewertet und die Ergebnisse dokumentiert.

Der Qualitätssicherer im Projekt ist in der Regel nicht für die technischen Prüfungen zuständig (z.B. ob die Anforderungsdefinition ausreichend ist oder nicht), sondern stellt sicher, dass die Aktivitäten (wie z.B. die Überprüfung) gemäß dem Zeitplan durchgeführt und die erwarteten Ziele erreicht werden. Die Software-Anforderungen sollten beispielsweise überprüft und verbessert werden, bevor sie in die Entwicklung einfließen. Die Qualitätssicherung ist hier also nicht die treibende Kraft, sondern die prüfende und unterstützende Instanz. Auch für die Qualitätssicherung gilt, was bereits für die Testprozesse gesagt wurde: Qualität kann nicht in ein Produkt hinein gesichert werden.

Wenn diese Praktik abgewertet wird, weil kein geeigneter Reviewprozess aufgesetzt worden ist, liegt die Hauptverantwortung dafür zumeist nicht bei den Qualitätssicherern. Das heißt aber nicht, dass die Qualitätssicherer dem Projekt nicht mahnend zur Seite stehen sollten.

An dieser Stelle sei noch der Hinweis erlaubt, dass für ein systematisches Review klar definierte Reviewkriterien notwendig sind, die durchaus auch Bestandteil einer Checkliste sein können. Ohne nachvollziehbar definierte Kriterien kann nicht von einem systematischen Review ausgegangen werden.

Hinsichtlich konkreter Prozesse und deren Arbeitsprodukte besteht ein enger Bezug zu der generischen Praktik GP 2.2.4.

SUP.1.BP4: Sicherstellung der Qualität von Prozessaktivitäten. Identifiziere die Prozesse, die der Qualitätssicherung unterliegen, gemäß den Qualitätskriterien. Führe geeignete Aktivitäten durch, um die Prozesse anhand der definierten Qualitätskriterien und der zugehörigen Zielwerte zu bewerten und die Ergebnisse zu dokumentieren.

Anmerkung 4: *Zu den Qualitätssicherungs-Aktivitäten können Prozessbewertungen, Problemanalysen, die regelmäßige Überprüfung von Methoden, Werkzeugen und der Einhaltung der definierten Prozesse sowie die Berücksichtigung der gewonnenen Erkenntnisse gehören.*

Die Qualitätssicherung von Prozessaktivitäten zielt darauf ab, Nichtübereinstimmungen in der Prozessdurchführung aufzudecken. Dies kann Prozessbewertungen, Audits, Überprüfungen der korrekten Anwendung von Methoden und Werkzeugen sowie der Einhaltung definierter Prozesse einschließen.

Die Prozess-Qualitätssicherung kann Prozessbewertungen und -audits, Problemanalysen, regelmäßige Überprüfungen von Methoden, Werkzeugen und Dokumenten sowie der Einhaltung definierter Prozesse, Berichte und Lessons Learned zur Verbesserung der Prozesse für zukünftige Projekte umfassen. Hierbei ist die Planung in einem definierten Vorgehen wichtig. Dabei geht es weniger um eine ohnehin nicht erreichbare Vollständigkeit als vielmehr um eine kontinuierliche Verbesserung.

Die Überprüfung der Einhaltung von Prozessen beinhaltet oft die Überprüfung von Arbeitsprodukten, und die Überprüfung von Arbeitsprodukten hilft, die Einhaltung von Prozessen zu messen. Sie sollten kontinuierlich durchgeführt werden und einen Mehrwert für das Projekt darstellen.

Wenn Aktivitäten zur Überprüfung der Prozesskonformität mit Aktivitäten zur Überprüfung der Arbeitsprodukte kombiniert werden, muss dennoch die Zielsetzung dieser Aktivitäten in Bezug auf die Prozessqualität sichtbar und nachvollziehbar sein.

Die Qualitätssicherungs-Maßnahmen sollten in den gesamten Entwicklungsprozess integriert werden und müssen auch die Qualität der Lieferungen von Zulieferern gemäß dem Projektumfang und -kontext umfassen. Gate-Reviews allein sind bei der proaktiven Sicherstellung der erforderlichen Qualität nicht sehr effektiv.

- Beispiel: Nach Phase x, die ein Jahr gedauert hat, findet ein Gate-Review statt. Das Gate-Review umfasst eine Vielzahl von Prozessüberprüfungen, und das Gate wurde ohne Beanstandungen bestanden. Bei der Bewertung wird jedoch festgestellt, dass es im Laufe des Jahres schwerwiegende Prozessabweichungen gab, die auch zur Unzufriedenheit der Kunden führten. Alle Nonkonformitäten wurden jedoch in den Wochen unmittelbar vor der Prüfung erfolgreich behoben.

SUP.1.BP5: Zusammenfassung und Kommunikation der Qualitätssicherungs-Aktivitäten und -ergebnisse. Berichte regelmäßig Berichterstattung über Leistung, Nonkonformitäten und Trends der Qualitätssicherungs-Aktivitäten an alle betroffenen Parteien.

Der Qualitätssicherer informiert regelmäßig alle relevanten Personen über die Aktivitäten und Ergebnisse der Arbeitsprodukt- und Prozesssicherung, einschließlich der folgenden Punkte:

- Berichtsintervall und Verteilerliste sind festgelegt
- Informationen werden veröffentlicht
- Meldung von Abweichungen von vorgeschriebenen Qualitätszielen
- Berichterstattung über durchgeführte QS- oder Korrekturmaßnahmen in den Projekten

Regelmäßige Berichte und Updates über den Status der Qualitätssicherung, einschließlich Fortschritten und identifizierten Problemen, helfen dabei, das Bewusstsein und die Aufmerksamkeit für Qualitätssicherungs-Themen aufrechtzuerhalten.

Der Qualitätssicherer sollte den in SUP.1.BP1 definierten unabhängigen Weg nutzen, um die Ergebnisse regelmäßig an das Management und andere relevante Interessengruppen zu berichten. Alle relevanten Stakeholder, einschließlich Kunden, Lieferanten, Entwicklerteams und Management, sollten in den Kommunikationsprozess einbezogen werden. Dies gewährleistet, dass die Qualitätssicherungs-Maßnahmen auf breiter Basis unterstützt und umgesetzt werden.

Moderne Collaboration-Tools können die Kommunikation und Dokumentation von QS-Maßnahmen erleichtern, indem sie zentralisierte und zugängliche Plattformen für Information und Diskussion bieten. Auf die Themen Transparenz und Kommunikation wird auch in Abschnitt 5.9 eingegangen.

SUP.1.BP6: Sicherstellung der Beseitigung von Nonkonformitäten. Analysiere, verfolge, korrigiere, behebe und beuge weiteren Nonkonformitäten vor, die bei Qualitätssicherungs-Aktivitäten festgestellt wurden.

Anmerkung 5: *Bei Arbeitsprodukten festgestellte Nonkonformitäten können in das Problemlösungs-Management (SUP.9) aufgenommen werden.*

Anmerkung 6: *Nonkonformitäten, die bei der Prozessdefinition oder -durchführung festgestellt werden, können in einen Prozessverbesserungs-Prozess (PIM.3) aufgenommen werden.*

In diesem Zusammenhang ist eine systematische Nachverfolgung von identifizierten Abweichungen erforderlich, für die das Problemlösungs-Management SUP.9 herangezogen werden kann. Wenn Abweichungen durch den Qualitätssicherer gefunden werden, liegt die Verantwortung erst einmal bei diesem.

Der Qualitätssicherer spricht z.B. mit der für das Qualitätsproblem verantwortlichen Person und vereinbart eine Korrekturmaßnahme und einen Fälligkeitstermin.

Nach Ablauf der Frist prüft der QS-Ingenieur, ob die Korrekturmaßnahme abgeschlossen wurde. Ist dies nicht der Fall, erinnert er die verantwortliche Person daran, setzt einen neuen Termin fest, prüft erneut und so weiter. Werden im Rahmen des allgemeinen Reviewprozess Abweichungen festgestellt, hat der Qualitätssicherer eher eine generelle Überwachungsverantwortung.

Der Status der Abarbeitung der festgestellten Abweichungen sollte nachverfolgt werden und in das Berichtswesen zur Qualitätssicherung mit einfließen. In diesem Zusammenhang ist im Sinne von Automotive SPICE® darauf hinzuweisen, dass dieses Vorgehen auch im Nachhinein noch nachvollziehbar sein sollte.

SUP.1.BP7: Eskalation von Nonkonformitäten. Eskaliere relevante Nonkonformitäten an die entsprechenden Managementebenen und andere relevante Beteiligte, um ihre Lösung zu erleichtern.

Anmerkung 7: *Die Entscheidung, ob Nonkonformitäten eskaliert werden sollen, kann auf Kriterien wie Verzögerung der Lösung, Dringlichkeit und Risiko beruhen.*

Abweichungen, die nicht vom Projektteam gelöst werden können oder zu lange hinausgezögert werden, müssen auf eine angemessene Ebene des Managements eskaliert werden. Dies dient dazu, alle relevanten Stakeholder einzubeziehen und durch diese Stakeholder sichergestellte Korrekturmaßnahmen zu ermöglichen. Klar definierte Eskalationswege und Feedback-Mechanismen erlauben es, bei Bedarf schnell auf Probleme zu reagieren und eine effektive Konfliktlösung zu fördern.

Der Qualitätssicherer sollte oder besser muss an die nächste Managementebene eskalieren, wenn jemand nicht bereit ist, an der Lösung der Nonkonformitäten mitzuarbeiten, oder wenn ein Problem nicht vom Projektteam gelöst werden kann und das Management informiert werden muss, um eine Lösung zu unterstützen oder herbeizuführen.

Hierbei ist auch der bereits geforderte unabhängige Eskalationspfad zu berücksichtigen: Das heißt, wenn hier von Eskalation in Bezug auf die Qualitätssicherung gesprochen wird, ist in erster Linie ein Eskalationsweg außerhalb der Projekthierarchie, z.B. durch eine QS-Abteilung gemeint. Dieser muss in einer QS-Strategie, einem QM-Plan oder einer Arbeitsanweisung festgelegt sein. Die Erwartungshaltung ist, dass bei Abweichungen im laufenden Projektgeschäft mindestens eine Eskalation auf die nächste Ebene erfolgt ist.

Aber auch kleine Eskalationen auf die nächste Projekthierarchie-Ebene sollten nachvollziehbar dokumentiert werden. Dies kann auch im Zusammenspiel mit dem Problemlösungs-Management SUP.9 geschehen.

Der Eskalationspfad sollte im Organigramm definiert sein, um sicherzustellen, dass die Nonkonformität auf die richtige Ebene weitergeleitet werden kann. Auch hier ist zu beachten, dass eine Eskalation auch im Nachhinein noch nachvollziehbar sein sollte, ggf. mit Begründungen und Auswirkungen der Eskalation.

14.1.3 Erzeugte Informationsobjekte

16-50 Organisationsstruktur	Die Organisationsstruktur sollte zeigen, dass die QS-Abteilung unabhängig ist.
18-52 Eskalationspfad	Definiert den Eskalationspfad, normalerweise werden mehrere Eskalationsstufen definiert, wie z.B.: Stufe 1 ist die Abteilungsleitung, wenn Stufe 1 das Problem nicht lösen kann, wird es zur Stufe 2 (Entwicklungsleiter) eskaliert.
18-07 Qualitätskriterien	Das Qualitätsziel und die Inspektionsmethode zur Überprüfung dieses Qualitätsziels sind definiert.
13-52 Kommunikationsnachweise	Jedes greifbare Artefakt, z.B. E-Mails, Sitzungsprotokolle, Offene-Punkte-Listen, kann als Nachweis für Capability Level 1 herangezogen werden, solange die relevanten Interessengruppen angesprochen werden. Unter Berücksichtigung von PA 2.1 und insbesondere GP 2.1.6 ist eine stärker formalisierte und geplante Vorgehensweise mittels definierter Kommunikationsmedien erforderlich. Dies geschieht oft werkzeuggestützt. Im Hinblick auf Capability Level 3 sollte dies im Standardprozess beschrieben und auf das Projekt zugeschnitten werden.
13-18 Qualitätskonformitäts-Nachweis	Der Qualitätskonformitäts-Nachweis dokumentiert präzise, welche Aufgaben, Aktivitäten oder Prozesse zur Generierung bestimmter Informationen geführt haben. Er gibt an, zu welchem Zeitpunkt die Daten erhoben wurden, und benennt die Quelle aller zugehörigen Daten. Zudem legt er die zugrunde liegenden Qualitätskriterien offen und identifiziert alle Messungen, die mit diesen Informationen in Verbindung stehen.
13-19 Reviewnachweis	Der Reviewnachweis dokumentiert den Kontext und die Durchführung von Überprüfungen von Arbeitsprodukten. Er spezifiziert, was überprüft wurde, führt die Teilnehmer des Reviews sowie deren Verantwortungsbereiche auf und vermerkt den Status des Reviews. Er enthält Details zum Umfang des Reviews, einschließlich der verwendeten Checklisten, der Kriterien, der zu überprüfenden Anforderungen und der Einhaltung von Standards. Insbesondere die klare Definition der Reviewkriterien ist essenziell, diese können aber auch durchaus Bestandteil der Checklisten sein. Der Nachweis gibt auch den Aufwand an, der für die Vorbereitung und die Durchführung des Reviews aufgewendet wurde. Zuletzt werden die Ergebnisse des Reviews festgehalten, darunter festgestellte Abweichungen bzw. Nonkonformitäten und Vorschläge zu ihrer Verbesserung. Dies ist dann der Übergang zu der Nachverfolgung von Abweichungen.

14-02 Abhilfemaßnahmen	Abhilfemaßnahmen im Rahmen der Qualitätssicherung zielen darauf ab, identifizierte Probleme systematisch zu adressieren und zu beheben. Sie legen fest, wer für die Durchführung und den Abschluss der definierten Maßnahmen verantwortlich ist, und definieren einen Lösungsweg, der aus einer Reihe von Schritten zur Problemlösung besteht. Zusätzlich wird ein Zeitrahmen mit einem festgelegten Start- und einem angestrebten Abschlussdatum angegeben, begleitet von einem Statusindikator und ggf. weiteren Audit-Maßnahmen zur Nachverfolgung der Umsetzung und Wirksamkeit der Abhilfemaßnahmen.

14.1.4 Zusätzliche Überlegungen

Bezug zu anderen Automotive SPICE®-Prozessen

- Die Qualitätssicherung überwacht alle anderen Prozesse hinsichtlich ihrer Konformität mit Prozessvorgaben wie z.B. Automotive SPICE®. (SUP.1.BP3)
- Die Qualitätssicherung unterstützt die anderen Prozesse bei Prozessverbesserungsmaßnahmen. Oft ist dieser Prozess der Motor für die Umsetzung der Automotive SPICE®-Konformität.
- Die Qualitätssicherung stellt, meist als »2nd line of defense«, die Qualität der Arbeitsprodukte der anderen Prozesse sicher. (SUP.1.BP2)
- Die Qualitätssicherung unterstützt das Projektmanagement durch Statusberichte.

Typische Fallstricke

- Qualitätssicherung wird als alleinige Verantwortung der Qualitätssicherer gesehen, anstatt als eine gemeinschaftliche Verantwortung des gesamten Teams.
- Fehlende Unabhängigkeit der Qualitätssicherung kann zu Interessenkonflikten führen.
- Unzureichend definierte Qualitätskriterien erschweren die objektive Beurteilung der Arbeitsprodukte.
- Arbeitsprodukte werden nur von QS-Ingenieuren überprüft, die sich hauptsächlich auf Verknüpfungen, Attribute und Vorlagen usw. konzentrieren, also auf nicht technische Fragen.
- Die Eskalation ist nicht effektiv, d.h., der definierte Eskalationsprozess wurde zwar angestoßen, aber es gibt keine Maßnahmen auf Managementebene.
- Die Intervalle zwischen den Qualitätssicherungs-Aktivitäten sind zu groß gewählt, z.B. halbjährlich oder zu den Hauptmeilensteinen. Qualitätssicherung kann aber nur als kontinuierlicher Prozess wirksam sein.

Zu berücksichtigen in Bezug auf PA 2.1

- Qualitätssicherer sind häufig an mehreren Projekten beteiligt. Es sollte sichergestellt werden, dass genügend Ressourcen für die Arbeit am Prozess zur Verfügung stehen, auch wenn die Zeitplanung eher pauschal ist.
- Alle Qualitätssicherungs-Maßnahmen sollten klar definiert und dokumentiert sein, sodass jeder im Projektteam die Ziele und Erwartungen versteht. Dies beinhaltet die Kommunikation über Methoden, Standards, Zeitpläne und Verantwortlichkeiten.
- Die Qualitätssicherung sollte nicht nur darauf ausgerichtet sein, bestehende Abweichungen zu beheben, sondern auch darauf, diese präventiv zu verhindern und die Prozesse für zukünftige Projekte zu verbessern. Dies kann regelmäßige Überprüfungen von Methoden, Werkzeugen und Dokumenten sowie das Notieren von Lessons Learned beinhalten.
- Vorbeugende Maßnahmen sollten ergriffen werden, um die Wiederholung von Nonkonformitäten zu verhindern.
- Durch Schulungen und Weiterbildungsmaßnahmen können das Bewusstsein und das Verständnis für Qualitätssicherungs-Praktiken im gesamten Unternehmen gestärkt werden.
- Agile Methoden und Praktiken stehen nicht in Widerspruch zu Automotive SPICE® und können ebenfalls geeignete Qualitätssicherungs-Maßnahmen beinhalten.
- Führungskräfte sollten die Bedeutung der Qualitätssicherung durch ihr eigenes Handeln unterstreichen und mit gutem Beispiel vorangehen. Letztlich ist das Einrichten einer effektiven Qualitätssicherung auch eine kulturelle Frage. Es sollte eine Unternehmenskultur etabliert werden, in der Feedback zu Qualitätsfragen gefördert und auch wertgeschätzt wird, ohne dass dies negative Konsequenzen für die Feedback-Geber hat.

Zu berücksichtigen in Bezug auf PA 2.2

- Klare Kriterien für die Qualitätssicherung von Arbeitsprodukten sind festzulegen und anzuwenden. Hierbei sollten die relevanten Stakeholder mit einbezogen werden.
- Die Qualitätssicherungs-Strategie sollte einem Review unterzogen und freigegeben sein, auch wenn die formalen Anforderungen an eine Strategie in Automotive SPICE® 4.0 nicht hoch sind.
- SUP.1.BP2 hat einen starken Bezug zu GP 2.2.1.
- SUP.1.BP3 hat einen starken Bezug zu GP 2.2.4.

Hinweise für Assessoren

- Wichtige Fragen: Sind die Qualitätsprüfungen sinnvoll? Und wenn aus anderen Interviews Schwächen in Prozessen und Arbeitsprodukten bekannt sind: Wurden diese Probleme bei der Qualitätsprüfung aufgedeckt?
- Achten Sie darauf, dass die Bewertung von SUP.1.BP3 mit den Bewertungen der generischen Praktiken GP 2.2.1 und GP 2.2.4 übereinstimmt.
- Stellen Sie sicher, dass die Qualitätssicherungs-Aktivitäten gut geplant und von Anfang an in den gesamten Entwicklungsprozess integriert sind.
- Legen Sie den Schwerpunkt darauf, dass Qualitätssicherungs-Aktivitäten unabhängig und objektiv durchgeführt werden, um effektiv zu sein und Konflikte zu vermeiden.

14.2 SUP.8 Konfigurationsmanagement

Der Zweck besteht in der Etablierung und Aufrechterhaltung der Integrität relevanter Konfigurationselemente und Baselines sowie der Kommunikation an die betroffenen Parteien.	**Base**
Erwartete Prozessergebnisse: ■ Es werden Auswahlkriterien für Konfigurationselemente definiert und angewendet. ■ Die Eigenschaften von Konfigurationselementen werden definiert. ■ Das Konfigurationsmanagement wird eingeführt. ■ Modifikationen werden kontrolliert. ■ Baselines werden angewandt. ■ Der Status der Konfigurationselemente wird erfasst und gemeldet. ■ Die Vollständigkeit und Konsistenz der Baselines werden sichergestellt. ■ Die Verfügbarkeit von Sicherungs- und Wiederherstellungsmechanismen wird überprüft.	

14.2.1 Prozessbeschreibung

Konfigurationsmanagement ist ein systematischer Prozess im Projekt- und Produktmanagement, der darauf abzielt, die Konsistenz der Leistungsmerkmale und funktionalen Anforderungen eines Produkts oder Projekts über dessen gesamten Lebenszyklus hinweg zu gewährleisten. Es beinhaltet die Identifizierung, Dokumentation und Kontrolle von Änderungen an Konfigurationselementen, wie Softwarecode, Hardwarekomponenten und Dokumentation. Konfigurationsmanagement ermöglicht es Teams, den Überblick über den aktuellen Stand eines Entwicklungsprojekts zu behalten, indem es sicherstellt, dass alle Änderungen nachvollziehbar, genehmigt und ordnungsgemäß implementiert werden. Es unterstützt die Erstellung von stabilen Baselines, die als Referenzpunkte für weitere Entwicklungen dienen, und erleichtert die Wiederherstellung früherer Zustände, falls dies notwendig sein sollte. Durch die Bereitstellung von Mechanismen für das effektive Management von Änderungen trägt das Konfigurationsmanagement wesentlich zur Qualitätssicherung, Risikominderung und Effizienzsteigerung in Entwicklungsprojekten bei.

Die Entwicklung in Automobilprojekten erfolgt in hohem Maße inkrementell und muss kontinuierlich Änderungswünsche berücksichtigen. Es ist nicht einfach, die große Anzahl der daraus resultierenden geänderten Arbeitsprodukte untereinander konsistent zu halten. Dies gilt sogar über die Entwicklung hinaus, da die Zulieferer in der Lage sein müssen, ihre Systeme bis zu 30 Jahre nach dem Ende der Produktion zu ändern. Dies kann nur mit einem sehr strengen Konfigurationsmanagement-System funktionieren.

Nutzen

- Die Konsistenz von Arbeitsprodukten und deren Verfügbarkeit für alle Beteiligten wird sichergestellt.
- Die Bewältigung von Änderungsanträgen und die Beibehaltung der Produktkonsistenz über die Entwicklungsphasen hinweg wird unterstützt.
- Eine langfristige Modifizierung der Systeme, auch nach der Produktionseinstellung, wird ermöglicht.

Obwohl Automotive SPICE® 4.0 keine spezifische Konfigurationsstrategie für Capability Level 1 vorschreibt, ist es sehr empfehlenswert, einen gut definierten Ansatz zu haben, um festzulegen, wie die Konfigurationsaktivitäten durchgeführt werden sollen, um das Ziel zu erreichen.

Konfigurationselemente sind typischerweise alle relevanten technischen Arbeitsprodukte, die mit der Entwicklung des betrachteten Systems zusammenhängen. Dazu gehören auch die verwendeten Werkzeuge und alle relevanten Arbeitsprodukte aus Management- und Unterstützungsprozessen.

Das Konfigurationsmanagement-System muss für alle Disziplinen (Software, Hardware, Mechanik usw.) funktionieren und erstreckt sich daher auf verschiedene Konfigurationsmanagement-Tools. Es wird eine Methode benötigt, um disziplinübergreifende Baselines zu erstellen.

Eine Baseline ist ein genau definierter Satz eindeutig identifizierter Konfigurationselemente. Baselines können dazu verwendet werden, einen bestimmten Entwicklungsstand einzufrieren, um ihn vor unkontrollierten Änderungen zu schützen (z.B. ein Einfrieren der Anforderungen und des Designs für eine bestimmte Version, um sich anschließend auf die Implementierung und Fehlerbehebung zu konzentrieren). Zumindest werden Baselines verwendet, um ein Release des Produkts zu erstellen.

14.2.2 Basispraktiken

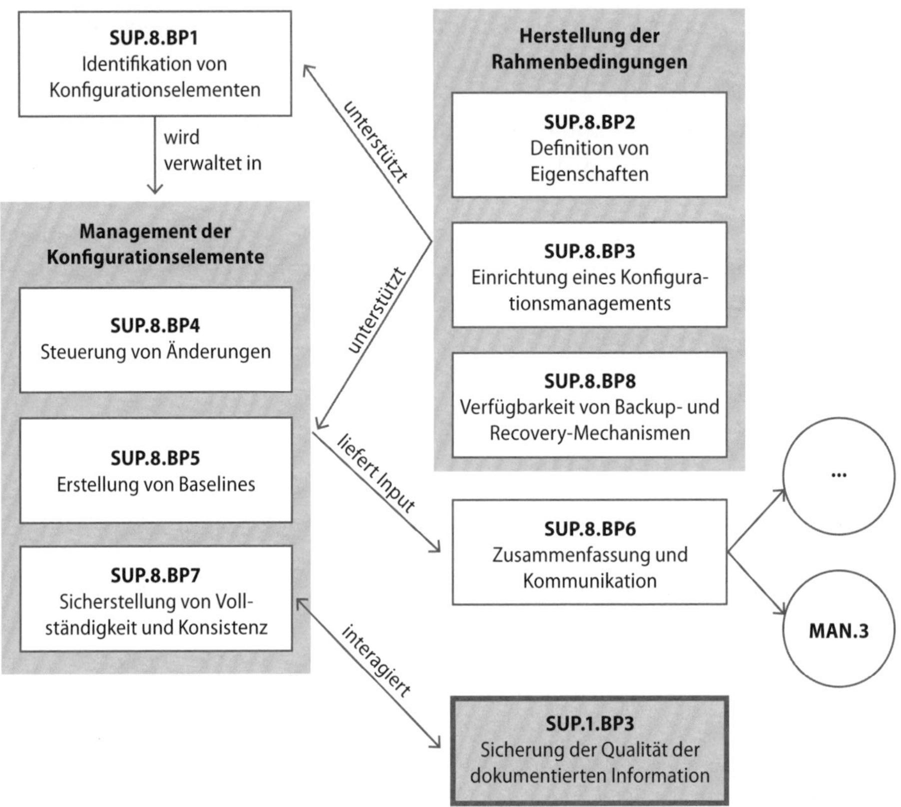

Abb. 14–3 *Zusammenspiel der Basispraktiken des SUP.8*

SUP.8.BP1: Identifikation von Konfigurationselementen. Definiere Auswahlkriterien zur Identifizierung relevanter Arbeitsprodukte, die dem Konfigurationsmanagement unterliegen. Identifiziere und dokumentiere Konfigurationselemente gemäß den definierten Auswahlkriterien.

Anmerkung 1: *Konfigurationselemente stellen Arbeitsprodukte oder Gruppen von Arbeitsprodukten dar, die als eine Einheit dem Konfigurationsmanagement unterliegen.*

Anmerkung 2: *Konfigurationselemente können in Komplexität, Größe und Art variieren und reichen von einem ganzen System einschließlich der gesamten System-, Hardware- und Softwaredokumentation bis hin zu einem einzelnen Element oder Dokument.*

Anmerkung 3: *Die Auswahlkriterien können auf einzelne Arbeitsprodukte oder eine Gruppe von Arbeitsprodukten angewendet werden.*

Konfigurationselemente sind die grundlegenden Einheiten im Konfigurationsmanagement-Prozess, die sämtliche für die Produktentwicklung und -erhaltung relevanten Artefakte umfassen. Dazu zählen nicht nur physische Produkte wie Softwarecode oder mechanische Zeichnungen, sondern auch Dokumente wie Anforderungen, Entwurfs-spezifikationen, Testfälle und Ergebnisse sowie Werkzeugversionen, sofern diese einen direkten Einfluss auf das Endprodukt haben, während eine Besprechungsagenda oder Protokolle möglicherweise nicht dazu gehören.

Alle Informationsobjekte, die in dem Entwicklungsprojekt verwendet werden, sollten folglich als Konfigurationselemente betrachtet werden. Auch Input-Arbeitsprodukte aus externen Quellen, wie extern beschaffte Softwarebibliotheken, können einbezogen werden. Die Entwicklungswerkzeuge selbst müssen nicht zwangsläufig als Konfigurationselemente aufgenommen werden, obwohl zumindest ihre verwendete Version dokumentiert sein sollte, es sei denn, sie werden Teil des zu kontrollierenden Produkts.

Die Identifikation von Konfigurationselementen muss die Organisation, die Domänen und entsprechenden Stakeholder berücksichtigen. Sie erfolgt zunächst durch die Festlegung der Arten von Elementen, die im Konfigurationsmanagement erfasst werden sollen. Diese werden in einer Konfigurationselemente-Liste festgehalten, die eine strukturierte Übersicht über alle Typen von Konfigurationselementen bietet, die im Konfigurationsmanagement-System verwaltet werden.

Es sollte definiert werden, nach welchen Kriterien Konfigurationselemente einbezogen oder ausgeschlossen werden. Diese Kriterien können beispielsweise aus formalen Anforderungen, Richtlinien, Anwendungsparametern oder Kategorien wie Dokumenten, Anforderungen, Quellcode und Lieferungen abgeleitet werden. Ebenso können qualitätsgetriebene Kriterien festgelegt oder abgeleitet werden, da die Identifizierung von Konfigurationselementen die Qualitätssicherung unterstützen kann.

Die Konfigurationselemente-Liste dient als zentrales Dokument, das sicherstellt, dass alle relevanten Artefakte erfasst, überwacht und im Falle von Änderungen entsprechend aktualisiert werden. Die Identifikation und Aufnahme von Konfigurationselementen in diese Liste erfordern eine detaillierte Analyse der Arbeitsprodukte und ihrer Bedeutung für das Endprodukt. Dabei ist es wichtig, nicht nur produktbezogene Informationen zu erfassen, sondern auch solche Dokumente und Daten, die für das Projektmanagement, die Qualitätssicherung und aus rechtlichen Gründen wichtig sind. Ein häufiger Fehler ist eine unvollständige Konfigurationselemente-Liste, bei der wichtige nicht produktbezogene Informationen fehlen.

Eine Liste der Konfigurationselemente sollte alle Arbeitsprodukte enthalten, die für eine qualifizierte Baseline-Bildung nötig sind, also alle Elemente, die einen Entwicklungsstand beschreiben, wie Anforderungs- und Entwurfsdokumente, Konzepte, Entwicklungs- und Testumgebungen, Änderungsanträge, Testfälle, Testdokumentation, evtl. wichtige Zwischenarbeitsprodukte, Planungsdokumente usw.

Für die Identifikation von Konfigurationselementen sollten klare Kriterien definiert werden, die auf formalen Anforderungen, Unternehmensrichtlinien, Anwendungsparametern und Kategorien wie Dokumenten, Anforderungen, Quellcode und Lieferungen basieren. Diese Kriterien sollen sicherstellen, dass alle relevanten Arbeitsprodukte erfasst und im Hinblick auf die Bedürfnisse der Stakeholder und die Kontrolle von Änderungen am Produkt angemessen verwaltet werden. Die Auswahlkriterien müssen verifizierbar sein, um die Vollständigkeit und Angemessenheit der Identifikation der Konfigurationselemente zu gewährleisten.

Dies ist normalerweise ein zweistufiger Prozess.

- Zuerst werden die Typen der Elemente, wie beispielsweise eine Codedatei, definiert. Die Zuordnung sollte aufgrund von klar definierten Kriterien erfolgen. Diesbezüglich ist die Erwartungshaltung für Capability Level 2 höher als für Capability Level 1.
- Im zweiten Schritt wird beim Erstellen einer spezifischen Instanz dieses Typs, wie etwa einer neuen Codedatei, diese im Konfigurationsmanagement-System mit eindeutigen Identifikatoren versehen. Dies sind die eigentlichen Konfigurationselemente.

Hierbei ist es wichtig, dass die Liste der Konfigurationselemente vollständig ist und alle relevanten Arbeitsergebnisse einschließt, die für das Projekt und mögliche rechtliche Belange von Bedeutung sind.

Konfigurationselemente sind typischerweise alle relevanten technischen Arbeitsprodukte (die das gesamte V-Modell abdecken), die mit der Erstellung von Produktversionen zusammenhängen. Dazu gehören auch die verwendeten Werkzeuge und alle relevanten Arbeitsprodukte aus Management- und Unterstützungsprozessen.

Niemand verbietet es, schon für Capability Level 1 mit einer wohl überlegten Strategie zu arbeiten.

SUP.8.BP2: Definition der Eigenschaften von Konfigurationsobjekten. Definiere die notwendigen Eigenschaften, die für die Änderung und die Kontrolle von Konfigurationsobjekten erforderlich sind.

Anmerkung 4: *Die Eigenschaften von Konfigurationselementen können für einzelne Konfigurationselemente oder für eine Gruppe von Elementen definiert werden.*

Anmerkung 5: *Die Eigenschaften von Konfigurationselementen können ein Statusmodell (z. B. »in Arbeit«, »getestet«, »freigegeben« usw.), einen Speicherort, Zugriffsrechte usw. umfassen.*

Anmerkung 6: *Die Anwendung von Eigenschaften kann durch Attribute von Konfigurationselementen implementiert werden.*

Konfigurationselemente müssen mit einer präzisen Struktur und detaillierten Attributen versehen werden, die nicht nur ihre Identifizierung und Klassifizierung erleichtern, sondern auch ihre Verwaltung im Lebenszyklus unterstützen. Jedes Konfigurationselement sollte mit spezifischen Attributen ausgestattet sein, die u. a. die Version, den Status, die Zugehörigkeit zu einer bestimmten Baseline und die Beziehung zu anderen Elementen klar definieren (s. Abb. 14–4). Besonders wichtig ist die Implementierung eines Statusmodells, das den aktuellen Zustand eines Elements im Entwicklungsprozess widerspiegelt, wie beispielsweise »in Bearbeitung«, »überprüft«, »freigegeben« oder »archiviert«.

Diese Attribute ermöglichen eine effektive Kontrolle über Änderungen, da sie die Grundlage für die Nachverfolgbarkeit innerhalb des Konfigurationsmanagement-Systems bilden. Sie unterstützen das parallele Arbeiten an Konfigurationselementen, indem sie klare Richtlinien für die Versionierung und den Umgang mit Änderungen bieten.

Heterogene Konfigurationsmanagement-Systeme, die verschiedene Arten von Konfigurationselementen verwalten können, wie z.B. Code, Anforderungen oder mechanische Zeichnungen, sind wenn notwendig zu berücksichtigen. Die Strategie für das Konfigurationsmanagement muss diese Vielfalt abbilden und integrieren, insbesondere im Hinblick auf das Erstellen von Baselines über verschiedene Systeme hinweg.

Die Versionierung sollte dabei, zumindest bei komplexeren Projekten, so gestaltet sein, dass sie nicht nur die Reihenfolge der Änderungen dokumentiert, sondern auch ermöglicht, Änderungen rückgängig zu machen oder alternative Entwicklungspfade zu verfolgen, was besonders im Kontext von Branch- und Merge-Management von Bedeutung ist (BP3).

In Bezug auf eine anstehende Baseline sollte es eine Statusverfolgung für die Konfigurationselemente geben. Durch diese Statusverfolgung kann dann auch der Reviewprozess gesteuert werden, der dann einen klaren Bezug zur Basispraktik SUP.1.BP2 hat. Diese Praktik bildet die Grundlage für das in der Basispraktik SUP.8.BP3 zu etablierende Konfigurationsmanagement.

Attribute für Dokumententypen	Baselines	**Baseline-Planung**			
		Hauptrelease	Nebenrelease	Projektende	...
Artefakte und Dokumenttypen					
Bereich Software					
Software-Anforderungen		x		x	
Software-Architekturentwurf		x		x	
Verifikationsstrategie		(x)		x	
Katalog der Verifikationsmaßnahmen		x		x	
Planung der Softwareverifikation		x	x	x	
Software-Verifikationsberichte		x	x	x	
Software-Release-Note		x	x	x	

Abb. 14–4 *Konfigurationselemente und ihre Zuordnung zu Baselines*

SUP.8.BP3: Einrichtung eines Konfigurationsmanagements. Richte Mechanismen für das Konfigurationsmanagement zur Kontrolle identifizierter Konfigurationselemente ein, einschließlich der Eigenschaften der Konfigurationselemente und der Mechanismen zur Kontrolle paralleler Änderungen von Konfigurationselementen.

Anmerkung 7: *Dies kann spezifische Mechanismen für verschiedene Arten von Konfigurationselementen umfassen, wie z. B. Branch- und Merge-Management oder Checkout-Kontrolle.*

Die Etablierung eines Konfigurationsmanagement-Systems ist ein komplexer Prozess, der eine detaillierte Planung, die Auswahl geeigneter Werkzeuge und Praktiken sowie eine kontinuierliche Überwachung und Anpassung an das Projekt erfordert. Das Ziel besteht darin, einen strukturierten Rahmen zu schaffen, der es ermöglicht, Änderungen an Konfigurationselementen, wie Softwarecode, Anforderungen oder mechanischen Zeichnungen, zu kontrollieren und zu dokumentieren.

Ein Konfigurationsmanagement-System ist in der Regel eine Kombination aus mehreren Werkzeugen, die die physische Speicherung und Handhabung unterstützen, und den damit verbundenen Regeln (Vorschriften, Prozesse, Konventionen, z. B. für Änderungsmanagement, Versionierung oder Zugriffsbeschränkungen).

Je weniger Möglichkeiten die Werkzeuge bieten, desto mehr muss dies durch zusätzliche Regeln unterstützt werden, deren Einhaltung regelmäßig überprüft werden muss.

Besondere Schwierigkeiten ergeben sich bei Toolbrüchen und dem Überschreiten von organisatorischen Grenzen und Verantwortungsbereichen. Das Konfigurationsmanagement-System muss für alle Disziplinen (Software, Hardware, Mechanik usw.) funktionieren und kann sich daher über verschiedene Konfigurationsmanagement-Tools erstrecken. Dabei muss es möglich sein, disziplinübergreifende Baselines zu erstellen.

Die Erstellung von Baselines erfordert eine genaue Dokumentation und Kategorisierung der Konfigurationselemente, um sicherzustellen, dass vollständige und konsistente Sets von Elementen reproduziert werden können. Dies beinhaltet die Berücksichtigung sowohl interner als auch externer Auslöser für Baselines und die Notwendigkeit, Baselines über verschiedene Domänen und Disziplinen hinweg zu organisieren.

Ein weiteres in dieser Praktik zu betrachtendes Thema ist die Methode des Branchings und Mergings, die hauptsächlich in der Softwareentwicklung von Belang ist.

»Branching« ermöglicht es, parallel an verschiedenen Entwicklungslinien eines Produkts zu arbeiten, ohne dass Änderungen in einer Linie unmittelbar Auswirkungen auf andere haben. Ein typisches Szenario besteht darin, dass ein Softwareteam an der Fertigstellung einer Funktion für ein Release arbeitet, gleichzeitig aber bereits mit der Entwicklung für das nächste Release beginnen möchte. Um dies zu ermöglichen, wird an einem bestimmten Zeitpunkt ein Branch erstellt. Dies erlaubt dem Team, neue Entwicklungen für das nächste Release zu starten, ohne die Stabilität des aktuellen Releasezyklus zu gefährden.

»Merging« ist der Prozess, bei dem Änderungen aus einem Branch in einen anderen integriert werden, typischerweise zurück in den Hauptzweig, nachdem die Testphase abgeschlossen ist und alle Bugfixes angewendet wurden. Dadurch wird sichergestellt, dass die Korrekturen, die während der Testphase in einem Branch vorgenommen wurden, auch in den Hauptentwicklungspfad übernommen werden.

Branching und Merging sind nicht nur auf den Quellcode beschränkt, sondern können sich auch auf andere Konfigurationselemente wie Anforderungen, Architektur und Design beziehen. Die Regeln für Branching und Merging sollten klar definiert werden, einschließlich der zulässigen Branches und der notwendigen Überprüfungen oder Tests während des Mergings, um sicherzustellen, dass die Änderungen keine neuen Probleme in die Funktionalitäten einführen.

Die Praxis des Branchings und Mergings muss auf die Komplexität und Größe des Entwicklungsteams sowie auf die Menge der gleichzeitig durchgeführten parallelen Arbeiten abgestimmt sein. Dies kann unterschiedliche und zusätzliche Verfahren erfordern, um die parallele Arbeit ohne Konflikte zu ermöglichen und gleichzeitig die Integrität und Konsistenz der Konfigurationselemente zu gewährleisten. Branching und Merging unterstützen zudem Ziele, die sich auf die Softwarequalität beziehen, indem sie je nach Release-Ebene eines Branches spezifische Softwaremetriken und Definitionen für Codetests und -überprüfungen ermöglichen.

SUP.8.BP4: Steuerung von Änderungen. Steuere Änderungen mithilfe der Konfigurationsmanagement-Mechanismen.

Anmerkung 8: *Dies kann die Anwendung eines definierten Statusmodells für Konfigurationselemente beinhalten.*

Die Handhabung von Änderungen im Rahmen des Konfigurationsmanagements erfordert eine präzise und strukturierte Vorgehensweise, um die Integrität und Stabilität der Konfigurationselemente und Baselines zu gewährleisten. Dazu müssen die zu ändernde Konfigurationselemente identifizierbar und markierbar sein, beispielsweise durch das Setzen eines Status wie »in Überarbeitung«. Dieser Status signalisiert dann, dass das Element aktuell bearbeitet wird oder für eine Bearbeitung vorgesehen ist.

Für verschiedene Arbeitsprodukte sollte es unterschiedliche Kontrollstufen geben, wie z.B. für die Freigabe, für die normalerweise ein Änderungsantrag gestellt werden sollte, wenn eine Aktualisierung erforderlich ist. Eine weitere Möglichkeit ist die reine Aufzeichnung, bei der nach der Aktualisierung keine Überprüfung erforderlich ist; diese Arbeitsprodukte werden einfach in das Konfigurationssystem aufgenommen.

Für die Bearbeitung eines Konfigurationselements kann ein Check-out aus dem Konfigurationsmanagement-Werkzeug erforderlich sein. Während des Check-outs kann das Element für andere Benutzer zur Ansicht verfügbar bleiben, sollte aber für weitere Änderungen gesperrt sein, um Konflikte zu vermeiden. Unerlaubte Zugriffe während des Bearbeitungsprozesses sollten verhindert werden.

Alternativ kann für die Bearbeitung eine Verzweigung (Branching) eröffnet werden, die es erlaubt, Änderungen in einer separaten Linie zu entwickeln, ohne die Hauptlinie zu beeinträchtigen. Das diesbezügliche Vorgehen hängt normalerweise von der Art des Konfigurationselements ab.

Für jede durchgeführte Änderung ist eine Beschreibung erforderlich, die den Unterschied zum vorherigen Zustand des Konfigurationselements festhält. Diese Änderungsbeschreibung sollte idealerweise sowohl im Konfigurationsmanagement-System als auch direkt im Konfigurationselement selbst dokumentiert werden. Eine Verknüpfung zu Aktionen, die im Rahmen der Bearbeitung von Konfigurationselementen durchgeführt werden, muss nach Möglichkeit vom System protokolliert werden.

In der Praxis können viele Konfigurationsmanagement-Werkzeuge (z.B. für Software, CAD, Leiterplatten-Layout) diese Verfahren automatisch unterstützen. Es liegt jedoch in der Verantwortung der Mitarbeiter, diese Werkzeuge korrekt und konsequent zu nutzen, einschließlich der Eingabe sinnvoller Kommentare bei Änderungen. Bei Arbeitsprodukten, die in einem Dateisystem abgelegt sind, müssen die Verfahren manuell nachgebildet werden.

Diese Praktik steht in Bezug zum Änderungsmanagement (SUP.10) und die verwendeten Methoden sollten aufeinander abgestimmt sein.

SUP.8.BP5: Erstellung von Baselines. Definiere und erstelle Baselines für interne Zwecke und für die externe Produktlieferung für alle relevanten Konfigurationselemente.

Das Etablieren von Baselines im Rahmen des Konfigurationsmanagements ist eine zentrale Praktik, die die Grundlage für die Integrität und Verlässlichkeit der Arbeitsprodukte bildet.

Gemäß der VDA-Guideline [VDA 2023] ist zu definieren, welche Konfigurationselemente durch welche Art von Baseline verwaltet werden sollen. Es müssen interne und externe Baselines für alle in der Strategie definierten Ereignisse und übergreifende konsistente Baselines über verschiedene Disziplinen, Standorte und Prozesse hinweg erstellt werden. Die Baselines müssen vollständige und konsistente Sätze von Elementen, die zur Reproduktion der Arbeitsprodukte erforderlich sind, enthalten und gemäß der in der Strategie festgelegten Namenskonvention erstellt werden.

Baselines müssen insbesondere dann gebildet werden, wenn es um Auslieferungen geht. Zusätzlich sollten Baselines auch für interne Zwecke erstellt werden, z.B. wenn die Anforderungen stabil sind, wenn das Design ausgereift ist oder wenn eine Freigabe für Tests oder Erprobungen erzeugt wird.

Eine Baseline stellt eine Momentaufnahme des Zustands von Konfigurationselementen zu einem bestimmten Zeitpunkt dar, dient als stabile Grundlage für weitere Entwicklungen und ist nur durch formelle Änderungsverfahren veränderbar, wie es IEEE 828-2012 [IEEE 828] vorsieht. Eine Baseline fungiert als Referenzpunkt für zukünftige Änderungen und ermöglicht bei Bedarf ein Zurückrollen zu einem früheren Stand.

Übergreifende Baselines sind notwendig, wenn in einem Projekt verschiedene Subdomänen oder Disziplinen wie Hardware und Software vorhanden sind und wenn es zu Brüchen in der Werkzeugkette kommt. In solchen Fällen ist es wichtig, dass für jede Disziplin eigene Baselines erstellt und dann in einer übergeordneten Baseline zusammengeführt werden.

Baselines sind also nicht nur Sammlungen von Konfigurationselementen, sondern repräsentieren einen sorgfältig geprüften und genehmigten Zustand dieser Elemente, der als Basis für weitere Entwicklungen dient und nur durch formale Änderungskontroll-Verfahren modifiziert werden kann. Die Baselines umfassen alle notwendigen und konsistenten Sets von Konfigurationselementen, die erforderlich sind, um den Fortschritt zwischen den verschiedenen Baselines reproduzieren zu können. In diesem Kontext sind klare Verfahren zu definieren, wie die Konsistenz der Baselines zwischen verschiedenen Dokumenten und ggf. System- oder Softwareebenen hergestellt werden kann (z.B. als Abfolge verschiedener Freezes oder Baselines in Teilsystemen kurz vor Erreichen einer übergreifenden Baseline).

Um Baselines effektiv zu etablieren, sollten folgende Aspekte beachtet werden:

- Die in jeder Art von Baseline enthaltenen Elemente müssen klar definiert und kontrolliert werden, um die Integrität der Baseline zu wahren.
- Es ist sicherzustellen, dass Baselines alle notwendigen Konfigurationselemente enthalten, um den erreichten Fortschritt genau zu reproduzieren, was ein effektives Konfigurationsmanagement und die Möglichkeit zum Zurücksetzen auf frühere Zustände bei Bedarf unterstützt.
- Sowohl interne als auch externe Baselines sind zu implementieren, unabhängig davon, ob diese Ereignisse erforderlich oder optional sind. Man muss sowohl die internen als auch die externen Auslöser für die Erstellung von Baselines kennen. Interne Baselines unterstützen interne Prozesse wie Tests und Verifizierung, während externe Baselines Anforderungen für die Lieferung von Releasepaketen an Kunden erfüllen.
- Im Entwicklungsprozess ist bei der Konsistenz der Baseline auch zu beachten, dass beispielsweise die Freigabe für eine Baseline für Anforderungen vor der Freigabe der zugehörigen Tests erfolgen muss, ebenso wie vor der Freigabe des daraus hergeleiteten Architekturentwurfs usw. Dies bedeutet umgekehrt aber nicht, dass man nicht mit der Arbeit an der Architektur beginnen kann, bevor die Anforderungen fertig sind. Aber kurz vor Erreichen einer Baseline müssen die Arbeitsstände in der richtigen Reihenfolge eingefroren werden.
- Die Konsistenz der Baseline ist entscheidend für die Qualität und Integrität des gesamten Entwicklungsprozesses.
- Es ist sicherzustellen, dass Baselines verschiedene Disziplinen, Standorte und Prozesse umfassen und Konsistenz bewahren, um eine umfassende Übersicht und Integration zu ermöglichen.

- Baselines müssen vollständige und konsistente Sets von Elementen enthalten, die für die Reproduktion von Arbeitsprodukten notwendig sind, um Verantwortlichkeit und Nachvollziehbarkeit zu erleichtern.
- Vordefinierte Namenskonventionen für Baselines müssen eingehalten werden, um Klarheit und leichte Identifizierbarkeit zu gewährleisten.

Ein entscheidender Aspekt bei der Etablierung von Baselines ist deren hierarchische Organisation, die es ermöglicht, Baselines über verschiedene Subdomänen, Disziplinen, Standorte und Prozesse hinweg zu erstellen und zu verwalten. Dies bedeutet, dass beispielsweise eine Software-Baseline alle relevanten Softwaredateien und Entwicklungsunterlagen umfasst, während eine Hardware-Baseline sich auf die entsprechenden Schemata und Layouts für gedruckte Schaltkarten konzentrieren könnte. Eine übergeordnete Baseline verbindet dann diese verschiedenen Subdomänen-Baselines, möglicherweise unter Verwendung unterschiedlicher Konfigurationsmanagement-Teilsysteme, um eine umfassende Übersicht zu gewährleisten.

Bei einem OEM sind die Abhängigkeiten zwischen den verschiedenen Systemebenen und Systemen zu berücksichtigen. Es sollte ein Prozess etabliert werden, der die Konsistenz über die Systemebenen und Systemgrenzen hinweg sicherstellt.

SUP.8.BP6: Zusammenfassung und Kommunikation des Konfigurationsstatus. Zeichne den Status von Konfigurationselementen und festgelegten Baselines auf, fasse sie zusammen und kommuniziere sie an die betroffenen Parteien, um die Überwachung von Fortschritt und Status zu unterstützen.

Anmerkung 9: *Die regelmäßige Kommunikation des Konfigurationsstatus, z.B. auf der Grundlage eines definierten Statusmodells, unterstützt das Projektmanagement, Qualitätsaktivitäten und spezielle Projektphasen wie die Softwareintegration.*

Diese Basispraktik soll sicherstellen, dass alle Beteiligten über den aktuellen Stand der Konfigurationselemente und Baselines informiert sind. Dies trägt zur Transparenz und Nachvollziehbarkeit des Entwicklungsprozesses bei und unterstützt das Projektmanagement sowie die Qualitätssicherung. Sie liefert wertvolle Metriken zum Projektfortschritt und zur funktionalen Fertigstellung.

- Beispiel: 75 % der Anforderungen sind Anfang März noch »in Bearbeitung«, obwohl die Software Ende März an den Kunden ausgeliefert werden soll. Dies stellt für den Projektleiter ein Problem dar, das zu einer Verzögerung der Freigabe führen kann.

Der Konfigurationsstatus beinhaltet Informationen über den aktuellen Zustand aller Konfigurationselemente, einschließlich ihrer Versionen, der zugehörigen Baselines sowie des Status von Änderungen oder Anpassungen. Für eine effektive Kommunikation des Konfigurationsstatus sollten regelmäßige Berichte generiert werden, die eine Übersicht über die Konfigurationselemente und ihren aktuellen Status bieten. Diese Berichte können beispielsweise Angaben darüber enthalten, welche Elemente sich in Bearbeitung befinden, welche freigegeben sind oder welche einer Überprüfung bedürfen.

Die Nutzung von Konfigurationsmanagement-Tools spielt hierbei eine zentrale Rolle, da sie automatisierte Mechanismen zur Verfolgung des Status von Konfigurationselementen bieten. Solche Tools ermöglichen es, den Lebenszyklus jedes Elements nachzuverfolgen, von der Identifizierung über die Bearbeitung bis hin zur Freigabe. Sie unterstützen zudem das Branching und Merging (BP3), wodurch parallele Entwicklungsstränge ermöglicht werden und die Integration von Änderungen vereinfacht wird.

Ein effektives Konfigurationsmanagement-System sollte in der Lage sein, Dashboards oder Statusberichte zu generieren, die den aktuellen Zustand der Konfigurationselemente visuell darstellen. Diese Dashboards können Informationen über den Fortschritt von Änderungen, ausstehende Aufgaben, offene und geschlossene Probleme sowie über die Einhaltung von Baselines enthalten. Sie dienen als zentrale Informationsquelle für das Projektteam und erleichtern die Entscheidungsfindung.

Auf die Themen Transparenz und Kommunikation wird auch in Abschnitt 5.9 eingegangen.

SUP.8.BP7: Sicherstellung von Vollständigkeit und Konsistenz. Stelle sicher, dass die Informationen über Konfigurationselemente korrekt und vollständig sind, einschließlich der Eigenschaften der Konfigurationselemente. Stelle auch die Vollständigkeit und Konsistenz der Baselines sicher.

Anmerkung 10: *Vollständigkeit und Konsistenz einer Baseline bedeutet, dass alle erforderlichen Konfigurationselemente enthalten und konsistent sind und den erforderlichen Status haben. Dies kann z. B. zur Unterstützung der Genehmigung des Projektstarts verwendet werden.*

Die Überprüfung der Vollständigkeit und Konsistenz im Konfigurationsmanagement ist ein mehrdimensionaler Prozess, der die Integrität und Nachvollziehbarkeit aller Konfigurationselemente sowie ihrer Baselines sicherstellen soll. Eine wichtige Frage ist, wie gewährleistet wird, dass eine Baseline korrekt erstellt wurde (insbesondere, wenn es sich um ein Release handelt, das an den Kunden ausgeliefert werden soll).

Ein probates Mittel sind dabei im Normalfall Konfigurationsaudits. Sie werden durchgeführt, um zu bestätigen, dass alle geforderten Funktionalitäten und technischen Dokumentationen im Endprodukt vorhanden und konsistent sind. Dies umfasst sowohl funktionale als auch physische Konfigurationsaudits, wie im IEEE Std 828-2012 festgelegt.

Funktionale Konfigurationsaudits prüfen, ob das Produkt die spezifizierten Leistungs- und Funktionsmerkmale erreicht hat, typischerweise vor der Freigabe des Produkts. Diese Audits stützen sich darauf, dass alle relevanten Anforderungen durch Qualifikationstests abgedeckt und bestanden wurden, oder es muss begründet werden, warum verbleibende Fehler toleriert werden können. Die Konsistenzprüfung basiert auf dem Releaseplan, geplanten Änderungsanträge und Bugfixes, um die Übereinstimmung mit den Anforderungen zu bestätigen.

Physische Konfigurationsaudits bewerten die Übereinstimmung eines Produkts mit der technischen Dokumentation, die es definiert. Dies bezieht sich auf alle Dokumente und Artefakte, die während des Entwicklungsprozesses erstellt wurden. Die vertikale Konsistenz auf der linken Seite des V-Modells (z.B. zwischen Softwarearchitektur und -anforderungen) und die horizontale Konsistenz zwischen der linken und rechten Seite (z.B. zwischen Anforderungen, Architektur und Testfällen) sind dabei wesentlich. Darüber hinaus müssen alle erforderlichen Änderungsanträge umgesetzt worden sein.

Funktionale Konfigurationsaudits und physische Konfigurationsaudits werden durch die Rückverfolgbarkeits- und Konsistenzpraktiken der Entwicklungsprozesse unterstützt. Ziel ist es, zu bestätigen, dass die Funktionalitäten, die im Build enthalten sein sollten, auch tatsächlich im Build enthalten sind.

SUP.8.BP8: Überprüfung der Verfügbarkeit von Backup- und Recovery-Mechanismen. Überprüfe die Verfügbarkeit geeigneter Backup- und Recovery-Mechanismen für das Konfigurationsmanagement, einschließlich der kontrollierten Konfigurationselemente. Leite Maßnahmen im Falle unzureichender Backup- und Recovery-Mechanismen ein.

Anmerkung 11: *Backup- und Recovery-Mechanismen können von Organisationseinheiten außerhalb des Projektteams definiert und implementiert werden. Dies kann Verweise auf entsprechende Verfahren oder Vorschriften beinhalten.*

Im Rahmen des Konfigurationsmanagements sind Backup- und Recovery-Mechanismen unverzichtbar, um die Verfügbarkeit und Integrität von Konfigurationselementen und Baselines für alle Beteiligten sicherzustellen. Diese Mechanismen dienen dazu, im Falle eines Datenverlustes oder -fehlers eine schnelle Wiederherstellung zu ermöglichen, um den Betrieb und die Entwicklung kontinuierlich aufrechtzuerhalten. Die Bedeutung dieser Mechanismen steigt mit der Komplexität und Größe der Organisation sowie der Anzahl der Schnittstellen und der zu verwaltenden Arbeitsergebnisse. Sie können außerhalb der Organisationseinheit oder des Projektteams definiert und implementiert werden. In diesem Fall ist eine Referenz in der Projektdokumentation auf mögliche Regularien und Verfahrensweisen sinnvoll.

Die Backup- und Recovery-Mechanismen sollten nicht isoliert betrachtet werden, sondern als integraler Bestandteil des gesamten Konfigurationsmanagement-Systems. Dies bedeutet, dass die Verantwortlichkeiten für die Durchführung der Backups und die Wiederherstellung klar definiert und innerhalb der Organisation bekannt gemacht werden müssen. Oftmals wird dies zentral durch eine IT-Abteilung verwaltet, die dafür sorgt, dass alle Komponenten des Systems regelmäßig gesichert werden. Dies beinhaltet auch die Überprüfung der Recovery-Zeiten und -Prozesse, um sicherzustellen, dass im Falle eines Ausfalls die Systeme schnellstmöglich wiederhergestellt werden können.

Ein weiterer wichtiger Aspekt ist die Sicherstellung, dass Backup- und Recovery-Mechanismen den Sicherheits- und Compliance-Anforderungen der Organisation entsprechen. Dies umfasst die Verschlüsselung von Backup-Daten, die sichere Aufbewahrung von Backup-Medien und die Einhaltung von Datenschutzbestimmungen.

Einige OEMs fordern, dass die Konfigurationselemente mehr als 15 Jahre nach dem SOP gesichert werden sollten. Eine realistische Handhabung dieser Anforderung beinhaltet oft die fortlaufende Migration von Projektdaten in neuere Versionen von Werkzeugen oder die Akzeptanz, dass im Falle einer notwendigen Änderung ein Wiederherstellungsprojekt gestartet werden muss.

14.2.3 Erzeugte Informationsobjekte

18-53 Auswahlkriterien für Konfigurationselemente	Definieren Sie die Kriterien für die Auswahl von Konfigurationselementen. Wenn es sich um ein produktbezogenes Element handelt, sollte es im Allgemeinen der Freigabekontrolle unterliegen. Im Zusammenhang mit dem Management sollte das Konfigurationselement in der Regel der Versionskontrolle unterliegen. Die anderen sind Aufzeichnungen oder Besprechungsprotokolle. Für diese Dokumente ist normalerweise keine spezielle Änderungskontrolle erforderlich.
01-52 Liste der Konfigurationselemente	Auflistung aller Konfigurationselemente des Projekts, des Namens der Arbeitsprodukte, des Speicherpfads der Arbeitsprodukte usw.
13-08 Baseline	Eine Baseline definiert einen Zustand eines oder mehrerer Arbeitsprodukte und Artefakte, die konsistent und vollständig sind. Sie dient als Grundlage für die nächsten Prozessschritte und/oder die Auslieferung. Eine Baseline ist einzigartig und darf nach ihrer Festlegung nicht mehr verändert werden, um konsistente und vollständige Versionen vor einer Freigabe zu identifizieren. Dies wird genauer in SUP.8.BP5 erläutert.
14-01 Änderungshistorie	Die Änderungshistorie kann im Konfigurationselement selbst enthalten sein, z.B. in der Tabelle der Dokumentenhistorie. Der Änderungsverlauf kann auch im Konfigurationssystem aufgezeichnet werden, z.B. sollte beim Einchecken einer neuen Version der Änderungsverlauf aufgezeichnet werden.
16-03 Konfigurationsmanagement-System	Ein Konfigurationsmanagement-System unterstützt das Konfigurationsmanagement in Bezug auf den Inhalt der Konfigurationselemente-Liste. Es gewährleistet die korrekte Konfiguration von Produkten und ermöglicht die Rekonstruktion jeder Release- oder Testkonfiguration. Zudem kann es den Konfigurationsstatus berichten und muss alle relevanten Werkzeuge abdecken.

→

15-56 Konfigurationsstatus	Der Konfigurationsstatus fasst die Aufzeichnungen des Konfigurationsmanagements, einschließlich des relevanten Status, zusammen. Er beinhaltet eine Analyse des Gesamtzustands des Konfigurationsmanagements und die Identifizierung der erstellten Baselines.
13-51 Konsistenznachweise	Die Konsistenz wird in der Regel durch ein Prüfprotokoll nachgewiesen. Die Dokumentation erfolgt im Allgemeinen werkzeuggestützt oder in spezifischen Checklisten. Es gibt also in der Regel kein besonderes Dokument, das die in diesem Fall benötigten Informationen enthält.
06-52 Informationen zum Backup- und Recovery-Mechanismus	Informationen zum Backup- und Recovery-Mechanismus umfassen die Beschreibung oder Bestätigung vorhandener Backup- und Recovery-Mechanismen sowie Verweise auf entsprechende Verfahren oder Vorschriften.

14.2.4 Zusätzliche Überlegungen

Bezug zu anderen Automotive SPICE®-Prozessen

- Das Konfigurationsmanagement unterstützt alle Automotive SPICE®-Prozesse, da alle Prozesse Arbeitsprodukte erzeugen, die als Konfigurationselemente versioniert und konfiguriert werden müssen und somit Bestandteil übergreifender Baselines sind.
- SUP.8 liefert wichtige Informationen für MAN.3 (Projektmanagement), indem es einen Überblick über den Status von Konfigurationselementen gibt, was für die Projektplanung und -überwachung wichtig ist.
- Der Prozess unterstützt die Entwicklungsprozesse, indem er sicherstellt, dass die Konfigurationselemente (wie Anforderungen, Design, Code etc.) kontrolliert und nachverfolgbar sind, was für SYS.2, SYS.3, SWE.1 bis SWE.6 relevant ist.
- Durch das Management von Konfigurationselementen unterstützt SUP.8 die Prozesse SWE.4 (Software-Unit-Verifikation) und SWE.6 (Softwareverifikation), indem es die Integrität der zu testenden Software sicherstellt.
- In Übereinstimmung mit SUP.1 (Qualitätssicherung) unterstützt SUP.8 die Einhaltung von Qualitätsstandards durch die Verwaltung von Versionskontrollen und Änderungshistorien.
- SUP.8 stellt sicher, dass die für die Lieferung an Kunden (SPL.2) erforderlichen Konfigurationselemente korrekt verwaltet und kontrolliert werden.

Typische Fallstricke

- Backups werden regelmäßig erstellt, aber nicht regelmäßig wiederhergestellt.
- Die Liste der Konfigurationselemente ist nicht vollständig und berücksichtigt nur die Arbeitsprodukte der technischen Prozesse.

- Es gibt keine Gesamt-Baseline über verschiedene Konfigurationswerkzeuge hinweg.
- Obwohl die Speicherung und das Backup von Daten oft als trivial angesehen werden, offenbaren Assessments häufig, dass die Strategien entweder nicht auffindbar, zu geheim oder nicht aussagekräftig sind.

Zu berücksichtigen in Bezug auf PA 2.1

- Konfigurationsmanager sind häufig an mehreren Projekten beteiligt. Es sollte sichergestellt werden, dass genügend Ressourcen für die Arbeit am Prozess zur Verfügung stehen, auch wenn die Zeitplanung eher pauschal ist.
- Bei der Planung und Strategieentwicklung für diesen Prozess ist es wichtig, alle relevanten Arbeitsprodukte und Prozesse zu identifizieren, Kontrollmechanismen für Änderungen zu etablieren und eine klare Definition von Baselines und deren Nutzung zu haben.
- Die Vorgehensweisen im Konfigurationsmanagement sollten in Bezug auf den Projektkontext optimiert werden und auch die Bedürfnisse der Stakeholder berücksichtigen.
- Die Vollständigkeit und Angemessenheit der Konfigurationsmanagement-Strategie und -Werkzeuge ist zu überprüfen.
- Die Vollständigkeit der Konfigurationselemente-Liste und die Konsistenz der Baselines sollten bewertet werden.
- Die Effektivität der Branching- und Merging-Prozesse ist zu überprüfen.
- Die Backup- und Recovery-Mechanismen sowie deren Integration in das Konfigurationsmanagement-System sollte kontrolliert werden.
- Ein effektives Konfigurationsmanagement unterstützt die inkrementelle und anpassungsfähige Entwicklung in Automobilprojekten und ermöglicht eine langfristige Wartung und Modifikation der Systeme.

Zu berücksichtigen in Bezug auf PA 2.2

- SUP.8. hat einen engen Bezug zu GP 2.2.2 & GP 2.2.3. GP 2.2.2 definiert die Anforderungen an die Speicherung und Kontrolle von dokumentierten Informationen, die auch von SUP.8 gefordert werden (BP1, BP2). GP 2.2.3 erfordert die Identifizierung, Speicherung und Kontrolle der dokumentierten Informationen, die durch SUP.8.BP1, BP3, BP4, BP5, BP6, BP7 unterstützt werden.
- Der Lebenszyklus von Konfigurationselementen, wie z.B. »in Arbeit«, »in Prüfung«, »genehmigt«, »verworfen« usw., sollte passend zum Konfigurationsmanagement-System definiert werden.

Hinweise für Assessoren

- Überprüfen Sie die Vollständigkeit und Angemessenheit der Konfigurationsmanagement-Strategie und -Werkzeuge.
- Bewerten Sie die Vollständigkeit der Konfigurationselemente-Liste und die Konsistenz der Baselines.
- Prüfen Sie die Effektivität der Branching- und Merging-Prozesse.
- Kontrollieren Sie die Backup- und Recovery-Mechanismen sowie deren Integration in das Konfigurationsmanagement-System.
- Es sollte eine klare Definition für übergreifende Baselines geben. Es ist zu prüfen, ob diese vorhanden ist und ob sie konsequent angewendet wird. Das Erzeugen von in sich konsistenten und wiederherstellbaren nachvollziehbaren Baselines ist ein Kernthema dieses Prozesses.
- Klären Sie, wie die Versionierung von abhängigen Arbeitsprodukten gehandhabt wird.
- Sind Ihre Audits sinnvoll? Und wenn Sie aus anderen Gesprächen erfahren, dass es Schwächen in der Konsistenz gibt, wurden diese Probleme bei den Audits aufgedeckt?

14.3 SUP.9 Problemlösungs-Management

Der Zweck ist die Sicherstellung, dass Probleme identifiziert, erfasst und analysiert werden und ihre Lösung verwaltet und kontrolliert wird.	**Base**
Erwartete Prozessergebnisse: - Probleme werden eindeutig identifiziert, erfasst und klassifiziert. - Probleme werden analysiert und bewertet, um eine geeignete Lösung zu finden. - Die Problemlösung wird eingeleitet. - Probleme werden bis zum Abschluss verfolgt. - Die Beteiligten werden über den Status der Probleme und die festgestellten Trends informiert.	

14.3.1 Prozessbeschreibung

Das Problemlösungs-Management stellt sicher, dass Probleme strukturiert und nachvollziehbar identifiziert, erfasst und analysiert werden und ihre Lösung verwaltet und kontrolliert wird.

Der Problembegriff ist dabei sehr weit gefasst. Wir betrachten nicht nur Produktprobleme, die z. B. durch Tests identifiziert werden, sondern auch Projekt- und Prozessprobleme.

Sehr oft basiert die Umsetzung dieses Prozesses auf einem Lebenszyklus-Modell für Problemaufzeichnungen. Es sind verschiedene Status des Problems (z.B. neu, in Analyse, in Arbeit) sowie Kriterien für die Statusübergänge zu definieren.

- Die Problem-Datensätze werden gemäß diesem Lebenszyklus verwaltet.
- Jedes Problem wird identifiziert, erfasst und der entsprechende Status wird zugewiesen. (BP1)
- Der Status des Problems wird aktualisiert, wenn es den definierten Lebenszyklus durchläuft (s. Abb. 14–5 als Beispiel). Die Ursache und die Auswirkungen des Problems werden bestimmt und eine Problemkategorie wird zugewiesen. (BP2)
- Die Lösung des Problems wird eingeleitet (BP5) und bis zu einem endgültigen Status verfolgt. (BP6)
- Es kann mehr als einen Endstatus geben (z.B. abgeschlossen, abgelehnt, storniert).
- Bei besonders dringenden Problemen oder schwerwiegenden Auswirkungen auf andere Systeme werden Notfallmaßnahmen oder Alarmmeldungen ausgelöst. (BP3, BP4)
- Problemdaten werden gesammelt und analysiert, um Trends und Verbesserungsmöglichkeiten zu ermitteln oder um Gegenmaßnahmen einzuleiten, wenn im Laufe der Zeit eine Verschlechterung des Problemmanagements eines Projekts festgestellt wird. Diese Verbesserungen werden in das Projekt und ggf. in die Organisation zurückgeführt. (BP7)

Nutzen

- Ein systematischer Problemlösungs-Managementprozess trägt dazu bei, dass Probleme effektiv und zuverlässig gelöst werden. Die regelmäßige Analyse der festgestellten Probleme ermöglicht es der Organisation, aus diesen Problemen und Fehlern zu lernen, was zu verbesserten Prozessen und Ergebnissen führt.

Obwohl Automotive SPICE® 4.0 keine spezifische Problemlösungs-Strategie für Capability Level 1 vorschreibt, wird ein gut definierter Ansatz für verschiedene Aspekte des Problemlösungs-Prozesses dringend empfohlen. Dazu gehören die Definition von Problemarten und der Projektphasen, in denen Problem-Datensätze verwendet werden müssen, ein Lebenszyklus einschließlich eines Statusmodells und eines Arbeitsablaufs für Problem-Datensätze, eine Definition von Problemkategorien in Bezug auf Ursache und Auswirkung, die Definition einer Strategie zur dringenden Problemlösung und Kriterien für eine Warnmeldung sowie eine Methodik für die Zuordnung von Problemen zu Änderungsanträgen.

Probleme müssen auf allen Ebenen (Kunde, Hardware, Software usw.) gemanagt werden, nicht nur auf der Ebene der Software. Darüber hinaus sind Probleme, die im Rahmen dieses Prozesses verwaltet werden, nicht nur technischer Natur. Kundenprobleme, Probleme mit unterschiedlichen Auslegungen von Anforderungen, Prozessprobleme, Qualitätsprobleme, Verfügbarkeit von Ressourcen usw. sind einige Beispiele für Probleme, die mit diesem Prozess gehandhabt werden sollten.

14.3.2 Basispraktiken

SUP.9.BP1: Identifizierung und Aufzeichnung des Problems. Jedes Problem wird eindeutig identifiziert, beschrieben und erfasst. Jedem Problem wird ein Status zugewiesen, um die Verfolgung zu erleichtern. Es werden unterstützende Informationen bereitgestellt, um das Problem zu reproduzieren und zu diagnostizieren.

Anmerkung 1: *Probleme können sich z.B. auf das Produkt, die Ressourcen oder die Methoden beziehen.*

Anmerkung 2: *Beispielwerte für den Problemstatus sind »neu«, »gelöst«, »abgeschlossen« usw.*

Anmerkung 3: *Zu den unterstützenden Informationen gehören z.B. der Ursprung des Problems, wie es reproduziert werden kann, Umgebungsinformationen, von wem es entdeckt wurde.*

Anmerkung 4: *Die eindeutige Identifizierung unterstützt die Rückverfolgbarkeit von Änderungen, die im Rahmen des Änderungsmanagements (SUP.10) vorgenommen wurden.*

Das Problem kann nicht analysiert und gelöst werden, wenn nicht genügend Informationen darüber vorliegen, was das Problem ist. Eine gute Problembeschreibung ist daher unerlässlich. Je konkreter und detaillierter die Beschreibung ist, desto einfacher ist die Ursachenanalyse. Probleme müssen eindeutig identifiziert (d.h. mit einer eindeutigen ID versehen) und nach der Erfassung zentral verwaltet werden (z.B. in einer Problem-Datenbank).

Problem-Datensätze werden in der Regel in einer Projektmanagement-Software (z.B. Jira, IMS) für produktbezogene Probleme, in einer Offenen-Punkte-Liste (Excel, Tools) für projektbezogene Probleme oder in Review-Datensätzen für Reviewergebnisse verwaltet und müssen alle für einen Problem-Datensatz erforderlichen Informationen enthalten, wie z.B.:

- Eindeutige Problem-ID
- Status
- Dringlichkeit
- Schweregrad
- Ursprung/Melder
- Datum des Berichts
- Betroffene HW-Version/betroffene SW-Version
- Beschreibung des Problems, einschließlich der Einschränkungen und aller verfügbaren Zusatzinformationen, die die Problemdiagnose unterstützen, z.B. Bedingungen, unter denen das Problem auftrat

- Informationen zur Reproduzierbarkeit
- Ergebnis der Analyse
- Auswirkungen des Problems auf andere Bereiche
- Verantwortliche Person für die Lösung
- Geplantes Freigabedatum/geplante Releaseversion
- Fälligkeitsdatum

Abbildung 14–5 zeigt ein mögliches Statusmodell für das Problemlösungs-Management.

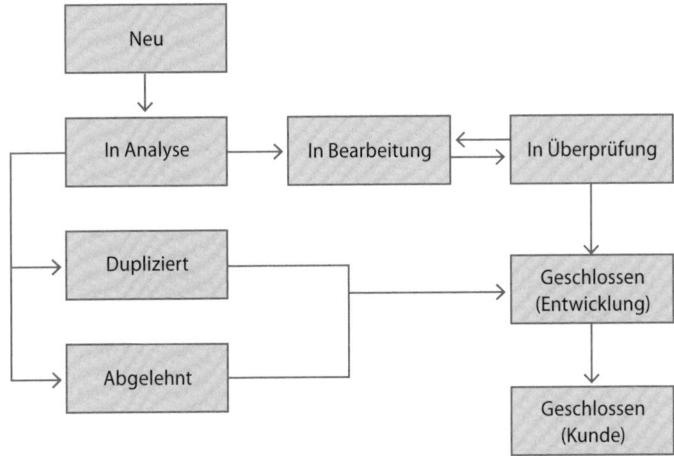

Abb. 14–5 *Exemplarisches Statusmodell für Probleme*

Probleme und andere Änderungen werden oft zusammen im selben Tool oder Datenbank verwaltet. Dies stellt kein Problem dar, wenn es möglich ist, die Problem-Datensätze von den Datensätzen der Änderungsanträge zu trennen. Dies ermöglicht die statistische Auswertung von Problemen getrennt von den Änderungsanträgen oder ihre getrennte Verwaltung oder Berichterstattung, falls erforderlich (z.B. Status der Probleme pro Disziplin (Software, Hardware, Mechanik, Projektmanagement etc.), Status der Probleme pro Team, Status der vom Kunden gemeldeten Probleme, Problemtrends usw. im Vergleich zum Status der Änderungsanträge). Darüber hinaus werden einige der Datensätze in der Datenbank nicht zu einer Änderung führen, z.B. wenn die Problemanalyse ergibt, dass es sich nicht um ein Problem handelt, oder wenn beschlossen wird, das Risiko einzugehen und ein Problem nicht zu beheben, dessen Auswirkungen unbedeutend sind oder dessen Wahrscheinlichkeit sehr gering ist.

SUP.9.BP2: Ermittlung der Ursache und der Auswirkungen des Problems. Analysiere das Problem, ermittle seine Ursache, einschließlich gemeinsamer Ursachen, falls vorhanden, und bestimme die Auswirkungen. Beziehe relevante Parteien mit ein. Kategorisiere das Problem.

Anmerkung 5: *Die Problemkategorisierung (z.B. leicht, mittel, schwer) kann auf Schwere, Kritikalität, Dringlichkeit usw. beruhen.*

Die Problemkategorisierung dient dazu, die Probleme zu priorisieren und eine Abfolge von Lösungsschritten abzuleiten. Kriterien für die Priorisierung können Kritikalität, Dringlichkeit, Auswirkung usw. sein.

Die Analyse wird durchgeführt, bevor Maßnahmen zur Problembehebung ergriffen werden. Denn wenn das Problem gemeldet wird, werden in der Regel nur die Symptome oder die Auswirkungen des Problems gemeldet, was nicht ausreicht, um die Ursache des Problems zu ermitteln. Eine detaillierte Untersuchung wird durchgeführt, um die Ursache zu ermitteln und zu dokumentieren. Die Arbeitsprodukte, die von dem Problem betroffen sind, werden identifiziert. In der Regel werden auch Lösungsvorschläge dokumentiert.

Manche Probleme haben nur lokale Auswirkungen und können mit geringem Aufwand behoben werden. Andere Probleme können sich jedoch auf verschiedene Teile des Gesamtsystems auswirken und erfordern eine Änderung verschiedener Teile des Systems, um das Problem zu beheben. Daher muss dokumentiert werden, welche Teile des Systems betroffen sind, was wichtige Informationen für Regressionstests liefert.

Einige Probleme können Auswirkungen haben, die weit über die Systemgrenzen hinausgehen, z.B. wenn der Fehler in der Plattformsoftware entdeckt wurde, die von mehreren Projekten genutzt wird, oder sogar in Produkten, die bereits an den Kunden ausgeliefert wurden. In diesen Fällen können sehr viel umfassendere Maßnahmen erforderlich sein.

Zur Prozessverbesserung kann eine Ursachenanalyse durchgeführt werden, bei der nicht nur das Problem, sondern auch seine Ursachen (z.B. Prozesslücke, Werkzeugproblem) analysiert und beseitigt werden. Nur so kann verhindert werden, dass das Problem in Zukunft erneut auftritt.

SUP.9.BP3: Genehmigung von Sofortmaßnahmen. Hole eine Genehmigung für Sofortmaßnahmen ein, wenn ein Problem gemäß der Kategorisierung eine dringende Lösung erfordert.

Der typische Anwendungsfall für eine Sofortmaßnahme ist: Der Kunde ruft an, hat ein ernstes Problem und erwartet sofort eine Lösung. Ihr normaler Prozess könnte zwei Wochen dauern, aber der Entwickler kann es in zwei Tagen schaffen (was dem »sofort« am nächsten kommt). Diese Art Abkürzungen sollte entweder irgendwo festgelegt werden oder es sollte angegeben werden, wie der Prozess aussieht, um zu einer individuellen Lösung zu kommen. In jedem Fall muss definiert werden, wie die Genehmigung für die Abkürzung eingeholt werden soll.

SUP.9.BP4: Auslösung von Warnmeldungen. Wenn das Problem gemäß der Kategorisierung eine große Auswirkung auf andere Systeme oder andere betroffene Parteien hat, muss eine entsprechende Warnmeldung ausgelöst werden.

Wenn ein Problem als Problem mit starken Auswirkungen auf andere Systeme oder andere Beteiligte (Kunden, Endbenutzer, andere Projekte) eingestuft wird, insbesondere wenn das Produkt schwerwiegende Mängel aufweist oder seine Verwendung eine ernste Gefahr darstellt, muss sofort eine Warnmeldung ausgelöst werden. Damit soll ein möglicher Schaden verhindert werden. Die Kriterien, wann ein Alarm ausgelöst werden muss, sollten definiert werden (z.B. in der Problemlösungs-Strategie).

- Beispiel 1: In einem Softwareelement der Plattform wird ein schwerwiegender Fehler entdeckt, der sich auf andere Projekte auswirkt, die dieses Element ebenfalls verwenden. Der Plattformmanager muss benachrichtigt werden, der dann die anderen Projektverantwortlichen informiert.
- Beispiel 2: In einer Software, die bereits in Autos auf Teststrecken eingesetzt wird, wird ein schwerwiegender Fehler gefunden. Der Fehler ist sicherheitsrelevant und Personen könnten verletzt werden. Alle Personen, die die Autos benutzen, müssen sofort benachrichtigt werden. Dies ist ein Beispiel für BP3 Sofortmaßnahmen und für BP4 Warnmeldungen.

SUP.9.BP5: Einleitung der Problemlösung. Leite geeignete Maßnahmen entsprechend der Kategorisierung ein, um das Problem langfristig zu lösen, einschließlich der Überprüfung dieser Maßnahmen, oder leite einen Änderungsantrag ein. Dies schließt die Synchronisation und Konsistenz mit kurzfristigen dringenden Lösungsmaßnahmen ein, falls zutreffend.

Wenn festgestellt wird, dass es sich bei dem gemeldeten Problem um einen Fehler handelt, und entschieden wird, ihn zu beseitigen, müssen entsprechende Maßnahmen eingeleitet werden. Diese Maßnahmen werden in der Regel auf der Grundlage von Lösungsvorschlägen definiert, die während der Analyse vorgelegt werden. Diese Aktionen können auf unterschiedliche Weise nachverfolgt werden:

- Direkt in den Problemaufzeichnungen, wenn ein Problemlösungs-Managementtool verwendet wird, das eine ordnungsgemäße Verwaltung der Lösungsaktionen ermöglicht.
- In dem Änderungsantrag, der zum Zweck der Fehlerbeseitigung erstellt und mit dem Problem verknüpft wurde. In diesem Fall wird die Mängelbeseitigung im Rahmen des SUP.10-Prozesses durchgeführt.
- In den Aufgaben, die zur Durchführung der Mängelbeseitigung erstellt wurden und mit dem Problem verknüpft sind.
- Als Einträge in einer Liste offener Punkte.

Unabhängig davon, wie die Problemlösung eingeleitet und überwacht wird, muss der genaue Status des Problems beibehalten werden (z.B. »in Umsetzung«).

SUP.9.BP6: Verfolgung von Problemen bis zum Abschluss. Verfolge den Status von Problemen bis zum Abschluss, einschließlich aller damit verbundenen Änderungsanträge. Der Abschluss von Problemen wird von den relevanten Beteiligten akzeptiert.

Der Status der Probleme muss jederzeit gepflegt und korrekt gehalten werden. Probleme, die zu lange in einem bestimmten Zustand verbleiben (z.B. zu lange in der Analyse), müssen erkannt werden. Probleme dürfen nicht vergessen werden, und es muss sichergestellt werden, dass die zugesagten Lösungstermine eingehalten werden.

Die Überwachung des Problemstatus muss regelmäßig in speziellen Teamsitzungen, CCB-Sitzungen oder von einer für die Problemverfolgung zuständigen Person durchgeführt werden. Bevor der endgültige Status (z.B. »abgeschlossen«, »abgelehnt«, »storniert«) in der Besprechung oder von der verantwortlichen Person festgelegt wird, muss er von einer autorisierten Rolle bestätigt werden, die mit dem Melder des Problems in Verbindung steht (z.B. sollte ein vom Kunden gegebener Problem-Datensatz vom Kunden bestätigt werden). Das Ergebnis dieser Bestätigung/Überprüfung sollte dokumentiert werden. Alle Probleme, die sich nicht im Endzustand befinden, sollten regelmäßig geprüft und diskutiert, aktualisiert und, falls erforderlich, als überfällig oder eskaliert gemeldet werden.

SUP.9.BP7: Berichterstattung über den Status der Problemlösungs-Aktivitäten. Sammle und analysiere Daten des Problemlösungs-Managements, erkenne Trends und leite entsprechende Maßnahmen ein. Berichte regelmäßig über die Ergebnisse der Datenanalyse, die ermittelten Trends und den Status der Problemlösungs-Aktivitäten an die relevanten Stakeholder.

Anmerkung 6: *Die gesammelten Daten können Informationen darüber enthalten, wo die Probleme aufgetreten sind, wie und wann sie gefunden wurden, welche Auswirkungen sie hatten usw.*

Die für das Problemmanagement verwendeten Tools bieten in der Regel Möglichkeiten zur Erstellung von Berichten und Trends. Diese Problemstatusberichte werden sehr oft in Dashboards dargestellt und regelmäßig erstellt sowie analysiert, und bei Bedarf werden Korrekturmaßnahmen festgelegt.

Häufig gesammelte Daten können sein:

- Stand der Probleme
- Stand der Probleme pro Team
- Status der von Kunden gemeldeten und/oder intern gemeldeten Probleme

- Phasen, in denen die Probleme entdeckt wurden, im Vergleich zu den Phasen, in denen sie eingeführt wurden
- Alter der Probleme
- Abgeschlossene Probleme vs. neue Trends

Es ist wichtig zu beachten, dass es nicht ausreicht, Diagramme zu erstellen, sondern dass eine tatsächliche Analyse der Probleme und Trends stattfinden muss. Die Analyseergebnisse führen ggf. zu Abhilfemaßnahmen.

14.3.3 Erzeugte Informationsobjekte

13-07 Problem-aufzeichnung	Problem-Datensätze werden in der Regel für produktbezogene Probleme in einer Projektmanagement-Software (z.B. Jira, IMS), für projektbezogene Probleme in einer Liste offener Punkte (Excel, Tools) oder für Überprüfungsergebnisse in Überprüfungs-Datensätzen verwaltet. Sie müssen alle erforderlichen Informationen eines Problem-Datensatzes enthalten, wie z.B.: ■ Eindeutige Problem-ID ■ Status ■ Dringlichkeit ■ Schweregrad ■ Ursprung/Melder ■ Datum des Berichts ■ Betroffene HW- bzw. SW-Version ■ Problembeschreibung, einschließlich Einschränkungen und aller verfügbaren Zusatzinformationen, die die Problemdiagnose unterstützen (z.B. Bedingungen, unter denen das Problem auftrat) ■ Informationen zur Reproduzierbarkeit ■ Ergebnis der Analyse (gehört tendenziell zum Informationsobjekt »Nachweis der Problemanalyse«) ■ Auswirkungen des Problems auf andere Bereiche (gehört tendenziell zum Informationsobjekt »Nachweis der Problemanalyse«) ■ Für die Lösung verantwortliche Person ■ Geplantes Freigabedatum/geplante Releaseversion ■ Fälligkeitsdatum
15-55 Nachweis der Problemanalyse	Die Analyse der identifizierten Probleme ist ein wichtiger Prozessschritt. Daher muss dieser auch im Nachhinein nachvollzogen werden können. Das heißt, wir brauchen geeignete Aufzeichnungen, die zumindest das Ergebnis, die Bewertung nach Analysekriterien und die Argumentation, die zu dem Ergebnis führt, nachvollziehbar machen. Dieses Informationsobjekt ist normalerweise nicht von der Problemaufzeichnung getrennt.

→

15-12 Problemstatusbericht	Die für das Problemmanagement verwendeten Tools bieten in der Regel die Möglichkeit, Berichte und Trends zu erstellen. Diese Problemstatusberichte werden sehr häufig in Dashboards dargestellt und regelmäßig erstellt sowie analysiert, und bei Bedarf werden Korrekturmaßnahmen festgelegt.

14.3.4 Zusätzliche Überlegungen

Bezug zu anderen Automotive SPICE®-Prozessen

- Die im Risikomanagement (MAN.5) verwalteten Risiken, die zu Problemen werden, werden in diesem Prozess (SUP.9) behandelt.
- SUP.10 beschreibt den Arbeitsablauf innerhalb des Änderungsmanagements für alle Arten von Änderungen, einschließlich Problemen. Sehr oft wird dasselbe Managementsystem verwendet, und Probleme und andere Änderungen (z.B. Anforderungsänderungen, Designänderungen) werden auf dieselbe Weise verwaltet, bearbeitet und nachverfolgt.
- SUP.9.BP5 hat einen klaren Bezug zu SUP.10, da die Implementierung einer Problemlösung einen Änderungsantrag auslösen kann und im Rahmen des Änderungsmanagements (SUP.10) weiterbearbeitet wird.
- Die Strategie des Problemlösungs-Managements befasst sich mit dem Umgang mit fehlgeschlagenen Tests.

Typische Fallstricke

- Obwohl Fehler typischerweise die überwiegende Mehrheit der Probleme ausmachen, beschränken sich Probleme nicht auf Fehler und können weit darüber hinausgehen (z.B. Probleme, die durch Qualitätssicherung, Konfigurationsmanagement oder Peer-Reviews festgestellt werden sowie Ressourcenprobleme, Managementprobleme usw.). Ein typischer Fehler ist es, den Anwendungsbereich von SUP.9 zu eng zu fassen. Dies kann sogar zu einer Herabstufung auf Stufe null führen, insbesondere wenn nicht alle Teams innerhalb des Projekts beteiligt sind oder wichtige Problemtypen vernachlässigt werden.
- Viele Organisationen verwenden dazu unterschiedliche Prozesse und Werkzeuge (z.B. für Kundenprobleme, intern gefundene Softwarefehler, intern gefundene Fehler auf Systemebene) und sind sich nicht einmal darüber bewusst, dass diese alle mit SUP.9 zusammenhängen. Dies muss in der Strategie deutlich gemacht werden (z.B. wie Probleme auf Systemebene mit Problemen auf Disziplinebene zusammenhängen, wie der Status in den verschiedenen Tools aussieht), was jedoch häufig nicht der Fall ist (typischer Fehler).

- Ein weiterer typischer Fehler ist das Fehlen einer klaren Definition von Trendanalysen. Es sollte klar definiert werden, welche Probleme wie und wann analysiert werden und welche Maßnahmen aus den Analysen resultieren sollen.
- Probleme gibt es häufig bei BP7 im Zusammenhang mit der Ermittlung von Trends. In der Strategie sollte der Ansatz für die Trendanalyse klar definiert sein (»welche Probleme«/»wie«/»wann«) und was als Ergebnis dieser Analyse geschehen soll. Es reicht nicht aus, Diagramme zu erstellen, sondern es muss eine tatsächliche Analyse der Probleme und Trends stattfinden. Die Ergebnisse der Analyse können zu Abhilfemaßnahmen führen.
- Der Unterschied zwischen BP3 und BP4 wird oft nicht richtig verstanden: BP3 befasst sich mit Problemen, bei denen dringender Handlungsbedarf besteht (z.B. wenn der Kunde Feldtests durchführt und dringend eine Lösung wünscht). Hier geht es darum, das normale Verfahren außer Kraft zu setzen (z.B. reduzierte Tests), was einer besonderen Genehmigung bedarf. Daher ist ein klares Verfahren einschließlich des Einbezugs der Genehmigungsbehörden erforderlich. BP4 befasst sich mit dem Aspekt, dass Probleme Auswirkungen auf andere haben können (z.B. müssen Prototyp-Fahrzeuge repariert oder andere Projekte, die dieselbe Software verwenden, benachrichtigt werden). Dies kann eine Dringlichkeitsmaßnahme gemäß BP3 auslösen, muss es aber nicht.

Zu berücksichtigen in Bezug auf PA 2.1

- Die Problemlösungs-Strategie sollte Bestimmungen enthalten, die festlegen, wie jede der Basispraktiken von SUP.9 durchgeführt wird, einschließlich der Festlegung, welche Arten von Problemen mit SUP.9 gemanagt werden, in welcher Projektphase die Problemaufzeichnungen verwendet werden, welche Disziplinen, Bereiche oder betroffenen Standorte beteiligt sind, wer für die Durchführung des Problemlösungs-Managements verantwortlich ist, ein System für das Problemmanagement, wie Kunden-, Lieferanten- und interne Probleme (z.B. Einkauf, Marketing und Management) behandelt werden, einschließlich der beteiligten Schnittstellen, usw.
- Eine Strategie für das Problemlösungs-Management sollte mit der Strategie für das Änderungsmanagement zusammenwirken können (SUP.10).
- Ziele für das Problemlösungs-Management können sein: Reaktionszeiten, Zeitlimits für die Analyse, Ziele für Problemtrends, Zuordnung aller Fehler zu Releases usw.
- Die Abschätzung und Planung von Problemen im Voraus ist eine Herausforderung, da nicht im Voraus bekannt ist, welche Probleme wann auftreten werden. Einige Probleme müssen möglicherweise dringend gelöst werden und bedürfen einer sofortigen Planung. Typischerweise wird bei der anfänglichen Schätzung und Planung ein gewisser Prozentsatz an Zeit für das Problemlösungs-Management eingeplant, basierend auf den Erfahrungen aus früheren Projekten, und/oder zur Planung von Bugfix-Releases.

Zu berücksichtigen in Bezug auf PA 2.2

- Bei der Verwendung einer Projektmanagement-Software (z.B. Jira, IMS, ALM) gibt es in der Regel keine Vorlagen, sondern das Tool definiert den Problem-Lebenszyklus und den Workflow, das Format der Problem-Datensätze mit vordefinierten Attributen und Wertebereichen, einschließlich der Definition der obligatorischen Attribute.
- Es kann eine von der Organisation oder dem Projekt definierte Methode oder ein Anweisungsdokument geben, das detaillierte Informationen über jeden der Zustände im vom Tool definierten Lebenszyklus, die Definition für den Übergang zwischen den Zuständen und die Definition jedes Attributs und seines Wertebereichs enthält.
- Die Problemlösungs-Strategie wird in der Regel durch ein Peer-Review-Verfahren überprüft, und es werden Prüfprotokolle geführt. Die Problemaufzeichnungen selbst werden im Allgemeinen nicht von Fachkollegen geprüft, müssen jedoch auf ihre Vollständigkeit und Richtigkeit hin überprüft werden. Diese Überprüfungen erfolgen im Rahmen der Problemmanagement-Sitzungen, der CCB-Sitzungen oder sind auf andere Weise in das Statusmodell integriert.
- Problemlösungs-Strategie, Problemaufzeichnungen und Berichte des Problemlösungs-Managements sind Ergebnisse von SUP.9-Aktivitäten und müssen als solche unter das Konfigurationsmanagement-System fallen. Problem-Datensätze sollten Teil der Liste der Konfigurationsobjekte sein, und es müssen die Anforderungen für das Konfigurationsmanagement festgelegt werden.

Hinweise für Assessoren

- Es ist wichtig, dass Sie Probleme nicht nur als Defekte verstehen. Ein häufiger Fehler ist eine zu enge Definition des Anwendungsbereichs des Prozesses, die z.B. Management- oder Ressourcenprobleme ausschließt.
- Die Notwendigkeit einer Autorisierung vor der Behebung eines Problems ist nicht zwingend vorgegeben. Entscheidend ist der Workflow, einschließlich der Autorisierungsmechanismen, für die Projektbeteiligten.
- Klären Sie, wie mit dringenden Problemen umgegangen wird und wie eine beschleunigte Problemlösung erfolgen kann (Sofortmaßnahmen).
- Eine klare Unterscheidung zwischen dringender Problemlösung und Alarmierungsnotwendigkeiten (Warnmeldung) sollte vorhanden sein. Beispielsweise müssen Sie unterscheiden zwischen der sofortigen Benachrichtigung bei sicherheitskritischen Fehlern und der regulären Kommunikation von Plattformproblemen.
- Überprüfen Sie die Effektivität des Prozesses mittels Trendanalysen. Dabei ist zu erwarten, dass effektiv gelöste Probleme nicht zu einer eskalierenden Anzahl ungelöster Probleme führen. Eine Trendanalyse ist insbesondere für den Fehlerbehebungs-Prozess unerlässlich.

- Häufig werden verschiedene Prozesse und Werkzeuge für unterschiedliche Problemtypen genutzt, ohne zu erkennen, dass alle zu SUP.9 gehören. Machen Sie allen Projektbeteiligten klar, wie die unterschiedlichen Problemtypen behandelt werden und wie sie zusammenhängen.
- Stellen Sie sicher, dass definiert ist, ob Probleme sofort behoben werden müssen oder erst nach einer Diagnose und anschließender Autorisierung. Die Vorgehensweise für verschiedene Arten und Schweregrade von Problemen sollte spezifiziert sein.

14.4 SUP.10 Änderungsmanagement

Der Zweck ist die Sicherstellung, dass Änderungsanträge erfasst, analysiert, verfolgt, genehmigt und umgesetzt werden.	**Base**
Erwartete Prozessergebnisse: ■ Änderungsanträge werden aufgezeichnet und identifiziert. ■ Änderungsanträge werden analysiert, Abhängigkeiten und Beziehungen zu anderen Änderungsanträgen werden ermittelt und die Auswirkungen werden abgeschätzt. ■ Änderungsanträge werden vor der Implementierung genehmigt und entsprechend priorisiert. ■ Es wird eine bidirektionale Rückverfolgbarkeit zwischen Änderungsanträgen und betroffenen Arbeitsprodukten hergestellt. ■ Die Implementierung von Änderungsanträgen wird bestätigt. ■ Änderungsanträge werden bis zum Abschluss verfolgt und der Status des Änderungsantrags wird den betroffenen Parteien mitgeteilt.	

14.4.1 Prozessbeschreibung

Der Prozess des Änderungsmanagements, wie er im SUP.10 beschrieben wird, ist ein integraler Bestandteil jedes System-Entwicklungsprojekts, insbesondere in den späteren Projektphasen. Dieser Prozess zielt darauf ab, Änderungen effizient zu verwalten, was eine sorgfältige Planung und Steuerung erfordert. Ein robustes Änderungsmanagement ist entscheidend für die Aufrechterhaltung der Projektqualität und die Anpassung an sich ändernde Anforderungen. Dabei sind sowohl organisatorische als auch projektspezifische Aspekte zu berücksichtigen, wie z.B. die beteiligten Disziplinen, Domänen oder Standorte.

Das Änderungsmanagement kann einen ähnlichen Workflow wie das Problemlösungs-Management (SUP.9) verwenden oder einen unabhängigen, vollständig separaten Ansatz verfolgen. In beiden Fällen sind die Entscheidungsautorität sowie die Einbeziehung und das Management relevanter Schnittstellen zu internen Stakeholdern, Lieferanten und Kunden von Bedeutung. Dies erfordert eine klare Definition des Austauschs und Managements von Änderungsanträgen über verschiedene Entitäten hinweg, wie z.B. unterschiedliche Disziplinen, Stakeholder oder Teilprojekte. Unternehmen müssen ihre Änderungsmanagement-Systeme mit denen ihrer Kunden synchronisieren, um eine kohärente und effiziente Abwicklung zu gewährleisten. Dies schließt auch eine Abstimmung mit dem Prozess der Lieferantenüberwachung (ACQ.4) ein.

Die Unterscheidung zwischen verschiedenen Ebenen des Änderungsmanagements ist entscheidend, um Prozesse zu optimieren und ein Ausufern des Projektumfangs (Scope Creep) zu vermeiden. Ein hierarchischer Ansatz bei Genehmigungen gewährleistet einen strukturierten Entscheidungsprozess und optimiert die Ressourcenzuweisung. Das Hauptziel des Änderungsmanagement-Prozesses besteht darin, sicherzustellen, dass Änderungsanträge aufgezeichnet, analysiert, verfolgt, genehmigt und umgesetzt werden. Dies umfasst das Erfassen von Änderungsanträgen, die Analyse und Bewertung ihrer Auswirkungen, die Genehmigung vor der Implementierung und die Priorisierung, die Herstellung einer bidirektionalen Rückverfolgbarkeit zwischen Änderungsanträgen und betroffenen Arbeitsprodukten, die Bestätigung der Implementierung von Änderungsanträgen und das Nachverfolgen der Änderungsanträge bis zum Abschluss.

Nutzen

- Durch strukturierte Bewertung und Genehmigung wird das Risiko reduziert.
- Die Wahrscheinlichkeit von Verzögerungen durch unkoordinierte oder späte Änderungen ist reduziert.
- Frühzeitiges Erkennen und Korrigieren von Problemen führt zu höherer Produktqualität.
- Die Kontrolle über den Projektumfang ist besser.
- Es besteht Einheitlichkeit und Konsistenz von Änderungen in Übereinstimmung mit den Projektzielen.
- Es gibt eine lückenlose Dokumentation von Änderungen und deren Auswirkungen.
- Es besteht Transparenz und Verständnis unter allen Projektbeteiligten.
- Probleme, die durch anstehende Änderungen hervorgerufen werden, werden frühzeitig erkannt und adressiert.

Ein effektives Änderungsmanagement erfordert eine systematische Herangehensweise, um sicherzustellen, dass alle Änderungsanträge ordnungsgemäß erfasst, bewertet und umgesetzt werden. Dies beinhaltet die Einrichtung einer Entscheidungsinstanz, wie z. B. eines Change Control Board (CCB), das alle betroffenen Disziplinen und erforderlichen Stakeholder umfasst. Die Mitglieder des CCB sollten über die notwendige Autorität verfügen, um Entscheidungen zu treffen und diese rechtzeitig umzusetzen. Die Bestätigung der Implementierung von Änderungsanträgen sollte sicherstellen, dass alle relevanten Prozesse angewendet und die entsprechenden Arbeitsprodukte aktualisiert wurden.

14.4.2 Basispraktiken

SUP.10.BP1: Identifizierung und Aufzeichnung der Änderungsanträge. Identifiziere den Anwendungsbereich von Änderungsanträgen. Jeder Änderungsantrag wird eindeutig identifiziert, beschrieben und aufgezeichnet, einschließlich des Initiators und des Grundes des Änderungsantrags. Jedem Änderungsantrag wird ein Status zugewiesen, um die Verfolgung zu erleichtern.

Anmerkung 1: *Änderungsanträge können für Änderungen verwendet werden, die sich z. B. auf Produkte, Prozesse oder Methoden beziehen.*

Anmerkung 2: *Beispielwerte für den Status von Änderungsanträgen sind »offen«, »in Prüfung«, »umgesetzt« usw.*

Anmerkung 3: *Die Behandlung von Änderungsanträgen kann sich über den Produktlebenszyklus hinweg unterscheiden, z. B. während des Prototypenbaus und der Serienentwicklung.*

Die Umsetzung der Basispraktik SUP.10.BP1 erfordert die Identifikation, Beschreibung, Aufzeichnung und Statuszuweisung jedes Änderungsantrags.

Im ersten Schritt geht es darum, jeden Änderungsantrag eindeutig zu identifizieren und zu beschreiben. Dies beinhaltet das Festhalten des Initiators der Anfrage sowie des genauen Grundes für die Änderung. Die Gründe können vielfältig sein, wie beispielsweise das Beheben von Fehlern, Kostendruck, verkürzte Entwicklungszeiten oder Reaktionen auf Wettbewerbsprodukte. Die Anfragen können auch aufgrund von Problemmeldungen initiiert werden.

Es sollte ein Lebenszyklus für Änderungsanträge etabliert und festgelegt werden, wie diese von der Erstellung über die Prüfung bis hin zur Implementierung und abschließenden Überprüfung gehandhabt werden. Der Lebenszyklus eines Änderungsantrags kann je nach Phase des Produktlebenszyklus unterschiedlich sein, z. B. während der Prototypen-Konstruktion oder der Serienentwicklung.

Es ist wichtig, ein Statusmodell für den Änderungsantrag zu definieren, das die verschiedenen Phasen der Bearbeitung reflektiert. Beispiele für Statuswerte können »offen«, »in Untersuchung« oder »implementiert« sein. Dieses Modell sollte mit dem tatsächlichen Workflow abgestimmt sein, um eine effektive Nachverfolgung und Steuerung der Änderungsanträge zu ermöglichen.

Es ist auch hilfreich, zwei Ebenen des Änderungsmanagements zu etablieren. Auf der unteren Ebene finden Änderungen innerhalb des Projektumfangs statt, während auf der oberen Ebene Änderungen außerhalb des Projektumfangs erfolgen, die zusätzliche Budgets oder Ressourcen erfordern.

Eine Herausforderung in der Umsetzung kann die Koordination zwischen den verschiedenen Projektbereichen und die Sicherstellung der Einhaltung des definierten Prozesses sein. Best Practices umfassen eine klare Kommunikation des Änderungsmanagement-Prozesses an alle Projektbeteiligten, die Verwendung von Projektmanagement-Werkzeuge zur Unterstützung des Prozesses sowie regelmäßige Reviews und Anpassungen des Prozesses, um seine Effektivität zu gewährleisten.

SUP.10.BP2: Analyse und Bewertung von Änderungsanträgen. Änderungsanträge werden von den zuständigen Stellen anhand von Analysekriterien analysiert. Die vom Änderungsantrag betroffenen Arbeitsprodukte und die Abhängigkeiten zu anderen Änderungsanträgen werden ermittelt. Die Auswirkungen der Änderungsanträge werden bewertet.

Anmerkung 4: *Beispiele für Analysekriterien sind: Ressourcenbedarf, Terminplanungsfragen, Risiken, Nutzen usw.*

Die effektive Umsetzung dieser Basispraktik erfordert eine detaillierte Analyse und Bewertung jedes Änderungsantrags, um sicherzustellen, dass alle Auswirkungen und Abhängigkeiten berücksichtigt werden und die Änderungen effizient und effektiv umgesetzt werden können.

Die Analyse berücksichtigt verschiedene Kriterien, um die Machbarkeit und die Auswirkungen der vorgeschlagenen Änderungen zu bewerten.

In einem typischen System-Entwicklungsprojekt kann das wie folgt aussehen:

Zunächst ist die technische Machbarkeit der Änderungen zu prüfen. Dies umfasst die Bewertung, wie sich die vorgeschlagenen Änderungen auf die Architektur, den Entwurf, die Codierung und die Testaktivitäten auswirken. Es ist wichtig zu verstehen, ob die Änderungen realisierbar sind und welche technischen Ressourcen dafür benötigt werden.

Neben der technischen Machbarkeit sind auch die nicht funktionalen Auswirkungen zu bewerten. Dazu gehören beispielsweise die Auswirkungen auf die Systemleistung oder die Benutzererfahrung. Ebenso ist die Dringlichkeit der Änderung zu bewerten, also wie viel Zeit verbleibt, um die Änderung termingerecht unter Berücksichtigung der Releaseplanung umzusetzen.

Ein weiterer wichtiger Aspekt ist die Bewertung der Abhängigkeiten und Auswirkungen der Änderungen auf das Projekt. Dazu gehören die Ressourcensituation, die Abarbeitungsreihenfolge, mögliche Terminverschiebungen und die Auslastung des Teams. Die Bewertung sollte auch potenzielle Umsetzungszeitpunkte und den potenziellen Nutzen der Änderungen umfassen, sowohl übergreifend als auch für Teilbereiche.

Darüber hinaus sind die Kosten bzw. Mehrkosten, die möglicherweise nicht vertraglich vereinbart sind, sowie der Bedarf an technischen Ressourcen und Personalaufwand zu berücksichtigen. Wenn mehrere Änderungswünsche sich auf eine Komponente beziehen oder zu einem Liefertermin umgesetzt werden sollen, ist eine genaue Kenntnis ihrer Abhängigkeiten besonders wichtig.

Schließlich muss festgelegt werden, anhand welcher Kriterien die erfolgreiche Umsetzung der Änderungen festgestellt werden soll. Diese Kriterien umfassen in der Regel spezifische Tests, die wiederholt werden müssen, um nachzuweisen, dass die Änderungen den eventuell geänderten Anforderungen entsprechen und keine unerwünschten Seiteneffekte aufgetreten sind.

Ein wichtiger Schritt in diesem Prozess ist die Einbeziehung aller relevanten Stakeholder. Deren Input ist unerlässlich, um die volle Tragweite des Änderungsantrags zu verstehen, insbesondere im Hinblick auf technische Aspekte und potenzielle Nebeneffekte. Beispielsweise könnte eine Änderung in der Softwarearchitektur Auswirkungen auf die Systemleistung oder die Kompatibilität mit anderen Komponenten haben. Dies muss gründlich bewertet werden.

Nachdem der Änderungsantrag analysiert wurde, muss seine Auswirkung auf die betroffenen Arbeitsprodukte und die Beziehung zu anderen Änderungsanträgen bestimmt werden. Diese Bewertung hilft dabei, den Gesamteinfluss der Anfrage zu verstehen und zu entscheiden, wie damit umgegangen werden soll. Es ist wichtig, dass die Ergebnisse dieser Analyse klar dokumentiert werden, einschließlich der vorgeschlagenen Modifikationen und möglicher Alternativen.

Darüber hinaus sollten Kriterien für die Bestätigung der Implementierung etabliert werden. Dazu gehört beispielsweise die Auswahl bestehender Regressionstestfälle, neu entwickelter Testfälle oder die Überprüfung aller modifizierten Arbeitsprodukte. Die Kriterien sollten so gewählt werden, dass sie sowohl die Änderungen als auch die eventuell geänderten Anforderungen verifizieren.

Eine Herausforderung in diesem Prozess ist die Handhabung von parallelen Änderungsanträgen, insbesondere wenn mehrere Änderungen auf eine Komponente bezogen sind oder mehrere Änderungen zu einem Liefertermin umgesetzt werden sollen. Ein tiefes Verständnis dieser Abhängigkeiten ist entscheidend, um sicherzustellen, dass alle Änderungen korrekt implementiert und getestet werden.

SUP.10.BP3: Genehmigung von Änderungsanträgen vor der Implementierung. Änderungsanträge werden nach Prioritäten geordnet und auf der Grundlage der Analyseergebnisse und der Verfügbarkeit von Ressourcen zur Umsetzung freigegeben.

Anmerkung 5: *Ein Change Control Board ist ein Beispiel für einen Mechanismus zur Genehmigung von Änderungsanträgen.*

Anmerkung 6: *Die Priorisierung von Änderungsanträgen kann durch die Zuordnung zu Releases erfolgen.*

Ein Schlüsselelement dieser Praktik ist die Bildung und effektive Führung eines Change Control Board (CCB). Das CCB spielt eine zentrale Rolle bei der Entscheidung über Änderungsanträge. In kleineren Projekten kann das CCB einfach aus dem Projektteam bestehen, während es in größeren Projekten normalerweise ein separates Gremium ist. In diesem Gremium sind neben dem Projektleiter oft die Teilprojektleiter und weitere Stakeholder vertreten, die über eine umfangreiche Erfahrung und Expertenwissen in verschiedenen Bereichen wie Software, Hardware, Mechanik oder dem Gesamtsystem verfügen.

Die Hauptaufgabe des CCB besteht darin, Änderungsanträge systematisch zu bewerten und zu priorisieren. Dies geschieht auf der Grundlage der Analyseergebnisse und der Verfügbarkeit von Ressourcen. Das CCB sollte Leitlinien für den hierarchischen Genehmigungsprozess für Änderungsanträge bereitstellen, wobei Kosten- und Aufwandsgrenzen berücksichtigt werden. In den regelmäßigen CCB-Treffen werden in der Regel mehrere Vorhaben besprochen und Entscheidungen über die Genehmigung oder Ablehnung von Änderungsanträgen getroffen.

Die Herausforderungen bei der Bildung und Führung eines CCB umfassen die Sicherstellung einer ausgewogenen Vertretung aller relevanten Stakeholder und die Fähigkeit des Gremiums, den Änderungsmanagement-Prozess effektiv zu steuern. Eine gute Praxis ist es, klare Kommunikationswege und Entscheidungsprozesse im CCB zu etablieren, um sicherzustellen, dass Änderungsanträge effizient und transparent behandelt werden. Abbildung 14–6 zeigt ein mögliches Statusmodell für das Änderungsmanagement.

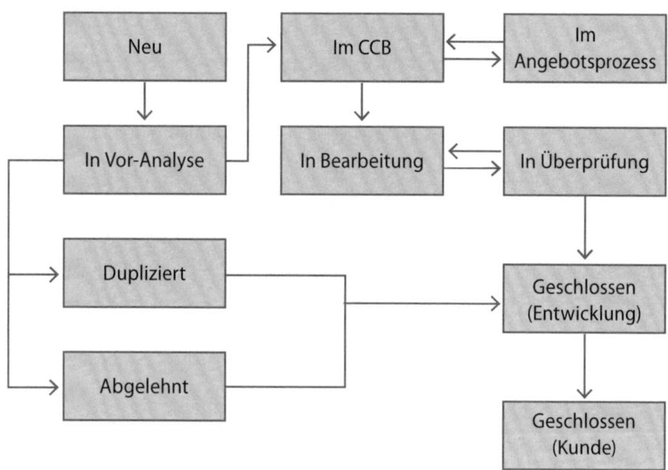

Abb. 14–6 *Exemplarisches Statusmodell für das Änderungsmanagement*

SUP.10.BP4: Einrichtung einer bidirektionalen Rückverfolgbarkeit. Richte eine bidirektionale Rückverfolgbarkeit zwischen Änderungsanträgen und den von den Änderungsanträgen betroffenen Arbeitsprodukten ein. Falls der Änderungsantrag durch ein Problem ausgelöst wird, stelle eine bidirektionale Rückverfolgbarkeit zwischen Änderungsanträgen und den entsprechenden Problemberichten her.

Diese Praktik fokussiert auf die Einrichtung einer bidirektionalen Rückverfolgbarkeit zwischen Änderungsanträgen und den von ihnen betroffenen Arbeitsprodukten. Sie ist entscheidend, um Transparenz und Rechenschaftspflicht im Änderungsmanagement-Prozess zu gewährleisten, und trägt wesentlich zur effektiven Bewertung der Auswirkungen vorgeschlagener Änderungen bei.

Zunächst ist es wichtig, ein System oder eine Methodik zu implementieren, das oder die die Rückverfolgbarkeit zwischen Änderungsanträgen, Problemen, betroffenen Arbeitsprodukten und Baselines ermöglicht. Dies bedeutet, dass jeder Änderungsantrag klar dokumentiert und eine direkte Verbindung zu den betroffenen Arbeitsprodukten sowie zu eventuellen Problemberichten hergestellt wird.

Die Herausforderung besteht darin, diese Rückverfolgbarkeit unter Berücksichtigung der projektspezifischen Komplexität über alle Domänen und Disziplinen hinweg zu gewährleisten. In einem komplexen Projekt könnte dies beispielsweise die Nachverfolgung von Änderungen in verschiedenen Systemkomponenten, Softwaremodulen oder Dokumentationseinheiten umfassen.

Um dies zu erreichen, können spezielle Werkzeuge und Systeme zur Unterstützung der Rückverfolgbarkeit eingesetzt werden. Diese Werkzeuge helfen nicht nur, den Überblick über die Änderungen zu behalten, sondern ermöglichen auch die Analyse der Auswirkungen von Änderungen auf verschiedene Teile des Projekts. Außerdem erleichtern sie die Kommunikation und Koordination zwischen verschiedenen Teams und Stakeholdern.

SUP.10.BP5: Bestätigung der Umsetzung von Änderungsanträgen. Die Umsetzung von Änderungsanträgen wird vor dem Abschluss von den relevanten Beteiligten bestätigt.

Diese Basispraktik beinhaltet, dass nach der Durchführung einer Änderung eine Bestätigung durch die relevanten Beteiligten erfolgen muss.

Im Kontext eines Entwicklungsprojekts bedeutet dies, dass nach der Implementierung jeder Änderung eine Überprüfung stattfinden sollte, um sicherzustellen, dass die Änderung wie vorgesehen umgesetzt wurde. Diese Überprüfung kann verschiedene Formen annehmen, je nach Art der Änderung und den Anforderungen des Projekts. Typischerweise umfasst sie eine technische Überprüfung, in der Ingenieure oder Techniker die Änderungen an den betroffenen Systemen oder Komponenten begutachten.

Ein wichtiger Aspekt hierbei ist die Einbeziehung aller relevanten Stakeholder. Dies kann von den Entwicklern, die die Änderung vorgenommen haben, über die Qualitätssicherung bis hin zu den Projektmanagern reichen. Jeder Stakeholder sollte die Gelegenheit haben, Feedback zu geben und zu bestätigen, dass die Änderung den ursprünglichen Anforderungen und Erwartungen entspricht.

Eine Herausforderung bei der Umsetzung dieser Praktik kann die Koordination zwischen den verschiedenen Teams und Abteilungen sein, insbesondere in größeren Projekten mit vielen Beteiligten. Um dies zu bewältigen, ist es hilfreich, klare Kommunikationswege und Prozesse zu etablieren, die sicherstellen, dass alle relevanten Informationen effizient ausgetauscht werden können.

Die Bestätigung der Implementierung von Änderungsanträgen sollte auch dokumentiert werden, um eine klare Historie der Änderungen und deren Überprüfung zu haben. Dies ist besonders wichtig für die Nachverfolgbarkeit und kann bei zukünftigen Revisionen oder Audits von Nutzen sein.

SUP.10.BP6: Nachverfolgung von Änderungsanträgen bis zum Abschluss. Änderungsanträge werden bis zum Abschluss nachverfolgt. Der Status von Änderungsanträgen wird allen betroffenen Parteien mitgeteilt.

Anmerkung 7: *Beispiele für die Information der betroffenen Parteien können tägliche Standup-Meetings oder werkzeuggestützte Workflows sein.*

Jeder Änderungsantrag muss von der Einreichung bis zur finalen Implementierung und Bestätigung sorgfältig nachverfolgt werden. Zudem ist es wichtig, dass der Status jedes Änderungsantrags kontinuierlich an alle betroffenen Parteien kommuniziert wird.

In größeren und komplexeren Projekten stellt dies eine besondere Herausforderung dar, da Änderungen oft verschiedene Abteilungen und Querschnittsthemen betreffen. Daher ist es unerlässlich, dass ein klar definiertes Statusmodell existiert, das den Weg jedes Änderungsantrags durch den gesamten Prozess abbildet. Dieses Modell sollte die verschiedenen Phasen der Anfrage von der Einreichung über die Bewertung und Genehmigung bis hin zur Implementierung und abschließenden Überprüfung umfassen.

Die Kommunikation des Status von Änderungsanträgen kann auf verschiedene Weise erfolgen, beispielsweise durch tägliche Standup-Meetings oder werkzeuggestützte Workflows. In solchen Meetings oder durch Nutzung entsprechender Projektmanagement-Tools wird regelmäßig über den Fortschritt der Änderungen berichtet, was Transparenz und Einbindung aller Beteiligten fördert.

Um die Nachverfolgung in komplexen Umgebungen zu managen, ist es zudem hilfreich, dedizierte Ressourcen oder Teams für das Änderungsmanagement einzusetzen. Diese können die Aufgabe übernehmen, den Fortschritt der Änderungsanträge zu überwachen und sicherzustellen, dass alle notwendigen Schritte unternommen werden, um die Änderungen erfolgreich umzusetzen.

Letztlich ist es von größter Wichtigkeit, dass nach Abschluss der Änderung eindeutig nachweisbar ist, dass die beschlossene Änderung tatsächlich im System implementiert wurde. Dies sichert nicht nur die Integrität des Entwicklungsprozesses, sondern stellt auch sicher, dass die finalen Produkte oder Systeme den neuesten Anforderungen und Spezifikationen entsprechen.

14.4.3 Erzeugte Informationsobjekte

18-57 **Kriterien zur Änderungsanalyse**	Die Kriterien zur Änderungsanalyse umfassen Ressourcenanforderungen, Terminplanungs-Probleme sowie Risiken und Nutzen. Diese Kriterien dienen dazu, die Auswirkungen von vorgeschlagenen Änderungen auf das Projekt oder Produkt systematisch zu bewerten, indem sie eine Grundlage für die Entscheidungsfindung bieten. Durch die Bewertung dieser Aspekte können Projektteams die Machbarkeit, die erforderlichen Anpassungen im Projektplan sowie die potenziellen Vor- und Nachteile einer Änderung umfassend verstehen und entsprechend handeln.

→

13-16 Änderungsantrag	Ein Änderungsantrag dient dazu, den Zweck der Änderung zu identifizieren, die Kontaktdaten des Antragstellers zu erfassen, die betroffenen Systeme zu benennen sowie die Auswirkungen auf den Betrieb der vorhandenen Systeme und die zugehörige Dokumentation zu definieren. Er legt die Dringlichkeit der Anfrage und ein Fälligkeitsdatum fest und enthält Informationen, die das Nachverfolgen des Änderungsantrags bis zum Abschluss unterstützen, wie den Fortschrittsstatus (z. B. offen, zugewiesen, implementiert, geschlossen), Zeitstempel der Statusänderung, die Person, die den Status geändert hat, und die Begründung für die Statusänderung. Diese Elemente ermöglichen eine strukturierte und nachvollziehbare Handhabung von Änderungsanträgen, was für eine effiziente Steuerung und Dokumentation von Änderungen im Projektmanagement unerlässlich ist.
13-51 Konsistenznachweise	Der Konsistenznachweis im Änderungsmanagement demonstriert die bidirektionale Nachverfolgbarkeit zwischen Artefakten oder Informationen in Artefakten über alle Phasen des Lebenszyklus hinweg. Dies kann durch Werkzeugverknüpfungen, Hyperlinks, redaktionelle Verweise oder Benennungskonventionen erreicht werden. Zusätzlich wird nachgewiesen, dass der Inhalt der referenzierten oder abgebildeten Informationen semantisch entlang der Nachverfolgungskette kohärent ist. Dies erfolgt z. B. paarweise oder in Gruppenarbeit, von Kollegen durch Stichprobenkontrollen, durch das Führen von Revisionshistorien in Dokumenten oder das Bereitstellen von Änderungskommentaren (z. B. über Metainformationen) in Datenbank- oder Repository-Einträgen. Diese Beweise können durch Ansätze wie die Definition of Done (DoD) ergänzt werden, um die Integrität und Konsistenz im Umgang mit Änderungen sicherzustellen.

14.4.4 Zusätzliche Überlegungen

Bezug zu anderen Automotive SPICE®-Prozessen

- SUP.9 (Problemlösungs-Management): Änderungen können oft durch Fehlerbehebungen initiiert werden, was eine enge Verbindung zwischen dem Änderungsmanagement und dem Problembehandlungsprozess darstellt.
- Änderungen an Anforderungen oder Design können direkte Auswirkungen auf die Entwicklungsprozesse (SYS, SWE, HWE) haben, daher ist es wichtig, die Auswirkungen von Änderungsanträgen auf diese Prozesse zu berücksichtigen.

Typische Fallstricke

- Eine fehlende systematische Vorgehensweise bei der Erfassung, Analyse und Bearbeitung von Änderungsanträgen kann zu Verzögerungen und Qualitätsproblemen führen.
- Unterschiedliche Systeme von Auftragnehmer und Auftraggeber können die Koordination erschweren, wenn diese nicht effektiv synchronisiert oder gekoppelt werden.

- Nicht alle Auswirkungen einer Änderung werden vollständig erkannt, was zu unerwarteten Problemen in späteren Projektphasen führen kann.
- Die Beteiligung aller relevanten Stakeholder, insbesondere bei Entscheidungen auf Managementebene, ist fundamental. Eine mangelnde Einbindung kann zu Missverständnissen und Konflikten führen.

Zu berücksichtigen in Bezug auf PA 2.1

- Für die Bearbeitung und Umsetzung von Änderungsanträgen sollten angemessene Ressourcen geplant und bereitgestellt werden. Es sind klare Ziele und Vorgaben für das Änderungsmanagement zu definieren, inklusive Zeitpläne, Ressourcenbedarf und Zuständigkeiten.
- Eine Strategie für das Änderungsmanagement, die sich auf die Identifikation, Bewertung und Priorisierung von Änderungsanträgen konzentriert, ist erforderlich.
- Es sollten klare Rollen und Verantwortlichkeiten innerhalb des Änderungsmanagement-Prozesses festgelegt werden, einschließlich der Einrichtung und Funktion eines Change Control Board (CCB).

  Dabei geht es um die Effektivität eines CCB. Die Zusammensetzung, Organisation und Funktionsweise des CCB sollte im Hinblick auf die Effizienz bei der Bearbeitung von Änderungsanträgen und die effektive Einbindung von Stakeholdern bewertet werden. Die effektive Einbindung von Stakeholdern, einschließlich Kunden, Projektteams und CCBs anderer Domänen, ist für das Änderungsmanagement von entscheidender Bedeutung, um technische und wirtschaftliche Entscheidungen aufeinander abzustimmen.
- Ein effektiver Kommunikationsplan ist zu erstellen, um alle Stakeholder über Änderungen und deren Auswirkungen auf dem Laufenden zu halten.
- Es ist erforderlich, Methoden der Risikobewertung und des Risikomanagements zu integrieren, um potenzielle Auswirkungen von Änderungen auf das Projekt frühzeitig zu erkennen und zu mindern.

Zu berücksichtigen in Bezug auf PA 2.2

- Mechanismen zur Sicherstellung der Nachverfolgbarkeit zwischen Änderungsanträgen und den betroffenen Arbeitsprodukten sind zu implementieren, um den Überblick über Auswirkungen und Abhängigkeiten zu behalten.
- Geeignete Werkzeuge und Systeme sind einzusetzen, um die Verwaltung, Analyse und Überwachung von Änderungsanträgen zu unterstützen und zu optimieren.
- Es sind regelmäßige Qualitätskontrollen durchzuführen, um die Einhaltung der festgelegten Standards und Anforderungen bei der Bearbeitung von Änderungsanträgen zu überprüfen.
- Feedback-Schleifen und kontinuierliche Verbesserungsprozesse sind zu etablieren, um die Qualität und Effizienz des Änderungsmanagements stetig zu erhöhen.

Hinweise für Assessoren

- Überprüfen Sie das Zusammenspiel zwischen dem Problemlösungs-Management (SUP.9) und dem Änderungsmanagement (SUP.10), da SUP.9 ein möglicher Input für SUP.10 ist.
- Überprüfen Sie die Verlinkung zwischen Änderungsanträgen und den Baselines oder Releases, für die sie geplant sind, um die Nachverfolgbarkeit und die Auswirkungen der Änderungen auf die Arbeitsprodukte zu bewerten.
- Überprüfen Sie die Qualität der von den Änderungen betroffenen Arbeitsprodukte und die Einhaltung der erforderlichen Reviews und Tests.

14.5 SUP.11 Machine-Learning-Datenmanagement

Der Zweck besteht in der Definition von ML-Daten und ihrem Abgleich mit den ML-Datenanforderungen sowie die Erhaltung der Integrität und Qualität der ML-Daten und deren Verteilung an die betroffenen Parteien.	**Plug-in**
Erwartete Prozessergebnisse: ■ Es wird ein ML-Datenmanagement-System einschließlich eines ML-Daten-Lebenszyklus eingerichtet. ■ Es wird ein Konzept für die Qualität der ML-Daten entwickelt, das Kriterien für die Qualität der ML-Daten enthält. ■ Die gesammelten ML-Daten werden auf Übereinstimmung mit den ML-Datenanforderungen geprüft. ■ Die ML-Daten werden anhand der definierten Qualitätskriterien für ML-Daten überprüft und bei Bedarf aktualisiert. ■ Die ML-Daten werden vereinbart und an alle betroffenen Parteien übermittelt.	

14.5.1 Prozessbeschreibung

Der ML-Datenmanagement-Prozess ist ein Einstieg in die Welt des Datenmanagements und der Datenverarbeitung und betrachtet das Thema im Kontext des maschinellen Lernens. Das Data Management SPICE-Prozessbewertungsmodell, das nicht Bestandteil von Automotive SPICE® 4.0 ist, geht einen Schritt weiter, indem es das Datenmanagement genauer untersucht und eine Anleitung dazu gibt.

Datenmanagement ist eine eigenständige wissenschaftliche Disziplin, die sich mit dem Lebenszyklus von Daten von der Erfassung über die Verarbeitung und Bereitstellung bis hin zur Kontrolle befasst. Oft beschäftigen sich eigene Abteilungen in Unternehmen mit dem Datenmanagement. In der Regel ist dies nicht Aufgabe des Projekts, das die Machine-Learning-Komponenten entwickelt.

Im Kontext des maschinellen Lernens sind Daten von wesentlicher Bedeutung, da sie den wichtigsten Input für die Entwicklung von ML-Modellen darstellen und aus einem Algorithmus mithilfe des ML-Modell-Trainings ein einsatz- und entscheidungsfähiges ML-Modell machen. Es ist daher wichtig, die Qualität der Daten sicherzustellen, um ein vertrauenswürdiges ML-Modell zu erstellen.

In diesem Prozess trägt jede einzelne Basispraktik gleichermaßen zur Sicherung der Datenqualität bei. Die Einrichtung eines Datenmanagement-Systems bildet die Grundlage für die Erfassung, Verarbeitung und Bewertung der Datenqualität. Die Definition eines Datenqualitäts-Ansatzes legt die Kriterien für die Bewertung der Datenqualität fest und bestimmt, wie die Qualität der Daten gesichert werden kann. Die Erfassung der Daten muss die notwendige Vielfalt aufweisen, um alle möglichen Anwendungsfälle und Anwendungsbedingungen abzudecken: Je nach System können das unterschiedliche Länder, Umgebungen, Wetterbedingungen, Geschlechter, Berufe, Hautfarben, Alter, Straßen, Objekte auf den Straßen, Infrastruktur, Verkehrsschilder etc. sein.

Die Verarbeitung der Daten leistet auch einen bedeutenden Beitrag für die Gewährleistung der Datenqualität. Die Daten müssen bereinigt und strukturiert werden, und möglicherweise enthaltene Wahrnehmungsverzerrungen und andere Verzerrungen müssen entfernt werden. Für einige Arten des ML-Trainings müssen die Daten gelabelt werden.

Schließlich wird bei der Datenqualitätsprüfung nochmals überprüft, ob die Daten alle definierten Qualitätskriterien erfüllen.

14.5.2 Basispraktiken

SUP.11.BP1: Einrichtung eines ML-Datenmanagement-Systems. Richte ein ML-Datenmanagement-System ein, das Folgendes unterstützt:

- ML-Datenmanagement-Aktivitäten,
- relevante Quellen für ML-Daten,
- Lebenszyklus von ML-Daten, einschließlich eines Statusmodells, und
- Schnittstellen zu betroffenen Parteien.

Anmerkung 1: *Zu den unterstützten ML-Datenmanagement-Aktivitäten können Datensammlung, Kennzeichnung/Beschriftung und Strukturierung gehören.*

Ähnlich zur Logik eines Konfigurationsmanagement-Systems soll ein Datenmanagement-System die Grundlage und den Raum für die Durchführung von Datenmanagement-Aktivitäten bieten.

Es soll die Durchführung der ML-Datenmanagement-Tätigkeiten erleichtern und unterstützen. Dazu gehören die Erfassung, Kennzeichnung, Verarbeitung, Bereinigung, Partitionierung und Strukturierung von Daten, die Beseitigung von Verzerrungen und natürlich die Daten-Qualitätssicherung. Ganz wichtig ist aber auch ein Konfigurationsmanagement der Daten, da Änderungen in den Datensätzen nicht ohne Weiteres während des Trainings eingebracht werden dürfen. Natürlich muss auch das Erstellen von Baselines in den Daten möglich sein.

Das Datenmanagement-System soll außerdem die Datenerfassung und -verarbeitung aus allen Quellen von ML-Daten unterstützen, einschließlich der Daten, die aus Umfragen, Interviews, Open-Source-Datenbanken, Sensordaten-Erfassung, Data Scraping, Erstellung synthetischer Daten und Datengenerierung stammen.

Das Datenmanagement-System soll die Realisierung des gesamten Lebenszyklus von ML-Daten ermöglichen. Es soll den Verarbeitungsstatus der Daten abbilden und Abhängigkeiten und Schnittstellen zu Betroffenen aufzeigen.

SUP.11.BP2: Entwicklung eines Qualitätskonzepts für ML-Daten. Entwickle einen Ansatz, der sicherstellt, dass die Qualität von ML-Daten auf der Grundlage definierter ML-Datenqualitäts-Kriterien analysiert wird und Aktivitäten durchgeführt werden, die die Vermeidung von Datenverzerrungen unterstützen.

Anmerkung 2: *Beispiele für Qualitätskriterien für ML-Daten sind relevante Datenquellen, Zuverlässigkeit und Konsistenz der Kennzeichnung sowie Vollständigkeit gegenüber den ML-Datenanforderungen.*

Anmerkung 3: *Das ML-Datenmanagement-System sollte die Qualitätskriterien und Aktivitäten des ML-Datenqualitäts-Konzepts unterstützen.*

Anmerkung 4: *Zu den zu vermeidenden Verzerrungen gehören Stichprobenverzerrungen (z.B. Geschlecht, Alter) und Rückkopplungsverzerrungen.*

Anmerkung 5: *Zur Erstellung von ML-Datensätzen siehe MLE.3.BP2 und MLE.4.BP2.*

Die Qualität der ML-Daten mit bekannten Qualitätsmerkmalen ist ein entscheidender Faktor für den Erfolg der Prozesse der MLE-Gruppe. Ein zielgerichteter Datenqualitäts-Ansatz ist notwendig, um sicherzustellen, dass die ML-Daten die festgelegten Kriterien erfüllen, und um zu definieren, wie die Erfüllung dieser Kriterien überprüft wird.

Mehrere Qualitätskriterien können relevant für die Sicherstellung der Datenqualität sein. Folgende Kriterien können z.B. verwendet werden:

- **Rückkopplungs- und Stichprobenverzerrung**
  Ein wesentlicher Aspekt des Datenqualitäts-Ansatzes im Bereich des maschinellen Lernens besteht in der Vermeidung von Datenverzerrungen (Data Bias). Ein Data Bias ist eine unverhältnismäßige Gewichtung für oder gegen etwas, das nicht der realen Welt entspricht. Eine Stichprobenverzerrung ist eine Wahrnehmungsverzerrung, die durch nicht repräsentative Stichproben in einem Datensatz entsteht. Ein Beispiel: In einem Personen-Datensatz sind alle Stichproben weiße Männer über 50, was dazu führt, dass nach dem Training das ML-Modell nur weiße Männer über 50 als Personen erkennt. Frauen, jüngere Personen und Personen anderer Hautfarbe werden dementsprechend nicht als Personen erkannt. Eine Rückkopplungsverzerrung entsteht, wenn ein jetzt implementiertes ML-Modell Daten beeinflusst, die in der Zukunft generiert werden. Ein qualitativ hochwertiger Ansatz zur Datenqualität stellt sicher, dass die Algorithmen

auf repräsentative Daten zugreifen, um genaue Vorhersagen für verschiedene Zielgruppen zu ermöglichen.

- **Relevante Datenquellen**
  Relevante Datenquellen werden identifiziert, um sicherzustellen, dass die verwendeten Daten einen breiten und repräsentativen Querschnitt der realen Welt abdecken.
- **Zuverlässigkeit und Qualität der Kennzeichnung**
  Die Zuverlässigkeit und Konsistenz der Kennzeichnung stellt sicher, dass die Daten für das Modell verständlich und korrekt interpretierbar sind.
- **Datenvollständigkeit**
  Um die Datenvollständigkeit zu gewährleisten, müssen die Daten alle notwendigen Informationen enthalten, die zur Erreichung der angestrebten Ziele erforderlich sind. Ein Mangel an Vollständigkeit kann zu unzureichenden oder fehlerhaften Modellen führen. Daher ist es wichtig, sicherzustellen, dass die ML-Daten alle relevanten Aspekte abdecken, um eine umfassende und aussagekräftige Analyse zu ermöglichen.
- **Aktualität und Gültigkeit der Daten**
  Veraltete oder ungültige Daten (z.B. nicht mehr gültige Regeln, aktualisierte Verkehrsschilder) können die Qualität des Datensatzes beeinträchtigen.
- **Datenausreißer**
  Ein Datenpunkt, der erheblich von anderen Beobachtungen abweicht.

Weitere Qualitätskriterien können u.a. die Datenverdopplung, Datenausführlichkeit, Datengenauigkeit und Datenpräzision sein.

Es ist wichtig, aus der großen Auswahl an Qualitätskriterien diejenigen auszuwählen, die für den Projekt- und Produktkontext relevant sind. Ein Aspekt dabei ist, dass Daten auch simuliert oder künstlich erzeugt werden können. So werden z.B. Sensordaten für ADAS-Systeme generiert, um nicht jede Situation aufzeichnen zu müssen. So können spezielle Situationen an Kreuzungen generiert werden, die in der Realität sehr selten vorkommen, z.B. ein Einsatzfahrzeug an einer Kreuzung.

Die großen Datenmengen, die für das Training und den Test von ML-Modellen benötigt werden, erfordern eine sorgfältige Analyse der Datenqualität. Statistische Methoden spielen hierbei eine zentrale Rolle, um sicherzustellen, dass die Qualität der ML-Daten den Anforderungen entspricht. Durch die Anwendung statistischer Verfahren können potenzielle Unregelmäßigkeiten oder Ausreißer in den Daten identifiziert und behoben werden, was die Robustheit und Zuverlässigkeit der Modelle verbessert.

Allerdings sind statistische Methoden nicht die einzige Option zur Datenqualitätssicherung. Die Auswahl und Bewertung von Stichproben ist ebenfalls eine gängige Methode, um die Datenqualität auf Basis der Qualitätskriterien zu bewerten.

Ein qualitativ hochwertiger Datenmanagement-Ansatz ermöglicht es, potenzielle Datenfehler frühzeitig zu erkennen und zu korrigieren. Dies trägt dazu bei, unerwünschte Ergebnisse oder Verzerrungen in den ML-Modellen zu verhindern. Eine umfassende Überprüfung der Datenqualität schafft die Grundlage für eine zuverlässige und vertrauenswürdige Anwendung des maschinellen Lernens.

SUP.11.BP3: Sammlung von ML-Daten. Relevante Quellen für Rohdaten werden identifiziert und kontinuierlich auf Veränderungen überwacht. Die Rohdaten werden entsprechend den ML-Datenanforderungen gesammelt.

Anmerkung 6: *Die Ermittlung und Sammlung von ML-Daten können in der Verantwortung der Organisation liegen.*

Anmerkung 7: *Die kontinuierliche Überwachung sollte die Betriebsumgebung einschließen und kann zu Änderungen der ML-Anforderungen führen.*

Der Prozess der Datensammlung spielt eine entscheidende Rolle bei der Gestaltung der Genauigkeit und Robustheit von maschinellen Lernalgorithmen.

Es gibt verschiedene Quellen, aus denen Daten gesammelt werden können, wobei Daten aus primären oder sekundären Quellen stammen können. Daten gelten als primär, wenn sie direkt von der Organisation oder dem Projekt gesammelt werden, das sie verwenden wird, und als sekundär, wenn sie bereits von anderen gesammelt wurden.

Im Folgenden sind die häufigsten Methoden zur Datensammlung aufgeführt:

- **Daten aus Umfragen und Interviews**
  Informationen werden direkt von Zielgruppen oder Informationsübermittlern gesammelt. Diese Methode ermöglicht es, gezielte Einblicke von den Personen zu erhalten, die direkt von den Ergebnissen betroffen sein werden. Dabei muss sichergestellt sein, dass die Auswahl der Zielgruppen repräsentativ ist, um vielfältige Perspektiven zu berücksichtigen.
- **Daten aus Open-Source-Datenbanken**
  Dies umfasst große Datenanbieter weltweit. Daten werden aus bereits vorhandenen Sammlungen ausgewählt, basierend auf den Anforderungen an die Daten, den gezielten Anwendungsfällen und der benötigten Vielfalt, um diese Anwendungsfälle zu befriedigen. Es ist wichtig zu beachten, dass das Sammeln von Daten aus Datenbanken nicht automatisch bedeutet, dass die Daten sauber, vorurteilsfrei oder strukturiert sind, deshalb ist ein wesentlicher nächster Schritt die Datenverarbeitung.
- **Daten »zusammenkratzen« (Data Scraping)**
  Diese Methode beinhaltet in der Regel das Sammeln von Daten von Webseiten und anderen Online-Quellen. Das ermöglicht den Zugang zu spezifischen Informationen, die auf Webseiten verfügbar sind. Bei dieser Methode ist jedoch besondere Vorsicht geboten, um sicherzustellen, dass die Daten rechtlich und ethisch gesammelt werden dürfen und die Privatsphäre respektiert wird.

- **Sensorische Datensammlung**
  Dies ist eine beliebte Methode in der Automobilindustrie, bei der Fahrzeuge mit Kameras, Radars, Lidars usw. in Zielumgebungen fahren und die erforderlichen Daten für das Training von ML-Modellen sammeln. Sensorische Daten bieten eine umfassende Erfassung von realen Bedingungen und sind entscheidend für Anwendungen wie autonomes Fahren.
- **Beobachtung**
  Diese Methode ähnelt der sensorischen Datensammlung und bezieht sich auf das systematische Beobachten und Aufzeichnen von Verhaltensweisen und Ereignissen in einer Zielumgebung. Sie ist besonders nützlich, wenn es darum geht, natürliche Interaktionen und Muster zu verstehen.
- **Synthetische Daten**
  Synthetische Daten sind künstlich erstellte Informationen, die keine Ereignisse oder Objekte in der realen Welt repräsentieren. Die Generierung synthetischer Daten wird aufgrund ihrer geringen Kosten und Flexibilität zunehmend im maschinellen Lernen eingesetzt. Dies ermöglicht es, Datensätze zu erzeugen, die in der Realität möglicherweise schwer zu erhalten sind.
- **Manuelle Datenerzeugung**
  Die manuelle Datenerzeugung bezieht sich auf den Prozess der manuellen Datensammlung ohne den Einsatz automatisierter Tools oder Systeme. Diese Methode kann zeitaufwendig sein, bietet jedoch die Möglichkeit, spezifische und detaillierte Daten direkt zu sammeln.

Die Wahl der geeigneten Methode zur Datensammlung hängt von den spezifischen Anforderungen des Projekts, der Art der Daten und den angestrebten Anwendungsfällen ab. Eine sorgfältige Auswahl und Verarbeitung der gesammelten Daten sind entscheidend, um hochwertige Trainingsdatensätze für maschinelle Lernalgorithmen zu gewährleisten. Letztendlich trägt die Vielfalt und Qualität der gesammelten Daten maßgeblich dazu bei, dass maschinelle Lernmodelle robust, genau und anwendbar sind. Dies wird auch auf der Webseite von Waverley beschrieben [Waverley].

SUP.11.BP4: Verarbeitung der ML-Daten. Die Rohdaten werden entsprechend den Anforderungen an ML-Daten verarbeitet (mit Anmerkungen versehen, analysiert und strukturiert).

Die Datenverarbeitung ist ein entscheidender Schritt bei der Vorbereitung von Daten für das Training von Modellen des maschinellen Lernens.

Eine wichtige Aktivität im Zusammenhang mit der Datenverarbeitung ist das Labeling von Daten mit Eigenschaften oder Merkmalen, die für das zu trainierende ML-Modell nützlich sind. Zum Beispiel wird ein Bild eines Stoppschilds mit dem Label »Stoppschild« versehen, ein Bild eines Kindes mit dem Label »Kind«, ein Bild eines Huskys mit dem Label »Husky« usw. Das Labeling ermöglicht es den maschinellen Lernalgorithmen, ein genaues Verständnis von realen Umgebungen und Bedingungen zu entwickeln. Ein Datenpunkt kann mit einem oder mehreren Labels versehen werden. In einigen Fällen, z.B. beim Abrufen von Daten aus Datenbanken, ist es möglich, dass die Daten für den vorgesehenen Verwendungszweck bereits korrekt gelabelt sind. Das Labeling ermöglicht eine präzise Zuordnung von Merkmalen zu den Datenpunkten, wodurch das Modell in der Lage ist, Muster und Beziehungen zwischen den Daten zu verstehen.

Eine weitere wichtige Aktivität im Rahmen der Datenverarbeitung ist die Datenbereinigung. Dabei wird sichergestellt, dass die Daten verwendbar sind. Während der Datenbereinigung werden Ausreißer und Duplikate entfernt, ungenaue oder irrelevante Daten ersetzt und fehlende Daten korrigiert, wodurch Verzerrungen als Teil der Datenbereinigung minimiert werden. Die Bereinigung gewährleistet, dass die Daten frei von Störungen und Ungenauigkeiten sind, die ansonsten die Effektivität des Modells beeinträchtigen könnten.

Als Teil der Datenaufteilung werden die Daten in Trainings-, Validierungs- und Testdatensätze aufgeteilt, um zu verhindern, dass das ML-Modell während des Trainings nur auswendig lernt und Overfitting erleidet, sondern tatsächlich generalisierbare Muster erkennt. Außerdem dient die Trennung dazu, das trainierte Modell genau zu bewerten.

Die Datenskalierung umfasst die Normalisierung und Standardisierung von Daten. Normalisierung ist eine Skalierungstechnik, die während der Datenverarbeitung angewendet wird, um die Werte numerischer Spalten im Datensatz auf eine gemeinsame Skala zu bringen. Diese Technik hilft sicherzustellen, dass gleiche Merkmale des maschinellen Lernmodells miteinander verglichen werden können, wenn sie unterschiedliche Bereiche haben. Normalisierte numerische Merkmale haben Werte im Bereich von [0,1]. Standardisierte numerische Merkmale haben einen Mittelwert von 0 und eine Standardabweichung von 1. Die Standardisierung hilft bei der Behandlung von Ausreißern. Dies verbessert nicht nur die Konvergenzgeschwindigkeit von Algorithmen, sondern ermöglicht auch eine bessere Handhabung von Ausreißern und eine gleichmäßigere Gewichtung der Merkmale.

Die Erkennung und Minderung von Verzerrungen hilft, ungenaue Modellergebnisse zu vermeiden. Schließlich erhöht die Datenanreicherung künstlich die Datenmenge, indem neue Daten aus vorhandenen Daten synthetisiert werden. Die Erkennung und Minderung von Verzerrungen ist von zentraler Bedeutung, um sicherzustellen, dass das Modell fair und ausgewogen ist. Ungleichheiten oder Verzerrungen in den Daten können zu falschen Schlussfolgerungen und diskriminierenden Ergebnissen führen. Daher ist es wichtig, Strategien zu implementieren, die sicherstellen, dass die Datenbasis frei von Verzerrungen ist und verschiedene Gruppen oder Kategorien angemessen repräsentiert.

Die Datenanreicherung kann dazu beitragen, Overfitting zu regulieren und zu reduzieren. Sie trägt dazu bei, die Datenvielfalt zu erhöhen und das Modell robuster zu machen. Durch die Schaffung zusätzlicher Datenpunkte können Modelle besser auf unvorhergesehene Situationen reagieren. Die Datenanreicherung ist besonders wichtig in Szenarien, in denen die Datenmenge begrenzt ist und eine Vielzahl von Szenarien abgedeckt werden muss.

Die Datenverarbeitung ist von entscheidender Bedeutung, um sicherzustellen, dass die für das Training von Modellen des maschinellen Lernens verwendeten Daten von höchster Qualität sind [AWS 2024].

SUP.11.BP5: Sicherstellung der Qualität der ML-Daten. Führe die Aktivitäten gemäß dem Qualitätskonzept für ML-Daten durch, um sicherzustellen, dass die ML-Daten die festgelegten Qualitätskriterien für ML-Daten erfüllen.

Anmerkung 8: *Diese Tätigkeiten können stichprobenartige Überprüfungen oder statistische Methoden umfassen.*

Bei der Qualitätssicherung von ML-Daten geht es darum, die im Datenqualitätskonzept festgelegten Qualitätskriterien anzuwenden, um die Datenqualität zu bewerten. Die Regelmäßigkeit und die Methoden der Qualitätssicherung sind ebenfalls im Datenqualitätskonzept festgelegt und als Teil dieser Basispraktik anzuwenden.

In der einschlägigen wissenschaftlichen Literatur finden sich mehrere Methoden zur Qualitätsbewertung, die für die Bewertung der Datenqualität auf der Grundlage der im Datenqualitätskonzept festgelegten Metriken verwendet werden können.

Die Methoden schlagen in der Regel verschiedene Ansätze für die Gewichtung der Metriken, die beste Kombination von Metriken und die besten Methoden für die Entscheidung vor, welche Metriken stärker gewichtet werden sollten als andere. Weitere Informationen zu diesem Thema finden Sie z.B. in dem Artikel »A survey on dataset quality in machine learning« [Gong et al. 2003].

SUP.11.BP6: Übermittlung der vereinbarten verarbeiteten ML-Daten. Informiere alle betroffenen Parteien über die vereinbarten verarbeiteten ML-Daten und stelle diese den betroffenen Parteien zur Verfügung.

Der Projektplan sollte die Projektschnittstellen zum Datenmanagement für maschinelles Lernen definieren. Diese Schnittstellen sollten mindestens den Software-Projektleiter, den ML-Architekten, die ML-Ingenieure und die Datenqualitätssicherung umfassen.

Die Kommunikation sollte nach dem »Push«-Ansatz erfolgen. Das bedeutet, dass die betroffenen Stakeholder aktiv informiert werden müssen.

Es muss dokumentiert werden, wer zu informieren ist, wenn sich der Status des Datenmanagements des maschinellen Lernens oder der betroffenen ML-Modelle ändert. Die Kommunikation und Weitergabe von Informationen (Handover) wird in Abschnitt 5.9.1 ausführlicher behandelt.

14.5.3 Erzeugte Informationsobjekte

16-52 ML-Daten-management-System	Das ML-Datenmanagement-System ist Teil des Konfigurationsmanagement-Systems (s. 16-03) und ■ unterstützt Datenmanagement-Aktivitäten wie die Erfassung, Beschreibung, Aufnahme, Exploration, Profilierung, Kennzeichnung/ Anmerkung, Auswahl, Strukturierung und Bereinigung von Daten, ■ stellt die Daten für verschiedene Zwecke zur Verfügung, z.B. für Training und Tests, und ■ unterstützt die relevanten Quellen für ML-Daten.
19-50 ML-Ansatz zur Datenqualität	Das Konzept der ML-Datenqualität ■ definiert Qualitätskriterien (s. 18-07), z.B. die relevanten Datenquellen, Zuverlässigkeit und Konsistenz der Kennzeichnung, Vollständigkeit gegenüber den Anforderungen an ML-Daten, ■ beschreibt die Analysetätigkeiten für die Daten und ■ beschreibt die Aktivitäten zur Sicherstellung der Datenqualität, um Probleme zu vermeiden, z.B. Datenverzerrungen, schlechte Beschriftung.
13-52 Kommunikations-nachweise	Jedes greifbare Artefakt, z.B. E-Mails, Sitzungsprotokolle, Offene-Punkte-Listen, kann als Nachweis für Capability Level 1 herangezogen werden, solange die relevanten Interessengruppen angesprochen werden. Unter Berücksichtigung von PA 2.1 und insbesondere GP 2.1.6 ist eine stärker formalisierte und geplante Vorgehensweise mittels definierter Kommunikationsmedien erforderlich. Dies geschieht häufig werkzeuggestützt. Im Hinblick auf Capability Level 3 sollte dies im Standardprozess beschrieben und auf das Projekt zugeschnitten werden.
03-53 ML-Daten	ML-Daten sind Daten, die für das maschinelle Lernen verwendet werden sollen. Die Daten müssen mit Metadaten versehen werden, z.B. mit einer eindeutigen ID und Datenmerkmalen. Beispiele: ■ Visuelle Daten wie Fotos oder Videos (wobei ein Video je nach Verwendungszweck auch als eine Abfolge von Fotos betrachtet werden kann) ■ Audioaufnahmen ■ Sensordaten ■ Durch einen Algorithmus erzeugte Daten ■ Die Daten können verarbeitet werden, um zusätzliche Daten zu erzeugen. Bei der Verarbeitung kann z.B. Rauschen hinzugefügt, Farben können geändert oder Bilder zusammengefügt werden.

14.5.4 Zusätzliche Überlegungen

Bezug zu anderen Automotive SPICE®-Prozessen

- Das Machine-Learning-Datenmanagement ist die Voraussetzung für die Durchführung des Machine-Learning-Trainings (MLE.3) und des Testens des ML-Modells (MLE.4).

Typische Fallstricke

- Die gesammelten Daten erfüllen nicht die Datenanforderungen und sind nicht für den Einsatzzweck geeignet.
- Die Daten sind nicht vielfältig und repräsentativ genug, um die Einsatzumgebung und die Konditionen abzubilden.
- Die Daten enthalten Verzerrungen.
- Die definierten Qualitätskriterien passen nicht zum Einsatzzweck.
- Ein echtes Datenmanagement-System ist nicht vorhanden.
- Die Datenquellen sind nicht vertrauenswürdig.

Zu berücksichtigen in Bezug auf PA 2.1

- Die Aufgaben im Zusammenhang mit SUP.11 werden geplant und überwacht.
- Projektverantwortlichkeiten und berufliche Kompetenzen für die Durchführung von SUP.11 sind beschrieben.
- Es gibt eine auf Zielen basierende realistische Planung, einschließlich der Koordination von technischen und personellen Ressourcen sowie Stakeholder-Vertretern.
- Start- oder späteste Enddaten für Datenmanagement-Aktivitäten werden durch Entwicklungsprojekte bestimmt.
- Datumsangaben stammen aus der Freigabe- und Musterplanung des Projekts.
- Ressourcen und Aufwand sind häufige Planungsvariablen.
- Der Umgang mit Änderungsanträgen (Change Requests, CRs) muss berücksichtigt werden.
- Technische Ressourcen für das Datenmanagement, die Datensammlung und -analyse und die Bewertung der Datenqualität werden gesteuert.

Zu berücksichtigen in Bezug auf PA 2.2

- Jede Dateneinheit verfügt über einen Status.
- Die Datensätze und der Datenqualitäts-Ansatz sind versioniert.
  - Empfehlung: werkzeuggestützte Versionierung.
  - Genauere Festlegung in der Strategie ist empfohlen.
- Der Lesezugriff muss für jeden Daten-Ingenieur gewährleistet sein.
- Die Freigabestrategie muss beachtet werden.
- Der ML-Datenmanagement-Prozess ist in die gesamte Freigabestrategie zu integrieren.
- Es gibt einen Konfigurationsmanagement-Plan, der beschreibt, wie Configuration Items in SUP.11 verwaltet werden.
- Es gibt Nachweise für den Einsatz von Tools zur Verwaltung von Arbeitsprodukten im Zusammenhang mit SUP.11.

Hinweise für Assessoren

- Fragen Sie,
  - wie Qualitätskriterien definiert wurden,
  - aus welchen Quellen die Daten ausgewählt werden,
  - wie der Prozess zur Datenverarbeitung aussieht,
  - welche Schritte durchlaufen werden,
  - welche Aktivitäten zur Datenqualitätssicherung definiert sind und
  - wie häufig diese angewendet werden.
- Sie müssen die Eignung des ML-Datenmanagement-Systems im Hinblick auf die ML-Datenanforderungen und die Menge der für das ML-Training und -Testen gesammelten Daten beurteilen.
- Für die Bewertung sollten Sie insbesondere die Schnittstellen verstehen, über die Daten bereitgestellt und kategorisiert werden. Zum Beispiel kann für die Objekterkennung in Videos eine Möglichkeit zur Markierung von Videosequenzen durch externes Personal eines Unternehmens für das überwachte Training erforderlich sein.

15 Prozessgruppe der Managementprozesse

Diese Prozessgruppe umfasst in Automotive SPICE® 4.0 drei Prozesse.

15.1 MAN.3 Projektmanagement

Der Zweck besteht in der Ermittlung und Steuerung der für ein Projekt zur Entwicklung eines Produkts erforderlichen Tätigkeiten sowie in der Festlegung der Ressourcen, die im Zusammenhang mit den Anforderungen und Beschränkungen des Projekts notwendig sind.	**Base**
Erwartete Prozessergebnisse: ▪ Der Arbeitsumfang des Projekts wird festgelegt. ▪ Es wird bewertet, ob die Ziele des Projekts mit den verfügbaren Ressourcen und Einschränkungen erreicht werden können. ▪ Die Aktivitäten und Ressourcen, die für die Durchführung der Arbeiten erforderlich sind, werden bemessen und geschätzt. ▪ Die Schnittstellen innerhalb des Projekts sowie zu anderen Projekten und Organisationseinheiten werden ermittelt und überwacht. ▪ Pläne für die Durchführung des Projekts werden entwickelt, umgesetzt und aufrechterhalten. ▪ Der Fortschritt des Projekts wird überwacht und berichtet. ▪ Wenn die Projektziele nicht erreicht werden, werden Anpassungen vorgenommen.	

15.1.1 Prozessbeschreibung

Im Projektmanagement wollen wir durch gezielte Planung sicherstellen, dass das Entwicklungsvorhaben termingerecht durchgeführt werden kann und die dafür notwendigen Ressourcen zur Verfügung stehen. Wenn es in diesem Zusammenhang Probleme gibt, ist es wichtig, dass diese frühzeitig erkannt werden. Dieser Prozess ist also auch eine Art Frühwarnsystem für das Management.

Projekte sind zeitlich begrenzte, komplexe Unternehmungen, in der Regel mit anspruchsvollen Fristen. Ein systematisches Projektmanagement mit ausreichend detaillierter Planung und geeigneten Verfahren zur Steuerung und Verfolgung des Projektfortschritts ist die Grundvoraussetzung, um kritische Projekte zum Ziel zu bringen.

Ein gut ausgeführter MAN.3 ist die Grundlage für das Prozessattribut PA 2.1. In den generischen Praktiken wird ein Projektmanagement für die einzelnen Prozesse eingerichtet und auf die im GP 2.1.1 definierten Ziele und die Strategie für diesen Prozess bezogen.

Nutzen

- Projektmanagement ermöglicht die rechtzeitige Erkennung und Korrektur von Abweichungen.
- Es bietet eine bessere Übersicht über den Projektfortschritt und mögliche Probleme.
- Die Kommunikation und Zusammenarbeit zwischen den Teammitgliedern verbessern sich.
- Durch angemessene Kommunikation werden alle relevanten Interessengruppen einbezogen.
- Die Fähigkeit, Projektziele und -termine einzuhalten, ist verbessert.
- Die Wahrscheinlichkeit des Projekterfolgs und der Kundenzufriedenheit steigt.

Die einzelnen Basispraktiken in MAN.3 bauen aufeinander auf. So werden bei der Definition des Arbeitsumfangs in BP1 die Schnittstellenpartner identifiziert und das Zusammenspiel beschrieben, und in BP7 wird dann geprüft, ob und wie die notwendigen Interaktionen über den Projektlebenszyklus, den wir in BP2 definieren, durchgeführt werden. Die einzelnen Basispraktiken werden jedoch nicht sequenziell durchlaufen, sondern stehen in einem kontinuierlichen Wechselspiel. Abbildung 15–1 stellt diesen Zusammenhang grob dar. Im Mittelpunkt steht der Motor dieses ganzen Prozesses: die Planung der Arbeitspakete, die Zuordnung von Ressourcen zu diesen Arbeitspaketen und zur Terminplanung.

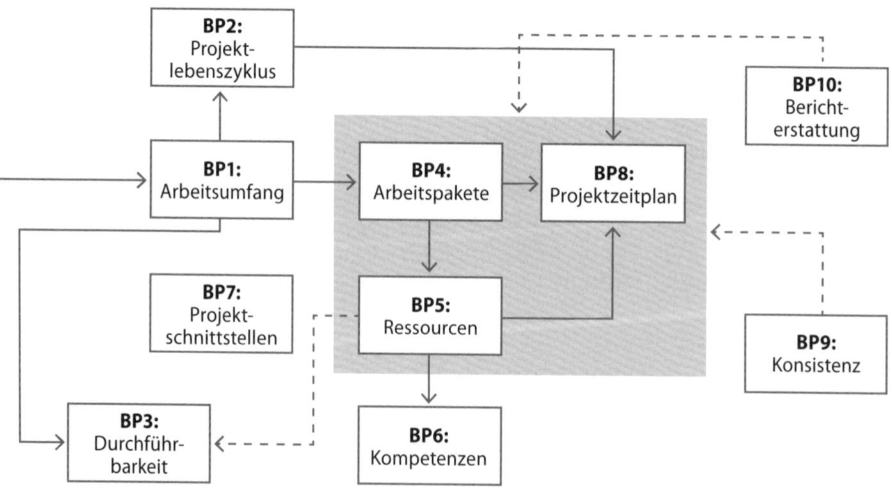

Abb. 15–1 *Zusammenspiel der Basispraktiken von MAN.3*

Die Basispraktiken 1 bis 3 sollten bereits vor dem eigentlichen Projektstart begonnen werden. Sie führen dann zu der Entscheidung, mit dem Projekt zu beginnen (oder eben auch nicht zu beginnen). Dies bedeutet nicht, dass im Nachhinein keine Anpassungen und Aktualisierungen notwendig sind. Die Überprüfung der Machbarkeit wird dann aber in der Regel zusammen mit den Ressourcenüberlegungen der Basispraktik MAN.3.BP5 durchgeführt, während die technische Machbarkeit eher ein Thema der Analysen im Entwicklungsprozess ist.

Einige branchenspezifische Aspekte sind in der Automobilindustrie zu berücksichtigen:

- Ein Projekt umfasst in der Regel die Entwicklung mehrerer Komponenten wie Hardware, Software und Mechanik. Dabei geht es oft darum, bestehende Hardware-, Mechanik- und Software-Plattformen für den Kunden anzupassen.
- In größeren Entwicklungsorganisationen werden diese Projekte häufig von verschiedenen Kundenteams bzw. Abteilungen mit eigener Linienverantwortung entwickelt.
- Bei komplexen Projekten gibt es auch zusätzliche Teams für Tests und Versuche, Integration, Prototyping und die eigentliche Plattformentwicklung (s. auch Erläuterungen in den Prozessen zur System- und Softwareentwicklung SYS und SWE).

Diese Aufteilung spiegelt sich auch in der Projektorganisation wider. So besteht ein Projekt aus mehreren Teilprojekten. Bei größeren Softwareprojekten gibt es ein oder mehrere Teilprojekte für die Softwareentwicklung. Die Verteilung der verschiedenen Teams über die ganze Welt mit unterschiedlichen Zeitzonen, Sprachen und Kulturen erhöht die Komplexität zusätzlich.

15.1.2 Basispraktiken

MAN.3.BP1: Definieren des Arbeitsumfangs (Scope). Identifiziere die Ziele, die Motivation und die Grenzen des Projekts.

Zu Beginn eines Projekts sollte festgelegt werden, für welches System das Projektmanagement entwickelt wird. Die Frage, worum es geht und worum nicht, muss geklärt werden. Dies ist die Grundlage für alle nachfolgenden Aktivitäten des Projektmanagements (s. Abb. 15–2).

Es kann eine Verbindung zur Item-Definition in der funktionalen Sicherheit bestehen, die jedoch stärker auf technische Zusammenhänge ausgerichtet ist.

Bei der Basispraktik MAN.3.BP1 muss zunächst abgegrenzt werden, was vom Projektmanagement zu steuern ist und was nicht. Es muss klar definiert werden, was Teil des Systems ist und was nicht (s. Kap. 5). Die Definition der Projektgrenzen und -beschränkungen ist in der Regel wichtiger, wird aber häufiger vergessen als die Definition der Inhalte.

Wenn das Projekt nicht für Teile verantwortlich ist, die einen Einfluss auf das System haben oder von denen das System abhängt, müssen diese Schnittstellen identifiziert und die Zusammenarbeit definiert werden. Dabei geht es zunächst nicht um technische Schnittstellen, sondern um Projektschnittstellen.

Die Verantwortlichkeiten aller betroffenen Parteien in Bezug auf das Projekt und das Produkt müssen angesprochen werden. Die Details und die tatsächliche Abwicklung werden dann in der Praktik MAN.3.BP7 behandelt.

Bei der Definition des Arbeitsumfangs wird in der Regel eine Liste der Features erstellt, die im Rahmen des Projekts implementiert werden sollen. Die Feature-Liste, die sich in einem definierten Releaseplan widerspiegelt, muss bei der nachgelagerten Planung und auch bei der Planung der Integrationsschritte berücksichtigt werden.

In jedem Fall ist es wichtig, dass alle Informationen den Projektbeteiligten und Stakeholdern soweit erforderlich zur Verfügung stehen. Der Zugang zu den Informationen muss gewährleistet sein, und es ist ratsam, sie an einer zentralen Stelle zu verwalten. Insbesondere muss sichergestellt werden, dass Neueinsteiger in das Projekt Zugang zu allen Informationen haben.

Fassen wir zusammen: Der Umfang muss den Projekt- und Produktumfang umfassen. Es reicht nicht aus, nur das Produkt zu beschreiben. Er wird häufig in Form eines Arbeitsumfangs (Statement of Work, SOW) und eines Projektstrukturplans (Work Breakdown Structure, WBS) dokumentiert. Der Arbeitsumfang enthält eine narrative Beschreibung des Projektumfangs. Der Projektstrukturplan muss im Laufe des Projekts verfeinert werden.

Dies wird dann hauptsächlich in den Aktivitäten der Praktiken MAN.3.BP4 und MAN.3.BP5 abgebildet. Außerdem ist es wichtig, die relevanten Projektschnittstellen zu erfassen.

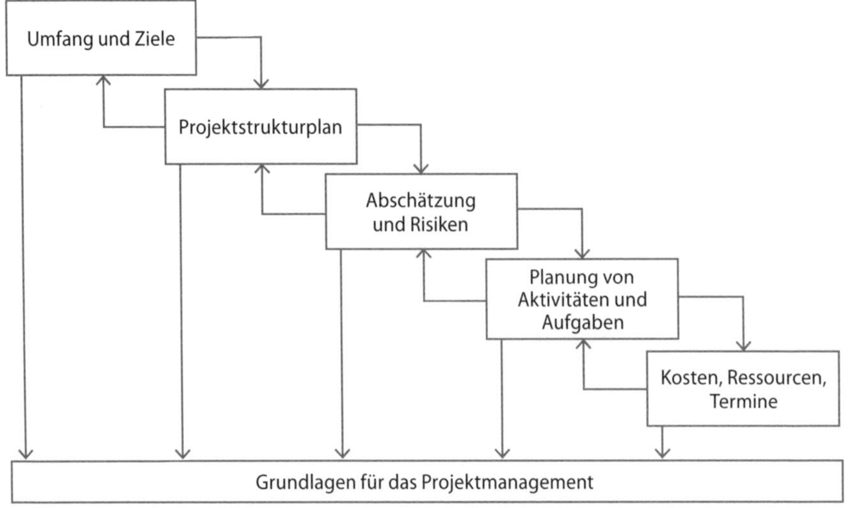

Abb. 15–2 *Schlüsselelemente und Abhängigkeiten im Projektmanagement*

MAN.3.BP2: Definition des Projektlebenszyklus. Definiere den Lebenszyklus für das Projekt, der dem Umfang, dem Kontext und der Komplexität des Projekts angemessen ist. Definiere auch einen Release-Umfang für relevante Meilensteine.

Anmerkung 1: *Dies kann die Anpassung des Projektlebenszyklus an den Entwicklungsprozess des Kunden beinhalten.*

Nachdem festgelegt wurde, was im Projekt umgesetzt werden soll, geht es im nächsten Schritt darum, den Lebenszyklus zu definieren. Dies beinhaltet z.B. die Definition von Meilensteinen und die Festlegung von Zielen für die einzelnen Stufen oder Phasen.

Für Zulieferer in der Automobilindustrie geht es in dieser Praktik primär um die Synchronisation der eigenen Planung mit der Meilensteinplanung des OEMs. Dies ist ein kontinuierlicher Prozess, der von Anfang an eine gute Projektplanung erfordert.

Der Projektlebenszyklus gibt den zeitlichen Rahmen für den gesamten Entwicklungsprozess vor. Er ist die Grundlage für die Planung in den nachgelagerten Basispraktiken und wird im späteren Projektverlauf zusammen mit der Projektplanung in der Praktik MAN.3.BP7 fortgeführt. Die für diese Praktik notwendigen Abstimmungen beginnen aber früher.

Wichtig ist in diesem Zusammenhang die Koordination mit übergeordneten Projektstrukturen, z.B. mit der vom Kunden vorgegebenen Projektplanung. Der Projektlebenszyklus muss mit der Planung des »Kunden« verzahnt werden. Bei einem Teilsystem muss eine Synchronisation mit dem Gesamtsystem erfolgen.

Die Granularität ist grob, muss aber zu den externen Vorgaben passen. Ergeben sich aus der feineren Projektplanung Abweichungen, muss auch der Projektlebenszyklus angepasst werden. Wenn das Projekt sicherheitsrelevant ist, muss zudem auch der Sicherheitslebenszyklus berücksichtigt werden.

MAN.3.BP3: Bewertung der Durchführbarkeit des Projekts. Bewerte die Durchführbarkeit zur Erreichung der Projektziele im Hinblick auf die Zeit, die Projektschätzungen und die verfügbaren Ressourcen.

Anmerkung 2: *Bei der Bewertung der Durchführbarkeit können technische Einschränkungen des Projekts berücksichtigt werden.*

Nachdem die Feature- oder Funktionsliste und der ungefähre Zeitrahmen festgelegt wurden, ist zu bewerten, ob das Projekt machbar ist und ob das Unternehmen in der Lage ist, das Projekt durchzuführen. Kriterien hierfür sind:

- Ist das Projekt technisch machbar?
- Ist der angegebene Zeitrahmen realisierbar?
- Stehen in dieser Zeit genügend Ressourcen zur Verfügung?
- Ist das zur Verfügung stehende Budget ausreichend?

Dies sollte vor Beginn der eigentlichen Projektarbeit geschehen. Dabei werden häufig Annahmen getroffen, die im Verlauf des Projekts immer wieder überprüft werden müssen.

Die OEMs erstellen Funktionslisten für das Gesamtfahrzeug, auf deren Grundlage diese Bewertung durchgeführt wird. Bei der Bewertung müssen verschiedene vordefinierte Kriterien berücksichtigt werden, z.B. verfügbare Ressourcen und Kompetenzen, zeitliche Beschränkungen, rechtliche oder organisatorische Rahmenbedingungen, Kostenschätzungen, technische Komplexität und Innovationsgrad sowie Sicherheitskritikalität und Cybersecurity-Aspekte. Experten aus anderen Prozessen müssen in diesen Prozess mit einbezogen werden.

Wie bei allen grundlegenden Verfahren ist es notwendig, nicht nur das Ergebnis, sondern auch die Gesamtstruktur, die dazu geführt hat, in verständlicher Form zu dokumentieren.

MAN.3.BP4: Definition und Überwachung von Arbeitspaketen. Definiere und überwache die Arbeitspakete und deren Abhängigkeiten gemäß dem definierten Projektlebenszyklus und den Schätzungen.

Anmerkung 3: *Die Struktur und der Umfang der Arbeitspakete unterstützen eine angemessene Fortschrittsüberwachung.*

Anmerkung 4: *Die Arbeitspakete können in einem Projektstrukturplan organisiert werden.*

Nachdem die Entscheidung für die Durchführung des Projekts gefallen ist, muss nun die Detailplanung erfolgen. Um zu gewährleisten, dass das Projekt termingerecht durchgeführt werden kann und die dafür erforderlichen Ressourcen zur Verfügung stehen, werden die Arbeiten in kleinere, überschaubare Arbeitspakete aufgeteilt, die dann zumindest für die kurzfristige Planung verfolgt und ggf. angepasst werden müssen.

Der Projektstrukturplan (PSP, engl. Work-Breakdown-Structure) bietet mit den Beschreibungen der Arbeitspakete und ihrer Inhalte eine Grundlage für die Schätzung und Planung der für die Umsetzung erforderlichen Ressourcen. Je nach Umfang sollten die Arbeitspakete nicht nur von den PSP-Verantwortlichen beschrieben werden, sondern mit Unterstützung der von der Umsetzung der Arbeitspakete betroffenen Fachleute.

Der Projektstrukturplan ist hier nicht zwingend erforderlich, aber die Aktivitäten müssen auf jeden Fall geplant werden. Gerade bei dieser Basispraktik ist es wichtig, das richtige Maß an Granularität der Arbeitspakete zu finden. Diese muss ausreichend sein, um den Zweck des Prozesses zu erfüllen, d.h. mögliche Probleme frühzeitig zu erkennen.

Darüber hinaus ist zu beachten, dass die Aktivitäten nicht bis zum Projektende in voller Granularität geplant werden müssen, sondern nur für die anstehenden Berichtszeiträume. Man sollte sich die Frage stellen, wie früh man erkennt, dass man den nächsten Meilenstein möglicherweise nicht einhalten kann.

Die Abhängigkeiten zwischen den Arbeitspaketen sollten mit Input und Output beschrieben werden, und die Pakete sollten so detailliert sein, dass der Arbeitsfortschritt innerhalb eines Berichtszyklus deutlich wird. Aus diesem Grund sollten die Arbeitspakete in der Regel nicht länger als einen, in Ausnahmefällen nicht länger als zwei Berichtszyklen dauern. Aktivitäten, die inhaltlich voneinander abhängig sind und die Ressourcenschätzung beeinflussen können, werden als separate Pakete geplant und die Abhängigkeiten werden entsprechend gekennzeichnet.

Um eine realistische Schätzung vornehmen zu können, ist es wichtig, dass die Arbeitspakete detailliert beschrieben werden (z.B. »Spezifikation der Anforderungen einschließlich Review« oder im Falle der ASIL-Klassifizierung die Anwendung bestimmter aufwendiger Methoden).

Die Planung der Entwicklungsaktivitäten sollte für jedes Modul oder jede Komponente separat nach der Gliederung des objektorientierten Aufwands- und Ressourcenmanagements erfolgen. Darüber hinaus ist darauf zu achten, dass die Einzelpläne mit dem Gesamtplan koordiniert und synchronisiert werden.

Ein wesentliches Ziel ist es, problematische Entwicklungen frühzeitig zu erkennen und den kritischen Pfad im Auge zu behalten.

MAN.3.BP5: Definition und Überwachung von Projektschätzungen und Ressourcen. Definiere und überwache die Projektaufwands- und Ressourcenschätzungen auf der Grundlage von Projektzielen, Projektrisiken, Motivation und Grenzen.

Anmerkung 5: *Beispiele für notwendige Ressourcen sind Budget, Mitarbeiter, Produktmuster oder Infrastruktur.*

Anmerkung 6: *Projektrisiken (unter Verwendung von MAN.5) können berücksichtigt werden.*

Anmerkung 7: *Schätzungen und Ressourcen können Technik, Management und unterstützende Prozesse umfassen.*

Auf der Grundlage der in BP4 definierten Arbeitspakete, die eng mit dieser Basispraktik verknüpft sind, werden dann die erforderlichen Ressourcen bestimmt und auch Risikobewertungen durchgeführt. Umgekehrt können die bei der Ressourcenplanung festgestellten Schwachstellen auch Anpassungen der Arbeitspakete erfordern. Dies bezieht sich jedoch nicht nur auf die personellen Ressourcen, sondern auch auf die eingesetzten Werkzeuge.

BP4 und BP5 stellen zusammen mit BP8 das Kerngeschäft des Projektmanagements dar und verdienen eine nähere Betrachtung.

Schätzungen werden zu verschiedenen Zeitpunkten im Projektverlauf durchgeführt. Grobe Schätzungen erfolgen zu Beginn des Projekts, z.B. im Rahmen einer Angebotsabgabe. Diese Grobschätzung wird in der Projekt-Planungsphase erweitert und detailliert. Die Schätzungen werden dann bis auf die Arbeitspaket-Ebene des Projektstrukturplans heruntergebrochen. Eine weitere Detaillierung und Aktualisierung erfolgt in der Ausführungsphase, z.B. beim Eintritt in eine neue Projektphase oder Release-Entwicklung oder im Rahmen einer Um- oder Neuplanung. Die in einer Schätzung getroffenen Annahmen müssen dokumentiert werden und sind Teil deren Dokumentation.

Zu den Schätzungen gehören auch personelle Ressourcen sowie die Art und Menge der technischen Ressourcen (Ausrüstung, Infrastruktur, Werkzeuge usw.). Auch hier sollten die Schätzungen die Ressourcen für alle relevanten Prozesse umfassen.

Die Aufwandsschätzung muss daher auch den Aufwand für die Qualitätssicherung durch das Projektteam (Reviews, Tests usw.) und die unabhängige Qualitätssicherung (s. SUP.1) berücksichtigen. Bei der Aufwandsschätzung können auch Risiken berücksichtigt werden (z.B. Risikozuschläge, Stabilisierungszyklen, Fehlerkorrektur-Aufwand auf der Grundlage einer Schätzung der erwarteten Fehler usw.). Eine gängige Schätzmethode zur Analyse von Risiken ist die Drei-Punkte-Schätzung. Dabei werden für jede Aktivität der optimistische, ein realistischer und ein pessimistischer Aufwand geschätzt und daraus weitere Werte berechnet.

Bei der Schätzung der personellen Ressourcen wird der Aufwand für die Erstellung oder Bearbeitung der Arbeitspakete oder Module geschätzt (z.B. absolut, in Personenstunden oder Story Points oder T-Shirt-Größen, die häufig in agilen Projekten verwendet werden). Als Grundlage dafür dient der Projektstrukturplan. Der Aufwand wird häufig von unten nach oben geschätzt (»Mikroabschätzung«). Diese Bottom-up-Schätzung wird von einigen OEMs sogar ausdrücklich gefordert. Dazu wird die durchzuführende Arbeit in kleine Arbeitspakete und Aktivitäten zerlegt (s. BP4). Der Aufwand wird auf der niedrigsten Ebene geschätzt und dann schrittweise zu einem Gesamtaufwand für das Projekt summiert.

Für Schätzungen müssen definierte Schätzmethoden verwendet werden, wie z.B. Planning Poker in einer agilen Umgebung. In der Praxis werden häufig Experten-Schätzverfahren mit Schätzformularen eingesetzt. Diese werden meist in Bottom-up-Prozessen verwendet und können zusätzlich typische Aufwandstreiber wie Komplexität, Risiken, Mitarbeitererfahrung oder erhöhten Testaufwand berücksichtigen. Im Falle einer neuen Schätzung kann ein ähnliches Projekt aus der Vergangenheit identifiziert und dessen Schätzformular hinsichtlich der Unterschiede zum neuen Projekt überarbeitet werden.

Beim OEM spielt in diesem Zusammenhang häufig die Differenzierung zwischen Eigenleistung und Fremdleistung eine Rolle. Fremdleistungen werden fast immer als Gewerke eingekauft, was die Planbarkeit der Ressourcen einschränkt.

Andererseits ist gerade die Ausführung der meisten zu planenden Aktivitäten Aufgabe der Gewerke, während die Aktivitäten in Eigenleistung eher koordinierender und überwachender Natur sind und daher in der Regel eher pauschal abgeschätzt werden können.

MAN.3.BP6: Definition und Überwachung der erforderlichen Fähigkeiten, Kenntnisse und Erfahrungen. Identifiziere und überwache die erforderlichen Fähigkeiten, Kenntnisse und Erfahrungen für das Projekt in Übereinstimmung mit den Schätzungen und Arbeitspaketen.

Anmerkung 8: *Um Abweichungen von den geforderten Fähigkeiten und Kenntnissen zu beheben, können Schulungen, Mentoring oder Coaching von Personen eingesetzt werden.*

Für die Arbeit im Projekt müssen nicht nur genügend Personen zur Verfügung stehen, sondern diese müssen auch für ihre Aufgaben qualifiziert sein. Dabei sind Erfahrungen, Fähigkeiten und Kenntnisse zu berücksichtigen. Hierzu ist ein Kompetenzmanagement erforderlich, das in der Verantwortung des Linienmanagements liegen kann.

Dies entbindet die Projektleitung jedoch nicht von ihrer Verantwortung – sie muss z.B. auch in einer Matrixorganisation sicherstellen, dass die Qualifikationen vorhanden sind. Hierzu sollte es klare Regeln geben, damit dieses Zusammenspiel funktioniert.

Wichtig ist aber auch zu prüfen, ob projektspezifische Qualifikationen erforderlich sind. Dies sollte in irgendeiner Form dokumentiert werden, z.B. in einer Checkliste oder einem Prüfbericht. Die Nachweise über diese Qualifikationen müssen dann auch geführt werden.

In einem größeren Entwicklungsunternehmen reicht es in der Regel nicht aus, dass ein Mitarbeiter z.B. als Systemingenieur qualifiziert ist, da unterschiedliche Systeme auch unterschiedliche Kenntnisse erfordern können.

»Training on the Job« ist eine geeignete Methode der Wissensvermittlung, die aber begleitet werden muss und eine grundsätzliche Qualifikation für ein Thema voraussetzt. Häufig wird vergessen, den Zeitaufwand für den Betreuer mit einzuplanen. Auch diese Vorgehensweise sollte dokumentiert werden.

Der Umfang des Kompetenzmanagements hängt auch von der Größe, Konsistenz und Komplexität des Projektteams ab. Arbeitet ein Team über mehrere Jahre unverändert zusammen, kann eine einfache Erfassung der Erfahrungen, Fähigkeiten und Kenntnisse ausreichen, ohne dass ein ausgefeiltes Schulungskonzept erforderlich ist.

MAN.3.BP7: Definition und Überwachung von Projektschnittstellen und vereinbarten Verpflichtungen. Identifiziere und vereinbare die Schnittstellen des Projekts mit den betroffenen Stakeholdern und überwache die vereinbarten Verpflichtungen. Definiere auch einen Eskalationsmechanismus für nicht eingehaltene Verpflichtungen.

Anmerkung 9: *Zu den betroffenen Stakeholdern können andere Projekte, Organisationseinheiten, Unterauftragnehmer und Dienstleister gehören.*

Im besten Fall werden alle Schnittstellen zum Projekt bereits in BP1 identifiziert, sodass die Projektplanung in dieser Basispraktik darauf abgestimmt werden kann. So müssen z.B. die Abhängigkeiten zu Arbeitspaketen außerhalb des betrachteten Systems identifiziert und die Planung koordiniert werden.

Mit den Stakeholdern, wie z.B. internen Teams, verantwortlichem Linienmanagement, Kunden, Plattformentwicklung, Qualitätssicherung, Produktion, Test- & Integrationsabteilungen, Prototypenbau, Einkauf, Vertrieb, Marketing, Produktmanagement, Lieferanten, Entwicklungspartnern, Dienstleistern muss vereinbart werden, wie die Schnittstellen gehandhabt werden: Das heißt, welche Informationen werden wann ausgetauscht und wie wird der Arbeitsfortschritt kommuniziert oder nachverfolgt. Gibt es gemeinsame Besprechungen oder in welcher anderen Form werden diese Personen und Gruppen in den Kommunikationsfluss eingebunden. Die Einhaltung dieser Vereinbarungen ist im Rahmen des Projektmanagements aktiv zu überwachen und ggf. anzupassen. Geeignete Dokumente sind Kommunikationsplan, Besprechungsplan, Standard-E-Mail-Verteiler, Listen von Ansprechpartnern, Organigramme etc.

Wenn es Lieferanten für Teilsysteme gibt, sind die Basispraktiken gemäß ACQ.4 durchzuführen. Eine Herabstufung in MAN.3 führt immer zu einer Herabstufung in ACQ.4. Wird ACQ.4 nicht ordnungsgemäß durchgeführt, gibt es auch Schwächen in MAN.3, da z.B. die Planung fehlerhaft ist.

MAN.3.BP8: Definition und Überwachung des Projektzeitplans. Teile Ressourcen den Arbeitspaketen zu und plane die einzelnen Projektaktivitäten. Überwache die Leistung der Aktivitäten im Vergleich zum Zeitplan.

Die Basispraktiken 4, 5 und 8 sind eng miteinander verbunden und werden in der Bewertung oft nicht unterschieden. Die Terminierung und Zuweisung von Ressourcen in dieser Basispraktik vervollständigt die Planung und muss zusammen mit den beiden anderen Basispraktiken kontinuierlich überwacht und aktualisiert werden.

Viele Aspekte, die auch hier gelten, wurden bereits in den vorhergehenden Basispraktiken erläutert. Im Rahmen der Projektplanung wird der Projektzeitplan erstellt, der wiederum zum Projektlebenszyklus aus BP2 passen muss.

Häufig wird zwischen kurz-, mittel- und langfristiger Planung unterschieden. Aufgrund der noch unklaren Anforderungen und der vielen zukünftigen Änderungen im Projekt ist es nicht sinnvoll, die gesamte Projektdauer im Detail zu planen. Daher werden in der kurzfristigen Planung die Aktivitäten (z.B. die nächsten zwei bis drei Iterationen) so detailliert geplant, dass transparent ist, wofür jedes Teammitglied verantwortlich ist. Einige OEMs verlangen eine detaillierte Vorausplanung der Aktivitäten (wie oben für die kurzfristige Planung beschrieben) für das aktuelle und das folgende Release oder für drei Monate.

Für einen mittelfristigen Zeitraum eines Release (z.B. drei bis sechs Iterationen, drei Monate) erfolgt eine detaillierte Planung der Teilfunktionen (z.B. werden Arbeitspakete so detailliert geplant, dass sichergestellt werden kann, dass sie innerhalb einer Iteration umgesetzt werden können). Für Releases, die mehr als 3 Monate im Voraus liegen, erfolgt dann eine Grobplanung (z.B. Features in einer Qualitätsstufe, die innerhalb eines Release umgesetzt werden können). In diesem Fall ist darauf zu achten, dass die verschiedenen Planungsebenen aufeinander abgestimmt sind.

Wenn wir diese Praktik in einem Projekt bei einem OEM betrachten, stellen wir häufig fest, dass der Plan bzw. die Einhaltung und Aktualisierung vom Zulieferer abhängt, dieser aber nicht von diesem Prozess gesteuert wird.

Daher ist es sehr wichtig, dass die Fortschrittsverfolgung beim Zulieferer im ACQ.4 mit der Projektplanung synchronisiert wird.

MAN.3.BP9: Sicherstellung der Konsistenz. Sorge für eine regelmäßige Anpassung von Schätzungen, Ressourcen, Fähigkeiten, Arbeitspaketen und deren Abhängigkeiten, Zeitplänen, Plänen, Schnittstellen und Verpflichtungen für das Projekt, um die Konsistenz mit dem Arbeitsumfang sicherzustellen.

Anmerkung 10: *Dies kann die Berücksichtigung kritischer Abhängigkeiten einschließen, die einen Beitrag zum Risikomanagement darstellen.*

Die Konsistenz der Planungsdaten muss gewährleistet sein. Zum Beispiel muss die langfristige Planung mit der kurzfristigen Planung übereinstimmen. Daten, die nicht automatisch generiert werden, müssen regelmäßig auf Konsistenz geprüft werden. Um Capability Level 2 zu erreichen, ist es außerdem wichtig, ein geplantes Vorgehen in dieser Hinsicht zu etablieren.

Die verschiedenen Dokumente zur Planung und Nachverfolgung wie Projektdefinition, Projektstrukturplan, Funktionsliste und Projektplan, die verschiedenen Zeitpläne, einschließlich Schätzungen, Ressourcenplanung, Kommunikationsplan, Risikoliste, Statusberichte usw., sollten konsistent gehalten werden. Diese Anforderung ist in der Praxis nicht leicht umzusetzen. Folgende Praktiken haben sich als wirksam erwiesen:

- Vermeiden Sie Redundanzen, indem Sie z.B. die Projektzeitpläne so gestalten, dass sie den Projektstrukturplan und die aktuellen Aufwandsschätzungen enthalten.
- Integrieren Sie die Projektzeitpläne des Gesamtprojekts und aller Teilprojekte, um Inkonsistenzen gar nicht erst entstehen zu lassen. Dies erfordert eine geeignete Toolauswahl.
- Verwalten Sie Änderungen an Projektmanagement-Dokumenten systematisch; dies kann durch Checklisten unterstützt werden, die für die Arten von Änderungen an einem Dokument die daraus resultierenden Änderungen in anderen Dokumenten auflisten.

- Nutzen Sie Projektbesprechungen für Konsistenzprüfungen/oder Quervergleiche von Dokumenten.
- Fassen Sie Projektmanagement-Dokumente von Zeit zu Zeit zu einem definierten Status in Form von Planungsgrundlagen zusammen.

MAN.3.BP10: Überprüfung und Berichterstattung über den Projektfortschritt. Überprüfe und berichte regelmäßig den Projektstatus und die Erfüllung der Arbeitspakete gegenüber dem geschätzten Aufwand und der Dauer an alle betroffenen Parteien. Verhindere das Wiederauftreten von festgestellten Problemen.

Anmerkung 11: *Projektüberprüfungen können in regelmäßigen Abständen von der Leitung durchgeführt werden. Projektreviews können dazu beitragen, Best Practices und Lessons Learned zu ermitteln.*

Anmerkung 12: *Zur Behebung von Problemen siehe SUP.9.*

Es muss sichergestellt werden, dass die Planungsdaten allen relevanten Akteuren zur Verfügung stehen, wobei der Informationsfluss auf verschiedene Weise gewährleistet werden kann. Für das Projekt muss eine Form der Berichterstattung etabliert werden, die auch im Nachhinein nachvollzogen werden kann. Ziel ist es, Transparenz in die Projektaktivitäten zu bringen und gleichzeitig allen Beteiligten die Möglichkeit zu geben, die benötigten Informationen, z.B. über Ressourcenengpässe oder Verzögerungen, rechtzeitig zu erhalten.

Regelmäßig stattfindende Projektfortschritts-Besprechungen und Reviews sind notwendig und sollten nachvollziehbar dokumentiert werden. Häufigkeit und Ablauf sind der Komplexität des Projekts und der Projektorganisation anzupassen. Es sollten auch regelmäßige Fortschrittsberichte an den Kunden und an das Management der projektleitenden Organisation erstellt werden.

15.1.3 Erzeugte Informationsobjekte

<table>
<tr><td>08-53
Arbeitsumfang
(Scope)</td><td>Es muss kein explizites Dokument geben, das den Arbeitsumfang beschreibt, aber die Themen, die in diesem Punkt behandelt werden, müssen definiert werden. Nach [PMBOK 2017] umfasst der Arbeitsumfang:
■ die Projektbegründung/den Geschäftsbedarf,
■ die Projektziele einschließlich quantifizierbarer Kriterien zur Messung der Erreichung der Ziele,
■ eine Beschreibung des zu erstellenden Produkts sowie
■ eine Übersicht über alle zu erstellenden Leistungen.
Eine bloße Beschreibung des Produkts ist nicht ausreichend. Der Arbeitsumfang muss auch die Verantwortlichkeiten der betroffenen Parteien in Bezug auf das Projekt und das Produkt enthalten.</td></tr>
</table>

→

08-54 Machbarkeitsanalyse	Die Machbarkeitsanalyse beschreibt, nach welchen Kriterien geprüft wurde, ob die Entwicklung des gewünschten Produkts überhaupt möglich ist. Dabei sollte die Machbarkeitsanalyse Aspekte wie Zeit, Ressourcen, technisches Know-how und technische Möglichkeiten berücksichtigen. Auch das Zusammenspiel dieser Aspekte kann die Machbarkeit beeinflussen. Neben den Kriterien muss die Machbarkeitsanalyse auch eine Aussage darüber treffen, ob bzw. unter welchen Bedingungen das Projekt realisierbar ist.
14-10 Arbeitspaket	Der Projektstrukturplan (PSP) definiert und strukturiert den Gesamtinhalt auf der Grundlage des Arbeitsumfangs des Projekts. Leistungen, die nicht im Projektstrukturplan enthalten sind, gehören nicht zum Projektumfang. Der PSP ist ein wichtiges Instrument, in dem der komplexe Projektumfang über mehrere Ebenen in klar definierte, bewertbare und steuerbare Einzelelemente, die Arbeitspakete (AP), zerlegt wird. Die Struktur des PSP und die darin enthaltenen Arbeitspakete bilden die Grundlage für die nachfolgenden Prozesse der Vorgangsplanung, Ressourcenschätzung, Projektsteuerung und des Projektcontrollings. Die Leistungsbeschreibung der Arbeitspakete des PSP bezieht sich auf die Inhalte der V-Modell-Prozesse. Damit wird sichergestellt, dass die Aufgabenbeschreibung aktuell und vollständig ist. Gleichzeitig ist eine weitere Detaillierung der Arbeitspakete auf Basis der Prozesse und der ihnen zugeordneten Methodenbeschreibungen für die konkrete Planung von Aktivitäten in der Aktivitätenplanung möglich. Im Rahmen der Detaillierung des Projektumfangs sowie der Detaillierung bereits definierter Umfänge entwickelt sich der PSP im Laufe des Projekts weiter.
13-52 Kommunikations-nachweise	Jedes greifbare Artefakt, z.B. E-Mails, Sitzungsprotokolle, Offene-Punkte-Listen, kann als Nachweis für Capability Level 1 herangezogen werden, solange die relevanten Interessengruppen angesprochen werden. Unter Berücksichtigung von PA 2.1 und insbesondere GP 2.1.7 ist eine stärker formalisierte und geplante Vorgehensweise mittels definierter Kommunikationsmedien erforderlich. Dies geschieht oft werkzeuggestützt. Im Hinblick auf Capability Level 3 sollte dies im Standardprozess beschrieben und auf das Projekt zugeschnitten werden.
13-16 Änderungsantrag	Ein Änderungsantrag ist ein Antrag auf Modifizierung oder Änderung eines bestehenden Produkts, einer Dienstleistung oder eines Systems. Der Zweck eines Änderungsantrags besteht darin, einen strukturierten und formalen Prozess für Änderungen am ursprünglichen Plan oder Projektumfang zu schaffen. Damit soll sichergestellt werden, dass die Änderungen auf kontrollierte und systematische Weise bewertet, genehmigt und umgesetzt werden und dass die Auswirkungen der Änderungen verstanden und allen Beteiligten mitgeteilt werden. Der Prozess ist darauf ausgelegt, das Risiko unerwarteter Folgen zu minimieren, die Projektqualität und das Budget einzuhalten und sicherzustellen, dass die Änderungen mit den allgemeinen Projektzielen übereinstimmen. Dies wird im Prozess SUP.10 ausführlich beschrieben.

13-51 Konsistenznachweise	Die Konsistenz wird in der Regel durch ein Prüfprotokoll nachgewiesen. Bei einer großen Anzahl von Elementen reicht es nicht aus, die Frage der Konsistenz an einer Stelle zentral zu beantworten, sondern sie muss für alle Anforderungen einzeln oder für kleinere Mengen von Anforderungen dokumentiert werden. Die Dokumentation erfolgt meist werkzeuggestützt oder in spezifischen Checklisten.
14-02 Abhilfemaßnahmen	Die Projektplanungs-Artefakte müssen während des Projektverlaufs ständig überprüft und bei Bedarf angepasst werden. Diese Anpassungen müssen auch im Nachhinein nachvollziehbar sein.
08-56 Zeitplan	Ein Zeitplan sollte auf dem Projektstrukturplan und dem Modell des Projektlebenszyklus basieren und die folgenden Punkte enthalten: ■ durchzuführende Aktivitäten, die für die Erstellung der Zwischen- und Endergebnisse des Projekts erforderlich sind ■ Abhängigkeiten und Verknüpfungen zwischen den Aktivitäten ■ Kritischer Pfad, falls zutreffend ■ Meilensteine ■ Zeitdauer und geschätzter Aufwand der Aktivitäten, Start- und Endtermine ■ Zuweisung von Ressourcen zu den Aktivitäten ■ hierarchische Organisation (z.B. nach Projektphasen, Iterationen, Aktivitäten) Eine Fortschrittskontrolle ist in der Regel enthalten. Die Erstellung des Zeitplans erfolgt häufig in einem Tool. Nur einfache Zeitpläne können auch in Microsoft Excel implementiert werden. Manchmal werden verschiedene Teile der Terminplanung in unterschiedlichen Tools oder in verschiedenen Instanzen eines Tools durchgeführt. In diesem Fall ist zusätzlicher Aufwand zur Sicherstellung der Konsistenz erforderlich, wenn diese nicht automatisch und werkzeuggestützt überprüft werden kann. In größeren Projekten gibt es in der Regel eine Hierarchie von Zeitplänen, z.B. einen Zeitplan auf Gesamtprojektebene, der Meilensteine und Abhängigkeiten enthält, und mehrere detaillierte Zeitpläne auf Teilprojektebene (z.B. für Softwareentwicklung, Hardwareentwicklung, mechanische Entwicklung).

→

14-50 Liste der Interessengruppen (Stakeholder)	Um die Bedarfsanalyse und Anforderungserhebung so detailliert wie möglich durchzuführen und alle Stakeholder zu erfassen, die am Projekt beteiligt oder von diesem betroffen sind, ist es notwendig, eine Stakeholder-Liste zu erstellen und diese kontinuierlich zu aktualisieren. Gemäß den übereinstimmenden Anforderungen von Automotive SPICE®, Systems Engineering und Projektmanagement-Standards ist die Stakeholder-Liste eines der grundlegenden Artefakte bei der konsequenten Umsetzung von Projekten. Im Rahmen der Bedarfsanalyse werden zunächst die Stakeholder identifiziert, die einen Beitrag zum Projekt leisten (z.B. Unternehmensstrategie, Gesetzgeber, Kunde, Markt & Wettbewerb etc.). Diese Stakeholder werden durch Organisationseinheiten des Unternehmens repräsentiert und sind teilweise Mitglieder des Produktstrategie-Teams (frühes Projektmanagement). In den folgenden Projektphasen werden während des System-Entwicklungsprozesses kontinuierlich weitere Stakeholder hinzugefügt und aktualisiert. Stakeholder können externe Entwicklungspartner und andere Behörden sein, aber auch interne Schnittstellen wie Markenvertreter in gemeinsamen Projekten (Synergiefamilien) oder andere Organisationseinheiten.
15-06 Projektstatusbericht	Wie in MAN.3.BP10 festgelegt, sollte regelmäßig über den Projektstatus berichtet werden. Dazu gehört auch eine Bewertung, ob das Projekt noch innerhalb der Planungsparameter liegt. Darüber hinaus sollte der Status in einer für das Management geeigneten Form verdichtet werden. Der Fortschrittsbericht sollte Aussagen enthalten über folgende Aspekte: ■ Kostensituation (aktuelle Entwicklungskosten bzw. Stückkosten, erwartete Kostenentwicklung etc.) ■ Terminsituation (erwartete Endtermine, Trends, z.B. hinsichtlich des Erreichens der nächsten Meilensteine) ■ Leistungsumfang/Funktionalität ■ Qualitätslage (Fehlersituation, kundenrelevante Probleme etc.) ■ Personalsituation (z.B. personelle Engpässe) ■ Risiken (Zusammenfassung der Risiken) ■ Ausgewählte (oft technische) Probleme ■ Welche Abhilfemaßnahmen (s. auch 14-02 Abhilfemaßnahmen) sind eingeleitet worden? Es reicht nicht aus, den Zugang zu den Informationen zu ermöglichen. Besser ist es, dass der Status werkzeuggestützt per Knopfdruck aus dem PM-Tool abgerufen werden kann. Dabei ist zu beachten, dass auch ältere Zustände reproduzierbar sein müssen.

15.1.4 Zusätzliche Überlegungen

Bezug zu anderen Automotive SPICE®-Prozessen

- Das Projektmanagement interagiert mit allen Prozessen und benötigt von ihnen Schätzungen, Statusinformationen und Durchführbarkeitserklärungen.
- Das Projektmanagement überwacht und steuert alle anderen Prozesse.
- Für alle Prozesse muss ein systematisches Berichtswesen aufgebaut werden.
- Umgekehrt gibt das Projektmanagement Zeitvorgaben und Priorisierungen vor.

Typische Fallstricke

- Die beschriebenen Aktivitäten der Basispraktiken 1 bis 3 werden zu Beginn des Projekts nicht durchgeführt, was zu unrealistischen Erwartungen an das Projekt seitens des Kunden oder der Geschäftsleitung führt.
- Während der Angebotsphase wurde nicht geprüft, ob das Unternehmen das Projekt überhaupt durchführen kann.
- Schlechte Schätzungen oder Schätzmethoden, zu grobe Aktivitäten (oder zu detaillierte Aktivitäten) und schlechte Nachverfolgung verursachen Probleme.
- Der Projektstrukturplan ist zu Beginn des Projekts nicht vorhanden oder unvollständig und es gibt keine Vorplanung.
- Der Projektstrukturplan beschränkt sich nur auf die Elemente, die an den Kunden geliefert werden, und vernachlässigt alle internen Arbeiten (z.B. Projektmanagement und Unterstützungsprozesse).
- Funktionale Sicherheit oder Cybersecurity wurden nicht berücksichtigt.
- Bei der Schätzung des Aufwands wird nicht berücksichtigt, wie Nacharbeit, Mängel und Änderungen gehandhabt werden, sodass nicht genügend Ressourcen zur Verfügung stehen.
- Projektfortschritts-Besprechungen/-Überprüfungen sind in einem ein- bis zweiwöchigen Rhythmus vorgeschrieben, finden aber in einigen Fällen nicht oft genug statt.
- Die Fortschrittsberichte an das Management lassen die tatsächlichen Probleme nicht erkennen, sodass die Organisation versucht, die Symptome zu beheben, anstatt die Ursachen zu beseitigen.
- Der tatsächliche Projektstart verzögert sich manchmal aufgrund langwieriger Einkaufsverhandlungen, z.B. bis die ersten Prototypen bereits verfügbar sind. Trotzdem wird das Lieferdatum des Entwicklungsprojekts (in der Regel abhängig vom Produktionsstart (SOP) eines neuen Fahrzeugs) beibehalten.
- Eine unklare Vertragssituation zu Beginn des Projekts führt zu Problemen auf beiden Seiten: Der Projektleiter des Auftraggebers weiß nicht genau, ob er bereits Anforderungen, Termine etc. an die Entwicklungsorganisation (Auftragnehmer) übergeben kann.

- Um Termine einhalten zu können, muss die Entwicklungsorganisation oft ohne klar definiertes Lastenheft, d.h. ohne rechtsverbindlichen Vertrag, mit der Arbeit beginnen. Dies geschieht dann mit zu geringer Kapazität und es ist schwierig, den Rückstand aufzuholen. Diese Projekte laufen von Anfang an auf dem kritischen Pfad.

Zu berücksichtigen in Bezug auf PA 2.1

- Es muss festgelegt werden, wie die Aktivitäten des Projektmanagements geplant werden, in welchem Rhythmus die Planung aktualisiert wird, wie weit im Voraus die detaillierte Planung der Aktivitäten erfolgt und wie die Ressourcen für das Projektmanagement geplant und überwacht werden.
- Ein wichtiger Schritt, um zu einem gesteuerten Prozess zu kommen, besteht darin, kontinuierlich die Schätzgenauigkeit für die Arbeitspakete zu verbessern.
- Es sind Projektmanagement-Ziele zu definieren und zu überwachen, und es ist eine Strategie zu erarbeiten.
- Die Kadenz der Projektmanagement-Aktivitäten sollte festgelegt und überwacht werden.
- Das Berichtswesen und die regelmäßige Kommunikation sollten explizit definiert werden.

Zu berücksichtigen in Bezug auf PA 2.2

- Manchmal gibt es eine Lücke in der Instrumentenkette zwischen kurz-, mittel- und langfristiger Planung. In diesem Fall sollte es ein Konzept geben, wie die Kohärenz sichergestellt werden kann.

Hinweise für Assessoren

- Die einzelnen Praktiken sind stark voneinander abhängig, was bei der Bewertung berücksichtigt werden sollte.
- Während die Basispraktiken 1–3 einen starken Bezug zum Projektaufsatz und somit zu den frühen Arbeitsphasen haben, konzentrieren sich die Basispraktiken 4–10 auf die tatsächliche Projektarbeit zum Zeitpunkt des Assessments sowie auf die drei bis sechs Monate davor bzw. auf den im Assessmentumfang festgelegten Zeitraum.
- Dieser Prozess ist eng mit dem nicht technischen Teil des Problemlösungs-Managements verbunden (SUP.9). Wenn die Probleme des Projektmanagements nicht gemanagt und dokumentiert werden, ist auch der Zweck dieses Prozesses gefährdet und er sollte zurückgestuft werden, insbesondere die Basispraktiken 4–8 und 10.

- Bei Expertenschätzungen sollten Sie prüfen, ob die Ergebnisse nachvollziehbar dokumentiert sind (Datum der Schätzung, wer die Schätzung durchgeführt hat, nachvollziehbare Gliederung und Erläuterungen usw.).
- Prüfen Sie das Verhältnis zwischen der Schätzung, dem aktuellen Budget und den in den Projektplänen ausgewiesenen Aufwandszahlen für die Aktivitäten.
- Prüfen Sie, wie der Projektstatus ist, ob das Projekt dem Zeitplan voraus ist oder hinterherhinkt, und es sollte ein Nachweis dafür erbracht werden:
  - Sind genügend Mitarbeiter vorhanden, um die Arbeiten rechtzeitig abzuschließen?
  - Wie werden Nacharbeit, Mängel und Änderungen gehandhabt?
- Das Aufspüren von Unstimmigkeiten zwischen Arbeitsbelastung und Teamkapazität ist eine der wichtigsten Fragen. Wenn Sie die Unstimmigkeiten gefunden haben, prüfen Sie, was der Geschäftsleitung gemeldet wurde, und Sie werden wahrscheinlich die nächste große Schwachstelle finden.
- Schauen Sie sich die bereits erwähnten typischen Fallstricke an und Sie werden in der Lage sein, sehr anspruchsvolle Fragen zu stellen.

15.2 MAN.5 Risikomanagement

Der Zweck besteht in der regelmäßigen Identifikation, Analyse, Behandlung und Überwachung prozess- und produktbezogener Risiken.	**Flex/Optional**
Erwartete Prozessergebnisse: - Die Ursachen von Risiken werden ermittelt und regelmäßig aktualisiert. - Potenzielle unerwünschte Ereignisse werden identifiziert, sobald sie während der Durchführung des Projekts auftreten. - Die Risiken werden analysiert und es wird festgelegt, welche Ressourcen vorrangig für die Behandlung dieser Risiken eingesetzt werden sollen. - Risikomaßnahmen werden definiert, angewandt und bewertet, um Änderungen des Risikostatus und den Fortschritt der Risikobehandlungs-Aktivitäten zu ermitteln. - Es werden geeignete Maßnahmen ergriffen, um die Auswirkungen eines Risikos zu korrigieren oder zu vermeiden, und zwar aufgrund der Priorität, der Wahrscheinlichkeit und der Folgen oder anderer definierter Risikoschwellenwerte.	

15.2.1 Prozessbeschreibung

Die Einrichtung eines effektiven Risikomanagements in der Systementwicklung ist eine grundlegende Notwendigkeit, um den Erfolg von Entwicklungsprojekten zu sichern, und ergänzt somit das Projektmanagement.

Als Risiken betrachten wir Ereignisse, die potenziell oder mit hoher Wahrscheinlichkeit eintreten können und Schaden verursachen. Der Eintritt eines Risikos ist also mit einem Schaden verbunden, d.h. mit einer negativen Auswirkung auf die Projektziele, z.B. Kostensteigerung, Lieferverschiebung, Qualitätsprobleme oder andere Schäden. In diesem Zusammenhang ist eine deutliche Abgrenzung zum Problemlösungs-Management (SUP.9) wichtig. Das Risikomanagement hat viele Verbindungen zu diesem Prozess. Der Unterschied zwischen beiden besteht darin, dass beim Problemlösungs-Management ein Problem bereits eingetreten ist oder mit Sicherheit eintreten wird.

Ziel des Risikomanagements ist es, Risiken zu identifizieren und, wenn möglich, zu vermeiden, ihre Eintrittswahrscheinlichkeit zu verringern und/oder die Auswirkungen des Risikoeintritts zu mindern.

Zunächst sind die regelmäßige Identifikation und Analyse von Risiken zentral. Dabei ist es wichtig, sowohl prozess- als auch produktbezogene unerwünschte Ereignisse zu berücksichtigen. Zu den prozessbezogenen Risiken können Abweichungen vom Zeitplan, Ressourcenprobleme oder nicht eingehaltene Zusagen von Entwicklungspartnern gehören, während produktbezogene Risiken Defekte, die Ungeeignetheit der gewählten Plattform oder fehlende Anforderungen umfassen können.

Ein weiterer wesentlicher Schritt ist die Festlegung des Risikomanagement-Umfangs, der auf den spezifischen Kontext des Projekts zugeschnitten sein muss. Dazu gehört die Betrachtung potenzieller Vorfälle während des gesamten Lebenszyklus des Projekts, einschließlich der Aktivitäten unter der Verantwortung des Projekts, der relevanten Arbeitsprodukte und der Ressourcen.

Die Bewertung und die Priorisierung von Risiken basieren auf der Wahrscheinlichkeit ihres Eintretens und der Schwere ihrer Auswirkungen. Diese Bewertung unterstützt die Priorisierung der Risiken und ihrer Minderungsmaßnahmen, wobei Wahrscheinlichkeit und Schwere üblicherweise auf einer einfach verständlichen Skala (z.B. »hoch«, »mittel«, »niedrig«) bewertet werden.

Bei der Behandlung von Risiken ist es entscheidend, die Risikowerte als Grundlage für die Priorisierung der Risiken und für die Anwendung von bestimmten Risikobehandlungen zu nutzen. Für Ereignisse mit geringem Risikowert kann die Behandlung auf das Monitoring beschränkt werden. Risikobehandlungs-Konzepte können Erfahrungen aus früheren Projekten, die Akzeptanz des Risikos, die Übertragung des Risikos oder Maßnahmen zur Reduzierung der Auswirkungen oder der Wahrscheinlichkeit des Risikos umfassen.

Das regelmäßige Monitoring der Risiken im Verhältnis zu den Projektmeilensteinen und dem Releaseplan ist ebenfalls ein kritischer Bestandteil des Risikomanagements. Ein effektives Risikomonitoring sollte synchron mit dem Projektüberwachungs-Zyklus durchgeführt werden.

Ein strukturierter und kontinuierlicher Ansatz im Risikomanagement ist entscheidend, um den Erfolg eines Projekts zu sichern. Dies beinhaltet nicht nur die Identifikation und Bewertung von Risiken, sondern auch die regelmäßige Überprüfung und Anpassung der Risikomanagement-Strategien, um auf Veränderungen im Projektverlauf reagieren zu können.

Nutzen

- Die Risiken für das Projekt werden identifiziert und es können Maßnahmen zur Abmilderung oder Vermeidung getroffen werden. Auch wenn das Risiko in Kauf genommen wird, ist dies eine Entscheidung, die auf einer systematischen Abschätzung beruht.
- Maßnahmen, die den Schaden beim Eintreten des Risikos abmildern, können vorbereitet werden und erhalten so die Handlungsfähigkeit im Projektmanagement.

Risikomanagement-Methoden spielen eine wichtige Rolle in der Identifikation, Analyse, Bewertung und Überwachung verschiedener Arten von Risiken während des Projekt- und Produktlebenszyklus.

Ein spezifisches und effektives Werkzeug in diesem Zusammenhang ist die Fehlermöglichkeits- und Einflussanalyse (FMEA). Die FMEA ist eine systematische Technik, die darauf abzielt, potenzielle Fehler in der Entwicklung oder Produktion frühzeitig zu erkennen. Sie analysiert die möglichen Ursachen und Auswirkungen von Fehlern und hilft, präventive Maßnahmen zur Risikominderung zu ergreifen, wobei sie sich hauptsächlich auf technische Risiken bezieht.

Im Kontext des Risikomanagements nach MAN.5 wird jedoch über die FMEA hinausgegangen. Es werden nicht nur produktbezogene Risiken, sondern auch solche Risiken betrachtet, die sich auf Projekte, Entwicklungsprozesse und die Organisation selbst beziehen. Dies umfasst Risiken auf verschiedenen Ebenen, sei es im Rahmen des Entwicklungsprojekts beim Lieferanten oder Kunden, auf der Ebene des Fahrzeugprojekts beim OEM oder auf organisatorischer Ebene.

Ein effektives Risikomanagement definiert den Umfang des notwendigen Managements, identifiziert potenzielle unerwünschte Ereignisse und deren Entwicklung im Projektverlauf. Es analysiert und priorisiert diese Risiken und setzt entsprechende Ressourcen für ihre Behandlung ein. Durch definierte Risikomaßnahmen, die angewandt und bewertet werden, kann der Fortschritt der Risikobehandlungs-Aktivitäten überwacht und der Risikostatus angepasst werden. Schließlich werden geeignete Maßnahmen ergriffen, um die Auswirkungen von Risiken aufgrund ihrer Priorität, Wahrscheinlichkeit und Konsequenz zu korrigieren oder zu vermeiden.

Ein weiterer wichtiger Aspekt im Risikomanagement ist die funktionale Sicherheit, die sich auf die Minimierung von Risiken durch fehlerhafte Funktionen des Systems konzentriert. Es geht darum, sicherzustellen, dass ein System auch bei Fehlfunktionen keine unakzeptablen Risiken darstellt. Cybersecurity hingegen befasst sich mit dem Schutz des Systems vor externen Angriffen und der Sicherung der Integrität und Vertraulichkeit von Daten. Sowohl funktionale Sicherheit als auch Cybersecurity sind entscheidend, um das Gesamtrisiko in technologisch fortgeschrittenen Projekten zu minimieren. Diese Themen werden in Projekten aber häufig separat behandelt. Wenn das der Fall ist, sollte das dokumentiert sein.

15.2.2 Basispraktiken

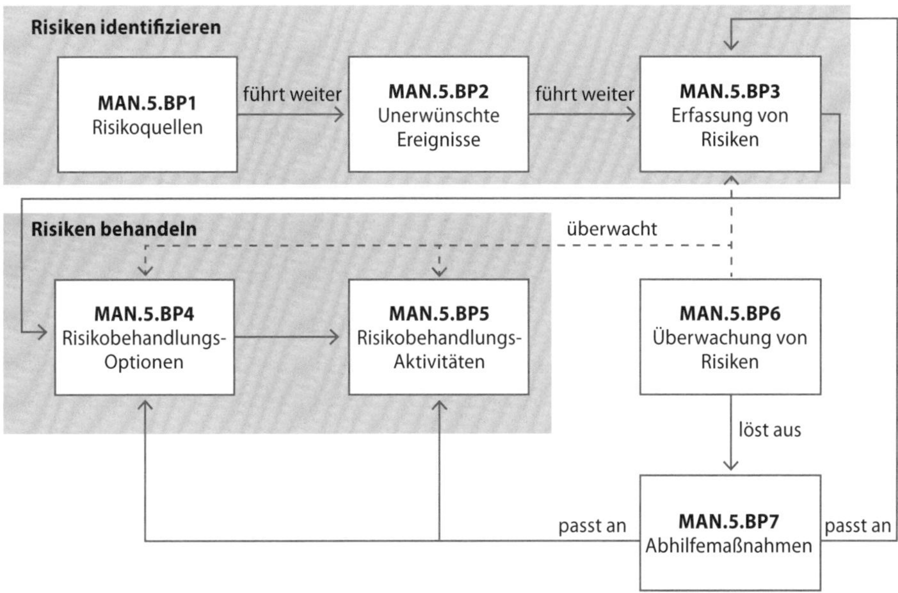

Abb. 15–3 *Zusammenspiel der Basispraktiken in MAN.5*

MAN.5.BP1: Identifikation von Risikoquellen. Identifiziere und aktualisiere regelmäßig die Risikoquellen mit den betroffenen Parteien.

Anmerkung 1: *Zu den Risiken können technische, wirtschaftliche und terminliche Risiken gehören.*

Anmerkung 2: *Zu den Risiken können auch die Lieferungen und Leistungen der Lieferanten gehören.*

Anmerkung 3: *Die Risikoquellen können während des gesamten Projektlebenszyklus variieren.*

Die Praktik MAN.5.BP1 umfasst die Identifikation und regelmäßige Aktualisierung von Risikoquellen, wobei die Einbeziehung aller betroffenen Parteien entscheidend ist. Diese Herangehensweise erfordert ein tiefes Verständnis für die verschiedenen Arten von Risiken, die ein Projekt beeinflussen können. Dazu gehören nicht nur technische, wirtschaftliche und terminliche Risiken, sondern auch solche, die sich aus Lieferungen und Leistungen der Lieferanten ergeben:

- **Technische Risiken**
  beispielsweise Risiken, die sich aus der Komplexität des Systems, technischen Unsicherheiten oder potenziellen Fehlern in der Software oder Hardware ergeben.

- **Wirtschaftliche Risiken**
  Diese beziehen sich auf Budgetüberschreitungen, unvorhergesehene Kosten oder Marktveränderungen.
- **Terminliche Risiken**
  Das sind z.B. Verzögerungen im Projektverlauf, die durch verschiedene Faktoren wie Ressourcenengpässe oder unerwartete technische Herausforderungen verursacht werden können.
- **Lieferantenrisiken**
  Aus der Abhängigkeit von Zulieferern und deren Lieferungen oder Leistungen können sich ebenfalls Risiken ergeben.

In der Praxis bedeutet dies, dass zu Beginn des Projekts und in regelmäßigen Abständen eine umfassende Bewertung aller möglichen Risikoquellen durchgeführt werden muss. Technische Risiken beziehen sich oft auf Herausforderungen, die direkt mit dem Produkt oder der Systementwicklung zusammenhängen, wie Softwareprobleme oder Hardwaredefekte. Wirtschaftliche Risiken können Budgetüberschreitungen oder unvorhergesehene Kosten umfassen, während terminliche Risiken Verzögerungen im Projektzeitplan beinhalten.

Besondere Aufmerksamkeit sollte auch den Risiken gewidmet werden, die sich aus der Zusammenarbeit mit Lieferanten ergeben. Dies kann beispielsweise das Risiko von Lieferverzögerungen oder Qualitätsproblemen mit Zulieferteilen einschließen. Die Kommunikation und Zusammenarbeit mit den Lieferanten sind daher wesentliche Bestandteile des Risikomanagement-Prozesses. In diesem Zusammenhang ergibt sich eine Schnittstelle zum ACQ.4, die nachverfolgt werden sollte.

Wichtig sind eine aktive Kommunikation mit allen Projektbeteiligten, um ein umfassendes Verständnis der verschiedenen Risikoquellen zu gewährleisten, sowie die Einbeziehung von Lieferanten und anderen externen Parteien bei der Identifikation von Risikoquellen und Risiken. Die identifizierten Risikoquellen sollten sorgfältig dokumentiert und für alle Projektbeteiligten zugänglich gemacht werden.

In diesem Zusammenhang sollte auch abgegrenzt werden, welche Risiken in diesem Prozess nicht betrachtet werden. Beispielsweise sollte festgelegt werden, ob und in welchem Rahmen Risiken der funktionalen Sicherheit oder der Cybersecurity in diesem Prozess betrachtet werden oder ob es hierfür einen separaten Prozess gibt.

Häufig werden auch Themen wie eine FMEA eher in den Entwicklungsprozessen nachverfolgt. Wenn unterschiedliche Risiken auf unterschiedliche Art und Weise nachverfolgt werden, muss dieses Vorgehen nachvollziehbar sein.

Diese Dokumentation sollte laufend aktualisiert werden, um Änderungen in den Risikobewertung oder neue Erkenntnisse zu berücksichtigen.

MAN.5.BP2: Identifikation potenzieller unerwünschter Ereignisse. Identifiziere potenzielle unerwünschte Ereignisse im Rahmen des Risikomanagements für das Projekt.

Diese Praktik konzentriert sich darauf, mögliche Ereignisse zu identifizieren, die negative Auswirkungen auf das Projekt haben könnten, und erfordert eine systematische Herangehensweise. Sie baut auf der vorausgehenden Praktik auf und bildet mit dieser und der nachfolgenden MAN.5.BP3 eine zusammenhängende Vorgehensweise zum Herleiten von Risiken. Nach der Identifizierung potenzieller Risikoquellen wird untersucht, welche unerwünschten Ereignisse in diesem Zusammenhang auftreten können. In MAN.5.BP3 wird dann aus diesen möglichen Ereignissen durch die Abschätzung der Auftretenswahrscheinlichkeit und einer Bewertung des möglichen Schadens ein Risiko.

Ein klares Verständnis aller Aspekte des Projekts sollte erarbeitet werden. Dies umfasst das Wissen über das Produkt, seine Einsatzumgebung und den gesamten Projektkontext. Auf dieser Grundlage erfolgt die Identifizierung potenzieller unerwünschter Ereignisse, wobei sowohl interne als auch externe Risikoquellen zu berücksichtigen sind. Interne Risikoquellen können z.B. technische Herausforderungen oder Ressourcenengpässe sein, während externe Risiken durch Marktdynamik oder regulatorische Änderungen entstehen können.

Ein kritischer Aspekt bei der Identifizierung dieser Ereignisse ist die spätere Nachvollziehbarkeit.

MAN.5.BP3: Erfassung von Risiken. Bestimme die Wahrscheinlichkeit und den Schweregrad der unerwünschten Ereignisse, um Prioritäten für die Minderung der Risiken festzulegen.

Anmerkung 4: *Zur Analyse der technischen Risiken eines Systems können verschiedene Methoden verwendet werden, z.B. Funktionsanalyse, Simulation, FMEA, FTA.*

Die Umsetzung von MAN.5.BP3, der Erfassung der Risiken, ist ein entscheidender Schritt im Risikomanagement, durch den das Vorgehen zur Identifikation von Risiken abgeschlossen wird. Diese Praktik beinhaltet die Bestimmung der Wahrscheinlichkeit und des Schweregrads unerwünschter Ereignisse, um Prioritäten für die Risikominderung festzulegen. Dabei ist eine differenzierte Betrachtung von technischen und projektbezogenen Risiken erforderlich.

Die Analyse technischer Risiken erfordert oft spezialisierte Methoden wie Funktionsanalysen, Simulationen, Fehlermöglichkeits- und Einflussanalysen (FMEA) oder Fehlerbaumanalysen (FTA). Diese Methoden ermöglichen eine tiefgehende Untersuchung potenzieller Probleme im System, wie etwa technische Mängel oder Ausfallrisiken. Es ist wichtig, dass bei der Anwendung dieser Methoden eine klare Systematik mit vorab definierten Kriterien angewendet wird. So kann sichergestellt werden, dass die Bewertung objektiv und nachvollziehbar ist.

Projektrisiken, wie terminliche Probleme, erfordern möglicherweise eine andere Art der Nachverfolgung. Hier gibt es einen Zusammenhang mit dem Projektmanagement und speziell mit der Basispraktik MAN.3.BP5, bei der es um Ressourcenplanung geht. Wenn es grundsätzliche Schwächen bei der Ressourcenplanung gibt, ist davon auszugehen, dass diesbezüglich auch nicht alle Risiken erfasst worden sind. Ein ähnlicher Bezug lässt sich auch zu anderen Prozessen herstellen.

Es ist wichtig, die Schnittstellen zu den Lieferanten genau zu klären und diese ggf. in den Bewertungsprozess einzubeziehen. Dies unterstützt die umfassende Betrachtung der Risiken, die sich aus der Projektabwicklung und externen Abhängigkeiten ergeben können. Ein klarer Bezug zu den Praktiken ACQ.4.BP2 und ACQ.4.BP3 bei technischen Themen sowie ACQ.4.BP4 bei terminlichen Risiken ist dabei gegeben.

Es ist entscheidend, dass alle identifizierten Risiken und deren mögliche Auswirkungen auf das Projekt sorgfältig dokumentiert werden. Diese Dokumentation sollte nicht nur die Art des Risikos und die Wahrscheinlichkeit seines Eintretens umfassen, sondern auch potenzielle Auswirkungen auf Zeitplan, Kosten, Qualität und Funktionalität des Projekts. Außerdem sollte sie es ermöglichen, die Entscheidungsfindung im Nachhinein zu verstehen und zu überprüfen. Dies beinhaltet die Aufzeichnung der identifizierten Risiken, ihrer Wahrscheinlichkeit und Schwere sowie der angewendeten Bewertungsmethodik.

MAN.5.BP4: Festlegung von Risikobehandlungs-Optionen. Für jedes Risiko ist eine Behandlungsoption auszuwählen, um das Risiko zu akzeptieren, zu vermindern, zu vermeiden oder zu teilen (zu übertragen).

Diese Praktik beinhaltet die Auswahl spezifischer Strategien für jedes identifizierte Risiko, um es zu akzeptieren, zu vermindern, zu vermeiden oder zu übertragen. Die effektive Anwendung dieser Praktik erfordert einen strukturierten Ansatz und sorgfältige Überlegungen.

Zunächst sollte jedes identifizierte Risiko einzeln betrachtet werden, um seine Charakteristika und Auswirkungen zu verstehen. Basierend auf dieser Analyse werden dann geeignete Behandlungsoptionen ausgewählt, die auf der Wahrscheinlichkeit des Risikos und der Schwere seiner potenziellen Auswirkungen beruhen:

- Die **Risikoakzeptanz** ist eine Option, die gewählt wird, wenn das Risiko als gering eingeschätzt wird oder wenn die Kosten für die Risikominderung die potenziellen Verluste durch das Risiko übersteigen. In diesem Fall wird das Risiko als Teil des Projekts akzeptiert und es werden keine spezifischen Maßnahmen zur Risikominderung ergriffen.
- Die **Risikoverminderung** beinhaltet die Entwicklung von Strategien, um die Wahrscheinlichkeit des Eintretens oder die Schwere der Auswirkungen eines Risikos zu reduzieren. Dies kann durch technische Anpassungen, Änderungen im Projektmanagement oder durch verstärkte Kontrollmechanismen erfolgen.
- Die **Risikovermeidung** zielt darauf ab, das Risiko ganz zu eliminieren, indem bestimmte Aspekte des Projekts oder des Produkts geändert werden. Diese Strategie ist oft mit signifikanten Änderungen verbunden und wird in der Regel nur bei Risiken mit sehr hohen potenziellen Auswirkungen angewendet.
- Die **Risikoteilung oder -übertragung** kann eine sinnvolle Option sein, insbesondere wenn bestimmte Risiken außerhalb der Kontrolle des Projektteams liegen.

Dies kann z.B. durch den Abschluss von Versicherungen oder durch Outsourcing bestimmter Projektteile an Dritte geschehen.

Wichtig ist, dass für jedes Risiko eine klare Entscheidung getroffen wird und diese Entscheidung sowie die damit verbundenen Maßnahmen dokumentiert werden. Dies gewährleistet Transparenz und ermöglicht es, die Wirksamkeit der Risikobehandlungs-Strategien im Laufe des Projekts zu überprüfen und anzupassen.

MAN.5.BP5: Definition und Durchführung von Risikobehandlungs-Aktivitäten. Definiere und führe Risikomaßnahmen für Risikobehandlungs-Optionen durch.

Diese Praktik zielt darauf ab, konkrete Maßnahmen zu definieren und umzusetzen, die auf die ausgewählten Risikobehandlungs-Optionen abgestimmt sind. Der Prozess beginnt mit der sorgfältigen Definition der Risikobehandlungs-Strategien für jedes identifizierte Risiko.

Bei der Definition der Risikobehandlungs-Aktivitäten ist es entscheidend, Maßnahmen zu entwickeln, die spezifisch auf die Art des Risikos und seine potenziellen Auswirkungen zugeschnitten sind. Beispielsweise können technische Risiken Maßnahmen wie die Implementierung zusätzlicher Sicherheitstests oder die Entwicklung von Ausweichstrategien für kritische Systemkomponenten erfordern. Bei terminlichen Risiken können dies Anpassungen im Projektplan oder das Hinzuziehen zusätzlicher Ressourcen sein.

Ein wichtiger Aspekt bei der Definition dieser Maßnahmen ist die Berücksichtigung der Ressourcenverfügbarkeit und der praktischen Durchführbarkeit. Jede Risikobehandlungs-Maßnahme sollte realistisch und im Rahmen der verfügbaren Ressourcen und Zeitpläne des Projekts umsetzbar sein. Zudem sollte sie eine klare Zuordnung von Verantwortlichkeiten enthalten, um sicherzustellen, dass jede Maßnahme effektiv durchgeführt wird.

Nach der Definition der Risikobehandlungs-Aktivitäten folgt deren Umsetzung. Dies erfordert eine koordinierte Anstrengung des gesamten Projektteams. Regelmäßige Überprüfungen und Anpassungen der Maßnahmen können notwendig sein, um auf Veränderungen im Projektverlauf oder auf neue Erkenntnisse zu reagieren.

Die Dokumentation jeder Risikobehandlungs-Aktivität ist für die spätere Nachvollziehbarkeit und Bewertung der Wirksamkeit der Maßnahmen unerlässlich. Dies beinhaltet die Aufzeichnung der spezifischen Aktionen, des Zeitplans für ihre Umsetzung und der verantwortlichen Personen oder Teams.

MAN.5.BP6: Überwachung von Risiken. Bewerte regelmäßig neu das Risiko in Bezug auf die identifizierten potenziellen unerwünschten Ereignisse, um Änderungen des Risikostatus festzustellen und den Fortschritt der Risikobehandlungs-Aktivitäten zu bewerten.

Anmerkung 5: *Risiken von hoher Priorität müssen möglicherweise an höhere Managementebenen kommuniziert und von diesen überwacht werden.*

Risiken sind dynamisch und können sich im Laufe des Projekts ändern. Eine kontinuierliche Überwachung und die Anpassung der Risikobewertungen sind daher unerlässlich. Das Projektteam sollte regelmäßige Risikobewertungen durchführen, um auf neue Risiken oder Veränderungen in der Risikolandschaft reagieren zu können. Dies erfordert eine flexible Herangehensweise, bei der das Risikomanagement als ein dynamischer Prozess angesehen wird, der sich den sich ändernden Bedingungen des Projekts anpasst.

Die Implementierung dieser Praktik beginnt mit der Einrichtung eines regelmäßigen Überprüfungsmechanismus. Dies bedeutet, dass das Risikomanagement-Team in festgelegten Intervallen die bestehenden Risiken neu bewertet. Dies beinhaltet die Überprüfung der Wahrscheinlichkeit des Eintretens eines Risikos und der Schwere seiner potenziellen Auswirkungen. Die Neubewertung sollte berücksichtigen, wie sich das Projektumfeld oder andere relevante Faktoren seit der letzten Bewertung verändert haben könnten.

Eine Schlüsselkomponente dabei ist die Überwachung der Wirksamkeit der Risikobehandlungs-Maßnahmen. Dies beinhaltet die Bewertung, ob die ergriffenen Maßnahmen zur Risikominderung oder -vermeidung die gewünschten Ergebnisse erzielen. Sollten die Maßnahmen nicht effektiv sein, müssen alternative Strategien in Betracht gezogen und umgesetzt werden.

Risiken mit hoher Priorität erfordern möglicherweise eine besondere Aufmerksamkeit und sollten an höhere Managementebenen kommuniziert werden. Dies ermöglicht es dem oberen Management, einen Überblick über kritische Risiken zu behalten und bei Bedarf strategische Entscheidungen zu treffen oder zusätzliche Ressourcen bereitzustellen.

Eine umfassende Dokumentation und Kommunikation sind ebenfalls entscheidend für die erfolgreiche Umsetzung von MAN.5.BP6. Dies umfasst die regelmäßige Aktualisierung der Risikodokumentation und das Teilen von Informationen über den Risikostatus und den Fortschritt der Behandlungsmaßnahmen mit allen relevanten Stakeholdern.

MAN.5.BP7: Ergreifung von Abhilfemaßnahmen. Ergreife geeignete Abhilfemaßnahmen, wenn die Risikobehandlungs-Aktivitäten nicht wirksam sind.

Anmerkung 6: *Abhilfemaßnahmen können eine Neubewertung der Risiken, die Entwicklung und Umsetzung neuer Konzepte zur Risikominderung oder die Anpassung bestehender Konzepte beinhalten.*

Diese Praktik erfordert ein proaktives und adaptives Vorgehen, um sicherzustellen, dass Risiken effektiv gesteuert werden.

Zunächst ist es wichtig, die Wirksamkeit der implementierten Risikobehandlungs-Aktivitäten kontinuierlich zu bewerten. Dies geschieht durch regelmäßige Überprüfungen und Analysen, um festzustellen, ob die Risiken wie erwartet verringert oder kontrolliert werden. Sollte sich herausstellen, dass die aktuellen Maßnahmen nicht die gewünschten Ergebnisse erzielen, müssen umgehend Korrekturmaßnahmen eingeleitet werden.

Die Entwicklung und Umsetzung von Korrekturmaßnahmen beginnen oft mit einer Neubewertung der betroffenen Risiken. Diese Neubewertung sollte berücksichtigen, warum die ursprünglichen Maßnahmen nicht wirksam waren und welche alternativen Strategien angewendet werden können. Basierend auf dieser Neubewertung können neue Konzepte zur Risikominderung entwickelt oder bestehende Konzepte angepasst werden.

Bei der Entwicklung von Abhilfemaßnahmen sollte das gesamte Spektrum möglicher Optionen berücksichtigt werden. Dies kann z.B. eine intensivere Überwachung des Risikos, die Einführung zusätzlicher Kontrollen, eine Umverteilung von Ressourcen oder sogar eine umfassende Überarbeitung des Projektplans umfassen.

Eine klare Kommunikation und die Abstimmung mit allen relevanten Stakeholdern sind ebenfalls entscheidend. Dies gewährleistet, dass alle Beteiligten über die Änderungen informiert sind und die neuen Maßnahmen nahtlos in den Gesamtprojektplan integriert werden können.

Abschließend ist eine sorgfältige Dokumentation der ergriffenen Korrekturmaßnahmen wesentlich. Dies beinhaltet die Gründe für die Änderungen, die Details der umgesetzten Maßnahmen und die erwarteten Auswirkungen auf das Risiko.

15.2.3 Erzeugte Informationsobjekte

15-51 Analyseergebnisse	In der Risikoanalyse werden die verschiedenen Aspekte eines Risikos untersucht und bewertet. Die Analyseergebnisse umfassen typischerweise die Wahrscheinlichkeit des Auftretens des Risikos und die Schwere seiner potenziellen Auswirkungen. Diese Ergebnisse helfen, das Risiko in einem umfassenden Kontext zu verstehen, und ermöglichen es dem Projektteam, fundierte Entscheidungen darüber zu treffen, wie mit dem Risiko umgegangen werden soll. Die Analyseergebnisse dienen als Grundlage für die weitere Risikobehandlung und -steuerung im Projekt.
15-09 Risikostatus	Der Risikostatus gibt den aktuellen Zustand eines Risikos an und spiegelt wider, in welcher Phase der Behandlung sich das Risiko befindet. Typische Statuskategorien sind »identifiziert«, »bewertet«, »Behandlung eingeleitet« oder »kontrolliert«. Der Status hilft bei der Priorisierung von Risiken und ermöglicht es dem Projektteam, sich auf die am dringendsten zu behandelnden Risiken zu konzentrieren. Er dient auch als Indikator für die Notwendigkeit weiterer Maßnahmen und für das Monitoring des Risikos.

→

08-55 Risikomaßnahme	Risikomaßnahmen sind spezifische Aktionen oder Strategien, die entwickelt werden, um ein identifiziertes Risiko zu behandeln. Diese Maßnahmen können darauf abzielen, das Risiko zu minimieren, zu vermeiden, zu übertragen oder zu akzeptieren. Jede Maßnahme sollte klar definiert sein, einschließlich der Verantwortlichkeiten für die Umsetzung, des Zeitplans und der erwarteten Wirkung auf das Risiko. Die Auswahl und Definition der Maßnahmen basieren auf den Analyseergebnissen und sind entscheidend für die effektive Steuerung und Minderung von Risiken im Projekt.
14-02 Abhilfemaßnahme	Abhilfemaßnahmen sind notwendig, wenn sich herausstellt, dass die ursprünglich definierten Risikomaßnahmen nicht wirksam sind oder sich die Risikolandschaft verändert hat. Sie umfassen die Entwicklung und Umsetzung neuer Strategien oder die Anpassung bestehender Maßnahmen, um den veränderten Umständen gerecht zu werden. Dies kann eine Neubewertung des Risikos, die Implementierung zusätzlicher Kontrollen oder die Umverteilung von Ressourcen beinhalten. Abhilfemaßnahmen sind ein wesentlicher Teil des dynamischen Risikomanagement-Prozesses, der Flexibilität und fortlaufende Aufmerksamkeit erfordert. Für Automotive SPICE® ist es wichtig, dass Anpassungen bei Risiken und Risikomaßnahmen immer nachvollziehbar und begründet sind.

15.2.4 Zusätzliche Überlegungen

Bezug zu anderen Automotive SPICE®-Prozessen

- Der MAN.5 steht in einem engen Zusammenhang mit dem Projektmanagement (MAN.3). Identifizierte Risiken und die definierten Maßnahmen müssen ggf. bei der Projektplanung berücksichtigt werden. Ein ähnlicher Zusammenhang besteht auch zum ACQ.4.

Typische Fallstricke

- Aufgrund der schnellen Entwicklung neuer Technologien können Risiken unterschätzt werden.
- Einmal bewertete Risiken werden nicht mehr in der Bewertung angepasst, nachdem Maßnahmen ergriffen worden sind oder sich die Lage verändert hat.
- Risiken werden nicht systematisch und nachvollziehbar dokumentiert.
- Es werden nicht alle Stakeholder und alle Entwicklungsprozesse beim Risikomanagement mit einbezogen.
- Mangelnde Kommunikation zwischen verschiedenen Abteilungen und Zulieferern kann zu Informationslücken und Missverständnissen führen.
- Schnelle Änderungen in der Umwelt-, Sicherheits- und Datenschutzgesetzgebung können unerwartete Herausforderungen darstellen.

- Unrealistische Zeit- und Kostenplanungen können zu erheblichen Problemen im Projektverlauf führen. Das Risikomanagement kann in diesem Fall die Schwächen im Projektmanagement nicht ausgleichen.
- Es mangelt an Bewusstsein und Prozessen für ein effektives Risikomanagement auf verschiedenen Ebenen der Organisation.
- Es fehlen Eskalationsmöglichkeiten und/oder die Einbindung in Organisationsprozesse.

Zu berücksichtigen in Bezug auf PA 2.1

- Der Umfang des Risikomanagements ist zu definieren, einschließlich aller prozess- und produktbezogenen Risiken, die während des Lebenszyklus des Projekts auftreten können. Spezifische Methoden und Werkzeuge für die Identifikation, Analyse, Behandlung und Überwachung von Risiken müssen festgelegt werden.
- Das Risikomanagement sollte eine klar definierte Schnittstelle zum Risikomanagement der Organisation haben und sich in seinen Zielen und Bewertungen auf das Risiko für die Organisation beziehen.
- Es muss sichergestellt werden, dass ausreichende Ressourcen für die Durchführung des Risikomanagements zur Verfügung stehen, einschließlich Personal, Werkzeugen und Zeit, und dass alle für das Projekt verantwortlichen Personen einbezogen werden.
- Es müssen Strategien zur Risikominimierung entwickelt werden, einschließlich Präventivmaßnahmen und Reaktionsplänen für den Fall, dass Risiken eintreten. Diese Strategien sollten auf der Analyse der Wahrscheinlichkeit des Risikoeintritts und der Schwere seiner potenziellen Auswirkungen basieren.

Zu berücksichtigen in Bezug auf PA 2.2

- Es ist ein Risikoregister zu führen, in dem alle identifizierten Risiken, deren Bewertungen (Wahrscheinlichkeit und Schwere), die Behandlungspläne und der Status der Risikobehandlung dokumentiert sind. Es ist sicherzustellen, dass dieses Register regelmäßig aktualisiert und allen relevanten Stakeholdern zugänglich gemacht wird.
- Es ist ein Verfahren zur Überprüfung und Validierung der Effektivität der Risikomanagementaktivitäten einzurichten. Dazu gehört die Überprüfung der Angemessenheit der Risikoanalysen, der Wirksamkeit der Risikobehandlungs-Maßnahmen und der Genauigkeit der Risikodokumentation.
- Die Erkenntnisse aus dem Risikomanagementprozess sind zu nutzen, um die Methoden der Risikoidentifikation, der Risikobewertung und des Risikobehandlung kontinuierlich zu verbessern. Darüber hinaus ist die Anpassungsfähigkeit und Flexibilität im Umgang mit Risiken zu fördern, um auf Veränderungen im Projektverlauf reagieren zu können.

Hinweise für Assessoren

- Behalten Sie während des gesamten Assessments die Risiken im Blick und überprüfen Sie im Interview zu diesem Prozess, ob die Risiken erfasst wurden.
- Überprüfen Sie,
  - ob alle relevanten Risikokategorien, einschließlich technischer, wirtschaftlicher und terminlicher Risiken, erfasst wurden,
  - ob die Risiken in Bezug auf Wahrscheinlichkeit und Schweregrad angemessen analysiert wurden,
  - ob die Risikoanalyse und -behandlung ausreichend dokumentiert und für alle Beteiligten nachvollziehbar sind,
  - ob und wie Stakeholder in den Risikomanagement-Prozess einbezogen werden.
- Darüber hinaus sind die Angemessenheit und die Wirksamkeit der definierten Risikobehandlungs- und Minderungsmaßnahmen zu bewerten und die Häufigkeit und Konsistenz, mit der Risiken überwacht und neu bewertet werden, zu überprüfen.
- Wichtig ist auch nachzuschauen, ob die erfassten Risiken in den weiteren Projektmanagement-Aktivitäten berücksichtigt und ggf. in geeigneter Weise eskaliert werden.

15.3 MAN.6 Messung

Der Zweck besteht in der Sammlung und Analyse von Daten in Bezug auf die Entwicklungsergebnisse und -prozesse, die innerhalb der Organisation und ihrer Projekte umgesetzt werden, um ein effektives Prozessmanagement zu unterstützen.	**Flex/Optional**
Erwartete Prozessergebnisse: ■ Der Bedarf an Messdaten, die zur Bewertung der Erreichung der Prozessziele und der gewünschten Arbeitsprodukte erforderlich sind, wird ermittelt. ■ Ein geeigneter Satz von Metriken, die sich an den Informationsbedürfnissen orientieren, wird identifiziert und/oder entwickelt. ■ Messaktivitäten werden identifiziert und durchgeführt. ■ Die erforderlichen Messgrößen werden gesammelt, gespeichert, analysiert und die Ergebnisse interpretiert. ■ Metriken werden zur Unterstützung von Entscheidungen und als objektive Grundlage für die Kommunikation verwendet.	

15.3.1 Prozessbeschreibung

Metriken bieten Einblicke, um Prozesse zu optimieren, die Qualität zu verbessern und eine pünktliche Lieferung sicherzustellen. Die Verwendung von Messungen stellt ein nützliches Werkzeug dar, um einen effektiveren Verlauf von Projekten zu gewährleisten. Dabei ist es wichtig, zu verstehen, dass Messungen nicht nur dazu dienen, Details zu quantifizieren. Sie sollen auch ein ganzheitliches Bild über den Zustand des Projekts vermitteln.

Der Prozess MAN.6 bezieht sich auf die Projektebene und bereitet auf die generischen Praktiken des Prozessattributs PA 4.1 vor.

Es ist unerlässlich, nicht starr an einmal festgelegten Metriken festzuhalten. Da sich Projekte ständig weiterentwickeln und verändern, sollten auch die verfolgten Metriken entsprechend angepasst werden, wenn sie ihren Zweck nicht mehr erfüllen. Es geht nicht nur darum, Daten zu sammeln, sondern diese Daten auch sinnvoll zu interpretieren und entsprechend darauf zu reagieren. Daher sollte jeder Projektmanager und Ingenieur im Systems Engineering die Bedeutung und den Wert von Metriken erkennen und sie gewinnbringend im Projektverlauf einsetzen.

Für Metriken gilt meist: Weniger ist mehr. Und man sollte konsequent prüfen, ob eine Metrik in dem Projekt sinnhaft ist oder nicht.

Nutzen

- Erfasste Metriken unterstützen fundierte Entscheidungsfindungen im Projekt.
- Sie gewährleisten Transparenz bezüglich des Projektfortschritts und der internen Prozesse.
- Durch sie kann präziser über den aktuellen Projektstatus informiert werden.

In der Systementwicklung und im Projektmanagement ist der Prozess MAN.6 von besonderer Bedeutung. Interessanterweise wird dieser Prozess bisher selten assessiert und war bislang auch kein Bestandteil des VDA-Scope in Automotive SPICE® 3.1. Dies mag einige überraschen, da er essenzielle Informationen und Richtlinien bietet, die für das erfolgreiche Voranschreiten eines Projekts nützlich sind.

Ein zentrales Element, das in MAN.6 betont wird, ist die Implementierung einer Feedback-Schleife. Dies ermöglicht es dem Team, die aus den Metriken gewonnenen Erkenntnisse zu diskutieren und anschließend über die nächsten Schritte zu entscheiden. Ein solcher Ansatz fördert nicht nur die Teamkommunikation, sondern ermöglicht auch ein proaktives Handeln auf Basis realer Daten und Fakten.

Ein weiterer wichtiger Aspekt, der beachtet werden sollte, ist die Flexibilität. Jedes Projekt durchläuft verschiedene Phasen und kann sich aufgrund verschiedener Umstände ändern. Daher ist es wichtig, offen dafür zu sein, die verfolgten Metriken anzupassen oder neue einzuführen, die besser den aktuellen Bedürfnissen des Projekts entsprechen. Das Festhalten an veralteten oder nicht mehr relevanten Metriken kann zu Fehlinterpretationen führen und das Projekt möglicherweise in die falsche Richtung lenken. Es ist daher entscheidend, stets ein Ohr am Puls des Projekts zu haben und die verwendeten Metriken entsprechend zu überprüfen und bei Bedarf zu aktualisieren.

15.3.2 Basispraktiken

MAN.6.BP1: Identifizierung des Informationsbedarfs. Identifiziere den Bedarf an Messinformationen, die zur Bewertung der Erreichung von Prozesszielen und Arbeitsprodukten erforderlich sind.

Anmerkung 1: *Der Informationsbedarf kann sich im Laufe der Zeit ändern. Daher kann der Messprozess iterativ eingesetzt werden.*

In einem ersten Schritt geht es darum, Informationsbedarfe zu identifizieren. Dies ermöglicht es, die notwendigen Messinformationen zu bestimmen. Die sollte regelmäßig wiederholt werden.

Am Anfang steht immer eine sorgfältige Bedarfsanalyse. Bei dieser Analyse ist es ratsam, Befunde aus den Unterstützungsprozessen zu berücksichtigen oder Themen aus externen Überprüfungen aufzugreifen. Vor allem wenn es zu Änderungen in der Arbeitsweise kommt, ist es in der Regel sinnvoll, den Fortschritt genau im Blick zu haben und zu überwachen.

Ein zentrales Prinzip, das stets im Vordergrund stehen sollte, ist, dass die Messung nie ein Selbstzweck sein darf. Mit anderen Worten, es muss stets ein echter, klar definierter Informationsbedarf bestehen. Ein häufiger Fehler bei vielen Projekten besteht darin, zu viele Daten zu sammeln, ohne einen klaren Zweck oder eine klare Verwendung für diese Daten zu haben.

Die erfassten Metriken sollten immer mit den Projektzielen übereinstimmen, um ihre Relevanz sicherzustellen. Das bedeutet, dass die benötigten Informationen projektabhängig sind. Es gibt daher keine allgemeingültige Regel oder Richtlinie, welche Metriken in jedem Projekt erfasst werden sollten. Die Hauptaufgabe der Metriken sollte darin bestehen, das Projektmanagement zu verbessern und optimierte Entscheidungen zu ermöglichen.

Die Art der benötigten Informationen kann sehr unterschiedlich sein. Sie können sowohl qualitativer als auch quantitativer Natur sein. Beispielsweise können quantitativ ausgerichtete Metriken Dinge wie Schätzgenauigkeit oder eine Fehlerabbaukurve beinhalten. Auf der anderen Seite können qualitativ ausgerichtete Metriken Aspekte wie die Kundenzufriedenheit, das Bewusstsein der Mitarbeiter für bestimmte Systems-Engineering-Praktiken oder die Etablierung einer Sicherheitskultur in einem Unternehmen erfassen.

Insgesamt sollte der Fokus stets darauf liegen, den tatsächlichen Informationsbedarf eines Projekts zu erkennen und die Erhebung und Nutzung dieser Daten so effizient und zielgerichtet wie möglich zu gestalten.

MAN.6.BP2: Festlegung von Messgrößen. Identifiziere und entwickle einen geeigneten Satz von Metriken auf der Grundlage des Informationsbedarfs für die Messung.

Anmerkung 2: *Metriken können sich auf Prozesse oder Entwicklungsergebnisse beziehen.*

Ein entscheidendes Merkmal von Metriken ist ihre präzise Definition. Jede Metrik sollte eine klare Definition haben, die von allen Stakeholdern verstanden wird, um Verwirrung oder Fehlinterpretationen zu vermeiden. Dies setzt voraus, dass die Metrik tatsächlich die gewünschte Information liefert.

Wie bereits erwähnt, gilt bei Metriken der Grundsatz: Weniger ist oft mehr. Obwohl es entscheidend ist, wesentliche Metriken zu verfolgen, kann das Tracking von zu vielen Metriken zu einer Analysestarre führen. Daher sollten Metriken sinnvoll und gezielt ausgewählt werden, wobei die Priorität auf Schlüsselmetriken liegt, die die bedeutendsten Erkenntnisse bieten. Oftmals ergibt eine Messgröße erst im Kontext oder in Beziehung zu einer anderen Messgröße einen sinnvollen Wert.

Die Ausrichtung der Metriken an den Zielen und Vorgaben des Projekts ist von zentraler Bedeutung. Sie sollten Erkenntnisse darüber liefern, ob diese Ziele erreicht werden oder nicht. Es ist wichtig, Metriken auszuwählen, die für den Projekterfolg relevant sind, und sogenannte »Eitelkeitsmetriken« zu vermeiden, die zwar auf dem Papier gut aussehen, aber keinen echten Wert für das Verständnis des Projektstatus oder -fortschritts bieten.

Der Aufwand für das Sammeln und Analysieren einer Metrik sollte ihren Nutzen nicht übersteigen. Metriken, die zu ressourcenintensiv sind, sollten vermieden werden. Trotz der Tatsache, dass einige Metriken eine gewisse Komplexität benötigen, ist es vorteilhaft, sie so einfach wie möglich zu halten. Übermäßig komplexe Metriken können schwer verständlich sein und es erschweren, darauf basierend Maßnahmen zu ergreifen.

Die Durchführbarkeit der Metriken muss ebenfalls geprüft werden. Es ist wichtig sicherzustellen, dass die gewählten Metriken genau und konsequent gemessen werden können. Dabei sollte bestimmt werden, wie häufig Metriken erfasst und ausgewertet werden, um ein Gleichgewicht zwischen zeitnahen Erkenntnissen und Ressourcenbeschränkungen zu gewährleisten.

Beispiele für potenzielle Metriken in Projekten sind die Metrik »Requirements Stability«, die die Entwicklung von Anforderungen im Laufe der Zeit verfolgt, oder die Metrik »Defect Density«, die die Anzahl der Mängel pro Einheit des gelieferten Produkts angibt. Es gibt eine Vielzahl solcher Metriken wie den »Cost Performance Index (CPI)«, »Schedule Performance Index (SPI)«, »Review Efficiency«, »Rework Effort« oder »Model Coverage«, um nur einige zu nennen.

Es ist auch von Vorteil, auf Metriken wie »Kundenzufriedenheit« zurückzugreifen, die durch periodische Umfragen die Zufriedenheit der Stakeholder messen, oder »Cycle Time«, die die benötigte Zeit misst, um von einer Phase des Projekts zur nächsten zu wechseln.

Am Ende geht es bei der Spezifikation von Metriken nicht nur darum, Daten zu sammeln, sondern wertvolle Erkenntnisse zu gewinnen, die dazu beitragen, das Projekt erfolgreich zu steuern und zu optimieren.

MAN.6.BP3: Sammlung und Speicherung von Metriken. Sammle und speichere sowohl Basis- als auch abgeleitete Metriken, einschließlich aller Kontextinformationen, die zur Überprüfung und zum Verständnis der Metriken erforderlich sind.

Anmerkung 3: *Basismetriken im Kontext dieses Prozesses sind direkt erfasste Metriken wie »Anzahl der gefundenen Fehler« oder »Anzahl der Codezeilen«, während abgeleitete Metriken zwei oder mehr Metriken sind, die in Beziehung zueinander gebracht werden, wie »Anzahl der gefundenen Fehler pro Codezeile«.*

Bei dieser Praktik geht es darum, Metriken zu erfassen und zu speichern. Es ist entscheidend zu verstehen, dass es sowohl Basis- als auch abgeleitete Metriken gibt.

Die Werkzeugunterstützung bei der Erfassung von Metriken bietet erhebliche Vorteile. Wenn es möglich ist, Metriken mithilfe von Tools zu erheben, ermöglicht dies das Sammeln von mehr Daten mit weniger Aufwand. Dies ist besonders wichtig in modernen Entwicklungsprojekten, wo die Datenmenge überwältigend sein kann und die manuelle Erfassung unpraktikabel wird.

Eine der Kernherausforderungen bei der Messdaten-Erfassung ist die Häufigkeit. Metriken sollten oft genug erfasst und analysiert werden, um (nahezu) Echtzeit-Feedback zu liefern. Dies ermöglicht es den Projektteams, zeitnahe Entscheidungen zu treffen, die das Projekt positiv beeinflussen können.

Eine einheitliche und standardisierte Methode zur Datenerfassung über das gesamte Projekt hinweg ist von zentraler Bedeutung, um die Konsistenz der gesammelten Daten sicherzustellen. Wenn verschiedene Teams oder Abteilungen unterschiedliche Methoden zur Datenerfassung verwenden, kann dies zu Inkonsistenzen führen, die die Interpretation und Anwendung der Metriken erschweren.

Zuverlässigkeit ist ein weiterer entscheidender Faktor bei der Datenerfassung. Die Datenquellen müssen verlässlich sein, und die Methode der Erfassung sollte Fehler minimieren. Fehlerhafte Daten können zu fehlerhaften Interpretationen führen, was wiederum das gesamte Projekt beeinflussen kann.

Ein weiterer wesentlicher Aspekt ist der Datenschutz. Wenn bei der Erhebung von Metriken personenbezogene oder sensible Daten gesammelt werden, muss sichergestellt werden, dass dies in Übereinstimmung mit den Datenschutzgesetzen und auf ethische Weise geschieht. Dies ist nicht nur eine rechtliche Verpflichtung, sondern auch eine Frage der Ethik und des Vertrauens der Stakeholder.

Zusammenfassend sind die Erfassung und die Speicherung von Metriken ein kritischer Schritt im Prozessmanagement. Es erfordert sowohl technisches Verständnis als auch eine klare Strategie, um sicherzustellen, dass die gesammelten Daten von Wert sind und in einer Weise genutzt werden, die das Projekt fördert und schützt.

MAN.6.BP4: Analyse der gesammelten Metriken. Analysiere, interpretiere und überprüfe die Messwerte zur Unterstützung der Entscheidungsfindung.

Der nächste Schritt ist die Analyse der gesammelten Metriken. Die Analyse und Interpretation der gemessenen Werte sind ausschlaggebend, um fundierte Entscheidungen in Projekten treffen zu können. Eine Grundvoraussetzung für eine erfolgreiche Analyse ist die umfassende Dokumentation. Dies betrifft nicht nur die Definitionen der Metriken selbst, sondern auch die Methoden, mit denen sie erhoben und schließlich analysiert werden. Eine lückenlose Dokumentation stellt sicher, dass die Metriken über die gesamte Projektlaufzeit hinweg konsistent bleiben und spätere Analysen oder Überprüfungen ermöglichen.

Was letztendlich zu tun ist, hängt stark von den verwendeten Metriken ab. Dabei sollte stets beachtet werden, dass ohne eine fundierte Begründung und ein daraus abgeleitetes Ergebnis keine Analyse durchgeführt werden sollte. Es geht nicht nur darum, Daten zu sammeln, sondern diese Daten auch sinnvoll zu interpretieren und daraus Maßnahmen abzuleiten.

Ein entscheidender Punkt ist die Betrachtung von Abweichungen. Wenn die gemessenen Werte von den Erwartungen abweichen, sollten die Ursachen hierfür gründlich analysiert werden. Nur so können geeignete Korrekturmaßnahmen ergriffen werden.

Es ist auch wichtig, die Grenzen jeder Metrik zu verstehen. Das bedeutet, vorsichtig zu sein und keine voreiligen Schlüsse zu ziehen, die allein auf einer einzigen Metrik basieren. Jede Metrik sollte im Kontext des gesamten Projekts interpretiert werden, unter Berücksichtigung externer Faktoren, die sie beeinflussen können.

Um einen umfassenden Überblick über das Projekt zu erhalten, sollte ein Mix aus qualitativen und quantitativen Metriken verwendet werden. Während quantitative Metriken oft einfacher zu messen sind, können qualitative Metriken nuancierte Einblicke in bestimmte Aspekte des Projekts bieten.

Ein weiterer wichtiger Aspekt sind Schwellenwerte und Ziele, die für jede Metrik definiert werden sollten. Sie geben an, wann Korrekturmaßnahmen erforderlich sind. Durch die Festlegung dieser Werte kann das Team proaktiv handeln und das Projekt in die richtige Richtung lenken.

Abschließend kann festgehalten werden, dass die Analyse von Metriken weit mehr ist als nur das Betrachten von Zahlen. Es erfordert ein tiefes Verständnis des Projekts, eine klare Dokumentation und die Fähigkeit, Daten im Kontext zu interpretieren und darauf basierend sinnvolle Entscheidungen zu treffen.

MAN.6.BP5: Kommunikation von Analyseergebnissen. Kommuniziere die Analyseergebnisse an alle betroffenen Parteien.

Es geht nicht nur darum, Ergebnisse zu erheben, sondern auch sicherzustellen, dass sie an alle betroffenen Parteien kommuniziert werden.

Metriken bieten wertvolle Einblicke in die Performance und Effizienz von Prozessen. Doch diese Metriken müssen nicht nur korrekt erhoben, sondern auch so zusammengefasst und dargestellt werden, dass sie für die Stakeholder aussagekräftig sind. Das bedeutet, sie sollten klar, verständlich und in einer für den jeweiligen Empfänger geeigneten Form präsentiert werden.

Unabhängig von der Komplexität der Daten muss die Darstellung so gestaltet sein, dass sie sowohl umfassend als auch leicht verständlich ist.

Ein weiterer wichtiger Punkt, der zu berücksichtigen ist, betrifft den Schutz sensibler Daten. Es kann vorkommen, dass in den Metriken sensible Informationen enthalten sind, die nicht für alle Augen bestimmt sind. In solchen Fällen muss gewährleistet sein, dass diese Daten angemessen geschützt werden und nur autorisierten Personen zugänglich sind. Es ist unerlässlich, sowohl die Integrität des Prozesses als auch die Vertraulichkeit der Daten zu wahren.

Zusammenfassend lässt sich sagen, dass diese Praktik mehr erfordert als das bloße Weitergeben von Daten. Es braucht Überlegung, Planung und ein Verständnis dafür, was die Stakeholder benötigen und wie sie am besten erreicht werden können.

MAN.6.BP6: Nutzung von Messwerten für die Entscheidungsfindung. Erschließe und nutze Informationen aus gesammelten Messwerten und Analyseergebnissen für jeden Entscheidungsprozess, für den sie relevant sind.

In Projekten sollten Metriken genutzt werden, um Entscheidungen zu treffen und zu begründen. Doch nicht jede Metrik, die erfasst wird, ist auch zwangsläufig von Nutzen. Der Schlüssel zum erfolgreichen Einsatz von Metriken im Entscheidungsprozess liegt in ihrer Relevanz und Anwendbarkeit.

Metriken sollten den Entscheidungsprozess antreiben. Das bedeutet, sie sollten nicht nur Informationen liefern, sondern auch einen klaren Weg aufzeigen, wie auf sie reagiert werden kann. Wenn eine Metrik erfasst wird, die keinen klaren Handlungspfad aufzeigt – d. h., sie kann nicht dazu verwendet werden, Verbesserungen oder Änderungen vorzunehmen –, muss ihre Relevanz infrage gestellt werden. Warum Zeit und Ressourcen darauf verwenden, Daten zu sammeln, die letztlich nicht zu konkreten Maßnahmen führen? In solchen Fällen könnte es sein, dass diese Metrik nicht verfolgt werden sollte.

Doch wenn eine Metrik sorgfältig ausgewählt und erfasst wurde, sollte sie nicht isoliert betrachtet werden. Die Ergebnisse der Messungen und Analysen müssen konsequent in andere Prozesse einfließen. Das bedeutet, dass die Informationen, die aus den Metriken gewonnen werden, in die tägliche Arbeit und die strategische Planung des Unternehmens integriert werden sollten. Wenn z. B. eine Metrik zeigt, dass ein bestimmter Prozess ineffizient ist, sollte dieser Befund bei der Prozessoptimierung berücksichtigt werden.

Die Integration von Ergebnissen in andere Prozesse stellt sicher, dass die gesamte Organisation von den gewonnenen Erkenntnissen profitiert. Es fördert eine Kultur der kontinuierlichen Verbesserung, in der Daten nicht nur gesammelt, sondern auch genutzt werden, um fundierte Entscheidungen zu treffen und den Gesamterfolg des Unternehmens zu steigern.

15.3.3 Erzeugte Informationsobjekte

03-03 **Benchmarks**	Benchmarks sind in der Regel Aspekte wie Prozessdurchlaufzeiten, Fehlerhäufigkeit, Häufigkeit und Grad von Abweichungen bei Prozessmessungen, Anzahl von Änderungsanträgen für einen Prozess und Ähnliches. Sie können zum Vergleich der Prozesseffizienz verwendet werden und bilden die Grundlage für die Messung von Prozessen. *Hinweis:* Dieses Informationsobjekt ist in Automotive SPICE® 4.0 benannt, es fehlt jedoch eine Beschreibung im Anhang B »Charakteristiken der Informationsobjekte«.
03-04 **Daten zur Kundenzufriedenheit**	Um Daten zur Kundenzufriedenheit erheben zu können, muss zunächst definiert werden, was Kundenzufriedenheit ist. Die Herausforderung besteht darin, dass jeder Kunde eine andere Rückmeldung geben kann. Auch qualitative Rückmeldungen müssen dann entsprechend in Daten übersetzt werden, die im Rahmen dieses Prozesses ausgewertet werden können. Diese Daten können auch als Benchmarks verwendet werden. *Hinweis:* Dieses Informationsobjekt ist in Automotive SPICE® 4.0 benannt, es fehlt jedoch eine Beschreibung im Anhang B »Charakteristiken der Informationsobjekte«.
03-06 **Informationen zur Prozessleistung**	Informationen zur Prozessleistung umfassen Messungen zu definierten quantitativen oder qualitativen messbaren Indikatoren, die den festgelegten Informationsbedürfnissen entsprechen. Diese Informationen beinhalten Messmetriken zur Berechnung der messbaren Indikatoren sowie Daten, die die Prozessleistung im Vergleich zu erwarteten Niveaus darstellen. Beispiele für Informationen zur Projektleistung: ■ Ressourcennutzung, ■ Zeitpläne, ■ Erfüllung von Kriterien für den Abschluss von Aktivitäten oder Aufgaben, ■ Verfügbarkeit von definierten Input- und Output-Arbeitsprodukten, ■ Prozess- und Produktqualität sowie ■ Probleme mit der Produktleistung und ■ Trends. Die Erhebung dieser Metriken unterstützt fundierte Entscheidungsfindungen, gewährleistet Transparenz über den Projektfortschritt und ermöglicht eine präzise Information über den aktuellen Projektstatus, wobei eine Anpassung der Metriken an die sich verändernden Projektbedürfnisse essenziell ist.

07-51 Messergebnis	Das Messergebnis stellt die gesammelten qualitativen oder quantitativen Daten dar, die über die Leistung eines Prozesses oder Projekts Aufschluss geben, wie z. B. die Fähigkeit zur Produktion ausreichender Arbeitsprodukte, die Einhaltung des Prozesses, die benötigte Zeit zur Durchführung des Prozesses und die mit dem Prozess verbundenen Fehler. Diese Ergebnisse messen nicht nur die Auswirkungen von Prozessänderungen und die Effizienz des Prozesses, sondern liefern auch wichtige Informationen für die Überwachung von Schlüsselprozessen und kritischen Aufgaben, indem sie Projektleistung, Ressourcennutzung, Zeitpläne und Qualität gegenüber festgelegten Plänen und Erwartungen abgleichen. Zudem tragen sie zur Messung von Qualitätseigenschaften der Arbeitsprodukte und zur Wahrnehmung der Qualität beim Endkunden bei, indem sie z. B. Funktionalität, Zuverlässigkeit, Benutzbarkeit und Wartbarkeit erfassen, was eine wichtige Grundlage für fundierte Entscheidungsfindungen, Transparenz und präzise Informationen über den aktuellen Projektstatus bietet.
15-51 Analyseergebnisse	Analyseergebnisse bieten eine detaillierte Einsicht in das untersuchte Objekt und nutzen dafür definierte Analysekriterien, wie Auswahl- und Entscheidungskriterien sowie Qualitätskriterien, um eine fundierte Bewertung und Entscheidungsfindung zu ermöglichen. Sie umfassen Entscheidungen oder Auswahlprozesse, Gründe für die getroffene Auswahl, gemachte Annahmen und mögliche negative Auswirkungen, wobei Aspekte wie Korrektheit, Verständlichkeit, Überprüfbarkeit, Machbarkeit und Gültigkeit berücksichtigt werden. Diese Ergebnisse tragen wesentlich zur Optimierung von Prozessen, Verbesserung der Qualität und Sicherstellung der Projektziele bei, indem sie eine Basis für klare Entscheidungen und das Management von Veränderungen und Verbesserungen im Projektverlauf bieten.

15.3.4 Zusätzliche Überlegungen

Bezug zu anderen Automotive SPICE®-Prozessen

- MAN.6 unterstützt im Wesentlichen die Prozesse MAN.3 und MAN.5 und die Steuerungs- und Überwachungsaktivitäten des Prozessattributs PA 2.1.
- Darüber hinaus unterstützt dieser Prozess im Wesentlichen die Aktivitäten des Capability Level 4.
- Messungen sollten effektiv in das Qualitätsmanagement-System der Qualitätssicherung (SUP.1) integriert sein, da sonst wichtige Erkenntnisse übersehen werden können, die zur Steigerung der Prozess- und Produktqualität beitragen könnten.

Typische Fallstricke

- Ein Kernrisiko liegt in der möglichen Fehlinterpretation von Metriken und der darauf basierenden Optimierung in einer weniger wünschenswerten Richtung. Man sollte sich im Klaren darüber sein, dass bei einer effektiven Optimierung immer verschiedene Aspekte gegeneinander abgewogen werden müssen.
- Die Implementierung einer zu großen Anzahl von Messungen oder zu komplexer Messsysteme kann zu Überlastung führen, wodurch die Fähigkeit zur sinnvollen Analyse und zum Handeln auf Basis der Daten beeinträchtigt wird.
- Ohne klar definierte Ziele und Kriterien für die Messung kann es schwierig sein, relevante Daten zu erfassen und zu analysieren. Dies führt oft dazu, dass gesammelte Daten nicht aussagekräftig oder nicht direkt verwendbar sind, um Verbesserungen oder Anpassungen vorzunehmen.
- Die Nichtbeteiligung von Entscheidungsträgern und anderen Stakeholdern bei der Festlegung von Messzielen und der Interpretation von Daten kann dazu führen, dass wichtige Perspektiven und Anforderungen übersehen werden. Dies kann die Nützlichkeit und Akzeptanz der Messergebnisse erheblich einschränken.
- Eine ineffiziente Datenerfassung und -analyse, die entweder durch mangelnde Werkzeuge, unklare Prozesse oder unzureichende Schulung der beteiligten Personen verursacht wird, kann zu inkonsistenten oder fehlerhaften Messergebnissen führen.
- Die Fortführung der Verwendung von Metriken, die nicht mehr den aktuellen Projektbedingungen oder -zielen entsprechen, kann irreführende Ergebnisse liefern und die Effektivität des Messprozesses verringern.
- Die Nichtbeachtung oder unzureichende Reaktion auf die Ergebnisse von Messungen kann dazu führen, dass Chancen zur Verbesserung oder Korrektur von Problemen ungenutzt bleiben.

Zu berücksichtigen in Bezug auf PA 2.1

- Es sollten klare Messziele definiert werden, die sich an den Informationsbedürfnissen des Managements und der Stakeholder orientieren, um sicherzustellen, dass die Messungen relevant und zweckdienlich sind.
- Es sollte eine klare Begründung für jede Metrik bezüglich ihres Zwecks geben und es sollte klar definiert werden, was tatsächlich aus einer Metrik abgelesen werden kann. Fehlinterpretationen der Metriken sollten verhindert werden.
- Ein Plan für die Messaktivitäten ist zu entwickeln, der festlegt, welche Metriken gesammelt werden, wie sie analysiert werden und wie die Ergebnisse genutzt werden sollen, inklusive der Festlegung von Verantwortlichkeiten und Ressourcen.

- Es muss eine Feedback-Schleife eingerichtet werden, um die Effektivität der Messungen regelmäßig zu bewerten und Anpassungen vorzunehmen, damit die Metriken weiterhin den Projektbedürfnissen und -zielen entsprechen.
- Die Ziele der Messungen sollten mit den gemäß GP 2.1.1 definierten Zielen zusammenpassen und zur Steigerung der Effizienz des Prozesses beitragen.

Zu berücksichtigen in Bezug auf PA 2.2

- Es sicherzustellen, dass alle gesammelten Daten und Analyseergebnisse ordnungsgemäß dokumentiert, gespeichert und verwaltet werden, um ihre Nachvollziehbarkeit und Verifizierbarkeit zu gewährleisten.
- Durch einen systematischen Ansatz und ausreichende Dokumentation ist sicherzustellen, dass Fehlinterpretationen von Messdaten weitgehend vermieden werden.
- Die Qualität der Messdaten und -ergebnisse ist regelmäßig auf ihre Korrektheit, Verständlichkeit und Relevanz zu überprüfen, um ihre Validität und Zuverlässigkeit sicherzustellen.
- Die Messergebnisse müssen genutzt werden, um die Qualität der Prozesse und Produkte kontinuierlich zu verbessern, indem fundierte Entscheidungen getroffen und klare, objektive Kommunikationsgrundlagen für die Stakeholdern bereitgestellt werden.

Hinweise für Assessoren

- Überprüfen Sie die konsequente Erhebung und adäquate Auswertung der definierten Metriken.
- Kontrollieren Se, ob die Metriken die gewünschten Informationen bereitstellen.
- Bewerten Sie, wie die aus den Metriken gewonnenen Daten ins Projektgeschehen integriert werden.

16 Prozessgruppe der Verbesserungsprozesse

In Automotive SPICE® 4.0 umfasst diese Prozessgruppe einen Prozess.

16.1 PIM.3 Prozessverbesserung

Der Zweck besteht in der kontinuierlichen Verbesserung der Effektivität und Effizienz der Organisation durch die eingesetzten Prozesse und die Sicherstellung der Ausrichtung der Prozesse an den Geschäftsanforderungen.	**Flex/Optional**
Erwartete Prozessergebnisse: - Es wird eine Verpflichtung zur Bereitstellung von Ressourcen für nachhaltige Verbesserungsmaßnahmen eingegangen. - Probleme, die sich aus dem internen oder externen Umfeld der Organisation ergeben, werden als Verbesserungsmöglichkeiten identifiziert und als Gründe für eine Veränderung herangezogen. - Es wird eine Analyse des aktuellen Status des bestehenden Prozesses durchgeführt. - Verbesserungsziele werden identifiziert und priorisiert, und die sich daraus ergebenden Änderungen des Prozesses werden definiert, dokumentiert und umgesetzt. - Die Auswirkungen der Prozessimplementierung werden überwacht, gemessen und anhand der identifizierten Verbesserungsziele bestätigt. - Die aus der Verbesserung gewonnenen Erkenntnisse werden innerhalb der Organisation kommuniziert.	

16.1.1 Prozessbeschreibung

Gute Prozesse, gutes Personal und die Beherrschung der Technologie sind bekanntermaßen die Haupteinflussfaktoren auf Kosten, Termine und Qualität. Den Prozessen kommt dabei eine besonders wichtige Rolle zu, da sie die beiden anderen Faktoren zu einem leistungsfähigen Wirkgefüge zusammenbinden. Verschiedene Weltklasseunternehmen haben durch Verbesserungsparadigmen wie kontinuierliche Prozessverbesserung (z. B. Toyota) und Six Sigma (z. B. General Electric) eindrucksvoll demonstriert, wie Prozessverbesserung zu hervorragenden kommerziellen Erfolgen führen kann. Erfolge durch Prozessverbesserung hängen von drei Schlüsselfaktoren ab:

- Prozesse sind konsequent am betrieblichen Bedarf auszurichten, d.h. insbesondere, die Prozesse sind systematisch als Werkzeug zur Erreichung der Geschäftsziele einzusetzen.
- Prozessgestaltung ist immer interdisziplinär zu betreiben, d.h., es sind Personen aus Fachbereichen mit technischer Kompetenz sowie Personen mit methodischer Prozesskompetenz einzubeziehen.
- Kontinuierliche Anstrengungen sind zu unternehmen, d.h., Prozessverbesserung ist dauerhaft als Teil der Unternehmenskultur zu verankern und mit Nachdruck zu verfolgen.

Die Automobilindustrie ist geprägt durch ein hohes Maß an Anstrengungen bezüglich Prozessverbesserung auf breiter Front. Die ist insbesondere auf den Druck der Hersteller zurückzuführen,d ie Automotive SPICE® als Werkzeug zur Beurteilung von Lieferanten für Elektronik und Software einsetzen. Erfolge sind vor allem bei Unternehmen sichtbar, die massive Anstrengungen in diese Richtung unternommen haben. Viele Lieferanten haben jedoch erhebliche Probleme und schaffen es nur unter großem Druck der OEMs, die Prozessanforderungen einigermaßen zu erfüllen. Hemmende Faktoren sind u.a.:

- Immenser Zeit- und Kostendruck in der Branche
- Weitere Forderungen, z.B. die ISO 26262 (s. Kap. 3), sind umzusetzen.
- Steigende Projektkomplexität durch mehr Kooperationspartner
- Stark steigende Internationalisierung und Outsourcing
- Es fällt erstaunlicherweise immer noch schwer, die in Projekt A erzielte Prozessreife auf ein späteres Projekt B zu übertragen.
- Bereiche außerhalb der Softwareentwicklung (z.B. Hardware, Mechanik) sind oft nicht in die Prozessverbesserung einbezogen.
- Probleme auf der Organisationsebene werden durch die mehr projektorientierten Lieferanten-Assessments wenig adressiert.

Durch etablierte Prozesse entsteht eine lernende Organisation, die in der Lage ist, mit der zunehmenden Komplexität von Projekten und den damit verbundenen Risiken umzugehen und sich den immer schneller ändernden Anforderungen des Marktes anzupassen.

Nutzen

- Nicht alle Fehler werden zu Beginn eines Projekts wiederholt.
- Kontinuierliche Verbesserung wird im Unternehmen etabliert.
- Die Komplexität in der Entwicklung wird beherrschbar.
- Sich ändernde Technologien können aufgegriffen werden.
- Die Organisation kann sich an sich verändernde Geschäftsmodelle anpassen.

Eine lernende Organisation zeichnet sich durch die Fähigkeit aus, kontinuierlich auf äußere und innere Reize zu reagieren und sich anzupassen. Sie fördert eine offene Kommunikation und individuelle Entfaltung, die innovative Problemlösungen ermöglicht.

Durch klare Visionen und gemeinsame Zielsetzungen orientiert sie sich am Kundennutzen und stärkt die Zusammenarbeit sowie Konfliktlösungskompetenzen.

In seinem Fieldbook hat Peter Senge die fünf Disziplinen der lernenden Organisation vorgestellt [Senge 1996]: individuelles Wachstum (Personal Mastery), mentale Modelle (Mental Models), gemeinsame Vision (Shared Visioning), Lernen im Team (Team Learning) und Denken in Systemen (Systems Thinking), die für die Entwicklung und Aufrechterhaltung einer lernenden Organisation wesentlich sind (s. Abb. 16–1).

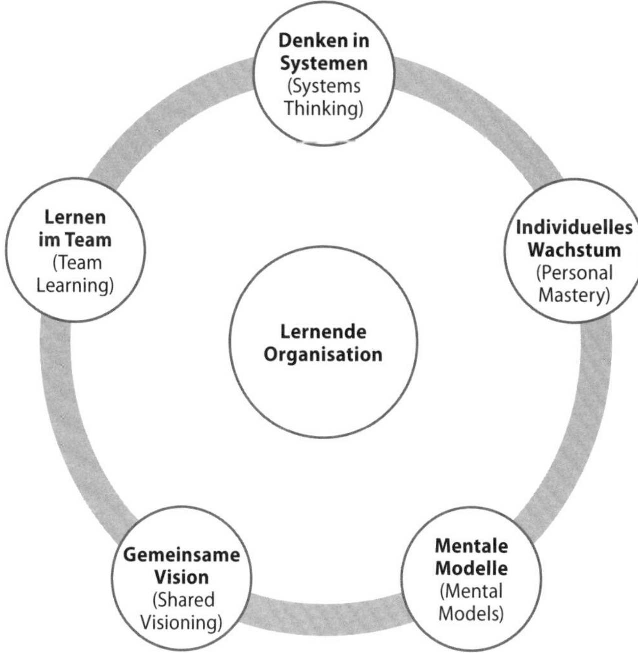

Abb. 16–1 *Fünf Disziplinen einer lernenden Organisation nach Peter Senge [Senge 1996]*

Die Prozessverbesserung muss als eigenständiges und kontinuierliches Projekt verstanden werden.

Abbildung 16–2 veranschaulicht, dass das Entwickeln von Prozessen in ähnlicher Weise gesteuert werden muss wie die Entwicklung eines Produkts, z.B. eines Steuergeräts.

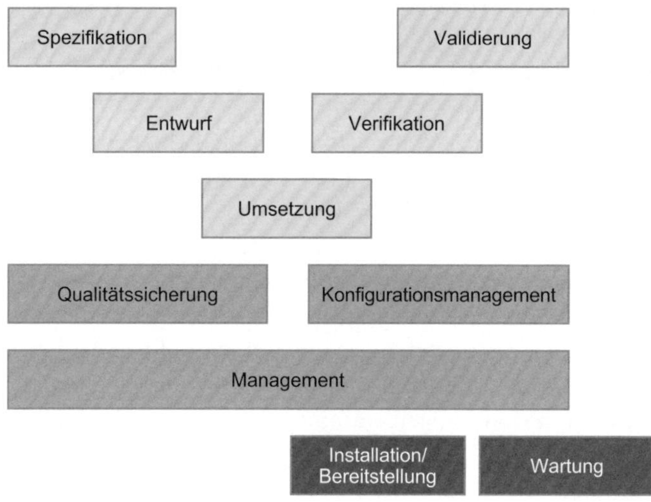

Abb. 16–2 *Allgemeiner Ablauf eines Projekts*

16.1.2 Basispraktiken

PIM.3.BP1: Schaffung von Commitment. Gehe eine Verpflichtung ein zur Unterstützung des Prozessverbesserungs-Personals, zur Bereitstellung von Ressourcen und weiteren Voraussetzungen für die Aufrechterhaltung von Verbesserungsmaßnahmen.

Anmerkung 1: *Der Prozessverbesserungs-Prozess ist ein allgemeiner Prozess, der auf allen Ebenen eingesetzt werden kann (z.B. Organisationsebene, Prozessebene, Projektebene) und der zur Verbesserung aller Prozesse verwendet werden kann.*

Anmerkung 2: *Das Engagement auf allen Managementebenen kann die Prozessverbesserung unterstützen.*

Anmerkung 3: *Zu den Voraussetzungen für Verbesserungsmaßnahmen können Schulungen, Methoden, Infrastruktur usw. gehören.*

Ein Bonmot unter Prozessverbesserungs-Experten sagt, dass es drei essenzielle Bestandteile eines erfolgreichen Verbesserungsprojekts gibt:

1. Management-Commitment
2. Management-Commitment
3. Management-Commitment

Dieses Sprichwort gibt auf humorvolle Weise einen alten Erfahrungswert wieder: Ohne Rückhalt durch das Management lässt sich keine nachhaltige Prozessverbesserung erreichen. Etwas nüchterner weist auch die Anmerkung 2 (s.o.) genau auf diesen Aspekt hin. Dies gilt für alle Managementebenen, und ein probates Mittel besteht darin, die entsprechenden Verbesserungsziele in die persönlichen Ziele der betreffenden Manager aufzunehmen. In Prozessverbesserungs-Programmen wird gerade am Anfang viel Aufwand betrieben, um die verschiedenen Managementebenen zu überzeugen und ein nachhaltiges Commitment zu etablieren. Als Resultat der Überzeugungsarbeit sollte das Verbesserungsprogramm mit der entsprechenden Priorität und den erforderlichen Ressourcen ausgestattet werden sowie vom Management aktiv und für die Mitarbeiter sichtbar unterstützt werden, z.B. in Form der Teilnahme an einem Steuerkreis des Programms. Das Commitment bezieht sich im Wesentlichen auf drei Aspekte:

- Unterstützung der Experten für Prozesse und Verbesserungsmethoden. Dies ist das Kernteam für das Prozessverbesserungs-Programm sowie für die Pflege und Wartung der Prozesse. Der Leiter der Gruppe ist oft (aber nicht notwendigerweise) der Leiter des Prozessverbesserungs-Programms.
- Weitere Ressourcen, um eine gute Einbindung des Prozessverbesserungs-Programms in die Organisation zu gewährleisten. Hierzu gehören Experten für die einzelnen Prozesse, die dafür sorgen, dass die Prozesse praxistauglich sind, sowie Freiräume für weitere Personen (insbesondere die Fachexperten aus den Entwicklungsprojekten), um an der Prozessverbesserung mitzuarbeiten. Eine geeignete Werkzeugunterstützung ist ebenfalls wichtig, um Akzeptanz für die Veränderung zu erreichen.
- Ein geplantes und begleitetes Rollout. Die Prozessverbesserung und deren Anwendung muss durch Schulungen, Coaching etc. begleitet werden. Ohne dies wird auch der beste Prozess in der Praxis meist nicht angewendet.

Ist es schon schwierig, dieses Commitment zu erzielen, so ist es in der Regel noch schwieriger, ein nachhaltiges Commitment zu erreichen. Oft werden unter dem obligatorischen Zeit- und Kostendruck nur kurzfristige Maßnahmen ergriffen, die auf das nächste Assessment oder maximal auf das laufende Projekt abzielen. Dann bleibt am Ende nichts mehr vom Verbesserungsprogramm übrig, da die Ressourcen nach und nach abgezogen werden, das Management nicht mehr das notwendige Interesse zeigt und sich nicht mehr am Steuerkreis beteiligt und die Mitarbeiter resignieren (Fade Away Process Improvement).

Von den in Anmerkung 1 (S. 446) angesprochenen Ebenen (Organisationsebene, Prozessebene, Projektebene) ist die Organisationsebene besonders wichtig, da sie die beiden anderen Ebenen unterstützt. Prozessverbesserung isoliert für einen einzelnen Prozess oder ein einzelnes Projekt ist zwar möglich, ohne Unterstützung der Organisationsebene bleibt sie jedoch hinsichtlich Wirksamkeit und Dauerhaftigkeit eingeschränkt.

PIM.3.BP2: Identifizierung von Verbesserungsmaßnahmen. Identifiziere Probleme anhand der Analyse der Prozessdurchführung und leite daraus Verbesserungsmöglichkeiten mit legitimen Gründen für Veränderungen ab.

Anmerkung 4: *Die Analyse kann die Trendanalyse von Problemberichten (s. SUP.9), die Analyse von Ergebnissen und Aufzeichnungen aus der Qualitätssicherung und Verifizierung (s. SUP.1), Validierungsergebnisse und -aufzeichnungen sowie Produktqualitäts-Metriken wie die Fehlerrate umfassen.*

Anmerkung 5: *Probleme und Verbesserungsvorschläge können vom Kunden angesprochen werden.*

Anmerkung 6: *Quellen für die Identifizierung von Problemen können Ergebnisse der Prozessbewertung, Audits, Kundenzufriedenheits-Berichte, Messungen der organisatorischen Effektivität/Effizienz und Qualitätskosten sein.*

Es gibt zwei grundsätzliche Möglichkeiten, um Verbesserungspotenziale zu erkennen, die auch in den Anmerkungen 4, 5 und 6 (s. o.) angesprochen werden:

- Verbesserungsvorschläge werden durch die Prozessnutzer innerhalb der Organisation aktiv erstellt. Die Organisation muss entsprechende Empfangskanäle bereitstellen, etwa in Form einer personenunabhängigen E-Mail-Adresse, Programme zur Honorierung von Verbesserungsvorschlägen etc. Die Verbesserungsvorschläge werden von den zuständigen Prozessexperten analysiert und priorisiert.
- Die Organisation unternimmt eigene Analysen, z. B. in Form von internen Assessments, Lieferanten-Assessments, Mitarbeiterbefragungen, Kundenzufriedenheits-Befragungen, Auswertungen von prozess- oder produktbezogenen Metriken (z. B. aus Reviews, Problemberichten und Problem-Trendanalysen, Problemen aus dem Feld (z. B. ppm, Rückrufe) und Produktivitäts-Kennzahlen der Entwicklung).

Bei Verbesserungsvorschlägen ist meistens der Bezug zu den relevanten Prozessen gut erkennbar. Diese können sich auf Prozesse selbst, auf Schnittstellen zwischen Prozessen, auf organisatorische Schnittstellen (intern sowie extern), auf Arbeitsprodukte (wie z. B. Dokumentenvorlagen), Werkzeuge, Methoden etc. beziehen.

Bei eigenen Analysen ist der Prozessbezug nicht immer direkt erkennbar und es muss eine Ursachenanalyse durchgeführt werden. So können z. B. häufige Aufwandsüberschreitungen in Projekten auf Schwächen in Projektplanungs- und Verfolgungsprozessen hinweisen. Bei zu hohen Fehlerzahlen kann eine Fehlerursachen-Analyse (z. B. mit der 5-Why-Methode) durchgeführt und anschließend mit der Pareto-Methode die wichtigsten Ursachen herausgefiltert werden.

PIM.3.BP3: Festlegung von Prozessverbesserungs-Zielen. Analysiere den aktuellen Status der bestehenden Prozesse und lege Verbesserungsziele fest.

Anmerkung 7: *Der aktuelle Status der Prozesse kann durch eine Prozessbewertung ermittelt werden.*

Nach den Vorarbeiten aus BP2 liegen in der Regel pro Prozess mehrere Verbesserungspotenziale vor. Für eine sinnvolle Teilmenge von diesen werden nun Verbesserungsziele entwickelt. Dabei sollte die Auswahl der Verbesserungspotenziale, für die Ziele definiert werden, begründet sein. Anmerkung 7 (s.o.) weist noch einmal darauf hin, dass die Verbesserungspotenziale (aktueller Status/Zustand der Prozesse) durch die in BP2 genannten Möglichkeiten ermittelt werden können, z.B. durch Assessments. Verbesserungsziele können qualitativ beschrieben sein oder (bevorzugt) quantitativ, d.h. mit konkret messbaren Kennzahlen hinterlegt. In jedem Fall empfiehlt es sich, eine möglichst präzise Zieldefinition zu vereinbaren, bei der die Zielerreichung objektiv beurteilbar ist. Beispiele für gute bzw. schlechte Zieldefinitionen:

- **Gut**
  »Die im Systemtest gefundenen und von Problemen bei den Systemanforderungen verursachten Fehler sollen gegenüber dem Vorjahr um 20% reduziert werden.«
- **Schlecht**
  »Der Systemanforderungsprozess soll Automotive SPICE® Level 3 bei SYS.2 erreichen.«

PIM.3.BP4: Priorisierung von Verbesserungen. Priorisiere die Verbesserungsziele und -maßnahmen.

In der Regel werden weit mehr Verbesserungsmöglichkeiten ermittelt, als mit den vorhandenen Ressourcen umsetzbar sind. Möglich ist auch, dass eine bestimmte Reihenfolge erforderlich ist, da die Verbesserungen aufeinander aufbauen (z.B. zuerst Erstellung einer gemeinsamen Strategie für alle Testprozesse, bevor Maßnahmen bezüglich einzelner Testprozesse unternommen werden). Eine Priorisierung ist also unabdingbar. Diese geschieht sinnvollerweise nach Kosten-Nutzen-Aspekten. Beim Nutzen ist es wichtig, auch die aktuellen Geschäftsziele und die Perspektive des Managements zu berücksichtigen.

Durch das Einbeziehen der betroffenen Managementebenen kann deren Commitment sichergestellt werden. Bezüglich der Kosten sollte der für die Verbesserungsaktivitäten notwendige Aufwand (z.B. für Prozessexperten aus der Linie oder Pilotprojekte, Toolkosten) aufgezeigt und hierfür die Ressourcenzusagen der betroffenen Manager eingeholt werden. Auf Dauer empfiehlt sich für die Priorisierungsentscheidungen die Einrichtung eines Prozess-Steuerkreises bzw. eines Prozess-CCB (Change

Control Board). Generell gilt hier die Devise: Besser wenige Änderungen wirksam umsetzen, als sich in zu vielen Änderungen zu verzetteln. Letzteres würde die Akzeptanz des Verbesserungsprogramms bei allen Beteiligten mindern.

PIM.3.BP5: Definition von Prozessverbesserungs-Maßnahmen. Die Maßnahmen zur Prozessverbesserung sind definiert.

Anmerkung 8: *Verbesserungen können in inkrementellen Schritten dokumentiert werden.*

Nachdem die Verbesserungspotenziale ermittelt und die Ziele für die Prozessverbesserung definiert wurden, müssen die konkreten Maßnahmen für die Verbesserungen festgelegt werden. Welche Änderungen an Prozessen, Dokumentenvorlagen, Tools etc. sind im Detail notwendig, welche Aktivitäten sind dafür erforderlich?

Das in Anmerkung 8 (s. o.) beschriebene Prinzip der inkrementellen Entwicklung wird bereits erfolgreich in der Produktentwicklung in der Automobilindustrie angewendet. Auf die Prozessentwicklung übertragen, bedeutet es, auch Prozesse inkrementell zu entwickeln. Statt langwierig den perfekten Prozess anzustreben, ist es erfahrungsgemäß besser, mit 80 %-Lösungen erste Erfahrungen zu sammeln und diese dann inkrementell zu verbessern.

PIM.3.BP6: Umsetzung von Prozessverbesserungs-Maßnahmen. Setze die Verbesserungen um und wende sie in den Prozessen an. Aktualisiere die Prozessdokumentation und schule die Mitarbeiter nach Bedarf.

Anmerkung 9: *Die Prozessanwendung kann durch die Festlegung von Richtlinien, eine angemessene Prozessinfrastruktur, Prozessschulung, Prozesscoaching und die Anpassung der Prozesse an lokale Bedürfnisse unterstützt werden.*

Anmerkung 10: *Verbesserungen können vor der Einführung in der Organisation erprobt werden.*

Die Umsetzung der Verbesserungsmaßnahmen und die damit einhergehende Definition der Prozesse muss mithilfe von Praktikern erfolgen. Das ist ein entscheidender Faktor für die Akzeptanz der Änderungen. Vor dem Ausrollen der neuen oder verbesserten Prozesse sollten diese zunächst in einem exemplarischen Projekt erprobt (pilotiert) werden, worauf auch die Anmerkung 10 (s. o.) hinweist. Hierfür ist eine enge Zusammenarbeit von Verbesserungsprojekt und Pilotprojekt erforderlich. Ein Beispiel, wie die Abstimmung erfolgen kann, ist in Abbildung 16–3 zu sehen.

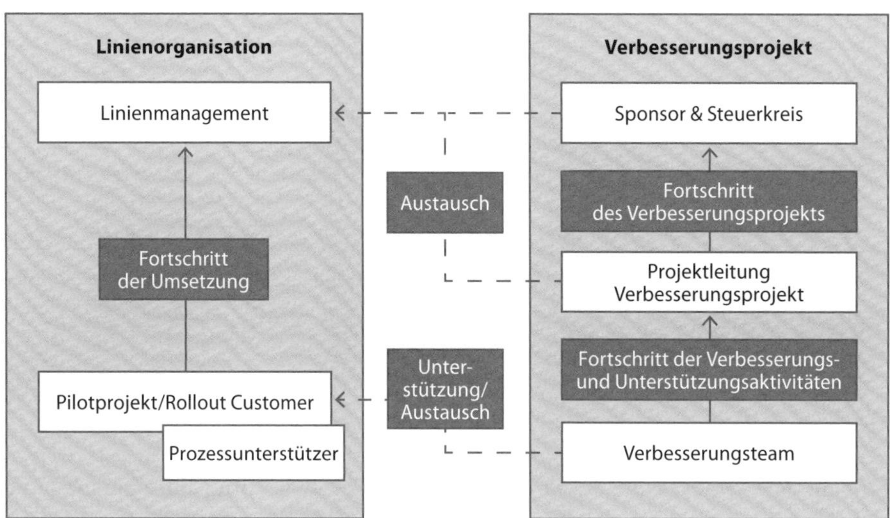

Abb. 16–3 *Berichtswege in einem Prozessverbesserungsprojekt*

Für ihre Anwendung in der Praxis sind die in Anmerkung 9 (S. 450) aufgeführten Punkte essenziell. Die genannten Managementvorgaben (Policies) stellen sicher, dass die Mitarbeiter zur Anwendung motiviert und verpflichtet werden. Voraussetzung für das Ausrollen ist die Aktualisierung der Prozessdokumentation und die Schulung der Mitarbeiter sowie die Verfügbarkeit der Infrastruktur für die Umsetzung der Prozesse. Mit dem Rollout allein ist jedoch noch nicht gewährleistet, dass die Veränderungen auch tatsächlich gelebt werden. Eine entscheidende Rolle spielt dabei der SUP.1-Prozess, mit dem Abweichungen aufgedeckt und korrigiert werden können.

Die Anpassung an spezifische Bedürfnisse (Tailoring) ermöglicht, dass ein generischer Prozess in verschiedenen Bereichen, Abteilungen und Projekttypen eingesetzt werden kann. Um die Prozesse adaptieren zu können, muss in der Prozessbeschreibung definiert sein, in welcher Form und unter welchen Bedingungen dieses Tailoring durchgeführt werden kann. Dies ist im Übrigen eine Anforderung von Level 3 (s. GP 3.1.1 und GP 3.2.1). Abbildung 16–4 zeigt ein Beispiel, wie in einer großen, verteilten Organisation Prozesse über verschiedene Abstraktionsebenen bis auf das einzelne Projekt heruntergebrochen werden können. Wichtig ist dabei, sich auf den oberen Ebenen aus den Details herauszuhalten und dies den unteren Ebenen zu überlassen.

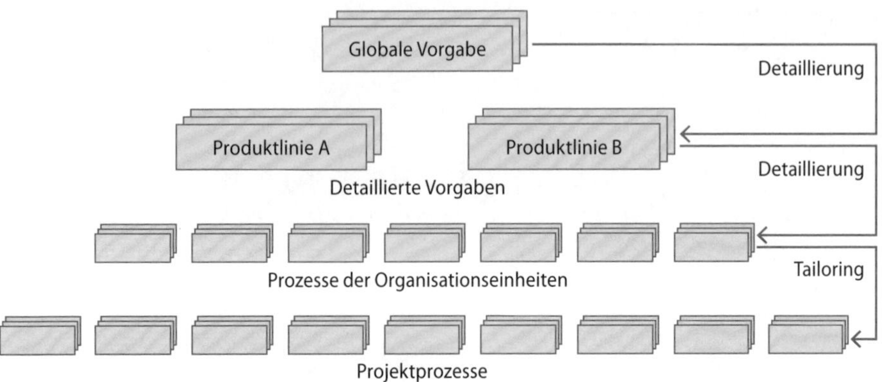

Abb. 16–4 *Verteilungshierarchie von Prozessen in großen Organisationen*

Ob laufende Projekte umgestellt werden sollen, ist eine wichtige Entscheidung, die für jeden Einzelfall unter Abwägung von Aufwand und Nutzen getroffen werden muss. Diese Entscheidung sollte zweckmäßigerweise erst nach der Pilotierung und unter Einbeziehung der betroffenen Manager getroffen werden. Das Low-Hanging-Fruits-Prinzip kann zu einer Aufwand-Nutzen-Betrachtung erweitert und bereits bei der Priorisierung (s. BP4) angewendet werden.

PIM.3.BP7: Bestätigung der Prozessverbesserung. Die Auswirkungen der Prozessimplementierung werden überwacht und gemessen, und das Erreichen der festgelegten Verbesserungsziele wird bestätigt.

Der Abgleich mit den vorgegebenen Zielen eröffnet die Möglichkeit, einen fortwährenden Regelkreis der kontinuierlichen Verbesserung, bestehend aus Zielvorgaben, Implementierung und Messung der Zielerreichung, zu etablieren. Die Messung der Zielerreichung setzt voraus, dass die Ziele messbar formuliert wurden (s. BP3). Geeignete Messgrößen für die Qualität der Prozessdefinition sind z.B. Mitarbeiterbefragungen zur Eignung der Prozesse. Die Messung der Prozesseinhaltung kann z.B. über interne Audits mit Messung des Einhaltungsgrades erfolgen.

PIM.3.BP8: Kommunikation der Ergebnisse der Verbesserung. Die aus den Verbesserungen gewonnenen Erkenntnisse und der Fortschritt der Verbesserungsumsetzung werden den betroffenen Parteien mitgeteilt.

Die Verbesserungen werden zunächst innerhalb des Prozessverbesserungs-Projekts und vor allem an das Management kommuniziert. Darüber hinaus ist es besonders wichtig, ein aktives Projektmarketing zu betreiben, d.h. Erfolge und Fortschritte an die Organisation zu kommunizieren, auch um das Commitment der Beteiligten und die Motivation zu fördern. Geeignete Formen sind z.B. regelmäßige schriftliche

Mitteilungen an die Mitarbeiter und mündliche Berichte auf Abteilungsversammlungen, Betriebsversammlungen etc. Folgende Faktoren fördern die Wirkung dieser Kommunikation ungemein:

- Verbesserungen sind anhand von Zahlen, Daten, Fakten tatsächlich nachweisbar.
- Verbesserungen werden nicht nur von Prozessexperten berichtet, sondern auch von Betroffenen aus der Praxis (z.B. Projektmitarbeiter, Manager).

16.1.3 Erzeugte Informationsobjekte

02-01 Commitment/ Zustimmung	Das Commitment erfordert kein vorgegebenes Format. Es hat sich allerdings bewährt, analog zu einem Projektauftrag mindestens folgende Aspekte zu berücksichtigen und diese zu dokumentieren: ■ Übergeordnete Ziele und Rahmenbedingungen des Verbesserungsprogramms ■ Ressourcen in Bezug auf Zeit, Aufwand und Infrastruktur Ein solches Commitment sollte von allen Beteiligten unterzeichnet werden.
06-04 Schulungs-unterlagen	Schulungsmaterialien können für unterschiedliche Einsatzgebiete erstellt werden, z.B.: ■ Schulung durch Trainer ■ Selbststudium ■ E-Learning ■ Geführte Life-Anwendung Dabei kann der Fokus auf der fachlichen Vermittlung der jeweiligen Prozesse oder auf der korrekten Anwendung der Prozessbeschreibungen und Hilfsmittel liegen.
07-04 Prozessmetrik	Diese Metriken werden verwendet, um die Durchführung von Prozessen zu messen. Betrachtet werden sollten folgende Punkte: ■ Entstehen mit dem Prozess die gewünschten Ergebnisse (z.B. ist es möglich, die Systemanforderungen mit dem Prozess korrekt und in ausreichendem Maße zu beschreiben)? ■ Wird der Prozess befolgt (z.B. werden die Anforderungen im Projekt tatsächlich gemäß dem Prozess beschrieben)? ■ Wie lange dauert es, den Prozess zu befolgen (z.B. wie viel Zeit vergeht vom Anlegen bis zur Freigabe der Anforderungen)? ■ Entstehen Fehler, die auf den Prozess zurückgeführt werden können (z.B. im Systemtest gefundene Fehler, die durch falsch dokumentierte Anforderungen verursacht werden)?

→

10-00 Beschreibung des Prozesses	Eine Prozessbeschreibung umfasst mindestens die Kernelemente eines Prozesses: ■ Prozessaktivitäten inklusive der In- und Outputs und zugewiesenen Rollen ■ Ein- und Ausgangskriterien ■ Unterstützende Informationen (z. B. Templates, Methoden, Guidelines)
13-52 Kommunikationsnachweise	Für die Kommunikationsnachweise gibt es keine Vorgabe bezüglich des Formats oder der verwendeten Werkzeuge. Allerdings ist für den Nachweis erforderlich, dass die Kommunikation dokumentiert ist.
13-16 Änderungsantrag	Die Elemente eines Änderungsantrags (s. auch Prozess SUP.10 Änderungsmanagement) beziehen sich für diesen Prozess explizit auf Änderungen an Prozessen und den dazugehörigen Arbeitsmitteln. Änderungsanträge z. B. an einem zu entwickelnden System sind nicht gemeint, diese werden im Prozess SUP.10 berücksichtigt.
15-13 Assessmentbericht/ Auditbericht	Die zum Identifizieren der Verbesserungspotenziale durchgeführten Assessments oder Audits müssen in entsprechenden Reports dokumentiert sein. Hierfür ist es notwendig, dass die Rahmenbedingungen des Assessments/Audits beschrieben sind (Zweck, verwendete Methode, Anforderungen, Kontext und Umfang) sowie die Ergebnisse inklusive der möglichen Verbesserungspotenziale und -maßnahmen.
15-16 Verbesserungsmöglichkeit	Eine Verbesserungsmöglichkeit wird beschrieben durch das Problem, dessen Ursache, Vorschläge zur Lösung des Problems, den Nutzen bei Durchführung der Verbesserung und den Schaden bei ihrer Nichtdurchführung.
15-51 Analyseergebnisse	Analyseergebnisse müssen klar benennen, was analysiert wurde. Darüber hinaus müssen die verwendeten Kriterien und die Ergebnisse der Analyse beschrieben sein.
16-06 Prozess-Repository	Das Prozess-Repository beinhaltet die Prozessbeschreibungen. Es hat sich bewährt, dass hierfür geeignete Prozessmanagement-Systeme verwendet werden, in denen die Prozessarbeitsmittel bedarfsgerecht dargestellt werden können.

16.1.4 Zusätzliche Überlegungen

Bezug zu anderen Automotive SPICE®-Prozessen

- Auf Projektebene hat der Qualitätssicherungs-Prozess (SUP.1) einen großen Einfluss auf die Prozessverbesserung. In der Basispraktik SUP.1.BP4 ist gefordert, dass für das Projekt eine Prozess-Qualitätssicherung durchgeführt wird. Die Ergebnisse hieraus sollten als Input für den Prozess PIM.3, insbesondere für BP2, dienen.

Typische Fallstricke

- Prozesse und Projekte sind nicht miteinander verbunden, fachliche und methodische Experten arbeiten nicht gemeinsam an Prozessen.
- Formal korrekte und in sich konsistente Prozessbeschreibungen werden nicht an die Bedürfnisse echter Projekte angepasst.
- Die Prozessverbesserung hat keine Lobby, d.h., es wird kein Budget bereitgestellt (Zeit und Personen), das Management ist nicht engagiert und eingebunden in die Prozessverbesserung.
- Die Prozessverbesserung wird nicht als Projekt verstanden und geplant.

Zu berücksichtigen in Bezug auf PA 2.1

- Das Definieren von Zielen und die Priorisierung von Verbesserungspotenzialen beinhalten bereits einige Planungsmechanismen. Abhängig von der Umsetzung der verschiedenen Maßnahmen kann die Planung in verschiedenen Kontexten erfolgen. Aktivitäten, die z.B. durch ein Pilotprojekt umzusetzen sind, müssen in dessen Planung verfolgt werden. Von der Entwicklung unabhängige Tätigkeiten können auch separat betrachtet werden. Hier ist also zu beachten, dass alle Quellen der Planung für die Bewertung des PA 2.1 berücksichtigt werden.

Zu berücksichtigen in Bezug auf PA 2.2

- Die im PA 2.2 betrachteten Arbeitsprodukte umfassen im Wesentlichen die Arbeitsprodukte des Verbesserungsteams (z.B. Prozessbeschreibungen, Templates, Rollendefinitionen, Verbesserungsplanung und Ähnliche).

Hinweise für Assessoren

- Der Prozesszweck zielt zwar eindeutig auf einen organisationsweiten Geltungsbereich ab, in Anmerkung 1 (S. 446) werden jedoch weitere mögliche Geltungsbereiche (Prozess, Projekt) eröffnet. In der Assessmentplanung muss daher rechtzeitig vor der Interviewperiode der Geltungsbereich für diesen Prozess klar definiert werden: Ist es das Projekt, ist es ein bestimmter Prozess oder ist es die Organisation? Auch der Begriff der Organisation muss genau abgegrenzt werden, damit die geeigneten Interviewpartner rechtzeitig eingeladen werden können.
- Auf Capability Level 3 wird für alle Prozesse gefordert, dass geeignete Daten erhoben werden sollen, um die Effektivität und die Eignung eines Prozesses zu überwachen und ihn ggf. durch entsprechende Maßnahmen anzupassen. Hier gibt es insbesondere eine Schnittstelle zu den generischen Praktiken GP 3.1.1 und 3.1.4 sowie GP 3.2.1 und 3.2.4.

17 Prozessgruppe zur Wiederverwendung

In Automotive SPICE® 4.0 umfasst diese Prozessgruppe einen Prozess.

17.1 REU.2 Management der Produktwiederverwendung

Der Zweck besteht in der Sicherstellung, dass wiederverwendete Arbeitsprodukte analysiert, verifiziert und für ihren Zielkontext freigegeben werden.	**Flex/Optional**
Erwartete Prozessergebnisse: ▪ Die Produkte für die Wiederverwendung werden anhand definierter Kriterien ausgewählt. ▪ Die wiederzuverwendenden Produkte werden auf Übertragbarkeit und Interoperabilität geprüft. ▪ Einschränkungen für die Wiederverwendung werden definiert und kommuniziert. ▪ Produkte für die Wiederverwendung werden verifiziert. ▪ Produkte für die Wiederverwendung werden den betroffenen Parteien zur Verfügung gestellt. ▪ Es wird ein Kommunikationsmechanismus mit dem Anbieter der wiederverwendbaren Produkte eingerichtet.	

17.1.1 Prozessbeschreibung

Die Automobilindustrie hat eine lange Tradition in der Wiederverwendung (Reuse) von Arbeitsprodukten. Seit vielen Jahren hat sie erkannt, wie Entwicklungsumgebungen und Referenzarchitekturen den Prozess der Wiederverwendung unterstützen können. Insbesondere die Fahrzeughersteller nutzen Plattformansätze, um Entwicklungsressourcen optimal zu nutzen und gleichzeitig eine hohe Qualität in ihren Produkten zu gewährleisten.

Die Unternehmen stehen vor der Herausforderung, Zuverlässigkeit, Leistung, Kosten und Qualität zu verbessern, und sehen die Wiederverwendung als möglichen Weg dorthin. Der hier beschriebene Prozess bietet einen systematischen Ansatz für die Wiederverwendung. Themen wie funktionale Sicherheit und Cybersecurity sind zu berücksichtigen und Experten frühzeitig in den Prozess einzubeziehen. Durch das Etablieren dieses Prozesses können Organisationen informierte Entscheidungen treffen und Risiken im Zusammenhang mit der Wiederverwendung von Drittkomponenten und Legacy-Systemen mindern.

Nutzen

- Die Wiederverwendung von Systemen wird durch ein systematisches Vorgehen gesteuert und abgesichert.
- Eine systematische und strukturierte Wiederverwendung von Arbeitsprodukten ermöglicht effiziente Entwicklungszyklen.
- Es werden hohe Anforderungen an die Qualität und die Dokumentation gestellt, was zu verlässlichen Arbeitsprodukten führt.
- Angesichts des steigenden Kostendrucks kann Wiederverwendung zu signifikanten Einsparungen führen.
- Der Fokus auf eine modulare Softwarearchitektur ermöglicht Flexibilität und standardisierte Schnittstellen, z.B. durch AUTOSAR.
- Der Analyseprozess ermöglicht es, die Eignung eines Produkts für die Wiederverwendung genau zu bestimmen.
- Es werden klare Beschränkungen für die Wiederverwendung definiert, um sicherzustellen, dass die Arbeitsprodukte richtig eingesetzt werden.

Die Wiederverwendung geht oft mit einem erhöhten Management-, Entwicklungs- und Dokumentationsaufwand einher. Trotzdem ist die Investition in die Wiederverwendung häufig lohnend, insbesondere wenn der erwartete Nutzen die potenziellen Nachteile übersteigt und genügend Wiederverwendungspotenzial vorhanden ist. Unternehmen, die diese Strategie effektiv umsetzen, können erhebliche wirtschaftliche Vorteile erwarten. Zu den wichtigsten Faktoren, die den Erfolg der Wiederverwendung beeinflussen, gehören die Organisationsbereitschaft, die aktuelle Wiederverwendungsquote, das potenzielle Wiederverwendungspotenzial sowie die erkannten Hindernisse und Vorteile der Wiederverwendung. Unternehmen müssen diese Faktoren sorgfältig abwägen und Strategien entwickeln, um die Vorteile der Wiederverwendung optimal zu nutzen.

Abschließend ist zu sagen, dass die Wiederverwendung in der Automobilindustrie trotz ihrer Herausforderungen erhebliche Vorteile bietet. Mit der richtigen Strategie und den richtigen Ressourcen können Unternehmen ihre Entwicklungszyklen verkürzen, die Qualität ihrer Produkte verbessern und wirtschaftliche Vorteile realisieren.

Ein herausragendes Beispiel in der Automobilindustrie ist AUTOSAR. Das Ziel von AUTOSAR ist es, eine modulare Softwarearchitektur für Steuergeräte im Automobil zu schaffen, die über standardisierte Schnittstellen verfügt. Dadurch wird die Wiederverwendung von Softwarekomponenten in verschiedenen Projekten und Fahrzeugen erheblich erleichtert. Ein weiteres Beispiel ist die modellbasierte Entwicklung.

Durch die automatische Codegenerierung können Entwickler auf höheren Abstraktionsebenen arbeiten, was den Entwicklungsprozess beschleunigt und gleichzeitig die Möglichkeit zur Wiederverwendung erhöht.

17.1.2 Basispraktiken

REU.2.BP1: Auswahl von Produkten für die Wiederverwendung. Wähle die wiederzuverwendenden Produkte anhand definierter Kriterien aus.

Anmerkung 1: *Bei den wiederzuverwendenden Produkten kann es sich um Systeme, Hardware- oder Softwarekomponenten, Komponenten von Drittanbietern oder Legacy-Komponenten handeln.*

In der heutigen technologischen Landschaft, insbesondere im Kontext des Produktdesigns und der Systementwicklung, ist die Fähigkeit, bestehende Systeme und Komponenten effektiv und effizient wiederverwenden zu können, von unschätzbarem Wert. Die Auswahl von Produkten zur Wiederverwendung erfordert jedoch einen sorgfältigen und strukturierten Ansatz:

- Der erste Schritt besteht darin, die Bedürfnisse und Anforderungen der zukünftigen Projekte zu verstehen und eine potenzielle Zielarchitektur zu identifizieren. Dies bildet die Grundlage für den weiteren Prozess.
- Darauf und auf den generellen Eigenschaften, die ein wiederverwendbares System haben sollte, werden Kriterien für Wiederverwendungskandidaten definiert.
- Mit diesen Kriterien werden bestehende Komponenten, Systeme und Lösungen innerhalb der Organisation katalogisiert.

Produkte, Produktfamilien oder Produktgenerationen mit häufig wiederkehrenden Komponenten sind besonders interessant für die Wiederverwendung. Ein tiefgreifendes Verständnis und eine Untersuchung der Ähnlichkeit wiederkehrender Komponenten in verschiedenen Systemen kann den Wert der Wiederverwendung weiter maximieren.

Je nachdem, was für ein System betrachtet wird, können unterschiedliche Themen relevant sein, was exemplarisch nachfolgend aufgezeigt wird.

- Bei Hardwarekomponenten können solche Kriterien die Kompatibilität, die Zuverlässigkeit und eine Kosten-Nutzen-Analyse beinhalten. Besondere Beachtung sollte der Einhaltung von Standards und Vorschriften sowie dem Lebenszyklus der Komponente gewidmet werden. Die physische Abnutzung der Komponenten sollte ebenfalls berücksichtigt werden.
- Softwarekomponenten hingegen werden anhand ihrer Modularität, Codequalität und Lizenzbedingungen bewertet. Wichtige Faktoren sind hier die Kompatibilität mit dem Software-Stack und der Betriebsumgebung des neuen Systems sowie Sicherheits- und Leistungsanforderungen.

- Alle Systeme erfordern eine Bewertung ihrer Systemarchitektur, Interoperabilität und Wartbarkeit. Es ist auch wichtig, die Skalierbarkeit des Systems und die vorhandene Dokumentation zu berücksichtigen sowie mögliche Bedenken hinsichtlich veralteter Technologien oder Methoden einzubeziehen, die im System verankert sein könnten.
- Bei der Wiederverwendung von Drittkomponenten sind Lizenzbedingungen und rechtliche Erwägungen, Lieferantenverlässlichkeit und -unterstützung, die Kompatibilität und Integration sowie die Sicherheit und Compliance zu berücksichtigen.
- Ähnliche Überlegungen gelten für Legacy-Systeme, wobei zusätzlich die technische Eignung, Datenmigration und End-of-Life-Betrachtungen hinzukommen.
- Für sicherheitskritische Systeme kann es relevant sein, ob das System gemäß Automotive SPICE® und ISO 26262 entwickelt wurde.

REU.2.BP2: Analyse der Wiederverwendungsfähigkeit des Produkts. Analysiere die vorgesehene Zielarchitektur und das wiederzuverwendende Produkt, um seine Anwendbarkeit in der Zielarchitektur nach relevanten Kriterien zu bestimmen.

Anmerkung 2: *Beispiele für Kriterien können die Einhaltung von Anforderungen, die Überprüfbarkeit des wiederzuverwendenden Produkts in der Zielarchitektur oder die Portabilität/ Interoperabilität sein.*

Die Analyse der Wiederverwendbarkeit eines Produkts ist ein entscheidender Schritt in diesem Prozess. Sie bildet das Fundament für die Entscheidung, ob eine erneute Verwendung sinnvoll ist. Das Ziel ist es, das Produkt und die beabsichtigte Zielarchitektur genau zu betrachten, um die Anwendbarkeit gemäß relevanten Kriterien festzustellen. Zu diesen Kriterien gehören beispielsweise die Einhaltung von Anforderungen, die Überprüfbarkeit des wiederverwendeten Produkts in der Zielarchitektur sowie dessen Portabilität und Interoperabilität.

Technische Experten sind bei all diesen Schritten unverzichtbar. In einigen Fällen, insbesondere wenn genaue Daten fehlen, kann eine Expertenschätzung erforderlich sein.

Um die Bedürfnisse und Spezifikationen zukünftiger Projekte zu verstehen, ist es unabdingbar, die gleichen Kriterien aus der Basispraktik 1 zu berücksichtigen, jedoch mit einer tiefer gehenden Analyse. Es sollte ein Vergleich zwischen den identifizierten Anforderungen und den vorhandenen Lösungen durchgeführt werden, um mögliche Übereinstimmungen zu identifizieren. In diesem Zusammenhang kann es auch hilfreich sein, den erforderlichen Aufwand zu ermitteln, um eine bestehende Lösung anzupassen.

Die nachfolgend beschriebenen Analysethemen sind als Beispiele für Analysekriterien zu verstehen. Die Liste erhebt keinen Anspruch auf Vollständigkeit, sondern soll vielmehr Anregungen geben, worauf zu achten ist:

- Die vorhandene Dokumentation ist gründlich auf detaillierte Spezifikationen und vorherige Anwendungsfälle zu prüfen. Ein Rückblick auf die bisherige Leistung, Zuverlässigkeit und das Feedback der Nutzer der potenziell wiederverwendbaren Komponenten ist unerlässlich. Über den Verlauf dieser Analysen hinweg sollten Risiken identifiziert und bewertet werden. Dabei müssen alle Analysen auf den in BP 1 festgelegten Kriterien basieren. Dieser Ansatz steht im Einklang mit den Analyse- und Bewertungsmethoden in Entwicklungsprozessen.
- Die Architektur und Funktionalität des Systems sind im Hinblick auf die Bedürfnisse des neuen Projekts zu bewerten. Es muss überprüft werden, wie das System mit potenziellen neuen Komponenten oder Umgebungen interagiert.
- Bei Hardwarekomponenten liegt der Fokus auf der technischen Spezifikation, der Kompatibilität und der physischen Beschaffenheit. Es ist wichtig, den Zustand, die Langlebigkeit und die potenzielle Leistung in neuen Umgebungen zu bewerten. Die Lebenszyklus-Analyse kann dabei helfen, festzustellen, ob die verbleibende Nutzungsdauer mit dem Zeitplan des neuen Projekts übereinstimmt.
- Bei Softwarekomponenten muss neben der Inspektion des Codes auf Modularität, Anpassungsfähigkeit und Wartbarkeit auch die Lizenzierung überprüft werden. Es ist entscheidend, dass keine Lizenzbeschränkungen die Wiederverwendung behindern. Durch Kompatibilitätstests kann zudem sichergestellt werden, dass die Software in der neuen Umgebung fehlerfrei läuft.
- Alte Technologien müssen modernen Standards und Anforderungen entsprechen. Eventuell sind Anpassungsstrategien notwendig, und es muss sichergestellt werden, dass Unterstützung und Wartung gewährleistet sind.
- Bei Drittanbieter-Komponenten sind eine individuelle Referenzliste über die Erfolge (Track Record) des Anbieters, die Lizenzbedingungen und mögliche Sicherheitsrisiken von Bedeutung.

REU.2.BP3: Festlegung von Beschränkungen für die Wiederverwendung. Definiere und kommuniziere Einschränkungen für die wiederzuverwendenden Produkte.

Anmerkung 3: *Beschränkungen können sich auf Parameter der Betriebsumgebung beziehen.*

In einem zentralen Schritt des Wiederverwendungsprozesses geht es darum, die Grenzen der Wiederverwendbarkeit von Produkten zu definieren und diese klar zu kommunizieren. Das Identifizieren dieser Beschränkungen ist von entscheidender Bedeutung, da es die Basis für die Entscheidungsfindung bildet und sicherstellt, dass wiederverwendete Produkte in neuen Kontexten optimal funktionieren.

Es ist wichtig, die Beschränkungen zu identifizieren, zu definieren und klar zu kommunizieren. Damit wird sichergestellt, dass alle Beteiligten im Klaren darüber sind, was von den wiederverwendeten Produkten erwartet werden kann und wo potenzielle Stolpersteine liegen. Dies stellt eine klare Grundlage für die weitere Planung und Implementierung dar und kann dabei helfen, mögliche Risiken und Herausforderungen im Vorfeld zu minimieren.

Im Folgenden werden einige mögliche Beschränkungen beschrieben:

- Beginnen wir mit den Hardwarekomponenten. Diese können einem physischen Verschleiß unterliegen, der ihre Leistung und Zuverlässigkeit beeinträchtigt. Ältere, veraltete Technologien sind möglicherweise nicht mehr mit neueren Standards oder Technologien kompatibel. Ein weiteres mögliches Problem ist die begrenzte Skalierbarkeit einiger Hardwarekomponenten, die nicht in der Lage sind, steigenden Anforderungen gerecht zu werden. Zu beachten ist auch, dass Hersteller ältere Hardwarekomponenten möglicherweise nicht mehr unterstützen, und es können sich Schwierigkeiten bei der Beschaffung von Ersatzteilen oder beim Ersatz für veraltete Komponenten ergeben.
- Auf der Softwareseite können Konflikte zwischen verschiedenen Versionen auftreten. Ältere Softwarekomponenten sind möglicherweise nicht mit neueren Versionen oder anderer Software kompatibel. Lizenzbeschränkungen können die Wiederverwendung oder Weitergabe von Software einschränken. Darüber hinaus können bestimmte Funktionen oder Features in Softwarekomponenten obsolet sein oder nicht mehr unterstützt werden, was zu Sicherheitslücken führen kann. Darüber hinaus können individuell entwickelte Softwarekomponenten Herausforderungen bei der Integration in neue Umgebungen darstellen.
- Was Legacy-Komponenten betrifft, so kann es sein, dass entscheidende Dokumentationen fehlen oder veraltet sind. Undokumentierte Abhängigkeiten können zu unerwarteten Problemen führen. Es ist auch möglich, dass Legacy-Komponenten nicht den aktuellen Leistungsstandards oder den aktuellen Industriestandards entsprechen.
- Bei Drittanbieter-Komponenten gibt es oft Probleme mit der »Blackbox«. Ohne Zugang zum Quellcode kann es schwierig sein, Drittanbieter-Komponenten zu verstehen und zu modifizieren. Es besteht auch ein Risiko bei der Abhängigkeit von externen Anbietern, insbesondere wenn der Anbieter das Produkt einstellt oder sich aus dem Geschäft zurückzieht. Darüber hinaus können versteckte Kosten im Zusammenhang mit der Lizenzierung, Integration oder Unterstützung entstehen.
- Generell können ältere Systeme einen höheren Wartungs- und Supportaufwand erfordern. Technologische oder plattformspezifische Barrieren können zu Integrationsproblemen führen. Ein weiterer kritischer Punkt ist, dass das für ältere Systeme erforderliche Fachwissen heute selten sein könnte.

REU.2.BP4: Sicherstellung der Qualifizierung von Produkten für die Wiederverwendung. Erbringe den Nachweis, dass das wiederzuverwendende Produkt für den beabsichtigten Verwendungszweck des Liefergegenstands geeignet ist.

Anmerkung 4: *Die Qualifizierung kann durch Verifikationsnachweise belegt werden.*

Anmerkung 5: *Die Verifizierung kann die Angemessenheit der Dokumentation einschließen.*

Diese Praktik stellt sicher, dass wiederverwendete Produkte nicht nur technisch einwandfrei, sondern auch für den beabsichtigten Einsatz geeignet sind. Dabei spielen sowohl die Verifikation der Analyseergebnisse als auch die Modularität und umfassende Tests eine zentrale Rolle. Die Eignung kann durch Verifikationsnachweise demonstriert werden. In diesem Zusammenhang bezieht sich Verifikation auf den Nachweis, dass das Produkt die festgelegten Anforderungen erfüllt.

Ein wichtiger Aspekt der Überprüfung ist die Angemessenheit der Dokumentation. Das bedeutet, dass nicht nur das Produkt selbst, sondern auch die begleitende Dokumentation geprüft werden muss, um sicherzustellen, dass sie vollständig, korrekt und aktuell ist.

Ein weiterer zentraler Punkt ist die Modularität. Systeme sollten so gestaltet sein, dass sie modular sind. Dies erleichtert ihre Integration in andere Systeme und ermöglicht Modifikationen mit minimalen Anpassungen. Dabei ist es wichtig, dass die einzelnen Komponenten entweder unabhängig funktionieren können oder nur minimale Abhängigkeiten aufweisen. Ein solches Design erhöht die Flexibilität und Anpassungsfähigkeit des Produkts, was für die Wiederverwendung essenziell ist.

Darüber hinaus müssen Systeme gründlich auf Funktionalität, Sicherheit und Leistung überprüft werden. Dies gewährleistet, dass sie nicht nur die spezifizierten Anforderungen erfüllen, sondern auch in der Praxis zuverlässig und sicher funktionieren. Es ist daher unerlässlich, entsprechende Verifikationsmaßnahmen durchzuführen und die Ergebnisse dieser Maßnahmen bereitzustellen. Nur so kann sichergestellt werden, dass Produkte, die zur Wiederverwendung vorgesehen sind, tatsächlich den hohen Anforderungen gerecht werden, die an sie gestellt werden.

REU.2.BP5: Bereitstellung von Produkten für die Wiederverwendung. Stelle das wiederzuverwendende Produkt den betroffenen Parteien zur Verfügung.

Anmerkung 6: *Siehe HWE.3, SWE.5 oder SYS.4 für weitere Informationen zur Integration von Hardware-, Software- oder Systemkomponenten.*

Einer der ersten Schritte im Prozess der Wiederverwendung ist die Entscheidung, welche Komponenten wiederverwendet werden sollen. Ist eine Komponente erst einmal als wiederverwendbar eingestuft, muss als Nächstes entschieden werden, ob eine bereits vorhandene Version verwendet oder eine neue entwickelt werden soll. Hierbei spielen mehrere Aspekte eine Rolle:

- Die Identifikation und die Kategorisierung von Komponenten sind essenziell. Komponenten oder Systeme, die für die Wiederverwendung geeignet sind, sollten klar identifiziert und anhand ihrer Funktionalität, Nutzung und Kompatibilität kategorisiert werden.
- Darüber hinaus sind die Kostenimplikationen zu berücksichtigen. Die Wiederverwendung von Systemen kann sowohl zu potenziellen Einsparungen als auch zu notwendigen Investitionen für Anpassungen führen. Obwohl die Wiederver-

wendung von Systemen Zeit und Ressourcen sparen kann, erfordert es sorgfältige Planung und Überlegung, um effektiv zu sein.

- Ein weiterer wichtiger Aspekt ist das Lebenszyklus-Management. Es sollte ein Plan für den gesamten Lebenszyklus des Systems vorhanden sein, von der Entwicklung bis zur Ausmusterung. Auch eventuelle Pläne zur Einstellung oder Auslauf des Systems sollten den Nutzern rechtzeitig mitgeteilt werden.
- Die Dokumentation spielt ebenfalls eine entscheidende Rolle. Umfassende Dokumentationen, die die Funktionalität, Schnittstellen und Anforderungen des Systems beschreiben, sollten bereitgestellt werden. Dazu gehören sowohl Bedienungsanleitungen für Endnutzer als auch Entwicklerhandbücher.
- Um die Konsistenz zu gewährleisten, ist es wichtig, sich an Standards und Konventionen zu halten. Das beinhaltet sowohl das Einhalten von Programmier- und Designstandards als auch die Verwendung allgemein akzeptierter Namenskonventionen und bewährter Vorgehensweisen.
- Die Versionskontrolle hilft dabei, Änderungen und Aktualisierungen nachzuverfolgen. Versionen sollten klar gekennzeichnet und ein Änderungsprotokoll sollte gepflegt werden.
- Bei der Wiederverwendung sollten auch Fragen der Lizenzierung und des geistigen Eigentums berücksichtigt werden. Die Lizenzbedingungen für die Wiederverwendung sollten klar definiert sein, ebenso wie die geistigen Eigentumsrechte und Einschränkungen.
- Schließlich sind auch Schulung und Support von Bedeutung. Es sollten Schulungsmaterialien oder Trainings angeboten werden, damit die Nutzer die Fähigkeiten und die Verwendung des Systems verstehen. Ein Supportkanal für Problembehebungen und Anfragen sollte ebenfalls zur Verfügung stehen.

Zusammenfassend lässt sich sagen, dass die Bereitstellung von Produkten zur Wiederverwendung eine komplexe Aufgabe ist, die eine sorgfältige Planung und Berücksichtigung verschiedener Aspekte erfordert. Es ist unerlässlich, dass alle relevanten Stakeholder über die Systeme, die als wiederverwendbar betrachtet werden, sowie über deren Einschränkungen informiert werden.

REU.2.BP6: Kommunikation von Informationen über die Wirksamkeit von Wiederverwendungsaktivitäten. Etabliere einen Kommunikations- und Benachrichtigungsmechanismus über Erfahrungen und technische Ergebnisse mit dem den Anbietern von wiederverwendeten Produkten.

Anmerkung 7: *Die Kommunikation mit dem Anbieter eines wiederverwendeten Produkts kann davon abhängen, ob sich das Produkt in der Entwicklung befindet oder nicht.*

Im Prozessmanagement der Wiederverwendung von Produkten, speziell unter dem Aspekt REU.2.BP6, geht es darum, Informationen über die Effektivität von Wiederverwendungsaktivitäten zu kommunizieren.

Ein zentraler Punkt im Management von Produkten zur Wiederverwendung ist die Etablierung eines Kommunikationsmechanismus mit dem Anbieter des wiederverwendeten Produkts. Dies beinhaltet die Erfassung der aktuellen Wiederverwendungsquote und des Potenzials für zukünftige Verbesserungen. Bewertungsmechanismen spielen eine entscheidende Rolle, da sie einen periodischen Vergleich und eine Planung ermöglichen. Es ist von Bedeutung, dass die Qualitätsanforderungen definiert sind, da dies eine wichtige Aufgabe im Hinblick auf wirtschaftliche Vorteile, wie Kostenersparnis und Qualitätssteigerung, darstellt.

Ein effizientes Überwachungssystem basiert auf Kennzahlen und Feedback. Das Management spielt dabei eine zentrale Rolle, indem es die Implementierung überwacht und die Eignung bewertet. Das Feedback von internen Kunden und dem Management selbst ist hierbei ausschlaggebend. Zu den beteiligten Parteien in diesem Prozess gehören Administratoren, Manager, Ingenieure, Entwickler, Betreiber und Wartungsteams. Dieses Feedback kann entweder freiwillig erfolgen oder durch aktive Befragungen gesammelt werden.

Um die kontinuierliche Verbesserung der Wiederverwendungsprozesse sicherzustellen, sind Feedback-Mechanismen von großer Bedeutung. Es sollte ein System eingerichtet werden, das es den Benutzern ermöglicht, Feedback zu geben, Probleme zu melden oder Erweiterungen anzufordern. Dieses Feedback sollte regelmäßig ausgewertet und umgesetzt werden, um das System kontinuierlich zu verbessern.

Neben dem Kommunikationsmechanismus, der über Änderungen im Zusammenhang mit der Wiederverwendung informiert, sollte auch ein Benachrichtigungsmechanismus etabliert werden. Dieser warnt z. B. bei kritischen Fehlern und informiert über Neuerungen, sodass alle Beteiligten stets auf dem neuesten Stand sind.

Zusammenfassend lässt sich sagen, dass eine transparente Kommunikation und ein gut durchdachtes Feedback-System entscheidend sind, um die Vorteile der Produktwiederverwendung voll auszuschöpfen und eine kontinuierliche Verbesserung zu gewährleisten.

17.1.3 Erzeugte Informationsobjekte

04-02 **Domänenarchitektur**	Die Domänenarchitektur beschreibt die Architektur der Umgebung, aus der der Wiederverwendungskandidat stammt. Dies soll es ermöglichen zu analysieren, wie und wo er in anderen Kontexten eingesetzt werden kann. Hinweis: Dieses Informationsobjekt ist in Automotive SPICE® 4.0 benannt, es fehlt jedoch eine Beschreibung im Anhang B »Charakteristiken der Informationsobjekte«.
12-03 **Kandidat zur Wiederverwendung**	Der Wiederverwendungskandidat identifiziert das Produkt, für das die Wiederwendung geprüft werden soll, und benennt die verantwortliche Person. Es werden klare Ziele für den Wiederverwendungsprozess definiert, eine umfassende Liste der betreffenden Ressourcen erstellt und mögliche Risiken evaluiert, die mit den spezifischen Anforderungen an die beteiligten Komponenten verbunden sind. Zusätzlich wird die Person benannt, die dafür verantwortlich ist, die Eignung der ausgewählten Komponente zu prüfen und sicherzustellen, dass sie den projektspezifischen Anforderungen entspricht.
13-52 **Kommunikations-nachweise**	Für die Kommunikationsnachweise gibt es keine Vorgaben bezüglich des Formats oder der verwendeten Werkzeuge. Allerdings ist für den Nachweis erforderlich, dass die Kommunikation dokumentiert ist.
13-53 **Nachweis der Qualifizierung**	Ein Qualifizierungsnachweis besteht in der Regel aus Analyseergebnissen, Testberichten, Reviewprotokollen und Ähnlichem. Mit diesem Nachweis wird dokumentiert, dass und in welcher Form der Wiederverwendungskandidat geprüft wurde. Damit soll sichergestellt werden, dass er geeignet ist, im gewünschten Kontext eingesetzt zu werden. *Hinweis:* Dieses Informationsobjekt ist in Automotive SPICE® 4.0 benannt, es fehlt jedoch eine Beschreibung im Anhang B »Charakteristiken der Informationsobjekte«.
15-07 **Nachweis zur Wiederverwendbar-keitsanalyse**	Der Nachweis zur Wiederverwendbarkeitsanalyse umfasst die Identifikation von Wiederverwendungsmöglichkeiten, wobei sowohl Möglichkeiten als auch die Einschränkungen der Wiederverwendung genau analysiert werden. Es wird eine Infrastruktur für die Wiederverwendung festgelegt und Regressionstestfälle werden identifiziert, um sicherzustellen, dass die wiederverwendeten Komponenten effektiv in neue Umgebungen integriert werden können. Darüber hinaus erfolgt die Erfassung bekannter Fehler, um die Qualität und Sicherheit der Wiederverwendung zu gewährleisten und potenzielle Risiken frühzeitig zu erkennen.

17.1.4 Zusätzliche Überlegungen

Bezug zu anderen Automotive SPICE®-Prozessen

- Dieser Prozess hat keine nachgelagerten Prozesse, da er den Abschluss des Entwicklungsprozesses kennzeichnet.
- Er steht in Wechselwirkung mit dem Projektmanagement MAN.3 und mit den Unterstützungsprozessen.

Typische Fallstricke

- Unzureichende Analysekriterien und ungenügende Verifikation können zur Wiederverwendung ungeeigneter Systemen führen.
- Nicht dokumentierte Einschränkungen können zu Missverständnissen führen.
- Die fehlende Kommunikation von Beschränkungen kann Implementierungsfehler verursachen.
- Eine unzureichende Dokumentation erschwert die Wiederverwendung.
- Die Plattform- und Produktentwicklung werden bei der Entwicklung nicht ausreichend getrennt.
- Hardwarenahe Software kann Portierungsprobleme verursachen.
- Kundenanpassungen können die Plattformkomplexität erhöhen.
- Qualitäts- und Dokumentationsanforderungen können zu erhöhtem Aufwand führen.
- Ein unzureichendes Verständnis der Grenzen der Wiederverwendung kann Probleme hervorrufen.
- Eine Fehleinschätzung des Wiederverwendungspotenzials kann zu überhöhten Investitionen führen.
- Der Aufwand und die Komplexität der Wiederverwendung werden unterschätzt.
- Es mangelt an Kommunikation und Koordination zwischen den Beteiligten.
- Schulung und Unterstützung der Beteiligten fehlen oder sind unzureichend.
- Die Überwachung und Bewertung des Wiederverwendungsprozesses werden vernachlässigt.

Zu berücksichtigen in Bezug auf PA 2.1

- Es sollte eine klare Strategie für die Wiederverwendung von Produkten entwickelt werden, die die Ziele, die erwarteten Vorteile und den Umfang der Wiederverwendung festlegt. Dabei sind die Spezifika des Projekts und der Organisation zu berücksichtigen.

- Es muss sichergestellt werden, dass die notwendigen Ressourcen und Werkzeuge für die Identifizierung, Analyse und Aufbereitung von wiederverwendbaren Produkten verfügbar sind. Dies umfasst auch Schulungen für die Mitarbeiter.
- Es muss ein klarer Kommunikationsweg eingerichtet werden, um Informationen über verfügbare wiederverwendbare Produkte innerhalb der Organisation zu verbreiten und den Austausch zwischen den Projektteams zu fördern.

Zu berücksichtigen in Bezug auf PA 2.2

- Es müssen spezifische Qualitätskriterien festgelegt werden, die wiederverwendbare Produkte erfüllen müssen, einschließlich Funktionalität, Zuverlässigkeit und Kompatibilität.
- Es ist für eine umfassende Dokumentation der wiederverwendbaren Produkte zu sorgen, einschließlich ihrer Eigenschaften, Einschränkungen und Anwendungshinweise, um ihre effektive Wiederverwendung zu ermöglichen.
- Es sind Prozesse zur regelmäßigen Überprüfung und Bewertung der Wiederverwendungsaktivitäten einzuführen, um deren Effektivität zu messen und kontinuierliche Verbesserungen zu ermöglichen.

Hinweise für Assessoren

- Beurteilen Sie, wie Entwicklungsumgebungen und Referenzarchitekturen die Wiederverwendung unterstützen.
- Risiken sollten während der Analyse identifiziert und bewertet werden.
- Basierend auf der Analyse sollten die Beschränkungen identifiziert und dokumentiert werden.
- Potenzielle Stakeholder sollten über wiederverwendbare Systeme informiert werden.

18 Capability-Dimension von Prozessen

In diesem Kapitel wollen wir uns damit beschäftigen, was es eigentlich bedeutet, ein dezidiertes Automotive SPICE®-Level zu erreichen und was dafür getan werden muss. Die Bewertungsmethode (NPLF-Bewertung) wurde bereits in Abschnitt 3.2.1 dargestellt.

Assessoren bewerten immer die Prozessattribute, wobei die Basispraktiken für das Prozessattribut PA 1.1 bzw. die generischen Praktiken für alle anderen Prozessattribute als Anhaltspunkte für die Bewertung dienen. Zu bewerten ist, ob der Prozess die erwarteten Leistungen erbringt und den für den Prozess definierten Anwendungsbereich (Scope) abdeckt.

Für das Prozessattribut PA 1.1 ist beispielsweise mit der NPLF-Bewertung oder ihrer Verfeinerung zu bewerten, inwieweit der Prozesszweck erfüllt wird und die für jeden Prozess definierten Ergebnisse vorliegen.

Aus der Bewertung der Prozessattribute ergibt sich dann, wie in Tabelle 18–1 dargestellt, der Capability Level (Fähigkeitsstufe).

Vor einem Assessment legt der Assessor mit dem Sponsor fest, bis zu welchem Prozessattribut bzw. bis zu welchem Capability Level das Assessment durchgeführt werden soll.

Capability Level	Bedingungen
0	–
1	PA 1.1 auf L oder F bewertet.
2	PA 1.1 auf F bewertet, PA 2.1 und PA 2.2 auf L oder F bewertet.
3	PA 1.1 auf F bewertet, PA 2.1 und PA 2.2 auf F bewertet, PA 3.1 und PA 3.2 auf L oder F bewertet.
4	PA 1.1 auf F bewertet, PA 2.1 und PA 2.2 auf F bewertet, PA 3.1 und PA 3.2 auf F bewertet, PA 4.1 und PA 4.2 auf L oder F bewertet.

→

Capability Level	Bedingungen
5	PA 1.1 auf F bewertet, PA 2.1 und PA 2.2 auf F bewertet, PA 3.1 und PA 3.2 auf F bewertet, PA 4.1 und PA 4.2 auf F bewertet, PA 5.1 und PA 5.2 auf L oder F bewertet.

Tab. 18–1 *Herleitung der Capability Level aus den Prozessattributen*

Wichtig für das Erreichen höherer Capability Level (CL) ist, dass die Prozessattribute, die den darunter liegenden Capability Levels zugeordnet sind, nun ein F in der Bewertung erreichen müssen. Dies wird häufig übersehen. Das heißt, Fehler in den Basispraktiken können schnell einen Absturz über mehrere Ebenen hinweg bedeuten.

An dieser Stelle sei der Hinweis erlaubt, dass Assessments in der Automobilindustrie häufig nur bis zum Capability Level 2 gehen, manchmal bis zum Capability Level 3 und wirklich äußerst selten darüber hinaus.

18.1 Prozessattribut PA 1.1 Prozessdurchführung (CL 1)

Name des Prozessattributs	Prozessdurchführung
Anwendungsbereich des Prozessattributs	Das Prozessattribut »Prozessdurchführung« zeigt an, in welchem Ausmaß der Prozesszweck erreicht wird.
Leistungen des Prozessattributs	Der Prozess erreicht seine definierten Ergebnisse.

Automotive SPICE® beginnt im Gegensatz zu anderen Prozessmodellen mit den tatsächlich gelebten Prozessen. Das heißt, es wird betrachtet, wie ausgeprägt ein Prozess in einem bestimmten Projekt ist und ob er so, wie er gelebt wird, den von Automotive SPICE® vorgegebenen Zweck erfüllt.

PA 1.1 ist das einzige Prozessattribut, für das prozessspezifische Praktiken (Basispraktiken), erwartete Ergebnisse des Prozesses und die in dem Prozess bearbeiteten Informationsobjekte definiert werden. Bei den weiteren Prozessattributen treten die generischen Praktiken an die Stelle, die dann aber wieder prozessspezifisch interpretiert werden müssen.

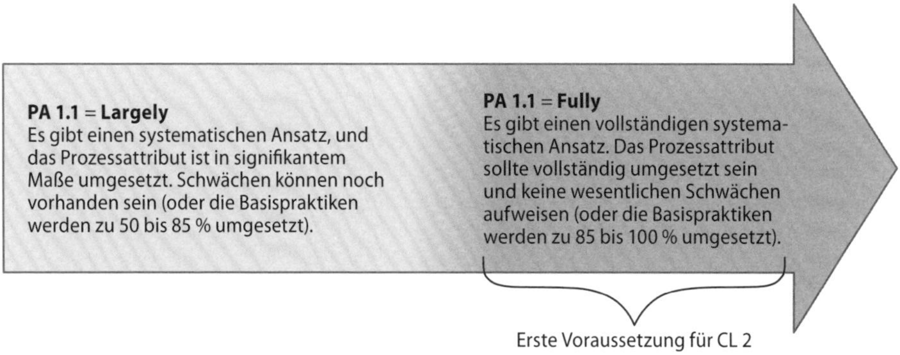

Abb. 18–1 *Übergang von Largely zu Fully*

Abbildung 18–1 zeigt, dass ein wesentlicher Unterschied zwischen einem Capability Level 1 mit einem »Largely« und mit einem »Fully« besteht, zumindest wenn das längerfristige Ziel ein Capability Level 2 ist. Im ersten Fall muss noch Energie in die grundsätzliche Prozessgestaltung gesteckt werden, was einen großen Aufwand für den Umfang der Prozessverbesserung bedeuten kann, während man sich im zweiten Fall auf die Planung des Prozesses und die Steuerung der Arbeitsprodukte konzentrieren kann.

GP 1.1.1: Erreichen der Prozessergebnisse. Erreiche die Absichten der Basispraktiken. Erzeuge die Arbeitsprodukte, die die Prozessergebnisse belegen.

Was diese Praktik bedeutet und was zu ihrer Erfüllung zu tun ist, ist jeweils in den vorangegangenen Kapiteln beschrieben. Die Bewertung dieser Praktik entspricht grundsätzlich der Bewertung des Prozessattributs PA 1.1. Sie ergibt sich jedoch, wie bereits zuvor erwähnt, nicht als »Mittelwert« der Bewertungen der Basispraktiken des Prozesses. Stattdessen muss der Assessor bzw. das Assessorenteam die Bewertungen der einzelnen Praktiken gegeneinander abwägen. Eine direkte Bewertung ohne Bewertung der Basispraktiken ist zwar möglich, jedoch äußerst unüblich.

18.2 Prozessattribut PA 2.1 Prozessdurchführungs-Management (CL 2)

Name des Prozessattributs	Durchführungsmanagement
Anwendungsbereich des Prozessattributs	Das Prozessattribut »Durchführungsmanagement« zeigt an, in welchem Ausmaß die Durchführung des Prozesses gesteuert wird.
Leistungen des Prozessattributs	▪ Die Strategie für die Durchführung des Prozesses ist auf der Grundlage identifizierter Ziele definiert. ▪ Die Durchführung des Prozesses wird geplant. ▪ Die Durchführung des Prozesses wird überwacht und angepasst, um die Planung zu erfüllen. ▪ Der Bedarf an personellen Ressourcen einschließlich der Zuständigkeiten und Befugnisse für die Durchführung des Prozesses wird ermittelt. ▪ Der Bedarf an physischen und materiellen Ressourcen wird ermittelt. ▪ Die Personen, die den Prozess durchführen, werden auf die Ausführung ihrer Aufgaben vorbereitet. ▪ Physische und materielle Ressourcen für die Durchführung des Prozesses werden identifiziert, bereitgestellt, zugeteilt und genutzt. ▪ Die Schnittstellen zwischen den beteiligten Parteien werden verwaltet, um sowohl eine effektive Kommunikation als auch die Zuweisung von Verantwortlichkeiten zu gewährleisten.

PA 2.1 befasst sich intensiv mit der Steuerung der Art und Weise, wie Leistungen in Projekten entstehen. Dabei stehen die generischen Praktiken in engem Zusammenhang zueinander (s. Abb. 18–2).

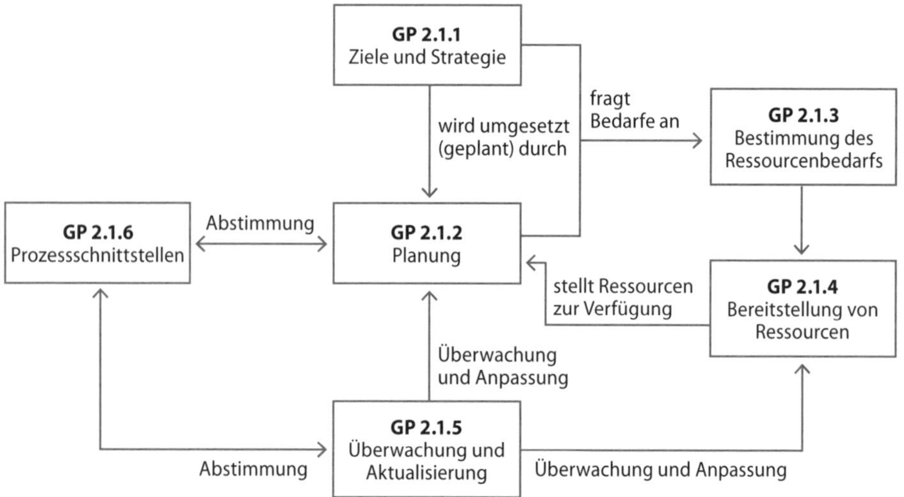

Abb. 18–2 *Zusammenhang der generischen Praktiken im Prozessattribut PA 2.1*

PA 2.1 wird durch die Praktiken des Projektmanagement-Prozesses (MAN.3) gestärkt. In der Praxis bedeutet dies, dass das Projektmanagement gezielt auf einen spezifischen Prozess angewendet wird, statt auf das gesamte Projekt. Dies impliziert, dass die Intensität und Art der Planung und Überwachung je nach spezifischem Prozess variieren können. Es mag Prozessaktivitäten geben, die keiner Planung bedürfen. Zum Beispiel wäre es bei Prozessen wie dem Konfigurationsmanagement (SUP.8) nicht zweckmäßig, jede Einzelaktivität zu planen und zu verfolgen. In der Regel wird dies durch die Planung von Sammelaktivitäten aufgefangen, die über die gesamte Projektlaufzeit verfolgt werden.

Diese spezifische Anwendung des Projektmanagements auf bestimmte Prozesse bildet den Kern von PA 2.1 und umfasst:

- Planung von Prozessen basierend auf festgelegten Zielen
- Überwachung der Einhaltung dieser Pläne
- Zuweisung und Nutzung von Ressourcen
- Steuerung von Schnittstellen zu allen beteiligten Personen und Gruppen

Bei der detaillierten Planung werden Ziele oft implizit ohne direkte Erwähnung integriert (s. Abb. 18–3). Deshalb kann die Abgrenzung zwischen GP 2.1.1 und GP 2.1.2 für Einsteiger willkürlich erscheinen. Zur Klarstellung: Während GP 2.1.1 die Erwartungen setzt, definiert GP 2.1.2 die Einzelheiten, wie diese Erwartungen erfüllt werden sollen.

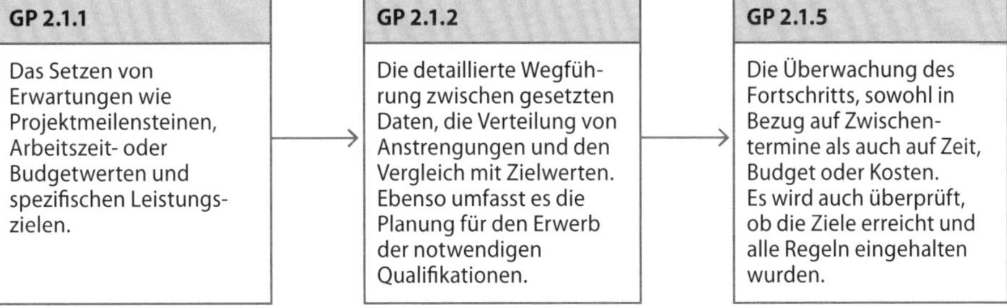

Abb. 18–3 *Planungskaskade im Prozessattribut PA 2.1*

GP 2.1.1: Identifizierung der Ziele und Festlegung einer Strategie für die Prozessdurchführung. Der Umfang der Prozessaktivitäten einschließlich des Managements der Prozessdurchführung und des Managements der Arbeitsprodukte ist festgelegt. Entsprechende zu erreichende Ergebnisse sind festgelegt. Die Ziele der Prozessdurchführung und die zugehörigen Kriterien sind festgelegt.

Anmerkung 1: *Budget-Ziele und Liefertermine an den Kunden, Ziele für die Testabdeckung und die Prozess-Durchlaufzeit sind Beispiele für Ziele der Prozessdurchführung.*

Anmerkung 2: *Die Durchführungsziele bilden die Grundlage für die Planung und Überwachung. Bei der Festlegung der Durchführungsziele werden Annahmen und Beschränkungen berücksichtigt. Ansatz und Methodik für die Prozessdurchführung werden festgelegt.*

Anmerkung 3: *Eine Strategie für die Prozessdurchführung muss nicht unbedingt für jeden Prozess einzeln dokumentiert werden. Elemente, die für mehrere Prozesse gelten, können gemeinsam dokumentiert werden, z. B. als Teil eines gemeinsamen Projekthandbuchs oder in einer gemeinsamen Teststrategie.*

Die generische Praktik GP 2.1.1 legt fest, wie der betrachtete Prozess gesteuert wird. Dies erfordert einerseits die Festlegung überprüfbarer Ziele und andererseits die Definition einer Umsetzungsstrategie, die beschreibt, wie diese Ziele erreicht werden sollen.

Ein effektives Prozessmanagement beginnt mit einer klaren Zielsetzung, und genau das leistet GP 2.1.1. Ziele und Durchführungsstrategie müssen sich nach den Erfordernissen des jeweils betrachteten Prozesses und des Projekts richten. Bei vielen Prozessen kommen auf dieser Ebene verschiedene Metriken ins Spiel, um die Durchführung des Prozesses zu überwachen und effektiv zu steuern. Dies sollte pragmatisch gestaltet und eindeutig definiert werden. Gerade zu Beginn gilt hier häufiger die Devise: »Weniger, das aber konsequent, ist mehr.«

Ziele, die auf Basis der Prozessanforderungen ermittelt sind, legen nicht nur den Aufgabenumfang für die Prozessausführung fest, sondern sollen auch relevante Annahmen und Rahmenbedingungen berücksichtigen. Hier ein paar Möglichkeiten für Projektziele:

- Die pünktliche Erstellung von Artefakten, die festgelegte Qualitätskriterien erfüllen
- Die Bestimmung von Prozess-Durchlaufzeiten und deren Häufigkeit
- Die effektive Nutzung von Ressourcen sowie das Erkennen und Einhalten von Grenzen des Prozesses
- Die Einhaltung vorgeschriebener Methoden zur Umsetzung bestimmter prozessrelevanter Aktivitäten

Als Mindestanforderung sollten Ressourcennutzung, Aufwand und Zeitpläne als Ziele festgelegt werden. Diese Ziele stehen nicht isoliert, sondern dienen als Basis für die nachfolgenden Praktiken im Prozessattribut PA 2.1. Das heißt, man sollte sich von Anfang an überlegen, wie man diese Ziele nachverfolgen will. Nachverfolgbarkeit bedeutet aber nicht, dass wir unbedingt quantitative Ziele definieren müssen. Qualitative Ziele können ebenfalls sinnvoll sein, um den Prozess zu steuern.

Kommen wir nun zum zweiten Aspekt dieser Praktik, der Durchführungsstrategie, die nun für jeden Prozess vorhanden sein sollte. Die sogenannte »Process Performance Strategy«, die Strategie für die Prozessdurchführung, definiert den operativen Ansatz in Bezug auf Vorgehensweisen und Methoden, die das Erreichen der Prozessdurchführungs-Ziele unterstützen und den Anwendungsbereich des Prozesses berücksichtigen. Eine Strategie kann durch verschiedene Mittel dargestellt werden, beispielsweise durch Präsentationsfolien einer Organisationseinheit, die den Zweck und die Ziele ihrer einzelnen Prozesse beschreiben und eine ausreichende Erklärung der entsprechenden Vorgehensweisen bieten. Weiterhin können Tools existieren, die bestimmte Arbeitsabläufe erzwingen, wie z.B. Benutzeroberflächen mit obligatorischen oder eingeschränkten Bearbeitungsfeldern in einem Dokumentenmanagement-, Konfigurationsmanagement- oder Änderungsmanagement-System. Automatisierte (oder teilautomatisierte) Arbeitsabläufe, die von Tools und Skripten implementiert werden, sind ebenfalls Teil einer solchen Strategie. Dazu gehören automatisch generierte Rahmen für Testergebnisberichte mit Rückverfolgungslinks zur Testspezifikation, Build-Tools einschließlich obligatorischer statischer Softwareverifikation, Ansätze zur kontinuierlichen Integration und zur kontinuierlichen Auslieferung. Eine Prozessdurchführungs-Strategie muss nicht notwendigerweise für jeden Prozess separat dokumentiert werden. Die Strategie muss auch nicht in einem spezifischen Dokument beschrieben werden. Eine gängige und nützliche Praxis ist es, Strategieelemente, die für mehrere Prozesse gelten, in gemeinsamen Dokumenten zu dokumentieren, z.B. als Teil eines gemeinsamen Projekthandbuchs oder in einem gemeinsamen Strategiedokument.

Die Einhaltung einer gegebenen Strategie und die Wirksamkeit der Strategie sind wesentlich. Allerdings garantiert das Vorhandensein einer dokumentierten Strategie nicht notwendigerweise, dass die Strategie etabliert und wirksam ist.

Es reicht nicht aus, die Strategie lediglich zu dokumentieren; sie muss in der Praxis funktionieren und eingehalten werden. Die benötigte Tiefe und Detailgenauigkeit ist dabei kontextabhängig. Dabei sollte eine Strategie den Umfang des Prozesses, die zu erfüllenden Bedürfnisse, Ziele, Optionen, Ansätze und Methoden zur Durchführung der Prozessaktivitäten abdecken. Daher sind der erforderliche Umfang und die Detailtiefe der Informationen immer kontextabhängig. Zu beachten ist, dass die Definition und Existenz dokumentierter Informationen im Zusammenhang mit einer Strategie nicht relevant für die Bewertung von PA 1.1 des Prozesses sind.

Wenn Prozessdurchführungs-Ziele und Aspekte der Strategie von einem bestehenden Standardprozess abgeleitet sind, muss die Eignung der Ziele und der Strategie dieses Standardprozesses für den spezifischen Projektkontext berücksichtigt werden. Dennoch ist die Definition von Standardzielen und Standardstrategien in einem Standardprozess gemäß Capability Level 3 für GP 2.1.1 nicht erforderlich.

Es ist wichtig zu verstehen, dass eine Strategie nicht zwangsläufig als solche tituliert sein muss. Vielmehr geht es darum, dass sie in der Praxis wirksam ist und von den relevanten Beteiligten anerkannt wird. Dies kann sich durch verschiedene Indikatoren manifestieren, wie z.B. eine Abteilungspräsentation, Werkzeuge und Werkzeugfunktionalitäten, die einen Workflow durchsetzen, automatisierte Arbeitsabläufe etc.

GP 2.1.1 ebnet den Weg für GP 2.1.2, in der die Planung auf Basis der in GP 2.1.1 festgelegten Ziele und der dazugehörigen Strategie erfolgen sollte.

GP 2.1.2: Planung der Prozessdurchführung. Die Planung für die Prozessdurchführung wird entsprechend den definierten Zielen, Kriterien und der Strategie erstellt. Prozessaktivitäten und Arbeitspakete sind definiert. Die Schätzungen für die Arbeitspakete sind mithilfe geeigneter Methoden ermittelt.

Anmerkung 4: *Zeitplan und Meilensteine sind festgelegt.*

Innerhalb des Automotive SPICE® 4.0-Modells bildet GP 2.1.2 den Kern der Planungsaktivitäten für die Prozessausführung. Diese Planung erfolgt basierend auf den in GP 2.1.1 ermittelten Prozesszielen. Ein durchdachter Plan bietet nicht nur eine Struktur und Richtung, sondern ermöglicht auch eine effiziente und effektive Prozessausführung.

Zunächst geht es darum, die Arbeitsabläufe (Workflow) des Prozesses zu definieren, um zu verstehen, wie die verschiedenen Aktivitäten und Phasen des Prozesses ineinandergreifen. Ein klar definierter Workflow bietet die Grundlage für alle weiteren Planungsschritte.

Ein wichtiger Aspekt der Planung ist die Festlegung wichtiger Meilensteine für die Prozessausführung. Diese Meilensteine dienen dazu, den Fortschritt zu überwachen und sicherzustellen, dass der Prozess gemäß den Erwartungen abläuft. Sie bieten auch Anhaltspunkte für die Kontrolle und Steuerung des Prozesses. In der Planung geht es auch darum, Schätzungen für Attribute der Prozessausführung zu bestimmen und aufrechtzuerhalten. Das können beispielsweise Zeit- oder Ressourcenschätzungen sein. Darüber hinaus werden spezifische Prozessaktivitäten definiert, die zur Erreichung der festgelegten Prozessziele erforderlich sind.

Ein weiterer kritischer Schritt besteht darin, einen Zeitplan festzulegen und diesen mit dem Prozessablauf abzustimmen. Dies stellt sicher, dass alle Aktivitäten in logischer Reihenfolge und innerhalb des vorgegebenen Zeitrahmens durchgeführt werden. Planungsaktivitäten beinhalten auch die Vorbereitung von Überprüfungen der Arbeitsergebnisse des Prozesses. Diese Überprüfungen sind entscheidend, um sicherzustellen, dass die Arbeitsergebnisse nicht nur pünktlich, sondern auch in der geforderten Qualität erstellt werden. Wobei zu beachten ist, dass die Qualität der Arbeitsergebnisse gemäß GP 2.1.1 nicht als Durchführungsziel betrachtet wird.

Abschließend sei darauf hingewiesen, dass die nachfolgenden Praktiken die Praktik GP 2.1.2 ergänzen und im Zusammenspiel dazu beitragen, einen umfassenden und effektiven Prozess zu gewährleisten.

GP 2.1.3: Bestimmung des Ressourcenbedarfs. Der Bedarf an personellen Ressourcen, Erfahrung, Wissen und Fähigkeiten für die Prozessdurchführung wird auf der Grundlage der Planung ermittelt. Der Bedarf an physischen und materiellen Ressourcen wird auf der Grundlage der Planung ermittelt.

Anmerkung 5: *Zu den physischen und materiellen Ressourcen können Geräte, Laboratorien, Materialien, Werkzeuge, Lizenzen usw. gehören.*

Die erforderlichen Verantwortlichkeiten und Befugnisse zur Durchführung des Prozesses und zur Verwaltung der entsprechenden Arbeitsprodukte werden festgelegt.

Anmerkung 6: *Die Festlegung von Zuständigkeiten und Befugnissen erfordert nicht unbedingt formale Rollenbeschreibungen.*

Das korrekte Management und die Zuweisung von Ressourcen sind unerlässlich für den Erfolg eines jeden Prozesses. Im Rahmen von GP 2.1.3 werden die notwendigen Ressourcen ermittelt. Die Ressourcendefinition umfasst sowohl interne als auch externe Mitarbeiter sowie weitere wesentliche Ressourcen wie Budget, operative Informationen, Arbeitsumgebung und Arbeitsmittel. Dazu gehören u.a. spezifische Softwarewerkzeuge, Lizenzen und Teststände.

Doch ebenso entscheidend wie die Bereitstellung dieser Ressourcen ist die klare Definition von Verantwortlichkeiten und Befugnissen für die beteiligten personellen Ressourcen. In der GP 2.1.3 wird ermittelt, was notwendig ist, um die Ziele und Planungen der vorangegangenen Praktiken zu erreichen. Dies ist im PA 2.1 von der tatsächlichen Bereitstellung in der GP 2.1.4 getrennt, eine Neuerung in Automotive SPICE® 4.0.

Ein weiterer wesentlicher Aspekt ist in diesem Zusammenhang, dass notwendige Kompetenzen für die Erfüllung der Aufgaben in diesem Prozess ermittelt und festgeschrieben werden. Dies kann auch im Rahmen der in der GP 2.1.1 geforderten Strategie erfolgen. Ein enger Bezug besteht zu den Basispraktiken MAN.3.BP5 und MAN.3.BP6.

Diese Verantwortlichkeiten müssen nicht nur festgelegt, sondern zumeist auch durch die Definition von Projektrollen dokumentiert und kommuniziert werden. Denn eine klare Zuweisung von Verantwortlichkeiten und deren effektive Kommunikation ist in einem gut geführten Projekt unerlässlich. Die für eine Rolle erforderlichen Erfahrungen, Kenntnisse und Fähigkeiten werden in Rollenbeschreibungen festgelegt. Auf dieser Grundlage werden geeignete Personen für die jeweiligen Rollen im Prozess ausgewählt. Dabei ist es von Bedeutung, dass nicht nur allgemeine Qualifikationen berücksichtigt werden, sondern auch spezifische Fähigkeiten, die für das jeweilige Projekt benötigt werden.

Interessanterweise wird oft festgestellt, dass zwar die Definition von Verantwortlichkeiten in vielen Projekten gegeben ist, die genaue Definition von Befugnissen häufig aber vernachlässigt wird. Ein anschauliches Beispiel hierfür ist der Gesamtprojektleiter, der für das fristgerechte und kosteneffiziente Abschließen des Projekts verantwortlich ist. Zu seinen Befugnissen gehören Unterschriftsrechte für Geschäftsvorfälle bis zu einem bestimmten Betrag, die Ausstellung von Arbeitsanweisungen an Projektmitarbeiter und die Beauftragung von externen Lieferanten bis zu einem festgelegten Auftragsvolumen.

GP 2.1.4: Identifizierung und Bereitstellung von Ressourcen. Die Personen, die den Prozess durchführen und managen, sind identifiziert und entsprechend dem ermittelten Bedarf zugewiesen. Die Personen, die den Prozess durchführen und leiten, werden für die Ausführung ihrer Aufgaben qualifiziert.

Anmerkung 7: *Die Qualifizierung der Personen kann Schulungen, Mentoring oder Coaching umfassen.*

Die anderen Ressourcen, die für die Durchführung des Prozesses erforderlich sind, werden ermittelt, verfügbar gemacht, zugewiesen und entsprechend dem ermittelten Bedarf genutzt.

Die Praktik GP 2.1.4 betont die Wichtigkeit der richtigen Bereitstellung von Ressourcen für eine gezielte und erfolgreiche Prozessdurchführung. Diese Ressourcen reichen von der physischen Infrastruktur bis hin zu qualifiziertem Personal, das den Prozess effizient managen und durchführen kann.

Zu den zentralen Elementen dieser Praktik gehört die Vorbereitung von Personen, die am Prozess beteiligt sind. Dies kann durch diverse Methoden erreicht werden, wie z.B. durch Inhouse-Ausbildung, externe Schulungen, Trainee-Programme, Mentoring oder computergestütztes Lernen. Die Auswahl der geeigneten Methode hängt von den spezifischen Anforderungen und Gegebenheiten der Organisation ab.

Die für die Durchführung des Prozesses erforderlichen Informationen müssen ebenfalls bereitgestellt werden. Dabei sollte ein enger Bezug zu den Basispraktiken MAN.3.BP5 (Ressourcen) und MAN.3.BP6 (Informationen und Wissen) beachtet werden. In diesem Kontext ist es unabdingbar, sowohl personelle als auch Infrastrukturressourcen zu berücksichtigen. Um den reibungslosen Ablauf des Prozesses zu gewährleisten, müssen die Ressourcen entsprechend dem Plan und rechtzeitig bereitgestellt werden. Eine flexible Anpassung der Ressourcenschätzung kann erforderlich sein, insbesondere wenn sich die Prozessziele oder Pläne ändern. Die Rechtzeitigkeit gilt auch für die Qualifizierung von Mitarbeitern.

Ein wichtiger Aspekt, der in dieser Praktik hervorgehoben wird, weist darauf hin, dass es nicht nur um personelle Ressourcen geht. Das Spektrum der benötigten Ressourcen ist breit und vielfältig. Ein Bezug zu anderen generischen Praktiken, insbesondere zu GP 2.1.2, wird hergestellt. Hierbei geht es um die Planung der erforderlichen Ressourcen. Es kann vorkommen, dass Anpassungen in der Planung notwendig werden, um zusätzliche Ressourcen hinzuzufügen.

GP 2.1.5: Die Prozessdurchführung wird überwacht und angepasst. Die Prozessdurchführung wird überwacht, um Abweichungen von der Planung festzustellen. Bei Abweichungen von der Planung werden geeignete Maßnahmen ergriffen. Die Planung wird bei Bedarf angepasst.

Bei der Überwachung und Steuerung eines Prozesses sind verschiedene Dinge zu beachten. Es ist wichtig, eine klare Sicht darauf zu haben, was im Prozess »normal« und »angemessen« ist, um sicherzustellen, dass Personen und Aktivitäten effizient und effektiv sind. Das Aufzeichnen von Aufwänden dient dabei nicht nur zur Überprüfung der Plausibilität, sondern auch zur Erstellung einer realistischen Schätzdatenbasis. Hierbei liegt der Fokus auf allen Praktiken des Prozesses.

Stellt die Überwachung eine Abweichung fest, stehen einem Projekt im Grunde zwei Handlungsoptionen zur Verfügung: entweder die Anpassung der Planung oder der Prozessziele oder das Ergreifen von Maßnahmen, um alle Leistungen wieder in den Plan zu integrieren. Solche Anpassungen können eine Verschiebung von Terminen, das Reduzieren von Arbeitsumfängen, das Neusetzen von Zielen oder das Identifizieren übersehener Stakeholder beinhalten. In manchen Fällen kann es auch notwendig sein, zusätzliche Ressourcen bereitzustellen oder vorhandene Ressourcen umzuverteilen. Dabei sind stets die zusätzlichen Anforderungen zu berücksichtigen, die entstehen, wenn mehr Mitarbeiter hinzugefügt werden, wie z.B. die Notwendigkeit einer gründlichen Einarbeitung und Kommunikationsaufwand.

Interessanterweise erfordern nicht nur Situationen, in denen der Plan der Realität hinterherhinkt, Anpassungen. Auch bei überschüssigen Ressourcen können Veränderungen notwendig werden. Hierbei ist es essenziell, den Erfolg von Anpassungen direkt beobachten zu können. Häufig resultieren diese Anpassungen in neuen Planversionen, die transparent zeigen, welche Änderungen vorgenommen wurden.

Es wird empfohlen, Änderungen, die in der Prozessausführung vorgenommen werden, mit den betroffenen Stakeholder-Vertretern abzustimmen, um Missverständnisse und Konflikte zu vermeiden. In diesem Zusammenhang ist auch GP 2.1.6 zu beachten.

GP 2.1.6: Die Schnittstellen zwischen den beteiligten Parteien werden verwaltet. Die an der Prozessdurchführung beteiligten Personen und Gruppen einschließlich der erforderlichen externen Parteien sind bestimmt. Die Verantwortlichkeiten sind den entsprechenden Personen oder Parteien zugewiesen. Die Kommunikationsmechanismen zwischen den beteiligten Parteien sind festgelegt. Eine wirksame Kommunikation zwischen den beteiligten Parteien ist eingerichtet und wird aufrechterhalten.

Im PA 2.1 befasst sich GP 2.1.6 mit den Prozessschnittstellen, der Identifikation von relevanten Ansprechpartnern und der Notwendigkeit einer systematischen Kommunikation. Dabei besteht eine Verbindung zu den Basispraktiken MAN.3.BP1, MAN.3.BP7 und möglicherweise ACQ.4.BP1.

Jeder Ansprechpartner der beteiligten Parteien soll benannt werden. Hierbei sollte nicht nur die Hauptperson, sondern auch deren Vertretung aufgeführt werden. Es ist unerlässlich, dass die Verantwortlichkeiten, Befugnisse und Entscheidungen, in die sie einbezogen werden müssen, klar definiert sind. Darüber hinaus sollten ihre Informationsbedürfnisse detailliert beschrieben werden, einschließlich der spezifischen Informationstypen, der namentlich genannten Personen, die die Informationen bereitstellen, und der Kommunikationshäufigkeit.

In Bezug auf die Kommunikation sollten sowohl die verwendeten Kanäle für den Informationsfluss – seien es formelle oder informelle Kanäle, Besprechungen, Telefonkonferenzen oder Kommunikationsplattformen – als auch die Eskalationswege klar definiert und kommuniziert werden. Wichtig ist auch zu klären, ob der Empfänger verpflichtet ist, Informationen zu sammeln, oder ob der Absender verpflichtet ist, diese zu liefern. Ziel sollte stets sein, dass die gewählte Methode Effizienz gewährleistet. Die Zustimmung der Ansprechpartner zu Plänen stellt hierbei das Minimum an Beteiligung dar. Oft können sie auch in die Umsetzung von Plänen involviert sein.

Für die Planung und Kontrolle kann ein Kommunikationsplan herangezogen werden. Eine dokumentierte Übersicht über die Planung von Meetings kann ebenfalls bei der Umsetzung der Praktik helfen. Es ist darauf zu achten, dass für jedes Meeting klar definiert ist, wann und in welcher Frequenz es stattfindet, wer standardmäßig daran teilnimmt und welche Themen im Meeting besprochen werden sollen (z.B. in Form einer Standardagenda). Eine effektive mündliche Kommunikation folgt guten Meetingpraktiken.

Eine der herausfordernden Aufgaben in GP 2.1.6 ist die Unterscheidung zwischen Stakeholdern und Ressourcen. Obwohl die Unterscheidung oft nicht trivial ist, stellt sie in der Bewertungspraxis kein großes Problem dar, da das gesamte Prozessattribut und nicht nur einzelne GPs bewertet werden. Ein Vorschlag zur Unterscheidung ist, dass Personen, die thematisch zum Prozess gehören, GP 2.1.4 zugeordnet werden. Diejenigen, die thematisch nicht dazugehören, fallen unter GP 2.1.6. Ein systematisches Schnittstellenmanagement erfordert in großen und verteilten Teams regelmäßige Abstimmungen und standardisierte Kommunikation.

Auf das Thema Projektkommunikation und ihre Bedeutung wird in Abschnitt 5.9 näher eingegangen.

Hinweise für Assessoren

- Eine fehlende Implementierung wesentlicher Aktivitäten in den Basispraktiken hat direkte Auswirkungen auf die Bewertungen von PA 1.1 und PA 2.1. Es ist notwendig, dass die Basispraktiken von PA 1.1 vollständig und korrekt umgesetzt werden.
- Personen, die im Rahmen eines Assessments befragt werden (neben dem Autor der Strategie), sollten in der Lage sein, ihr Wissen über die Strategie unabhängig zu demonstrieren. Es liegt in Ihrer Verantwortung, zu überprüfen, ob eine vorhandene Strategie auch wirksam ist.

- Es ist wichtig, dass Sie überprüfen, wie effektiv eine Strategie bei der Erreichung der gewünschten Ergebnisse ist. Wenn die Strategie nicht effektiv ist oder nicht von allen relevanten Parteien befolgt wird, sollte ihre Bewertung und damit die generischen Praktiken des Prozessattributs herabgestuft werden.
- Da der Begriff der Prozessziele (»objectives for the performance of the process«) nicht sehr eingängig ist und die befragten Projektmitarbeiter die Frage danach nicht immer verstehen, ist es ratsam, indirekter zu fragen, z.B.:
  - Gibt es zeitliche Vorgaben, bis wann bestimmte Ergebnisse vorliegen müssen?
  - Gibt es inhaltliche oder methodische Vorgaben für die Durchführung der Prozessaktivitäten?
  - Wen müssen Sie über Ihre Aktivitäten informieren und in welcher Form?
  - Gibt es einen Rahmen, der den Gesamtaufwand für den Prozess festlegt?
- Assessoren können nicht vorschreiben, welche Arten von Prozesszielen zu verwenden sind. Dies bleibt den einzelnen Projekten oder Geschäftsbereichen überlassen. Assessoren sollten sich jedoch mindestens einen Typ vorlegen lassen und dann dessen Motivation, Detaillierungsgrad und Konsistenz bewerten.
- Im Rahmen eines Assessments werden häufig Personalbedarfs-Anfragen und Mitarbeiterlisten in Projekten als Nachweise herangezogen. Dies unterstreicht die Bedeutung einer sorgfältigen Planung und Dokumentation von Ressourcen und Verantwortlichkeiten im prozessspezifischen Prozessmanagement.
- Sie sollten in den Interviews darauf achten, die Befragten nach ihrer aktuellen und durchschnittlichen Arbeitsbelastung zu fragen. Es ist zudem ratsam, zu erfragen, wie die Überlastung von Mitarbeitern überwacht und erkannt wird, auch wenn diese Frage nicht explizit in Automotive SPICE® aufgeführt ist.
- Probleme wie veraltete Annahmen, Ressourcenkonflikte, überbuchtes Personal oder eine unzureichende Infrastruktur treten häufig auf, insbesondere bei verteilten Teams. Investitionen der Organisation in Kommunikationseinrichtungen sind für den Erfolg solcher Teams von zentraler Bedeutung. Es ist auch wichtig, dass die Organisation über eine adäquate technische Ausstattung verfügt, wie z.B. leistungsfähige Computer, genügend Softwarelizenzen und andere notwendige Hardware sowie geeignete Räumlichkeiten. Schließlich können während des Assessments spezifische Fragen in Interviews gestellt werden, um zu überprüfen, inwieweit die Praktik GP 2.1.4 in der Organisation umgesetzt wird.

18.3 Prozessattribut PA 2.2 Arbeitsprodukt-Management (CL 2)

Name des Prozessattributs	Arbeitsprodukt-Management
Anwendungsbereich des Prozessattributs	Das Prozessattribut »Arbeitsprodukt-Management« zeigt an, in welchem Ausmaß die durch den Prozess erzeugten Arbeitsprodukte angemessen verwaltet werden.
Leistungen des Prozessattributs	■ Die Anforderungen an die Arbeitsprodukte des Prozesses sind definiert. ■ Die Anforderungen an die Lagerung und Kontrolle der Arbeitsprodukte sind definiert. ■ Die Arbeitsprodukte werden angemessen identifiziert, gelagert und kontrolliert. ■ Die Arbeitsprodukte werden überprüft und ggf. angepasst, um die Anforderungen zu erfüllen.

PA 2.2 steuert den Umgang mit den Arbeitsprodukten eines Prozesses. Hierbei wird ein deutlicher Zusammenhang mit der Gruppe der Unterstützungsprozesse sichtbar. Diese Prozesse sind von entscheidender Bedeutung, um sicherzustellen, dass alle Arbeitsprodukte korrekt versioniert, verwaltet und bei Bedarf angepasst werden.

Tabelle 18–2 zeigt das Zusammenspiel bzw. die Ähnlichkeiten und Synergien mit den oben genannten Prozessen. Dabei ist stets zu beachten, dass wir uns jetzt auf einer anderen Ebene des Prozessverständnisses bewegen. Es geht nicht mehr um die reine Zweckerfüllung und das Erreichen der geforderten Prozessergebnisse, sondern um weitergehende Ziele, die eine Vogelperspektive auf den Prozess erfordern und Themen wie Wiederverwendbarkeit und Vereinheitlichung ins Spiel bringen, auch wenn ein Standardprozess erst mit Prozessattribut PA 3.1 gefordert wird.

Unterstützungs-prozesse	Beschreibung des Zusammenhangs
Qualitätssicherung (SUP.1)	Die Qualitätssicherung überprüft die Qualität der Prozesse und der Arbeitsprodukte. Der Prozess SUP.1 unterstützt an zwei Stellen die Erfüllung des Prozessattributs PA 2.2: Während sich die Festlegung von Qualitätskriterien für Arbeitsprodukte in SUP.1.BP2 (Definition von Kriterien für die Qualitätssicherung) mit der Definition von Anforderungen an die Arbeitsprodukte in GP 2.2.1 überschneidet, unterstützen die Praktiken SUP.1.BP3 (Sicherstellung der Qualität von Arbeitsprodukten) und SUP.1.BP6 Sicherstellung der Beseitigung von Nonkonformitäten) die Praktik GP 2.2.4. Ein wesentlicher Unterschied dieser Basispraktiken zu den generischen Praktiken besteht darin, dass sich die generischen Praktiken gezielt auf den jeweiligen Prozess und auch auf Arbeitsprodukte beziehen, die erst für Capability Level 2 erforderlich sind.

→

Unterstützungsprozesse	Beschreibung des Zusammenhangs
Konfigurationsmanagement (SUP.8)	Ohne ein systematisches Konfigurationsmanagement können die generischen Praktiken GP 2.2.2 und GP 2.2.3 nicht erfüllt werden. Dabei haben die Basispraktiken SUP.8.BP2 (Definition der Eigenschaften von Konfigurationsobjekten) und SUP.8.BP3 (Einrichtung eines Konfigurationsmanagements) einen klaren Bezug zur generischen Praktik GP 2.2.2, die Anforderungen an die Aufbewahrung und Kontrolle von Arbeitsprodukten definiert. Die Basispraktiken SUP.8.BP1 (Identifikation von Konfigurationselementen), SUP.8.BP4 (Steuerung von Änderungen) und SUP.8.BP8 (Überprüfung der Verfügbarkeit von Backup- und Recovery-Mechanismen) unterstützen die Identifizierung, Speicherung und Kontrolle der Arbeitsprodukte der generischen Praktik GP 2.2.3.
Problemlösungs-Management (SUP.9)	Das Problemlösungs-Management tritt in Aktion, wenn es um das Erkennen, Verfolgen und Beheben von Problemen innerhalb der Arbeitsprodukte geht.
Änderungsmanagement (SUP.10)	Das Änderungsmanagement ist verantwortlich für die strukturierte Einführung von Änderungen in Arbeitsprodukte, wobei sichergestellt wird, dass alle Beteiligten informiert sind und die Änderungen nachvollziehen können. Das Änderungsmanagement unterstützt die generischen Praktiken GP 2.2.2 und GP 2.2.3.

Tab. 18–2 *Zusammenhang des PA 2.2 mit den Unterstützungsprozessen*

Im PA 2.2 geht es nun darum, diese Themen prozessspezifisch umzusetzen und ggf. auch die in GP 2.1.1 definierten Ziele und die Strategie besser zu unterstützen. Hierbei sind von dem assessierten Projekt bewusste Entscheidungen gefordert, die in den Gesamtkontext des Projekts passen müssen.

Die generischen Praktiken im Prozessattribut PA 2.2 sind paarweise angeordnet, wie in Abbildung 18–4 dargestellt.

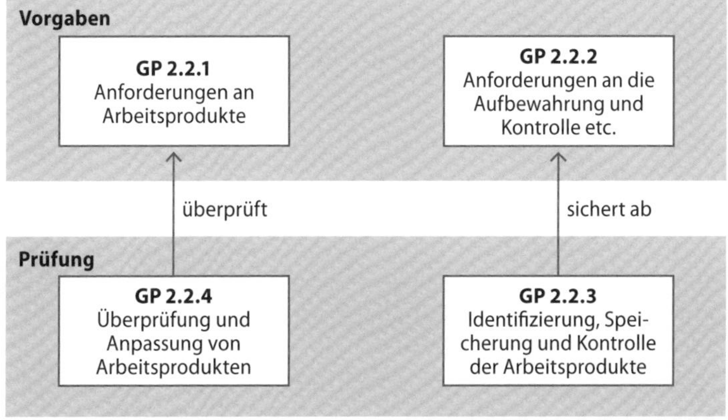

Abb. 18–4 *Zusammenspiel der generischen Praktiken im Prozessattribut PA 2.2*

GP 2.2.1: Definition der Anforderungen an die Arbeitsprodukte. Die Anforderungen an den Inhalt und die Struktur der zu erstellenden Arbeitsprodukte sind definiert. Es werden Qualitätskriterien für die Arbeitsprodukte festgelegt. Geeignete Überprüfungs- und Genehmigungskriterien für die Arbeitsprodukte sind definiert.

Anmerkung 1: *Mögliche Quellen für Dokumentationsanforderungen können z. B. bewährte Verfahren oder Erfahrungen aus anderen Projekten, Normen, Anforderungen der Organisation, Kundenanforderungen usw. sein.*

Anmerkung 2: *Es kann Arten von Arbeitsprodukten geben, für die keine Überprüfung oder Genehmigung erforderlich ist; in diesem Fall müssen die entsprechenden Kriterien nicht definiert werden.*

Diese Praktik widmet sich intensiv den Arbeitsergebnissen, die während eines Prozesses entstehen. Im Kern handelt es sich hierbei um sämtliche Arbeitsprodukte, die einem bestimmten Prozess zugeordnet sind. Das schließt nicht nur die Ergebnisse selbst ein, sondern auch alle prozessspezifischen Planungs- und Strategiedokumente, wie die Arbeitsprodukte, die für das Prozessattribut PA 2.1 notwendig sind.

Die Entscheidungen, die hier getroffen werden, müssen zu dem Projektkontext passen und angemessen sein. Sie können schlicht und pragmatisch sein, wenn das zu der Komplexität des Projekts passt, und sind in hohem Maße von dem jeweiligen Projekt abhängig: Eine Risikoliste kann noch in MS Excel geführt werden, während das Anforderungsmanagement ggf. in MS Excel nicht mehr realistisch umgesetzt werden kann.

Eine enge Verbindung besteht zwischen dieser Praktik und SUP.1.BP2. Doch während SUP.1.BP2 eine Grundlage schafft, erweitert und vertieft GP 2.2.1 das Thema und hat einen größeren Blickwinkel, wie schon in der Einleitung dieses Abschnitts erläutert. Zudem sollte alles, was in GP 2.2.1 definiert und festgelegt wird, kohärent mit der in GP 2.1.1 erstellten Strategie sein. In vielen Fällen können diese Festlegungen sogar ein integraler Bestandteil dieser Strategie werden.

Eines der Hauptziele von GP 2.2.1 ist die Definition von Richtlinien und Kriterien für Arbeitsprodukte, die später in GP 2.2.4 zur Anwendung kommen. Das beinhaltet u. a.:

- Definition von Inhalt und Struktur der Arbeitsprodukte
- Festlegung von Qualitätskriterien (insbesondere im Hinblick auf CL 2, wo die Kriterien das Projekt oder Unternehmen direkt unterstützen sollten, z. B. durch die Möglichkeit der Wiederverwendung)
- Kriterien für Reviews und Freigaben

Hinsichtlich der Struktur ist zu beachten, dass Arbeitsprodukte, egal ob elektronisch oder auf Papier, bestimmten strukturellen Vorgaben folgen sollten. Das reicht von einfachen Metainformationen wie Autor, Version und Status bis hin zu inhaltlichen Vorgaben. Zudem ist die Verwendung von Vorlagen oder Templates oft hilfreich, um eine konsistente Struktur zu gewährleisten. Dabei müssen diese Templates nicht zwingend für GP 2.2.1 erstellt werden. Es ist akzeptabel, wenn sie aus Vorgängerprojekten stammen.

In Bezug auf die Überprüfung von Arbeitsprodukten sind nicht alle Produkte gleich. Während einige explizit überprüft werden müssen, werden andere implizit überprüft, z.B. durch die Teilnehmer der Meetings. Dies hängt oft von der geforderten Integrität und vom ASIL bei sicherheitskritischen Systemen ab. Für solche, die explizit geprüft werden, sind die Festlegung der Prüfmethoden, die Bestimmung der Prüfabdeckung, die Prüffrequenz und die Auswahl der Prüfparteien von großer Bedeutung.

Abschließend sollte immer bedacht werden: Trotz aller Planung und Reglementierung ist es in der Praxis nicht immer möglich, 100 % der Vorgaben einzuhalten. Es wird immer eine Diskrepanz zwischen Theorie und Praxis geben. Dabei ist es jedoch wichtig zu betonen, dass Ressourcenmangel allein kein valides Argument für eine risikobasierte Strategie ist. Es sollte immer das Ziel sein, den besten Weg zu finden, um Qualität und Sicherheit zu gewährleisten.

GP 2.2.2: Definition der Anforderungen an die Aufbewahrung und Kontrolle der Arbeitsprodukte. Die Anforderungen an die Aufbewahrung und Kontrolle der Arbeitsprodukte sind definiert, einschließlich ihrer Identifizierung und Verteilung.

Anmerkung 3: *Mögliche Quellen für die Identifizierung von Anforderungen an die Speicherung und Kontrolle können z.B. gesetzliche Anforderungen, Daten-Richtlinien, Best Practices aus anderen Projekten, werkzeuggestützte Anforderungen usw. sein.*

Anmerkung 4: *Beispiele für die Speicherung von Arbeitsprodukten sind Dateien in einem Dateisystem, Tickets in einem Tool, Wiki-Einträge, Papierdokumente usw.*

Anmerkung 5: *Wenn der Status eines Arbeitsprodukts in der Basispraktik erforderlich ist, sollte dieser über ein definiertes Statusmodell verwaltet werden.*

In GP 2.2.2 geht es um den Umgang und die Strukturierung von Arbeitsprodukten. Dieser Prozess ist eng verknüpft mit SUP.8 und überträgt gemeinsam mit GP 2.2.3 die damit verbundenen Aktivitäten. Ein Hauptaugenmerk liegt auf dem Lebenszyklus eines Arbeitsprodukts, der von der Erstellung bis zur Archivierung oder Löschung reicht.

Der Ort, an dem Arbeitsprodukte abgelegt werden, und die Art ihrer Strukturierung sind entscheidend für ihre Auffindbarkeit und Handhabung. Dabei ist zwischen elektronischen und nicht elektronischen Produkten zu unterscheiden. Eine durchdachte Ablagestruktur für elektronische Produkte ist genauso wichtig wie die passenden Werkzeuge für ihre Handhabung. Ohne klare Ablagehierarchie, Benennungskonventionen und klare Vorgaben zur Vorhaltungsdauer und Gültigkeit können erhebliche Probleme entstehen. Insbesondere die alleinige Nutzung von Laufwerkablagen ohne klare Struktur oder kryptische Datei- und Verzeichnisnamen können zu Verwirrung und Fehlern führen. Die fehlende Einbindung solcher Ablagesysteme in übergeordnete Managementsysteme birgt zusätzliche Risiken.

Es reicht nicht aus, nur eine Datei zu haben. Es muss bekannt sein, um welche Version es sich handelt und wie sie sich zu anderen Versionen verhält. Namenskonventionen helfen dabei, aber es gibt noch viele andere Faktoren, die zu berücksichtigen sind. Zum Beispiel: Welche Produkte werden versioniert und welche nicht? Wie unterscheiden sich die Versionierungsregeln zwischen verschiedenen Arbeitsprodukten? Das Konzept der Baselines und deren Benennung ist hier von zentraler Bedeutung. Ebenso wichtig ist es, Änderungen an versionierten Produkten zu protokollieren und sicherzustellen, dass elektronische Produkte bei Bedarf wiederhergestellt werden können.

In manchen Projektkonstellationen kann es sinnvoll sein, den Zugriff auf die Arbeitsprodukte zu begrenzen. Dabei ist zu fragen: Wer ist der Autor? Wer kann Änderungen vornehmen? Wer darf auf ein Arbeitsprodukte zugreifen? Können verschiedene Teile eines Dokuments unterschiedliche Autoren haben? Das Verständnis und die Regelung dieser Fragen sind unerlässlich, um die Integrität und Sicherheit von Arbeitsprodukten zu gewährleisten.

Jedes Arbeitsprodukt durchläuft verschiedene Phasen seines Lebenszyklus und hat dementsprechend unterschiedliche Status. Das Verständnis dieser Status, ihrer Auslöser und ihrer Verknüpfungen mit Änderungsprozessen und Versionierung ist für ein effektives Management unerlässlich.

Abschließend ist es wichtig zu betonen, dass nicht alle Arbeitsprodukte gleichermaßen behandelt werden. Während einige explizite Freigabeprozesse benötigen, können andere flexibler gehandhabt werden. Das Erkennen dieser Unterschiede und deren effektive Umsetzung ist der Schlüssel zu einem erfolgreichen Management von Arbeitsprodukten im Rahmen von GP 2.2.2.

GP 2.2.3: Identifizierung, Speicherung und Kontrolle der Arbeitsprodukte. Die zu kontrollierenden Arbeitsprodukte sind identifiziert. Die Arbeitsprodukte werden entsprechend den Anforderungen gelagert und kontrolliert. Eine Änderungskontrolle für die Arbeitsprodukte ist eingerichtet. Versionierung und Baselining der Arbeitsprodukte werden entsprechend den Anforderungen an die Lagerung und Kontrolle der Arbeitsprodukte durchgeführt. Die Arbeitsprodukte einschließlich des Revisionsstandes werden über geeignete Mechanismen zur Verfügung gestellt.

GP 2.2.3 soll sicherstellen, dass alle Anforderungen und Kriterien, die in GP 2.2.2 festgelegt wurden, auch konsequent umgesetzt werden. Hierbei liegt der Fokus auf der Überprüfung, wie die Arbeitsprodukte des Prozesses ermittelt und gemäß den Anforderungen von GP 2.2.1 und 2.2.2 behandelt werden.

Die Dokumentation dieser Prüfungen ist essenziell. Alle Ergebnisse und insbesondere Abweichungen müssen nicht nur festgehalten, sondern auch begründet werden. Hierbei spielen das Konfigurationsmanagement und das Änderungsmanagement eine zentrale Rolle. Arbeitsprodukte sind mit Versionsinformationen versehen und verfügen über eine nachvollziehbare Änderungshistorie. Der aktuelle Status eines jeden Arbeitsprodukts ist zu jedem Zeitpunkt bekannt und Änderungen werden einem klar definierten Prozess unterzogen.

Ein wichtiges Instrument in diesem Zusammenhang ist das Konfigurationsmanagement-Tool (KM-Tool). Es stellt sicher, dass beauftragte Änderungen in allen betroffenen Dokumenten sichtbar und zurückverfolgbar sind. Ferner sind ausgewählte Arbeitsprodukte in der Lage, Produktkonfigurationen zuzuordnen, und gewährleisten so eine klare Zuweisung von Versionen und Auslieferungen. Dank des KM-Tools sind Arbeitsprodukte stets verfügbar und gleichzeitig vor unberechtigtem Zugriff oder Änderungen geschützt. Dabei unterstützt das KM-Tool nicht nur die Anforderungen von GP 2.2.3, sondern auch wesentliche Basispraktiken des Konfigurationsmanagement-Prozesses, wie in SUP.8 beschrieben.

Andere Dokumente, die nicht direkt im KM-Tool versioniert werden, müssen dennoch einer klaren Regelung unterliegen. Ein solches Regelwerk, etwa in Form eines KM-Plans, stellt sicher, dass auch hier Konsistenz und Nachvollziehbarkeit gewahrt bleiben.

Eine besondere Herausforderung kann entstehen, wenn Prozesse nicht direkt vom Projektteam, sondern von externen Teams bearbeitet werden. Hier ist besondere Aufmerksamkeit geboten, um Inkonsistenzen und Fehler zu vermeiden.

Zur Erreichung der Ziele von GP 2.2.3 gibt es zudem einen engen Bezug zu den Basispraktiken von SUP.8. Diese Praktiken bilden eine solide Grundlage, um GP 2.2.3 effektiv umzusetzen.

Schlussendlich ist es wichtig zu betonen, dass die Überwachung des gesamten Prozesses integraler Bestandteil von GP 2.1.3 ist, was wiederum einen Bezug zu GP 2.1.5 herstellt, und die Gesamtintegrität des Prüfungsprozesses sicherstellt.

GP 2.2.4: Überprüfung und Anpassung der Arbeitsprodukte. Die Arbeitsprodukte werden anhand der definierten Anforderungen und Kriterien überprüft. Die Lösung von Problemen, die sich aus der Überprüfung der Arbeitsprodukte ergeben, ist sichergestellt.

Innerhalb des Automotive SPICE® 4.0-Frameworks stellt GP 2.2.4 sicher, dass das, was in GP 2.2.1 definiert wurde, konsequent und zuverlässig überprüft wird. Damit bildet GP 2.2.4 einen zentralen Meilenstein in der Sicherung der Qualitätsstandards für Arbeitsprodukte.

Das Kernmerkmal dieser Praktik liegt in der systematischen Durchführung von Prüfungen, die sich an den Vorgaben von GP 2.2.1 orientieren. Die dabei erzielten Ergebnisse und insbesondere Abweichungen müssen nicht nur sorgfältig dokumentiert, sondern auch begründet werden. Diese Dokumentation findet in Form von Protokollen statt, die die bei den Reviews identifizierten Probleme, die daraus resultierenden Aktionen und die jeweiligen Verantwortlichkeiten umfassen. Es ist jedoch nicht festgelegt, in welcher Form diese Protokolle vorliegen. Je nach betrachtetem Prozess kann dies z.B. ein separates Protokoll, ein im Konfigurationsmanagement-System dokumentierter Kommentar oder ein Attribut in einem Datenbanksystem sein.

Die Reviews, die im Zentrum von GP 2.2.4 stehen, basieren auf dem bewährten Vier-Augen-Prinzip. Das bedeutet konkret, dass ein Arbeitsprodukt immer von einer Person überprüft wird, die nicht dessen Autor ist. Dabei ist es von entscheidender Bedeutung, dass der Reviewer über die notwendige Qualifikation verfügt, um das Arbeitsprodukt angemessen beurteilen zu können.

Darüber hinaus weist GP 2.2.4 auch eine enge Verknüpfung zu den Praktiken GP 2.1.2, GP 2.1.3 und GP 2.1.4 auf. Diese Verbindung ergibt sich aus der Notwendigkeit, die Reviews zu planen und dafür die notwendigen Ressourcen bereitzustellen.

Um den Prüfungsprozess in GP 2.2.4 noch effektiver zu gestalten, kann die Überprüfung auch werkzeuggestützt erfolgen. Beispielsweise können spezielle Softwarelösungen Einträge erzwingen oder automatisierte Trendanalysen unterstützen.

Abschließend ist auch die Einbindung des SUP.9 für die Problemverfolgung von Bedeutung. Hier geht es vor allem darum, dass die Beseitigung von identifizierten Problemen und Fehlern nicht nur nachgewiesen, sondern auch erneut überprüft wird.

Hinweise für Assessoren

- Die Bewertung von Standard-Prozessvorlagen fällt nicht unter GP 2.2.1. Das Vorlagenmanagement sollte in dem spezifischen Prozess bewertet werden.
- Die Anforderungen an die Arbeitsprodukte müssen nicht immer in Form eines Templates vorliegen. Eine textuelle Beschreibung dessen, was ein Arbeitsprodukt enthalten und wie es strukturiert sein soll, kann ebenfalls ausreichend sein.

18.4 Prozessattribut PA 3.1 Prozessdefinition (CL 3)

Name des Prozessattributs	**Prozessdefinition**
Anwendungsbereich des Prozessattributs	Das Prozessattribut »Prozessdefinition« zeigt an, in welchem Ausmaß ein Standardprozess gepflegt wird, um die Einführung des definierten Prozesses zu unterstützen.
Leistungen des Prozessattributs	■ Es wird ein Standardprozess entwickelt, eingeführt und gepflegt, der die grundlegenden Elemente beschreibt, die in einem definierten Prozess enthalten sein müssen. ■ Es werden die erforderlichen Inputs und die erwarteten Outputs für den Standardprozess definiert. ■ Es werden Rollen, Verantwortlichkeiten, Befugnisse und erforderliche Kompetenzen für die Durchführung des Standardprozesses definiert. ■ Es werden Anpassungsrichtlinien für die Ableitung des definierten Prozesses aus dem Standardprozess definiert. ■ Erforderliche physische und materielle Ressourcen und der Bedarf an Prozessinfrastruktur werden als Teil des Standardprozesses festgelegt. ■ Geeignete Methoden und erforderliche Aktivitäten zur Überwachung der Wirksamkeit, Eignung und Angemessenheit des Prozesses werden festgelegt.

GP 3.1.1: Etablierung und Pflege des Standardprozesses. Ein geeigneter Standardprozess wird entwickelt, einschließlich der erforderlichen Aktivitäten und ihrer Wechselwirkungen. Inputs und Outputs des Standardprozesses werden definiert, einschließlich der entsprechenden Eingangs- und Ausgangskriterien, um die Wechselwirkungen und die Reihenfolge mit anderen Prozessen zu bestimmen. Die Rollen für die Prozessdurchführung werden identifiziert und den Standard-Prozessaktivitäten zugewiesen, einschließlich der Art der Beteiligung, der Verantwortlichkeiten und der Befugnisse.

Anmerkung 1: *Ein Beispiel für die Beschreibung der Beteiligung der Prozessrollen an den Aktivitäten ist eine RACI/RASIC-Darstellung.*

Geeignete Anleitungen, Verfahren und Vorlagen werden bereitgestellt, um die Durchführung des Prozesses nach Bedarf zu unterstützen.

Anmerkung 2: *Die Verfahren können auch eine Beschreibung der zu verwendenden spezifischen Methoden enthalten.*

Geeignete Anpassungsrichtlinien, einschließlich vordefinierter eindeutiger Kriterien, sowie vordefinierte und eindeutige Verfahren werden auf der Grundlage der ermittelten Einsatzerfordernisse und des Kontexts des Standardprozesses definiert. Der Standardprozess wird entsprechend den Rückmeldungen aus der Überwachung der angewandten Prozesse gepflegt.

Anmerkung 3: *Eine Anleitung zur Durchführung von Prozessverbesserungen findet sich im Prozessverbesserungs-Prozess (PIM.3).*

Der Standardprozess wird sorgfältig entwickelt, um alle erforderlichen Aktivitäten und ihr Zusammenspiel einzubeziehen. Er ist das Rückgrat eines jeden Projekts, weshalb der Ein- und Ausstieg sowie die genaue Abfolge und Interaktionen mit anderen Prozessen klar definiert werden müssen.

Dabei handelt es sich nicht nur um einfache Schritte. Jede Aktivität innerhalb dieses Prozesses ist mit bestimmten Rollen verbunden, die im Zuge der Prozessdurchführung ermittelt werden. Diese Rollen, ob sie nun für eine oder mehrere Personen gelten, werden hinsichtlich ihrer Beteiligung, Verantwortung und Befugnisse innerhalb des Prozesses genau festgelegt. Die RACI/RASIC-Darstellung dient als beispielhaftes Mittel, um diese Rollenverteilung zu veranschaulichen.

Um den Standardprozess optimal zu nutzen, werden Richtlinien, Verfahren und Vorlagen zur Verfügung gestellt. Sie unterstützen die Durchführung des Prozesses und können sogar spezifische Methoden beschreiben, die für bestimmte Aktivitäten angewendet werden sollten. Dies ist wichtig, da der Standardprozess notwendige Methoden für bestimmte Leistungen vorgibt.

Die Bedeutung von definierten Arbeitsprodukten in diesem Kontext kann nicht genug betont werden. Oftmals verstanden als physische Dokumente, sind sie der greifbare Output des Prozesses. Diese Produkte müssen nicht nur die vereinbarte Arbeitsweise reflektieren, sondern auch in ihrer Beziehung zu den Softwarewerkzeugen, die sie generieren und speichern, verstanden werden. Es ist ebenso entscheidend, dass sie Qualitätskriterien, Prüfmethoden und andere relevante Details enthalten.

Die Rollen innerhalb des Prozesses müssen flexibel sein, um starre Denkmuster zu vermeiden, die die Effizienz hemmen können. Hierbei ist es essenziell, die Kenntnisse und Fähigkeiten hervorzuheben, die für bestimmte Aktivitäten erforderlich sind. Dies gewährleistet, dass klare Zuständigkeiten definiert sind und es zu keiner Überlappung oder Vernachlässigung von Aufgaben kommt.

Ein kritischer Aspekt ist der Unterschied zwischen einem Standardprozess und Schulungsmaterialien. Während der Standardprozess als Regelwerk dient, konzentrieren sich Schulungsmaterialien auf didaktische Inhalte. Beide sind von unschätzbarem Wert, doch ihre Anwendungen unterscheiden sich.

Da jedes Projekt unterschiedlich ist, lässt sich ein Standardprozess in der Regel nicht vollständig in einem Projekt abbilden. Es kann notwendig sein, Aufgaben wegzulassen oder hinzuzufügen, Arbeitsmittel oder Rollen zu modifizieren oder auch den Ablauf zu verändern. All dies darf nicht ohne vorher festgelegte Regeln und Kriterien erfolgen, da der Standardprozess ansonsten beliebig wäre. Aus diesem Grund ist es unerlässlich, für jeden Standardprozess auch die Regeln und Kriterien für die Anpassung (Tailoring) festzulegen. Diese Regeln und Kriterien können dann bei der Umsetzung des Prozesses in einem konkreten Projekt angewendet und der Prozess so auf das Projekt zugeschnitten werden.

Schließlich ist die Dokumentation von wesentlicher Bedeutung. Jedes Element des Standardprozesses sollte versioniert und als Grundlage für Use Cases verwendet werden. Sie dient als Nachweis für den definierten Prozess, dem ein Projekt folgt, und stellt sicher, dass das Projekt den festgelegten Standards entspricht.

GP 3.1.2: Bestimmung der erforderlichen Kompetenzen. Die erforderlichen Kompetenzen, Fähigkeiten und Erfahrungen für die Durchführung des Standardprozesses werden für die identifizierten Rollen bestimmt. Geeignete Qualifizierungsmethoden zum Erwerb der erforderlichen Kompetenzen und Fähigkeiten werden für die identifizierten Rollen festgelegt, gepflegt und zur Verfügung gestellt.

Anmerkung 4: *Qualifizierungsmethoden sind z. B. Schulungen, Mentoring, Selbststudium.*

Anmerkung 5: *Die Vorbereitung umfasst z. B. die Identifizierung oder Definition von Schulungen, Mentoring-Konzepten, Selbstlernmaterial.*

Der zentrale Aspekt in dieser Praktik ist die Identifikation und Entwicklung von Kompetenzen der beteiligten Rollen auf der abstrakten Ebene eines Standardprozesses. Das Vorgehen dabei ist ebenfalls zu definieren.

Für die in GP 3.1.1 identifizierten Rollen – beispielsweise Projektleiter, QS-Verantwortlicher und Entwickler – ist es essenziell, sowohl die erforderlichen Kompetenzen zu bestimmen als auch festzulegen, wie diese Kompetenzen projektspezifisch identifiziert und entwickelt werden können.

Eine ausführliche Standard-Prozessbeschreibung stellt sicher, dass jede Rolle klar definiert ist. Dabei geht es nicht nur um den Titel der Rolle, sondern auch darum, welche spezifischen Aufgaben, Verantwortlichkeiten und Befugnisse jede Rolle beinhaltet. Dies wird in sogenannten Rollenbeschreibungen festgehalten.

Innerhalb einer Rollenbeschreibung wird Folgendes präzisiert:

- An welchen Aktivitäten die Rolle beteiligt ist. Dies kann beispielsweise durch eine Verantwortlichkeitsmatrix verdeutlicht werden, die genau zeigt, welche Rolle für welche Aufgaben und Prozesse verantwortlich ist.
- Welche Verantwortungen und Befugnisse mit der jeweiligen Rolle verbunden sind.
- Welche Kompetenzen für die effektive Ausführung dieser Rolle benötigt werden. Dabei wird zwischen Fachkompetenz (das spezifische Wissen und die Erfahrung), Methodenkompetenz (die Fähigkeit, bestimmte Techniken oder Vorgehensweisen anzuwenden) und sozialer Kompetenz (Fähigkeit zur Zusammenarbeit und Kommunikation) unterschieden.

Es ist von großer Bedeutung, die Definition dieser Standardrollen nicht isoliert vorzunehmen. Das Einholen von Feedback von denjenigen, die die Rollen ausüben werden, ist unerlässlich. Sie bringen wertvolle Einblicke und Erfahrungen mit, die in die Definition und Anpassung der Rollen einfließen sollten.

Schließlich besteht die Herausforderung darin, die Standardrollen so zu definieren, dass sie einerseits hinreichend detailliert sind, um klar und nützlich zu sein, andererseits aber auch genügend Flexibilität bieten, um leicht an die spezifischen Bedürfnisse und Gegebenheiten eines Projekts angepasst werden zu können.

Im Hinblick auf die Qualifikationsmethoden, wie in GP 3.1.2 hervorgehoben, können verschiedene Ansätze wie Schulungen, Mentoring oder Selbststudium angewendet werden. Die Vorbereitung umfasst die Identifikation oder Definition geeigneter Schulungsprogramme, Mentoring-Konzepte und Selbstlernmaterialien.

GP 3.1.3: Bestimmung der erforderlichen Ressourcen. Erforderliche physische und materielle Ressourcen und der Bedarf an Prozessinfrastruktur für die Durchführung des Standardprozesses werden bestimmt.

Anmerkung 6: *Dies kann z.B. Einrichtungen, Werkzeuge, Lizenzen, Netzwerke, Dienstleistungen und Muster umfassen, die das Einrichten der erforderlichen Arbeitsumgebung unterstützen.*

Technische Ressourcen und die zugrunde liegende Infrastruktur bilden oft das Rückgrat eines jeden Prozesses. Selbst auf Level 1 ist es unerlässlich, über eine adäquate Infrastruktur und Arbeitsmittel zu verfügen, um den Prozess effizient durchzuführen. Obwohl solche Entscheidungen oft intuitiv getroffen werden, betont Automotive SPICE® die Wichtigkeit, diese Entscheidungen systematisch und überlegt zu treffen. Man sagt zwar immer »tool follows process«, aber einige Prozesse sind ohne geeignete Infrastruktur und Werkzeuge nicht zu bewältigen.

Technische Ressourcen agieren als Enabler, also als Ermöglicher, für den Prozess. Sie bieten Dienste, die während verschiedener Lebenszyklus-Phasen in der Entwicklung erforderlich sind. Diese sogenannten Enabling-Systeme unterstützen den Prozess in verschiedenen Ausprägungen. Beispielsweise kann ein Anforderungsmanagement-System während der Anforderungsphase, eine Testumgebung während der Testphase und ein Projektplanungs-Tool während der Planungsphase erforderlich sein.

Die Wichtigkeit dieser Enabling-Systeme kann nicht genug betont werden, insbesondere weil die unausgesprochene Annahme, dass solche Systeme vorhanden sind, ohne sie tatsächlich zu berücksichtigen, zu schwerwiegenden Problemen im späteren Verlauf des Projekts führen kann.

Insbesondere für Entwicklungsprozesse ist die Verfügbarkeit einer passenden Toolkette von zentraler Bedeutung. Diese sollte sowohl die spezifischen Bedürfnisse des Projekts als auch allgemeine Entwicklungsstandards berücksichtigen.

Ein weiterer wichtiger Aspekt, der in GP 3.1.3 hervorgehoben wird, ist die Tatsache, dass sich die Anforderungen an Ressourcen in verschiedenen Lebenszyklus-Phasen unterscheiden können. Diese Unterschiede sind dann ggf. im Standardprozess zu berücksichtigen und zu dokumentieren. Während im Capability Level 2 die Planung von Infrastruktur und Arbeitsmitteln im Rahmen von PA 2.1, speziell GP 2.1.4, zu erfolgen hat und projektspezifisch ist, sind im Capability Level 3 spezifische Anforderungen an Infrastruktur und Arbeitsmittel bereits im Standardprozess verankert.

GP 3.1.4: Bestimmung geeigneter Methoden zur Überwachung des Standardprozesses. Methoden und erforderliche Aktivitäten zur Überwachung der Wirksamkeit und Angemessenheit des Standardprozesses werden festgelegt.

Anmerkung 7: *Methoden und Aktivitäten zur Sammlung von Feedback zum Standardprozess können sein: Lessons Learned, Überprüfung der Prozesseinhaltung, interne Audits, Managementreviews, Änderungsanträge, Berücksichtigung des Standes der Technik, wie z. B. anwendbare internationale Standards, usw.*

Geeignete Kriterien und Informationen, die zur Überwachung des Standardprozesses benötigt werden, werden definiert.

Anmerkung 8: *Informationen über die Prozessdurchführung können qualitativer oder quantitativer Natur sein.*

Der fortlaufende Verbesserungs- und Anpassungsprozess sollte in einem für die Organisation akzeptablem Umfang durchgeführt werden. Es ist nicht ratsam, sich ausschließlich auf abstrakte Ziele, wie z. B. einen bestimmten Automotive SPICE® Capability Level, zu konzentrieren. Vielmehr sollte der Fokus auf einen konkreten Nutzen gerichtet sein. Dabei ist Automotive SPICE® ein effektives Instrument, um mögliche Schwachstellen zu identifizieren.

Die Effektivität des Standardprozesses lässt sich am besten durch seinen Einsatz in der Praxis bewerten. Zu den wichtigsten Beurteilungsmethoden gehören die regelmäßige Messung von Prozesskennzahlen und das Benchmarking dieser Kennzahlen. Auch das Feedback der Projektmitarbeiter am Ende eines Projekts ist von entscheidender Bedeutung. Hierbei sollte beachtet werden, dass Feedback-Mechanismen zwar äußerst wertvoll sind, es aber oft wenig Unterstützung bei der Verarbeitung des Feedbacks gibt. Daher ist es wichtig, in Schulungen zu investieren, um den Umgang mit Feedback zu verbessern und ein unterstützendes Feedback-Umfeld zu schaffen. Eine ständige Feedback-Möglichkeit für die Mitarbeiter hat sich als gute Praxis erwiesen. Auch der Einsatz von Prozessexperten zur Unterstützung des Projekts kann hilfreich sein. Diese Experten beraten das Projektteam hinsichtlich des Verständnisses und der Anwendung des Prozesses und können in diesem Rahmen auch strukturiertes Feedback einholen.

Warnsignale, auf die geachtet werden sollte, können eine geringe Prozesseinhaltung oder spezifische Kritikpunkte aus den Projekten sein. Interne Prozessaudits, bei denen die Einhaltung des Prozesses überprüft wird, sind dabei besonders effektiv. Im Gegensatz zu Checklisten führen Audits meistens zu weniger Fehlinterpretationen. Managementreviews bieten eine weitere Möglichkeit, die Inhalte und Umsetzung des Prozesses zu bewerten.

Der Schlüssel zu einer erfolgreichen Bewertung des Standardprozesses liegt in der Verwendung von Daten, die aus den oben genannten Methoden gewonnen wurden. Eine historische Datenbasis kann hierbei äußerst nützlich sein, um die Effektivität von Prozessverbesserungen nachzuweisen.

Insgesamt unterstreicht GP 3.1.4 die Notwendigkeit, geeignete Methoden zur Überwachung des Standardprozesses zu definieren und bereitzustellen, um seine fortwährende Wirksamkeit und Relevanz sicherzustellen.

Hinweise für Assessoren

- Sie sollten nicht Ihre eigene Projekterfahrungen als Maßstab für die Projektumsetzung nehmen, sondern stets den Kontext des jeweiligen Projekts oder der Organisation berücksichtigen.
- Es ist wichtig, dass Sie überprüfen, wie der Standardprozess kommuniziert wird und welche Werkzeuge zum Einsatz kommen.
- Es sollte sichergestellt werden, dass der Standardprozess allen relevanten Personen bekannt ist.
- Interviews von Prozessverantwortlichen sind ein effektives Mittel, um die Definition und Umsetzung des Standardprozesses zu überprüfen.
- Klären Sie, welche Rollen im Standardprozess involviert sind.
- Es ist wichtig, die definierten und dokumentierten Kompetenzen, Verantwortlichkeiten und Befugnisse für diese Rollen zu kennen.
- In Interviews können Ihnen folgende Fragen helfen, die Umsetzung zu ermitteln:
  - Welche Infrastruktur wird für den Standardprozess benötigt?
  - Welche Arbeitsumgebung ist erforderlich?
  - Wie wird die benötigte Infrastruktur und Arbeitsumgebung dokumentiert?
  - Wie funktioniert das Änderungsmanagement in Bezug auf die Infrastruktur?
  - Wie hängt der Standardprozess mit anderen Prozessen zusammen?
  - Gibt es Schnittstellen zwischen den Prozessen?
  - Gibt es verzahnte Arbeitsabläufe?
- Ein Standardprozess muss nicht alle Aspekte im Detail beschreiben.

18.5 Prozessattribut PA 3.2 Prozesseinsatz (CL 3)

Name des Prozessattributs	Prozesseinsatz
Anwendungsbereich des Prozessattributs	Das Prozessattribut »Prozesseinsatz« zeigt an, in welchem Ausmaß der Standardprozess als definierter Prozess eingesetzt wird, um seine Prozessergebnisse zu erreichen.
Leistungen des Prozessattributs	■ Ein definierter Prozess wird auf der Grundlage eines angemessen ausgewählten und/oder angepassten Standardprozesses eingesetzt. ■ Die Zuweisung der für die Durchführung des definierten Prozesses erforderlichen Personen zu den Rollen wird ausgeführt und kommuniziert. ■ Die erforderliche Ausbildung, Schulung und Erfahrung der den Rollen zugewiesenen Personen wird sichergestellt und überwacht. ■ Die für die Durchführung des definierten Prozesses erforderlichen Ressourcen werden zur Verfügung gestellt, zugewiesen und gepflegt. ■ Geeignete Informationen werden als Grundlage für das Verständnis des Prozessverhaltens gesammelt und analysiert.

Standardprozesse werden im Projekt nach den spezifischen Anforderungen und Gegebenheiten eines Projekts angepasst. Dieses auch als Tailoring bekannte Vorgehen erlaubt es Unternehmen, ihre Prozesse flexibel und praxisnah zu gestalten. Bevor ein Projekt beginnt, sollte das Tailoring des Standardprozesses bereits abgeschlossen sein. Dies gibt den Projektteams von Anfang an klare Leitlinien und Strukturen, um ihre Arbeit effizient zu gestalten. Hierbei ist jedoch zu beachten, dass Mitarbeiter eine Anleitung benötigen, um einen projektbasierten Prozess zu definieren. An dieser Stelle kommt die Tailoring-Richtlinie ins Spiel, die bereits im PA3.1 für den Standardprozess zu definieren ist.

Die Tailoring-Richtlinien geben klare Anweisungen für die Anpassung der Aktivitäten und Arbeitsprodukte. Sie dienen als Navigationshilfe, um den optimalen Prozess für den jeweiligen Anwendungsbereich zu finden. Häufig basiert das Tailoring auf der Kategorisierung von Anwendungsbereichen, wie z.B. unterschiedlichen Projekttypen. Ein hilfreiches Instrument, das in diesem Kontext oft zum Einsatz kommt, sind Tailoring-Tabellen. Diese Tabellen zeigen den Projektleitern, welche Aktivitäten und Arbeitsprodukte für bestimmte Projekttypen relevant sind.

Nachdem der Standardprozess angepasst wurde, entsteht daraus der sogenannte definierte Prozess. Dies ist der Prozess, der im Projektalltag tatsächlich gelebt wird. Interessanterweise kann es für denselben Prozess mehrere Standardprozesse geben. Obwohl der Begriff »Standardprozess« im PA 3.2 im Singular verwendet wird, ist die Existenz mehrerer Standardprozesse nicht explizit verboten und in der Praxis oft notwendig. Letztendlich spielt es keine große Rolle, ob man von mehreren Standardprozessen spricht oder von einem Standardprozess mit standardisierten Anpassungsmöglichkeiten.

Bei der Anpassung von Prozessen für sicherheitskritische Systeme muss zusätzlich ISO 26262 berücksichtigt werden. Sie gibt spezifische Anforderungen und Richtlinien für solche Systeme vor und sollte in die Tailoring-Richtlinien integriert werden.

GP 3.2.1: Einführung eines definierten Prozesses, der die kontextspezifischen Anforderungen für die Verwendung des Standardprozesses erfüllt. Der definierte Prozess ist angemessen ausgewählt und/oder auf den Standardprozess zugeschnitten. Die Konformität des definierten Prozesses mit den Anforderungen des Standardprozesses und den Anpassungskriterien wird überprüft. Der definierte Prozess wird als gemanagter Prozess eingesetzt, um die Prozessergebnisse zu erreichen.

Anmerkung 1: *Änderungen im Standardprozess können Aktualisierungen des definierten Prozesses erforderlich machen.*

GP 3.2.1 betont die Notwendigkeit, einen definierten Prozess zu implementieren, der die kontextspezifischen Anforderungen bei der Nutzung des Standardprozesses erfüllt. Dieser definierte Prozess wird sorgfältig aus dem Standardprozess ausgewählt und/oder zugeschnitten. Es ist essenziell, die Übereinstimmung des definierten Prozesses mit den Anforderungen des Standardprozesses und den Kriterien für das Tailoring zu überprüfen. Der definierte Prozess wird dann als verwalteter Prozess verwendet, um die Prozessergebnisse zu erreichen. Dabei sollte beachtet werden, dass Änderungen im Standardprozess möglicherweise Aktualisierungen des definierten Prozesses erfordern.

Der Übergang von einem Standardprozess zu einem definierten Prozess erfolgt durch das Tailoring. Dies bedeutet, dass der Standardprozess an die spezifischen Anforderungen und Gegebenheiten eines Projekts oder Kontexts angepasst wird. Selbstverständlich ist es auch möglich, den Standardprozess ohne weitere Anpassungen im Projekt einzusetzen. Gründe dafür können z. B. gesetzlich vorgeschriebene Vorgehensweisen sein. In der Praxis ist dies jedoch selten der Fall. Ein solches Vorgehen stellt keine Verletzung der Automotive SPICE®-Anforderungen dar. Es ist aber zu prüfen, ob der unveränderte Prozess tatsächlich den Gegebenheiten des Projekts entspricht.

Ein kritischer Schritt bei der Einführung eines definierten Prozesses ist die klare Zuordnung und Kommunikation von Rollen, Verantwortlichkeiten und Befugnissen. Gemäß GP 3.2.2 sollten diese Zuweisungen dokumentiert und allen beteiligten Personen kommuniziert werden. Dies stellt sicher, dass jeder Beteiligte seine Aufgaben, Verantwortlichkeiten und Befugnisse genau kennt und danach handeln kann.

Für die effektive Umsetzung des definierten Prozesses ist es unerlässlich, kompetentes Personal basierend auf expliziten Kompetenzanforderungen einzusetzen. Darüber hinaus müssen Ressourcen, Informationen und Infrastruktur gemäß den festgelegten Richtlinien bereitgestellt werden. Dies stellt sicher, dass der Prozess reibungslos und effizient abläuft.

Der Einsatz eines definierten Prozesses in Automotive SPICE® 4.0 ermöglicht eine flexible und kontextspezifische Prozessgestaltung. Durch sorgfältiges Tailoring, klare Rollenzuweisungen und kontinuierliche Messung und Verbesserung können Unternehmen sicherstellen, dass ihre Prozesse optimal auf ihre spezifischen Anforderungen und Gegebenheiten abgestimmt sind.

GP 3.2.2: Sicherstellung der erforderlichen Kompetenzen für die definierten Rollen. Die personellen Ressourcen werden den definierten Rollen entsprechend den erforderlichen Kompetenzen und Fähigkeiten zugewiesen. Die Zuweisung von Personen zu Rollen und die entsprechenden Verantwortlichkeiten und Befugnisse für die Durchführung des definierten Prozesses werden kommuniziert. Lücken in den Kompetenzen und Fähigkeiten werden identifiziert und entsprechende Qualifizierungsmaßnahmen eingeleitet und überwacht. Die Verfügbarkeit und der Einsatz des Projektpersonals werden gemessen und überwacht.

Im Automotive SPICE® 4.0-Rahmenwerk wird in GP 3.2.2 der Fokus auf die Sicherstellung der notwendigen Kompetenzen für die definierten Rollen gelegt. Die Zuordnung von Personen zu diesen Rollen basiert auf den geforderten Kompetenzen und Fähigkeiten. Es ist unerlässlich, diese Zuweisungen, zusammen mit den entsprechenden Verantwortlichkeiten und Befugnissen für die Durchführung des definierten Prozesses, zu kommunizieren.

Ein zentraler Aspekt dieser Praktik ist die Überprüfung der Mitarbeiterkompetenzen im Vergleich zu den Anforderungen der GP 3.1.2. Wenn GP 3.1.2 nicht adäquat umgesetzt wird, ist auch die Umsetzung von GP 3.2.2 nicht sinnvoll. Es ist daher ratsam, diese Praktik auch mit GP 2.1.3 und der Basispraktik MAN.3.BP6 abzugleichen.

Organisationen nutzen häufig Aufzeichnungen, wie beispielsweise Personal-Datenbanken, um die Kompetenzen der Mitarbeiter nachzuverfolgen. Dies gilt insbesondere auch für spezielle Kompetenzen im Projektzusammenhang, wie Kenntnisse von Domänen, Methoden oder Werkzeugen. Hierbei ist jedoch zu beachten, dass Daten in Bezug auf Mitarbeiterqualifikationen oft durch Datenschutzgesetze geschützt sind. Bei Bewertungen müssen diese Daten vertraulich behandelt werden. Dies kann beispielsweise bedeuten, dass sie nur vom Lead Assessor und dem Management analysiert werden dürfen oder dass nur anonymisierte Beispiele berücksichtigt werden.

Wenn Diskrepanzen festgestellt werden, werden die resultierenden Schulungsbedarfe systematisch ermittelt. Diese Schulungen werden rechtzeitig geplant, um sicherzustellen, dass die Mitarbeiter tatsächlich daran teilnehmen. Auch wenn es nicht explizit von Automotive SPICE® gefordert wird, hat es sich als gute Praxis erwiesen, die Qualität der Schulungen durch Feedback-Formulare zu bewerten. Diese werden ausgewertet, und falls notwendig, werden geeignete Maßnahmen eingeleitet.

In diesem Zusammenhang findet ein Kompetenzvergleich zwischen den erforderlichen und den vorhandenen Fähigkeiten statt. Infolgedessen werden Schulungen oder andere Maßnahmen, wie Coaching und Mentoring, geplant und durchgeführt. Dies bietet einen umfassenden Überblick über die zentralen Aspekte der Sicherung der erforderlichen Kompetenzen im Rahmen von Automotive SPICE® 4.0.

GP 3.2.3: Sicherstellung der erforderlichen Ressourcen zur Unterstützung der Durchführung des definierten Prozesses. Erforderliche Informationen zur Durchführung des definierten Prozesses werden zur Verfügung gestellt, zugewiesen und genutzt. Die erforderlichen physischen und materiellen Ressourcen, die Prozessinfrastruktur und die Arbeitsumgebung werden bereitgestellt, zugewiesen und genutzt. Die Verfügbarkeit und der Nutzung der Ressourcen werden gemessen und überwacht.

GP 3.2.3 betont die Wichtigkeit der Sicherstellung notwendiger Ressourcen zur Unterstützung der Durchführung des definierten Prozesses. Hierbei geht es nicht nur um physische und materielle Ressourcen, sondern auch um die erforderliche Informationsinfrastruktur und Arbeitsumgebung.

Für eine effektive Umsetzung des Prozesses ist es unabdingbar, dass die zur Ausführung benötigte Information nicht nur vorhanden, sondern auch zugänglich ist. Diese Anforderung variiert je nach konkretem Prozess und ihrer jeweiligen Komplexität. Eine systematische Bereitstellung von Informationen, beispielsweise über ein gut strukturiertes Projektverzeichnis, Intranet oder ein Dokumentenmanagement-System wie MS SharePoint, ist hierbei essenziell. Es ist zudem von Bedeutung, dass diese Informationen aktuell sind und allen Stakeholdern leicht zugänglich gemacht werden. Dies gewinnt insbesondere bei der Entwicklung an verteilten Standorten an Relevanz.

Der Fokus liegt auch auf der bereitgestellten Infrastruktur. Gemäß GP 3.1.3 muss eine Standardinfrastruktur im definierten Prozess, wie z.B. im Projekt, bereitgestellt werden. Wenn organisatorische Unterstützung für den Betrieb oder die Wartung der Infrastruktur erforderlich ist, etwa technischer Support für Software und Hardware, wird diese gewährleistet. In den Projekten wird die definierte Infrastruktur dann tatsächlich genutzt.

Ein weiterer kritischer Punkt ist, dass, wenn GP 3.1.3 nicht angemessen implementiert wird, die Umsetzung von GP 3.2.3 nicht sinnvoll ist. Es ist ebenfalls wichtig zu beachten, dass bereits auf Capability Level 2 durch GP 2.1.4 verlangt wird, dass Ressourcen identifiziert und bereitgestellt werden, wobei MAN.3.BP5 hierbei ebenfalls Berücksichtigung finden sollte.

GP 3.2.4: Überwachung der Durchführung des definierten Prozesses. Informationen werden gemäß den festgelegten Prozessüberwachungs-Methoden gesammelt und analysiert, um die Wirksamkeit und Angemessenheit des definierten Prozesses zu verstehen. Die Ergebnisse der Analyse werden allen betroffenen Parteien zur Verfügung gestellt und dazu verwendet, Bereiche zu identifizieren, in denen eine kontinuierliche Verbesserung des Standards und/oder des definierten Prozesses erreicht werden kann.

Anmerkung 2: *Eine Anleitung zur Durchführung von Prozessverbesserungen findet sich im Prozessverbesserungs-Prozess (PIM.3).*

Während der Ausführung des definierten Prozesses ist es von entscheidender Bedeutung, Messdaten zu sammeln. Diese Daten helfen dabei, den Prozess zu verstehen, seine Wirksamkeit zu überprüfen und potenzielle Verbesserungsbereiche zu identifizieren. Dieser kontinuierliche Verbesserungsansatz gewährleistet, dass der Prozess im Laufe der Zeit immer besser auf die spezifischen Anforderungen und Herausforderungen des Projekts oder Kontexts abgestimmt wird.

Die Überwachung der Leistung des definierten Prozesses in Automotive SPICE® 4.0 ist von zentraler Bedeutung. Gemäß GP 3.2.4 geht es darum, Informationen zu sammeln und zu analysieren, um das Verhalten des Prozesses zu verstehen. Dabei werden sowohl die Tauglichkeit als auch die Wirksamkeit des definierten Prozesses bewertet. Dieser Prozess ist eng mit GP 3.1.4 verknüpft und kann inhaltlich nicht isoliert betrachtet werden.

Die gesammelten Daten können sowohl qualitativer Art sein, wie z. B. Verbesserungsvorschläge oder Erkenntnisse aus den Lessons Learned, als auch quantitativer Art, wie z. B. aus Messungen, Trendanalysen oder QS-Audit-Statistiken. Basierend auf diesen Analysen werden potenzielle Verbesserungen sowohl für den definierten als auch für den Standardprozess identifiziert. Es ist zu betonen, dass GP 3.2.4 nicht zwingend Verbesserungen fordert, sondern zunächst nur die Identifikation potenzieller Verbesserungen.

Zur Überwachung der Prozessdurchführung können verschiedene Methoden eingesetzt werden. Elektronisch navigierbare Prozessbeschreibungen, ähnlich einem Wiki, ermöglichen es den Nutzern, in Echtzeit zu kommentieren. Dies fördert das Feedback und stärkt das Gemeinschaftsgefühl unter den Nutzern. Eine Kultur der offenen Kommunikation ist entscheidend, denn Standardprozesse sind gemeinsame Vereinbarungen darüber, wie Projekte anzugehen sind. Dieses gemeinsame Wissen muss von den Mitarbeitern gepflegt und weiterentwickelt werden.

Bezüglich der Weiterentwicklung der Prozesse ist zu beachten, dass die Erstellung und die Pflege von Standardprozessen eine Form des Wissensmanagements darstellen. Hierfür sind verschiedene Möglichkeiten denkbar, wie z. B. die Einrichtung einer eigenen Abteilung oder die Zuteilung dieser Aufgabe an Entwickler, Projektleiter oder die Qualitätssicherung. Es ist wichtig, erfahrene Mitarbeiter, die in Projekten erfolgreich waren, einzusetzen. Das Management muss seine Unterstützung für Standardprozesse deutlich zeigen und umsetzen. Die Einbeziehung der Basis, d.h. der Prozessanwender, und die Beteiligung erfahrener Meinungsführer sind entscheidende Erfolgsfaktoren.

Hinweise für Assessoren

- Die Standardprozesse in Automotive SPICE® müssen nicht eins zu eins abgebildet werden, oft zeigt sich, dass auf diese Weise definierte Standardprozesse nicht wirksam und anwendbar sind.
- Die Organisationsprozesse sollten gemäß ihrer Geschäftstätigkeit strukturiert sein.
- Diese Zuordnung sollte durch Interviews und Dokumentenüberprüfungen erkennbar und nachvollziehbar sein.
- Für Organisationen ist es vorteilhaft, die Zuordnungen schriftlich, z.B. in Tabellenform, zu pflegen.

18.6 Prozessattribut PA 4.1 Quantitative Analyse (CL 4)

Name des Prozessattributs	**Quantitative Analyse**
Anwendungsbereich des Prozessattributs	Das Prozessattribut »Quantitative Analyse« zeigt an, in welchem Ausmaß der Informationsbedarf definiert ist, Beziehungen zwischen Prozesselementen identifiziert sind und Daten gesammelt werden.
Leistungen des Prozessattributs	▪ Der Prozess-Informationsbedarf zur Unterstützung relevanter definierter quantitativer Geschäftsziele wird festgelegt. ▪ Messbare Beziehungen zwischen Prozesselementen, die zur Prozessleistung beitragen, sowie Datenerfassungs-Techniken und die Häufigkeit der Datenerfassung werden ermittelt. ▪ Aus dem Prozess-Informationsbedarf werden Ziele für die Prozessmessung abgeleitet. ▪ Techniken zur Analyse der erfassten Daten werden ausgewählt. ▪ Quantitative Kontrollgrenzen für die Prozessleistung zur Unterstützung relevanter Geschäftsziele werden festgelegt. ▪ Die Messergebnisse werden gesammelt, validiert und berichtet, um zu überwachen, inwieweit die quantitativen Ziele für die Prozessleistung erreicht werden. *Anmerkung:* Der Informationsbedarf spiegelt typischerweise die Bedürfnisse des Managements, der Technik, des Projekts, des Prozesses oder des Produkts wider.

Im Rahmen von Automotive SPICE® 4.0 stellt Capability Level 4 einen Punkt dar, an dem Organisationen eine größere Tiefe und Einsicht in ihre Prozessausführung erreichen. Dies wird durch detaillierte Messungen und Analysen erzielt, die ein quantitatives Verständnis der Prozessausführung ermöglichen. Das bedeutet, dass nicht nur einfache Messungen vorgenommen werden, sondern auch eine tiefgehende Analyse dieser Daten, um die tatsächliche Leistung und die Ergebnisse des Prozesses zu verstehen.

Eine Gefahr beim Verständnis von Capability Level 4 besteht darin, eine 100%-Lösung zu erwarten. Projekte in der Automobilindustrie sind aber nicht gänzlich vorhersehbar. Es geht darum, sich einer besseren Vorhersagbarkeit anzunähern und Metriken systematisch zu nutzen, um das Projekt und die Prozesse zu steuern.

Der sogenannte etablierte Prozess, der in den vorhergehenden Capability Levels entwickelt wurde, wird hier innerhalb definierter Grenzen vorhersagbar ausgeführt. Die Vorhersagbarkeit dieses Prozesses zeigt, dass die Organisation nicht nur ihre Prozesse kennt, sondern auch in der Lage ist, deren Ergebnisse vorherzusagen, was zu einer besseren Planung und Effizienz führt.

Eine organisationsweite Kultur, die von einer datengesteuerten Entscheidungsfindung geprägt ist, spielt eine wesentliche Rolle auf Capability Level 4. Diese Kultur gewährleistet eine bessere Einhaltung von Best Practices und stellt sicher, dass Metriken und Daten bei Entscheidungsprozessen im Vordergrund stehen. Die Wertschätzung dieser Kultur bedeutet, dass jede Entscheidung auf soliden Daten und Erkenntnissen basiert.

Es ist auch wichtig zu betonen, dass sich Geschäftslandschaften und interne Prozesse mit der Zeit weiterentwickeln und ändern. Daher ist die Fähigkeit, Metriken entsprechend diesen Änderungen anzupassen und zu verändern, von entscheidender Bedeutung. Organisationen müssen agil bleiben und ihre Metriken ständig überprüfen, um sicherzustellen, dass sie immer noch relevant und nützlich sind.

Ebenso unerlässlich auf Capability Level 4 ist ein effektives Messsystem. Dieses System ist dafür verantwortlich, die richtigen Kennzahlen zu erfassen und die erforderlichen Analysen zu unterstützen. Es dient als das Rückgrat der gesamten Mess- und Analysephase.

Die generischen Praktiken im Prozessattribut PA 4.1 bauen aufeinander auf und bilden eine geordnete Sequenz, die speziell zum Definieren und Messen von Metriken entwickelt wurde. Dies stellt sicher, dass die Metriken in einer strukturierten und systematischen Weise erstellt und verwendet werden.

Schließlich ist noch zu betonen, dass für den sinnvollen Einsatz von Metriken in Prozessen diese Prozesse hinreichend stabil sein müssen. Ein instabiler Prozess führt zu unvorhersehbaren Ergebnissen, was die Effektivität von Metriken und Analysen beeinträchtigen kann.

GP 4.1.1: Identifizierung von Geschäftszielen. Es werden Geschäftsziele identifiziert, die durch den quantitativ gemessenen Prozess unterstützt werden.

Im Rahmen von Automotive SPICE® 4.0 spielt GP 4.1.1 eine entscheidende Rolle bei der Definition und Ausrichtung von Prozessen anhand quantitativer Messungen.

Der Schwerpunkt liegt hier auf der Identifizierung der Geschäftsziele, die durch den quantitativ gemessenen Prozess unterstützt werden.

Bei näherer Betrachtung der Anforderungen in GP 4.1.1 wird deutlich, dass es nicht ausreicht, nur Metriken zu haben. Es ist von entscheidender Bedeutung, zunächst zu definieren, welche Geschäftsziele mithilfe dieser Metriken erreicht werden sollen. Dies dient nicht nur der Klarheit, sondern stellt auch sicher, dass die erhobenen Daten und Metriken direkt mit den übergeordneten Geschäftszielen korrelieren.

Ein weiterer wichtiger Aspekt ist die Harmonisierung der Messziele mit den bereits in den generischen Praktiken GP 2.1.1, GP 3.1.1 und GP 3.2.1 definierten Zielen und Abläufen. Dies stellt sicher, dass es eine kohärente und abgestimmte Herangehensweise an die Messung und Analyse gibt. Es ist nicht zielführend, Metriken zu haben, die nicht in Einklang mit den bereits festgelegten Prozesszielen stehen. Daher muss dieser Abgleich sorgfältig durchgeführt werden.

Darüber hinaus ist es wichtig, dass Metriken immer relevant sein sollten. Das bedeutet, dass sie direkt mit den Geschäfts- oder Prozesszielen in Verbindung stehen sollten. Eine Metrik, die nicht mit einem Geschäftsziel korreliert oder dieses nicht unterstützt, kann nicht nur irrelevant, sondern auch irreführend sein.

Schließlich ist es entscheidend, dass Metriken nicht nur an Geschäfts- oder Prozessziele angepasst sind, sondern auch direkt damit in Beziehung stehen. Das stellt sicher, dass die Metriken nicht nur relevant, sondern auch effektiv sind. Sie sollten die Möglichkeit bieten, direkte Rückschlüsse auf die Zielerreichung zu ziehen und konkrete Handlungsempfehlungen für die weitere Optimierung des Prozesses zu geben.

Zusammengefasst stellt GP 4.1.1 sicher, dass Metriken in einem Unternehmen nicht isoliert betrachtet werden. Sie müssen in einen größeren Zusammenhang eingebettet sein und direkt zur Erreichung der Geschäftsziele beitragen. In einem solchen Umfeld können Metriken ihr volles Potenzial entfalten und zu echten Verbesserungen in den Prozessen führen.

GP 4.1.2: Ermittlung des Prozess-Informationsbedarfs. Die Stakeholder der identifizierten Geschäftsziele und des quantitativ gemessenen Prozesses werden identifiziert, und ihr Informationsbedarf wird definiert und vereinbart.

Es ist von zentraler Bedeutung, dass die Stakeholder gemäß den Geschäftszielen erkannt und in den Prozess einbezogen werden. Hierbei sollte man sich eng an die Vorgaben und Methoden der generischen Praktiken GP 3.1.2 und GP 3.2.2 halten. Diese bieten bereits einen Rahmen für die Identifikation und Einbindung von Stakeholdern und sorgen somit für Konsistenz im gesamten Prozess.

Eine der Hauptaufgaben in diesem Schritt besteht darin, die Informationsbedürfnisse der Stakeholder zu definieren und zu vereinbaren. Es geht nicht nur darum, zu wissen, welche Daten gesammelt werden sollen, sondern vor allem auch, wie diese Daten den Stakeholdern präsentiert werden sollen und wie sie ihnen bei der Erreichung ihrer spezifischen Ziele helfen können.

Ein weiterer entscheidender Aspekt von GP 4.1.2 ist die aktive Einbindung der Stakeholder in den Auswahlprozess der Metriken. Es ist nicht ausreichend, die Stakeholder nur zu identifizieren und ihre Bedürfnisse zu verstehen. Sie sollten auch aktiv in den Prozess der Auswahl und Definition von Metriken einbezogen werden. Dies stellt sicher, dass die ausgewählten Metriken sowohl relevant als auch akzeptiert sind. Durch das Einbinden der Stakeholder in diesen Prozess wird ein höheres Maß an Buy-in und Relevanz gewährleistet. Die Stakeholder fühlen sich dadurch stärker eingebunden und können besser mit den gesammelten Daten arbeiten.

GP 4.1.3: Identifizierung der messbaren Beziehungen zwischen Prozesselementen. Es werden die Beziehungen zwischen Prozesselementen oder Gruppen von Prozesselementen identifiziert, die zum Informationsbedarf des Prozesses beitragen.

Anmerkung 1: *Beispiele für Prozesselemente sind Arbeitsprodukte, Aktivitäten, Aufgaben.*

Diese Praktik bildet eine entscheidende Phase des Projekts ab, in der die messbaren Beziehungen zwischen den Prozesselementen identifiziert werden. Das tiefe Verständnis dieser Beziehungen ist unerlässlich, um fundierte Entscheidungen auf der Grundlage der gesammelten Daten zu treffen.

Ein Prozess in einem Unternehmen ist selten isoliert. Er besteht aus einer Vielzahl von Elementen wie dokumentierten Informationspunkten, Aktivitäten und Aufgaben. Es ist wichtig, diese Prozesselemente nicht nur zu identifizieren, sondern auch zu verstehen, wie sie miteinander in Beziehung stehen. Nur durch das Erkennen dieser Beziehungen kann man sicherstellen, dass die erfassten Daten und Metriken einen echten Einblick in den Prozess geben und zur Erfüllung der Informationsbedürfnisse beitragen.

Es sollte dabei beachtet werden, dass Daten stets so aktuell wie möglich sein sollten. In einer sich ständig wandelnden Geschäftsumgebung können ältere Daten schnell an Relevanz verlieren. Entscheidungsträger benötigen die neuesten Erkenntnisse, um fundierte Entscheidungen treffen zu können. Daher ist es wichtig, sicherzustellen, dass die Datenquellen regelmäßig aktualisiert werden und den jüngsten Stand der Dinge widerspiegeln.

Ein weiterer wichtiger Punkt ist die Integration von Metriken und KPIs in strategische Planungs- und Überprüfungsprozesse. Es reicht nicht aus, Daten nur zu sammeln und zu analysieren. Diese Daten sollten auch in die übergeordneten Geschäftsstrategien und -planungen einfließen, um sicherzustellen, dass sie in den richtigen Kontext gesetzt und effektiv genutzt werden.

Um die bestmöglichen Metriken zu ermitteln, ist es notwendig, die gelebten Prozesse zu analysieren. Dies bedeutet, sich nicht nur auf die auf dem Papier festgelegten Prozesse zu konzentrieren, sondern auch darauf, wie diese Prozesse in der Praxis umgesetzt werden. Durch die Analyse dieser gelebten Prozesse können die wirklich relevanten Metriken identifiziert und festgelegt werden, die einen echten Mehrwert für das Unternehmen bieten.

Zusammenfassend lässt sich sagen, dass GP 4.1.3 eine gründliche Auseinandersetzung mit den Prozessen eines Unternehmens erfordert. Durch das Identifizieren und Verstehen der Beziehungen zwischen den Prozesselementen kann ein klares Bild des Gesamtprozesses gewonnen werden, das wiederum dazu beiträgt, die effektivsten Metriken zu ermitteln und zu nutzen.

GP 4.1.4: Ableitung des Prozessmessungs-Ansatzes und Auswahl der Analysetechniken. Auf der Grundlage der messbaren Beziehungen zwischen den Prozesselementen oder einer Reihe von Prozesselementen werden die Prozessmessgrößen abgeleitet, um den festgelegten Prozess-Informationsbedarf zu decken. Die Häufigkeit der Datenerfassung wird ebenso festgelegt wie eine Auswahl von Analysetechniken, die für die gesammelten Daten geeignet sind. Algorithmen und Methoden zur Erstellung von abgeleiteten Messergebnissen aus den Basismessgrößen werden, soweit erforderlich, festgelegt. Der Verifizierungsmechanismus für Basis- und abgeleitete Messgrößen wird definiert.

Anmerkung 2: *Typischerweise wird die Standardprozess-Definition erweitert, um die Sammlung von Daten für die Prozessmessung einzuschließen.*

Die Ableitung eines Messansatzes für den Prozess und die Auswahl von Analysetechniken wird in dieser Praktik beschrieben. Die Erfassung und Analyse von Daten, insbesondere in komplexen Prozessen, erfordert eine gründliche Herangehensweise, die sicherstellt, dass die erfassten Daten sowohl relevant als auch genau sind.

Bevor Metriken definiert werden, ist es essenziell, die Beziehungen zwischen Prozesselementen zu verstehen. Basierend auf diesen Beziehungen werden die Prozessmetriken abgeleitet, um die etablierten Informationsbedürfnisse des Prozesses zu erfüllen. Es geht nicht nur um das Sammeln von Daten, sondern auch darum, sicherzustellen, dass diese Daten auf eine Art und Weise erfasst und analysiert werden, dass sie tatsächlich Einblicke in den Prozess geben.

Die Definition von Metriken beinhaltet die Festlegung von Messmethoden, den Mechanismus der Datensammlung und Verifikationsansätze. Dabei sollten Metriken und KPIs klar definiert sein, wobei der Zweck und die Berechnungsmethode für jede Metrik verstanden werden sollten. Dies wird durch die Anpassung des in GP 3.1.1 definierten Standardprozesses erreicht, wodurch die Sammlung von Daten für die Prozessmessung integriert wird.

Während viele Metriken quantitativ sein können, gibt es durchaus Raum für qualitative Metriken. Quantitative und qualitative Prozessziele werden dabei aus den Geschäftszielen und den Informationen der Stakeholder abgeleitet. Dabei ist nicht die Anzahl der Metriken wichtig, sondern ihre Relevanz ist entscheidend. Zu viele Metriken können den Fokus verwässern. Daher ist es ratsam, einige Schlüsselmetriken auszuwählen, die am wichtigsten sind. Eine periodische Überprüfung dieser Metriken auf ihre Relevanz hin und eine Anpassung an sich ändernde Geschäftsbedürfnisse ist ebenfalls von Bedeutung.

Die Datenerhebung erfordert robuste und fehlerfreie Methoden. Jede Metrik sollte zudem einen klaren Eigentümer haben, um die Verantwortlichkeit zu gewährleisten. Darüber hinaus sollten diese Metrikdefinitionen in die Standardprozess-Beschreibung integriert werden, um ihre Anwendung im gesamten Prozess zu standardisieren.

Es ist auch möglich, Produktmetriken zu verwenden, beispielsweise das Verhältnis von Testfehlern zu Fehlerraten im Feld. Nehmen wir das Geschäftsziel »Best Quality« als Beispiel: Hier könnten Ziele für Fehlererkennungs-Raten festgelegt werden, um sicherzustellen, dass das Endprodukt den Qualitätsstandards entspricht.

Insgesamt stellt GP 4.1.4 sicher, dass Prozessmetriken auf eine Art und Weise festgelegt und analysiert werden, dass sie tatsächlich zur Steigerung der Prozesseffizienz und zur Erreichung der Geschäftsziele beitragen.

GP 4.1.5: Festlegung von quantitativen Kontrollgrenzen. Es werden quantitative Kontrollgrenzen für die abgeleiteten Messgrößen festgelegt. Das Einvernehmen mit den Prozessbeteiligten ist hergestellt.

Im Rahmen von Automotive SPICE® 4.0 stellt GP 4.1.5 einen entscheidenden Schritt dar, um sicherzustellen, dass Prozesse innerhalb festgelegter und akzeptierter Grenzen operieren. Quantitative Kontrollgrenzen sind entscheidend, um die Effizienz und Effektivität eines Prozesses zu überwachen und potenzielle Abweichungen frühzeitig zu erkennen.

Die Festlegung von Grenzwerten für Prozessmetriken dient dazu, einen Rahmen zu schaffen, innerhalb dessen der Prozess als stabil und vorhersehbar betrachtet wird. Ein wichtiger erster Schritt bei der Bestimmung dieser Grenzwerte ist das Verständnis des aktuellen Leistungsniveaus. Es wäre unproduktiv, Grenzwerte blind festzulegen, ohne zu wissen, wo der Prozess derzeit steht. Indem man zuerst die aktuelle Leistung erfasst, ist es möglich, realistische und herausfordernde Ziele zu setzen und so kontinuierliche Verbesserungen zu verfolgen.

Sobald das aktuelle Leistungsniveau bekannt ist, können die Grenzwerte in Zusammenarbeit mit den Prozess-Stakeholdern festgelegt werden. Diese Einigung ist von entscheidender Bedeutung, da sie sicherstellt, dass alle Beteiligten ein gemeinsames Verständnis für den Prozess und seine Ziele haben. Dadurch ist auch gewährleistet, dass die Grenzwerte sowohl herausfordernd als auch erreichbar sind, was die Akzeptanz und das Engagement der Stakeholder fördert.

Ein weiterer wichtiger Aspekt in GP 4.1.5 ist die Auswahl von Analysemethoden im Rahmen der quantitativen Prozesssteuerung. Diese Methoden können helfen, die Verteilung der gesammelten Daten zu verstehen und somit die Kontrollgrenzen genauer zu definieren. Die Verwendung solcher Methoden stellt sicher, dass die Grenzwerte nicht nur auf subjektiven Meinungen oder Gefühlen basieren, sondern auf soliden statistischen Analysen.

Zusammenfassend lässt sich sagen, dass das Einrichten von quantitativen Kontrollgrenzen innerhalb von Automotive SPICE® 4.0 ein wichtiger Schritt zur Sicherstellung der Prozessstabilität und -effizienz ist. Durch die Zusammenarbeit mit den Stakeholdern und die Nutzung von Datenanalyse-Methoden können Organisationen sicherstellen, dass ihre Prozesse kontinuierlich überwacht und verbessert werden, um die Geschäftsziele zu erreichen.

GP 4.1.6: Erfassung von Produkt- und Prozess-Messergebnissen durch die Durchführung des definierten Prozesses. Es werden Mechanismen zur Datenerfassung für alle identifizierten Messgrößen geschaffen. Erforderliche Daten werden über alle Prozessinstanzen innerhalb der festgelegten Häufigkeit gesammelt und aufgezeichnet. Die Messergebnisse werden analysiert und an die identifizierten Stakeholder berichtet.

Anmerkung 3: *Eine Produkt-Messgröße kann zu einer Prozess-Messgröße beitragen, z. B. die Produktivität des Testens, die durch die Anzahl der in einem bestimmten Zeitrahmen gefundenen Fehler im Verhältnis zur Produktfehlerrate im Feld gekennzeichnet ist.*

Im Rahmen von Automotive SPICE® 4.0 stellt GP 4.1.6 die Sammlung und Analyse von Produkt- und Prozess-Messergebnissen durch die Durchführung des definierten Prozesses sicher. Dies stellt den Kern der Überwachung und kontinuierlichen Verbesserung dar und ermöglicht es Organisationen, die Qualität ihrer Prozesse quantitativ zu bewerten.

Ein effektiver Mechanismus zur Datenerhebung ist das Rückgrat dieser generischen Praktik. Es ist von entscheidender Bedeutung, dass die Daten nicht nur in der festgelegten Frequenz, sondern auch mit Konsistenz und Präzision gesammelt werden. Aus diesem Grund wird die Automatisierung empfohlen, wo immer dies möglich ist. Automatisierte Tools können nicht nur die Genauigkeit der Daten erhöhen, sondern auch die Effizienz des Datenerfassungs-Prozesses verbessern. Ein weiterer Vorteil der Automatisierung ist, dass sie das Risiko menschlicher Fehler reduziert.

Die gesammelten Daten bieten jedoch nur dann einen Mehrwert, wenn sie auch analysiert werden. Die Analyse ermöglicht es, das Verhalten des Prozesses zu überwachen und insbesondere sicherzustellen, dass er innerhalb der festgelegten Kontrollgrenzen operiert. Ein Abweichen von diesen Grenzen kann auf Probleme hinweisen, die behoben werden müssen.

Darüber hinaus ist die Transparenz der Messergebnisse von zentraler Bedeutung. Indem die Ergebnisse allen relevanten Stakeholdern zugänglich gemacht werden, wird das Vertrauen in den Prozess gestärkt und eine gemeinsame Grundlage für Diskussionen und Entscheidungsfindung geschaffen. Die Berichterstattung an die identifizierten Stakeholder dient nicht nur der Informationsverbreitung, sondern auch der Überprüfung der Wirksamkeit der Maßnahmen. Wenn beispielsweise eine bestimmte Maßnahme zur Steigerung der Produktivität ergriffen wurde, so kann anhand der Messergebnisse festgestellt werden, ob diese Maßnahme erfolgreich war oder ob Anpassungen erforderlich sind.

Ein interessanter Aspekt, der beachtet werden sollte, ist, dass Produktmetriken auch zur Prozessmessung beitragen können. Ein Beispiel hierfür ist die Produktivität von Tests, die durch die Anzahl der in einem bestimmten Zeitrahmen gefundenen Mängel im Verhältnis zur Produktfehlerrate im Feld charakterisiert wird.

18.7 Prozessattribut PA 4.2 Quantitative Steuerung (CL 4)

Name des Prozessattributs	**Quantitative Steuerung**
Anwendungsbereich des Prozessattributs	Das Prozessattribut »Quantitative Steuerung« ist ein Maß dafür, inwieweit objektive Daten verwendet werden, um eine vorhersehbare Prozessleistung zu steuern.
Leistungen des Prozessattributs	■ Schwankungen in der Prozessdurchführung werden identifiziert. ■ Durch die Analyse der gesammelten quantitativen Daten werden zuordenbare Ursachen für Prozessschwankungen ermittelt. ■ Verteilungen, die die Leistung des Prozesses charakterisieren, werden festgelegt. ■ Es werden Korrekturmaßnahmen ergriffen, um zuordenbare Ursachen für Abweichungen zu beseitigen.

PA 4.1 legt den Fokus darauf, Daten und Messergebnisse systematisch zu erheben, zu analysieren und zu berichten. Das Prozessattribut PA 4.2 geht noch einen Schritt weiter: Es nimmt diese Daten auf und wertet sie aus, um gezielte Maßnahmen zur Optimierung der Prozesse abzuleiten. Hierbei steht nicht nur die Sammlung von Daten im Vordergrund, sondern vor allem deren Interpretation im Kontext der gesamten Organisation. Die Messungen aus PA 4.1 liefern wertvolle Erkenntnisse darüber, wo Prozesse gut funktionieren und wo es Optimierungspotenzial gibt.

Ein Vergleich mit dem Problemlösungs-Management SUP.9 zeigt auf, dass es durchaus Gemeinsamkeiten zwischen den beiden gibt. Beide zielen darauf ab, Prozesse zu überwachen und zu verbessern. Allerdings bietet PA 4.2 einen deutlich umfangreicheren Lösungsraum. Während SUP.9 in erster Linie die operativen Prozesse im Projekt und deren Optimierung adressiert, erstreckt sich PA 4.2 auf ein breiteres Spektrum und schließt auch Anpassungen des Standardprozesses mit ein. Das bedeutet, dass die in PA 4.2 abgeleiteten Maßnahmen nicht nur Korrekturen oder kleine Anpassungen sein können, sondern durchaus auch tiefgreifende Änderungen am Prozess selbst beinhalten können.

Die Tatsache, dass PA 4.2 Anpassungen des Standardprozesses zulässt, unterstreicht die Dynamik und Flexibilität, die Automotive SPICE® 4.0 Organisationen bietet. Es geht nicht nur darum, festgelegte Prozesse zu befolgen und deren Einhaltung zu überwachen, sondern diese Prozesse sollen kontinuierlich den aktuellen Gegebenheiten und Anforderungen angepasst werden. Das endgültige Ziel ist immer die Steigerung der Effizienz und Qualität – und PA 4.2 bietet die Werkzeuge und Methoden, um dieses Ziel zu erreichen.

GP 4.2.1: Identifizierung von Abweichungen in der Prozessleistung. Abweichungen der Prozessleistung von den festgelegten quantitativen Kontrollgrenzen werden auf der Grundlage der gesammelten quantitativen Messdaten ermittelt.

Die Praktik GP 4.2.1 ist darauf ausgerichtet, Abweichungen in der Prozessleistung zu identifizieren. Es ist von essenzieller Bedeutung, die Leistung der Prozessinstanzen ständig zu überwachen und mit den festgelegten quantitativen Kontrollgrenzen zu vergleichen. Dies stellt sicher, dass die Prozesse innerhalb der definierten Parameter operieren, und dient gleichzeitig als Frühwarnsystem, um potenzielle Problembereiche frühzeitig zu identifizieren.

Ein effizientes Mittel, um solche Abweichungen sichtbar zu machen, sind Dashboards oder visuelle Tools. Sie stellen die KPIs in leicht verständlicher Form dar. So können die Verantwortlichen auf einen Blick den aktuellen Stand der Prozesse und mögliche Abweichungen von den Zielvorgaben erkennen. Ein gut gestaltetes Dashboard kann hierbei nicht nur Zahlen und Daten präsentieren, sondern diese auch in einen Kontext stellen, sodass Trends und Muster leicht erkennbar werden.

Doch nicht nur das reine Vorhandensein dieser Tools ist entscheidend. Die Stakeholder und Entscheidungsträger müssen auch in der Lage sein, die präsentierten Metriken korrekt zu interpretieren. Es ist daher unerlässlich, dass sie ein fundiertes Verständnis dafür entwickeln, was die jeweiligen Metriken bedeuten, welche Implikationen sich daraus ergeben und wie sie im Kontext der gesamten Organisation zu bewerten sind.

Ein weiterer zentraler Aspekt ist die Transparenz. Die Metriken und Ergebnisse sollten für alle relevanten Stakeholder transparent sein. Dies fördert nicht nur das Vertrauen in die Prozesse und die dahinterstehenden Daten, sondern erleichtert auch die Kommunikation und Zusammenarbeit zwischen den verschiedenen Abteilungen und Teams. Wenn jeder die gleichen Daten sieht und diese auch richtig interpretieren kann, werden Entscheidungen fundierter und das gesamte Unternehmen profitiert von einer verbesserten Prozesseffizienz.

GP 4.2.2: Identifizierung der Ursachen für Abweichungen. Die ermittelten Abweichungen in der Prozessleistung werden analysiert, um mögliche Ursache(n) der Abweichung mithilfe der definierten Analysetechniken zu identifizieren. Verteilungen werden verwendet, um die Variation der Prozessleistung unter dem Einfluss möglicher Variationsursachen quantitativ zu verstehen. Die Folgen der Prozessvariation werden analysiert.

Die Feststellung von Abweichungen allein reicht nicht aus; es ist von entscheidender Bedeutung, die zugrunde liegenden Ursachen für solche Variationen zu verstehen, um gezielte und wirksame Korrekturmaßnahmen zu ergreifen.

Bei der Identifizierung von Ursachen wird auf definierte Analysetechniken zurückgegriffen. Diese Techniken, häufig statistisch und datenbasiert, helfen dabei, die genauen Gründe für Abweichungen aufzudecken. Verteilungen werden verwendet, um quantitativ zu erfassen, wie sich die Prozessleistung unter dem Einfluss potenzieller Ursachen für Variationen verändert. Zum Beispiel könnte die Fehlererkennungs-Rate zwischen verschiedenen Releases variieren. Die Frage, die es hier zu beantworten gilt, lautet: Warum? Liegt es an geänderten Anforderungen, einer anderen Vorgehensweise im Testprozess oder vielleicht an neuen Teammitgliedern?

Es ist ebenso wichtig zu verstehen, welche Konsequenzen sich aus Prozessvariationen ergeben. Jede Abweichung hat ihre Auswirkungen, sei es auf die Produktqualität, Kundenzufriedenheit oder die Effizienz des Teams. Das tiefe Verständnis dieser Auswirkungen ermöglicht es, Prioritäten bei den Korrekturmaßnahmen zu setzen.

Die Metriken und KPIs sollten nicht nur zur Identifizierung von Problemen dienen, sondern auch handlungsorientierte Erkenntnisse liefern. Es ist wichtig, dass es einen Mechanismus gibt, um auf die aus den Metriken und KPIs gewonnenen Erkenntnisse zu reagieren. Dies bedeutet, dass sobald eine Abweichung festgestellt und ihre Ursache identifiziert wurde, sofortige und zielgerichtete Verbesserungsmaßnahmen eingeleitet werden sollten. Diese Maßnahmen sollten nicht nur durchgeführt, sondern auch überwacht werden, um sicherzustellen, dass sie die gewünschte Wirkung erzielen und die Prozessleistung optimieren.

GP 4.2.3: Identifizierung und Umsetzung von Korrekturmaßnahmen zur Behebung zuordenbarer Ursachen. Die Ergebnisse werden den für die Durchführung der Maßnahmen Verantwortlichen zur Verfügung gestellt. Korrekturmaßnahmen werden festgelegt und umgesetzt, um jede zuzuordnende Abweichungsursache zu beheben. Die Ergebnisse der Korrekturmaßnahmen werden überwacht und bewertet, um ihre Wirksamkeit festzustellen.

Anmerkung 1: *Eine zuordenbare Ursache kann auf ein mögliches Problem im definierten Prozess hinweisen.*

Schließlich geht es darum, Korrekturmaßnahmen zu identifizieren und umzusetzen, um konkreten, zuweisbaren Ursachen zu begegnen. Während Variationen in Prozessen zu erwarten sind, weisen zuweisbare Ursachen auf mögliche Probleme im definierten Prozess hin. Diese Ursachen sind nicht zufällig; sie können und sollten daher adressiert werden.

Nachdem eine solche Ursache, durch die in GP 4.2.2 durchgeführten Analysen erkannt wurde, ist es essenziell, gezielte Maßnahmen abzuleiten. Diese Maßnahmen sollen nicht nur theoretisch definiert werden, sondern müssen aktiv umgesetzt und im Zeitverlauf kontrolliert werden. Dies stellt sicher, dass die Maßnahmen tatsächlich greifen und das gewünschte Ergebnis erzielen. Es reicht nicht aus, Korrekturmaßnahmen zu implementieren, ebenso wichtig ist es, deren Effektivität kontinuierlich zu überwachen. Dadurch kann sichergestellt werden, dass die Probleme nicht nur kurzfristig behoben werden, sondern dass langfristige, nachhaltige Lösungen gefunden werden.

Dabei ist auch darauf hinzuweisen, dass die Ergebnisse dieser Analysen den Verantwortlichen zur Verfügung gestellt werden. Denn nur wenn die Personen, die die Maßnahmen umsetzen sollen, vollständig informiert sind und die Hintergründe der Probleme verstehen, können sie effektiv handeln.

Während GP 4.2.3 einen reaktiven Ansatz zur Behebung von Prozessproblemen darstellt, gehen die Prozessattribute PA 5.1 und PA 5.2 einen Schritt weiter. Hier steht die konsequente Prozessoptimierung im Vordergrund, bei der nicht nur reagiert, sondern proaktiv gehandelt wird, um Prozesse kontinuierlich zu verbessern und zukünftige Probleme zu vermeiden. Es handelt sich also um einen evolutionären Ansatz zur Prozessverbesserung, der über das bloße Reagieren auf bestehende Probleme hinausgeht.

18.8 Prozessattribut PA 5.1 Prozessinnovation (CL 5)

Name des Prozessattributs	Prozessinnovation
Anwendungsbereich des Prozessattributs	Das Prozessattribut »Prozessinnovation« zeigt an, in welchem Ausmaß Änderungen am Prozess durch Untersuchungen innovativer Ansätze zur Definition und Einführung des Prozesses identifiziert werden.
Leistungen des Prozessattributs	■ Es werden Ziele für die Prozessinnovation definiert, die die relevanten Unternehmensziele unterstützen. ■ Quantitative Daten werden analysiert, um Innovationsmöglichkeiten zu ermitteln. ■ Innovationsmöglichkeiten, die sich aus neuen Technologien und Prozesskonzepten ergeben, werden identifiziert.

Die Prozessinnovation beginnt mit der Festlegung von Zielen, die auf die Unterstützung relevanter Geschäftsziele ausgerichtet sind. Eine wichtige Grundlage hierfür ist die Analyse quantitativer Daten, um Chancen für Innovationen zu identifizieren. Diese Chancen können sich aus neuen Technologien und Prozesskonzepten ergeben. Die definierten Ziele für Prozessinnovationen sollten sowohl quantitative als auch qualitative Aspekte umfassen und klar dokumentiert werden.

Wenn allgemeine Ursachen für Variationen identifiziert werden, zielen die seit Capability Level 3 etablierten Standardprozesse darauf ab, diese zu reduzieren. Dies bedeutet, dass die Standardprozesse verbessert werden und die quantitativen Prozessdurchführungs-Daten, die auf Capability Level 4 gesammelt wurden, beobachtet werden, um zu sehen, ob die Datenvarianz über die Prozessinstanzen tatsächlich verringert wurde. Sollte dies nicht der Fall sein, wird der Ansatz iterativ angepasst. Die genauen statistischen Methoden und die Optimierung der gewünschten Schwellenwerte (Kontrollgrenzen) hängen von den Prozessinformations-Bedürfnissen und den gewählten Metriken ab.

Im Zuge der Identifikation von Prozessinnovationen ist es sinnvoll, branchenspezifische Best Practices, neue Technologien und Prozesskonzepte zu identifizieren und zu bewerten. Dabei wird ein aktives Feedback über Innovationsmöglichkeiten gesucht, und es werden aufkommende Risiken bei der Bewertung von Verbesserungschancen berücksichtigt. Dies erfordert einen iterativen Ansatz, bei dem kontinuierlich überprüft wird, ob die eingeführten Änderungen tatsächlich zu einer Verringerung der Variabilität in den Prozessdurchführungs-Daten führen.

Die Optimierung der statistischen Methoden und der gewünschten Schwellenwerte hängt von den spezifischen Informationsbedürfnissen des Prozesses ab. Capability Level 5 legt einen besonderen Schwerpunkt auf die Übernahme sinnvoller, moderner Ansätze und branchenspezifischer Best Practices sowohl in der Produkt- als auch in der Prozessentwicklung. Dabei ist zu beachten, dass weder Capability Level 4 noch 5 genau vorgeben, welche statistischen Analysen oder Methoden verwendet werden sollen oder ob ein Prozessmittelwert gesenkt oder erhöht werden soll, da Automotive SPICE® auf der Erwartungsebene operiert.

Nach unserer Erfahrung werden in der Automobilindustrie normalerweise keine Assessments bis zu Capability Level 5 durchgeführt, sodass dieser Abschnitt eher theoretischer Natur ist.

GP 5.1.1: Definition der Prozessinnovations-Ziele im Prozess, die die relevanten Unternehmensziele unterstützen. Neue Geschäftsvisionen und -ziele werden analysiert, um eine Orientierung für neue Prozessziele und potenzielle Bereiche der Prozessinnovation zu geben. Quantitative und qualitative Prozessinnovations-Ziele werden definiert und dokumentiert.

Zunächst ist es entscheidend, ein klares Verständnis der aktuellen Geschäftsziele und Visionen der Organisation zu entwickeln. Diese Ziele können Wachstum, Marktpositionierung, Effizienzsteigerung, Kundenzufriedenheit, Nachhaltigkeit oder andere strategische Ausrichtungen umfassen. Auf Basis der Geschäftsziele werden die Prozesse identifiziert, die das größte Potenzial für Innovationen bieten oder bei denen Veränderungen den größten Einfluss auf die Erreichung der Geschäftsziele haben können.

Die Prozessinnovations-Ziele sollten sowohl quantitative als auch qualitative Aspekte beinhalten. Quantitative Ziele können z.B. eine Steigerung der Produktivität oder eine Reduzierung der Durchlaufzeiten sein, während qualitative Ziele auf Aspekte wie Prozessflexibilität oder Mitarbeiterzufriedenheit abzielen können.

Sie sollten in Einklang mit den übergeordneten Unternehmenszielen stehen. Das sorgt dafür, dass die Prozessverbesserungen einen direkten Beitrag zur strategischen Ausrichtung und zum Erfolg des Unternehmens leisten.

Außerdem sollten die Prozessinnovations-Ziele klar dokumentiert und innerhalb der Organisation kommuniziert werden. Dies hilft, ein gemeinsames Verständnis zu schaffen und die Unterstützung und das Engagement der Mitarbeiter zu gewinnen.

Die Ziele sollten auch regelmäßig überprüft und bei Bedarf angepasst werden, um sicherzustellen, dass sie weiterhin relevant sind und die dynamischen Anforderungen des Unternehmens und des Marktes erfüllen.

GP 5.1.2: Analyse der quantitativen Daten des Prozesses. Gemeinsame Ursachen für Schwankungen in der Prozessleistung über verschiedene Prozessinstanzen hinweg werden identifiziert und analysiert, um ein quantitatives Verständnis für ihre Auswirkungen zu erhalten.

Die Analyse der quantitativen Daten eines Prozesses ist ein systematischer Ansatz, um objektive, datengesteuerte Erkenntnisse über die Leistung und Effizienz eines Prozesses zu gewinnen. Diese Analyse umfasst in der Regel folgende Schritte:

- Zunächst müssen relevante Daten erfasst werden. Diese Daten können verschiedene Aspekte des Prozesses abdecken, wie Durchlaufzeiten, Fehlerquoten, Kosten, Produktivitätskennzahlen und Qualitätsmetriken. Es ist wichtig, dass die Daten zuverlässig, genau und aktuell sind.
- Für die Analyse werden KPIs festgelegt, die wichtige Aspekte des Prozesses widerspiegeln und mit den übergeordneten Zielen des Unternehmens in Verbindung stehen.
- Die gesammelten Daten werden mit statistischen Methoden analysiert, um Muster, Trends und Korrelationen zu erkennen. Häufig verwendete statistische Techniken sind Varianzanalyse, Regressionsanalyse, Zeitreihen-Analyse und Hypothesentests.
- Variationen in der Prozessleistung werden identifiziert. Dies beinhaltet die Untersuchung von Schwankungen innerhalb und zwischen Prozessinstanzen, um die zugrunde liegenden Ursachen zu verstehen.

Die Analyse zielt darauf ab, die Stabilität und Vorhersagbarkeit des Prozesses zu bewerten. Es wird untersucht, ob der Prozess innerhalb definierter Schwellenwerte operiert oder ob es signifikante Abweichungen gibt, die Aufmerksamkeit erfordern. Bei festgestellten Problemen oder Abweichungen wird eine tiefere Ursachenanalyse durchgeführt, um die grundlegenden Ursachen für die identifizierten Probleme zu ermitteln.

Die Ergebnisse der Analyse werden in Berichten zusammengefasst, die klare Erkenntnisse und möglicherweise Empfehlungen für Prozessverbesserungen enthalten.

GP 5.1.3: Identifikation von Innovationsmöglichkeiten. Es werden Innovationsmöglichkeiten auf der Grundlage des quantitativen Verständnisses der analysierten Daten identifiziert. Die besten Praktiken der Branche, neue Technologien und Prozesskonzepte werden identifiziert und bewertet. Feedback zu Innovationsmöglichkeiten wird aktiv eingeholt. Auftretende Risiken werden bei der Bewertung von Verbesserungsmöglichkeiten berücksichtigt.

Der Ausgangspunkt für die Identifikation von Innovationsmöglichkeiten ist oft die sorgfältige Analyse von Daten, die Einblicke in die aktuelle Prozessleistung geben. Dies umfasst die Auswertung von Leistungsindikatoren, Kunden- und Mitarbeiter-Feedback sowie andere relevanten Informationen.

Um Innovationsmöglichkeiten zu identifizieren, ist es wichtig, sich über aktuelle Trends und Best Practices in der jeweiligen Branche oder in ähnlichen Branchen zu informieren. Dies kann die Analyse von Marktforschungs-Berichten, Fachliteratur oder Fallstudien erfolgreicher Unternehmen umfassen. Die Identifikation von Innovationsmöglichkeiten beinhaltet häufig die Bewertung neuer Technologien, Werkzeuge oder Managementkonzepte. Dies kann von der Einführung neuer Softwaretools bis hin zu innovativen Produktionsmethoden reichen.

Es ist entscheidend, mögliche Risiken zu berücksichtigen. Dies beinhaltet die Einschätzung von Kosten, die Auswirkungen auf bestehende Prozesse und potenzielle Herausforderungen bei der Umsetzung.

Die Einbeziehung von Mitarbeitern, Kunden und anderen Stakeholdern in den Innovationsprozess ist wesentlich. Diese Gruppen können wertvolle Einblicke und Ideen liefern, die bei der Identifizierung von Innovationsmöglichkeiten hilfreich sein können. Sobald verschiedene Innovationsmöglichkeiten identifiziert wurden, sind diese zu priorisieren. Dies basiert auf Faktoren wie dem potenziellen Nutzen, der Machbarkeit, der Übereinstimmung mit den Unternehmenszielen und der Ressourcenverfügbarkeit.

Auf der Grundlage der Identifikation und Priorisierung von Innovationsmöglichkeiten wird ein Plan erstellt, der Schritte, Zeitrahmen, benötigte Ressourcen und verantwortliche Teams oder Personen umfasst.

Die Identifikation von Innovationsmöglichkeiten ist ein dynamisches und iteratives Vorgehen, das ständige Anpassungen und Neubewertungen erfordert, um mit den sich ändernden Marktbedingungen, Technologien und Unternehmenszielen Schritt zu halten.

18.9 Prozessattribut PA 5.2 Umsetzung der Prozessinnovation (CL 5)

Name des Prozessattributs	**Umsetzung der Prozessinnovation**
Anwendungsbereich des Prozessattributs	Das Prozessattribut »Umsetzung der Prozessinnovation« zeigt an, in welchem Ausmaß Änderungen an der Definition, dem Management und der Durchführung des Prozesses die relevanten Prozessinnovations-Ziele erfüllen.
Leistungen des Prozessattributs	■ Die Auswirkungen aller vorgeschlagenen Änderungen werden anhand der Ziele des definierten Prozesses und des Standardprozesses bewertet. ■ Die Umsetzung aller vereinbarten Änderungen wird verwaltet, um sicherzustellen, dass jede Störung der Prozessleistung verstanden und darauf reagiert wird. ■ Die Effektivität der Prozessänderung wird auf der Grundlage der quantitativen Leistung und des Innovationsfeedbacks bewertet.

Bei der Umsetzung von Prozessinnovationen ist ein tieferes Verständnis der zugrunde liegenden Prozessdynamiken und ihrer Einflüsse auf die Gesamtleistung von entscheidender Bedeutung. Im Rahmen von Capability Level 5 wird ein besonderes Augenmerk auf die Identifizierung und Reduzierung von »allgemeinen Ursachen der Variation« über alle Prozessinstanzen hinweg gelegt. Dies unterscheidet sich von Capability Level 4, wo der Fokus auf spezifischen Ursachen der Variation innerhalb einzelner Prozessinstanzen liegt.

Bei der Implementierung von Prozessinnovationen werden die Auswirkungen aller vorgeschlagenen Änderungen auf die Ziele des definierten und standardisierten Prozesses bewertet. Die Umsetzung aller vereinbarten Änderungen wird so gemanagt, dass jede Störung der Prozessleistung verstanden und darauf reagiert wird. Die Wirksamkeit von Prozessänderungen wird anhand quantitativer Leistungs- und Innovationsrückmeldungen bewertet. Dabei werden vorgeschlagene Änderungen im Hinblick auf die Anforderungen und Ziele der Produktqualität und Prozessdurchführung bewertet, und das Engagement für Innovation wird von der Organisationsleitung und anderen relevanten Stakeholdern demonstriert. Ein Mechanismus zur effektiven und vollständigen Integration akzeptierter Änderungen in die definierten und standardisierten Prozesse wird etabliert. Zudem werden Prozessänderungen implementiert und an alle betroffenen Parteien wirksam kommuniziert.

Bei der Umsetzung von Prozessinnovationen liegt der Fokus darauf, sowohl spezifische als auch allgemeine Ursachen für Variationen in Prozessinstanzen zu identifizieren und zu adressieren. Im Vergleich zu Capability Level 4, der sich auf spezielle Ursachen von Variationen konzentriert, geht es bei Capability Level 5 um die Identifizierung und Reduzierung allgemeiner Ursachen für Variationen über alle Prozessinstanzen hinweg. Gleichzeitig werden die Schwellenwerte, innerhalb derer quantitative Prozessdurchführungs-Daten erwartet werden, enger gefasst. Dies wird genauer in den Guidelines [VDA 2023] beschrieben.

Nach unserer Erfahrung werden in der Automobilindustrie normalerweise keine Assessments bis zu Capability Level 5 durchgeführt, sodass dieser Abschnitt eher theoretischer Natur ist.

GP 5.2.1: Definition und Bewertung der Auswirkungen von vorgeschlagenen Änderungen. Festgelegte Änderungen werden anhand der Anforderungen und Ziele für die Produktqualität und die Prozessleistung bewertet. Die Auswirkungen von Änderungen auf andere definierte Prozesse und Standardprozesse werden berücksichtigt. Es werden objektive Prioritäten für Prozessinnovationen festgelegt. Das Management der Organisation, einschließlich anderer relevanter Interessengruppen, zeigt Engagement für Innovationen.

Die Definition und Bewertung der Auswirkungen von vorgeschlagenen Änderungen ist ein kritischer Schritt im Prozessmanagement und in der Prozessinnovation. Dieser Prozess beginnt mit der genauen Definition der vorgeschlagenen Änderungen. Hierbei werden die spezifischen Modifikationen, die an einem Prozess oder Produkt vorgenommen werden sollen, detailliert beschrieben. Es ist wichtig, sowohl die technischen Details der Änderung als auch den Kontext, in dem die Änderung stattfinden soll, zu verstehen. Daher sollte diese Praktik folgende Aspekte berücksichtigen:

- Es wird analysiert, wie die Änderung die Qualität des Endprodukts oder die Effizienz und Effektivität des Prozesses beeinflussen wird. Ziel ist es, sicherzustellen, dass die Änderung zu einer Verbesserung führt und nicht zu unerwünschten Nebeneffekten.
- Es ist wichtig zu bewerten, wie die vorgeschlagene Änderung sich auf andere Prozesse innerhalb der Organisation auswirken könnte. Diese ganzheitliche Betrachtung hilft, mögliche negative Interaktionen zwischen verschiedenen Prozessen zu vermeiden.
- Die Bewertung beinhaltet auch die Priorisierung der Änderung im Kontext der übergeordneten Innovationsziele der Organisation. Es muss entschieden werden, ob die Änderung im Einklang mit den strategischen Zielen steht und ob sie aus organisatorischer Sicht prioritär behandelt werden sollte.
- Ein wesentlicher Faktor ist das Engagement und die Unterstützung der Organisationsleitung und anderer relevanter Stakeholder. Die Bewertung sollte prüfen, ob die erforderlichen Ressourcen und die Unterstützung für die Implementierung der Änderung vorhanden sind.

Die Definition und Bewertung der Auswirkungen von vorgeschlagenen Änderungen sind entscheidend, um sicherzustellen, dass die Änderungen nicht nur technisch machbar, sondern auch im Einklang mit den strategischen Zielen der Organisation sind und einen positiven Einfluss auf die Gesamtleistung haben.

GP 5.2.2: Umsetzung vereinbarter Prozessänderungen. Es ist ein Mechanismus eingerichtet, um akzeptierte Änderungen effektiv und vollständig in den/die definierten und standardisierten Prozess(e) einzubauen. Prozessänderungen werden umgesetzt und allen betroffenen Parteien wirksam mitgeteilt.

Die Umsetzung vereinbarter Prozessänderungen ist ein mehrstufiger Prozess, der darauf abzielt, effektive Änderungen in bestehenden Prozessen zu implementieren, während gleichzeitig die Integrität und die Leistung des Gesamtsystems aufrechterhalten werden. Dies umfasst typischerweise folgende Schritte:

- Zunächst wird ein detaillierter Plan entwickelt, der beschreibt, wie und wann die vereinbarten Änderungen umgesetzt werden sollen. Dieser Plan sollte Zeitpläne, Ressourcenzuweisungen, Verantwortlichkeiten und spezifische Schritte zur Implementierung umfassen.
- Die Änderungen müssen sorgfältig in die bestehenden Prozesse integriert werden. Dies erfordert oft eine Anpassung von Prozessdokumentationen, Richtlinien und Arbeitsanweisungen, um die neuen Verfahren widerzuspiegeln.
- Es ist entscheidend, alle betroffenen Parteien über die bevorstehenden Änderungen zu informieren. Dies kann Schulungen für Mitarbeiter, Informationsmeetings oder schriftliche Kommunikation umfassen, um sicherzustellen, dass jeder versteht, wie die Änderungen die tägliche Arbeit beeinflussen.
- Die Änderungen werden gemäß dem Implementierungsplan durchgeführt. Während und nach der Implementierung wird die Ausführung überwacht, um sicherzustellen, dass die Änderungen wie beabsichtigt funktionieren.
- Nach der Implementierung ist es wichtig, Feedback von den Nutzern und anderen Stakeholdern einzuholen. Dieses Feedback dient dazu, zu bewerten, ob die Änderungen die gewünschten Ergebnisse erzielen oder ob weitere Anpassungen erforderlich sind.

Die Umsetzung vereinbarter Prozessänderungen erfordert eine sorgfältige Planung, effektive Kommunikation und eine kontinuierliche Überwachung und Anpassung, um sicherzustellen, dass die Änderungen effektiv sind und einen positiven Einfluss auf die Organisation haben.

GP 5.2.3: Bewertung der Wirksamkeit der Prozessänderung. Die Leistung und Fähigkeit des geänderten Prozesses werden gemessen und mit historischen Daten verglichen. Die Leistung und Fähigkeit des geänderten Prozesses werden analysiert, um festzustellen, ob sich die Prozessleistung im Hinblick auf die häufigsten Ursachen für Abweichungen verbessert hat. Andere Rückmeldungen werden aufgezeichnet, z.B. Möglichkeiten für weitere Innovationen des Standardprozesses. Es steht ein Mechanismus zur Verfügung, um die Analyseergebnisse zu dokumentieren und den Stakeholdern des Standardprozesses und des definierten Prozesses zu berichten.

Schließlich wird die Wirksamkeit der Änderungen anhand von quantitativen und qualitativen Durchführungsdaten evaluiert. Dies hilft dabei, festzustellen, ob die Änderungen die Prozessleistung verbessern und ob sie zur Erreichung der übergeordneten Geschäftsziele beitragen.

Diese Bewertung umfasst in der Regel folgende Aspekte:

- Die Wirksamkeit der Prozessänderung wird anhand der ursprünglich festgelegten Ziele und Erwartungen gemessen. Dies beinhaltet die Überprüfung, ob die spezifischen Ziele, die mit der Prozessänderung erreicht werden sollten, tatsächlich erfüllt wurden.
- Quantitative Daten, wie Produktivitätsraten, Fehlerraten, Bearbeitungszeiten und Kosten, werden analysiert, um festzustellen, ob die Prozessänderung eine messbare Verbesserung bewirkt hat.
- Neben quantitativen Daten werden auch qualitative Rückmeldungen von Mitarbeitern und anderen Stakeholdern eingeholt. Dies kann Aufschluss darüber geben, wie die Änderung die tägliche Arbeit beeinflusst hat und ob sie zur Verbesserung der Arbeitsabläufe beigetragen hat.
- Es wird untersucht, ob es unerwartete Nebeneffekte oder Probleme gibt, die durch die Prozessänderung verursacht wurden.

Die Wirksamkeit der Prozessänderung kann auch im Kontext von Branchenstandards und Best Practices bewertet werden, um sicherzustellen, dass der geänderte Prozess weiterhin den aktuellen Anforderungen und Standards entspricht.

Die Ergebnisse der Bewertung sollten sorgfältig dokumentiert und an das Management und relevante Stakeholder berichtet werden. Dies bildet die Grundlage für weitere Entscheidungen über zusätzliche Anpassungen oder Verbesserungen.

Die Bewertung der Wirksamkeit von Prozessänderungen ist ein kontinuierlicher Prozess, der iterative Anpassungen und Feinabstimmungen erfordern kann, um sicherzustellen, dass die Prozesse optimal auf die Ziele und Bedürfnisse der Organisation abgestimmt sind.

19 Modellerweiterungen

19.1 Automotive SPICE® for Cybersecurity

Vor dem Hintergrund der stetigen Weiterentwicklung der Automobilindustrie und der zunehmenden Bedeutung vernetzter Fahrzeuge gewinnt das Thema Cybersecurity immer mehr an Bedeutung. Die UNECE-Verordnung R155 [UN-Regelung 155] verpflichtet Fahrzeughersteller, Cybersecurity-Risiken in der Lieferkette zu identifizieren und zu managen.

Dabei geht es um umfassende Cybersecurity-Maßnahmen auf organisatorischer Ebene, die zusätzlich zu den technischen Maßnahmen erforderlich sind. Die organisatorischen Maßnahmen sollen die kontinuierliche Implementierung und Wartung dieser technischen Mittel systematisch und strukturiert sicherstellen und steuern. Cybersecurity auf Organisationsebene ist ein komplexes und multidimensionales Gebiet, das eine sorgfältige Betrachtung und Implementierung in allen Phasen der System- und Softwareentwicklung erfordert.

Um Cybersecurity-relevante Prozesse in das etablierte Rahmenwerk von Automotive SPICE® zu integrieren, wurden zusätzliche Prozesse im Process Reference and Assessment Model for Cybersecurity Engineering (Cybersecurity PAM) definiert.

Der internationale Standard ISO/SAE 21434, auf den im folgenden Kapitel eingegangen wird, deckt Cybersecurity-Aktivitäten über den gesamten Produktlebens- und -Nutzungszyklus ab, von der Konzeption einer Baureihe oder Plattform über die Entwicklung und Nutzung bis hin zur Verschrottung der einzelnen Fahrzeuge. Automotive SPICE® hingegen betrachtet lediglich die Produktentwicklung. Eine Reihe von Cybersecurity-Maßnahmen auf Organisationsebene werden nicht im Kontext eines Entwicklungsprojekts durchgeführt; diese werden durch das Automotive Cybersecurity Management System (ACSMS) abgedeckt und sind daher nicht Teil der Erweiterung.

Bei der Erweiterung Automotive SPICE® for Cybersecurity werden die Aktivitäten zur Cybersecurity im Projekt betrachtet. Es ist zu erwarten, dass diese Erweiterung in Zukunft häufiger in den von den OEMs erwarteten Umfängen berücksichtigt wird. Dies unterstreicht die Notwendigkeit für Organisationen in der Automobilindustrie, ihre Prozesse und Systeme kontinuierlich zu bewerten und anzupassen, um nicht nur die funktionale Sicherheit, sondern auch die Cybersecurity ihrer Produkte zu gewährleisten.

Um Cybersecurity in einer Organisation zu etablieren, empfiehlt es sich jedoch, zunächst die ISO/SAE 21434 umzusetzen, die klarere Vorgaben für die unmittelbare Umsetzung macht, Automotive SPICE® for Cybersecurity dient dabei als Messinstrument für die Prozessfähigkeit.

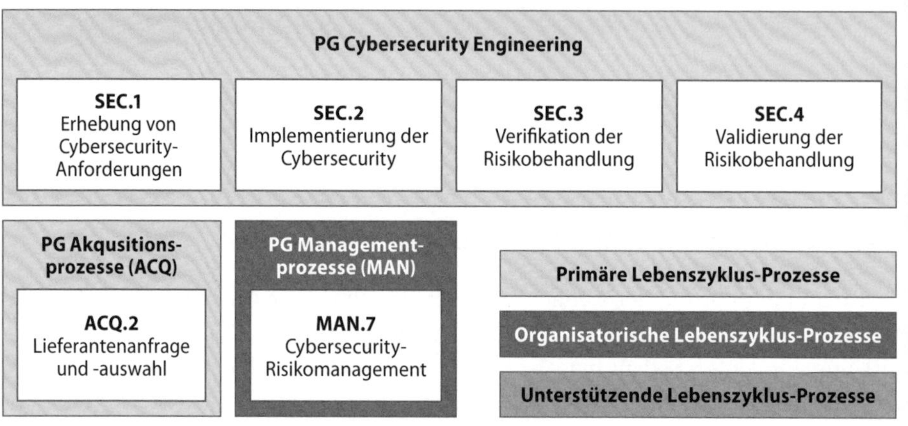

Abb. 19–1 *Prozesse der Cybersecurity-Erweiterung*

Die Erweiterung fügt eine Prozessgruppe mit vier Prozessen sowie zwei zusätzliche Prozesse zu bereits bestehenden Prozessgruppen hinzu, um die spezifischen Anforderungen der Cybersecurity zu adressieren. In diesem Abschnitt werden diese Prozesse und die zugehörige Prozessgruppe im Detail vorgestellt, um ein besseres Verständnis ihrer Rolle und Bedeutung im Kontext von Cybersecurity zu ermöglichen. Abbildung 19–1 zeigt die Prozesse der Cybersecurity-Erweiterung.

Die hinzugefügte Prozessgruppe ist die Security Engineering Process Group (SEC), die die folgenden Prozesse umfasst:

- **SEC.1 Erhebung von Cybersecurity-Anforderungen**
  Der Zweck dieses Prozesses besteht darin, Cybersecurity-Ziele und -Anforderungen aus den Ergebnissen des Risikomanagements abzuleiten und Konsistenz zwischen der Risikobewertung, den Cybersecurity-Zielen und den -Anforderungen sicherzustellen. Bei erfolgreicher Implementierung dieses Prozesses werden die Cybersecurity-Ziele definiert und die Cybersecurity-Anforderungen aus diesen Zielen abgeleitet. Zudem wird eine bidirektionale Nachverfolgbarkeit zwischen den Cybersecurity-Anforderungen und -Zielen sowie zwischen den Cybersecurity-Zielen und den Bedrohungsszenarien hergestellt. Schließlich werden die Cybersecurity-Anforderungen abgestimmt und an alle betroffenen Parteien kommuniziert.

- **SEC.2 Implementierung der Cybersecurity**
  Dieser Prozess zielt darauf ab, die Cybersecurity-Anforderungen den Elementen des Systems und der Software zuzuweisen und sicherzustellen, dass diese implementiert werden. Der Architekturentwurf wird verfeinert, die Cybersecurity-Anforderungen werden dessen Elementen zugeordnet, und geeignete Sicherheitskontrollen werden ausgewählt. Zudem wird eine Analyse der Schwachstellen durchgeführt, der Feinentwurf wird weiter detailliert, Software-Units werden entwickelt und eine Konsistenz sowie bidirektionale Nachverfolgbarkeit zwischen Architekturentwurf und Feinentwurf wird hergestellt. Abschließend wird die Implementierung der Cybersecurity-Risikobehandlung abgestimmt und an alle betroffenen Parteien kommuniziert.
- **SEC.3 Verifikation der Risikobehandlung**
  Der Hauptzweck dieses Prozesses besteht darin, zu bestätigen, dass die Implementierung des Architekturentwurfs und die Integration der Komponenten den Cybersecurity-Anforderungen, dem Feinentwurf und dessen Detaillierung entsprechen. Eine Strategie zur Verifizierung und Integration der Risikobehandlung wird entwickelt, implementiert und aufrechterhalten. Zudem wird eine Spezifikation für die Verifizierung der Risikobehandlung entwickelt, die geeignet ist, den Nachweis der Einhaltung der Implementierung der Cybersecurity-Anforderungen sowie des Architektur- und Feinentwurfs zu erbringen. Die identifizierten Arbeitsprodukte werden gemäß der Strategie für die Verifizierung der Risikobehandlung überprüft, und die Ergebnisse werden zusammengefasst und an alle betroffenen Parteien kommuniziert.
- **SEC.4 Valididierung der Risikobehandlung**
  Der Zweck dieses Prozesses ist es, zu bestätigen, dass das integrierte System die zugehörigen Cybersecurity-Ziele erreicht. Eine Strategie zur Validierung der Risikobehandlung wird entwickelt, implementiert und mit den relevanten Stakeholdern abgestimmt. Das implementierte Design und die integrierten Komponenten werden gemäß der definierten Strategie zur Validierung der Risikobehandlung validiert, die Aktivitäten werden dokumentiert und die Ergebnisse aufgezeichnet. Die Ergebnisse der Validierung werden zusammengefasst und an alle betroffenen Parteien kommuniziert.

Zur Prozessgruppe der Akquisitionsprozesse (ACQ) wird der folgende Prozess hinzugefügt:

- **ACQ.2 Lieferantenanfrage und -auswahl**
  Der Zweck dieses Prozesses besteht darin, einen Lieferanten für einen Vertrag oder eine Vereinbarung basierend auf relevanten Kriterien auszuwählen und zu beauftragen. Bewertungskriterien für Lieferanten werden festgelegt und Lieferanten werden anhand der definierten Kriterien bewertet. Es wird eine Anfrage zur Angebotsabgabe an Lieferantenkandidaten ausgestellt und Verträge, Maßnahmen- und Risikominderungs-Pläne werden mit dem Lieferanten abgestimmt und vertraglich vereinbart.

Zur Prozessgruppe der Managementprozesse (MAN) wird der folgende Prozess hinzugefügt:

- **MAN.7 Cybersecurity-Risikomanagement**
  Der Zweck dieses Prozesses ist es, Risiken für Schäden an relevanten Stakeholdern zu identifizieren, zu priorisieren und zu analysieren sowie die entsprechenden Risikobehandlungs-Optionen kontinuierlich zu überwachen und zu steuern. Der Umfang des durchzuführenden Risikomanagements wird festgelegt und geeignete Risikomanagement-Praktiken werden definiert und implementiert. Potenzielle Risiken werden identifiziert und priorisiert, analysiert und bewertet. Risikobehandlungs-Optionen werden bestimmt, Risiken werden kontinuierlich überwacht und für relevante Änderungen identifiziert und Korrekturmaßnahmen werden bei relevanten Änderungen durchgeführt.

19.2 Agile SPICE

In den letzten Jahren haben immer mehr Entwicklungsprojekte agile Prinzipien für ihren Arbeitsansatz übernommen. Das Automotive SPICE®-Prozessreferenz- und Prozessassessment-Modell geht jedoch nicht explizit auf diese innovativen Ansätze ein, was zu unterschiedlichen Interpretationen sowohl bei Assessoren als auch bei Verbesserungsteams führt.

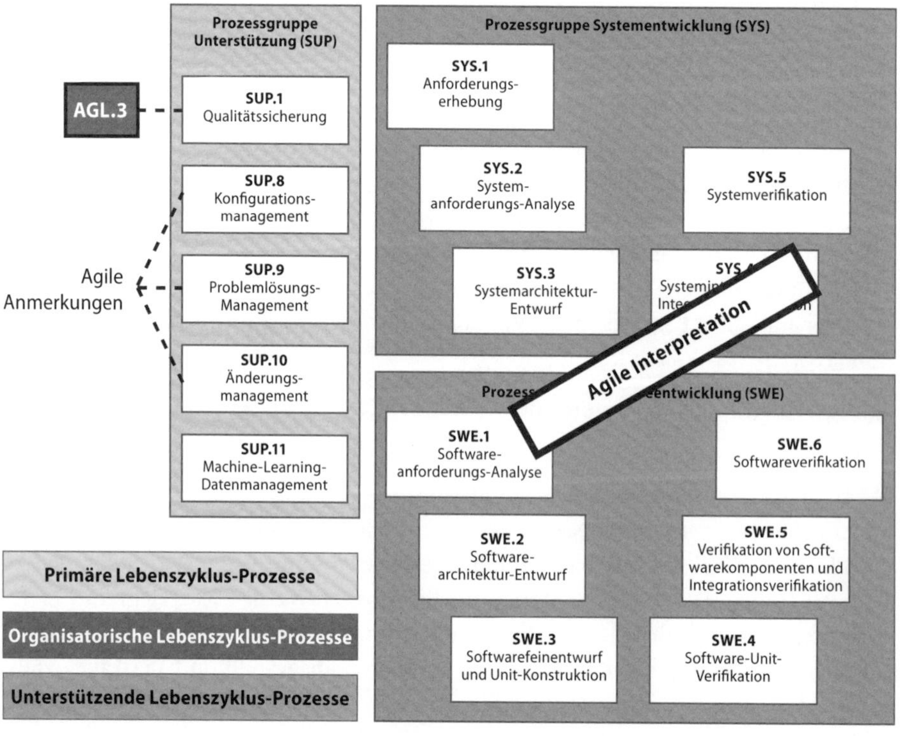

Abb. 19–2 *Agile SPICE im Kontext des Automotive SPICE®-Prozessmodells*

Aus diesem Grund und aufgrund zunehmender Anfragen aus der Interessengemeinschaft der Automobilindustrie wurde beschlossen, mit »Agile SPICE« eine Brücke zwischen agilen Methoden und Automotive SPICE® zu schlagen (s. Abb. 19–2).

Der Zweck von Agile SPICE ist es, die Anwendung und Bewertung der agilen Methoden in Automotive SPICE®-Assessment- und Verbesserungsprojekten zu unterstützen.

Agile SPICE adressiert drei Prozesse bis zu Capability Level 1:

- **AGL.1 Agile Work Management**
  Dieser Prozess schlägt die Brücke zu MAN.3 in Automotive SPICE®.
- **AGL.2 Partner Collaboration Management**
  Dieser Prozess verbindet die agile Welt mit ACQ.4.
- **AGL.3 Agile Quality Assurance**
  Dieser Prozess betont die Bedeutung der Qualitätssicherung.

Die Auswahl der drei agilen Prozesse basiert auf praktischen Erfahrungen im agilen Umfeld und typischen Herausforderungen bei der Implementierung und Bewertung der jeweiligen Automotive SPICE®-Prozesse. Die Prozessattribute und Indikatoren wie generische Praktiken aus Automotive SPICE® werden verwendet, um Fähigkeitsniveaus zu erreichen.

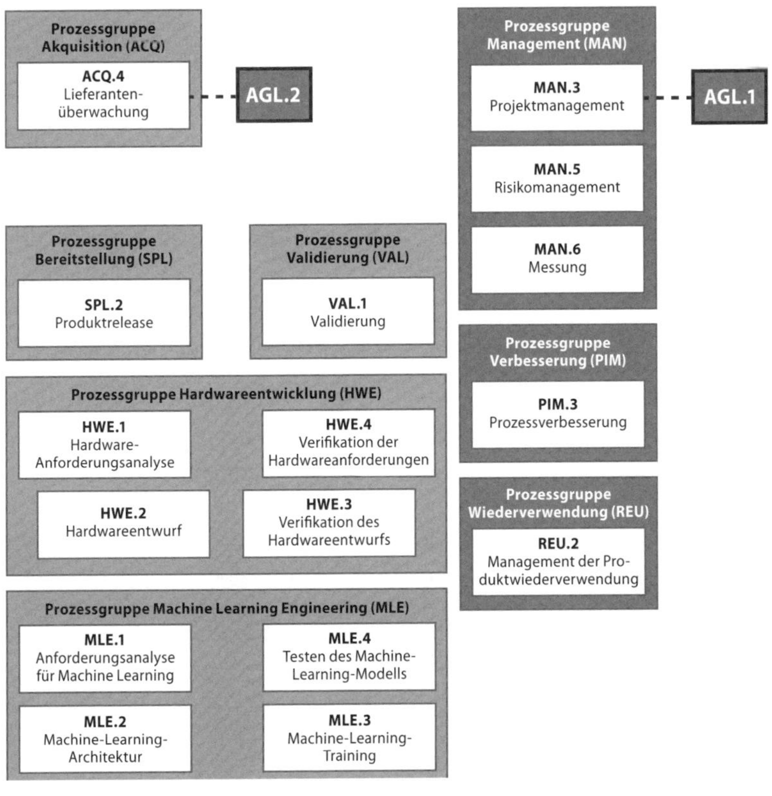

Zusätzlich zu den drei Prozessen unterstützt Agile SPICE die agile Interpretation von Engineering-Prozessen (AGILE Interpretation). Diese ersetzt nicht das Automotive SPICE®, sondern gibt Anhaltspunkte, wie agile Praktiken implementiert werden können, um die Intentionen der Engineering-Prozesse zu erfüllen.

Die unterstützenden Prozesse im Automotive SPICE® sind auch für agile Ansätze anwendbar. Für diese Prozesse werden zusätzliche Hinweise (AGILE Notes) bereitgestellt, um die Entwickler und Assessoren bei der Interpretation der Anforderungen im Hinblick auf den agilen Ansatz zu unterstützen.

Zusammenfassend lässt sich sagen, dass Agile SPICE für die folgenden Zielgruppen geeignet ist:

- **Für agile Organisationen:**
  - Um nachzuvollziehen, welchen Nutzen Prozessorientierung im agilen Umfeld mit sich bringt.
  - Um über die Verwendung von agilen Begrifflichkeiten einen besseren Zugang zur Erwartungshaltung von Basispraktiken zu bekommen (Fokus auf dem Was, nicht dem Wie).
  - Um Unterstützung bei der Umsetzung guter agiler Praktiken zu erhalten und gleichzeitig die Erwartungen von Automotive SPICE® zu erfüllen.
  - Um Missverständnisse darüber zu reduzieren, wie man Automotive SPICE®-Prozesse in agilen Umgebungen implementiert und bewertet.
- **Für Assessoren:**
  - Zur einheitlicheren Interpretation und Bewertung bestehender Automotive SPICE®-Prozesse in agilen Organisationen
  - Als Grundlage für eine gemeinsame Terminologie für die Bewertung von agilen Prozessen
  - Als Hilfe zur Abbildung der Bewertungen zwischen klassischen und agilen Ansätzen

19.3 SPICE for Mechanical Engineering

SPICE for Mechanical Engineering ist speziell auf die Entwicklung rein mechanischer Systeme, wie z.B. Lenksäulen, und mechanischer Komponenten, wie z.B. Schrauben, zugeschnitten. Die Entwicklung ist entsprechend Automotive SPICE® nach dem Plug-in-Konzept in der Version 3.1 definiert. Hierbei werden insbesondere die Schnittstellen zu den mechatronischen Prozessen (SYS.x), zur Produktion sowie zur Entwicklung der Testumgebung abgedeckt. Es ist jedoch zu beachten, dass die vollständige Entwicklung von Produktionsprozessen nicht in diesem Rahmenwerk abgedeckt ist.

Für die Implementierung und Anpassung dieser spezifischen Prozesse im mechanischen Kontext ist es unerlässlich, Management- und Unterstützungsprozesse sowie generische Praktiken von Automotive SPICE® gemäß der PAM-Version 3.1 zu nutzen und an den mechanischen Kontext anzupassen. Dies ermöglicht eine konsistente und effiziente Arbeitsweise, die die speziellen Anforderungen und Herausforderungen im Maschinenbau berücksichtigt.

iNTACS hat ein spezielles Plug-in für die Mechanikentwicklung ausgearbeitet, das die softwarespezifischen Prozesse des Automotive SPICE®-Modells ersetzt oder ergänzt. Dieses Plug-in, bekannt als iNTACS MEE PAM, bietet spezifizierte Entwicklungsprozesse an, die in zwei Hauptgruppen unterteilt sind: die Prozessgruppe Mechanical Systems Engineering (MSE) und die Prozessgruppe Mechanical Component Engineering (MCE)«.

Das MEE-Plug-in ermöglicht die Integration von Automotive SPICE® als Prozessrahmen für die Entwicklung des gesamten mechatronischen Systems im Automobilbereich. Es bietet spezifische Entwicklungsprozesse für mechanische Systeme und Komponenten und ermöglicht es den Entwicklungsteams, von Anfang an kollaborativ zu arbeiten, um eine Synchronisation und Abstimmung zwischen Software, Hardware und Mechanik zu gewährleisten. Dies ist entscheidend, um eine konsistente und qualitativ hochwertige Produktentwicklung zu gewährleisten.

Die MSE-Gruppe konzentriert sich auf die Verwaltung von Kunden- und internen Anforderungen auf Systemebene, die Definition der mechanischen Systemarchitektur sowie die Integration und das Testen auf der Ebene des mechanischen Systems. Die einzelnen Prozesse in dieser Gruppe umfassen die Analyse der mechanischen Systemanforderungen, den Architekturentwurf des mechanischen Systems, dessen Integration und Integrationstest sowie dessen Qualifikationstest.

Die MCE-Gruppe hingegen befasst sich mit den Anforderungen auf Komponentenebene, dem Entwurf der mechanischen Komponente, ihrer Produktion, dem Test gegen den Entwurf der Komponente sowie dem Test gegen die Anforderungen.

Ein wichtiges Beispiel für den Einsatz mechanischer Systeme in der Automobilindustrie sind Synchron- und Antisynchron-Maschinen. Diese spielen eine entscheidende Rolle im Bereich der Elektro- und Hybridfahrzeuge. Sie dienen als Antriebsmotoren, die die elektrische Energie in mechanische Energie umwandeln, um das Fahrzeug zu bewegen. Ihre hohe Effizienz, der kompakte Aufbau und das gute Drehmoment-Verhalten über einen weiten Drehzahlbereich machen sie besonders geeignet für den Einsatz in Fahrzeugen. Darüber hinaus sind sie in der Lage, Energie beim Bremsen zurückzugewinnen (Rekuperation), was die Effizienz des Fahrzeugs steigert.

Die Besonderheiten mechanischer Systeme, wie die Notwendigkeit physischer Teile und Materialien, die Abhängigkeit von physischen Werkzeugen und Maschinen für Prototyping und Produktion sowie die direkten Auswirkungen von Verschleiß und Alterung, sind im MEE-PAM berücksichtigt. Diese Faktoren spielen eine entscheidende Rolle in der Entwicklung und erfordern spezielle Aufmerksamkeit, um die erforderliche Produktqualität und Lebensdauer zu gewährleisten.

Im Folgenden wollen wir noch auflisten, was mechanische Systeme ausmacht und worauf zu achten ist:

- Mechanische Systeme bestehen aus physischen Teilen und Materialien, die greifbar sind und physische Manipulationen für Veränderungen benötigen. Dies impliziert, dass jede Veränderung oder Anpassung eines mechanischen Systems einen erheblichen physischen Aufwand mit sich bringt. Es ist nicht möglich, einfach einige Codezeilen zu ändern oder eine Softwarekomponente auszutauschen. Stattdessen müssen physische Teile neu gefertigt, angepasst oder ersetzt werden. Dies macht den Prozess nicht nur zeitaufwendig, sondern auch kostspielig.
- Die Entwicklung mechanischer Systeme nutzt CAD, ist aber in hohem Maße auf physische Werkzeuge und Maschinen für Prototyping und Produktion angewiesen. CAD-Software ermöglicht es, komplexe mechanische Systeme und Komponenten digital zu entwerfen und zu simulieren, bevor ein physisches Modell erstellt wird. Dies ist ein entscheidender Schritt, um Entwurfsfehler frühzeitig zu erkennen und kostspielige Iterationen im späteren Verlauf der Entwicklung zu vermeiden. Trotz dieser technologischen Hilfsmittel bleibt der Bedarf an physischen Prototypen und der Einsatz von Werkzeugen und Maschinen für die Herstellung ein zentrales Element der mechanischen Systementwicklung.
- Im Vergleich zur Softwareentwicklung, die einen Zyklus aus Codierung, Testen und Debugging durchläuft und oft zahlreiche Iterationen und Updates beinhaltet, folgt die Entwicklung mechanischer Systeme oft einem eher linearen Prozess aus Entwurf, Prototyping, Testen und Fertigung. Änderungen, insbesondere nach dem Start der Produktion, erfordern erheblichen Aufwand und können kostspielig sein. Diese Tatsache unterstreicht die Bedeutung einer gründlichen Planung und sorgfältigen Durchführung aller Entwicklungsschritte.
- Mechanische Systeme erfordern physische Tests, und Entwurfsfehler können eine Rückkehr zur Entwurfs- oder Prototyping-Phase notwendig machen, was kostspielig und zeitaufwendig ist. Bevor physische Tests beginnen, werden mechanische Systeme normalerweise simuliert, um Fehler so früh wie möglich zu finden. Physische Tests starten daher relativ spät im Entwicklungsprozess, was die Notwendigkeit einer präzisen und akkuraten vorherigen Simulation und Planung unterstreicht.
- Komponenten von Softwaresystemen können leicht in verschiedenen Projekten mit minimalen Änderungen wiederverwendet werden. Mechanische Komponenten sind aufgrund ihrer spezifischen physischen Eigenschaften und ihres Designs schwieriger in unterschiedlichen Systemen wiederzuverwenden. Dies führt dazu, dass für jedes neue Projekt oder System oft spezifische mechanische Komponenten entwickelt und gefertigt werden müssen.
- Softwaresysteme können relativ einfach hoch- oder herunterskaliert werden, oft durch Änderungen im Code oder das Hinzufügen von weiteren Hardwareressourcen. Das Skalieren von mechanischen Systemen kann hingegen eine kom-

plette Neugestaltung und -fertigung von Komponenten erforderlich machen. Dies macht den Prozess der Anpassung und Skalierung mechanischer Systeme wesentlich aufwendiger und komplexer.

- Mechanische Systeme können längere Anpassungszyklen aufweisen, da physische Teile oder Materialien integriert werden müssen. Dies ist insbesondere bei bestehenden Systemen eine Herausforderung, da die Integration neuer Teile oft mit einem erheblichen Aufwand verbunden ist.
- Mechanische Systeme haben typischerweise einen längeren Lebenszyklus, können aber regelmäßige Wartung und den eventualen Austausch physischer Teile erfordern. Sie sind direkt von Verschleiß, Umweltbedingungen und Alterung betroffen, Faktoren, die sorgfältig berücksichtigt werden müssen, um eine lange Lebensdauer und zuverlässige Funktion zu gewährleisten.

Die erste hinzugefügte Prozessgruppe heißt **Mechanical Systems Engineering** (MSE). Sie umfasst die folgenden Prozesse:

- **MSE.1 Mechanical System Requirements Analysis**
  Dieser Prozess ist der Ausgangspunkt für die Entwicklung mechanischer Systeme. Er adaptiert den SYS.2 auf diese Systeme. Der Hauptzweck dieses Prozesses besteht darin, die Anforderungen an das mechanische System aus den übergeordneten Systemanforderungen abzuleiten und dabei alle betroffenen Stakeholder mit einzubeziehen. Es handelt sich hierbei um einen kollaborativen Prozess, bei dem die Anforderungen präzise definiert und dokumentiert werden müssen, um ein klares Verständnis für alle beteiligten Parteien zu schaffen. Dadurch können Erwartungen klar definiert und Missverständnisse vermieden werden, was wiederum die Grundlage für eine erfolgreiche Systementwicklung bildet.
- **MSE.2 Mechanical System Architectural Design**
  Im nächsten Schritt in der Prozesskette wird ein architektonischer Entwurf des mechanischen Systems erstellt. Der Fokus liegt darauf, zu bestimmen, welche Anforderungen des mechanischen Systems welchen Elementen der Mechanik zugewiesen werden sollen. Zudem wird dieser Entwurf gegen festgelegte Kriterien evaluiert, um sicherzustellen, dass er den Anforderungen entspricht und funktionell umsetzbar ist. Diese Phase ist entscheidend, um eine solide Basis für die weitere Entwicklung und Integration des Systems zu schaffen.
- **MSE.3 Mechanical System Integration and Integration Test**
  Der dritte Prozess konzentriert sich auf die Integration der mechanischen Komponenten und/oder Systemelemente zu einem vollständig integrierten mechanischen System. Hierbei muss darauf geachtet werden, dass die Integration konsistent mit dem architektonischen Entwurf erfolgt. Zusätzlich werden Tests durchgeführt, um zu überprüfen, ob die integrierten mechanischen Elemente den Anforderungen und dem Entwurf entsprechen, einschließlich der Schnittstellen zwischen den mechanischen Elementen. Dies stellt sicher, dass das System als Ganzes funktioniert und die Anforderungen erfüllt werden.

- **MSE.4 Mechanical System Qualification Test**
  Der abschließende Prozess dieser Prozessgruppe hat zum Ziel, das integrierte mechanische System zu testen und somit den Nachweis zu erbringen, dass es den mechanischen Systemanforderungen entspricht. Dieser Schritt ist essenziell, um die Integrität und Funktionalität des gesamten Systems zu gewährleisten und die Einhaltung aller Spezifikationen und Anforderungen zu bestätigen.

Parallel zu den MSE-Prozessen existieren die Prozesse der Prozessgruppe **Mechanical Component Engineering** (**MCE**) für die Entwicklung mechanischer Komponenten.

- **MCE.1 Mechanical Component Requirements Analysis**
  Zunächst werden Anforderungen an die mechanische Komponente konsolidiert. Dies ist der erste Schritt in der Entwicklung von mechanischen Komponenten und legt die Grundlage für alle nachfolgenden Entwicklungsaktivitäten.
- **MCE.2 Mechanical Component Design**
  Der nachfolgende Prozess liefert einen evaluierten Entwurf für die mechanische Komponente. Dieser wird sorgfältig geprüft, um sicherzustellen, dass er alle Anforderungen erfüllt und technisch umsetzbar ist.
- **MCE.3 Mechanical Component Sample Production**
  Als Nächstes wird ein Muster der mechanischen Komponente hergestellt, das sowohl den Entwurf als auch die Produktionsstrategie der Komponente korrekt widerspiegelt. Dieser Schritt ist entscheidend, um zu überprüfen, ob der Entwurf in der Praxis umsetzbar ist und ob die Produktionsmethoden geeignet sind. Auf dieser Ebene wird der Unterschied zur Softwareentwicklung deutlich, bei der es keinen Herstellungsprozess im eigentlichem Sinne gibt. Allein dies führt dazu, dass sich die Entwicklung mechanischer Systeme in anderen Zeitmaßstäben bewegt.
- **MCE.4 Test against Mechanical Component Design**
  Dieser Prozess beinhaltet das Testen der mechanischen Komponente, um sicherzustellen, dass sie mit dem Entwurf übereinstimmt. Dies gewährleiste, dass der Entwurf korrekt umgesetzt wurde und die Komponente wie vorgesehen funktioniert.
- **MCE.5 Test against Mechanical Component Requirements**
  Der letzte Prozess testet die mechanische Komponente auf Übereinstimmung mit den festgelegten Anforderungen. Der Erfolg dieses Prozesses wird durch eine Reihe von Ergebnissen definiert, einschließlich der Entwicklung einer Teststrategie, der Erstellung einer Testspezifikation, der Auswahl und Durchführung von Testfällen sowie der Aufzeichnung und Kommunikation der Testergebnisse an alle betroffenen Stakeholder.

Zusammenfassend lässt sich sagen, dass die Entwicklung mechanischer Systeme eine Reihe einzigartiger Herausforderungen und Besonderheiten mit sich bringt: von der Notwendigkeit physischer Manipulation und Fertigung über den eher linearen Entwicklungsprozess bis hin zu den Einschränkungen bei der Wiederverwendung von Komponenten und der Skalierbarkeit. All diese Faktoren erfordern ein tiefgreifendes Verständnis und eine sorgfältige Planung und Durchführung.

Es ist zu erwarten, dass in Zukunft die Anzahl der Prozesse reduziert und die beiden Prozessgruppen zusammengefasst werden, um eine effizientere und straffere Prozessevaluierung zu ermöglichen. Die Anwendung von »SPICE for Mechanical Engineering« ermöglicht es Unternehmen im Maschinenbau, ihre Entwicklungsprozesse zu optimieren, die Produktqualität zu steigern und letztendlich erfolgreichere und zuverlässigere Produkte auf den Markt zu bringen.

19.4 Data Management SPICE

Der Zweck dieses Modells ist es, eine Wissensbasis für Datenmanagement-Praktiken und -Ansätze auf der Grundlage von Automotive SPICE® zu ergänzen.

Drei Prozessgruppen mit insgesamt acht Prozessen (s. Abb. 19–3) beinhalten Datenmanagement-Ansätze, um sicherzustellen, dass Assessmentergebnisse wiederholbar und zuverlässig sind. Die Auswahl der acht Datenmanagement-Prozesse basiert auf praktischen Erfahrungen im Datenmanagement-Umfeld und dessen typischen Herausforderungen.

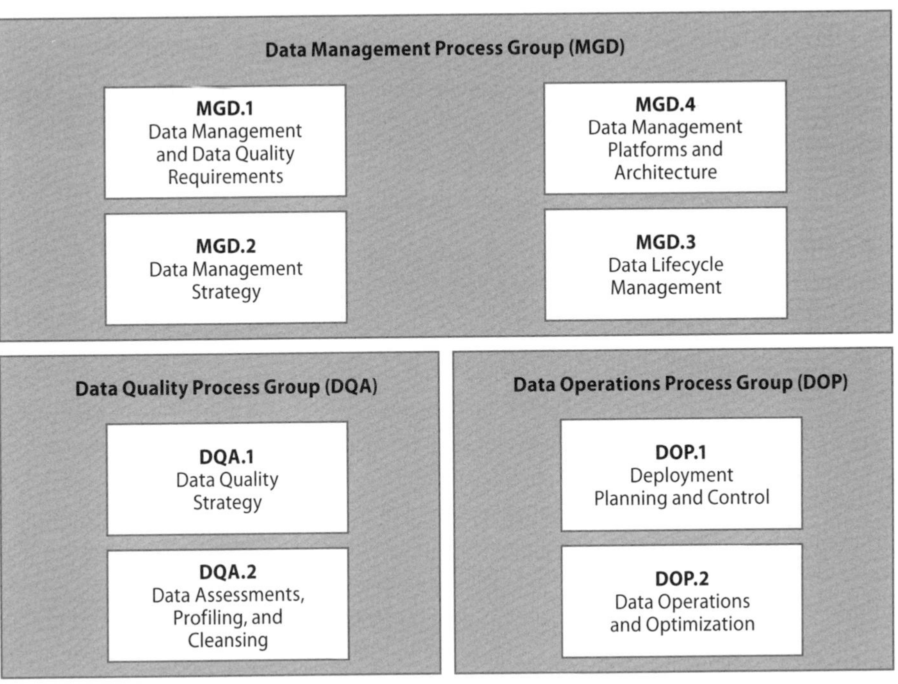

Abb. 19–3 *Prozessgruppen und Prozesse von Data Management SPICE*

Zusätzlich zu den acht hinzugefügten Datenmanagement-Prozessen unterstützt das Modell die Datenmanagement-Interpretation von Management-, Beschaffungs- und Unterstützungsprozessen. Es ermöglicht die Bewertung von Prozessen in jeder Datenmanagement-Umgebung, insbesondere in der Automobilindustrie.

Data Management SPICE wurde entwickelt, um Lücken und Ineffizienzen in den Datenmanagement-Prozessen einer Organisation zu identifizieren und Verbesserungen zu erarbeiten, die einer Organisation helfen, ihre Datenmanagement-Fähigkeiten zu optimieren. Damit wird eine umfassende Bewertung der Datenmanagement-Praktiken einer Organisation über alle relevanten Funktionen und Abteilungen hinweg ermöglicht, einschließlich Data Governance, Datenqualität, Datenintegration und Datenmanagement.

Mithilfe der enthaltenen Praktiken können Unternehmen Folgendes erreichen:

- Sie können sicherstellen, dass ihre Daten korrekt, konsistent und vollständig sind.
- Sie können ihre Daten vor Sicherheitsbedrohungen und unbefugtem Zugriff schützen.
- Sie verbessern die betriebliche Effizienz durch die Reduzierung von Datenduplikaten und -inkonsistenzen.
- Sie reduzieren die Risiken im Zusammenhang mit der Nichteinhaltung von Standards und Regelungen.
- Sie schaffen ein besseres Verständnis für den Wert und die Nutzung von Daten.
- Sie ermöglichen eine effektive Entscheidungsfindung durch die Bereitstellung zeitnaher und genauer Daten.
- Sie können die mit dem Datenmanagement verbundenen Kosten durch Optimierung von Prozessen und Reduzierung von Datenredundanzen senken.

Zusammenfassend lässt sich sagen, dass der Zweck des Modells darin besteht, Organisationen einen strukturierten und systematischen Ansatz zur Verbesserung ihrer Datenmanagement-Praktiken an die Hand zu geben, der zu einer höheren Datenqualität, einer besseren Datensicherheit, einer verbesserten Einhaltung von Geschäftsregeln und einem effizienteren Betrieb führt.

20 Angrenzende Standards

Als Standard ist Automotive SPICE® in der Automobilwelt nicht allein auf weiter Flur. Es gibt eine Reihe anderer Standards, die ebenfalls maßgeblich für verschiedene Aspekte der Fahrzeugentwicklung sind. ISO 26262 befasst sich mit der funktionalen Sicherheit, ISO/IEC/IEEE 15288:2015 mit Systems- und Software-Engineering-Prozessen, während ISO/SAE 21434 das Cybersecurity Engineering innerhalb des Fahrzeugs regelt. Automotive SPICE® bietet durch seinen Fokus auf gute und zeitgemäße Prozesse innerhalb eines Entwicklungsprojekts eine gute Grundlage für die Entwicklung sicherheitskritischer Systeme und die Umsetzung von Cybersecurity-Aspekten. Dies soll im Folgenden näher erläutert werden.

Die Notwendigkeit, mehrere Standards in der Automobilentwicklung zu berücksichtigen, führt zu der Frage: Wie interagieren diese Standards miteinander? Gibt es Überschneidungen, und wenn ja, wie können diese am besten gehandhabt werden? In diesem Kapitel werden wir uns diesen Fragen widmen und die Synergien und potenziellen Konflikte zwischen Automotive SPICE® und den genannten Standards beleuchten. Ziel ist es, Klarheit darüber zu schaffen, wie diese kooperativ genutzt werden können, um den Entwicklungsprozess von Automobilen zu optimieren und gleichzeitig den höchsten Anforderungen an Sicherheit, Qualität und Effizienz gerecht zu werden.

20.1 ISO 26262 – Funktionale Sicherheit

Viele Systeme in der Automobilindustrie sind sicherheitsrelevant und alle Systeme müssen zumindest diesbezüglich bewertet werden. Die Prozesse sollten sich daher nicht nur an den Praktiken von Automotive SPICE® orientieren, sondern auch der ISO 26262 entsprechen.

Wie im Folgenden gezeigt wird, ergänzen sich beide Standards gut und sind miteinander kompatibel. Automotive SPICE®-Konformität bietet eine solide Grundlage für die Arbeit gemäß ISO 26262.

Umgekehrt ergeben sich aus ISO 26262 zusätzliche Anforderungen, die beim Aufbau von Automotive SPICE®-konformen Prozessen berücksichtigt werden sollten. Nehmen wir als Beispiel das Anforderungsmanagement:

Wenn wir ein sicherheitskritisches System entwickeln, wird die Einhaltung der Anforderungen der ISO 26262 für die Bewertung nach Automotive SPICE® relevant. Da der ASIL (s. Abschnitt 20.1.1) nur über die Rückverfolgbarkeit der Anforderungen abgeleitet wird, bedeutet dies, dass Sicherheitsanforderungen klar als solche erkennbar sein müssen. Es reicht nicht aus, sie nur in einem Dokument oder in einer Anforderungsliste zu haben. Sie müssen spezifisch, verständlich und hervorgehoben sein, sodass jeder, der mit dem System arbeitet, sofort erkennt, dass es sich um eine Sicherheitsanforderung handelt.

Doch es geht nicht nur um die Identifizierung. Wenn man weiter in den Entwicklungsprozess eintaucht, wird deutlich, dass auch die Methoden, mit denen diese Anforderungen überprüft und getestet werden, von entscheidender Bedeutung sind.

Bevor wir uns der Interaktion zwischen den beiden Normen widmen, lassen Sie uns tiefer in die Welt der ISO 26262 eintauchen.

20.1.1 Ein Einblick in ISO 26262

Die ISO 26262 ist aus der IEC 61508, dem Dachstandard für funktionale Sicherheit, hervorgegangen. Sie wurde speziell entwickelt, um die funktionale Sicherheit von elektrischen und elektronischen Systemen in Serienfahrzeugen zu adressieren. Die Hauptaufgabe dieses Standards besteht darin, sicherzustellen, dass sicherheitskritische Systeme und Funktionen wie vorgesehen arbeiten und frei von unzumutbaren Risiken aufgrund gefährlicher Fehlfunktionen sind.

Mit der ISO 26262 wird ein strukturiertes Framework zur Gewährleistung der funktionalen Sicherheit von E/E-Systemen in Straßenfahrzeugen eingeführt.

Ein zentrales Element ist das Klassifikationsschema ASIL (Automotive Safety Integrity Level). ASIL klassifiziert das inhärente Risiko nach

- Schweregrad,
- Wahrscheinlichkeit der Exposition und
- Kontrollierbarkeit.

Der ASIL wird durch die Gefährdungsanalyse HARA (Hazard Analysis and Risk Assessment) für die verschiedenen Risiken einer Funktion bestimmt.

Diese Gefährdungsanalyse und Risikobewertung muss auf Fahrzeugebene, also durch den OEM, durchgeführt werden. Der in der HARA ermittelte ASIL wird dann konsequent über das Anforderungsmanagement bis auf die unterste Ebene vererbt.

Ein weiteres Merkmal der ISO 26262 ist der »Safety Lifecycle«. Dieser Lebenszyklus umfasst das gesamte Produkt, von der Konzeption über die Entwicklung bis hin zu Produktion, Betrieb, Service und Stilllegung. Dieser zyklische Ansatz betont den strukturierten Prozess, Sicherheitsziele abzuleiten und umzusetzen.

Insgesamt besteht der Standard aus 12 Teilen. Insbesondere die Teile 3 bis 7 decken Anforderungen für verschiedene Entwicklungsphasen ab, wie z.B. Systementwurf, Hardware- und Softwareentwicklung und Produktion. Darüber hinaus werden in Teil 10 Leitlinien für die ISO 26262 festgelegt.

Die Implementierung der ISO 26262 erfordert reife Entwicklungsprozesse, Methoden und Werkzeuge. Bei einer »QM«-Bewertung werden keine zusätzlichen Anforderungen der ISO 26262 hinzugefügt. Insofern bietet ein Capability Level 2 oder 3 nach Automotive SPICE® eine solide Grundlage für ein sicherheitskritisches Entwicklungsprojekt.

20.1.2 Zusammenspiel mit Automotive SPICE®

Das Einführen von Automotive SPICE® allein garantiert keine Konformität mit ISO 26262, aber das Gute ist, die beiden Standards stehen nicht im Widerspruch zueinander und können parallel angewendet werden, sie bieten sogar Synergien.

Der »Safety Lifecycle« der ISO 26262 überschneidet sich in einigen Bereichen mit Automotive SPICE®, z.B. in der Produktentwicklung auf Softwareebene. Aber es gibt auch Bereiche, in denen sie nicht überlappen, wie z.B. bei der Gefahrenanalyse und Risikobewertung in der HARA.

Automotive SPICE® fungiert als Bewertungsmodell, mit dem die Qualität von Prozessen in einem Projekt gemessen wird. ISO 26262 hingegen dient als eine Art Blaupause, wie funktionale Sicherheit erreicht werden kann.

Beide Standards definieren jedoch Anforderungen an Entwicklungsprozesse. Wobei die ISO 26262 umfassendere Anforderungen stellt, einschließlich Produktarchitektur, Produktion, Sicherheitsmanagement und Sicherheitsanalysen.

Obwohl beide Standards Systems-Engineering-Standards sind, weisen sie unterschiedliche Terminologien auf. So gibt es in gewisser Weise »falsche Freunde« – Begriffe, die ähnlich erscheinen, aber unterschiedliche Bedeutungen haben.

Viele Prozesse von Automotive SPICE® unterstützen die Anforderungen von ISO 26262, aber die Anforderungen von ISO 26262 sind strenger, insbesondere auf den höheren ASIL-Stufen. ASIL verlangt eine Gefahren- und Risikoanalyse vor der Entwicklung. Risiken werden identifiziert und anhand der ASIL-Klassifizierungen bewertet. Diese reichen von QM (niedrigstes Risiko) bis ASIL D (höchstes Risiko). Basierend auf diesen Risiken werden Sicherheitsziele festgelegt und in Sicherheitsanforderungen detailliert. Die ASIL-A-D-Bewertungen beinhalten zusätzlich zu den ISO 26262-Anforderungen weitere Automotive SPICE®-Anforderungen, die je nach ASIL-Klassifizierung variieren.

Die Integration beider Standards führt zu einem robusten Entwicklungsprozess, der sowohl die Prozessqualität als auch die funktionale Sicherheit unterstützt.

Beim Vergleich von Automotive SPICE® und ISO 26262 hinsichtlich ihrer methodischen Anforderungen zeigen sich deutliche Unterschiede. Automotive SPICE® legt den Fokus darauf, Prozessanforderungen über den Prozesszweck und dessen

Ergebnisse zu definieren, schreibt jedoch keine spezifischen Methoden oder Techniken vor. Das bedeutet, dass Unternehmen, die nach Automotive SPICE® arbeiten, gezwungen sind, eigene spezifische Methoden und Techniken in ihren Entwicklungsprozessen festzulegen.

Im Gegensatz dazu bietet ISO 26262 eine Vielzahl von Methoden und Techniken für die meisten seiner Prozessschritte. Das bietet Unternehmen eine klare Richtung und Empfehlung. Im Allgemeinen wird empfohlen, diesen Methodenempfehlungen zu folgen; dennoch können Alternativen in Betracht gezogen werden.

Bei Automotive SPICE® ist die Anforderung an Unabhängigkeit begrenzt auf den SUP.1. Was hier jedoch im Vordergrund steht, ist eine objektive Qualitätssicherung, bei der Interessenkonflikte vermieden werden sollten.

ISO 26262 hingegen geht weiter, indem der Standard spezifische Anforderungen an die Unabhängigkeit der Personen stellt, die gewisse Aktivitäten ausüben. Hierbei werden verschiedene Grade der Unabhängigkeit unterschieden, die abhängig von der Aktivität variieren können. Bei allen Bestätigungsmaßnahmen sind Unabhängigkeitsanforderungen zu beachten und bei höheren ASIL-Bewertungen ist es notwendig, dass bestimmte Aktionen oder Überprüfungen von einer völlig unabhängigen Organisationseinheit oder sogar einer externen Organisation vorgenommen werden.

Während Automotive SPICE® Assessments und ihre Varianten als zentrale Evaluierungsmethode verwendet, verlangt die ISO 26262 verschiedene Compliance-Maßnahmen, insbesondere das »Functional Safety Audit« und das »Functional Safety Assessment«.

20.1.3 Automotive SPICE®-Assessment vs. Functional Safety Assessment

Automotive SPICE®- und Functional Safety Assessments sind zwei unterschiedliche, aber gleichermaßen wichtige Methoden, die in der Automobilindustrie eingesetzt werden. Während das Automotive SPICE®-Assessment den Fokus auf den Prozess legt, konzentriert sich das Functional Safety Assessment direkt auf das Endprodukt und dessen funktionale Sicherheit.

Ein Automotive SPICE®-Assessment hat das primäre Ziel, die Prozessfähigkeit der Entwicklungsprozesse zu bewerten. Diese Bewertung findet in einem kurzen, intensiven Zeitraum statt, in der Regel an 3 bis10 aufeinanderfolgenden Tagen. Das Ergebnis ist eine Momentaufnahme, die zu einer Prozessbewertung führt.

Obwohl der Schwerpunkt auf der Prozessbewertung liegt, werden auch technische Aspekte berücksichtigt, um die Funktionalität des Endprodukts zu verstehen.

Im Gegensatz dazu konzentriert sich das Functional Safety Assessment auf die Produktsicherheit und hat einen produktzentrierten Geltungsbereich. Die Motivation dahinter ist die Gewährleistung der Produktsicherheit und die Auseinandersetzung mit möglichen Produkthaftungsfragen. Dieser Prozess ist als »Safety Assessment« zu verstehen: eine unabhängige Untersuchung der Produkteigenschaften, um festzustellen, ob definierte Sicherheitsziele erreicht wurden.

Dieser Bewertungsprozess ist langfristig angelegt und erfolgt in fortlaufenden Phasen, die das Projekt von Anfang bis Ende begleiten. Am Ende dieses Prozesses steht ein »Functional Safety Assessment Report«, der die Akzeptanzstufen – akzeptiert, bedingt akzeptiert oder abgelehnt – angibt. Die Durchführung dieses Bewertungsprozesses erfordert ein tiefes technisches Verständnis, da es sich um eine ganzheitliche Produktbewertung handelt.

20.1.4 Automotive SPICE®-Assessment vs. Functional Safety Audit

Eine größere Ähnlichkeit gibt es zwischen Automotive SPICE®-Assessments und Audits zur funktionalen Sicherheit, da bei beiden die Prozessqualität bewertet wird. Somit sind in diesem Zusammenhang einige Parallelen zu erkennen.

Es gibt die Überlegung, beide Bewertungsmethoden zusammen durchzuführen, um Aufwände im Projektteam zu reduzieren. Die Integration von Automotive SPICE®-Assessments und Safety-Audits bietet Unternehmen eine Reihe von Synergien und Vorteilen. Beide Bewertungsmethoden zielen darauf ab, die Qualität und Zuverlässigkeit von Entwicklungsprozessen zu verbessern, jedoch mit unterschiedlichen Schwerpunkten.

Beide Bewertungsmethoden decken den gesamten Entwicklungszyklus ab, wobei die ISO 26262 zusätzlich die Phasen nach dem Produktionsstart (Start of Production, SOP) umfasst. Dies ermöglicht eine kohärente Betrachtung des Produktlebenszyklus unter Berücksichtigung von Qualität und Sicherheit.

Insbesondere im Managementbereich (MAN.3) und bei den System- und Software-Entwicklungsprozessen gibt es signifikante Überschneidungen. Durch eine kombinierte Betrachtung können diese Prozesse effizienter bewertet werden, indem zusätzlich spezifische Aspekte der funktionalen Sicherheit integriert werden. Durch die integrierte Betrachtung können sich überschneidende Befunde minimiert und gemeinsam adressiert werden, was zu einer kohärenteren Verbesserungsstrategie führt.

Durch die Kombination von Automotive SPICE®-Assessments und Safety-Audits können Doppelbewertungen vermieden und der Zeitaufwand für die Assessmentteams reduziert werden. Eine gemeinsame Sitzung, die beide Aspekte abdeckt, kann die Gesamtdauer des Bewertungsprozesses deutlich verkürzen. Beispielsweise muss das Projektteam nur zwei zusätzliche Tage aufwenden, um sowohl die Automotive SPICE®- als auch die ISO 26262-Anforderungen abzudecken.

Es ist möglich, einen gemeinsamen Bericht zu erstellen, der die Konformität mit beiden Standards dokumentiert, was die Kommunikation mit den Stakeholdern vereinfacht.

Allerdings sind für eine integrierte Bewertung Assessoren erforderlich, die sowohl in Automotive SPICE® als auch in der funktionalen Sicherheit kompetent sind, was die Auswahl geeigneter Assessmentteams einschränkt.

20.1.5 Synergie von Automotive SPICE® und ISO 26262

Da beide Standards auf den gleichen Grundprinzipien des Systems Engineering basieren, gibt es einige Synergien bei der Implementierung. Unterschiede in der Terminologie stellen kein Hindernis dar, sollten aber verstanden werden, um Missverständnisse zu vermeiden.

Die Integration beider Standards ermöglicht einen ganzheitlichen Ansatz für Qualität und Sicherheit im Automobilsektor.

Ein maximaler Nutzen kann durch eine sorgfältige Planung und Koordination aller erforderlichen Bewertungsmethoden erzielt werden. Gemeinsam bilden sie das doppelte Fundament für Qualität und Sicherheit im Automobilbau.

Bestehende Automotive SPICE®-konforme Prozesse sollten die Methodenanforderungen und zusätzlichen Aktivitäten der ISO 26262 integrieren.

Hardware-Entwicklungsprozesse sollten analog zu Software-Entwicklungsprozessen nach den Anforderungen der ISO 26262 definiert werden.

Die festgelegte ASIL-Klassifizierung ist als Kriterium für die Anpassung der Automotive SPICE®-Prozesse heranzuziehen.

20.2 ISO/IEC 15288

ISO/IEC 15288 ist ein sorgfältig entwickeltes Rahmenwerk, das Prozesse und Lebenszyklus-Phasen abdeckt. Die Entstehungsgeschichte dieses Standards begann 1994, als die Notwendigkeit erkannt wurde, einen gemeinsamen Rahmen für Systems-Engineering-Prozesse zu schaffen.

Dies ist ein bemerkenswerter Weg, wenn man bedenkt, dass der Standard den 1974 eingeführten Standard MIL STD 499A ersetzen sollte, nachdem dieser zurückgezogen wurde. Das Ergebnis dieser sorgfältigen Planungs- und Entwicklungsarbeit war die erste Ausgabe, die 2002 veröffentlicht wurde. Mit den sich weiterentwickelnden Technologien und Veränderungen im Bereich des Systems Engineering wurden auch Aktualisierungen dieses Standards vorgenommen, zuletzt 2015. Die Bedeutung der ISO/IEC 15288 zeigt sich auch darin, dass das renommierte Institute of Electrical and Electronics Engineers (IEEE) diesen Standard 2004 als IEEE 15288 übernommen hat. Hinter diesem Standard steht das ISO/IEC JTC1/SC7-Komitee, das für Software- und Systems-Engineering-Standards zuständig ist – ein Beweis für seine herausragende Arbeit und sein Engagement auf diesem Gebiet.

In den letzten Jahren konnte man beobachten, wie dieser Standard in der Automobilindustrie an Bedeutung gewonnen hat. Was als reines Instrument für das Systems Engineering begann, hat heute einen festen Platz in der Automobilbranche. Dies ist darauf zurückzuführen, dass die Industrie die Notwendigkeit erkannt hat, solide und bewährte Praktiken für das Systems Engineering zu implementieren, um der zunehmenden Komplexität moderner Fahrzeuge gerecht zu werden.

Ein weiterer wichtiger Aspekt, der nicht unerwähnt bleiben sollte, ist das INCOSE Systems Engineering Handbook [INCOSE 2015]. Dieses Handbuch kann als wesentliches Begleitwerk zur ISO/IEC 15288 betrachtet werden. Es interpretiert und erläutert den Standard und gilt neben dem eigentlichen Standard als kanonisch. Das bedeutet, dass es von Fachleuten als verlässliche und maßgebliche Quelle angesehen wird.

20.2.1 Systems Engineering in Automotive SPICE®

Systems Engineering ist eine interdisziplinäre Tätigkeit, die darauf abzielt, optimale Systeme zu schaffen, die komplexe Anforderungen erfüllen. Sie umfasst die Spezifizierung der Systemanforderungen, die Festlegung der Grundsätze der Systemarchitektur, die Definition der Wechselwirkungen zwischen dem System und seiner Umgebung sowie die Durchführung von Optimierungsanalysen zur Auswahl von Schlüsseltechnologien. Dieser Ansatz unterscheidet sich von den disziplinspezifischen Ingenieurwissenschaften, wie dem Maschinenbau oder der Elektronik, die sich auf bestimmte Technologien konzentrieren. Das Systems Engineering unterscheidet sich auch von diesen nachgelagerten Ingenieurdisziplinen, da es eine ganzheitliche Perspektive einnimmt und sich mit dem Gesamtproblem befasst, z.B. mit Betrieb, Kosten, Zeitplan, Leistung, Schulung und Unterstützung, Test, Herstellung und Entsorgung. Dieser Prozess ist iterativ und umfasst die Top-down-Synthese, die Entwicklung und den Betrieb des Systems mit dem Ziel, die gesamte Bandbreite der Anforderungen optimal zu erfüllen. Er ist soziotechnisch und fördert die interdisziplinäre Teamarbeit. Systems Engineering orientiert sich auch am Systemgedanken, der den Schwerpunkt auf die ganzheitliche Perspektive und die Beziehungen zwischen den Systemelementen legt. Systems Engineering ist nicht nur ein Prozess, sondern auch eine Perspektive und ein Beruf. Wir werden uns auf die Spezifikationsaktivitäten der Systemtechnik konzentrieren. Der Systems-Engineering-Prozess umfasst die Anforderungsspezifikation, die Entwurfssynthese und die Systemvalidierung, er ist aber auch während des gesamten Projekts involviert und bietet die entscheidende Aufsicht auf die Systemebene.

In der Systemtechnik wird bei der Entwicklung eines Systems zwischen drei Bereichen unterschieden:

- Der erste Bereich befasst sich mit dem, was außerhalb unseres Einflussbereichs liegt. Hier sind wir Jäger und Sammler und versuchen, die Anforderungen der Stakeholder zu ermitteln und zu verstehen. Zu diesem Bereich gehören auch die Kundenanforderungen, die wir erhalten oder von denen wir annehmen, dass wir sie erfüllen. In diesem Bereich geht es darum, was der beabsichtigte Nutzen unseres betrachteten Systems ist.

  Die in diesem Bereich beschriebenen Anforderungen, Anwendungsfälle oder Bedürfnisse sind je nach Art der Quelle inhomogen in der Art und Weise, wie sie beschrieben und dargestellt werden, und in Bezug auf ihren Abstraktionsgrad. Daher ist es wichtig, ein gemeinsames Verständnis zu entwickeln. Dies wird in dem Prozess SYS.1 beschrieben. Diesem wird der Prozess VAL.1 gegenübergestellt. Dieser validiert, ob der beabsichtigte Nutzen nach der Entwicklung durch das System erfüllt wird.

- Der zweite Bereich bildet den Problemraum ab und beschreibt, was das System können soll. Stakeholder-Bedürfnisse usw. werden in Systemanforderungen umgewandelt, die nach definierten Qualitätskriterien konsistent definiert und konsolidiert sind. In diesem Zusammenhang wird das System noch als Blackbox betrachtet. Um dies zu gewährleisten, müssen Analysen durchgeführt werden. Dies wird im Prozess SYS.2 beschrieben. Die Überprüfung der Anforderungen (Qualifizierungstest) wird dann im Prozess SYS.5 beschrieben.

  Je nach Komplexität des Systems wird es in kleinere Teile zerlegt. Dieser systematische Ansatz hängt vom zu entwickelnden System ab.
- Der dritte Bereich zerlegt das System in reine Software-, Hardware- oder mechanische Elemente und verfeinert Anforderungen, Architektur und Design mit diesem Prozess.

20.2.2 Zusammenspiel mit Automotive SPICE®

Automotive SPICE® und die ISO/IEC 15288 sind beides Standards, die Systems-Engineering-Aspekte adressieren.

Während ISO/IEC 15288 den gesamten Lebenszyklus von Systemen umfasst – von der Konzeption bis hin zur Außerdienststellung –, legt Automotive SPICE® den Fokus auf eine detaillierte Betrachtung der Entwicklungsprozesse im Automotive-Bereich. Hier wird nicht nur ein Prozess definiert, sondern geprüft, ob dieser Prozess im realen Umfeld tatsächlich umgesetzt wird und seinen Zweck erfüllt.

Einfach ausgedrückt: Die ISO/IEC 15288 gibt das »Was« vor und beschreibt Systems Engineering in seiner Gesamtheit. Automotive SPICE® hingegen, basierend auf ISO/IEC 15504, stellt das »Wie« sicher und überprüft, ob die relevanten Prozesse ordnungsgemäß umgesetzt werden und den beabsichtigten Nutzen bringen.

ISO/IEC 15288 kann das Fundament für Systems-Engineering-Prozesse liefern. Gleichzeitig kann Automotive SPICE® diese Prozesse im Kontext der Automobilindustrie bewerten und verbessern.

Mit Automotive SPICE® erhalten Anwender zusätzliche Orientierungshilfen, die speziell für die Automobilindustrie entwickelt wurden. Dies ergänzt den breiteren Rahmen, den ISO/IEC 15288 bietet.

Ein weiterer wichtiger Punkt ist die Terminologie. Obwohl beide Standards unterschiedliche Begriffe verwenden können, ist es möglich, Prozesslandschaften, die nach ISO/IEC 15288 definiert sind, mit Automotive SPICE® zu bewerten. Hier zeigt sich, dass die korrekte Zuordnung der Terminologie in der Verantwortung des Assessors liegt. Eventuelle Inkonsistenzen in der Begrifflichkeit können und sollten geklärt werden.

20.3 ISO/SAE 21434:2021

In den letzten Jahren hat die Integration fortschrittlicher Elektronik- und Softwarekomponenten in Kraftfahrzeugen rasant zugenommen. Mit der Weiterentwicklung von Technologien wie Online-Updates (OTA), Flottenmanagement und Fahrzeugkommunikation (Car2x/V2X) sind jedoch auch neue Schwachstellen und Bedrohungen entstanden. Daher wurde die Notwendigkeit einer umfassenden Cybersecurity-Strategie für Kraftfahrzeuge immer dringlicher.

Die Antwort der Industrie auf diese Herausforderung ist der Standard BS ISO/SAE 21434:2021, mit dem Titel »Road vehicles – Cybersecurity engineering«. Dieser seit August 2021 veröffentlichte Standard ist das Ergebnis einer engen Zusammenarbeit zwischen den international renommierten Organisationen ISO und SAE. Sein Hauptzweck ist es, Ingenieuranforderungen für das Cybersecurity-Risikomanagement in verschiedenen Phasen wie Konzept, Produktentwicklung, Produktion, Betrieb, Wartung und Ausmusterung von E/E-Systemen in Straßenfahrzeugen festzulegen.

Eines der Merkmale dieses Standards ist seine Angleichung in der Struktur auf diejenige der ISO 26262. Dies zeigt, dass ISO/SAE 21434 zwar nicht als Bewertungsmodell dient, der Standard aber dennoch Parallelen und eine gewisse Harmonie mit bereits bestehenden Sicherheitspraktiken aufweist.

Die Struktur des Standards umfasst Kapitel, die den Geltungsbereich, allgemeine Überlegungen, das gesamte Cybersecurity-Management und viele weitere wichtige Aspekte abdecken. Ergänzt wird er durch eine Vielzahl von Anhängen (A–J), die zusätzliche Richtlinien, Beispiele und Details liefern.

Ein zentrales Element des ISO/SAE 21434:2021 ist die Bedrohungsanalyse und Risikobewertung »Thread Analysis and Risk Assessment« (TARA). Dieser Ansatz bedeutet, dass Aktivitäten in der Produktentwicklung auf einer Risikobewertung basieren, ohne spezifische Technologien oder Lösungen vorzuschreiben. Es geht darum, Bedrohungen systematisch zu identifizieren, ihre potenziellen Auswirkungen zu bewerten und angemessene Sicherheitsmaßnahmen zu definieren.

Dabei ist zu betonen, dass dieser Standard über den reinen Fahrzeugbetrieb hinausgeht und Aspekte wie Entwicklung, Produktion, Betrieb, Wartung und sogar Recycling im Lebenszyklus eines Fahrzeugs abdeckt. Obwohl er nicht die gesamte externe Infrastruktur, wie beispielsweise die Diagnoseserver des Herstellers, berücksichtigt, stellt er sicher, dass alle E/E-Systeme von Straßenfahrzeugen, ihre Komponenten und Schnittstellen, die nach seiner Veröffentlichung entwickelt oder modifiziert wurden, den Anforderungen entsprechen.

Ein treibender Faktor hinter der Entwicklung von ISO/SAE 21434 ist die UNECE-Regelung R155 [UN-Regelung 155]. Diese Regelung verlangt von Fahrzeugherstellern die Zertifizierung eines Cybersecurity-Managementsystems, um eine Typgenehmigung für den Straßenbetrieb in der EU und anderen Vertragsstaaten zu erhalten. Während die Anwendung von ISO/SAE 21434 die Zertifizierung erleichtern kann, deckt sie nicht alle Anforderungen von R155 ab.

Abschließend stellt der ISO/SAE 21434-Standard einen wesentlichen Schritt nach vorne in der Bemühung dar, die wachsenden Cybersecurity-Bedrohungen in der Automobilindustrie anzugehen. Es wird empfohlen, sich mit diesem wichtigen Dokument vertraut zu machen und es als einen wertvollen Leitfaden für Cybersecurity-Bemühungen zu nutzen. Es bietet nicht nur einen soliden Rahmen für das Risikomanagement, sondern fördert auch den branchenweiten Dialog und das gemeinsame Verständnis für die wachsenden Herausforderungen im Bereich der Fahrzeugsicherheit.

20.3.1 Zusammenspiel mit Automotive SPICE®

Mit dem Aufkommen von ISO/SAE 21434 rückt die Cybersecurity immer mehr in den Fokus der Automobilindustrie. Es ist interessant zu beobachten, wie ISO/SAE 21434 sich in das Ökosystem von Standards und Frameworks wie Automotive SPICE® einfügt. Auf den ersten Blick könnte man meinen, dass der Bezug zu Automotive SPICE® ähnlich ist wie der zu ISO 26262. Bei genauerer Betrachtung zeigt sich jedoch, dass ISO/SAE 21434 sich nicht nur auf den Projektlebenszyklus konzentriert, wie es bei vielen anderen Standards der Fall ist. Vielmehr bietet er einen umfassenderen Ansatz, der über den Projektlebenszyklus hinausgeht und somit eine breitere Perspektive auf die Cybersecurity in der Automobilindustrie ermöglicht.

An dieser Stelle kommt die Automotive SPICE®-Erweiterung »Automotive SPICE® for Cybersecurity« ins Spiel (s. Abschnitt 19.1). Dieses Plug-in wurde entwickelt, um spezifische Cybersecurity-Aspekte des System-Entwicklungsprozesses zu bewerten. Das bedeutet, dass bei einem Automotive SPICE®-Assessment nicht nur die traditionellen Aspekte der Systementwicklung, sondern auch Cybersecurity-Anforderungen berücksichtigt werden sollten.

20.4 SOTIF

Die fortschreitende Digitalisierung und die Entwicklung des autonomen Fahrens auf den höheren Ebenen bringen nicht nur große Chancen, sondern auch neue Herausforderungen mit sich. Während Standards wie ISO 26262 und ISO/SAE 21434 wichtige Grundlagen für die funktionale Sicherheit und Cybersecurity von Straßenfahrzeugen bieten, ist die Behandlung von unsicheren Situationen, die nicht durch systematische Fehler oder zufällige Hardwarefehler verursacht werden, ein weiteres kritisches Thema.

Hier kommt der Standard ISO/PAS 21448, bekannt als »Safety of the Intended Functionality (SOTIF), ins Spiel.

SOTIF zielt darauf ab, die Risiken zu adressieren, die sich aus der beabsichtigten Funktionalität und den typischen Verhaltensweisen eines Systems ergeben, selbst wenn das System gemäß den Spezifikationen korrekt funktioniert. Dies ist besonders relevant für fortschrittliche Fahrerassistenzsysteme (ADAS) und autonome Fahrfunktionen, bei denen das System in einer Vielzahl von Umgebungen und Szenarien korrekt reagieren muss.

20.4.1 Zusammenspiel mit Automotive SPICE®

Der Standard ISO/PAS 21448 ist ein neuer Standard, sodass derzeit noch wenig Erfahrungswerte vorliegen. Es ist davon auszugehen, dass das Zusammenspiel zwischen diesem Standard und Automotive SPICE® ähnlich wie bei der mittlerweile klassischen funktionalen Sicherheit zu sehen ist. SOTIF wurde hier aufgeführt, da zu erwarten ist, dass dieser Sicherheitsaspekt in Zukunft an Bedeutung gewinnen wird, wenn es um Themen wie automatisiertes Fahren geht.

20.5 AUTOSAR

AUTOSAR (AUTomotive Open System ARchitecture) ist eine globale Entwicklungspartnerschaft, die 2003 mit dem Ziel ins Leben gerufen wurde, eine offene und standardisierte Softwarearchitektur für elektronische Steuergeräte (ECUs) in der Automobilindustrie zu etablieren. Durch die Trennung von Anwendungssoftware und Infrastruktur ermöglicht AUTOSAR eine hardwareunabhängige Entwicklung von Software, was die Wiederverwendbarkeit und den Austausch von Software zwischen verschiedenen Fahrzeugen oder deren Varianten vereinfacht. Ein zentrales Konzept von AUTOSAR ist der virtuelle Funktionsbus (Virtual Functional Bus, VFB), der eine abstrakte Verbindung zwischen den »AUTOSAR Software Components« herstellt und so eine einfache Kommunikation zwischen ihnen ermöglicht, unabhängig davon, auf welchem ECU sie implementiert sind.

AUTOSAR schafft eine klare Trennung zwischen Anwendungs- und Infrastrukturschicht, wobei die Anwendung aus miteinander verbundenen »AUTOSAR Software Components« besteht, deren Schnittstellen formal definiert sind. Die Implementierungsarchitektur dieser Komponenten wird in Form von ausführbaren Einheiten definiert, die bei bestimmten Ereignissen aktiviert werden.

Die Anwendbarkeit von AUTOSAR beschränkt sich auf Automotive ECUs mit Eigenschaften wie starker Interaktion mit Hardware, Anbindung an Fahrzeugnetzwerke und der Ausführung auf Mikrocontrollern mit begrenzten Ressourcen. AUTOSAR unterstützt die Erweiterung von Standardmodulen, die Integration nicht standardisierter Module als komplexe Treiber und legt fest, dass keine weiteren Schichten hinzugefügt werden können.

Für die Umsetzung der AUTOSAR-Methode ist ein Prozess mit mehreren Schritten erforderlich, der in einer ausführbaren ECU-Komponente endet, wobei alle Beschreibungen in XML verfasst sind. Dies beinhaltet die Auswahl und Festlegung der Hardware- und Softwarekomponenten, die Zuordnung von Software zu Hardwarekomponenten basierend auf den Ressourcenanforderungen und das Mapping der Systemkonfiguration.

20.5.1 Zusammenspiel mit Automotive SPICE®

Aus der Sicht von Automotive SPICE® gibt es einige Aspekte, die in Bezug auf AUTOSAR zu beachten sind und die Softwarearchitektur und die Softwareintegration betreffen:

- **Softwarearchitektur (SWE.2)**
  - Die AUTOSAR-Architektur sollte als Teil der Softwarearchitektur-Dokumentation verstanden werden.
  - Die RTE (Runtime Environment) und die AUTOSAR-Stacks sind ein integraler Bestandteil der Softwarearchitektur.
  - Bei der Überprüfung und den Konsistenzchecks der Softwareentwicklung (SWE.2 und SWE.3) müssen die spezifischen Verifikations- und Validierungstools der AUTOSAR-Entwicklungsumgebung berücksichtigt werden.
  - Die Schnittstellen sollten basierend auf funktionalen und nicht funktionalen Anforderungen ausgewählt und angepasst werden.
- **Software-Integrationstests (SWE.5)**
  - Die Annahme, dass aufgrund der Nutzung von AUTOSAR keine Software-Integrationstests erforderlich sind, ist ein Trugschluss. Auch wenn Softwarekomponenten miteinander kommunizieren können, muss überprüft werden, ob die Kommunikation inhaltlich korrekt und zeitlich angemessen erfolgt. Dies umfasst die Überprüfung der Semantik (konsistente Interpretation von Daten) und der zeitlichen Abhängigkeiten der Kommunikation.
  - Neben semantischen Missverständnissen können Konfigurationsfehler der AUTOSAR-Toolkette und andere Probleme wie Fehler in der CAN-Matrix zu Problemen führen, sodass deren Korrektheit verifiziert werden sollte.

21 Assessments

Assessments dienen dazu, die Fähigkeiten eines Unternehmens zur Entwicklung softwarebasierter Systeme und deren Prozesse zu bewerten. Assessments werden entweder durchgeführt, um den aktuellen Status interner Prozessverbesserungen zu ermitteln oder um die Prozessqualität eines Lieferanten zu bestimmen und somit das Risiko bei der Lieferantenauswahl zu bewerten.

Ein Assessment nach Automotive SPICE® kann eine umfassende Bewertung der Prozesse, Methoden und Werkzeuge umfassen, die ein Unternehmen bei der Entwicklung softwarebasierter Systeme einsetzt. Dabei können Schwachstellen und Verbesserungspotenziale identifiziert und priorisiert werden. Dies ermöglicht es Unternehmen, ihre Prozesse und Produkte zu verbessern und die Qualität und Zuverlässigkeit ihrer Softwareprodukte zu erhöhen.

Obwohl Automotive SPICE® ursprünglich auf die Entwicklung von Softwareprodukten ausgerichtet war, wird es heute auch auf mechatronische Systeme angewendet. Nach wie vor nimmt die Software einen besonderen Stellenwert in den Assessments ein, da die meisten Probleme bei der Entwicklung mechatronischer Systeme auf Softwarefehler zurückzuführen sind. Mit der Integration der Hardwareprozesse und der geplanten Integration der Mechanikprozesse wird der Fokus jedoch zunehmend auf das gesamte mechatronische System ausgeweitet.

Bei der Durchführung von Assessments, insbesondere im Rahmen des Automotive SPICE®-Prozesses, sind einige wichtige Aspekte zu beachten, um die Integrität, Validität und den Nutzen der Bewertungsergebnisse sicherzustellen. Diese Empfehlungen sollten während des gesamten Bewertungsprozesses berücksichtigt werden.

21.1 Arten von Assessments

Grundsätzlich gibt es zwei Anwendungsbereiche von Assessments

- **Projekt-Assessments**
  Hierbei handelt es sich um Assessments für einzelne Projekte, bei denen die Prozesse evaluiert werden. Dies ist typischerweise der Fall, wenn ein OEM ein Assessment beauftragt.

- **Assessments zur organisatorischen Reife**
  Bei dieser Art von Assessment wird eine ganze Organisationsabteilung hinsichtlich ihrer Prozessreife untersucht. Dies ist von der Intention her vergleichbar mit den früher üblichen CMMI-Appraisals.

Projekt-Assessments machen derzeit mehr als 99 % der Assessments aus, aber es gibt ein wachsendes Interesse an Assessments zur Bestimmung der organisatorischen Reife. Die folgenden Aussagen beziehen sich hauptsächlich auf Projekt-Assessments, sofern nicht explizit anders angegeben.

Bei Projekt-Assessments wurden bisher zwei Untertypen unterschieden, diese Unterscheidung ist für Automotive SPICE® 4.0 nicht mehr relevant.

Assessments zu prozessbezogenen Produktrisiken wurden in der Regel als deutlich strikter angesehen und es wird in jedem Fall die Prozessumsetzung für einen größeren Zeitraum (z.B. der letzten sechs Monate oder für eine Reihe bereits vergangener Releases) betrachtet. Bei der Angemessenheit der Prozessumsetzung im Projekt steht die Frage im Vordergrund, ob aus einem Mangel ein Risiko für das entstehende Produkt resultiert. Diese strenge Auslegung ist in frühen Projektphasen nicht immer sinnvoll, da hier oft noch nicht alles überprüft werden kann. Prozessverbesserungs-Assessments dienen dazu, den Fortschritt in einer kontinuierlichen Prozessverbesserung darzustellen. Dieser Assessmenttyp betrachtet die grundsätzliche Fähigkeit eines Prozesses, seinen Zweck zu erfüllen, auch wenn noch nicht alle notwendigen Zulieferungen aus vorhergehenden Prozessen vorliegen.

Da diese Unterscheidung zum Teil sehr unterschiedlich interpretiert wurde, wird sie in Automotive SPICE® 4.0 nicht mehr verwendet.

21.2 Assessment-Scope

Bei Automotive SPICE® bezieht sich der Assessment-Scope darauf, welcher Teil des Unternehmens oder welches Produkt im Rahmen einer Bewertung nach dem Modell untersucht wird. Der Geltungsbereich des Assessments hängt von den Zielen und Anforderungen der Organisation bzw. des Auftraggebers ab.

Es gibt verschiedene Scopes, die für eine Automotive SPICE®-Bewertung relevant sein können:

- Ein Full-Assessment deckt alle Prozesse und Projekte innerhalb des Unternehmens ab.
- Ein Teil-Assessment betrifft nur einen Teil der Prozesse oder Projekte.
- Eine Gap-Analyse konzentriert sich auf die Identifizierung von Lücken und Verbesserungspotenzialen in Bezug auf das Zielmodell und ermöglicht es der Organisation, Verbesserungsmaßnahmen zu priorisieren.

Es ist wichtig, den richtigen Scope für das Assessment zu wählen, um sicherzustellen, dass die Bewertung die Ziele und Anforderungen der Organisation erfüllt. Der Scope beeinflusst auch den Umfang des Assessments und somit den Zeitaufwand und die Kosten. Vor dem Assessment sollten die Ziele und Anforderungen des Assessments sowie der zu bewertende Bereich klar definiert werden, um sicherzustellen, dass das Assessment erfolgreich ist.

Darüber hinaus definiert der Assessment-Scope auch, bis zu welchem Capability Level die jeweils ausgewählten Prozesse betrachtet werden sollen. Dabei ist zu beachten, dass dies für jeden Prozess individuell festgelegt werden kann und nicht identisch sein muss.

21.3 Bewertung und Durchführung

Ein Team von Assessoren führt Interviews mit Personen durch, die die Prozesse in den bewerteten Projekten oder in der Organisation nutzen. Das Assessorenteam untersucht Dokumente, Tools, Datenbanken und, falls erforderlich, Arbeitsplätze. Bei Assessments, die Capability Level 3 einschließen, werden zusätzlich standardisierte Prozesse der Organisation in Interviews mit Prozessexperten untersucht.

Auf der Grundlage der Interviews und Überprüfungen der Artefakte (z.B. Dokumentationen) versucht das Assessmentteam, Nachweise für die Umsetzung der Anforderungen aus dem Automotive SPICE®-Modell zu identifizieren. Das umfasst sowohl die Schwachstellen und Risiken als auch positive Nachweise und Stärken der Prozesse. Die meisten Assessments werden gegen einen standardisierten Prozessumfang (Base-Scope) durchgeführt.

Ein wichtiger Grundsatz dabei ist: Es werden nur Prozesse bewertet, nicht die Menschen, die die Projekte umsetzen!

Die Prozessattribute werden anhand der NPLF-Bewertungsskala bewertet (s. Abschnitt 3.2.1). Die Bewertung wird in der Regel aus der NPLF-Bewertung von Basis- und generischen Praktiken abgeleitet.

Die Capability Levels werden mit einem einfachen Algorithmus berechnet: Um eine Stufe zu erreichen, müssen die Prozessattribute »Largely Achieved« (L) oder »Fully Achieved« (F) sein, und alle Prozessattribute der niedrigeren Stufen müssen »Fully Achieved« (F) sein.

Der Lead Assessor hat die Verantwortung und die Befugnis, alle notwendigen Maßnahmen zu ergreifen, um die Bewertung in Übereinstimmung mit den relevanten Teilen der ISO/IEC 330xx, dem Automotive SPICE® 4.0-Assessment-Rahmenwerk und den zugehörigen Dokumenten durchzuführen. Dies beinhaltet auch das Recht, Personen auszuschließen oder Interviews abzubrechen.

Bei der Planung der Bewertung sollten der Umfang der Bewertung, der Prozesskontext, die Komplexität des zu bewertenden Projekts, die Ergebnisse und Erfahrungen aus früheren Bewertungen sowie mögliche kulturelle und sprachliche Probleme berücksichtigt werden. Es wird empfohlen, mindestens vier Wochen zwischen der Vereinbarung und der Durchführung der Bewertung einzuplanen. Bei Bedarf können die Interviews auch online über Konferenzwerkzeuge (z.B. MS-Teams, Zoom, Skype) durchgeführt werden.

Die Ergebnisse einer Bewertung gelten für einzelne Projekte innerhalb eines definierten Umfangs und stellen eine Momentaufnahme der Prozessfähigkeit dar, sind jedoch nicht allgemein auf die gesamte Organisation anwendbar. Die Übertragbarkeit der Ergebnisse auf andere Projekte mit identischen Merkmalen ist begrenzt und hängt von verschiedenen Faktoren wie Entwicklungsstandorten, ECU-Domänen oder verteilter Entwicklungsarbeit ab. In der Regel werden die Bewertungsergebnisse in der Automobilindustrie für einen Zeitraum von 12 Monaten anerkannt, wobei Änderungen im Projekt die Relevanz der Ergebnisse beeinflussen können. Wenn ein Assessment von einem Kunden eines Unternehmens, z.B. einem OEM, gefordert wird, sollte in jedem Fall vorab geklärt werden, ob bereits vorliegende Assessmentergebnisse akzeptiert werden.

21.4 Vertraulichkeit der Informationen

Die Ergebnisse der Bewertung und die während der Bewertung erhaltenen Informationen sind von allen beteiligten Personen und Organisationen vertraulich zu behandeln. Das Eigentum an den Bewertungsergebnissen wird im initialen Bewertungsvertrag festgelegt, wobei standardmäßig der Sponsor als Eigentümer der Ergebnisse angesehen wird. Für den Fall, dass die Bewertungsergebnisse an Dritte weitergegeben werden, ist ein zusätzlicher Vertraulichkeitsvertrag zu unterzeichnen.

21.5 Dauer eines Assessments

Grundsätzlich kann die Dauer eines Assessments stark variieren. Neben den unten aufgeführten Faktoren können auch sprachliche und kulturelle Unterschiede die Dauer eines Assessments beeinflussen, ebenso wie die Erfahrung der Assessoren. Die Interviewphase von Assessments auf dem Base-Scope bis zu Capability Level 2 dauert in der Regel eine bis eineinhalb Wochen. Diese Zahl bezieht sich auf Assessments, die vor der Einführung der Guidelines [VDA 2023] obligatorisch wurden.

Wenn ein Projekt bis zu Capability Level 3 bewertet wird, sollten ein bis zwei zusätzliche Tage für die Überprüfung der standardisierten Prozesse eingerechnet werden.

Weitere Faktoren, die die Dauer eines Assessments beeinflussen, sind:

- **Hinzufügen weiterer Prozesse**
  Für jeden Prozess muss die Interviewzeit sowie die Zeit für die Konsolidierung der Informationen und die Bewertung eingeplant werden. Auch die Zeit für die Vorbereitung und Präsentation der Ergebnisse muss entsprechend angepasst werden.
- **Anzahl der Instanzen**
  Wenn ein Prozess auf unterschiedliche Weise durchgeführt wird, können die verschiedenen Instanzen bewertet werden, was den Aufwand für die Bewertung deutlich erhöht.

- **Komplexität des Projekts**
  Einige Projekte sind nicht nur in mehrere Teilprojekte unterteilt, sondern haben auch mehrere Ebenen des Projektmanagements (»Sub-Sub-Projekte«). In diesen Fällen sollte mehr Zeit für Interviews im Projektmanagement eingeplant werden, und sinnvolle Stichproben der Teilprojekte müssen für die Engineering- und Unterstützungsprozesse überprüft werden.
- **Verteilte Projekte**
  Multisite-Projekte können zusätzlichen Aufwand verursachen, wenn das Assessmentteam zwischen den Standorten reisen muss. Alternativ können die verschiedenen Teams zur Bewertung an einen Standort reisen, vorausgesetzt sie haben Zugang zu ihren jeweiligen Arbeitsprodukten, Tools und Datenbanken.
- **Kunden- und Plattformprojekte**
  Oft basiert ein Kundenprojekt auf einer internen Plattformentwicklung. Wenn möglich, sollte das Assessment für beide Entwicklungsteams, das Kundenprojekt und das Plattformprojekt, durchgeführt werden.

21.6 Rollen im Assessment

In Assessments werden folgende Rollen unterschieden: leitender Assessor (Lead Assessor), Co-Assessor, Sponsor und Beobachter.

Der Lead Assessor hat folgende Aufgaben:

- Ansprechpartner für den Sponsor des Assessments
- Planung des Assessments
- Verantwortung für die Qualifikation des Assessmentteams
- Sicherstellung, dass das Assessment den Anforderungen des Kunden und den Branchenanforderungen (ISO/IEC-33000-Familie, Automotive SPICE®, Automotive SPICE® Guidelines, andere VDA-Anforderungen, falls zutreffend) entspricht (z.B. Endbefunde, Assessmentbericht)

Assessmentteam

Ein Assessmentteam in der Automobilindustrie besteht in der Regel aus mindestens zwei Assessoren, dem Lead Assessor (der für die Bewertung verantwortlich ist) und dem Co-Assessor (der den Lead Assessor unterstützt). Diese Personen müssen über eine intacs®-Zertifizierung des VDA QMC verfügen, da dies von den meisten OEMs gefordert wird.

Der **Lead Assessor** muss sicherstellen, dass das Team über ausreichende Kompetenz in Bezug auf das verwendete PAM und technisches Fachwissen verfügt. Der Lead Assessor selbst muss entweder als Competent Assessor oder als Principal Assessor von intacs® zertifiziert sein.

Die Zusammensetzung des Assessmentteams wird in Absprache mit dem Sponsor festgelegt.

Um eine unabhängige Bewertung zu gewährleisten, wird empfohlen, dass zumindest der Lead Assessor aus einer anderen Organisation stammt, die von der zu bewertenden Organisation unabhängig ist. Dies ist jedoch keine Forderung der ISO/IEC 33000-Familie oder von Automotive SPICE®. Es gibt keine Obergrenze für die Anzahl der Assessoren im Assessmentteam, aber es gibt Gründe, die gegen ein zu großes Assessmentteam sprechen:

- **Dauer der Interviewsitzungen**
  Die Interviewsitzungen können länger dauern, da es mehr Fragen geben kann.
- **Dauer der Konsolidierungsphasen**
  Die Konsolidierungsphasen können ebenfalls länger dauern, da alle Assessoren an der Diskussion der Bewertungsergebnisse teilnehmen werden.
- **Bewertung als »Tribunal«**
  Ein zu großes Assessmentteam kann dazu führen, dass sich der Interviewte wie vor einem Tribunal fühlt. Die Obergrenze liegt daher bei maximal drei Assessoren pro Team, wobei Ausnahmen aus organisatorischen Gründen möglich sind.

Sponsor

Der Sponsor eines Assessments ist gemäß ISO/IEC 33002 für die folgenden Aktivitäten verantwortlich:

- Festlegung des Umfangs des Assessments
- Sicherstellung der Qualifikation des Lead Assessor
- Sicherstellung, dass das Assessmentteam Zugang zu allen notwendigen Ressourcen hat.

Da es häufig vorkommt, dass der Sponsor über wenig Hintergrundwissen zu Automotive SPICE® verfügt, wird die Festlegung des Umfangs des Assessments oft durch den Lead Assessor unterstützt. Dieser kann den Sponsor beraten und durch gezieltes Nachfragen erkennen, welchen Bedarf der Sponsor hat bzw. welcher Umfang den Anforderungen des Sponsors entspricht.

Um den zweiten Punkt zu erfüllen, kann bzw. sollte der Sponsor die intacs®-Autorisierungskarten überprüfen, die die Assessoren zur Bewertung mitbringen müssen, oder er kann die Liste der zertifizierten Assessoren auf der iNTACS-Website (*www.intacs.info*) einsehen.

Der dritte Punkt ist bei einfachen Bewertungen nicht kompliziert. Bei komplexen Bewertungen (z.B. mit mehreren Standorten oder mehreren beteiligten Auftragnehmern) liegt es in der Verantwortung des Sponsors, sicherzustellen, dass alle Stakeholder informiert sind und die Prioritäten verstehen.

Für alle Assessments wird empfohlen, für jeden Bewertungsstandort einen Assessment-Koordinator zu benennen, der für die Organisation des Assessments (Einladungen, Räume, Verpflegung usw.) verantwortlich ist.

Interviewteilnehmer

Die Verfügbarkeit der richtigen Personen und ihre Bereitschaft zur Zusammenarbeit ist die wichtigste Ressource von allen. Für die Interviews sollten Mitarbeiter herangezogen werden, die tatsächlich in den entsprechenden Prozessen arbeiten und die den gelebten Prozess erläutern können.

Beobachter

Beobachter können grundsätzlich an den Interviews teilnehmen, jedoch sollte die Anzahl der Teilnehmer gering gehalten werden, und die Interviews dürfen nicht durch Beobachter beeinträchtigt werden. Der Lead Assessor entscheidet über die Anwesenheit von Beobachtern und kann diese auch ausschließen.

21.7 Vorbereitung und Durchführung von Assessments

Wie wird ein Assessment durchgeführt? Ein Assessment besteht aus verschiedenen Phasen. Die Automotive SPICE® Guidelines [VDA 2023] definieren die in Abbildung 21–1 dargestellten Phasen.

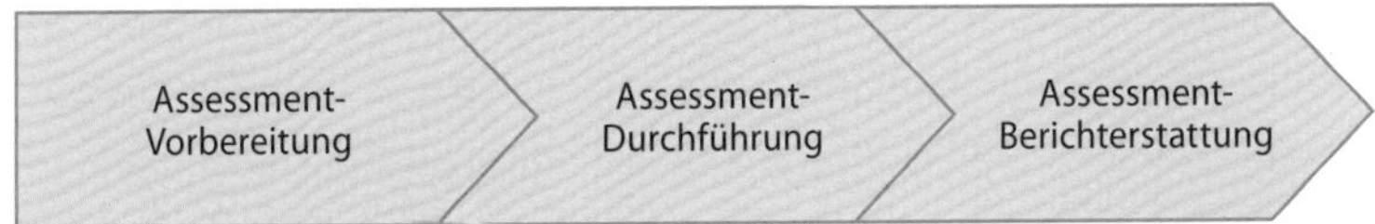

Abb. 21–1 *Phasen eines Assessments*

Die Assessment-Vorbereitung beinhaltet hauptsächlich die Planung des Assessments auf Basis des Assessmentumfangs, der Ziele und anderer Faktoren, die das Assessment beeinflussen. Das Ergebnis ist ein Assessmentplan mit allen für das Assessment erforderlichen Daten und einer Agenda, die zwischen dem Lead Assessor, dem Sponsor und der zu bewertenden Organisation abgestimmt wird. Ein wichtiger Teil davon ist die Definition des Assessmentumfangs, die hauptsächlich Folgendes enthält:

- Welche Prozesse,
- welche Capability Levels,
- welche Instanzen,
- welche Teile des Produkts,
- welche Teams und Standorte

sollen evaluiert werden.

Das eigentliche Assessment findet in der Regel vor Ort und persönlich statt. In Ausnahmefällen und durch Covid hat sich jedoch auch das Online-Assessment etabliert. Mittlerweile wird die Durchführung von Online-Assessments als gleichwertige Alternative angesehen.

Die Durchführungsphase beginnt in der Regel mit einem kurzen Intro-Meeting. Der Lead Assessor hält eine Kick-off-Präsentation (Inhalte können sein: Einführung in Automotive SPICE®, in das Assessmentteam, die Assessmentbedingungen, die Agenda). Bei einigen Assessments stellt auch ein Vertreter der zu bewertenden Organisation das Produkt, das Projekt und das Unternehmen vor. Die Interviews und Dokumentenreviews werden dann gemäß der Agenda durchgeführt.

Wenn Capability Level 3 assessiert wird, beginnen die Interviews in der Regel mit einer gründlichen Überprüfung der Standardprozesse der Organisation. Es hat sich gezeigt, dass die eigentlichen Interviews zu den Prozessen häufig mit dem Projektmanagement (MAN.3), der Qualitätssicherung (SUP.1) und dem Konfigurationsmanagement (SUP.8) beginnen, da diese einen guten Einblick in das Projekt geben und gleichzeitig die Grundlage für die Bewertung des Capability Level 2 bilden. Danach folgen die Entwicklungsprozesse in ihrer natürlichen Abfolge. Diese Abfolge wird empfohlen, da die Bewertung eines Prozesses das Verständnis des vorhergehenden Prozesses erfordert. Um z. B. die Rückverfolgbarkeit der Systemtests auf die Systemanforderungen zu überprüfen, muss die Struktur der Systemanforderungen zuvor verstanden worden sein. Anschließend folgen die verbleibenden Unterstützungsprozesse und die Lieferantensteuerung.

Letztendlich ist die genaue Planung jedoch eine Frage der Abstimmung zwischen dem Assessmentteam und dem Sponsor bzw. seinem Vertreter.

In den Interviews stellen die Interviewpartner ihren Prozess in einer normalen Gesprächsatmosphäre vor und beantworten die Fragen der Assessoren, deren Ziel es ist, sich ein möglichst gutes Bild vom tatsächlich gelebten Prozess zu machen.

Der Abgleich mit den Indikatoren des Prozessreferenz-Modells ist dann Aufgabe der Assessoren. Es ist nicht notwendig, dass sich die Interviewteilnehmer an den üblichen Jargon mit den Begriffen des Standards halten. Vielmehr sollten sie den Prozess in der Sprache beschreiben, die sie in ihrer täglichen Arbeit verwenden.

Während der Interviews sollten auch die im Prozess verwendeten Arbeitsprodukte bzw. Informationsobjekte gezeigt und von den Assessoren als Evidenz dokumentiert werden. Daher ist es oft hilfreich, bereits zu Beginn des Assessments bestimmte Tools geöffnet zu haben, die in dieser Hinsicht unterstützen.

Viele Interviews beginnen mit sogenannten offenen Fragen, die es den Interviewteilnehmern ermöglichen, ihren Prozess frei zu beschreiben. Ab einem bestimmten Punkt stellen die Assessoren dann gezieltere Fragen, um nach Ablauf der vorgesehenen Zeit eine vollständige Bewertung abgeben zu können. Dieser methodische Wechsel ist in Abbildung 21–2 dargestellt.

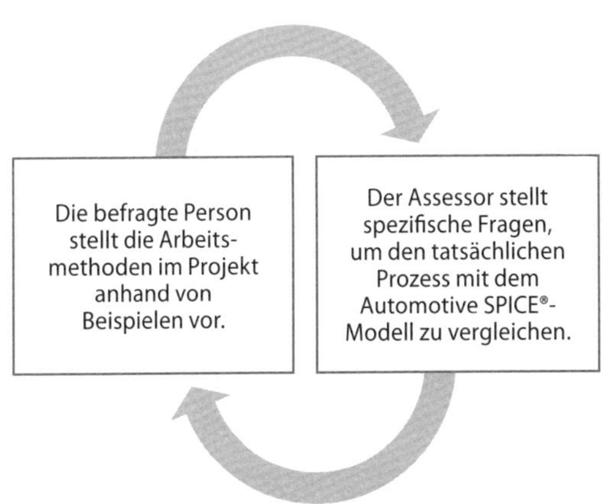

Abb. 21–2 *Zwei sich ergänzende Ansätze der Interviewführung*

In den meisten Fällen wechseln sich die beiden Ansätze ab. Manchmal wird der Assessor erklären, wonach er sucht, manchmal wird er nur dokumentieren, was er beobachtet. Der Lead Assessor behält die Zeit im Auge und kann gegen Ende des Assessments zu gezielteren Fragen übergehen.

An dieser Stelle wird deutlich, dass Assessoren durchaus über gute Softskills verfügen müssen, damit die Interviews in einer angenehmen Gesprächsatmosphäre stattfinden können und nicht an eine Prüfungssituation erinnern.

Wichtig ist dabei, dass die Konformität des Prozesses im Fokus steht und nicht die Arbeitsleistung des einzelnen Interviewteilnehmers.

Zwischen den Interviews führt das Assessmentteam Konsolidierungssitzungen durch, in denen die aufgezeichneten Nachweise überprüft und konsolidiert werden und eine vorläufige Bewertung vorgenommen wird. Diese Konsolidierungssitzungen und ihre Ergebnisse sind vertraulich. Der Hauptgrund dafür ist, dass die Assessments später aufgrund neuer Nachweise überarbeitet werden müssen. Ein zu frühes Feedback könnte daher zu Missverständnissen innerhalb der zu bewertenden Organisation führen. Gegen Ende des Assessments werden die Ergebnisse präsentiert.

21.8 Assessmentbericht

Ein Assessmentbericht bietet eine detaillierte Rückmeldung über die Stärken und Verbesserungspotenziale, die während einer Bewertung identifiziert wurden. Dieser Bericht ist ein wesentliches Dokument, das spezifisch die Punkte dokumentiert, die zu einer Herabstufung des Prozessattributs geführt haben, indem er sich auf die individuellen Basis- oder generischen Praktiken bezieht. Die ISO/IEC 33002 legt Anforderungen an den Inhalt eines Assessmentberichts fest, wie beispielsweise. die geprüften Capability Levels, die Prozessattribute-Bewertungen plus Nachvollziehbarkeit der Belege, die für die Bewertung verwendet wurden, oder die Beziehung zwischen den Basispraktiken/generischen Praktiken und ihren zugehörigen Belegen.

Der Assessmentbericht sollte folgende Informationen enthalten:

- Allgemeine Informationen
  - Eindeutiger Identifikator des Berichts, Ausgabedatum, Version und Herausgeber des Berichts
  - Änderungshistorie des Dokuments
- Formale Informationen über das Assessment
  - Verwendetes Bewertungsmodell und Version, Zeitraum der Durchführung, Sponsor und lokaler Bewertungskoordinator
  - Klassifizierung und Kategorie des Assessments gemäß ISO/IEC 33002
- Zweck und Umfang des Assessments, anvisierter Capability Level für jeden bewerteten Prozess, Name und Beschreibung des bewerteten Projekts sowie beteiligte Organisationseinheiten
- Teilnehmer des Assessments
  - Informationen über das Assessmentteam, interviewte Personen und andere Teilnehmer
- Mögliche Einschränkungen und deren Auswirkungen, die für das Verständnis der Bewertungsergebnisse berücksichtigt werden müssen
- Bewertungsergebnisse
- Prozessprofile und Capability-Profile gemäß ISO/IEC 330xx, dokumentierte Schwachstellen mit nachvollziehbaren Belegen, die während des Assessments gesammelt wurden

Optional können im Bericht auch Stärken und Verbesserungsvorschläge aufgeführt werden. Stärken heben besonders gut etablierte, effiziente oder fortgeschrittene Praktiken oder Prozesslösungen hervor, während Verbesserungsvorschläge konkrete Vorschläge oder Richtungen zur Lösung identifizierter Schwächen aus der Perspektive des Assessors bieten. Der Bericht kann auch detailliertere Erklärungen zu den festgestellten Stärken und Schwächen sowie Verbesserungsvorschlägen enthalten.

Es gibt auch eine spezielle Vorlage, die vom VDA zum Austausch von Ergebnissen mit OEMs zur Verfügung gestellt wird. Sie umfasst die Bewertung von Capability Levels, Prozessattributen, Basispraktiken und generischen Praktiken. Weitere Informationen sind der Name des Lieferanten sowie eine Klassifizierung des entwickelten Systems (z.B. Infotainmentsystem). Es gibt jedoch keine detaillierten Ergebnisse. Dieses VDA-Austauschformat wird auf Anfrage vom Assessmentteam generiert, zusätzlich zu einem ausführlicheren Bericht.

Der Bericht sollte innerhalb von vier Wochen nach dem Assessment allen Beteiligten zur Verfügung gestellt und von der bewerteten Organisation dokumentiert und archiviert werden. Die Unabhängigkeit der Assessoren sollte gewährleistet sein, um Interessenkonflikte zu vermeiden, und das Assessmentteam sollte über ausreichende Kompetenzen hinsichtlich des verwendeten PAM und des technischen Fachwissens verfügen.

Wie bei jedem anderen Bericht wird er jedoch nicht an Dritte weitergegeben, es sei denn, alle Parteien stimmen zu.

21.9 Best Practices zur Vorbereitung auf Assessments

Keine Organisation ist immer perfekt auf ein Assessment vorbereitet. Die nachfolgend beschriebene Vorbereitungsarbeit hat sich als nützlich erwiesen.

21.9.1 Wie man sich auf ein Assessment vorbereitet

- **Verständnis des Status quo**
  Der erste Schritt besteht darin, zu verstehen, wie weit das Projekt von der Zielerreichung der Automotive SPICE®-Konformität entfernt ist. Dies kann durch ein vollständiges Assessment oder durch eine Gap-Analyse (eine leichte Bewertung mit weniger Aufwand und ohne formale Bewertungen) erfolgen, die von erfahrenen Assessmentexperten durchgeführt werden sollte. Das Projektteam wird auch mit Automotive SPICE® und typischen Bewertungsfragen vertraut gemacht.
- **Beginn von Verbesserungsaktivitäten**
  Ein Verbesserungsplan wird entwickelt, um die festgestellten Schwächen zu beheben. Wenn die Schwächen nicht geringfügig sind, wird der Verbesserungsplan weit über den geplanten Assessmenttermin hinausgehen. Verbesserungen vor dem Assessment durchzuführen, ist normal und die Assessoren sind sich dessen vollständig bewusst. Es liegt an ihnen, zu entscheiden, ob sie diese Verbesserungen akzeptieren oder nicht, weil sie nicht rechtzeitig bereitgestellt wurden (z.B. das Beheben von etwas, das zu Projektbeginn unmittelbar vor dem Assessment fällig war).
- **Automotive SPICE®-Schulung für die Assessment-Interviews**
  Die Projektmitglieder sollten ihre relevanten Prozesse verstehen. Dies erleichtert die Vorbereitung auf das Assessment.
- **Bereinigung der Projekt-Repositorien**
  Es ist legitim, die Projekt-Repositorien aufzuräumen und sich um Namens- und Versionsprobleme zu kümmern.
- **Präsentieren, was man hat**
  Interviewte sind sich oft nicht darüber im Klaren, wie ihre Arbeit und Leistungen mit dem Modell zusammenhängen. Daher können Assessments schlechter ausfallen, als sie sein sollten. Die Vorbereitung hilft den Interviewten, sich auf die Interviews vorzubereiten.
- **Vorbereitung der »Geschichte«**
  Viele Assessoren beginnen mit offenen Fragen. Daher ist es sinnvoll, sich im Voraus zu überlegen, wie man seine Arbeit präsentieren kann. Bei komplizierten Prozessen kann es hilfreich sein, zu Beginn des Interviews ein paar Folien zu prä-

sentieren. Auch das Bereinigen der Strategien, die ab Capability Level 2 erforderlich sind, ist sinnvoll. Diese Strategien werden oft verwendet, um die Assessoren mit der Arbeitsweise des Projekts vertraut zu machen.

21.9.2 Was man bei der Assessment-Vorbereitung nicht tun sollte

- Grundsätzlich sollten Nachweise nicht gefälscht werden. Die Aktualität von Dokumenten wird in einer Bewertung oft durch Zeitstempel und die Historie der Dokumente überprüft. Wenn Dokumente zur Vorbereitung auf das Assessment erstellt wurden, sollte das Projekt diese Tatsache nicht verschleiern. Wenn Assessoren das Gefühl haben, getäuscht worden zu sein, wird die Bewertung in der Regel unangenehm, da das Vertrauen in die Experten verloren geht.
- Außerdem sollten lange und unnötige Präsentationen vermieden werden. Präsentationen von Prozessen sind hauptsächlich in Bewertungssitzungen im Zusammenhang mit Capability Level 3 sinnvoll. In den Interviews der Capability Levels 1 und 2 sollte eher demonstriert werden, wie das Projekt tatsächlich funktioniert, und auf der Projektebene entsprechende Projektdokumente gezeigt werden.
- Präsentationen sollten für komplexe Themen reserviert werden, wie z.B. die Organisation der Prozesse und Werkzeuge im Zusammenhang mit dem V-Modell, das Rückverfolgbarkeitskonzept und einen Überblick über die verschiedenen Teststufen.

21.10 Potenzialanalysen

Was ist eine Automotive SPICE®-Potenzialanalyse?

Eine Automotive SPICE®-Potenzialanalyse ist eine Untersuchung, die darauf abzielt, das Verbesserungspotenzial einer Organisation in Bezug auf ihre Konformität mit dem Automotive SPICE®-Standard zu bewerten.

Die Potenzialanalyse für Software wurde in den 2000er-Jahren entwickelt, um die Fähigkeit einer Organisation vor Auftragsvergabe zu bewerten.

Die Analyse erfolgt in der Regel durch eine umfassende Prüfung der bestehenden Prozesse und Praktiken einer Organisation im Hinblick auf die Automotive SPICE®-Kriterien.

Das Ziel einer solchen Analyse ist es, den Entwicklungsbedarf einer Organisation in Bezug auf Automotive SPICE® aufzuzeigen und die Organisation bei der Identifizierung und Implementierung von Verbesserungen zu unterstützen. Auf diese Weise können Organisationen ihre Konformität mit den Anforderungen des Automotive SPICE®-Modells verbessern und ihre Wettbewerbsfähigkeit auf dem Markt für Automobilentwicklung und -fertigung stärken.

Wann wird eine Automotive SPICE®-Potenzialanalyse durchgeführt?

Eine Automotive SPICE®-Potenzialanalyse wird in der Regel in den frühen Phasen des Software- oder System-Entwicklungsprozesses durchgeführt, um mögliche Schwachstellen im Entwicklungsprozess frühzeitig zu identifizieren. Sie kann auch in Situationen verwendet werden, in denen ein Unternehmen eine Verbesserung seines Entwicklungsprozesses anstrebt oder wenn ein Unternehmen eine Automotive SPICE®-Konformitätsbewertung plant und sicherstellen möchte, dass es die notwendigen Anforderungen erfüllt. Durch die Durchführung einer Potenzialanalyse können Unternehmen ihren Entwicklungsprozess verbessern, indem sie Probleme frühzeitig erkennen und beseitigen, was zu einer höheren Qualität, Effizienz und Produktivität führen kann.

Was ist das Ergebnis einer Automotive SPICE®-Potenzialanalyse?

Das Ergebnis einer Automotive SPICE®-Potenzialanalyse ist eine Einschätzung des aktuellen Reifegrads des Entwicklungsprozesses und der Fähigkeit des Unternehmens, den geforderten Automotive SPICE®-Standard zu erfüllen. Basierend auf den Ergebnissen werden Empfehlungen für mögliche Verbesserungsmaßnahmen und Schulungsbedarf abgeleitet. Die Potenzialanalyse kann als Ausgangspunkt für eine Automotive SPICE®-Zertifizierung oder für die kontinuierliche Verbesserung des Entwicklungsprozesses dienen.

Was ist der Unterschied zwischen einer Automotive SPICE®-Potenzialanalyse und einem Automotive SPICE®-Assessment?

Die Potenzialanalyse und das Assessment sind zwei unterschiedliche Arten von Bewertungen im Kontext des Automotive SPICE®-Modells.

Eine Potenzialanalyse zielt darauf ab, die aktuelle Fähigkeit eines Unternehmens in Bezug auf Automotive SPICE® zu bewerten und mögliche Verbesserungsbereiche aufzuzeigen. Sie ist in der Regel eine vorläufige Überprüfung, die dazu beitragen soll, festzustellen, ob ein Unternehmen bereit ist, ein vollständiges Automotive SPICE®-Assessment durchzuführen.

Ein Automotive SPICE®-Assessment ist eine formelle Bewertung, die durchgeführt wird, um die Einhaltung des Automotive SPICE®-Modells auf verschiedenen Ebenen zu bewerten und zu zertifizieren. Es ist eine umfassende und detaillierte Überprüfung, die von einem akkreditierten und erfahrenen Assessor durchgeführt wird und zu einer Bewertung in Form eines Berichts führt.

Der Hauptunterschied zwischen einer Automotive SPICE®-Potenzialanalyse und einem Automotive SPICE®-Assessment besteht also darin, dass eine Potenzialanalyse eine vorläufige Bewertung ist, um Verbesserungsbereiche zu identifizieren, während ein Assessment eine formelle Bewertung ist, um die Einhaltung des Automotive SPICE®-Modells zu zertifizieren.

Anhang

A Abschließende Worte

Wir möchten uns bei Ihnen bedanken, dass Sie uns auf dieser Reise durch die Tiefen und Weiten von Automotive SPICE® begleitet haben. Wir hoffen, Ihnen mit diesem Buch die Bedeutung und den Wert von Automotive SPICE® in einem immer komplexer werdenden technologischen Umfeld nähergebracht zu haben.

Unsere Expedition hat uns durch verschiedene Prozesslandschaften geführt, von den Grundpfeilern bis hin zu den neuesten Entwicklungen und Herausforderungen unserer Zeit. Doch eines muss klar sein: Automotive SPICE® ist nicht das Ziel, sondern vielmehr ein Mittel zum Zweck. Es bietet uns ein Werkzeug, einen Kompass, mit dem wir unsere bestehenden Prozesse nicht nur überwachen, sondern auch gewinnbringend optimieren können.

Die Prozesse sollten nicht um Automotive SPICE® herum entwickelt werden. Vielmehr soll Automotive SPICE® dazu dienen, das Bestehende aus einem neuen Blickwinkel zu betrachten und es kontinuierlich zu verbessern. Es erinnert uns daran, dass die Technologie, so fortschrittlich sie auch sein mag, immer noch von Menschen geschaffen und gesteuert wird. Prozesse sind das Rückgrat jeder Innovation, und Automotive SPICE® gibt uns die Werkzeuge an die Hand, um sicherzustellen, dass dieses Rückgrat stark und flexibel bleibt.

B Glossar

Abnahme Die schriftliche Erklärung durch den Kunden oder Auftraggeber, dass das Arbeitsprodukt oder die Dienstleistung angenommen wird. Dies erfolgt nach Überprüfung, ob das Produkt die spezifizierten Eigenschaften besitzt und für die geplante Anwendung brauchbar ist.

Agilität Ein Oberbegriff für Ansätze in der Softwareentwicklung, die darauf abzielen, Software in einem sich schnell ändernden Umfeld iterativ zu entwickeln. Agilität ist auch eine geistige Haltung, die Flexibilität und Anpassungsfähigkeit in den Vordergrund stellt und im Agilen Manifest (*https://agilemanifesto.org*) dokumentiert ist. Auf das Thema Automotive SPICE® 4.0 und Agilität gehen wir an mehreren Stellen in diesem Buch ein, wie beispielsweise in Abschnitt 2.4.

Akzeptanzkriterien User-Story-spezifische Kriterien in der agilen Entwicklung, die erfüllt sein müssen. Diese Kriterien werden vom Product Owner, oft im Sprint-Review, überprüft.

Anforderung Eine zu erfüllende Eigenschaft oder Leistung eines Produkts, Systems oder Prozesses, die verifizierbar ist. In Abschnitt 5.4 gehen wir im Detail auf die Polarität zwischen den Anforderungen und dem Entwurf im Systems Engineering ein.

Anforderungsbasiertes Testen Eine Testmethode, bei der Verifikationsmaßnahmen basierend auf den definierten Anforderungen und Entwurfselementen entwickelt werden. Dieser Ansatz stellt sicher, dass das System oder Produkt alle spezifizierten Anforderungen erfüllt, indem systematisch überprüft wird, ob jede Anforderung durch das entwickelte System adressiert und erfüllt wird.

Anforderungsmanagement-Tools Softwarewerkzeuge wie DOORS, Polarion oder Code-Beamer, die verwendet werden, um Anforderungen zu erfassen, zu verwalten und nachzuverfolgen. Sie unterstützen die Strukturierung, Priorisierung und Rückverfolgbarkeit von Anforderungen im Entwicklungsprozess.

Applikationsparameter Applikationsparameter sind spezifische Datenpunkte, die es Ingenieuren und Entwicklern ermöglichen, das Verhalten, die Funktionen und die Eigenschaften von Systemen und Software gezielt zu beeinflussen. Sie spielen eine entscheidende Rolle bei der Kalibrierung und Feinabstimmung von Systemen, indem sie während des Startvorgangs aus einem Speicher gelesen werden und das Systemverhalten entsprechend modifizieren (s. dazu auch Abschnitt 6.3).

Äquivalenzklassen-Bildung Eine Testentwurfsmethode, die darauf abzielt, die Anzahl notwendiger Tests zu reduzieren, indem ähnliche Eingabewerte in Klassen gruppiert werden, von denen angenommen wird, dass sie das System auf die gleiche Weise beeinflussen. Ein Testfall pro Äquivalenzklasse wird als repräsentativ für alle Fälle in dieser Klasse angesehen (s. dazu auch Abschnitt 6.1.3).

Arbeitsprodukt Artefakt, das im Rahmen eines Prozesses erstellt oder modifiziert wird. Arbeitsprodukte können internen Charakter haben oder als externe Produkte ausgegeben werden. In Automotive SPICE® 4.0 werden sie in den Prozessbeschreibungen weitgehend durch die Informationsobjekte ersetzt. In Bezug auf andere Standards wie die ISO 26262 ist es jedoch sinnvoll, den Begriff weiterhin zu kennen.

Assessment Eine Bewertung der Leistungsfähigkeit der Prozesse einer Organisation im Vergleich zu einem Modell wie Automotive SPICE PAM. Ziel ist es, die Prozesse zu bewerten und zu verbessern, um die Prozessfähigkeit zu erhöhen.

Assessmentmodell Ein Modell, das für die Bewertung der Prozessdurchführungs-Fähigkeit innerhalb einer Organisation verwendet wird. Es bietet eine strukturierte Methode zur Bewertung und Verbesserung der Prozesse.

AUTOSAR (Automotive Open System Architecture) Eine Initiative führender Automobilhersteller und -zulieferer zur Entwicklung eines De-facto-Standards für die Elektrik- und Elektronikarchitektur in Fahrzeugen. Ziel ist es, eine standardisierte Plattform für die Entwicklung von Automobilsoftware zu schaffen.

Back-to-Back-Testing Ein Testansatz, bei dem die Ergebnisse von Modelltests mit den Ergebnissen von Tests des daraus generierten Codes verglichen werden. Dieser Ansatz wird oft bei modellbasierter Entwicklung verwendet, um die Übereinstimmung zwischen Modell und Implementierung sicherzustellen (s. dazu auch Abschnitt 6.1.3).

Baseline Eine festgelegte Konfiguration, die einen bestimmten Entwicklungsstand mit besonderer Bedeutung beschreibt. Durch die Baseline-Bildung werden die betreffenden Konfigurationselemente vor Änderungen geschützt und als zusammengehörig gekennzeichnet. Die Baseline-Bildung ist ein zentrales Thema des Konfigurationsmanagements (s. auch Abschnitt 14.2).

Basispraktik Aktivitäten, die im Rahmen eines Prozesses durchgeführt werden und Informationsobjekte erzeugen. Sie sind Indikatoren für die Prozessdimension und tragen zur Erreichung spezifischer Prozessziele bei.

Beschaffung Im Kontext der ACQ-Prozesse bezieht sich Beschaffung auf die Auswahl von Lieferanten sowie die Steuerung der Erstellung von Teilprodukten durch diese ausgewählten Lieferanten.

Blackbox-Verifikation Bei diesem Verfahren wird das von außen beobachtbare Verhalten der Software an den externen Schnittstellen ohne Kenntnis der internen Struktur mit dem gewünschten Verhalten verglichen. Es umfasst sowohl funktionale als auch nicht funktionale Tests.

Branching Branching ist eine Versionskontrolltechnik, bei der eine separate Kopie eines Projekts erstellt wird, um parallele Entwicklungen oder Experimente durchzuführen, ohne den Hauptzweig (main branch) zu beeinträchtigen. Dadurch können Entwickler neue Funktionen oder Fehlerbehebungen testen, ohne die Stabilität des laufenden Projekts zu gefährden. Jeder Branch kann unabhängig modifiziert und getestet und später wieder in den Hauptzweig integriert werden, um die Änderungen zusammenzuführen.

Code Quell- oder Sourcecode ist die Darstellung von Abläufen und Datenstrukturen in einer Programmiersprache, die durch einen Compiler weiterverarbeitet werden kann.

Code-Inspektion Eine formale Überprüfungsmethode, oft synonym mit Codereview verwendet, die einen strukturierten Prozess durch ausgebildete Prüfer und Lead Assessoren umfasst, um die Softwarequalität und -konformität zu bewerten. Diese wird ab einem bestimmten ASIL explizit durch die ISO 26262 gefordert.

Codereviews Ein Vorgehen, bei dem der Quellcode von einem oder mehreren Entwicklern geprüft wird, um Fehler zu finden, die Einhaltung von Standards sicherzustellen und die allgemeine Qualität des Codes zu verbessern. Codereviews können formell oder informell durchgeführt werden.

Commitment Eine freiwillig geschlossene, verbindliche Vereinbarung oder Verpflichtung zwischen zwei oder mehr Parteien. Bei einer agilen Arbeitsweise wird das Commitment für anstehende Aktivitäten und Planungen regelmäßig abgefragt.

Continuous Integration (CI) Eine Praxis in der Softwareentwicklung, bei der durch automatisierte Integration von Codeänderungen Integrationsprobleme reduziert werden sollen. CI umfasst typischerweise auch automatisierte Tests.

Definierter Prozess Ein dokumentierter Prozess, der aus einem Standardprozess abgeleitet und ggf. angepasst wurde, um spezifische Projekte oder organisatorische Anforderungen zu erfüllen.

Definition of Done (DoD) In der agilen Entwicklung eine Liste von Kriterien, die erfüllt sein müssen, damit implementierte User Stories im Sprint-Review durch den Product Owner abgenommen werden können. Beinhaltet oft Qualitäts- und Prozessanforderungen.

Definition of Ready (DoR) In der agilen Entwicklung eine Liste von Kriterien, die sicherstellen sollen, dass Anforderungen und User Stories klar und verständlich sind, bevor sie in der Sprint-Planung berücksichtigt werden.

Designbeschränkungen Designbeschränkungen sind spezifische Vorgaben, die definieren, wie bestimmte Aspekte des Produkts realisiert werden sollen. Im Gegensatz zu Anforderungen, die den Problemraum beschreiben, legen Designbeschränkungen Lösungen und Methoden fest, wie diese Anforderungen technisch umgesetzt werden sollen. Sie können sich auf Materialien, Architektur, Standards und weitere Aspekte beziehen, die die Entwurfsmöglichkeiten einschränken.

Development Interface Agreement (DIA) Das DIA definiert in der Automobilzuliefererindustrie die Schnittstellenverantwortlichkeiten zwischen OEM und Zulieferer, um die Anforderungen der ISO 26262 zu erfüllen.

Entwicklungsumgebung Die Gesamtheit der Werkzeuge, Infrastruktur und Ressourcen, die Entwicklungsprozesse unterstützen, einschließlich Software- und Hardwaretools.

Epic In der agilen Entwicklung eine große, komplexe Anforderung, die über mehrere User Stories verteilt und in mehreren Sprints umgesetzt wird.

Fehlerinjektionstests Eine Methode, bei der absichtlich Fehlerbedingungen in ein System eingeführt werden, um zu überprüfen, wie gut das System mit diesen umgehen kann. Ziel ist es, die Robustheit und Fehlertoleranz des Systems zu bewerten (s. dazu auch Abschnitt 6.1.3).

Flashen Das Beschreiben eines EEPROM in einem Steuergerät, häufig verwendet zum Aufspielen neuer Softwareversionen in der Automobilindustrie.

Freigabe Eine formale Entscheidung, die auf der Basis der Projektergebnisse über den Reifegrad eines Arbeitsprodukts getroffen wird, um es an den nächsten Prozessschritt zu übergeben oder auszuliefern.

Funktionale Anforderung Eine Anforderung, die spezifische Funktionen oder Verhaltensweisen eines Systems oder Produkts beschreibt.

Funktionsliste Ein Planungsinstrument in der Automobilindustrie, das Funktionen, Bugfixes und andere Inhalte den verschiedenen Softwarereleases und Meilensteinen zuordnet.

Generische Praktik Aktivitäten, die die Ausführung eines Prozesses im Hinblick auf ein bestimmtes Prozessattribut unterstützen. Sie dienen als Indikatoren für die Reifegradevaluation.

Gerber-Daten Gerber-Daten sind in der Elektronikfertigung, insbesondere bei der Herstellung von Leiterplatten (PCBs), essenziell. Sie beschreiben die verschiedenen Schichten einer Leiterplatte, einschließlich der Kupferlagen, Lötstopplacke, Bestückungsdrucke und Bohrlöcher.

Das Format beinhaltet eine standardisierte Dateistruktur im ASCII-Format, die den Datenaustausch zwischen CAD (Entwicklung) und CAM (Produktion) ermöglicht.

Grenzwertüberprüfung Eine Technik, die sich auf das Testen an den Rändern von Äquivalenzklassen konzentriert. Fehler treten oft an den Grenzen von Wertebereichen auf, daher werden die Grenzwerte und die ihnen benachbarten Werte explizit getestet, um die Robustheit des Systems zu gewährleisten (s. dazu auch Abschnitt 6.1.3).

Hyperparameter Vordefinierte Einstellungen im Machine Learning, die den Trainingsprozess eines Modells steuern, wie z. B. Lernrate, Anzahl der Trainingszyklen. Sie müssen vor dem Training festgelegt und oft nachgebessert werden, da sie nicht direkt aus den Daten gelernt werden können.

Indikator Eine messbare Eigenschaft, die Aufschluss über die Implementierung und Effektivität eines Prozesses gibt und zur Bewertung der Prozessattribute herangezogen wird.

Informationssicherheit Der Schutz von Informationen und IT-Systemen vor Gefahren und Bedrohungen, um Schäden zu vermeiden und Risiken zu minimieren. Ziel ist die Wahrung von Vertraulichkeit, Verfügbarkeit und Integrität.

IT-Infrastruktur Die materiellen oder immateriellen Güter, die notwendig sind, um IT-Software zu betreiben, wie Server, Speicherlösungen und Netzwerkkomponenten.

IT-Servicemanagement Die organisatorische Steuerung und Verwaltung der IT, um Geschäftsprozesse adäquat zu unterstützen. Dies umfasst den Einsatz von Methoden und Prozessen zur effektiven IT-Servicebereitstellung.

IVV Diese Abkürzung steht für Integration, Verifikation und Validierung und fasst die entsprechenden Aktivitäten und Prozesse zusammen.

Kanban Eine agile Methode, die in der Softwareentwicklung angewendet wird, um die Anzahl der parallel bearbeiteten Aufgaben (Work in Progress) zu begrenzen und Engpässe sichtbar zu machen, was zu schnelleren Durchlaufzeiten führt.

Konfiguration Eine spezifische Gruppe von Konfigurationselementen, die einen bestimmten Entwicklungsstand eines Produkts oder Systems darstellt.

Konfigurationselemente Die spezifischen Arbeitsprodukte wie Dateien, Code-Files oder Dokumente, die unter Konfigurationsmanagement gestellt und kontrolliert werden.

Konfigurationsmanagement-System Eine Kombination aus Werkzeugen (Software) und zugehörigen Regeln, die die Speicherung, Handhabung und Änderungssteuerung von Konfigurationselementen unterstützen.

Kundenanforderungen Kundenanforderungen beschreiben die expliziten und impliziten Bedürfnisse oder Erwartungen der Kunden an das Endprodukt. Sie können sich auf spezifische Funktionen, Leistung, Designbeschränkungen oder die Qualität des Produkts beziehen.

Lastenheft Ein Dokument, das die Kundenanforderungen, Erwartungen und Wünsche an ein geplantes Produkt oder System ausführlich und in natürlicher Sprache beschreibt. Es wird meistens in der Anforderungsanalyse einem Pflichtenheft vom Zulieferer gegenübergestellt.

Lebenszyklus-Modell Ein Modell, das die verschiedenen Phasen der Projektbearbeitung und deren Übergänge beschreibt, um eine strukturierte und angemessene Vorgehensweise im Projektmanagement zu gewährleisten.

Lieferant Eine Partei, die im Rahmen eines Vertragsverhältnisses eine bestimmte Leistung erstellt und an einen Kunden liefert. In Ausschreibungsprozessen bezieht sich »Lieferant« auf den Anbieter der Leistung. Der Begriff wird häufig synonym mit dem Begriff Zulieferer verwendet.

Meilenstein Ein wichtiges Ereignis im Projekt, das den Erreichungsgrad wesentlicher Arbeitsergebnisse zu einem bestimmten Zeitpunkt markiert und oft den Abschluss einer Projektphase signalisiert.

Merging Merging ist der Prozess des Zusammenführens von Änderungen aus verschiedenen Zweigen in einem Versionskontrollsystem. Es kombiniert die Arbeit, die in einem separaten Zweig durchgeführt wurde, mit dem Hauptzweig oder einem anderen Zielzweig. Der Prozess überprüft und integriert die Änderungen in beiden Zweigen und löst Konflikte, wenn dieselben Teile des Codes auf unterschiedliche Weise modifiziert wurden.

Metrik Eine numerische Größe, die verschiedene Aspekte eines Verfahrens, Prozesses oder Produkts beschreibt und zur Messung und Bewertung herangezogen wird. Es wird unterschieden in Basismetriken (direkt messbar) und abgeleitete Metriken.

MISRA Ein Programmierstandard aus der Automobilindustrie, der von der Motor Industry Software Reliability Association entwickelt wurde, um die Zuverlässigkeit von C-Programmen zu verbessern.

ML-Modell Ein mathematisches Konstrukt, das durch Training auf Daten Muster erkennt und Vorhersagen oder Entscheidungen trifft. ML-Modelle werden entwickelt, um spezifische Aufgaben wie Klassifikation, Regression oder Clustering zu lösen. Sie basieren auf Algorithmen, die aus großen Datenmengen lernen und dadurch ihre Genauigkeit verbessern.

Modellbasiertes Systems Engineering (MBSE) Ein Ansatz im Systems Engineering, der die Verwendung von Modellen (statt traditioneller dokumentenbasierter Ansätze) zur Erfassung, Analyse, Design und Verifizierung von Systemen betont. MBSE zielt darauf ab, die Komplexität zu beherrschen und die Kommunikation innerhalb des Entwicklungsteams zu verbessern.

Modularität Der Grad, zu dem ein System aus unabhängigen, aber interagierenden Modulen besteht, was die Komplexität verringert und die Wartbarkeit, Testbarkeit und Wiederverwendbarkeit verbessert.

Musterstände (A, B, C, D) In der Automobilindustrie verwendete Prototypen mit zunehmendem Reifegrad im Entwicklungsprozess. A-Muster sind bedingt taugliche Funktionsmuster mit geringem Reifegrad. B-Muster sind funktionsfähige Grundsatzmuster mit hohem Reifegrad. C-Muster sind voll funktionsfähige Muster aus Serienwerkzeugen. D-Muster entsprechen den C-Mustern, werden jedoch vom Lieferanten für die Baumusterfreigabe bereitgestellt. Heutzutage wird teilweise auf ein gesondertes D-Muster verzichtet.

Nicht funktionale Anforderungen Anforderungen, die sich nicht direkt auf die spezifische Funktion eines Systems beziehen, sondern auf Aspekte wie Zuverlässigkeit, Wartbarkeit, Sicherheit und Performance. Sie sind entscheidend für die Qualität und den Erfolg des Endprodukts.

ODD (Operational Design Domain) Die Betriebsentwurfs-Domäne (ODD) bezieht sich auf die spezifischen Bedingungen, unter denen ein bestimmtes System dazu konzipiert ist, zu funktionieren. Dies umfasst eine breite Palette von Faktoren wie geografische Lage (Stadtgebiete, Autobahnen usw.), Wetterbedingungen (Regen, Schnee, Nebel, klares Wetter), Tageszeit (Tageslicht, Nachtzeit), Verkehrsbedingungen (geringer Verkehr, starker Verkehr, Fußgängerzonen) und rechtliche Einschränkungen (Geschwindigkeitsbegrenzungen, Einfahrverbote).

Das Verständnis und die klare Definition der ODD sind entscheidend für die Gewährleistung von Sicherheit, Zuverlässigkeit und Wirksamkeit, insbesondere im

Bereich autonomer Fahrzeuge und fortschrittlicher Fahrerassistenzsysteme. Es hilft zu bewerten, ob das System innerhalb seiner entworfenen Parameter arbeitet und welche Maßnahmen ergriffen werden müssen, wenn es auf Bedingungen außerhalb seiner ODD trifft.

Prozessassessment-Modell (PAM) Das Prozessassessment-Modell beschreibt die Indikatoren zur Bewertung der Prozessreife und gliedert sich in die Prozess- und die Capability-Dimension (s. Abschnitt 3.2). Ein PAM bezieht sich auf ein oder mehrere Prozessreferenz-Modelle.

Prozessattribut Eigenschaften eines Prozesses, die bewertet werden können und zur Beurteilung der Erreichung einer bestimmten Reifegradstufe des Prozesses dienen. Sie sind universell auf alle Prozesse anwendbar. Mehr dazu im Kapitel 18.

Prozessreferenz-Modell (PRM) Beschreibt für eine spezifische Anwendungsdomäne eine Sammlung von Prozessen, jeweils definiert durch einen Prozesszweck und erforderliche Prozessergebnisse, um diesen Zweck zu erfüllen.

Prozessverantwortliche Personen oder Teams, die für die Definition, Pflege und Implementierung eines Prozesses verantwortlich sind. Es kann verschiedene Verantwortungsebenen geben, abhängig davon, ob es sich um die Organisationsebene oder Projektebene handelt.

Qualitätssicherung (Quality Assurance) Ein Teil des Qualitätsmanagements, der darauf ausgerichtet ist, Vertrauen zu schaffen, dass Qualitätsanforderungen erfüllt werden. In Automotive SPICE® geht es zum einen um die Absicherung der Qualität der Arbeitsprodukte und zum anderen um die Prozessqualität. Der zugehörige Prozess SUP.1 wird in Abschnitt 14.1 beschrieben.

Regressionstest Eine Testmethode, die sicherstellt, dass früher erfolgreich getestete Funktionen nach Änderungen im System immer noch korrekt funktionieren und dass keine unerwünschten Nebeneffekte auftreten.

Release Eine konsistente Menge von versionierten Objekten mit spezifizierten Eigenschaften und Merkmalen, die zur Auslieferung an Kunden vorgesehen und freigegeben worden sind (s. auch Glossareintrag »Freigabe«).

Releases werden im MAN.3 definiert und im SUP.8 und SPL.2 umgesetzt.

Releaseplanung (Freigabeplanung) Die Planung, welche Eigenschaften oder Funktionen in welcher Version eines Produkts realisiert werden sollen. Dient als Grundlage zur Strukturierung des Entwicklungsablaufs und zur Priorisierung der Aufgaben.

Rückverfolgbarkeit (Traceability) Rückverfolgbarkeit im Kontext der Anforderungserhebung bezieht sich auf die Fähigkeit, den Ursprung jeder Anforderung nachzuvollziehen und zu verstehen, wie jede Anforderung durch das Produkt oder System adressiert wird. Sie ermöglicht die Überwachung von Änderungen, die Analyse von Auswirkungen und stellt sicher, dass alle Stakeholder-Anforderungen während des gesamten Entwicklungsprozesses berücksichtigt und umgesetzt werden.

Weitere Informationen zu diesem Thema sind in Abschnitt 5.7 zu finden.

Simulationen Eine Verifikationsmethode, bei der das Verhalten eines Systems oder seiner Komponenten in einer simulierten Umgebung modelliert wird. Simulationen ermöglichen es, das Verhalten unter verschiedenen Bedingungen zu testen, ohne physische Prototypen erstellen zu müssen (s. dazu auch Abschnitt 6.1.3).

Spezifikationen Früher oft in physischen Dokumenten zusammengefasst, sind Spezifikationen heute meist in Datenbanken oder Repositories innerhalb von Tools für das Application Lifecycle Management oder Product Lifecycle Management zu finden. Sie enthalten detaillierte Informationen zu Anforderungen sowie zu Verifizierungs- und Validierungsmaßnahmen, die Releases und Produktvarianten zugeordnet sind.

Stakeholder Stakeholder sind alle beteiligten oder interessierten Parteien im Entwicklungsprozess eines Produkts oder einer Dienstleistung. Dies schließt Kunden, Benutzer, das Projektteam, Zulieferer und alle anderen Personen oder Organisationen ein, die direkt oder indirekt Einfluss auf die Anforderungen haben. Die kontinuierliche Kommunikation mit Stakeholdern ist essenziell, um ihre Erwartungen zu verstehen, entsprechende Anforderungen zu definieren und zu vereinbaren sowie auf Änderungen angemessen reagieren zu können.

Statische Analysen Eine Methode zur Verifikation, die ohne Ausführung des Codes stattfindet. Statische Analysetools, wie Compiler oder Code-Checker, überprüfen den Quellcode auf Einhaltung bestimmter Regeln und Richtlinien, um Fehler, Sicherheitslücken oder andere Probleme frühzeitig zu identifizieren.

Systemanforderungen Systemanforderungen sind detaillierte Spezifikationen, die beschreiben, was ein System tun soll, um die Kundenanforderungen zu erfüllen. Sie dienen als Brücke zwischen den initialen Bedürfnissen der Stakeholder und der technischen Umsetzung im Entwicklungsprozess. Systemanforderungen umfassen funktionale und nicht funktionale Anforderungen und sind entscheidend für die Entwicklung, Verifikation und Validierung des Produkts.

Technische Randbedingungen Vorgaben, die die technischen Aspekte des Projekts begrenzen, wie die Einhaltung von Standards, gesetzlichen Bestimmungen oder spezifischen Kundenstandards. Sie definieren den Rahmen, innerhalb dessen die Systementwicklung stattfindet.

VDA-Scope Der Verband der Automobilindustrie e.V. hat 16 Schlüsselprozesse ausgewählt, den sogenannten VDA-Scope. Dieser Scope geht von der Entwicklung softwarebasierter Systeme aus und umfasst neben den Entwicklungsprozessen auch Management- und Unterstützungsprozesse, z.B. für das Projektmanagement oder die Beschaffung.

Vulnerability-Scanning Eine Methode, bei der Systeme systematisch auf bekannte Schwachstellen untersucht werden, um potenzielle Sicherheitsrisiken zu identifizieren. Vulnerability-Scanning hilft dabei, Schwachstellen zu beheben, bevor sie von Angreifern ausgenutzt werden können.

Whitebox-Verifikation Bei diesem Verfahren sind das interne Verhalten und die Struktur des betrachteten Systems, der betrachteten Software bekannt und zugänglich. Im Gegensatz zur Blackbox-Verifikation geht die Whitebox-Verifikation tiefer auf die interne Funktionsweise ein.

C Abkürzungsverzeichnis

ACC	Adaptive Cruise Control
ACSMS	Automotive Cybersecurity Management System
ADAS	Advanced Driver Assistance Systems
AEC-Q	Qualitätsstandard des Automotive Electronics Council
ALM	Application Lifecycle Management
AOI	Automatische optische Inspektion
AP	Arbeitspaket
ASIL	Automotive Safety Integrity Level
AUTOSAR	Automotive Open System Architecture
AUTOSIG	Automotive Special Interest Group
BDD	Block Definition Diagram
BIOS	Basic Input/Output System
BOM	Bill of Materials (Stückliste)
BP	Basic Practic
CAD	Computer-Aided Design
CAN	Controller Area Network
CCB	Change Control Board
CI	Continuous Integration
CMMI	Capability Maturity Model Integration
COTS	Commercial off-the-Shelf
CPI	Cost Performance Index
CR	Change Request
DIA	Detailed Impact Assessment

DIA	Development Interface Agreement
DoD	Definition of Done
DOP	Data Operations Process Group
DQA	Data Quality Process Group
ECQA	European Certification and Qualification Association
ECU	Electronic Control Unit
EE	Elektrik – Elektronik
EEPROM	Electrically Erasable Programmable Read-Only Memory
EMC	Electromagnetic Compatibility
EMV	Elektromagnetische Verträglichkeit
EOL	End-of-Life
FMEA	Failure Modes and Effects Analysis (Fehlermöglichkeits- und Einflussanalyse)
FROP	Feature-Rollout-Planung
FTA	Failure Tree Analysis (Fehlerbaumanalyse)
GDS2	Graphical Design System II
GP	Generic Practic
HARA	Hazard Analysis and Risk Assessment
HIL	Hardware-in-the-Loop
HIS	Herstellerinitiative Software
HMI	Human Machine Interface
HSI	Hardware-Software-Interface
HW	Hardware
I2C	Inter-Integrated Circuit
IBD	Internal Block Diagram
ICT	In-Circuit-Test
IEEE	Institute of Electrical and Electronics Engineers
II	Information Item
IIC	Information Item Characteristic
IMS	Information Management System
INCOSE	International Council on Systems Engineering
iNTACS	International Assessor Certification Scheme

IVV	Integration, Verifikation und Validierung
KPI	Key Performance Indicator
LFM	Latent Fault Metric
LIN	Local Interconnect Network
MBSE	Model-Based Systems Engineering
MCE	Mechanical Component Engineering
ME/MEE	Mechanical Engineering
MGD	Data Management Process Group
MIL	Model-in-the-Loop
MISRA	Motor Industry Software Reliability Association
ML	Machine Learning
MLE	Machine Learning Engineering
MSE	Mechanical Systems Engineering
NDA	Non-Disclosure Agreement (Geheimhaltungsvereinbarung)
NPLF	Not – Partially – Largely – Fully
ODD	Operational Design Domain (Betriebsumgebung)
OEM	Original Equipment Manufacturer
OPL	Open Point List (Offene-Punkte-Liste)
OTA	Over-the-Air
PAM	Prozessassessment-Modell
PCB	Printed Circuit Board (Leiterplatte)
PM	Projekt Management
Ppm	Parts per million
PRM	Prozessreferenz-Modell
PSP	Projektstrukturplan
QMC	Qualitäts-Management-Center
QS	Qualitätssicherung
RACI	Responsible – Accountable – Consulted – Informed
RAM	Random Access Memory
RASIC	Responsible – Accountable – Supportive – Informed – Consulted

REACH	Registration, Evaluation, Autorisation and Restriction of Chemicals (Registrierung, Bewertung, Zulassung und Beschränkung von Chemikalien)
ROM	Read-Only Memory
RTM	Requirements Traceability Matrix
SADT	Structured Analysis and Design Technique
SAE	Society of Automotive Engineers
SEC	Security Engineering Process Group
SEooC	Single Element out of Context
SIL	Software-in-the-Loop
SOP	Start of Production
SOTIF	Safety of the Intended Functionality
SOW	Statement of Work
SPFM	Single Point Fault Metric
SPI	Serial Peripheral Interface
SPI	Schedule Performance Index
SPICE	Software Process Improvement and Capability dEtermination
SW	Software
TARA	Threat Analysis and Risk Assessment
UML	Unified Modeling Language
UNECE	United Nations Economic Commission for Europe (Wirtschaftskommission für Europa der Vereinten Nationen)
VDA	Verband der Automobilindustrie
VIL	Vehicel-in-the-Loop
WBS	Work Breakdown Structure
XML	Extensible Markup Language

D Literaturverzeichnis

[Abowd et al. 2021] Abowd, Peter; Hoermann, Klaus; Vanamali, Bhaskar; Wall, Dan: AUTOMOTIVE SPICE Essentials, Automotive SPICE® v3.1 – at a glance. 3rd edition, Kugler Maag CIE GmbH, 2021.

[Automotive SPICE 2023] VDA Working Group 13: Automotive SPICE Process Assessment/Reference Model, Version 4.0, 2023-11-29.

[AWS 2024] AWS Well-Architected Framework: Data preprocessing. Amazon Web Services, Inc. 2024; *https://docs.aws.amazon.com/wellarchitected/latest/machine-learning-lens/data-preprocessing.html.*

[Data Base Camp 2023] Data Base Camp: Was ist Hyperparameter Tuning? 2023; *https://databasecamp.de/ki/hyperparameter-tuning.*

[Douglass 2016] Douglass, Bruce Powel: Agile Systems Engineering. Elsevier Inc., 2016.

[Douglass 2021] Douglass, Bruce Powel: Agile Model-Based Systems Engineering Cookbook. Packt Publishing, Birmingham, 2021.

[Gong et al. 2023] Gong, Youdi; Liu, Guangzhen; Xue, Yunzhi; Li, Rui; Meng, Lingzhong: A survey on dataset quality in machine learning, 2023; *https://www.sciencedirect.com/science/article/pii/S0950584923001222#sec6.*

[Hoermann et al. 2022] Hoermann, Klaus; Pepe, Guiseppe; Wall, Dan; Zhang, Yanhua: The guide for Automotive SPICE® Interpretation. Kugler Maag CIE GmbH, 2022.

[IATF 16949] IATF 16949:2016 Qualitätsmanagementsystem-Standard der Automobilindustrie. VDA QMC, 2016.

[IEEE 828] IEEE 828-2012 IEEE-Standard for Configuration Management in Systems and Software Engineering, 2012.

[INCOSE 2015] INCOSE: INCOSE Systems Engineering Handbook. 4th edition, John Wiley & Sons Inc., 2015.

[INCOSE 2023] INCOSE: Guide to Writing Requirements. Rev. 4, final draft, July 2023.

[ISO 26262] ISO 26262:2018 Road vehicles – Functional Safety, 2nd edition, 2018-12.

[ISO/IEC 25010] ISO/IEC 25010:2023 Systems and software Quality Requirements and Evaluation (SQuaRE), 2023.

[ISO/IEC/IEEE 29148] ISO/IEC/IEEE 29148:2018 – Systems and software engineering – Life cycle processes – Requirements engineering

[ISO/IEC 33002] ISO/IEC 33002:2015 Information technology – Process assessment – Requirements for performing process assessment, 2015.

[ISO/IEC 33004] ISO/IEC 33004:2015 Information technology – Process assessment – Requirements for process reference, process assessment and maturity models, 2015.

[ISO/IEC 33020] ISO/IEC 33020:2019 Information technology – Process assessment – Process measurement framework for assessment of process capability, 2019.

[ISO/IEC TR 24028] ISO/IEC TR 24028:2020 Information Technology – Artificial Intelligence – Overview of trustworthiness in artificial intelligence, 2020.

[ISO/IEC TS 33060] ISO/IEC TS 33060:2020 Information technology –Process assessment – Process assessment model for system life cycle processes, 2020.

[ISO/IEC/IEEE 15288] ISO/IEC/IEEE 15288:2015 Systems and software engineering – System life cycle processes, 1st edition, 2015-05-15.

[ISO/IEC/IEEE 24765] ISO/IEC/IEEE 24765:2017 Systems and Software engineering – Vocabulary, 2017.

[ISO/IEC/IEEE 29119] ISO/IEC/IEEE 29119:2022 Software and Systems engineering – Software testing, 2022.

[ISO/IEC/IEEE 29148] ISO/IEC/IEEE 29148:2018 Systems and software engineering – Life cycle processes – Requirements engineering, 2018.

[ISO/PAS 21448] ISO/PAS 21448:2022 Road vehicles – Safety of the intended functionality (SOTIF), 1st edition, 2022-06.

[ISO/SAE 21434] ISO/SAE 21434:2021 Road vehicles – Cybersecurity engineering, 1st edition, 2021-08.

[Metz 2016] Metz, Pierre: Automotive SPICE® – Capability Level 2 und 3 in der Praxis. dpunkt.verlag, 2016.

[Müller et al. 2016] Müller, Markus; Hörmann, Klaus; Dittmann, Lars; Zimmer, Jörg: Automotive SPICE® in der Praxis. 2., aktualisierte und erweiterte Auflage, dpunkt.verlag, 2016.

[NavInfo] Official NavInfo brand channel on YouTube; *https://www.youtube.com/c/NavInfo*.

[PMBOK 2017] Project Management Institute: PMBOK® Guide – A Guide to the project management (Body of knowledge). 6th edition, 2017.

[Raja 2023] Raja, Ali Zahid: Deploying Machine Learning Models: A Comprehensive Guide to Tools and Best Practices, 2023; *https://alizahidraja.medium.com/deploying-machine-learning-models-a-comprehensive-guide-to-tools-and-best-practices-42545ae35fb7.*

[Senge 1996] Senge, Peter M.; Kleiner, A.; Smith, B.; Roberts, C.; Ross, R.: Das Fieldbook zur Fünften Disziplin. Klett-Cotta, Stuttgart 1996.

[SOPHIST 2016] The SOPHISTs »A short RE Primer«; *https://www.sophist.de/fileadmin/user_upload/Bilder_zu_Seiten/Publikationen/Wissen_for_free/RE-Broschuere_Englisch_-_Online.pdf.*

[SOPHIST 2021] SOPHIST GmbH: RFLP: Gelebte Trennung zwischen Aspekten im Systems Engineering, 2021; *https://blog.sophist.de/2021/12/09/rflp-gelebte-trennung-zwischen-aspekten-im-systems-engineering/.*

[UN-Regelung 155] UN-Regelung Nr. 155 – Einheitliche Bedingungen für die Genehmigung von Fahrzeugen hinsichtlich der Cybersicherheit und des Cybersicherheitsmanagementsystems [2021/387], 2021.

[VDA 2016] Verband der Automobilindustrie e.V. (VDA): Qualitätsmanagement in der Automobilindustrie, Band 6: Zertifizierungsvorgaben für VDA 6.1, VDA 6.2 und VDA 6.4. 6., überarbeitete Auflage, VDA QMC, 2016.

[VDA 2018] Verband der Automobilindustrie e.V. (VDA): Qualitätsmanagement in der Automobilindustrie, Band 1: Dokumentierte Information und Aufbewahrung. 4., vollständig überarbeitete Auflage, VDA QMC, 2018.

[VDA 2023] Verband der Automobilindustrie e.V. (VDA): Automotive SPICE® Guidelines. 2nd revised edition, November 2023.

[Waverley] Waverley Software Inc.; *waverleysoftware.com.*

Index

A

B

C

D

E

F

G

K

Q

R

T